*Die deutschen Landkreise*

# DIE DEUTSCHEN LANDKREISE

## Wappen Geschichte Struktur

mit einem Vorwort von

Joseph Köhler und Hans Tiedeken

herausgegeben von

Erich Dieter Linder und Günter Olzog

GÜNTER OLZOG VERLAG MÜNCHEN

CIP-Kurztitelaufnahme der Deutschen Bibliothek

Die **deutschen Landkreise**: Wappen, Geschichte, Struktur / mit e. Vorw. von Joseph Köhler u. Hans Tiedeken. Hrsg. von Erich Dieter Linder u. Günter Olzog. – München : Olzog, 1986.

ISBN 3-7892-7278-7

NE: Linder, Erich Dieter [Hrsg.]

 – Umschlagentwurf: Stefanie Kössler, München – Karte der Bundesrepublik: Elli Wolf, Scheyern – Sämtliche Länderkarten: RV Reise- und Verkehrsverlag, München – Stuttgart – Berlin. Gesamtherstellung: Ilmgaudruckerei, Pfaffenhofen.

# Inhalt

# Vorwort

Diese Veröffentlichung stellt die Landkreise in der Bundesrepublik Deutschland in ihrer Vielfalt und Eigenart vor. Es ist ein lebendiges Nachschlagewerk für alle, die sich über Kultur und Geschichte, Landschaft, Bevölkerung und Wirtschaft der Landkreise informieren wollen. Wir finden es beachtenswert, daß die Kreise mit ihren Wappen präsentiert werden. Die Wappen symbolisieren das geschichtliche Werden und deren Identität; insbesondere bei neugeschaffenen Kreisen ist das Wappen ein einigendes Symbol.

In diesem Buch verschmelzen strukturelle Vielfalt und individuelle Besonderheit der Landkreise zu einem bunten Mosaik. In der Tradition verwurzelt, für Gegenwart und Zukunft aufgeschlossen, bieten sie ihren Bewohnern einen attraktiven Lebensraum. An reizvoller Landschaft, an Kuriositäten und heimatlichen Spezialitäten, an kulturellen Kleinodien und eindrucksvollen Sehenswürdigkeiten ermangelt es den Landkreisen nicht. Dies wird dem Leser anschaulich verdeutlicht. Neben vielem Bekannten wird er sicherlich auch Neues entdecken und erfahren. Auch die wirtschaftliche Struktur der Landkreise, die durch ein breites Spektrum an leistungsfähigen Betrieben aus Landwirtschaft und Industrie, Handel und Gewerbe geprägt ist, wird anhand signifikanter Daten und Fakten dargestellt.

In der Bundesrepublik Deutschland gibt es 237 Landkreise, die im Deutschen Landkreistag zusammengeschlossen sind. Entsprechend dem föderativen Aufbau unseres Staates sind die Kreise der Flächenstaaten in acht Landkreisverbänden organisiert. Kundige Beiträge über Geschichte und Aufgaben des Deutschen Landkreistages und der Landesverbände runden das Bild ab.

Es ist uns ein besonderes Anliegen, allen zu danken, die mitgeholfen haben, dieses Buch zu vollenden. Es wäre erfreulich, wenn es zur Verbundenheit unserer Bürger mit ihrem Heimatkreis beitragen und dem interessierten Leser ein umfassendes Bild von den Landkreisen in der Bundesrepublik Deutschland vermitteln könnte.

(Landrat Joseph Köhler)
Präsident des
Deutschen Landkreistages

(Dr. Hans Tiedeken)
Geschäftsführendes Präsidialmitglied
des Deutschen Landkreistages

# Vorbemerkung des Verlages

Die 237 Landkreise der Bundesrepublik Deutschland werden in diesem Buch vorgestellt. Ausgehend von ihren Wappen, die in der heute üblicheren Form des Halbrundschildes von Erich Dieter Linder gezeichnet wurden, lernt der Leser die wichtigsten geschichtlichen Etappen der Kreise kennen. In die Vergangenheit führen aber auch viele Besonderheiten, Bauten und Denkmäler, von denen in der Rubrik „Struktur des Kreises – Sehenswürdigkeiten“ berichtet wird. Die Landkreisdaten und die Kreisverwaltungsgliederung sind vermerkt, wie auch die Anschrift der Kreisverwaltung angegeben ist, an die sich jeder wenden kann, der weitergehende touristische Informationen haben möchte. Soweit eigene Fremdenverkehrseinrichtungen unter abweichender Anschrift bestehen, sind diese am Ende der einzelnen Texte genannt.

Die Erarbeitung der Texte erfolgte zum Teil von den Herausgebern und deren Mitarbeitern Sabine und Rainer Annuscheit aufgrund der freundlicherweise von den Landratsämtern überlassenen Unterlagen, zum Teil durch Mitarbeiter der Kreisverwaltungen. In einigen Fällen haben Kreisheimatpfleger oder andere von den Landratsämtern vorgeschlagene Autoren die Beiträge entworfen, so Alfred Schneid (Dillingen a. d. Donau), Helmut Mahr (Fürth), Werner Dobras (Lindau), Hans Biegel (Nürnberger Land), Werner Burckhart (Enzkreis), Winfried Hecht (Rottweil), Peter Jungeblut (Emsland), Alois Bosman (Coesfeld), Winfried Zaremba (Bad Dürkheim), Rainer Ludwig (Trier-Saarburg) und Michael Geib (Stadtverband Saarbrücken).

Allen Landräten und Oberkreisdirektoren und deren Mitarbeitern, die uns bei der im Detail oft mühsamen Arbeit geholfen haben, sagen wir herzlichen Dank. Auch dafür, daß sie Verständnis hatten, wenn wir manchmal im Interesse einer Gestaltungsharmonie für das Gesamtwerk andere Informationsakzente gesetzt haben wollten, ohne dabei die Individualität des einzelnen Kreises zu mißachten.

In besonderem Maße sind wir Dank schuldig dem Geschäftsführenden Präsidialmitglied des Deutschen Landkreistages, Dr. Hans Tiedeken, und seiner Kulturreferentin Helga Bickeböller, die mit wertvollem Rat die Entstehung dieses Buches begleitet haben. Unser Dank gilt gleichermaßen den Geschäftsführenden Direktoren bzw. Vorstandsmitgliedern der Landkreistage und -verbände in den Bundesländern, die in dem nach Bundesländern gegliederten Werk die Entstehung und Organisation der Kreise sowie Zuständigkeiten und Aufgaben der Kreisorgane dargestellt haben.

Als der Präsident der Akademie der Bildenden Künste in München, Professor Rudolf Seitz, von der Idee dieses Buches erfuhr, bot er spontan für die Bucheinbandgestaltung einen Wettbewerb der Grafikerklasse seiner Akademie unter der Leitung von Professor Gerhard Berger an. Unter den eingereichten Arbeiten wurde von der Jury, der für die Landkreisverbände der Pressereferent des Landkreisverbandes Bayern, Wolfgang Renner, angehörte, die Arbeit von Stefanie Kössler mit dem ersten Preis bedacht. Der Akademie und allen am Wettbewerb Beteiligten danken wir sehr.

Wir hoffen, daß dieses Buch, dessen grünen Einband die Farben der Bundesrepublik Deutschland schmücken, den Lesern nicht nur den eigenen Landkreis vertrauter werden läßt, sondern darüber hinaus das Empfinden geschichtlicher Bindung und heimatlicher Kraft weckt oder verstärkt.

München, im Sommer 1986 *Dr. Günter Olzog*

ERICH DIETER LINDER

# Einführung in die Wappenkunde

### *Wappen heute*

Dem aufmerksamen Beobachter begegnen Wappen in seiner Umgebung in vielfältiger Form und an den unterschiedlichsten Orten. Wappendarstellungen zieren Fahrzeugaufkleber und Urlaubsprospekte, illustrieren Werbeflächen sowie Veranstaltungsplakate und unterstreichen staatliche Hoheitsrechte auf Grenztafeln, Amtsschildern und Dienstsiegeln. Dabei dürfte wenigen bewußt sein, daß das Wappen auf eine über 800jährige Geschichte zurückblicken kann. Seine leuchtenden Farben und einprägsamen Bildmotive sichern dem Wappen – trotz oder wegen des für den Laien oft verborgenen Symbolgehaltes – eine nach wie vor unerreichte Beliebtheit als Sinnbild von Ländern, Landkreisen und Städten, Organisationen und Vereinen. Um sich mit dem Wappenwesen, der Heraldik, näher zu beschäftigen, bedarf es aber zunächst einer Definition des Begriffes.

### *Definition und Entstehungsgeschichte des Wappens*

Das „Wappen" im engeren Sinn ist ein bleibendes farbiges Bildkennzeichen, das unter Benutzung mittelalterlicher Waffenbestandteile wie Kampfschild oder Ritterhelm nach bestimmten Regeln und in einer charakteristischen Stilisierung dargestellt wird. Die deutschen Kreiswappen bestehen im Gegensatz zu den Familienwappen fast ausnahmslos aus dem Wappenschild alleine. Das Wappen war eine fast gleichzeitige Schöpfung des mittel- und westeuropäischen Rittertums im zweiten Viertel des 12. Jahrhunderts und diente dem Zweck, die durch ihre Rüstung unkenntlich gewordenen Krieger weithin sichtbar voneinander zu unterscheiden. Bildhafte Wappendarstellungen waren zudem Eigentumszeichen und galten auf Siegeln als Beglaubigungs- und Beweismittel. Die Funktion als Erkennungszeichen eines Machtträgers oder später dessen Machtterritoriums selbst erforderte ein einprägsames und leicht erkennbares Bildmotiv, das sich dennoch von anderen hinreichend unterscheiden mußte. Dies führte zur Herausbildung ganz konkreter Farb- und Gestaltungsregeln, auf die noch eingegangen werden soll. Eine detaillierte Darstellung des allgemeinen Wappenwesens kann hier allerdings nicht erfolgen; es sei dazu auf die Literaturauswahl am Ende dieser Einführung verwiesen.

### *Kommunales Wappenwesen*

Die Ursprünge des kommunalen Wappenwesens gehen zurück auf den Anfang des 13. Jahrhunderts. Wappenverleihungen des jeweiligen Landesherrn erfolgten bis in unser Jahrhundert hinein nur an Städte und Märkte; den Landgemeinden wurde das Recht auf Wappenführung verweigert. Erst der Umbruch in den veralteten Verwaltungsstrukturen seit der napoleonischen Ära schuf die Grundlage für Wappenverleihungen an Landgemeinden und Gemeindeverbände. Nachdem das Interesse an der Historie und der Heraldik in Deutschland im Zeitalter des Historismus und des Nationalismus auf fruchtbaren Boden gefallen war, erlangte das kommunale Wappenwesen eine ungeahnte Blüte. Nach der Revolution von 1918 fungierten statt der Monarchen die jeweiligen Innenministerien der Länder als Genehmigungsbehörden; sie ließen sich dabei von den staatlichen Archiven beraten. Diese Vorgangsweise gilt, mit leichten Abwandlungen von Bundesland zu Bundesland, noch heute. Gemeinde bzw. Landkreis beauftragen einen Heraldiker mit dem Entwurf mehrerer Wappenvorschläge, um dann eine Auswahl zu treffen. Anschließend reicht die Gebietskörperschaft den Antrag auf Wappengenehmigung zusammen mit dem zuvor eingeholten Gutachten des zuständigen staatlichen Archivs bei der Bezirksregierung oder beim Innenministerium ein. Diese Behörde hat das Zustimmungsrecht. Dabei wird insbesondere die Forderung erhoben, daß sich das zu verleihende Wappen von den anderen kommunalen Symbolen hinreichend unterscheidet. Zugleich muß es unkompliziert gestaltet sein, damit es auch in der Verkleinerung im Dienstsiegel noch klar erkennbar ist.

### *Grundsätze der Motivauswahl bei Wappenentwürfen*

Gerade diese berechtigte Forderung wird zuweilen mißachtet. So mag ein recht komplexes Wappenbild beim Laien zwar den Anschein von Gewichtigkeit und Ausdrucksvielfalt erwecken, verstößt aber gegen die althergebrachte heraldische Forderung nach Klarheit. Der Wunsch, möglichst alle Gebietsteile zu berücksichtigen, wirkt sich für neu zu entwerfende Wappen deshalb stets unvorteilhaft aus. Zu Recht verweisen die beratenden Archive daher auf den Ausweg, Teile statt des Ganzen zu übernehmen: z.B. anstelle des Lindenbaumes ein einzelnes Blatt. Auch sollte auf die Übernahme von Symbolen des jeweiligen Bundeslandes verzichtet werden, da diese ihre Unterscheidungskraft einbüßen, wenn ein Großteil der Kreise sie im Schilde führt. Vielmehr sollte die historische Entwicklung des Kreisgebietes aufgezeichnet werden, indem etwa die Wappenbilder ortsansässiger Adelsgeschlechter verwendet werden. Die genehmigten Kommunalwappen werden schließlich in den Landesgesetzblättern veröffentlicht.

### *Entwicklung der Kreisheraldik*

Nachdem die Landgemeinden das Wappenrecht erlangt hatten, fanden zwischen 1925 und 1933 auch einige Kreise Gefallen an einem eigenen Wappen. Daraufhin setzte nach dem Erlaß der Deutschen Gemeindeordnung vom 30. 1. 1935 eine zweite Phase von Wappenverleihungen an die seit 1938 reichseinheitlich als „Landkreise" bezeichneten Verwaltungssprengel ein, bis der Ausbruch des Zweiten Weltkrieges dem ein Ende bereitete. Doch schon während der Besatzungszeit regte sich erneut das Interesse, und bis zu den verschiedenen Gebietsreformen in den Bundesländern legte sich die große Mehrheit der Kreise eigene Symbole zu. Die Landkreisreformen zwischen den Jahren 1967 und 1977, die die Zahl der Kreise von 425 auf 237 reduzierten, markierten eine Zäsur. Doch nachdem die neugeschaffenen, vergrößerten Landkreise sich einigermaßen konsolidiert hatten, setzte eine regelrechte Antragsflut ein. Dabei griff eine Gruppe der Kreise auf Wappen ihrer Rechtsvorgänger zurück – meist dann, wenn der Gebietsumfang kaum Änderungen erfahren hatte oder wenn die Wappensymbolik auch auf den Großkreis übertragbar war. Alle anderen Landkreise schufen sich neue Wappenbilder, die häufig auf die Altlandkreise Bezug nehmen. Im zweifelsohne einschlägigsten Werk zu den bundesdeutschen Kommunalwappen stellte *Klemens Stadler* alle Kreiswappen vor, die bis 1971 genehmigt worden waren. Nach den Kreisreformen ist die achtbändige Publikation allerdings zum Großteil überholt: Von den insgesamt 411 vor den Reformen existierenden Kreiswappen (abgebildet in den Bänden 1, 2 und 7) wurden lediglich 187 von den Nachfolgekreisen unverändert übernommen, die Wappenbegründungen aber oftmals nicht. Zwar erschienen vereinzelt Veröffentlichungen, die Zusammenfassungen der neu angenommenen Kreiswappen darboten – wie das Buch von *Hermann Lehne* und *Horst Kohler* mit seinen exzellenten Wappenabbildungen –, doch fehlte bislang eine bundeseinheitliche Zusammenstellung. Das vorliegende Werk vereinigt alle heute gültigen Kreiswappen mit ihren Wappenbeschreibungen und ist in dieser Absicht das erste, seit alle 237 bundesdeutschen Landkreise eigene Wappen führen. Im Vordergrund stand dabei die Intention, dem Leser die Symbolik der Kreiswappen zu erschließen und damit den Wappen als Stenogramm der Geschichte Leben einzuhauchen. Das Datum der amtlichen Wappeneinführung wird jeweils mitangeführt. Die Kreiswappen erlauben aber nicht nur, aus ihnen die Gebietshistorie abzulesen. Sie künden auch davon, daß die kommunalen Gebietskörperschaften gegenüber der staatlichen Obrigkeit eine in der Geschichte Deutschlands bislang noch nie dagewesene Selbständigkeit erlangt haben.

Neben der nach wie vor üblichen Verwendung bei Amtsgeschäften kommt den Kreiswappen heute zusätzlich die Funktion eines Werbeträgers zu. Die Wappensymbole verweisen zumeist auf die Gebietsgeschichte, auf hervorstechende Wirtschaftszweige oder auf die geographische Lage. Sie nehmen aber z.B. auch Bezug auf markante Baudenkmäler und auf regionale Kirchenpatrone oder sie versuchen, den Kreisnamen zu deuten („redende Wappen").

### *Grundlegende heraldische Regeln*

Für den interessierten Laien seien im folgenden die wichtigsten heraldischen Regeln skizziert, soweit sie im gegebenen Rahmen von Belang sind.

In der traditionellen Heraldik gibt es nur sechs ungebrochene Farbtöne in einheitlichem und kräftigem Grundton: die „Farben" Schwarz, Blau, Grün und Rot sowie die „Metalle" Gold und Silber. Dabei werden im Sprachgebrauch stets die Ausdrücke „Gold" und „Silber" benutzt; in der bildhaften Darstellung können sie aber ohne weiteres mit Gelb bzw. Weiß wiedergegeben werden. Der Ersatz von Silber durch Grau usw. ist aber zu vermeiden, ebenso wie die Reproduktion nur eines der beiden heraldischen „Metalle" in Metalldruckfarben. Wegen der geforderten Erkennbarkeit aus der Ferne bildete sich die Grundregel heraus, daß immer nur „Metall" auf „Farbe" bzw. „Farbe" auf „Metall" liegen dürfe. So ist ein schwarzer Adler in goldenem Feld erlaubt, in blauem Feld jedoch untersagt. Bei nebeneinanderliegenden Feldern kann diese Regel nicht immer eingehalten werden. In diesem Buch sind die Wappen im Vierfarbdruck mit den Grundfarben wiedergegeben. Von diesem Grundsatz wichen wir in einigen Fällen ab, wenn die vom Landkreis verwendeten Farben deutliche Unterschiede zeigten.

Die Wappenschilde werden mit Figuren belegt (Tiere, Pflanzen etc.) oder durch geometrische Linien aufgeteilt (Balken, Kreuze usf.).

### *Wappenblasonierungen*

Bei den Beschreibungen der Wappen in der heraldischen Fachsprache, den „Blasonierungen", weist „gespalten" auf eine senkrechte, „geteilt" auf eine waagerechte Trennlinie hin; gezählt werden stets die Teilungslinien, nicht die entstandenen Felder. Wenn Motive in ihrer üblichen heraldischen Darstellungsweise wiedergegeben werden, so wird dies nicht gesondert erwähnt. So steht ein Löwe gewöhnlich aufrecht, ein Kreuz besitzt gleich lange Arme und berührt die Schildränder nicht. Jede Abweichung von der Norm muß „gemeldet", d.h. angesprochen werden. Figuren zeigen ohne besondere Erwähnung nach heraldisch rechts. Im heraldischen Sprachgebrauch werden „rechts" bzw. „vorne" und „links" bzw. „hinten" in entgegengesetzter Bedeutung zur Umgangssprache verwendet. Diese den Außenstehenden oftmals verwirrende Praxis ist darauf zurückzuführen, daß Wappen seit jeher von ihrem Träger aus – quasi von hinten her durch den Schild hindurch – beschrieben werden. Ein weit verbreiteter Irrtum ist auch, daß eine Wappenzeichnung nur in ihrer ursprünglichen Form korrekt ist. Da ein Wappen im engeren Sinn einzig und allein durch die fachgerechte Blasonierung festgelegt wird, ist jede der Wortbeschreibung gerecht werdende bildhafte Wiedergabe zulässig. Dies kann nur nicht für Hoheitszeichen gelten, die die traditionellen heraldischen Grundsätze mißachten, wie z.B. die Staatsembleme sozialistischer Länder. Diese Wappen in weiterem Sinn können nur durch ihre bildhafte Wiedergabe eindeutig festgelegt werden.

### *Zu diesem Buch*

Die Wappenabbildungen im vorliegenden Buch wurden von mir in einer einheitlichen Schildform neu gezeichnet, auch wenn der eine oder andere Landkreis nur eine bestimmte Version verwendet. So ergeben sich teilweise Abweichungen zu den von den Kreisen verwendeten Wappendarstellungen. Doch zeigen manche Landkreise selbst mehrere voneinander abweichende Wappenzeichnungen in Kenntnis der Tatsache, daß der heraldische Stil sich ändert. Der Wappenschild ist dabei nur Träger der Bildmotive und wie ihre Darstellungsweise seit der Entstehung der Heraldik dem Wandel der Kunststile und dem Geschmack des Wappenzeichners unterworfen. Die Neuzeichnung eines Wappens verstößt damit nicht gegen die Regeln der Heraldik, sondern steht in ihrer Tradition, zumal da hier die wiedergegebenen Kreiswappen nur durch die amtliche Blasonierung festgelegt sind.
Noch kurz zur Problematik der heraldischen Terminologie. Im Gegensatz zur britischen oder französischen Wappenkunde entwickelte die deutsche bis heute keine einheitliche kodifizierte Kunstsprache. Dieser Umstand wird besonders dann augenfällig, wenn, wie in diesem Werk, Wappen nebeneinander gestellt werden, deren Blasonierungen von verschiedenen Archiven erstellt wurden. So unterliegt der Begriff „Bewehrung" einer unterschiedlichen Interpretation: Meist folgt die Zunge des Wappentieres in der Farbgebung der seiner „Waffen" (beim Adler sind das die Fänge und der Schnabel, beim Löwen die Krallen), obwohl dies von manchen Archiven in der amtlichen Wappenbeschreibung nicht festgehalten wird. Die Bezeichnungen „der hessische Löwe" und „die bayerischen Rauten" werden ebenfalls in amtlichen Blasonierungen verwendet, ohne daß sie näher erläutert werden. Als bayerische Rauten ist eine schrägrechte Rautung des Wappenfeldes in den Farben Silber und Blau zu verstehen. Der hessische Löwe wird in der Regel dargestellt als ein neunmal von Silber und Rot geteilter, golden bewehrter, oft auch golden gekrönter Löwe in blauem Feld. Da die Wappenbeschreibungen amtlichen Charakter besitzen, wurden Korrekturen lediglich bei inhaltlichen Fehlern vorgenommen oder wenn die Blasonierung zu sehr vom allgemein Üblichen abwich.

### *Im Text zitierte bzw. weiterführende Literatur*

Als grundlegendes Werk für die bundesdeutschen Kreis- und Gemeindewapppen galt bisher *Stadler, Klemens: Deutsche Wappen. Bundesrepublik Deutschland; 8 Bände, Bremen 1964/71.* Die heute in bezug auf die Kommunalwappen teilweise überholte Veröffentlichung beschreibt auch die deutschen Länderwappen sowie das bundesdeutsche Staatswappen und erläutert ihre Entstehung. Das Buch von *Lehne, Hermann und Kohler, Horst: Wappen des Saarlandes. Landes- und Kommunalwappen; Saarbrücken 1981,* behandelt zwar nur die Hoheitszeichen eines einzelnen Bundeslandes, soll aber wegen der besonders gelungenen Ausstattung hier exemplarisch angeführt werden. Ein amtliches Musterbuch, allerdings ohne heraldische oder historische Erläuterungen, stellt folgende Publikation dar: *Wappen und Flaggen der Bundesrepublik Deutschland und ihrer Länder; hg. vom Bundesministerium des Innern; Köln, Berlin und Bonn 1981*[3]. *Leonhard, Walter: Das große Buch der Wappenkunst. Entwicklung, Elemente, Bildmotive, Gestaltung; München 1984*[3], eröffnet dem Leser einen reich bebilderten Einblick in die faszinierende Welt der Heraldik. Das vierhundertseitige Werk legt den Schwerpunkt vor allem darauf, die Vielfalt der heraldischen Bildsymbole und ihre stilistische Wandlung im Laufe der Zeit offenzulegen. Einen Einstieg in das Wappenwesen bildet *Neubecker, Ottfried: Wappenkunde; München 1980.* Das erschwingliche Taschenbuch bietet einen Querschnitt des Themas. Eine systematische Einführung erarbeitete der Berliner Verein „Herold", der auch in seiner Wappenrolle Familienwappen publiziert: *Wappenfibel. Handbuch der Heraldik; hg. vom „Herold", Verein für Heraldik, Genealogie und verwandte Wissenschaften; Neustadt (Aisch) 1981*[17]. Auf wissenschaftlicher Ebene erschien vor kurzem *Henning, Eckart (Hg.): Bibliographie zur Heraldik. Schrifttum Deutschlands und Österreichs bis 1980; bearbeitet von Eckart Henning und Gabriele Jochums (Bibliographie der Historischen Hilfswissenschaften, Band 1); Köln und Wien 1984.*

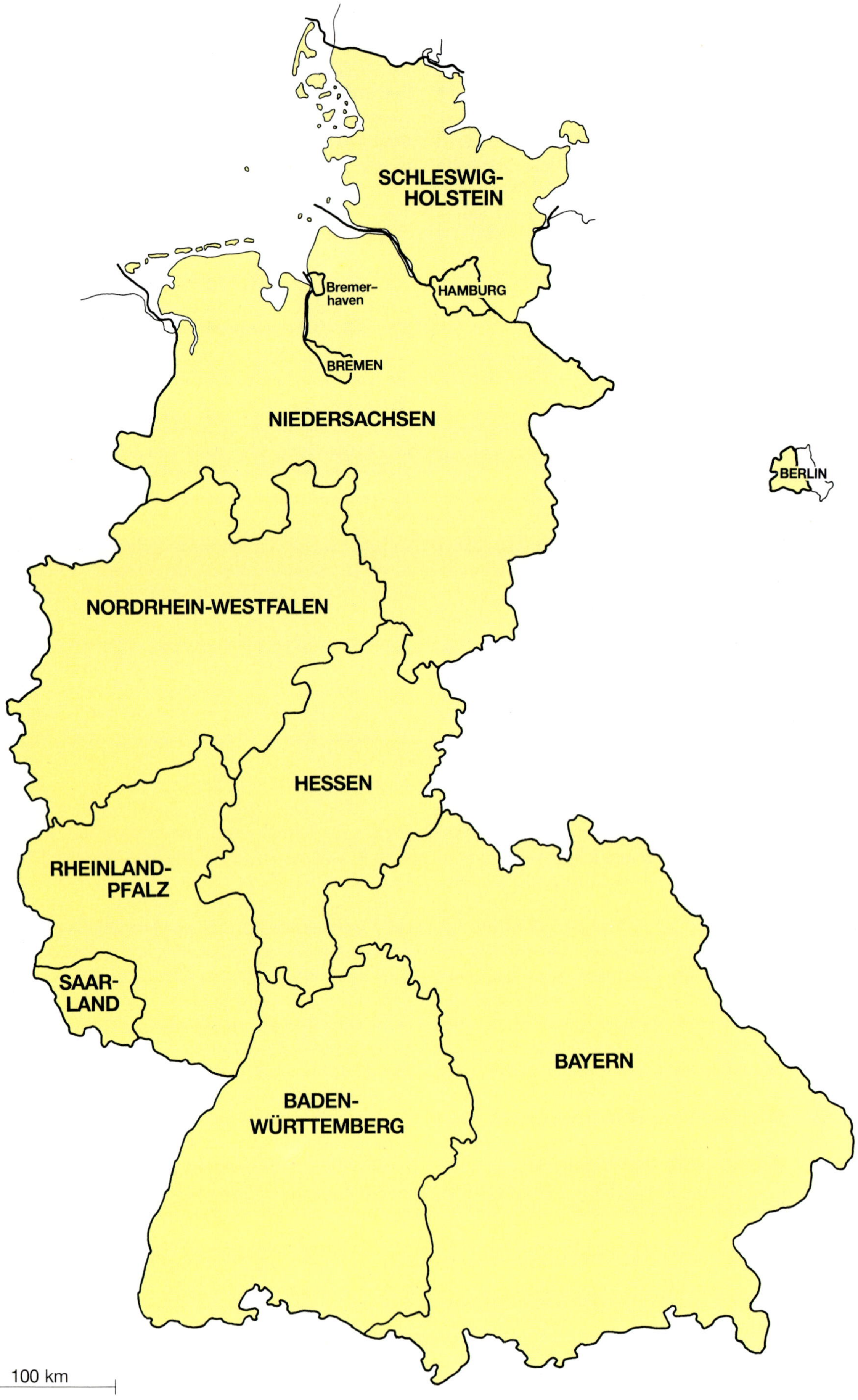
SCHLESWIG-
HOLSTEIN
HAMBURG
Bremer-
haven
BREMEN
NIEDERSACHSEN
BERLIN
NORDRHEIN-WESTFALEN
HESSEN
RHEINLAND-
PFALZ
SAAR-
LAND
BAYERN
BADEN-
WÜRTTEMBERG
100 km

HANS TIEDEKEN

# Die deutschen Landkreise und ihr kommunaler Spitzenverband

## *I.*

Die Landkreise bilden heute zusammen mit den Gemeinden die beiden gleichrangigen Grundtypen kommunaler Selbstverwaltung. Sie sind Gebietskörperschaften mit dem Recht bürgerschaftlich geprägter Selbstverwaltung, die in gleicher Weise wie die Städte und Gemeinden ihre Legitimation aus Art. 28 des Grundgesetzes ableiten können.

Dennoch war für die Kreise der Weg zu dieser Stellung innerhalb des Staatswesens, verglichen mit dem der Gemeinden, relativ mühsam. In Preußen fand er erst am 1. Januar 1874 mit dem Inkrafttreten der Kreisordnung vom 18. Dezember 1872 einen ersten Abschluß. Danach bildete fortan jeder Kreis neben seiner Eigenschaft als staatlicher Verwaltungsbezirk auch einen Kommunalverband mit den Rechten einer Selbstverwaltungskörperschaft. Als verfassungsmäßige Organe wurden *Kreistag, Kreisausschuß* und *Landrat* eingerichtet. Der Kreistag hatte als Vertretung des Kreises über die Angelegenheiten des Kommunalverbandes zu beschließen und der von ihm gewählte Kreisausschuß neben seiner vorbereitenden Tätigkeit für den Kreistag an den Geschäften der Landesverwaltung mitzuwirken. Den Vorsitz im Kreistag wie im Kreisausschuß führte der Landrat, der weiterhin sowohl Leiter der staatlichen Verwaltung wie auch des Kommunalverbandes war.

Aus dieser Verlagerung bisher rein staatlicher Aufgaben in den kommunalen Bereich ergab sich nun auch bald in besonderem Maße ein Bedürfnis für einen Erfahrungsaustausch auf überörtlicher Basis. Ebenso wie bei den gemeindlichen Verbindungen, die zunächst eher Personenvereinigungen der einzelnen Bürgermeister waren, versuchten die Landräte Preußens, die zu dieser Zeit noch staatliche Beamte waren, eine Vereinigung von Landräten zu schaffen. Die preußischen Innenminister als oberste Dienstherren des Landrätekorps wußten das jedoch bis in den Ersten Weltkrieg hinein zu verhindern.

Erst am 8. September 1916 kam es infolge zunehmender Wirtschaftsprobleme zu einem ersten Zusammenschluß preußischer Landkreise zu einem Landkreisverband, dem *Preußischen Landkreistag*. Die schlechte Versorgungssituation der Bevölkerung in den an Berlin angrenzenden Kreisen gab den Ausschlag zur Bildung eines ersten Landkreisverbandes, dem bald auch in anderen Reichsländern die Gründung von entsprechenden Verbänden folgte.

Relativ spät kam es zur Bildung eines kommunalen Spitzenverbandes auf Reichsebene. Dies lag zum einen an dem stark föderalistischen Charakter des deutschen Kaiserreiches, zum anderen aber auch an der Befürchtung vor einem preußischen Übergewicht in einem gemeinsamen Verband. Erst als das Deutsche Reich mehr und mehr zu einer Wirtschaftseinheit verschmolz, deren Probleme und Lösungsversuche nicht an Landesgrenzen haltmachten, sah sich auch die kommunale Seite zur Bildung eines Verbandes auf Reichsebene veranlaßt. Im Jahre 1920 bildeten daher die anderen deutschen Landkreise zusammen mit dem Preußischen Landkreistag den *Verband deutscher Landkreise*, der am 26. November 1923 unter dem Namen *Deutscher Landkreistag* in das Vereinsregister eingetragen wurde. Wie die anderen kommunalen Spitzenverbände des Reiches, hatte auch der Deutsche Landkreistag seinen Sitz in Berlin.

## *II.*

Mit dem 30. Januar 1933 kam das vorläufige Ende des Deutschen Landkreistages. Er wie auch die anderen kommunalen Spitzenverbände wurden zwangsweise in einen *Deutschen Gemeindetag* überführt, einem nach dem „Führerprinzip" organisierten Zwangsverband, dem alle Gemeinden des damaligen Reichsgebietes angehören mußten.

Mit dem Zusammenbruch des Deutschen Reiches 1945 ging sämtliche deutsche Staatsgewalt unter. Der Deutsche Gemeindetag wurde durch Rechtsakt des Kontrollrates der allierten Streitkräfte in Berlin aufgelöst, sein Vermögen zunächst beschlagnahmt, später auf die neuen kommunalen Spitzenverbände verteilt. Als einziger Teil der öffentlichen Verwaltung blieben die kommunalen Gebietskörperschaften übrig, von denen sich in der Folge die ersten Ansätze zur Rückkehr in geordnete Lebensverhältnisse, für den Wiederaufbau und für die Erneuerung der Demokratie in Deutschland vollzogen. Gerade in dieser Zeit war daher auch das Bedürfnis nach Kooperation der kommunalen Körperschaften dringender denn je. Aber größer als früher waren dabei auch die Hindernisse. Die alliierten Befehlshaber hatten nach wie vor erhebliche Vorbehalte gegen neue kommunale Verbandseinrichtungen und verbaten deshalb zunächst die Bildung kommunaler Spitzenverbände prinzipiell. Erst nach erheblichen Anstrengungen und unter persönlichem Risiko der Handelnden selbst gelang es schließlich, die Genehmigung für die Bildung neuer kommunaler Spitzenverbände zu erwirken.

Im September 1946 wurde für die britische Zone ein deutscher Landkreisverband in den Formen des gleichnamigen Verbandes von vor 1933 gegründet. Mit ihm entstand die erste länderübergreifende Einrichtung der Landkreise wieder, die 1949 schließlich in die Bildung des *Deutschen Landkreistages* auf Bundesebene mündete.

## III.

Der *Deutsche Landkreistag* ist neben dem *Deutschen Städtetag* und dem *Deutschen Städte- und Gemeindebund* einer der drei auf Bundesebene existierenden kommunalen Spitzenverbände. Nach Abschluß der kommunalen Gebietsreform, die sich im wesentlichen Ende der 60er, Anfang der 70er Jahre vollzogen hat, ist der Deutsche Landkreistag heute der Zusammenschluß der 237 Kreise der Bundesrepublik Deutschland einschließlich des Stadtverbandes Saarbrücken. Mehr als zwei Drittel der westdeutschen Bevölkerung leben im Landkreisbereich. Er umfaßt 96 Prozent der Fläche der Bundesrepublik Deutschland.
Dies sind eindrucksvolle Zahlen. Noch bedeutsamer aber sind die strukturellen und verfassungsrechtlichen Unterschiede des Landkreisbereiches. Er umfaßt einerseits verschiedene Strukturtypen, von den verstädterten Randzonen der Verdichtungsräume über gemischtwirtschaftliche Gebiete bis hin zu stärker ländlich geprägten Räumen. Andererseits kommt hinzu, daß das Kreisverfassungsrecht aufgrund verschiedener historischer Entwicklungen und unterschiedlicher Eingriffe der Besatzungsmächte auf das Kommunalverfassungsrecht trotz vereinzelter Bestrebungen bis heute nicht vereinheitlicht werden konnte. Wurde beispielsweise in den Ländern der britischen Besatzungszone mit der sogenannten Doppelgleisigkeit ein ganz neues Modell geschaffen, in dem die Kreisverwaltungen weitgehend kommunalisiert wurden, blieb in den süddeutschen Ländern der Dualismus von staatlichem Landratsamt und der Kreisselbstverwaltung stärker erhalten. Die Gebiets- und Verwaltungsreform der späten 60er Jahre hatte zwar das Ziel nach mehr Einheitlichkeit in allen Teilen des Landes. Dieses Ziel wurde jedoch weder beim Gebietszuschnitt noch in der Annäherung der Kreisverfassung oder des Aufgabenbestandes voll erreicht.
Andererseits verdankt der Deutsche Landkreistag aber gerade dieser außerordentlichen Verschiedenheit in Struktur und Funktion der Kreise seine heutige föderale Verbandsorganisation. Entsprechend dem föderalen Aufbau der Bundesrepublik Deutschland sind seine unmittelbaren Mitglieder die Landesverbände in den acht Flächenstaaten. Über sie besteht die Verbindung zu den Kreisen, die die Satzung des Deutschen Landkreistages als mittelbare Mitglieder bezeichnet. Entscheidende Regelungen der Satzung, die auf diesem Grundprinzip basieren, sind vor allem:

- im *Hauptausschuß* haben die Landesverbände das Benennungsrecht für ihre Vertreter,
- das *Präsidium* wird im Prinzip aus den Vorsitzenden der Landesverbände gebildet (zu denen der Hauptgeschäftsführer als geschäftsführendes Präsidialmitglied, ein Vertreter der außerordentlichen Mitglieder und bis zu vier weitere kooptierte Vertreter hinzutreten),
- für die *Umlage* haften die Landesverbände.

Den *Landesverbänden* ist damit, gerade im Vergleich zu den beiden kommunalen Schwesternverbänden, dem Deutschen Städtetag und dem Deutschen Städte- und Gemeindebund, maßgeblicher Einfluß auf die Willensbildung im deutschen Landkreistag eingeräumt.
Vor allem im *Deutschen Städtetag* hat das föderale Prinzip nicht gleiches Gewicht. Ihm gehören zur Zeit neben den drei Stadtstaaten 89 kreisfreie Städte als unmittelbare Mitglieder an. Die Landesverbände, die es auch hier gibt, vermitteln die Mitgliedschaft (mittelbare Mitgliedschaft) zu weiteren 387 kleineren kreisangehörigen Städten. Die unmittelbare Mitgliedschaft von drei Stadtstaaten und 135 weiteren Städten, unter ihnen alle Großstädte, schafft unmittelbare Kontakte und hebt stärker von der Landesorganisation ab.
Der *Deutsche Städte- und Gemeindebund* ist zwar rechtlich ähnlich stark föderal gegliedert wie der Deutsche Landkreistag; aber auch hier haben die Landesorganisationen nicht das gleiche Gewicht und sind als Folge der unterschiedlichen Fusionen bei der Auflösung des früheren Deutschen Städtebundes uneinheitlich strukturiert.

## IV.

Zusammenfassend läßt sich also für den Deutschen Landkreistag feststellen, daß

- das föderale Prinzip bei ihm besonders ausgeprägt ist,
- die Eigenständigkeit der Landesverbände hoch zu bewerten ist,
- trotz der Größenunterschiede der Länder der Einfluß der einzelnen Landesverbände in Fachausschüssen und Präsidium in etwa gleich stark ist. Im Hauptausschuß dagegen ist die Stimmenzahl nach Einwohnergröße gestaffelt.

„Der Deutsche Landkreistag", so heißt es in § 1 der Satzung, „hat die Aufgabe, den demokratischen Gedanken und die Selbstverwaltung im Rahmen der republikanischen Staatsform zu fördern und die Stellung der deutschen Landkreise und seiner sonstigen Mitglieder zu wahren. Er vertritt insbesondere die gemeinsamen Belange der Landkreise. Er berät die zuständigen Stellen bei der Vorbereitung und Durchführung von Gesetzen, Verordnungen, Erlassen und sonstigen, die Landkreise berührenden Bestimmungen und fördert das Verständnis der Öffentlichkeit für die Aufgaben und Einrichtungen der Landkreise." Es sind also ausschließlich öffentliche, dem Gesamtwohl dienende Zwecke, denen sich der Deutsche Landkreistag, wie im übrigen auch die anderen kommunalen Spitzenverbände, widmet. Darüber hinaus versteht sich der Deutsche Landkreistag u.a. als kommunaler Gesprächspartner gegenüber dem Bund. Zwischen dem Bund und der kommunalen Ebene hat sich im Laufe der Jahre ein dichtes Netz unmittelbarer Verpflichtungen entwickelt. Während die Länder nach dem Grundgesetz durch den Bundesrat die Möglichkeit haben, bei der gesetztgebenden Verwaltung des Bundes mitzuwirken, stellt die kommunale Selbstverwaltung ihre Mitarbeit durch die kommunalen Spitzenverbände den Organen des Bundesgesetzgebers – Bundesregierung, Deutscher Bundestag und Bundesrat – zur Verfügung.

Von Wichtigkeit ist, daß die Zusammenarbeit zwischen der Bundesregierung und den kommunalen Spitzenverbänden, seit einigen Jahren in der Gemeinsamen Geschäftsordnung der Bundesministerien näher geregelt worden ist. Eine ähnliche Regelung findet sich in der Geschäftsordnung des Deutschen Bundestages. Beide Geschäftsordnungen stellen sicher, daß die Vertreter der kommunalen Spitzenverbände bei Gesetzgebungsvorhaben, die kommunale Anliegen berühren, von der Bundesregierung und den Ausschüssen des Bundestages rechtzeitig beteiligt und angehört werden. Das hat für die *kommunale Selbstverwaltung* und ihre Ausgestaltung hohe Bedeutung. Zahlreiche wichtige Kreisaufgaben sind durch Bundesrecht geregelt, das damit die Tagesarbeit der Kreise nachhaltig beeinflußt. Rund 70 Prozent der Bundesgesetze werden im kommunalen Raum der Kreise, Städte und Gemeinden ausgeführt. Der Block der Aufgaben, der davon auf die Kreise entfällt, mißt gewichtig. Dabei muß es im Interesse der Bürger auch bleiben. Für viele Aufgaben ist es zwar wichtig, daß sie zeitnah, aber auch mit hinreichender Fachkunde durchgeführt werden. Die Sozialhilfe ist hierfür ein besonders einprägsames Beispiel. Bei aller Anerkennung des heute so gern gebrauchten Schlagworts von der Bürgernähe muß hier noch einmal betont werden, daß auch der Kreis eine bürgernahe Verwaltungseinheit ist. Kreisselbstverwaltung ist rechtlich und politisch von gleicher Qualität wie die gemeindliche Selbstverwaltung. Auch hier vertritt ein gewählter Bürger die Interessen seiner Mitbürger.

**Deutscher Landkreistag – Adenauerallee 136 – 5300 Bonn 1**

Mannheim
Rhein-Neckar-Kreis
Heidelberg
Neckar-Odenwald-Kreis
UNTERER NECKAR
Mosbach
Tauberbischofshm
Main-Tauber-Kreis
Künzelsau
Hohenlohekreis
FRANKEN
Heilbronn
Schwab. Hall
MITTLERER
Karlsruhe
Enzkreis
Pforzhm.
OBERRHEIN
Rastatt
Baden Baden
Ludwigsburg
Rems-Murr-Kreis
Waiblingen
OSTWÜRTTEMBERG
Aalen
Ostalbkreis
Schwäb. Gmünd
NORD-
Calw
STUTTGART
Esslingen a.N.
MITTLERER
Böblingen
NECKAR
Esslingen
Göppingen
Heidenheim a.d.Brenz
Heidenheim
Offenburg
Ortenaukreis
SÜDLICHER
Freudenstadt
SCHWARZWALD
Tübingen
Reutlingen
Alb-Donau-Kreis
Ulm
NECKAR-
ALB
Balingen
DONAU-
Rottweil
SCHWARZWALD-
Zollernalbkreis
Emmendingen
Villingen-Schwenningen
Schwarzwald-
Baar-Kreis
BAAR-
Tuttlingen
HEUBERG
Sigmaringen
Biberach
ILLER
Biberach a. d. Riß
Freiburg
Breisgau-Hochschwarzwald
OBERRHEIN
BODENSEE-
OBERSCHWABEN
HOCHRHEIN-
BODENSEE
Konstanz
Bodensee-
Kreis
Ravensburg
HOCHRHEIN-BODENSEE
Lörrach
Waldshut
Waldshut-Tiengen
Friedrichshafen
100 km

KURT GERHARDT

# Die Landkreise in Baden-Württemberg

Die Landkreise weisen in Baden-Württemberg unterschiedliche Entwicklungslinien auf.

Im ehemals württembergischen Raum reicht ihre Geschichte ins ausgehende Mittelalter zurück. „Stadt und Amt" bildeten den Verwaltungsbezirk und den Gerichtssprengel; auf sie wurden die Steuern (Landschaden) ausgeschrieben. Diese Ämterverfassung überdauerte alle Verfassungskonflikte des 19. Jahrhunderts und bildete die Basis für das heutige Kreisrecht.

Im ehemals badischen Raum verlief die Entwicklung andersartig. 1939 wurden Landkreise mit der charakteristischen Identität von staatlichem Verwaltungsbezirk und Gebiet der Selbstverwaltungskörperschaft geschaffen. Die zuvor bestehenden Großkreise waren rein kommunal ausgerichtet und umfaßten vom Gebietszuschnitt her mehrere staatliche Verwaltungsbezirke.

Eine entscheidende Fortentwicklung der Kreisverfassung brachte die Landkreisordnung von 1946, die unter Einfluß der amerikanischen Besatzungsmacht für die nördlichen Landesteile die Volkswahl der Kreistage, den kommunalen Landrat und die Kommunalisierung des Landratsamts einführte. In den südlichen Landesteilen blieb unter französischem Einfluß der staatliche Landrat erhalten. Nach Bildung des Bundeslandes Baden-Württemberg im Jahre 1952 galt es, beide Kreisverfassungssysteme zusammenzuführen. Dies geschah in der Landkreisordnung von 1956, die den kommunalen Landrat beibehielt, aber das Landratsamt sowohl als kommunale Behörde als auch als staatliche Behörde auswies.

In Baden-Württemberg bestehen heute 35 *Landkreise*. Der Einwohnerzahl nach größte Landkreis ist der Rhein-Neckar-Kreis mit rd. 467000 Einwohnern, der kleinste Landkreis der Hohenlohekreis mit 85400 Einwohnern. Der Fläche nach ist der größte Landkreis der Ortenaukreis mit 1861 km², der kleinste der Kreis Tübingen mit 519 km².

Der heutige Gebietszuschnitt der Landkreise beruht auf der *Kreisreform*, die zum 1. 1. 1973 in Kraft getreten ist. Die Zahl der Landkreise wurde von 63 auf 35 reduziert, ihre durchschnittliche Fläche und Einwohnerzahl fast verdoppelt auf jetzt 961 km² bzw. rd. 210000 Einwohner. Neben den 35 Landkreisen bestehen neun Stadtkreise. Die sogenannten *Großen Kreisstädte* (Städte ab 20000 Einwohner) sind kreisangehörig, unterliegen aber der Aufsicht des Regierungspräsidiums und nicht des Landratsamtes.

Seiner *Rechtsnatur* nach hat sich der Landkreis vom Gemeindeverband zur Gebietskörperschaft hin entwickelt. Dies ergibt sich aus dem Vorhandensein von Kreisgebiet und Kreiseinwohnern, der unmittelbaren Wahl des Kreistags durch die wahlberechtigten Kreiseinwohner und der subsidiären Allzuständigkeit des Landkreises. Lediglich die Kreisumlage enthält noch ein Element des Gemeindeverbandes.

Die *Verfassung* der baden-württembergischen Landkreise wurde in den zurückliegenden 15 Jahren immer mehr an die Gemeindeverfassung angeglichen. Wichtigster Schritt war hierbei die Abschaffung des Kreisrats (damals gebildet aus der Mitte des Kreistags, in anderen Bundesländern Kreisausschuß genannt) und die Einführung von beschließenden Ausschüssen im Zusammenhang mit der Kreisreform. Die baden-württembergische Landkreisordnung weist im übrigen folgende Grundzüge auf:

Der *Kreistag* ist die Vertretung der Einwohner und das Hauptorgan des Landkreises. Er legt die Grundsätze für die Verwaltung des Landkreises fest. Für ihn spricht die Zuständigkeitsvermutung. Er entscheidet in allen Angelegenheiten des Landkreises, soweit nicht der Landrat zuständig ist. Personalentscheidungen des Kreistags bedürfen des Einvernehmens mit dem Landrat; kommt ein Einvernehmen nicht zustande, kann der Kreistag nur mit Zweidrittelmehrheit allein entscheiden. In Angelegenheiten des Landkreises bestehen Unterrichtungsrechte des Kreistags; in Angelegenheiten der staatlichen unteren Verwaltungsbehörde steht es aber im Ermessen des Landrats, ob er den Kreistag anhört.

Der Kreistag kann beschließende und beratende Ausschüsse bilden. Dies ist in allen Landkreisen in unterschiedlicher Anzahl geschehen. Als einzigem Bundesland besteht in Baden-Württemberg aber kein Kreisausschuß.

Der Kreistag wird von den wahlberechtigten Einwohnern auf die Dauer von fünf Jahren gewählt. Wahlberechtigt ist jeder Einwohner, der Deutscher im Sinne von Art. 116 GG ist, das 18. Lebensjahr vollendet hat und seit mindestens sechs Monaten im Gebiet des Landkreises wohnt. Für die Kreistagswahl wird der Landkreis in Wahlkreise eingeteilt. Die Zahl der Kreisräte beträgt mindestens 26; in Landkreisen mit mehr als 50000 Einwohnern erhöht sich diese Zahl für je weitere 10000 Einwohner um zwei. Dadurch kann die Zahl der Kreisräte in einzelnen Landkreisen 100 übersteigen.

Der *Landrat* ist Beamter des Landkreises auf Zeit und wird vom Kreistag auf acht Jahre gewählt. Wählbar zum Landrat ist jeder Deutsche im Sinne von Art. 116 GG, der am Wahltag das 30., aber noch nicht das 63. Lebensjahr vollendet hat und die Gewähr dafür bietet, für die freiheitlich-demokratische Grundordnung einzutreten. Laufbahnvoraussetzungen werden nicht verlangt. Das Land ist in das Vorauswahlverfahren eingeschaltet. Der Landrat ist Vorsitzender des Kreistags und seiner Ausschüsse (allerdings ohne Stimmrecht), leitet das Landratsamt und vertritt den Landkreis nach außen. Er regelt die innere Organisation und ist Vorgesetzter, Dienstvorgesetzter und oberste Dienstbehörde für die Bediensteten des Landkreises. Er erledigt in eigener Zuständigkeit die Geschäfte der laufenden Verwaltung

und die Weisungsaufgaben. Gegenüber rechtswidrigen oder nachteiligen Beschlüssen des Kreistags besitzt er ein Widerspruchsrecht. Ferner kommt ihm ein Eilentscheidungsrecht in dringenden Angelegenheiten des Kreistags zu, die auch nicht bis zu einer frist- und formlos einzuberufenden Ausschußsitzung aufgeschoben werden können. Bei Beschlußunfähigkeit des Kreistags besitzt er ein Ersatzbeschlußrecht.
Ständiger allgemeiner Stellvertreter des Landrats ist der *Erste Landesbeamte*, der den Landrat aber nicht im Vorsitz des Kreistags vertritt. Hier wird der Landrat von einem oder mehreren aus der Mitte des Kreistags gewählten Kreisräten vertreten.
Das *Landratsamt* besitzt eine Doppelnatur. Es ist sowohl staatliche untere Verwaltungsbehörde als auch Selbstverwaltungsbehörde. Zur Erfüllung der Aufgaben der unteren Verwaltungsbehörde stellt das Land staatliche Beamte zur Verfügung; die übrigen Bediensteten werden vom Landkreis vorgehalten. Der Landrat ist aber befugt, staatliche und kommunale Beamte auszutauschen.
Im Gegensatz zu den meisten anderen Bundesländern sind in Baden-Württemberg die unteren *Sonderbehörden* (z.B. Gesundheitsamt, Veterinärrat, Wasserwirtschaftsamt, Straßenbauamt oder Schulamt) nicht in das Landratsamt eingegliedert. Der Landrat besitzt aber ihnen gegenüber eine Koordinationsfunktion.
Die Aufgaben des Landratsamts als staatliche untere Verwaltungsbehörde sind im Zuge der Funktionalreform zurückgegangen. Eine Reihe von Ordnungszuständigkeiten wurde auf die Gemeinden übertragen; so können Gemeinden ab 8000 Einwohnern z.B. untere Baurechtsbehörde werden. Allerdings wurden auch wichtige Aufgaben von den Regierungspräsidien auf die Landratsämter übertragen: Diese erhielten die Zuständigkeit zur Genehmigung von Flächennutzungsplänen oder die Linienverkehrsgenehmigungen nach dem Personenbeförderungsgesetz.
*Kreiskommunale Pflichtaufgaben* sind:

- Die Abfallbeseitigung; sämtliche Landkreise halten Beseitigungsanlagen vor, während die Aufgabe des Einsammelns des Abfalls teilweise auf die Gemeinden delegiert ist.
- Das Berufsschulwesen in allen Ausformungen; daneben sind die Landkreise Träger von Sonderschulen für Bildungsschwache, teilweise auch für Lernbehinderte oder Körperbehinderte. Einige Landkreise sind auch Träger von Gymnasien. Sämtliche Landkreise besitzen eine Kreisbildstelle zur Versorgung der Schulen mit Lichtbildern und Tonträgern.
- Die Schülerbeförderungskostenerstattung, mit der sehr eng die Ordnung des öffentlichen Personennahverkehrs verbunden ist. Hier bemühen sich die Landkreise zwar nicht als Träger von Verkehrsunternehmen (nur ein Landkreis hält einen Kreisautobusbetrieb vor), wohl aber über Planung und Koordination zu einer Verbesserung der Verkehrsanbindung, vor allem auch im ländlichen Raum zu gelangen. Im Ballungsraum leisten die Landkreise wesentliche Beiträge zum Verkehrsverbund.
- Die Krankenhausversorgung ist zwar nur subsidiäre Pflichtaufgabe der Landkreise, aber fast jeder Landkreis hält ein oder mehrere Kreiskrankenhäuser unterschiedlicher Versorgungsstufe bis zum 1000-Betten-Krankenhaus vor.
- Der Bau und die Unterhaltung von Kreisstraßen. Die Landkreise besitzen den größten Anteil am klassifizierten Straßennetz in Baden-Württemberg. Allerdings ist die technische Verwaltung der Kreisstraßen aus Rationalisierungsgründen obligatorisch den staatlichen Straßenbauämtern übertragen.
- Aufgaben der örtlichen Sozial- und Jugendhilfe, die den größten Ausgabenblock im Kreishaushalt darstellen. Häufig muß fast das gesamte Aufkommen an Kreisumlage dafür eingesetzt werden.

Diese Pflichtaufgaben sind den Landkreisen weisungsfrei übertragen; sie unterliegen nur der Rechts-, aber keiner Zweckmäßigkeitskontrolle.
In beschränktem Umfang besitzen die Landkreise auch Pflichtaufgaben nach Weisung (z. B. Lastenausgleich, Unterhaltssicherung oder Wohngeld).
Daneben erfüllen die Landkreise eine Vielzahl *freiwilliger Aufgaben*, vor allem auf sozialem und kulturellem Gebiet. Erwähnt seien Volkshochschulen, Freilichtmuseen, Fahrbüchereien, Kreisarchivare, Erziehungsberatungsstellen oder Schullandheime.
Die Landkreise haben gegenüber den kreisangehörigen Gemeinden eine sogenannte Kompetenz-Kompetenz. Sie können nach Schaffung ausreichender Kreiseinrichtungen mit Zweidrittelmehrheit im Kreistag mit bindender Wirkung gegenüber den kreisangehörigen Gemeinden die ausschließliche Zuständigkeit des Landkreises beschließen. Von dieser Möglichkeit wurde aber bisher kaum Gebrauch gemacht.
Die Landkreise regeln weisungsfreie Angelegenheiten durch Satzung. Wichtige Satzungen sind u.a. Hauptsatzung (durch die beschließende Ausschüsse des Kreistags eingerichtet werden), Haushaltssatzung, Abfallsatzung, Satzung über die öffentliche Bekanntmachung, über die Entschädigung ehrenamtlich Tätiger oder über die Schülerbeförderungskostenerstattung. Satzungen können nur vom Kreistag beschlossen werden.
Die Landkreise finanzieren sich über beschränkte eigene Steuereinnahmen (Jagdsteuer, Aufkommen der Grunderwerbsteuer), Landeszuweisungen aus dem Finanzausgleich, Gebühren und letztlich der Kreisumlage, die von den kreisangehörigen Gemeinden erhoben wird. Die Landkreise unterliegen wie alle kommunalen Gebietskörperschaften in der Regel nur der Rechtsaufsicht des Landes. Rechtsaufsichtsbehörden sind die vier Regierungspräsidien.

**Landkreistag Baden-Württemberg – Panoramastraße 37 – 7000 Stuttgart 1**

Regierungsbezirk: Tübingen. Einwohner: 159 421. Fläche: 1357 km². Einwohner je km²: 118. Kfz-Kennzeichen: UL. Kreisverwaltung: Schillerstraße 30, 7900 Ulm. Verwaltungsgliederung: 55 Gemeinden.

### Wappenbeschreibung

In Silber ein doppelköpfiger schwarzer Adler, belegt mit einem gespaltenen Brustschild; darin vorne in Gold drei liegende schwarze Hirschstangen übereinander, hinten fünfmal von Rot und Silber schräggeteilt.

### Historische Entwicklung

Der Alb-Donau-Kreis besteht seit 1973 in seiner heutigen Gestalt als Ergebnis einer in Baden-Württemberg durchgeführten Kommunalreform. Zusammengesetzt aus den früheren Kreisen Ulm und Ehingen sowie aus Teilen des ehemaligen Kreises Münsingen entstand der neue Flächenkreis. Die einzelnen Gebiete des Kreises haben eine unterschiedliche Geschichte, die durch das Kreiswappen widergespiegelt wird. Der doppelköpfige schwarze Reichsadler bezieht sich auf die ehemals reichsunmittelbaren Territorien im Kreisgebiet, vorab auf das der Freien Reichsstadt Ulm. Zur Unterscheidung vom Reichswappen steht er auf silbernem Grund, wodurch sich die ulmischen Farben Schwarz-Silber ergeben. Im gespaltenen Brustschild erscheinen vorne die drei württembergischen Hirschstangen, die zunächst die altwürttembergischen Gebiete repräsentieren, zugleich aber auch darauf hinweisen, daß auch das übrige Kreisgebiet anfangs des 19. Jh. an Württemberg gefallen ist. Die hintere Hälfte des Brustschildes enthält das Wappen der Markgrafen von Burgau bzw. ihrer Verwandten, der Grafen von Berg, von dem die Wappen der von den letzteren gegründeten Städte Ehingen und Schelklingen abgeleitet sind und das gleichfalls – in abgewandelter Form – auch ein Bestandteil des Wappens des früheren Kreises Ehingen gewesen ist. Die diese Schildhälfte beherrschenden Farben Rot und Silber waren übrigens auch die Wappenfarben Österreichs sowie der Grafen von Helfenstein und von Werdenberg, die ebenfalls im jetzigen Kreisgebiet begütert waren. Das Wappen des Alb-Donau-Kreises wurde bis Ende 1972 vom früheren Kreis Ulm geführt. Nach seiner Auflösung – dieses Schicksal traf bis auf drei alle Kreise in Baden-Württemberg – wurde die Genehmigung eines Kreiswappens für den neuen Landkreis notwendig, die am 5. November 1975 durch das baden-württembergische Innenministerium für das bisherige Wappen erneut ausgesprochen wurde.

### Struktur des Kreises – Sehenswürdigkeiten

Im Osten Baden-Württembergs gelegen, angrenzend an den Freistaat Bayern, erstreckt sich das Gebiet des Alb-Donau-Kreises von den kargen Höhen der Schwäbischen Alb bis in die Niederungen der Donau und umschließt dabei den Stadtkreis Ulm fast vollständig. Der seit altersher überwiegend landwirtschaftlich geprägte Charakter des Kreises blieb bis heute erhalten. Die landschaftliche Schönheit des Kreises erschließt sich vor allem dem Wanderer, der auf kalkweißen Wegen vorbei an charakteristischen Wacholderheiden hinab in tiefeingeschnittene Täler seinen Weg nimmt, begleitet von einem munteren Bach, der mäandrierend sich im Talgrund sein Bett gesucht hat, eingeschlossen von teils kargen und trockenen, teils üppig bewachsenen Hängen, die von steil aufragenden Felsen unterbrochen werden, auf denen hie und da eine trutzige Feste ihren Platz gefunden hat. Erreicht man den Talgrund und die sich öffnenden Ebenen, so kündigt schon von ferne die Silhouette der Türme die Klöster von Blaubeuren oder Obermarchtal an.

Neben diesen beiden kunsthistorisch überaus bedeutsamen Kulturdenkmälern finden sich in einigen Kapellen und Kirchen des Kreises hervorragende Zeugnisse der berühmten Ulmer Schule.

Einen Rückblick auf vergangene Zeiten ermöglichen die zehn sehenswerten Heimatmuseen. Sie lassen ahnen, wie die Vorfahren gelebt haben mögen, von der Frühgeschichte bis in die jüngste Vergangenheit.

Regierungsbezirk: Tübingen. Einwohner: 152 160. Fläche: 1410 km². Einwohner je km²: 108. Kfz-Kennzeichen: BC. Kreisverwaltung: Rollinstraße 9, 7950 Biberach an der Riß. Verwaltungsgliederung: 45 Gemeinden (Achstetten, Alleshausen, Allmannsweiler, Altheim, Attenweiler, Bad Buchau, Bad Schussenried, Berkheim, Betzenweiler, Biberach a. d. Riß, Burgrieden, Dettingen a. d. Iller, Dürmentingen, Dürnau, Eberhardzell, Erlenmoos, Erolzheim, Ertingen, Gutenzell-Hürbel, Hochdorf, Ingoldingen, Kanzach, Kirchberg a. d. Iller, Kirchdorf a. d. Iller, Langenenslingen, Laupheim. Maselheim, Mietingen, Mittelbiberach, Moosburg, Ochsenhausen, Oggelshausen, Riedlingen, Rot a. d. Rot, Schemmerhofen, Schwendi, Seekirch, Steinhausen a. d. Rottum, Tannheim, Tiefenbach, Ummendorf, Unlingen, Uttenweiler, Wain, Warthausen).

### Wappenbeschreibung

Gespalten: vorne in Gold ein halber, rot bewehrter schwarzer Adler am Spalt; hinten in Rot ein mit der Krümme nach links gerichteter goldener Abtsstab mit silbernem Velum.

### Historische Entwicklung

Die Alemannen, die spätestens seit dem 5. Jh. die Herren des Landes waren, gerieten im frühen 6. Jh. unter die Oberhoheit der Frankenkönige. Im 12. und 13. Jh. gehörte der heutige Landkreis Biberach zu den Zentren der staufischen Macht. Den Gang der deutschen Geschichte beeinflußte der Bauernkrieg von 1525, der von hier aus seinen Anfang nahm. Neben der für Deutschland einmaligen Anhäufung adliger und klösterlicher Besitzungen sind für den Raum Biberach die zahlreichen Verflechtungen mit dem Reich charakteristisch, wie sie z.B. bei den Reichsstädten Biberach und Buchau zum Ausdruck kommen. So wurde als Sinnbild für diesen Tatbestand der Reichsadler ins Kreiswappen aufgenommen, das dem Altlandkreis Biberach am 4. März 1970 und dem Nachfolgekreis am 3. September 1973 genehmigt wurde. Unter anderem werden mit dem Reichsadler auch das habsburgische Hausgut und die reichsritterschaftlichen Gebiete in Erinnerung gerufen. Auch das Wappenmotto der hinteren Schildhälfte vertritt nicht eine einzelne Herrschaft, sondern steht für die Vielzahl an Klöstern: Ochsenhausen, Rot an der Rot, Schussenried, Buchau, Heggbach, Heiligkreuztal, Gutenzell. Erst die Neuverteilung der Macht zur Zeit Napoleons I. führte alle Territorialsplitter unter einem einzigen Landesherren zusammen, dem württembergischen König. Der Landkreis Biberach in seiner heutigen Gestalt trat am 1. Januar 1973 ins Leben, als dem Altlandkreis Biberach Teile der früheren Kreise Sigmaringen, Saulgau und Ehingen zugeschlagen wurden.

### Struktur des Kreises – Sehenswürdigkeiten

Dem Kunstfreund bietet der Landkreis Biberach, insbesondere entlang der „Oberschwäbischen Barockstraße“, eine Fülle von Sehenswürdigkeiten. Zum Verweilen im „Himmelreich des Barock“ laden die vielen Kirchen und Klöster ein. Über Rot an der Rot mit seiner ehemaligen Prämonstratenserreichsabtei führt der Weg nach Ochsenhausen, wo die einstige Benediktinerreichsabtei einen Besuch lohnt. In Gutenzell versteckt sich eine der schönsten spätbarocken Kirchen Oberschwabens, und den malerischen Stadtkern der früheren Reichsstadt Biberach mit einem der schönsten Marktplätze Deutschlands prägen Bauten des 14. bis 16. Jahrhunderts. Den Kunstreichtum des Landkreises veranschaulichen auch die beiden Schlösser in Laupheim, die bemerkenswerten Fachwerkhäuser in der Riedlinger Altstadt und nicht zuletzt das ehemalige Zisterzienserinnenkloster Heiligkreuztal.

Für die Gesundheit sorgen die beiden Moorheilbäder Bad Buchau – mit dem Natur- und Vogelschutzgebiet – und Bad Schussenried. Der berühmte Bibliothekssaal der ehemaligen Prämonstratenserreichsabtei zeigt exemplarisch die Schönheit des oberschwäbischen Barock. In der nächsten Nachbarschaft liegen die Wallfahrtskirche Steinhausen, die „schönste Dorfkirche der Welt“, die spätbarocke Kirche in Otterswang und das Kreisfreilichtmuseum Kürnbach, das die bäuerliche Hausform dieser Region anschaulich dokumentiert.

Regierungsbezirk: Tübingen. Einwohner: 170880. Fläche km²: 664 km². Einwohner je km²: 257. Kfz-Kennzeichen: FN. Landratsamt: Glärnischstraße 1, 7990 Friedrichshafen 1. Verwaltungsgliederung: Eine große Kreisstadt (Friedrichshafen) und 22 weitere Gemeinden (Bermatingen, Daisendorf, Deggenhausertal, Eriskirch, Frickingen, Hagnau, Heiligenberg, Immenstaad, Kressbronn, Langenargen, Markdorf, Meckenbeuren, Meersburg, Neukirch, Oberteuringen, Owingen, Salem, Sipplingen, Stetten, Tettnang, Überlingen, Uhldingen-Mühlhofen).

### Wappenbeschreibung

In Blau über drei silbernen Wellenfäden ein achtspeichiges goldenes Rad ohne Felgen (Mühlrad).

### Historische Entwicklung

Das Wappen wurde vom Regierungspräsidium Tübingen am 27. Februar 1976 verliehen. Die Wellenfäden weisen auf den Bodensee hin. Das Rad ist dem Wappen der Herren von Markdorf und Raderach entnommen. Es deutet jedoch auch die Bedeutung der heutigen Industrie an (Zahnräder) und kann mit den Wellen auch als redendes Wappen (Bodensee) verstanden werden.
Erste Siedlungsspuren stammen aus der mittleren Steinzeit. In der Jungsteinzeit und Bronzezeit ließen sich Siedler in den „Pfahlbauten" am Seeufer nieder. Die Alemannen siedelten am See seit dem 5. Jh.: An der Schussen grenzten die für das heutige Kreisgebiet lange bedeutsamen historischen Räume des Argen- und Linzgaus aneinander. In fränkischer Zeit waren sie in der Hand der mächtigen Grafenfamilie der Udalrichinger. Ihre Nachkommen beherrschten diese beiden Grafschaften jahrhundertelang: die Grafen von Werdenberg bis 1534, dann die Fürstenberger in der Grafschaft Heiligenberg (Linzgau); die Grafen von Montfort bis 1780 in der Grafschaft Tettnang. Die Region lebte vom Getreideanbau, dessen Überschüsse in die Schweiz geliefert wurden sowie vom Weinbau, die Städte vom Handel über den Bodensee. Zwischen 1803 und 1810 verschwanden die selbständigen Kleinstaaten, und das Bodensee-Nordufer wurde an Baden und Württemberg aufgeteilt. 1973 wurden die Kreise Tettnang und Überlingen zum Bodenseekreis vereinigt.

### Struktur des Kreises – Sehenswürdigkeiten

Friedrichshafen ist heute ein „Zentrum der Metallindustrie von europäischem Rang" mit mehreren Großfirmen. Die Landwirtschaft mit ihrer Ausrichtung auf Obst-, Wein- und Hopfenbau beschäftigt noch 10 % der Erwerbstätigen. Landschaft und Bodensee ziehen den Fremdenverkehr an. Jedoch haben die Bevölkerungszunahme auf das Doppelte seit dem Zweiten Weltkrieg, Bauboom und die Industrialisierung der Landwirtschaft die Landschaft sehr verändert und Verkehrsprobleme geschaffen.
Ca. 11 % des Kreisgebiets stehen unter Landschafts- oder Naturschutz. Unter den vielen Sehenswürdigkeiten sind hervorzuheben: die Altstadtbereiche von Meersburg (mit dem mittelalterlichen Alten Schloß und dem barocken Neuen Schloß) und Überlingen (mit Rathaus, Münster und Befestigungsanlagen), die historischen Dorfbilder von Bermatingen und Sipplingen mit Fachwerkbauten, aus der Romanik die Kapelle Goldbach mit Reichenauer Wandmalereien, die gotische Klosterkirche von Salem mit klassizistischer Innenausstattung, das Renaissance-Schloß Heiligenberg.
Unter den vielen Barockbauten seien genannt: die Wallfahrtskirche Birnau und das Neue Schloß in Tettnang.

Regierungsbezirk: Stuttgart. Einwohner: 308299. Fläche: 618 km². Einwohner je km²: 499. Kfz-Kennzeichen: BB. Kreisverwaltung: Parkstraße 16, 7030 Böblingen. Verwaltungsgliederung: 26 kreisangehörige Gemeinden (Aidlingen, Altdorf, Böblingen, Bondorf, Deckenpfronn, Ehningen, Gärtringen, Gäufelden, Grafenau, Herrenberg, Hildrizhausen, Holzgerlingen, Jettingen, Leonberg, Magstadt, Mötzingen, Nufringen, Renningen, Rutesheim, Schönaich, Sindelfingen, Steinenbronn, Waldenbuch, Weil der Stadt, Weil im Schönbuch und Weissach).

## Wappenbeschreibung

In Gold unter einer liegenden schwarzen Hirschstange eine dreilatzige rote Fahne mit drei schwarzen Ringen.

## Historische Entwicklung

Der frühere Landkreis Böblingen hatte bereits 1927 ein eigenes Wappen angenommen, das anstelle der Fahne ein Leichtflugzeug in Anspielung auf den Flughafen Böblingen zeigte. 1947 wurde das abgebildete Wappen angenommen, das am 30. August 1974 der neugebildete Landkreis übernahm. Die dreilatzige rote Fahne war die Wappenfigur der Pfalzgrafen von Tübingen, die bis ins 14. Jh. hinein große Teile des Kreisterritoriums beherrschten. 1250 bis 1300 gründeten sie die Städte Böblingen, Sindelfingen und Herrenberg. Nach und nach fielen die Besitzungen der Pfalzgrafen von Tübingen an Württemberg, das die Ämter Böblingen, Leonberg, Herrenberg und später Sindelfingen einrichtete. Auf die bis in unser Jahrhundert hineinreichende Zugehörigkeit zu Württemberg verweist die württembergische Hirschstange im Kreiswappen. Am 12. Mai 1525 besiegte Truchseß Georg von Waldburg bei Böblingen mit einem Heer des Schwäbischen Bundes die aufständischen Bauern. 1818 schuf das Königreich Württemberg auf seinem Boden 64 Oberämter, aus denen 1938 Landkreise und Stadtkreise hervorgingen. Damals entstand der Altlandkreis Böblingen aus den Oberämtern Böblingen und Herrenberg.
Der Landkreis Böblingen in seinen heutigen Grenzen wurde 1973 gebildet, als die Kreisreform in Baden-Württemberg den Altlandkreis Böblingen mit dem Kerngebiet des Kreises Leonberg zusammenschloß.

## Struktur des Kreises – Sehenswürdigkeiten

Als Übergang vom gewerbereichen mittleren Neckarraum zur Ferienlandschaft des Schwarzwaldes bietet der westlich von Stuttgart gelegene Landkreis Böblingen ein abwechslungsreiches Bild. In dem oft als „Industriekreis“ (Automobil-, Computer- und Bauindustrie, Maschinenbau etc.) bezeichneten Landstrich werden noch fast 46 Prozent des Kreisgebietes landwirtschaftlich genutzt. Mehr als ein Drittel ist von Wald bedeckt. Die reiche Geschichte dieser Region spiegelt sich in ihrer wertvollen Bausubstanz wider. In Böblingen erinnern die Reste der Stadtmauer mit dem „Grünen Turm“ und den malerisch steilen Straßen und Staffeln sowie die gotische Dionysius-Kirche mit dem Kreuzrippengewölbe ihres Chores an die Residenz- und Amtsstadt von einst. Herrenberg beeindruckt mit seiner Burgruine, der Stiftskirche St. Marien (erste Hallenkirche Schwabens) und einem mittelalterlichen Stadtbild (Marktplatz mit Rathaus, Spitalkirche, Propstei des Chorherrenstifts und „Stiftsfruchtkasten“ von 1683/84). Sehenswert sind in Leonberg das Schloß, die Stadtkirche sowie die Fachwerkbauten am Marktplatz mit dem Keplerhaus und dem Hölderlinhaus, in Sindelfingen der unberührte Altstadtkern (ein stadtgeschichtlicher Weg, ausgezeichnet mit 35 Tafeln, führt zu den interessantesten Sehenswürdigkeiten) und in der romantischen alten Reichsstadt Weil der Stadt die Reste der alten Ringmauer, der Marktplatz mit seinen Bürgerhäusern und die kath. Stadtpfarrkirche „St. Peter und Paul“.

Regierungsbezirk: Freiburg. Einwohner: 206080. Fläche: 1378 km². Einwohner je km²: 150. Kfz-Kennzeichen: FR. Kreisverwaltung: Stadtstraße 2, 7800 Freiburg. Verwaltungsgliederung: 11 Vereinbarte Verwaltungsgemeinschaften (Bad Krozingen, Breisach, Ehrenkirchen, Feldberg-Schluchsee, Gundelfingen, Heitersheim, Hinterzarten, Löffingen, March-Umkirch, Schallstadt, Titisee-Neustadt) – 6 Gemeindeverwaltungsverbände (Dreisamtal, Kirchzarten; Hexental, Merzhausen; Kaiserstuhl-Tuniberg, Bötzingen; Müllheim-Badenweiler, Müllheim; St. Peter; Staufen-Münstertal, Staufen).

## Wappenbeschreibung

Gespalten: vorne in Rot ein silberner Balken, hinten in Gold ein roter Schrägbalken; im goldenen Herzschild ein schwarzer Adler.

## Historische Entwicklung

Der flächengroße Landkreis entstand durch die Gebietsreform vom 1. Januar 1973 aus umfangreichen Teilen der Kreise Freiburg im Breisgau, Hochschwarzwald und Müllheim. Der neugebildete Kreis erhielt am 2. August 1974 die Genehmigung zur Führung des Wappens, das in fast unveränderter Form der Altlandkreis Freiburg im Breisgau seit dem 8. Mai 1957 geführt hatte; lediglich der Brustschild im Adlerwappen der Stadt Breisach am Rhein entfiel, und der Adler erscheint heute zur Gänze schwarz dargestellt. Der Schrägbalken in der hinteren Hälfte des gespaltenen Schildes steht für die Markgrafen von Baden, die die Zähringer als bedeutende Gebietsherren abgelöst hatten.
Bereits seit dem 13. Jh. begannen jedoch die Habsburger vom Elsaß, Zürich- und Aargau aus den Breisgauer Raum zu durchdringen. Binnen anderthalb Jahrhunderten hatte Habsburg, das hier zwar weder über Gut noch Rechte verfügte, unter den Territorialherren die erste Stelle erlangt; sein „Bindenschild" ziert die vordere Hälfte des Kreiswappens.
Nach dem Ende des Dreißigjährigen Krieges (1618/48) wurde der Breisgau zu einem völlig zum österreichischen Reichskreis gehörigen politischen Verwaltungsraum mit dem Mittelpunkt Freiburg im Breisgau. Schließlich wechselte das Land nach dem Frieden von Preßburg (1805) und der Rheinbundakte von 1806 den Besitzer und wurde dem Großherzogtum Baden zugeschlagen.

## Struktur des Kreises – Sehenswürdigkeiten

Über 40 km markiert der Rhein, der in diesem Bereich zugleich die Staatsgrenze zwischen Deutschland und Frankreich darstellt, die Kreisgrenze. In der Ost-West-Ausdehnung erstreckt sich der Landkreis von Löffingen-Unadingen über die Baar, den Hochschwarzwald bis hin zum Rhein, dem die Flüsse Glotter, Dreisam, Möhlin, Neumagen, Sulzbach und Klemmbach zufließen.
Charakteristisch durch Terrassen infolge der Rebflurbereinigung geprägt sind Kaiserstuhl und Tuniberg. Der Batzenberg gilt als in der Bundesrepublik größtes geschlossenes Weinanbaugebiet. „Von der Sonne verwöhnte" edle Kreszenzen wie Silvaner, Müller-Thurgau, Gutedel, Weißer und Roter Burgunder wachsen im Markgräflerland, in der Vorbergzone des Schwarzwaldes und an den talwärts geneigten Hängen des Glottertals. Der Kreis ist mit 5400 ha Weinanbaufläche der größte Weinanbaukreis im Lande Baden-Württemberg, Vogtsburg die größte Weinanbaugemeinde des Landes.
Der Schwarzwald ist nicht nur Erholungsgebiet, sondern auch die Wiege des deutschen Skisports, der hier 1891 am 1493 m hohen Feldberg begann. Zwei Heilbäder – Badenweiler und Bad Krozingen –, fünf Heilklimatische Kurorte – Hinterzarten, Lenzkirch und Lenzkirch-Saig, Titisee, ein Stadtteil von Titisee-Neustadt, und Schluchsee – zwei Kneippkurorte – Friedenweiler und Titisee – sowie 11 Luftkurorte und sechs Erholungsorte bieten den Menschen Hilfe und Entspannung.
Der Kunstfreund wird gerne das St.-Stephans-Münster in der traditionsreichen Stadt Breisach aufsuchen, in Niederrotweil (Stadt Vogtsburg) die ehemalige Pfarrkirche St. Michael mit dem „Niederrotweiler Altar", die spätbarocke Kirche in Merdingen oder das einstige Benediktiner-Kloster St. Trudpert mit dem um 1160 entstandenen Niello-Missionskreuz. In St. Peter entzücken der Saal der Stiftsbibliothek und die Kirche des ehemaligen Klosters. Im Hochschwarzwald lädt das berühmte Glottertal mit seinem süffigen Weißherbst ein. Besonderer Beliebtheit erfreuen sich die alemannischen Fastnachtsbräuche (Fastnachtsmuseum in Kenzingen).

Regierungsbezirk: Karlsruhe. Einwohner: 134 442. Fläche: 797,57 km². Einwohner je km²: 169. Kfz-Kennzeichen: CW. Kreisverwaltung: Landratsamt Calw, Vogteistraße 44, 7260 Calw. Verwaltungsgliederung: Altensteig, Althengstett, Bad Herrenalb, Bad Liebenzell, Bad Teinach-Zavelstein, Calw (Gr. Kreisstadt), Dobel, Ebhausen, Egenhausen, Enzklösterle, Gechingen, Haiterbach, Höfen a.d.E., Nagold (Gr. Kreisstadt), Neubulach, Neuweiler, Oberreichenbach, Ostelsheim, Rohrdorf, Schömberg, Simmersfeld, Simmozheim, Unterreichenbach, Wildbad i. Schw., Wildberg.

### Wappenbeschreibung

In Gold auf blauem Dreiberg, aus dem eine silberne Quelle sprudelt, ein stehender, blau gekrönter und blau bezungter roter Löwe.

### Historische Entwicklung

Der auf einem Vier- oder Dreiberg stehende Löwe war das Wappenbild der Grafen von Calw, deren Herrschaft sich im 12. Jh. weit über den Bereich des heutigen Landkreises Calw hinaus auf große Gebiete im Nordwesten des späteren Württembergs erstreckte. Im Landkreis Calw ist die Erinnerung an dieses Geschlecht nicht allein mit seinem namensgebenden Hauptsitz Calw und seiner Klostergründung Hirsau, sondern auch mit der Kolonisierung der Nagold-Platte besonders verbunden. Das erstmals 1961 genehmigte, am 12. Oktober 1973 erneut verliehene Kreiswappen gleicht dem Wappen der Stadt Calw bis auf die dort fehlende Quelle. Sie soll im Kreisemblem auf die verschiedenen Heilquellen im „Bäderkreis Calw“ hinweisen. Der Landkreis Calw war im Jahre 1938 entstanden, als per Gesetz die Oberämter aufgelöst und zu Kreisen vereinigt wurden. So wurde aus den Oberämtern Calw, Nagold und Neuenbürg der Landkreis Calw mit 104 Gemeinden formiert. In dieser Zusammensetzung blieb der Landkreis bis zur Gebietsreform des Jahres 1973 bestehen. Im Gegensatz zu den übrigen 34 Landkreisen Baden-Württembergs, die fast ausschließlich durch Zusammenlegung mehrerer alter Kreise oder Teile von solchen zu einem größeren Verwaltungssprengel wurden, kam der Landkreis Calw in dieser Reform durch erhebliche Gebietsabtrennungen zustande.

### Struktur des Kreises – Sehenswürdigkeiten

Wenn auch der größte Teil der Kreisbevölkerung im Gewerbe und in der Industrie tätig ist, so ist der Fremdenverkehr auch eine wichtige Erwerbsquelle. Dank geringer Entfernungen zu Wirtschaftszentren wie Stuttgart, Pforzheim und Karlsruhe konnten sich die traditionell bodenständigen Gewerbezweige wie Holz-, Textil-, Leder- und optische Industrie und die Feinmechanik gut entwickeln. Mit einem Waldanteil von über 60 Prozent der Markungsfläche im Lande Baden-Württemberg steht der Landkreis an zweiter Stelle, was ihn als von der Natur besonders begünstigt zum beliebten Kur- und Erholungsgebiet machte. Von den kulturellen und landschaftlichen Sehenswürdigkeiten seien angesprochen: in Altensteig das malerische alte Stadtbild mit Schloß und Wehrmauer, im Stadtteil Berneck die Schloßsteige mit Kirche und mittelalterlichem Schloß, die Burgruine Hornberg und der Egenhauser Kapf, in Bad Herrenalb die Ruine der Zisterzienserabtei, in Bad Liebenzell die Burg Liebenzell (12. Jh.) und die Burgruine Zavelstein aus dem 12 Jh. in Bad Teichnach-Zavelstein, die Candidus-Kapelle als romanisches Kirchlein (1075) mit Wandfresken aus dem 13. Jh. und 15. Jh. in Kentheim, in Calw-Hirsau die Klosterruine Hirsau mit romanischem Eulenturm und gotischem Kreuzgang (jährliche Klosterspiele), dort auch die St. Aureliuskirche (1050), in Nagold die 1000jährige Remigiuskirche mit mittelalterlichen Fresken. In Calw, dem Geburtsort von Hermann Hesse, dessen Geburtshaus am Marktplatz mit mittelalterlicher Architektur steht, ist im Heimatmuseum die Hermann-Hesse-Gedenkstätte. Romantisch ist auch das Stadtbild von Neubulach, wo sich Silbertor, Diebesturm und historisches Silberbergwerk dem Fremden empfehlen. Man sollte das imposante Baudenkmal „Alte Post“ in Nagold besuchen, die Schäferlaufstadt Wildberg oder das Naturschutzgebiet Wildseemoor bei Wildbad i. S.

Regierungsbezirk: Freiburg. Einwohner: 134327. Fläche: 680 $km^2$. Einwohner je $km^2$: 198. Kfz-Kennzeichen: EM. Kreisverwaltung: Bahnhofstraße 2–4, 7830 Emmendingen. Verwaltungsgliederung: 24 kreisangehörige Gemeinden (Bahlingen, Biederbach, Denzlingen, Elzach, Emmendingen, Endingen, Forchheim, Freiamt, Gutach, Herbolzheim, Kenzingen, Malterdingen, Reute, Rheinhausen, Riegel, Sasbach, Sexau, Simonswald, Teningen, Vörstetten, Waldkirch, Weisweil, Winden, Wyhl).

## Wappenbeschreibung

Gespalten und halb geteilt: vorne in Gold ein roter Schrägbalken; hinten oben in Silber ein schwarzer Sechsberg, unten in Blau ein silberner Flug.

## Historische Entwicklung

Aus dem zehnten Jahrtausend v. Chr. stammen die frühesten Funde, die auf die Anwesenheit von Menschen auf dem Terrain des heutigen Landkreises Emmendingen schließen lassen. Die ältesten bekannten Siedlungsspuren haben Bandkeramiker 4500 Jahre v. Chr. hier hinterlassen. Zahlreiche Funde aus der Zeit der Kelten und Römer zeugen von der großen Bedeutung des Kaiserstuhls und seiner Umgebung; Alemannen und Franken waren für die weiteren Geschehnisse in diesem Landstrich verantwortlich. – Zur Zeit der Französischen Revolution gehörten die größten Gebiete zur Markgrafschaft Baden und zu Vorderösterreich; ab 1805 kamen diese zum Großherzogtum Baden. Nach mehreren administrativen Änderungen wurde mit der Landkreisordnung von 1939 Emmendingen gebildet.

Die Gebiets- und Verwaltungsreform in Baden-Württemberg (1970/75) ließ den Landkreis Emmendingen neben zwei anderen Kreisen Baden-Württembergs (Göppingen und Heidenheim) unverändert. Die Fortführung des am 5. November 1956 eingeführten Kreiswappens fand darin ihre Begründung; eine Neuverleihung fand nicht statt. In der vorderen Hälfte des Wappenschildes steht der bekannte Schrägbalken Badens. Vom 14. Jh. an hatten die Herren von Baden-Hachberg einen umfangreichen Teil des Raumes von Hachberg bei Emmendingen aus beherrscht. Das östliche Kreisgebiet wird durch das sprechende Wappen des Geschlechts von Schwarzenberg symbolisiert, das westliche durch den Flug der Herren von Üsenberg.

## Struktur des Kreises – Sehenswürdigkeiten

Als „eine glückliche Gegend" bezeichnete der junge Goethe vor rund 200 Jahren die liebliche Landschaft des heutigen Kreises Emmendingen vor den Toren Freiburgs an der französischen Grenze gelegen. Im Westen erstrecken sich urwüchsige Auenwälder entlang des Rheins, und im Osten lädt der Schwarzwald zur Erholung ein. Mitten aus der Rheinebene ragt der vulkanische Kaiserstuhl, eine berühmte Weingegend, die der Reisende auf der „Badischen Weinstraße" erleben kann. Sie ist der wärmste und sonnenreichste Flecken in deutschen Landen. Besuchenswert ist vor allem die ehemalige Freie Reichsstadt Endingen, die am Nordrand des Kaiserstuhlmassivs liegt. Aber auch im angrenzenden Breisgau finden sich gepflegte Orte wie etwa Kenzingen mit seinem mittelalterlichen Stadtkern. Zahlreiche Burgruinen am Rande des Kaiserstuhls und auf den Vorbergen des Schwarzwaldes lassen ahnen, daß der Oberrheingraben schon in früheren Zeiten eine bedeutende Verkehrsader war. Bekannte Ruinen stehen bei Emmendingen (Hochburg), bei Waldkirch (Kastelburg), in Freiamt (Keppenbach) und bei Sasbach (Limburg). Beliebte Urlaubsorte liegen im Elztal und seinen romantischen Seitentälern. Alljährlich lädt der Kreis zur „alemannischen Fasnet", dem Gegenstück zum „rheinischen Karneval", ein. Im Landkreis selbst spricht man dann von der „fünften Jahreszeit".

Regierungsbezirk: Karlsruhe. Einwohner: 163719. Fläche: 573,97 km². Einwohner je km²: 285,2. Kfz-Kennzeichen: PF. Kreisverwaltung: Blumenhof 4, 7530 Pforzheim. Verwaltungsgliederung: 28 kreisangehörige Gemeinden (Birkenfeld, Eisingen, Engelsbrand, Friolzheim, Heimsheim [Stadt], Illingen, Ispringen, Kämpfelbach, Keltern, Kieselbronn, Knittlingen [Stadt], Königsbach-Stein, Maulbronn [Stadt], Mönsheim, Mühlacker [Große Kreisstadt], Neuenbürg [Stadt], Neuhausen, Neulingen, Niefern-Öschelbronn, Ölbronn-Dürrn, Ötisheim, Remchingen, Sternenfels, Straubenhardt, Tiefenbronn, Wiernsheim, Wimsheim, Wurmberg).

### Wappenbeschreibung

In Gold ein blauer Wellenbalken, oben und unten begleitet von je zwei aufrechten blauen Rauten.

### Historische Entwicklung

Der Enzkreis ist in der baden-württembergischen Kreisreform von 1973 entstanden. Er setzt sich zusammen aus dem alten Landkreis Pforzheim und Teilen der früheren Landkreise Calw, Leonberg und Vaihingen. Diese waren ihrerseits in den badischen und württembergischen Kreisreformen von 1936 und 1938 aus mehreren vorherigen „Oberämtern“ (Württemberg) und „Bezirksämtern“ (Baden) hervorgegangen. Demzufolge hatten sie zuvor auch in drei verschiedenen Regierungsbezirken gelegen, deren Abgrenzung sich noch nach den ehemaligen Ländern gerichtet hatte. Allerdings wurden damit nicht zum ersten Mal in der Geschichte diese vermeintlich so tiefen Grenzen zwischen Badenern und Schwaben überwunden. Der Bereich des Enzkreises war schon zur Hallstattzeit besiedelt. Den Kelten folgten die Römer. Für diese hatte er deshalb große Bedeutung, weil sie hier mit einer wichtigen Militärstraße vom Rheintal nach Cannstatt und zum Limes den unwegsamen Schwarzwald umgehen konnten. Nach den Römern kamen die Alemannen, die später wieder von den Franken etwas nach Süden verdrängt wurden. Diese richteten bereits einen „Enzgau“ ein. Im Mittelalter und der beginnenden Neuzeit wechselten Teile des Enzkreises durch Kauf oder Verkauf, Erbschaft, Mitgift oder Verpfändung, Krieg, Mediatisierung und Säkularisation immer wieder zwischen den sich aus zahlreichen kleineren Grundherren allmählich als mächtigste herausschälenden Landesherren von Baden und Württemberg hin und her. – Der Landkreis schuf sich ein völlig neues Wappen (Genehmigung vom 16. August 1976), in dem die vier Rauten zum einen auf die vier Landschaftsteile Schwarzwald, Heckengäu, Kraichgau und Stromberg hinweisen, zum anderen auf die vier Landkreise, aus denen das Territorium des Enzkreises entstand. Der Wellenbalken symbolisiert die Enz.

### Struktur des Kreises – Sehenswürdigkeiten

Zwischen den Großräumen Karlsruhe und Stuttgart gelegen, und das Oberzentrum Pforzheim umschließend, ist der Enzkreis durch eine abwechslungsreiche Landschaft gekennzeichnet. An das intensiv landwirtschaftlich genutzte Kraichgauer Hügelland im Nordwesten schließt sich im Osten der laubwaldreiche Naturpark Stromberg an, ein bevorzugtes Naherholungsgebiet. Das seinem Namen besonders zur Zeit der Schlehenblüte Ehren machende Heckengäu im Südosten und der Schwarzwaldrand im Süden und Südwesten runden das Bild ab. Mittelständisches Gewerbe der verschiedensten Art und zahlreiche Handwerksbetriebe bestimmen die wirtschaftliche Situation. Zu den bedeutendsten Sehenswürdigkeiten zählen das besterhaltene ehemalige Zisterzienserkloster nördlich der Alpen in Maulbronn und die Magdalenenkirche in Tiefenbronn mit kunstgeschichtlich berühmten Altären von Lucas Moser und Hans Schüchlin sowie einer wertvollen gotischen silbernen Turmmonstranz von Jörg Seld von Augsburg aus dem 15. Jh. Süddeutsches Fachwerk prägt nicht nur Knittlingen, die Geburtsstadt des Musik, Theater, Kunst und die ganze Weltliteratur beschäftigenden Dr. Johannes Faust, sondern auch zahlreiche Dörfer im ganzen Kreis.

Regierungsbezirk: Stuttgart. Einwohner: 454019. Fläche: 642 km². Einwohner je km²: 708. Kfz-Kennzeichen: ES. Kreisverwaltung: Pulverwiesen 42, 7300 Esslingen am Neckar. Verwaltungsgliederung: 44 selbständige Gemeinden in 18 Verwaltungsräumen (VR Aichtal [Stadt]; VR Aichwald; VR Denkendorf, VR Esslingen a. N. [Stadt]; VR Filderstadt [Stadt]; VR Kirchheim u. T. [Stadt]; VR Leinfelden-Echterdingen [Stadt]; VR Lenningen; VR Neckartenzlingen; VR Neuffen [Stadt]; VR Neuhausen a. d. F.; VR Nürtingen [Stadt]; VR Ostfildern [Stadt]; VR Plochingen [Stadt]; VR Reichenbach a. d. Fils; VR Weilheim a. d. T. [Stadt]; VR Wendlingen a. N. [Stadt]; VR Wernau [Neckar] [Stadt]).

## Wappenbeschreibung

In Gold über von Schwarz und Gold schräggerautetem (geweckktem) Schildfuß ein rot bewehrter und rot bezungter schwarzer Adler, belegt mit einem goldenen Hifthorn an goldener Fessel.

## Historische Entwicklung

„Mögliche Vereinfachung, Übereinstimmung und Unterordnung unter einen allgemeinen Zentralpunkt" war das erklärte Ziel des württembergischen Königs Friedrich, als er 1806 eine einheitliche Gebiets- und Behördenorganisation verordnete. Die noch den Geist des Absolutismus atmende Reform stellte das bedeutendste Gesetzgebungswerk für die kommunale Selbstverwaltung dar und fand am 1. 3. 1822 ihren Abschluß. Bis zu den Gebietsänderungen von 1938 bewahrte das Oberamt Esslingen seinen Bestand weitgehend. Der nächste Sprung zum Landkreis als Träger einer modernen, leistungsfähigen Verwaltung erfolgte 1973 im Zuge der Kreisreform: Die Landkreise Esslingen und Nürtingen (ohne Grafenberg) wurden zum Großlandkreis Esslingen zusammengeschlossen. Der neue Landkreis übernahm für das zu schaffende Wappen dabei Bestandteile der beiden alten Kreiswappen. Das am 13. August 1975 verliehene Hoheitszeichen weist auf die verschiedenen Gebiete hin, die heute den Landkreis bilden. Der Reichsadler ist dem Wappen des Altkreises Esslingen entnommen und symbolisiert die ehemals Freie Reichsstadt Esslingen. Die Rauten und das Hifthorn (Jagdhorn) sind dem untergegangenen Nürtinger Kreiswappen entlehnt: Die Rauten wurden von Kirchheim und der Herrschaft Teck geführt, das Horn von Nürtingen und der Herrschaft Neuffen.

## Struktur des Kreises – Sehenswürdigkeiten

Vor den südöstlichen Toren Stuttgarts breitet sich der Landkreis Esslingen aus. Albhochfläche, Schurwald, Schönbuch bilden als Naturlandschaften einen Kontrast zu den typischen Kulturlandschaften Filderebene, Albvorland und der Industriegasse des Neckar- und Filstals. Der wichtigste Faktor der Wirtschaft ist die Industrie (u.a. Metallverarbeitung, Textilherstellung, Autoproduktion). Die ehemalige Freie Reichsstadt Esslingen gilt als industrieller Mittelpunkt der Region.
Kirchheim, Nürtingen, Plochingen, Weilheim, Wendlingen, Wernau und die neuen Filderstädte zählen zu den Industriezonen. Weinbau wird an den Hängen des rechten Neckarufers (Esslingen mit Stadtteil Mettingen) betrieben. Ihren alten Stadtcharakter konnten Esslingen, Nürtingen und Kirchheim bewahren. Sehenswert in der Kreisstadt sind die ev. Kirche St. Dionysius mit Sakramentshäuschen, schönem Taufstein, Hochaltar (1604) sowie beachtenswerten Glasfenstern, die Dominikanerkirche St. Paul, die ehemalige Franziskanerkirche St. Georg, Frauenkirche (gotischer Turm, Glasmalereien), Altes Rathaus (spätgotischer Fachwerkbau mit Kunstuhr und Bürgersaal) und die Burgruine sowie viele Bürgerhäuser (16.–18. Jh.), die vorwiegend im Fachwerkstil gebaut wurden. Die Schloßscheuer in Weilheim, die Klosterscheune in Denkendorf und das „Klösterl" in Owen gehören zu den schönsten Fachwerkbauten des Kreises.

Regierungsbezirk: Karlsruhe. Einwohner: 101030. Fläche: 870 km². Einwohner je km²: 116. Kfz-Kennzeichen: FDS. Kreisverwaltung: Herrenfelder Straße 14, 7290 Freudenstadt. Verwaltungsgliederung: 17 kreisangehörige Städte und Gemeinden, (Alpirsbach, Bad Rippoldsau-Schapbach, Baiersbronn, Betzweiler-Wälde, Dornstetten, Empfingen, Eutingen im Gäu, Freudenstadt, Glatten, Grömbach, Horb a. N., Loßburg, Pfalzgrafenweiler, Schopfloch, Seewald, Waldachtal, Wörnersberg). Die Gemeinden Freudenstadt, Horb a. N., Dornstetten und Alpirsbach besitzen Stadtrechte. Die Stadt Horb a. N. ist Große Kreisstadt.

## Wappenbeschreibung

In Gold ein linksgekehrter, balzender, rot bewehrter schwarzer Auerhahn auf schwarzem Ast.

## Historische Entwicklung

Das Wappen des Landkreises Freudenstadt ist eines der ältesten Kreiswappen in Deutschland. Außerdem tritt der Auerhahn äußerst selten als Wappenmotiv in Erscheinung. – Am 28. August 1926 entschied sich der damalige Bezirksrat für den oben abgebildeten Wappenentwurf. Der Vorschlag, einen balzenden Auerhahn in das Wappen aufzunehmen, war von der Archivdirektion Stuttgart gekommen. Äußerer Anlaß für die Wappeneinführung war der Neubau des Bezirkskrankenhauses. Abgesehen vom siegelmäßigen Gebrauch eignen sich Wappen hervorragend für Repräsentations- und Werbezwecke. In Freudenstadt brachte man das neu eingeführte Emblem deshalb in einem Glasfenster des Erweiterungsbaues an. – In seiner Symbolik spielt das Wappen mit den Farben Schwarz und Gold auf die altwürttembergischen Wappenfarben an (in Gold drei liegende schwarze Hirschstangen übereinander). Der Auerhahn bezieht sich auf den Schwarzwald und insbesondere auf die einstigen fürstlichen Jagdreviere des Murgtals, Kniebis und der Alexanderschanze. – Das schlichte und dennoch charakteristische Kreiswappen bot sich nach der Landkreisreform in Baden-Württemberg vom 1. 1. 1973 zur Neugenehmigung an. Mit Erlaß vom 3. September 1973 verlieh schließlich das Innenministerium des Landes dem Kreis Freudenstadt das Recht zur Weiterführung des Auerhahnwappens.

## Struktur des Kreises – Sehenswürdigkeiten

Der zu 61 Prozent bewaldete Landkreis mit seinen 39 Landschafts- und acht Naturschutzgebieten, seiner abwechslungsreichen Landschaft und dem erholsamen Klima zieht Urlauber und Erholungsuchende in großer Zahl an. Viel ist hier für den Fremden eingerichtet worden. Dem historisch Interessierten sei das Stadtbild von Dornstetten empfohlen, Horb am Neckar oder der Kreuzgang in der Klosterkirche von Alpirsbach. Wer Burgruinen mit schönem Blick sucht, findet sie hier mehrfach: Mantelberg, Eutinger Tal, Urnburg, Frundeck oder Sterneck.

Von den Kirchen seien genannt: die in L-Form gebaute Stadtkirche in Freudenstadt mit einzigartigen Kunstschätzen, die Stiftskirche in Horb oder eine der Urkirchen des Schwarzwalds, die St.-Martins-Kirche in Dornstetten. Im Schwarzwaldmuseum in Loßburg findet man Trachten, ländliches Gerät und sakrale Gegenstände. Im Bauernmuseum in Horb kann man einen Eindruck vom harten Los der Bauern in früherer Zeit gewinnen. Alpirsbach lädt nicht nur mit seiner Klosterbrauerei ein, auch mit den „Kreuzgang-Konzerten“. In Dornstetten sind von Anfang September bis Mitte Oktober die Pilzwanderwochen bei Pilzsammlern beliebt.

Regierungsbezirk: Stuttgart. Einwohner: 231419. Fläche: 642 km². Einwohner je km²: 360. Kfz-Kennzeichen: GP. Kreisverwaltung: Lorcher Straße 6, 7320 Göppingen. Verwaltungsgliederung: 38 kreisangehörige Gemeinden – davon 7 Städte (Donzdorf, Ebersbach a. d. Fils, Eislingen/Fils, Geislingen a. d. Steige, Göppingen, Lauterstein, Wiesensteig) – (Adelberg, Aichelberg, Albershausen, Bad Ditzenbach, Bad Überkingen, Birenbach, Böhmenkirchen, Börtlingen, Boll, Deggingen, Drackenstein, Dürnau, Eschenbach, Gammelshausen, Gingen/Fils, Gruibingen, Hattenhofen, Heiningen, Hohenstadt, Kuchen, Mühlhausen/Täle, Ottenbach, Rechberghausen, Salach, Schlat, Schlierbach, Süßen, Uhingen, Wäschenbeuren, Wangen, Zell u. A.).

## Wappenbeschreibung

In Gold unter einer liegenden schwarzen Hirschstange ein rot bewehrter und rot bezungter schwarzer Löwe.

## Historische Entwicklung

Der größte Teil des Raumes um den Hohenstaufen gehörte im Hochmittelalter zum Hausgut der Staufer. Zum Schutz und zur Verwaltung des um die Stammburg gelegenen Haus- und Reichsgutes verfügten die Staufer über zahlreiche Dienstmannen, die auf den benachbarten Burgen residierten. Der Löwe im Kreiswappen stellt das ursprüngliche Wappenbild der Staufer dar, bevor sie das Drei-Löwen-Wappen annahmen, das heute das Bundesland Baden-Württemberg führt. Nach dem Untergang der Staufer nahmen die Grafen von Württemberg im Jahre 1273 von Göppingen Besitz, das dadurch württembergische Amtsstadt wurde. Die Stadt Geislingen an der Steige wurzelt ebenfalls in der Stauferzeit. Sie entstand unter den Grafen von Helfenstein an einem bedeutenden Albübergang, der Geislinger Steige. Die Hirschstange im Kreisemblem symbolisiert das Haus Württemberg. Die Farben Schwarz und Gold waren sowohl die Schildfarben der Staufer als auch der Württemberger. Das Wappen wurde vom Oberamt Göppingen im Laufe des Jahres 1928 angenommen; damals gab es noch keine amtlichen Verleihungen. Am 1. 10. 1938 wurde im wesentlichen aus den Oberämtern Göppingen und Geislingen an der Steige der Landkreis Göppingen gebildet. Das am 1. 1. 1973 in Kraft getretene baden-württembergische Kreisreformgesetz ließ den Landkreis beinahe unverändert, so daß das Kreiswappen ohne Neuverleihung weiterhin seine Gültigkeit behielt.

## Struktur des Kreises – Sehenswürdigkeiten

Die Landschaft des „Stauferkreises“ wird von der Hochfläche der Schwäbischen Alb, den Steilhängen des Oberen Filstales, vom Eybtal, der großen Filstalaue, die bis an den Rand der Drei-Kaiser-Berge (Hohenstaufen-Rechberg-Stuifen) reicht und den ausgedehnten Waldgebieten des Schurwaldes geprägt. Neben Maschinenbau, Eisen- und Metallverarbeitung, Textil und Bekleidung zählt die Landwirtschaft zu den bestimmenden Wirtschaftsfaktoren. Ein umfassendes Wandernetz sowie Kurmöglichkeiten im „Bäderdreieck“ (Thermal- und Mineralquellen) Bad Boll – Bad Ditzenbach – Bad Überkingen sorgen für Erholung. Eine Fülle an historischen Stätten befindet sich entlang der „Straße der Staufer“: u. a. das Wäscherschloß („Wiege der Staufer“) bei Wäschenbeuren mit einer Sammlung bäuerlichen Kulturguts, Kloster Adelberg (Ulrichskapelle mit schmuckem Altar), Stadtkirche in Geislingen (Chorgestühl), die Stiftskirchen in Göppingen-Faurndau und Bad Boll (beide Anfang 13. Jh.), die Burgruinen Staufeneck bei Salbach, Scharfenberg bei Donzdorf, Hohenrechberg und Schloß Ramsberg. In der Hohenstaufenstadt Göppingen beeindruckt u.a. das Renaissanceschloß mit Rebenstiege. Zu den sakralen Kleinoden gehören die „Pieta“ von Ignaz Günther in der Nenninger Friedhofskapelle sowie der Hochaltar im Kapuzinerkloster „Ave Maria“ in Deggingen. In Bad Boll gibt es das Puppenmuseum „Annettes Puppenkorb“ als private Sammlung und die paläontologische Sammlung im „Fachwerkhaus bei der Silberpappel“.

Regierungsbezirk: Stuttgart. Einwohner: 123324. Fläche: 627 km². Einwohner je km²: 196. Kfz-Kennzeichen: HDH. Kreisverwaltung: Felsenstraße 36, 7920 Heidenheim. Verwaltungsgliederung: 11 Gemeinden: 4 Städte (Giengen/Brenz, Heidenheim/Brenz, Herbrechtingen, Niederstotzingen), 7 Gemeinden (Dischingen, Gerstetten, Hermaringen, Königsbronn, Nattheim, Sontheim/Brenz, Steinheim a. A.).

### Wappenbeschreibung

Gespalten: vorne in Gold ein roter Balken, hinten in Schwarz ein goldener Zinnenturm mit schwarzen Fenstern und schwarzem Tor.

### Historische Entwicklung

Zwischen dem letzten Zeugnis der Römer, einem Gedenkstein aus dem Jahre 255 n. Chr., und dem ersten Zeugnis der mittelalterlichen Geschichte, einer Urkunde Karls des Großen von 774, vollzog sich die Besiedlung des Kreisgebietes. Von dem Edelfreien Eberhard von der Burg Helfenstein über Geislingen stammten die Grafen von Helfenstein ab, die bis zum Verkauf ihrer Herrschaftsgebiete (bis 1448) das Land dominierten. An sie erinnert im nach wie vor gültigen Kreiswappen vom 12. September 1955 ihr roter Balken in Gold, der nicht mit dem badischen Schrägbalken verwechselt werden darf. Die zahlreichen Burgen im Kreisgebiet künden noch heute von den einst zahlreichen, zersplitterten adligen Herrschaftsgebieten; ihrer wurde mit dem Zinnenturm im Kreiswappen gedacht. Nach dem für Deutschland verheerenden Dreißigjährigen Krieg (Historiker schätzen, daß in ihm 30–50 % der etwa 15 Millionen Einwohner den Tod fanden), der im Westfälischen Frieden 1648 seinen Abschluß fand, kam die „Herrschaft Heidenheim" endgültig zu Württemberg. Am 27. Oktober 1810 bildete das zum Königreich avancierte Württemberg das Oberamt Heidenheim aus den beiden Städten Heidenheim und Giengen sowie 27 Gemeinden. Im Rahmen der württembergischen Gebietsreform von 1938 wurde der Landkreis Heidenheim vergrößert. Als einer von nur drei Landkreisen Baden-Württembergs überstand er die Kreisreform von 1973 unverändert.

### Struktur des Kreises – Sehenswürdigkeiten

Eingebettet in die „Ostalb", einem Teilstück der „Schwäbischen Alb", liegt der Landkreis Heidenheim. Er zählt zu den am stärksten industrialisierten Gebieten Baden-Württembergs: Maschinenbau, elektronische und Textilindustrie. Die herbschöne Landschaft prägen Wälder, Heideflächen, Wiesen und Äcker sowie die Donauauen im Süden der Region. Aus der Römerzeit stammt in der Kreisstadt Heidenheim ein großes Bad, das als Museum für römische Kultur dient. Die fast 80 m über der Altstadt thronende Burg Hellenstein (1150) aus der Stauferära wurde von 1593–1611 zu einem stattlichen Schloß (Renaissance) erweitert. Das Steinheimer „Meteorkrater-Museum" präsentiert im besonderen geologische Funde aus dem Steinheimer Becken. Neben Burgen und Schlössern, wie z.B. Burg Katzenstein (Staufer) mit Burgfried und Kapelle (Fresken), Jagdschloß Duttenstein (16. Jh.), beide bei Dischingen gelegen, Schloß Burgberg (13. Jh.) in Giengen (malerische Altstadt), weist diese Gegend viele sakrale Bauten aus Romanik, Barock und Rokoko auf: z.B. St. Galluskirche (1170–1200) in Brenz, Augustiner-Chorherrenstift (1190) in Steinheim, kath. Pfarrkirche St. Johann (18. Jh.) von Josef Dossenberger in Dischingen, Wallfahrtskirche in Stetten, Dorfkirche mit Stuckarbeiten (1792) in Gerstetten und Klosterkirche in Königsbronn (1792).

Regierungsbezirk: Stuttgart. Einwohner: 249000. Fläche: 1100 km². Einwohner je km²: 226. Kfz-Kennzeichen: HN. Kreisverwaltung: Lerchenstraße 40, 7100 Heilbronn. Verwaltungsgliederung: 46 Gemeinden, darunter 17 Städte (einschl. der großen Kreisstadt Neckarsulm) (Abstatt, Bad Friedrichshall, Bad Rappenau, Bad Wimpfen, Beilstein, Brackenheim, Cleebronn, Eberstadt, Ellhofen, Eppingen, Erlenbach, Flein, Gemmingen, Güglingen, Gundelsheim, Hardthausen, Ilsfeld, Ittlingen, Jagsthausen, Kirchardt, Langenbrettach, Lauffen am Neckar, Lehrensteinsfeld, Leingarten, Löwenstein, Massenbachhausen, Möckmühl, Neckarsulm, Neckarwestheim, Neudenau, Neuenstadt a. K., Nordheim, Obersulm, Oedheim, Offenau, Pfaffenhofen, Roigheim, Schwaigern, Siegelsbach, Talheim, Untereisesheim, Untergruppenbach, Weinsberg, Widdern, Wüstenrot, Zabernfeld).

### Wappenbeschreibung

In Rot ein unterhalb gestümmelter silberner Adler.

### Historische Entwicklung

Das württembergische Unterland war sowohl von den Kelten als auch von den Römern bereits besiedelt worden; immer wieder sind Überreste dieser Besiedlung zu finden. – Zu Beginn des 19. Jh. wurden im Königreich Württemberg 65 Oberämter mit jeweils etwa 20000 Einwohnern eingerichtet. Im Raum des Landkreises Heilbronn waren dies die Oberämter Brakkenheim, Weinsberg, Neckarsulm und Heilbronn. Im Jahre 1938 wurde der Altlandkreis Heilbronn aus den damaligen Oberämtern Brackenheim, Neckarsulm und Heilbronn – ohne die Stadt Heilbronn selbst – und Teilen der Oberämter Besigheim und Marbach gebildet. Zu den ursprünglich 97 Gemeinden kamen 1945 das ehemals badische Schluchtern und 1952 das hessische Bad Wimpfen hinzu. In der Kreisreform vom 1. 1. 1973 übernahm der Landkreis Heilbronn, der damit in seinen heutigen Grenzen entstand, Gebietsteile der früheren Kreise Buchen, Mosbach, Schwäbisch Hall, Sinsheim und Öhringen. Einige Kreisgemeinden wurden dem Stadtkreis Heilbronn zugeschlagen. – Seit 1955 führt der Landkreis Heilbronn das abgebildete Wappen, das ihm erneut am 3. September 1973 verliehen wurde. Es zeigt den Adler aus dem Wappen der Grafen von Lauffen. Diese verwalteten staufisches Königsgut im Kreisgebiet. Ihr Wappenbild dürfte deshalb auf den Reichsadler der Stauferkönige zurückgehen.

### Struktur des Kreises – Sehenswürdigkeiten

Der Landkreis Heilbronn umfaßt heute das württembergische Unterland vom Kraichgau und Zabergäu im Westen bis zu den Tälern von Jagst und Kocher und den Löwensteiner Bergen im Osten, vom mittleren Neckarraum im Süden bis zu den Ausläufern des Odenwaldes im Norden. Dank seiner sehr günstigen Verkehrslage ist der Raum Heilbronn/Neckarsulm stark industrialisiert (einige Unternehmen haben europäische, z.T. sogar Weltgeltung). In Neckarsulm wurde das Deutsche Zweiradmuseum eingerichtet; mit dem Namen der Stadt ist die Automobilproduktion von Audi/NSU verbunden. Daneben bieten das milde Klima und die fruchtbaren Böden günstige Voraussetzungen für den Weinbau (Heilbronn ist in Württemberg der größte Weinbaukreis), die Viehzucht und für vielerlei Sonderkulturen. Ausgedehnte Salzlager werden 200 Meter unter dem Neckarbett bergmännisch abgebaut. Schwäbische Weinstraße, Burgenstraße, Deutsche Ferienstraße, Schwäbische Dichterstraße und Idyllische Straße berühren abschnittsweise das Kreisgebiet. Besonders sehenswert sind die historischen Altstädte von Bad Wimpfen (wertvolle Sakralbauten der Kaiserpfalz, Blauer Turm, Steinhaus, Pfalzkapelle, Arkaden und Roter Turm, Reste der Stadtbefestigung, Fachwerkhäuser, Ritterstiftskirche St. Peter mit Kreuzgang in Wimpfen im Tal, Heilbad), Eppingen (viele Fachwerkhäuser, Alte Universität, Baumannsches Haus, Ratsschänke, Heimatmuseum) und Möckmühl (viele Fachwerkhäuser, Stadtmauer mit Türmen, Götzenburg, Museumszüge auf der Jagsttalbahn). An den Freiherrn Götz von Berlichingen erinnern die Götzenburg, das Götzmuseum und die Burgfestspiele in Jagsthausen.

Regierungsbezirk: Stuttgart. Einwohner: 85313. Fläche: 776 km². Einwohner je km²: 110. Kfz-Kennzeichen: KÜN. Kreisverwaltung: Allee 17, 7118 Künzelsau. Verwaltungsgliederung: 16 kreisangehörige Gemeinden (Bretzfeld, Dörzbach, Forchtenberg, Ingelfingen, Krautheim, Künzelsau, Kupferzell, Mulfingen, Neuenstein, Niedernhall, Öhringen, Pfedelbach, Schöntal, Waldenburg, Weißbach und Zweiflingen).

### Wappenbeschreibung

In Silber über erhöhtem rotem Schildfuß, darin ein sechsspeichiges silbernes Rad, zwei schreitende, rot bezungte schwarze Leoparden mit untergeschlagenen Schwänzen.

### Historische Entwicklung

Am 1. 1. 1973 wurde aus den ehemaligen Landkreisen Künzelsau und Öhringen sowie dem zum früheren Kreis Buchen gehörenden Siedlungsraum Krautheim an der Jagst der Hohenlohekreis formiert. Sein am 3. April 1974 verliehenes Wappen knüpft einerseits an den Kreisnamen an, andererseits betont es die überragende Stellung des Hauses Hohenlohe durch dessen Wappentiere, die „Leoparden“. In der Heraldik werden hersehende Löwen als „Leoparden“ bezeichnet. Das Geschlecht der Hohenlohe stammte aus dem Taubergebiet und benannte sich nach der Burg im „Hohwald“. Das Städtedreieck Rothenburg-Uffenheim-Weikersheim umfaßt die Fläche von „Alt-Hohenlohe“. Bis zur Mediatisierung zu Beginn des 19. Jh. nahmen die Hohenlohe eine führende Rolle im heutigen Kreisgebiet ein. Daneben residierten noch viele Reichsritter im Land um Kocher und Jagst, u.a. die Berlichinger, die Herren von Stetten, die Grafen von Zeppelin, die Freiherren von Palm, von Racknitz und von Eyb. Auch der Mainzer Bischofsstuhl besaß Ländereien. Das Mainzer Rad im Schildfuß verweist auf die Zugehörigkeit insbesondere der ehemals badischen Gebietsteile um Krautheim zum Erzbistum und hebt das Kreiswappen dadurch deutlich vom Wappen des Hauses Hohenlohe ab.

### Struktur des Kreises – Sehenswürdigkeiten

Der Hohenlohekreis als Land der Burgen, der Wälder und des Weines erstreckt sich von den Ausläufern des Schwäbisch-Fränkischen Waldes bis über die Jagst hinaus ins Bauland hinein. Obwohl der Hohenlohekreis eine beachtliche Industriedichte aufweist und eine Spitzenstellung unter den 35 Landkreisen in Baden-Württemberg einnimmt, wird seine Landschaft überwiegend durch die Landwirtschaft und den Weinbau geprägt. Die Unberührtheit der Natur (z.B. Erholungsgebiete Waldenburger Berge mit dem Steinbacher Tal sowie das Kocher- und Jagsttal) bietet vielfältige Erholungs- und Urlaubsmöglichkeiten. Am Wein führt im Hohenlohekreis kein Weg vorbei. Im Raum Öhringen, im Kocher- und Jagsttal wachsen besonders geschätzte Weine, die duch die Muschelkalk- und Keuperböden ihren besonderen Charakter erhalten und sich durch besondere Vollmundigkeit und Fruchtigkeit auszeichnen. Weinproben, Weinseminare und Weinbaulehrpfade bieten dem Gast interessante Abwechslung. Die ehemalige Wasserburg Schloß Eyb in Dörzbach, die Schlösser Laibach, Meßbach (mit Klosterkirche), Ingelfingen, Stetten oberhalb von Kocherstetten, Öhringen, Pfedelbach, Aschhausen, das Jagdschloß Friedrichsruhe und die noch von Fürsten zu Hohenlohe bewohnten Schlösser in Neuenstein und Waldenburg, die Burgen Krautheim und Buchenbach locken wie Öhringen (Residenzstadt an der Burgenstraße, Rathaus, Stiftskirche, Marktplatz, Marktstraße, die Karlsvorstadt, Automuseum und vor allem das Weygangmuseum mit seiner überragenden Zinnsammlung), Neuenstein (Hohenlohemuseum und Zentralarchiv im Schloß, Rathaus mit alemannischer Fachwerkkonstruktion), Forchtenberg (Kanzel in der Michaeliskirche von Bildhauer Michael Kern, Kernmuseum), Niedernhall (Laurentiuskirche, Rathaus, Götzenhaus, Kelter) und Ingelfingen (Pfarrkirche St. Nikolaus, Weinbaulehrpfad, Ruine Lichteneck, Geologisch-paläontologisches Museum), Kloster Schöntal und seine Klosterkirche (im Kreuzgang die Grabanlage der Herren von Berlichingen, von einmaliger Schönheit der geschnitzte Treppenaufgang im Konventsgebäude). Gemeinsam mit dem Stadt- und Landkreis Schwäbisch Hall hat der Hohenlohekreis in Schwäbisch Hall–Wackershofen das Hohenloher Freilandmuseum eingerichtet, das auf eindrucksvolle Weise die reiche Bauernkultur dokumentiert. Durch zahlreiche Aktionen wie Schlachtfest, Backofenfest oder Erntedankfest wird dies ein lebendiges Museum, das alte Traditionen bewahrt und mit neuem Leben erfüllt.

Regierungsbezirk: Karlsruhe. Einwohner: 360 890. Fläche: 1085 km². Einwohner je km²: 333. Kfz-Kennzeichen: KA. Kreisverwaltung: Schloßplatz 19, 7500 Karlsruhe, Verwaltungsgliederung: 32 kreisangehörige Gemeinden (Bad Schönborn, Bretten [Große Kreisstadt], Bruchsal [Große Kreisstadt], Dettenheim, Eggenstein-Leopoldshafen, Ettlingen [Große Kreisstadt], Forst, Gondelsheim, Graben-Neudorf, Hambrücken, Karlsbad, Karlsdorf-Neuthard, Kraichtal [Stadt], Kronau, Kürnbach, Linkenheim, Hochstetten, Malsch, Marxzell, Oberderdingen, Oberhausen-Rheinhausen, Östringen [Stadt], Pfinztal, Philippsburg [Stadt], Rheinstetten, Stutensee, Sulzfeld, Ubstadt-Weiher, Waghäusel [Stadt], Waldbronn, Walzbachtal, Weingarten, Zaisenhausen).

### Wappenbeschreibung

Geviert: 1 in Gold ein roter Schrägbalken, 2 in Blau ein durchgehendes, geschliffenes silbernes Kreuz, 3 schräggerautet von Silber und Blau, 4 in Gold drei schräglinks liegende schwarze Hirschstangen übereinander.

### Historische Entwicklung

Das Land am Oberrhein ist wie das Bild seiner Städte und Gemeinden von einer über 2000jährigen bewegten Geschichte geprägt. Von der sogenannten „Michelsberger Kultur" über die Römerzeit, von den Auseinandersetzungen der Alemannen und Franken bis zu den Machtkämpfen des Mittelalters und schließlich bis hin zur Neuzeit spannt sich ein Bogen geschichtlich bedeutsamer Ereignisse. Sie sind präsent in Klöstern wie Lorsch, Weißenburg, Herrenalb und Maulbronn, im Hochstift und Bistum Speyer und Worms. Bereits in seiner ersten Sitzung am 15. Mai 1973 wählte der Kreistag der aus den Altlandkreisen Bruchsal und Karlsruhe formierten neuen Gebietskörperschaft einen Wappenentwurf aus, der am 31. August 1973 offiziell genehmigt wurde. Er zeigt in geviertem Felde die Herrschaftssymbole aller wichtigen Territorialherren: den Schrägbalken der Markgrafen von Baden, das silberne Kreuz des Bistums Speyer, die pfalz-bayerischen Rauten und die württembergischen Hirschstangen. Damit wurde der Herrschaftszugehörigkeit aller vor der Gebietsreform bestehenden 103 Gemeinden Rechnung getragen. Das Wappen des Kreises Bruchsal vom 13. Februar 1964 hatte in gespaltenem Schilde vorne das Speyrer Kreuz und hinten in Gold einen roten Bundschuh (Bauernkriege des 16. Jahrhunderts!) gezeigt. Das Wappen des Altlandkreises Karlsruhe bildete in gespaltenem Schild vorne den badischen Schrägbalken ab, hinten in Blau (Bayern) ein silbernes Atommodell (Kernforschungszentrum bei Karlsruhe) über silbernem Wellenbalken (Rhein).

### Struktur des Kreises – Sehenswürdigkeiten

Historie und abwechslungsreiche Landschaft verleihen dem Landkreis Karlsruhe inmitten des Oberrheintales eine besondere Note. Der Kraichgau mit seinen Hügeln, Bergen, ausgedehnten Wiesen, Wäldern und beeindruckenden Burgen bietet vielseitige Ausflugsmöglichkeiten. Die Ortschaften Heidelsheim, Gochsheim, Münzheim, Oberderdingen und Odenheim faszinieren durch altfränkische Fachwerkhäuser, alte Torbögen und Brunnen. Mittelpunkt der großen Kreisstadt Bretten ist der Marktplatz, der sein historisches Aussehen bewahren konnte. Als „Perle des Rokoko" gilt das Bruchsaler Schloß, dem durch mühevolle kunsthistorische Wiederaufbauarbeit neuer Glanz verliehen wurde. Weitere Sehenswürdigkeiten aus vergangenen Zeiten sind das Wasserschloß in Menzingen, die Höhenburg von Obergrombach, Östringen und Gochsheim, das Schloß in Gondelsheim sowie die Wasserburgen Kürnbach und Neuenburg. Für Weinfreunde hält dieses Gebiet eine abwechslungsreiche Palette des guten Rebensaftes bereit. Die Hardt, wie die Rheinebene und der Bruhrain westlich des Kraichgaus gelegen, ist durch ihre Sandböden zum Spargelanbau prädestiniert. Der Bruchsaler Spargelmarkt gehört zu den größten Europas. Im Südwesten von Karlsruhe erstreckt sich der Albgau, das „nördliche Tor zum Schwarzwald", mit seinen Erholungszentren wie Malsch, Marxzell und Ettlingen-Schönbronn und dem Thermalkurort Waldbronn. Ein festungs- und waffengeschichtliches Museum gibt es in Philippsburg, ein Fahrzeugmuseum in Marxzell, ein Actienmuseum in Kürnbach und eine Sammlung automatischer Musikinstrumente im Albgau-Museum in Ettlingen.

Regierungsbezirk: Freiburg. Einwohner: 231000. Fläche: 282,4 km². Einwohner je km²: 818. Kfz-Kennzeichen: KN. Kreisverwaltung: Benediktinerplatz 1, 7750 Konstanz. Verwaltungsgliederung: 25 kreisangehörige Gemeinden (Aach, Allensbach, Bodman-Ludwigshafen, Büsingen, Eigeltingen, Engen, Gaienhofen, Gailingen, Gottmadingen, Hilzingen, Hohenfels, Konstanz, Moos, Mühlhausen-Ehingen, Mühlingen, Öhningen, Orsingen-Nenzingen, Radolfzell, Reichenau, Rielasingen-Worblingen, Singen am Hohentwiel, Steißlingen, Stockach, Tengen, Volkersthausen).

## Wappenbeschreibung

Geviert; 1 und 4 in Blau ein schräglinks aufwärts gelegter silberner Fisch (Felchen), 2 in Silber ein durchgehendes rotes Kreuz, 3 in Gold drei blaue Hirschstangen übereinander.

## Historische Entwicklung

Über lange Zeit war der Bodensee das Herz des großen Siedlungsgebietes des schwäbisch-alemannischen Stammes. Dieser Raum bildete als Herzogtum Alemannien bis 746 und als Herzogtum Schwaben von 917 bis zum Untergang der Staufer 1268 eine politische Einheit. Er umfaßte das südliche Württemberg, Bayerisch-Schwaben, Südbaden, das Elsaß, die deutschsprachige Schweiz, Liechtenstein sowie Vorarlberg. Nach dem Untergang der Staufer und dem Ende des schwäbischen Herzogtums 1268 verband noch das um 590 gegründete Bistum Konstanz bis ins 19. Jahrhundert die schwäbisch-alemannischen Lande. Im Kreiswappen, das am 25. April 1974 verliehen wurde, erinnert das Kreuz an das Bistum Konstanz und die Abtei Reichenau. Im 13. Jahrhundert wurden die Reste der Hegau-Grafschaft als Landgrafschaft Nellenburg (Hirschstangen) mit der Herrschaft des gleichnamigen Grafengeschlechts zusammengelegt. Die Grafen von Vehringen-Nellenburg behielten diese Landgrafschaft Nellenburg bis 1422. Es folgten bis 1465 die Freiherren von Tengen und bis 1805 die Habsburger, die ihre Herrschaft durch das Oberamt Stockach verwalten ließen. Politische Konkurrenten der Habsburger waren der Bischof von Konstanz, die Äbte der Reichenau und einige andere Klöster sowie mehrere weltliche Herren. Zwischen 1803 und 1810 kam das Gebiet des heutigen Kreises zum Großherzogtum Baden.

In der 2. Hälfte des 19. Jh. erlebte der Landkreis Konstanz durch den Anschluß an das Eisenbahnnetz (ab 1863) und die Gründung einiger Großbetriebe in Konstanz, Radolfzell, Singen und Gottmadingen einen wirtschaftlichen Aufschwung, der sich bis heute fortsetzte. Der seit 1973 bestehende „Großlandkreis" ist nahezu deckungsgleich mit der Hegau-Grafschaft des frühen und hohen Mittelalters und mit deren Nachfolgeherrschaft, der Landgrafschaft Nellenburg. Die Felchen im Wappen betonen den Fischreichtum des Bodensees.

## Struktur des Kreises – Sehenswürdigkeiten

Der westliche Teil des Bodensees beherrscht mit seinen drei Halbinseln (Bodanrück, Mettnau, Höri-Schienerberg) und zwei Inseln (Reichenau, Mainau) das Landschaftsbild des Kreises Konstanz. Aber auch Wald, Berge mit Burgen, Talauen, malerische Städte und Dörfer, Kirchen, Klöster und Schlösser verleihen dieser Region ihre Reize.

Das „Frühbeet Deutschlands", die frühere Klosterinsel Reichenau (Abtei), hat an Sehenswürdigkeiten drei romanische Kirchen vorzuweisen: St. Georg in Oberzell, St. Maria und Markus in Mittelzell und St. Peter und Paul in Niederzell. Die ehemalige Klosterkirche Schienen, die Nikolauskapelle in Obergailingen und die Michaelskirche nahe Büsingen sind ebenso zum romanischen Baustil zu zählen. Die herrlichen Barockbauten auf der Blumeninsel Mainau stammen aus der Zeit einer Deutschordenskommende. Über 1200 Jahre hatte die größte deutschsprachige Diözese in Konstanz ihren Mittelpunkt (Konstanzer Münster). Zeuge eines markanten historischen Ereignisses, des Konstanzer Konzils (1414–1418), wurde das 1388 am Bodenseeufer erbaute „Kaufhaus" (Italienhandel), bekannt unter dem Namen „Konzilsgebäude". Im Hegau mit seinen vulkanischen Bergkegeln fasziniert vor allem die noch teilweise erhaltene Festungsanlage auf dem Hohentwiel.

Regierungsbezirk: Freiburg. Einwohner: 190536. Fläche: 807 km². Einwohner je km²: 236. Kfz-Kennzeichen: LÖ. Kreisverwaltung: Palmstraße 3, 7850 Lörrach. Verwaltungsgliederung: 3 Große Kreisstädte (Lörrach, Rheinfelden, Weil am Rhein), 5 Städte (Kandern, Schönau im Schwarzwald, Todtnau, Schopfheim, Zell im Wiesental) und 34 Gemeinden.

## Wappenbeschreibung

Geteilt und halb gespalten: oben in Silber ein linksgewendeter, wachsender roter Löwe; unten vorn in Gold ein roter Schrägbalken, hinten in Blau ein schräglinker silberner Wellenbalken.

## Historische Entwicklung

Der in der Südwestecke Baden-Württembergs gelegene Landkreis wurde am 1. Januar 1973 aus den Altlandkreisen Lörrach, Müllheim und Säckingen gebildet. Die alten badischen Herrschaften Sausenberg und Rötteln machten flächenmäßig den größten Teil des Kreisgebietes aus. So wurde der Löwe im oberen Feld dem Wappen der Edelfreien von Rötteln entnommen. Die Farben Rot und Silber des Tieres stammen aus dem sogenannten österreichischen Bindenschild (in Rot ein silberner Balken), der noch heute Bestandteil des österreichischen Staatswappens ist. Sie vertreten die einst zum vorderösterreichischen Breisgau gehörenden Gebiete des Kreises. Das Feld unten rechts mit dem Schrägbalken versinnbildlicht die ehemalige badische Landeshoheit. Damit ist zugleich der Distrikt des bischöflich-baselschen Oberamtes Schliengen erfaßt, der 1803 an Baden fiel. Das Feld unten links mit dem Wellenbalken verkörpert den am Feldberg entspringenden Fluß Wiese, der den Kreis Lörrach von Nordosten nach Südwesten durchzieht. Das abgebildete Wappen war am 29. Januar 1957 dem damaligen Landkreis vom Innenministerium Baden-Württembergs verliehen worden. Die Aussage seiner Symbole trifft auch auf den neugebildeten Landkreis zu; der Kreistag beschloß demzufolge, das frühere Kreiswappen zu übernehmen. Die Neuverleihung erfolgte am 11. Dezember 1973.

## Struktur des Kreises – Sehenswürdigkeiten

Die Lage zwischen Oberrhein und Hochrhein, Schwarzwald, Jura und Vogesen im Dreiländereck Deutschland-Frankreich-Schweiz macht den Kreis Lörrach zu einem wichtigen Mittler, dies trotz der spürbaren Nähe Basels und der starken Verflechtung mit dieser schönen Stadt. Im Heimatmuseum in Lörrach bekommt man einen guten Eindruck von der Vielfalt der Landschaft und der Wirtschaftsstruktur. Kandern wurde durch die Töpferkunst berühmt. Viel Obst und Trauben werden geerntet, letztere bekannt als Gutedel-, Ruländer-, Riesling- oder Traminer-Weine. Die Dörfer bieten ein malerisches Bild, alte Dorfkirchen, meist spätgotischen Ursprungs, sind erhalten (so in Blansingen und Mappach). Schloß Bürgeln gilt als Rokoko-Kleinod des Markgräflerlandes. Der jährlich versickernde und wieder auftauchende Eichener See und die zweitgrößte und älteste Tropfsteinhöhle der Bundesrepublik, die Haseler Erdmannshöhle, ziehen Besucher ebenso an wie das Inzlinger Wasserschloß als Wahrzeichen des Grenzgebietes.

Im „Hebeldorf" Hausen wird Hebels Andenken in besonders hohen Ehren gehalten – unter anderem mit dem literarisch-volkstümlichen Hebelfest und dem „Hebelhaus", das als Heimatmuseum eingerichtet wurde. Markantester Punkt des Reblandes ist der Isteiner Klotz. Seine Umgebung verrät zwar unschöne Spuren der kalkverarbeitenden Industrie, aber in seinem unter Landschaftsschutz stehenden Kernbereich finden sich noch eine Vielzahl botanischer und zoologischer Seltenheiten.

Regierungsbezirk: Stuttgart. Einwohner: 430 860. Fläche: 688 km². Einwohner je km²: 627. Kfz-Kennzeichen: LB. Kreisverwaltung: Hindenburgstraße 40, 7140 Ludwigsburg. Verwaltungsgliederung: 17 Städte (Asperg, Besigheim, Bietigheim-Bissingen, Bönnigheim, Ditzingen, Freiberg am Neckar, Gerlingen, Großbottwar, Korntal-Münchingen, Kornwestheim, Ludwigsburg, Marbach am Neckar, Markgröningen, Oberriexingen, Sachsenheim, Steinheim an der Murr und Vaihingen an der Enz), 22 Gemeinden (Affalterbach, Benningen am Neckar, Eberdingen, Erdmannhausen, Erligheim, Freudental, Gemmrigheim, Hemmingen, Hessigheim, Ingersheim, Kirchheim am Neckar, Löchgau, Möglingen, Mundelsheim, Murr, Oberstenfeld, Pleidelsheim, Remseck am Neckar, Schwieberdingen, Sersheim, Tamm und Walheim).

### Wappenbeschreibung

In Gold unter einer liegenden schwarzen Hirschstange ein rot bewehrter und rot bezungter schwarzer Adler.

### Historische Entwicklung

Im 11. und frühen 12. Jh. scheinen die Grafen von Calw das mächtigste Geschlecht im Murr-, Glems- und Zabergau gewesen zu sein. Ihr Sitz war zunächst Ingersheim, von wo sie die Grafenrechte im Murrgau ausübten. Der letzte Zweig des Grafengeschlechts, die Vaihinger Linie, starb 1360 aus. Die Wasserburg und Siedlung Brachheim war eine der ältesten Stützpunkte der Grafen von Württemberg im heutigen Kreisgebiet. Der Niedergang der Hohenstaufen im 13. Jh. kam ihrer Territorialpolitik sehr zustatten. Sie verschafften sich Vorteile, als sie – die Anhänger der Staufer waren – zu deren Gegnern übergingen. Die Hirschstange im Kreiswappen vom 30. August 1974, erstmals genehmigt am 28. 1. 1939, erinnert an die Württemberger.
Der Adler symbolisiert die ehemalige Reichsstadt Markgröningen und das mit ihr verbundene Reichssturmfahnen-Lehen. Im Jahre 1336 brachten die Grafen von Württemberg die Reichsstadt an sich. Durch die Reformation war es den jetzt als Herzögen titulierten Württembergern möglich, sich die in ihrem Gebiet befindlichen geistlichen Besitzungen anzueignen. Zu Beginn des 17. Jh. war mit Ausnahme des Frauenstiftes Oberstenfeld, einigen ritterschaftlichen Herrschaften und der Stadt Bönnigheim das gesamte Territorium des heutigen Landkreises württembergisch; 1805/06 konnte sich Württemberg mit Napoleons Hilfe die letzten Herrschaften unterwerfen.
Der heutige Landkreis entstand aus den württembergischen Oberämtern. Im Zuge der Kreisreform von 1973 vergrößerte sich der alte Kreis Ludwigsburg um Teile der Kreise Vaihingen, Leonberg, Backnang und Heilbronn.

### Struktur des Kreises – Sehenswürdigkeiten

Als das Herzstück des alten Württemberger Landes reicht der von Neckar und Enz durchflossene Kreis Ludwigsburg im Norden bis zum Wunnenstein, im Nordwesten bis in den Stromberg, im Nordosten an die Löwensteiner Berge, im Südwesten an den Rand des Heckengäus und den Höhenzug um Schloß Solitude und Leonberg. Neben einer starken Industrialisierung verzeichnet das nördlich von Stuttgart gelegene Kreisgebiet auf Grund seines milden Klimas und der fruchtbaren Böden günstige Voraussetzungen für Landwirtschaft und Weinbau. Sehenswert sind Schloß Ludwigsburg mit ständiger Gartenschau „Blühendes Barock"; Schiller-Nationalmuseum und Deutsches Literaturarchiv Marbach; das Geburtshaus von Friedrich Schiller in Marbach; das Urmenschmuseum Steinheim a. d. Murr, die historischen Stadtanlagen in Besigheim (Rathaus 1459), Bietigheim-Bissingen mit mustergültig renovierter Altstadt, Rathaus (1507), Hornmoldhaus (1536) mit prächtigem Zierfachwerk und vollständiger Innenausmalung aus der Renaissancezeit, Unteres Tor (15. Jh.) und Pulverturm; Erligheim: Bürgerhaus „Vorderer Kelter" und „Mainzer Rad"; Großbottwar: Fachwerk-Rathaus (1556), Schiefes Haus (1549); Markgröningen: mittelalterliches Bild, Reste der Stadtmauer, Rathaus (Baubeginn 1443) mit Herzog-Ludwig-Brunnen (1580), Spitalkirche zum Heiligen Geist (1297); Oberriexingen: Mauer, Torbau, historische Wehrkirche mit achteckigem Turm (17. Jh.), Museum Römerkeller (Zweigstelle des Landesmuseums) mit Jupiter-Gigantensäule.

Regierungsbezirk: Stuttgart; Region Franken. Einwohner: 120480. Fläche: 1304 km². Einwohner je km²: 92. Kfz-Kennzeichen: TBB. Kreisverwaltung: Gartenstraße 1, 6972 Tauberbischofsheim. Verwaltungsgliederung: 18 kreisangehörige Gemeinden (Ahorn, Assamstadt [Große Kreisstadt], Bad Mergentheim, Boxberg, Creglingen, Freudenberg, Großrinderfeld, Grünsfeld, Igersheim, Königheim, Külsheim, Lauda-Königshofen, Niederstetten, Tauberbischofsheim, Weikersheim, Werbach, Wertheim [Große Kreisstadt], Wittighausen).

### Wappenbeschreibung

In Rot drei mittlere aufsteigende silberne Spitzen („fränkischer Rechen"), darüber ein sechsspeichiges silbernes Rad, darunter ein schwarzes Kreuz mit Tatzenenden (Deutschordenskreuz).

### Historische Entwicklung

Die Bodenfunde im Landkreis reichen zurück bis in die Bronze- und Eisenzeit, bis zu den Hügelgräberleuten und den Menschen der Hallstattzeit.
Der Name Tauber, der soviel wie „Schäumendes Wasser" bedeutet, stammt von den Kelten. Im Mittelalter war das Taubertal ein Teil Ostfrankens. Später, im 18. Jahrhundert, gehörten die Gemeinden verschiedenen, vorwiegend geistlichen Territorien (Kurmainz, Würzburg, Deutscher Orden) an.
„Ein Gang durch's Taubertal ist ein Gang durch die deutsche Geschichte", so formulierte der Volkskundler Riehl für das Taubertal als ein „Paradies der Deutschen Kleinstaaterei". Zwischen 1803 und 1809 faßte das Königreich Württemberg im südlichen Bereich und das Großherzogtum Baden im nördlichen Bereich des heutigen Landkreises Fuß. Die 1938 geschaffenen Landkreise Tauberbischofsheim und Mergentheim wurden am 1. Januar 1973 zum Main-Tauber-Kreis vereinigt und dem Regierungsbezirk Stuttgart zugeteilt. Das Kreiswappen wurde vom Innenministerium Baden-Württemberg am 19. März 1974 verliehen und weist mit „fränkischem Rechen", Mainzer Rad und Deutschordenskreuz auf die früher vorherrschenden Territorien hin.

### Struktur des Kreises – Sehenswürdigkeiten

Im nördlichsten Landkreis Baden-Württembergs, an Tauber und Main gelegen, sind die Glasindustrie in Wertheim, die Möbelindustrie in Tauberbischofsheim und Freudenberg und das Kurgeschehen im Heilbad Mergentheim bestimmende Wirtschaftsfaktoren. Daneben hat sich die Landwirtschaft und der tauberfränkische Weinbau mit Spezialitäten wie der Braugerste, dem Bocksbeutelwein und dem Grünkern eine überdurchschnittliche Bedeutung erhalten. Die Flußtäler von Main und Tauber und die zahlreichen Bau- und Kunstdenkmäler bieten hervorragende Ansätze für den Fremdenverkehr. Zu den bedeutendsten Sehenswürdigkeiten zählen: Herrgottskirche mit Riemenschneider-Altar in Creglingen, Hohenlohe-Schloß mit Rittersaal und Park in Weikersheim, Grünewald-Madonna in Stuppach, Deutschordensschloß in Mergentheim, Kurmainzisches Schloß in Tauberbischofsheim, ehemaliges Zisterzienserkloster in Bronnbach, Altstadt und Burg Wertheim. Viel benutzt ist der neue, durchgehend befestigte Radweg von Wertheim bis Rothenburg o.d. Tauber. In Boxberg-Unterschüpf oder in Tauberbischofsheim-Hochhausen kann Motor- bzw. Segelflugsport betrieben werden.
Weitere Informationen durch die Gebietsgemeinschaft „Liebliches Taubertal", Gartenstraße 1, 6972 Tauberbischofsheim.

Regierungsbezirk: Karlsruhe. Einwohner: 129000. Einwohner je $km^2$: 114. Fläche: 1126,3 $km^2$. Kfz-Kennzeichen: MOS. Kreisverwaltung: Renzstraße 10, 6950 Mosbach. Verwaltungsgliederung: 27 Gemeinden (Adelsheim, Aglasterhausen, Billigheim, Binau, Buchen, Elztal, Fahrenbach, Hardheim, Haßmersheim, Höpfingen, Hüffenhardt, Limbach, Große Kreisstadt Mosbach. Mudau, Neckargerach, Neckarzimmern, Neunkirchen, Obrigheim, Osterburken, Ravenstein, Rosenberg, Schefflenz, Schwarzach, Sekkach, Waldbrunn, Walldürn, Zwingenberg).

## Wappenbeschreibung

Gespalten: vorn von Silber und Blau schräggerautet, hinten in Rot ein sechsspeichiges silbernes Rad.

## Historische Entwicklung

Im ersten nachchristlichen Jahrhundert eroberten die Römer auch diese Region. Zur Sicherung ihres Besitzes befestigten sie die Grenze: der Limes entstand. Von Wimpfen am Neckar aus verlief der Limes, der Odenwaldlimes, über Neckarburken, Oberscheidental und Schloßau hinunter zum Main. Um die Mitte des 2. Jh. wurde der Limes etwa 30 Kilometer weiter östlich verlegt. Als „vorderer“ Limes durchzieht er das Gebiet des heutigen Neckar-Odenwald-Kreises, beginnend in Miltenberg über Walldürn, Osterburken und Jagsthausen. Die römische Blütezeit war bald zu Ende. Im Jahre 233 n. Chr. überrannten die Alemannen den obergermanisch-rätischen Limes. Von 500 an beherrschten die Franken das Land. Sie eroberten nicht nur, sondern begannen eine breite bäuerliche Kolonisation und integrierten die alemannische Bevölkerung. Die wichtigste fränkische Heer- und Fernstraße überquerte bei Obrigheim den Neckar und verlief weiter über Adelsheim, Osterburken nach Königshofen an die Tauber. Gebildet wurde der Neckar-Odenwald-Kreis zum 1. Januar 1973 aus den Landkreisen Buchen und Mosbach, mit dem Sitz in Mosbach. Drei deutlich voneinander abgegrenzte Naturräume kamen damit zusammen: das Nekkartal mit der weiten Talaue des Neckars, der waldreiche Odenwald und die weiträumige Ackerbaulandschaft des Baulandes. Das Recht zur Führung eines neuen Kreiswappens verlieh das Innenministerium Baden-Württemberg dem Neckar-Odenwald-Kreis mit Urkunde vom 5. November 1975. Das Wappenbild basiert auf der früheren Zugehörigkeit des größten Teiles des heutigen Kreisgebietes zur Kurpfalz (Rauten) und zu Kurmainz (Rad).

## Struktur des Kreises – Sehenswürdigkeiten

Odenwald und Neckartal sind ideale Feriengebiete. Im Odenwald jagten einst die Nibelungen. Götz von Berlichingen, der Ritter mit der eisernen Hand, lebte hier. Mittelalterliche Fachwerkorte, trutzige Burgen und schöne Schlösser lassen jeden Ausflug zu einem Bummel in die Vergangenheit werden. Dabei ist der Landkreis keineswegs museal. Einige besondere Anziehungspunkte seien genannt: Bei Buchen im Odenwald kann man die 600 Meter lange Eberstadter Tropfsteinhöhle besichtigen; auf Burg Guttenberg bei Haßmersheim am Neckar gibt es eine Greifenwarte und neben einem Burgmuseum das Deutsche Kleinwagenmuseum.

Am Marktplatz in Mosbach steht das Palm'sche Haus, ein imponierendes Patrizierhaus, das 1610 im fränkischen Fachwerkstil erbaut wurde. Einen Besuch wert ist auch die Museumsstraße „Odenwälder Bauernhaus“ mit dem im Aufbau befindlichen Freilichtmuseum Gottersdorf. Limeswanderwege führen zu nahezu 2000 Jahre alten Bauwerken aus der Römerzeit. Eine besonders originelle Idee ist die Wanderbahn von Mosbach nach Mudau. Hier kann man 28 km weit auf einer ehemaligen Bahntrasse wandern. Bei den Schloßfestspielen in Zwingenberg am Neckar kommen auch die Freunde von Kultur, Theater und Musik in wildromantischer Kulisse auf ihre Kosten.

Regierungsbezirk: Freiburg. Einwohner: 353 500. Fläche: 1860,6 $km^2$. Einwohner je $km^2$: 190. Kfz-Kennzeichen: OG. Kreisverwaltung: Badstraße 20, 7600 Offenburg. Verwaltungsgliederung: 51 Gemeinden (Achern Appenweier, Bad Peterstal-Griesbach, Berghaupten, Biberach, Durbach, Ettenheim, Fischerbach, Friesenheim, Gengenbach, Gutach, Haslach, Hausach, Hofstetten, Hohberg, Hornberg, Kappel-Grafenhausen, Kappelrodeck, Kehl, Kippenheim, Lahr, Lauf, Lautenbach, Mahlberg, Meißenheim, Mühlenbach, Neuried, Nordrach, Oberharmersbach, Oberkirch, Oberwolfach, Offenburg, Ohlsbach, Oppenau, Ortenberg, Ottenhöfen, Renchen, Rheinau, Ringsheim, Rust, Sasbach, Sasbachwalden, Schuttertal, Schutterwald, Schwanau, Seebach, Seelbach, Steinach, Willstätt, Wolfach, Zell a. H.).

### Wappenbeschreibung

In Silber ein rot bewehrter und rot bezungter schwarzer Doppeladler mit goldenem Brustschild; darin der silbern gerüstete hl. Georg auf schwarzem Pferd mit roter Satteldecke, mit der Lanze einen grünen Lindwurm erlegend.

### Historische Entwicklung

Die Römer hatten seit 50 v. Chr. das Gebiet Mortenau – heute Ortenau – als militärisches Vorland zu den Übergängen in den Donauraum benutzt. Der große Ausstrahlungspunkt römischen Lebens war Straßburg. Seit der Mitte des vierten Jahrhunderts standen das Gebiet der heutigen Ortenau und das Elsaß unter fränkischem Besiedlungs- und Machtdruck, und um 600 etwa gründeten Eremiten und frühe Glaubensboten erste Klöster. Im Jahre 1274 schuf Rudolf von Habsburg die Landvogtei Mortenau; Mittelpunkt und Verwaltungszentrum dieser Reichslandvogtei war die Burg Ortenberg.
Im Laufe des 15./16. Jh. wurde der Name „Mortenau“ in „Ortenau“ umgeändert. Die Geburtsstunde des heutigen Ortenaukreises schlug am 1. Januar 1973, als die baden-württembergische Kreisreform die Landkreise Lahr und Offenburg vollständig, Wolfach und Kehl fast gänzlich und den halben Kreis Bühl zum Ortenaukreis zusammenfügte. Der neue Kreis übernahm mit Datum vom 31. August 1973 das bereits seit 1962 vom Landkreis Offenburg geführte Wappen. Es knüpft an das alte Wappen des Kantons Ortenau der Reichsritterschaft an. Der Reichsadler deutet zugleich auf die ehemaligen Freien Reichsstädte Offenburg – dem heutigen Sitz des Ortenaukreises –, Gengenbach und Zell am Harmersbach, auf das Freie Reichstal Harmersbach sowie auf die bis zum Jahre 1805 zu Vorderösterreich gehörende Reichslandvogtei Ortenau hin.

### Struktur des Kreises – Sehenswürdigkeiten

In der Ortenau lassen zahlreiche Sehenswürdigkeiten den Tag zur Kurzweil werden. Unterhalb der Höhen von Hornisgrinde und Schliffkopf erinnert die Klosterruine Allerheiligen an das lange Wirken der Prämonstratensermönche. In der Nähe liegen die Allerheiligen-Wasserfälle. Der Mummelsee an der Schwarzwaldhochstraße ist eine Rast wert.
Über das Leben der Schwarzwälder Bergbauern informiert das Freilichtmuseum Vogtsbauernhof in Gutach. Rund 70 Trachtenfiguren demonstrieren im Trachtenmuseum in Haslach die Vielfalt der Trachten des Schwarzwaldes und seiner Randgebiete. In der Glashütte Wolfach wird die Kunst des Glasblasens mit dem Mund demonstriert. Im Litschental bei Seelbach findet man eine alte Hammerschmiede, in der noch heute mit denselben Werkzeugen wie vor 500 Jahren geschmiedet wird. Für den Kunstfreund bietet die Wallfahrtskirche Maria Krönung in Lautenbach eine besondere Kostbarkeit. Schön ist das historische Stadtbild der ehemaligen Freien Reichsstadt Gengenbach mit der gut erhaltenen alten Ringmauer. Ein Abstecher zur Burgruine Hohengeroldseck ist ebenso empfehlenswert wie ein Ausflug in den Europa-Park in Rust.
Neben vielfältigen Ausflugszielen zur Schwarzwaldhochstraße laden die Badische Weinstraße und der Ortenauer Weinpfad zu bekannten Weinorten wie Sasbachwalden, Kappelrodeck, Oberkirch und Durbach – um nur einige zu nennen – ein.

Regierungsbezirk: Stuttgart. Einwohner: 276416. Fläche: 1512 $km^2$. Einwohner je $km^2$: 183. Kfz-Kennzeichen: AA. Kreisverwaltung: Stuttgarter Straße 41, 7080 Aalen. Verwaltungsgliederung: 3 große Kreisstädte (Aalen, Ellwangen, Schwäbisch Gmünd), 6 Städte (Bopfingen, Heubach, Lauchheim, Lorch, Neresheim, Oberkochen), 33 Gemeinden (Abtsgmünd, Adelmannsfelden, Bartholomä, Böbingen, Durlangen, Ellenberg, Eschach, Essingen, Göggingen, Gschwend, Heuchlingen, Hüttlingen, Iggingen, Jagstzell, Kirchheim/Ries, Leinzell, Mögglingen, Mutlangen, Neuler, Obergröningen, Rainau, Riesbürg, Rosenberg, Ruppertshofen, Schechingen, Spraitbach, Strödtlen, Täferrot, Tannhausen, Unterschneidheim, Waldstetten, Westhausen, Wört).

## Wappenbeschreibung

In Gold ein roter Pfahl, belegt mit einem goldenen Abtsstab; vorne ein aufgerichteter schwarzer Löwe, hinten ein halber schwarzer Adler am Spalt.

## Historische Entwicklung

Der Ostalbkreis ist ein sehr altes Siedlungsgebiet und reich an vor- und frühgeschichtlichen Funden. Ab der Völkerwanderungszeit gründeten nach der Vertreibung der Römer die Alemannen die Mehrzahl der heutigen Orte. Diese sind an der Namensendung „-ingen" zu erkennen. Der ursprüngliche Sitz und die Grablege der Hohenstaufen war Lorch. Der staufische Löwe im Kreiswappen vom 5. November 1975 soll aber auch auf das umfangreiche Hausgut Hohenstaufens in dieser Gegend verweisen. Mit dem Tode des letzten Staufers 1268 verlor das Deutsche Reich seinen Zusammenhalt, und neben den geistlichen und weltlichen Fürsten gelangten auch viele Städte zu einem Machtzuwachs. So wurden Gmünd, Aalen und Bopfingen freie Reichsstädte. An sie erinnert im heutigen Kreiswappen der ehemalige Reichsadler, den viele Bürgerschaften als Zeichen ihrer Reichsunmittelbarkeit geführt hatten. Erst im Jahre 1802 endete diese „Reichsherrlichkeit", als das Herzogtum Württemberg nach den sogenannten Revisionskriegen mit Frankreich für seine Gebietsverluste am linken Rheinufer mit der Zuweisung von Reichsstädten, Propsteien, Klöstern und Abteien entschädigt wurde. Der Abtsstab im Kreisemblem soll an diese geistlichen Territorien erinnern, insbesondere an die Fürstpropstei Ellwangen und das Kloster Neresheim. Der Ostalbkreis ging 1973 im wesentlichen aus den früheren Landkreisen Aalen und Schwäbisch Gmünd hervor.

## Struktur des Kreises – Sehenswürdigkeiten

Der Ostalbkreis bildet den Kern des mittleren Ostens des Landes Baden-Württemberg. Die Landschaft ist abwechslungsreich: Schwäbische Alb mit Rehgebirge, Albuch und Härtsfeld, das flache Ries, der Schwäbische Wald und die Wälder Virngrundes, die Flußregionen von Jagst, Kocher und Rems sowie die Seenplatte im Norden bieten hervorragende Möglichkeiten der Naherholung. Neben der Industrie gilt die Landwirtschaft als ein bedeutender Wirtschaftsfaktor. Die bewegte Geschichte des Ostalbkreises präsentiert sich in der historischen Bausubstanz der Städte, Schlösser, Burgen und Ruinen. Sehenswert sind die Burgruine Rechberg und die barocke Wallfahrtskirche zur Schönen Maria auf dem Hohenrechberg, die Ruine Lauterburg am Steilabfall des Albuchs, das Deutschordensschloß Kapfenburg am Nordrand des Härtsfelds und das Barockschloß Hohenbaldern. Die ehemalige Reichsstadt Schwäbisch Gmünd, heute bekannt wegen ihrer Schmuckindustrie, beeindruckt mit dem Heilig-Kreuz-Münster, der Johanneskirche, dem Rathaus und den vielen mittelalterlichen Fachwerkbauten. Einzigartig in Deutschland ist das Limes-Museum in Aalen, das, über einem römischen Kastell errichtet, die Besetzung des alten Germaniens durch die Römer dokumentiert. Kath. Pfarrkirche St. Veit, Jesuitenkirche, Schloß (mit barocker Krippensammlung) und Wallfahrtskirche St. Maria sind in Ellwangen von besonderer kunsthistorischer Bedeutung.

Regierungsbezirk: Karlsruhe. Einwohner: 189689. Fläche: 738,83 km². Einwohner je km²: 257. Kfz-Kennzeichen: RA. Kreisverwaltung: Herrenstraße 15, 7550 Rastatt. Verwaltungsgliederung: 23 Kreisgemeinden (Au am Rhein, Bietigheim, Bischweier, Durmersheim, Elchesheim-Illingen, Bühlertal, Forbach, Gernsbach, Hügelsheim, Iffezheim, Kuppenheim, Muggensturm, Ötigheim, Steinmauern, Lichtenau, Loffenau, Ottersweier, Rheinmünster, Sinzheim, Weisenbach), und drei Große Kreisstädte (Bühl, Gaggenau und Rastatt).

## Wappenbeschreibung

Geviert: 1 in Gold eine rote Weinleiter, 2 in Blau eine goldene Traube, 3 in Blau eine blau besamte, gefüllte goldene Rose mit grünen Kelchblättern, 4 in Gold ein roter Schrägbalken.

## Historische Entwicklung

Da der Landkreis in seinem durch die Kreisreform geschaffenen Umfang vor allem aus dem größten Teil des ehemaligen Landkreises Rastatt und der nördlichen Hälfte des aufgelösten Landkreises Bühl besteht, wurde das Landkreiswappen auch aus Symbolen der bisherigen Wappen dieser Landkreise zusammengestellt. Das Wappen des ehemaligen Landkreises Rastatt zeigte in Gold einen roten Schrägbalken, begleitet oben von einer roten Weinleiter, unten von einer blau besamten, gefüllten, roten Rose. Der das Wappen beherrschende badische Schrägbalken sollte verdeutlichen, daß das ehemalige Kreisgebiet seit dem 17. Jh. vollständig zur Markgrafschaft Baden-Baden gehörte. Die Weinleiter war dem Wappen der Kreisstadt und vormaligen Residenz Rastatt entnommen, während die Rose an die Grafen von Eberstein erinnerte, die bis zum Aussterben ihrer Familie im Jahre 1660 die Herrschaft im Murgtal ausübten. Das Bühler Landkreiswappen enthielt in schräglinks geteiltem Schild oben in Gold zwei blaue Zwetschgen mit grünem Ast und grünem Blatt, unten in Rot eine goldene Traube und ein goldenes Rebenblatt schräglinks übereinander. Damit wurde die Bedeutung des Obst- und Weinbaus (Bühler Zwetschgen) für die Wirtschaft des Landkreises zum Ausdruck gebracht. Die gold-rote Tingierung des Schildes ist in Anklang an die badischen Wappenfarben vorgenommen worden, denn der größere Teil des Landkreises mit der Kreisstadt selbst war altes badisches Territorium. Das am 24. Mai 1974 verliehene neue Kreiswappen faßt die Motive der früheren Wappen in einem Schild zusammen.

## Struktur des Kreises – Sehenswürdigkeiten

Das Landkreisgebiet zieht sich vom Rhein hinauf auf die Höhen des Schwarzwaldes und hinein in das wildromantische Murgtal. Im Sommer sind Wanderungen durch Waldungen, Weinberge und über Höhenwege beliebt, im Winter entlang der Schwarzwaldhochstraße vielerlei Möglichkeiten des Wintersports. Das Rastatter Schloß, das größte Barockschloß Deutschlands, besitzt das Freiheitsmuseum als Erinnerungsstätte an die deutsche Freiheitsbewegung sowie ein Wehrgeschichtliches Museum. Nahe gelegen ist das Schloß Favorite mit seiner berühmten Porzellansammlung. In der 1969 renovierten romanischen Kirche in Rheinmünster-Schwarzach finden seit mehr als 15 Jahren die weit bekannten „Schwarzacher Münsterkonzerte" statt. Die Kirche ist der Rest einer alten Benediktinerabtei. Erwähnenswert sind das Schloß Eberstein bei Gernsbach oder die Reste der Burg Windeck bei Bühl nahe Iffezheim, wo alljährlich die Rennwoche des Internationalen Clubs von Baden-Baden durchgeführt wird. Imponierend ist die Staustufe, an der einer der Übergänge zum nahen Elsaß ausgebaut ist.
Auskünfte erteilt die Fremdenverkehrsgemeinschaft Nördlicher Schwarzwald, Postfach 666, 7530 Pforzheim.

Regierungsbezirk: Tübingen. Eiwohner:233315. Fläche: 1632 km². Einwohner je km²: 143. Kfz-Kennzeichen: RV. Kreisverwaltung: Friedenstraße 6, 7980 Ravensburg. Verwaltungsgliederung: 39 Städte und Gemeinden (Achberg, Aichstetten, Aitrach, Altshausen, Amtzell, Argenbühl, Aulendorf [Stadt], Bad Waldsee [Stadt], Bad Wurzach [Stadt], Baienfurt, Baindt, Berg, Bergatreute, Bodnegg, Boms, Ebenweiler, Ebersbach-Musbach, Eichstegen, Fleischwangen, Fronreute, Grünkraut, Guggenhausen, Horgenzell, Hoßkirch, Isny im Allgäu [Stadt], Kisslegg, Königseggwald, Leutkirch im Allgäu [Stadt], Ravensburg [Stadt], Riedhausen, Schlier, Unterwaldhausen, Vogt, Waldburg, Wangen im Allgäu [Stadt], Weingarten [Stadt], Wilhelmsdorf, Wolfegg, Wolfpertswende).

### Wappenbeschreibung

In Blau ein rot bezungter und rot bewehrter goldener Löwe.

### Historische Entwicklung

Das alte und neue Kreiswappen von Ravensburg zeigt einen aufgerichteten Löwen; er war das Wappentier des für die deutsche Geschichte so bedeutsamen Adelsgeschlechtes der Welfen. Ihre oberschwäbische Herrschaft mit den Zentren Ravensburg und Altdorf-Weingarten ging um das Jahr 1191 durch Verkauf an die Hohenstaufen über. Die Farbgebung des Wappens des für den Großlandkreis zweifellos wichtigsten Herrscherhauses der Welfen ist allerdings unklar. Da in den historischen Belegen auch goldene Löwen vorkommen, stellt die Farbfolge Gold-Blau eine mögliche Lösung dar. Nachdem das Gebiet die Staufer und ab 1541 die Habsburger zum Herrn gehabt hatte, fielen große Teile der Region bis 1806 an das zum Königreich erhobene Württemberg. Nach den Gebietsaustauschen von 1810 (Verträge von Compiègne und Paris) standen die Grenzen zu Bayern weitgehend fest. Das königliche Manifest zur administrativen Neugliederung Württembergs von 1810 teilte den Ravensburger Raum der „Landvogtei am Bodensee“ zu, die nach dem französischen Vorbild der Departements gebildet worden war. Die gleichzeitige Einteilung in etwa gleich große Oberämter – entgegen den einem modernen Staatswesen hinderlichen gewachsenen Herrschaftsgebilden – blieb im Grundriß bis 1938 erhalten.

Die heutige Gestalt erhielt der Landkreis mit der Gebietsreform vom 1. Januar 1973: Den zusammengelegten Altlandkreisen Ravensburg und Wangen wurden noch Gemeinden der aufgelösten Kreise Saulgau und Biberach angegliedert. Mit Beratung durch die Archivdirektion Stuttgart übernahm der Großlandkreis das am 6. November 1952 vom Altlandkreis Ravensburg eingeführte Wappen mit Neuverleihung des Innenministeriums vom 20. Januar 1975.

### Struktur des Kreises – Sehenswürdigkeiten

Nicht nur die landschaftliche Schönheit, sondern auch der architekturhistorische Reichtum verleihen dem Landkreis seinen besonderen Reiz. Im äußersten Südosten Baden-Württembergs gelegen, bietet er dem Betrachter ein abwechslungsreiches Bild. Die Alpengletscher der Eiszeit formten den Boden und hinterließen als Erbe unzählige kleine Seen, die heute vielseitige Möglichkeiten der Freizeitgestaltung bieten. Das Wintersportgebiet um Isny im Allgäu wird von der „Oberschwäbischen Barockstraße“ erreicht, die sich durch weite Teile des Kreises schlängelt. Hier befinden sich die vielen Burgen, Schlösser, barocken Kirchen und Klöster, die dem Besucher die Geschichtsträchtigkeit des Landkreises vor Augen führen. Erwähnenswert ist das malerische Stadtbild der ehemaligen Kreisstadt Wangen, doch auch in anderen Städten und Gemeinden, wie beispielsweise in Amtzell, wo die Mahlstube der Reibeisenmühle renoviert wurde, nimmt die Erhaltung alter Bausubstanz einen vorrangigen Stellenwert ein. Durch den Aufbau des Bauernhausmuseums Wolfegg erfährt die Region eine weitere kulturelle Bereicherung. Heilbäder wie z. B. Bad Waldsee und Bad Wurzach verleihen dem Kreis dazu den Rang einer Kur- und Erholungslandschaft.

Regierungsbezirk: Stuttgart. Einwohner: 354664. Fläche: 859 km². Einwohner je km²: 413. Kfz-Kennzeichen: WN. Kreisverwaltung: Alter Postplatz 10, 7050 Waiblingen. Verwaltungsgliederung: 6 große Kreisstädte (Backnang, Fellbach, Schorndorf, Waiblingen, Weinstadt, Winnenden) und 25 kreisangehörige Städte und Gemeinden (Alfdorf, Allmersbach im Tal, Althütte, Aspach, Auenwald, Berglen, Burgstetten, Großerlach, Kaisersbach, Kernen i.R., Kirchberg a. d. Murr, Korb, Leutenbach, Murrhardt, Oppenweiler, Plüdershausen, Remshalden, Rudersberg, Schwaikheim, Spiegelberg, Sulzbach a. d. Murr, Urbach, Weissach im Tal, Welzheim, Winterbach).

### Wappenbeschreibung

In Gold zwischen zwei schräglinken blauen Wellenleisten eine schräglinke schwarze Hirschstange.

### Historische Entwicklung

Zahlreich sind die Funde aus der Zeit, als der Rems-Murr-Kreis Grenzland zwischen Römern und Germanen war. Auf einer Länge von rund 35 km verlief von 150–260 n. Chr. der „obergermanische" Limes schnurgerade durch das Kreisgebiet und ging beim Haghof in den „rätischen" Limes über.
Einige Jahrhunderte später teilte die schwäbisch-fränkische Stammesgrenze, die von Burgstetten über Backnang und Murrhardt verlief, den Landkreis. Um 1080 bahnten sich infolge des Investiturstreites zwischen Kaiser und Papst tiefgreifende politische Veränderungen an. Um seine Machtposition zu halten, ernannte der Salierkaiser Heinrich IV. (1056–1106) den ihm ergebenen Friedrich von Hohenstaufen zum Herzog von Schwaben. Der italienisierte Name „Ghibellinen" für die Stauferanhänger geht auf die Stadt Waiblingen zurück. Durch Einheirat waren im Jahre 1111 die Markgrafen von Baden Herren von Backnang geworden. Dieser Ort war ein so wichtiger badischer Herrschaftssitz, daß sich hier sogar bis zum Ende des 12. Jh. die Grablege der Markgrafen befand. Um 1080 hatte im Süden des Raumes ein Graf namens „Konrad von Wirtemberg" eingeheiratet, der zum Urahn des württembergischen Hauses werden sollte. Seit dem 14. Jh. unterstand das Gebiet weitgehend den Württembergern, an die die Hirschstange im Kreiswappen (verliehen am 4. November 1974) erinnert. Sie wird im mustergültig klar konzipierten Wappen von zwei Wellenleisten flankiert, dem Sinnbild für die Flüsse Rems und Murr.

### Struktur des Kreises – Sehenswürdigkeiten

Mit 332 km² hat der Rems-Murr-Kreis die größten Waldgebiete und mit 310 km² auch die umfangreichsten Landschaftsschutzgebiete in der Region Mittlerer Nekkar. Land- und Forstwirtschaft kommt eine bedeutende Rolle zu. Im Bereich Berglen wird ein Großteil der Obstproduktion vergeistigt. Das Remstal wird gern als der Landeshauptstadt vorgelagertes „Weinparadies" bezeichnet mit einer Jahreserzeugung zwischen 7 und 13 Millionen Liter Wein. Die mittelständisch strukturierte Wirtschaft vereint Betriebe der Nahrungsmittelindustrie, des Maschinenbaus, der Eisen- und Metallverarbeitung, der Elektronik, der Holz- und Papierverarbeitung und der Lederindustrie. Seit Jahren hat der Kreis eine der geringsten Arbeitslosenquoten in der Bundesrepublik. Also stimmt's, was das Landratsamt in einer Broschüre so formuliert: „Er ist Ballungsraum und Erholungsraum, er ist schaffig und festfreudig, er ist modern und traditionsbewußt, er ist strebsam und verträumt . . ." Der Rems-Murr-Kreis ist ein typischer Landkreis der Fachwerkhäuser mit über 1800 Kulturdenkmälern. Kennenlernen sollte man die Pfalzstadt Waiblingen mit Stadtmauer, Beinsteiner Torturm und Hochwachtturm, Weinstadt mit seinen Stadtteilen, darunter dem schönen Weindorf Strümpfelbach. Von Buoch aus hat man einen schönen Blick über das Remstal. Winterbach mit der vorbildlichen Ortskernsanierung (altes Rathaus, Helferhaus und Pfarrhaus), Schorndorf mit dem Geburtshaus Gottlieb Daimlers, Murrhardt mit der Waltherichskapelle, Backnang mit seinem Fachwerkrathaus oder dem Ungarndeutschen Heimatmuseum. Dem Wanderer seien der Mühlenwaderweg und der Limeswanderweg empfohlen.

Regierungsbezirk: Tübingen. Einwohner: 240 000. Fläche: 1094 km². Einwohner je km²: 219. Kfz-Kennzeichen: RT. Kreisverwaltung: Bismarckstraße 47, 7410 Reutlingen. Verwaltungsgliederung: 26 kreisangehörige Gemeinden (Bad Urach, Dettingen/Erms, Engstingen, Eningen u. A., Gomadingen, Grabenstetten, Grafenberg, Hayingen, Hohenstein, Hülben, Lichtenstein, Mehrstetten, Metzingen, Münsingen, Pfronstetten, Pfullingen, Pliezhausen, Reutlingen, Riederich, Römerstein, St. Johann, Sonnenbühl, Trochtelfingen, Walddorfhäslach, Wannweil, Zwiefalten) und der gemeindefreie Gutsbezirk Münsingen.

## Wappenbeschreibung

In Grün zwei goldene Schrägbalken; dazwischen drei sechsstrahlige goldene Sterne; die Schrägbalken außen begleitet von je zwei kleineren sechsstrahligen goldenen Sternen.

## Historische Entwicklung

Der größte Teil des heutigen Kreisgebiets lag im 11. Jh. im Einflußbereich der Grafen von Achalm, die bereits 1098 ausstarben und kein Wappen geführt hatten. Das von ihnen gegründete Kloster Zwiefalten schrieb den Grafen nachträglich ein Wappen zu, das in der Klostertradition als Stifterwappen verwandt wurde und in spätmittelalterlichen Wappenbüchern die Achalmgrafen repräsentierte. Dieses Wappenbild übernahm der Landkreis Reutlingen mit staatlicher Genehmigung vom 26. August 1980. Während der Wirren in den letzten Jahren der Stauferherrschaft Mitte des 13. Jh. kam die Grafschaft der mit den Achalmgrafen verwandten Grafen von Urach in den Besitz der Grafen von Württemberg, die im 14. und 15. Jh. weitere Teile des heutigen Kreisgebiets erwarben. Daneben baute sich die Reichsstadt Reutlingen ein kleines Territorium auf und auf der Alb bestand neben adligem Streubesitz die stattliche Herrschaft des Klosters Zwiefalten. 1802–1806 fielen auch diese Gebiete fast ausnahmslos an Württemberg, das die Neuerwerbungen in seine Ämtergliederung einbezog. Die drei Oberämter Münsingen, Reutlingen und Urach bestanden bis 1938, als das Oberamt Urach aufgelöst und im wesentlichen den Kreisen (neue Bezeichnung seit 1934) Reutlingen und Münsingen zugeordnet wurde. Mit Inkrafttreten des Kreisreformgesetzes am 1. 1. 1973 wurde der Kreis Münsingen aufgelöst und sein Gebiet bis auf 10 Orte dem Landkreis Reutlingen zugeschlagen.

## Struktur des Kreises – Sehenswürdigkeiten

Der südlich der Landeshauptstadt gelegene Landkreis teilt sich in das industriell ausgerichtete, dicht besiedelte Albvorland und die landwirtschaftlich geprägte, dünn besiedelte Albhochfläche – mit ihren Wacholderheiden, Hochtälern und Burgruinen ein beliebtes Naherholungs- und Feriengebiet. Produkte der verschiedensten Industriezweige gehen aus dem Kreisgebiet in alle Welt und ein vielfältiges Angebot an Schulen aller Fachrichtungen zieht Schüler und Studenten auch von außerhalb an. Zu den bedeutendsten Sehenswürdigkeiten zählen: Klosterkirche in Zwiefalten (Klostergründung 1089, heutige Kirche 1739–1765 nach Entwurf von Johann Michael Fischer aus München erbaut, prächtige Barockausstattung), Marienkirche in Reutlingen (1247–1343), Amanduskirche (1470–1499) und Stadtschloß (1443) in Bad Urach, das durch W. Hauffs Erzählung bekannte Schloß Lichtenstein in der gleichnamigen Gemeinde; zahlreiche Bergruinen vor allem im Lautertal; Heidengraben (spätere Keltenzeit) bei Grabenstetten; Bärenhöhle bei Sonnenbühl-Erpfingen; Haupt- und Landgestüt Marbach; Heimatmuseen in Reutlingen, Münsingen und Pfullingen sowie ein Bauernhausmuseum in Hohenstein-Ödenwaldstetten. 24% der Gesamtfläche sind ausgewiesene Landschafts- und Naturschutzgebiete. Staatlich anerkannte Erholungsorte und das neuerrichtete Kurzentrum in Bad Urach erfreuen sich großer Beliebtheit. Fremdenverkehrsamt im Landkreis Reutlingen: Fremdenverkehrsgemeinschaft Schwäbische Alb und Albvorland, Tübinger Straße 74, 7410 Reutlingen.

Regierungsbezirk: Karlsruhe. Einwohner: 466973. Fläche: 1062 km². Einwohner je km²: 440. Kfz-Kennzeichen: HD. Kreisverwaltung: Kurfürstenanlage 40, 6900 Heidelberg. Verwaltungsgliederung: Von den 54 kreisangehörigen Städten und Gemeinden sind 22 in Gemeindeverwaltungsverbänden zusammengefaßt, 13 weitere Gemeinden haben sich zu Verwaltungsgemeinschaften zusammengeschlossen, und 19 Städte und Gemeinden bilden eigene Verwaltungsräume.

### Wappenbeschreibung

Gespalten: vorn in Blau ein silberner, mit einem gewellten schwarzen Faden belegter Wellenbalken; hinten in Gold ein rot gekrönter, rot bezungter und rot bewehrter schwarzer Löwe.

### Historische Entwicklung

Mit dem Unterkiefer von Mauer, dem „homo heidelbergensis", wurde im Kreisgebiet der älteste datierbare, über 500000 Jahre alte menschliche Überrest in Europa gefunden. Etwa seit der Mitte des 1. Jh. nach Christi wurde das Land durch die Römer in Besitz genommen: Ladenburg, das keltische „Lopodunum", war nun Gauhauptort der „Civitas Sueborum Nicretum". Im 13. Jh. bildete der Pfalzgraf die Lorscher Märkte Wiesloch und Weinheim in Städte um. Als staufische Gründungen sind damals Neckargemünd, Eberbach, Sinsheim und Waibstadt entstanden. Die staatliche Verwaltung im Gebiet des heutigen Landkreises gründete sich seit 1803 auf den badischen Bezirksämtern und ab 1863 auch auf den beiden „Großkreisen" Mannheim und Heidelberg. Durch die badische Landkreisordnung vom 24. 6. 1939 wurden die Bezirksämter und die Großkreise aufgelöst und die Aufgaben der staatlichen Ämter und der kommunalen Kreise nunmehr bei den neuen Landkreisen Mannheim und Heidelberg – ohne die beiden Großstädte – sowie Sinsheim zusammengefaßt.
Der jetzige Rhein-Neckar-Kreis wurde am 1. 1. 1973 im Zuge der Kreisreform in Baden-Württemberg aus den ehemaligen Kreisen Mannheim und Heidelberg sowie dem größeren Teil des Landkreises Sinsheim gebildet. Das am 5. November 1975 verliehene Kreiswappen versinnbildlicht durch den geteilten Wellenbalken Rhein und Neckar. Der kurpfälzische Löwe erinnert daran, daß der überwiegende Teil des Kreisgebiets vom 14. Jh. bis zum Beginn des 19. Jh. zur Kurpfalz gehörte.

### Struktur des Kreises – Sehenswürdigkeiten

Der Rhein-Neckar-Kreis erstreckt sich über drei naturräumliche Einheiten: die Rheinebene mit der badischen Bergstraße, den Odenwald und den Kraichgau. In den letzten Jahrzehnten wuchsen bedeutende Industrien, aber die vielseitige Landwirtschaft mit dem Anbau von Spezialkulturen wie Gemüse, hier besonders Spargel, Obst und Wein, behielt ihre Bedeutung und prägt weithin das Landschaftsbild an der Bergstraße, im Rheintal und im Kraichgau. Die Schönheit des Neckartals und die bewaldeten Höhen des Odenwaldes sind gute Voraussetzungen für die Nah- und Ferienerholung. Von den zahlreichen Sehenswürdigkeiten seien genannt: Eberbach mit der Ruine einer Stauferburg und historischen Bauten aus mehreren Jahrhunderten; Ladenburg mit dem historischen Stadtkern und der römischen Marktbasilika, St. Galluskirche, Sebastianskapelle und „Bischofshof" Lobden (Lobdengaumuseum); die Burgfeste Dilsberg über der Stadt Neckargemünd; Schwetzingen mit dem Schloß und seinem weltberühmten Park, sein Rokokotheater („Schwetzinger Festspiele"); der größte Exotenwald Deutschlands in Weinheim; Teile der ehemaligen Stadtmauer und „Freihof" in Wiesloch, und für die Motorsportler der „Hockenheimring" mit dem „Motodrom".

Regierungsbezirk: Freiburg. Einwohner: 126003. Fläche: 770 km². Einwohner je km²: 164. Kfz-Kennzeichen: RW. Kreisverwaltung: Königstraße, 7210 Rottweil. Verwaltungsgliederung: 6 Städte (Rottweil, Schramberg, Oberndorf a. N., Sulz a. N., Dornhan, Schiltach) und 16 Gemeinden (Aichhalden, Bösingen, Deißlingen, Dietingen, Dunningen, Epfendorf, Eschbronn, Fluorn-Winzeln, Hardt, Lauterbach, Schenkenzell, Tennenbronn, Villingendorf, Vöhringen, Wellendingen, Zimmern o. R.).

### Wappenbeschreibung

In Gold der rot bewehrte und rot bezungte schwarze Reichsadler, belegt mit einem von Silber und Rot geteilten Brustschild, in den Fängen eine liegende schwarze Hirschstange mit nach unten gekehrten Enden haltend.

### Historische Entwicklung

Die ältesten Siedlungsspuren im Landkreis Rottweil reichen zurück in die Jungsteinzeit. Nach den Kelten erschlossen die Römer das heutige Kreisgebiet durch Straßen entlang dem Neckartal und vom Kinzigtal her nach Rottweil. Hier gründeten sie eine Stadt sowie weitere Siedlungen in Sulz und Waldmössingen. Die meisten übrigen Orte des Landkreises werden im 8. bzw. 9. Jh. erstmals erwähnt, meist in Urkunden des Klosters St. Gallen, von wo auch die Christianisierung erfolgte. Nach der Zähringerherrschaft am oberen Neckar, die Rottweil und seinen Königshof nicht einschloß, entwickelten sich bis zum 15. Jh. vor allem drei Schwerpunkte im heutigen Landkreis: im Süden und in seiner Mitte die Reichsstadt Rottweil, auf die der Adler im Kreiswappen hinweist; im Norden altwürttembergisches Gebiet, an welches die Hirschstange erinnert, und schließlich im Osten die vorderösterreichische Grafschaft Hohenberg, auf welche sich der Brustschild des Kreiswappens bezieht. Das Rottweiler Gebiet wurde 1802, das vorderösterreichische 1805 mit Württemberg vereint. Bei der Kreisreform von 1973 wurde aus dem Altkreis Rottweil sowie Teilen der Kreise Horb, Hechingen und Wolfach der neue Landkreis Rottweil gebildet. Unter dem 7. Juni 1974 wurde sein derzeitiges Kreiswappen vom Innenministerium des Landes Baden-Württemberg verliehen.

### Struktur des Kreises – Sehenswürdigkeiten

Der Landkreis Rottweil erstreckt sich nördlich der Baar vom mittleren Schwarzwald bis zur Hochalb. So ist er reich an vielfältigen landschaftlichen Schönheiten. Hervorzuheben sind die Waldgebiete um Schramberg, die Täler der unteren Eschach, des Neckars von Rottweil abwärts, die Schlichemklamm oder das Glattal. Zahlreiche Baudenkmäler weist Rottweil auf, angefangen vom Kapellenturm über Kirchen und Bürgerhäuser bis zu seinen Brunnen und der Lorenzkapelle mit seiner berühmten Kunstsammlung. Die Stadtanlage Rottweils entspricht der Art der Zähringerstädte: Ein Straßenkreuz teilt die ursprünglich mit einer Ringmauer umgebene befestigte Stadt in vier sogenannte „Orte" ein, deren Gassen parallel zu den Straßen des Straßenkreuzes verlaufen. Ein ähnlich gut erhaltenes Stadtbild bietet Schiltach. Erwähnt werden müssen weiter die Ruine Hohenschramberg, die Falkensteiner Kapelle, das Kloster Wittichen, aus dem 16. Jh. das Wasserschloß Glatt sowie die barocke Klosterkirche von Oberndorf. Im ganzen Landkreis entwickelt das Fasnetsbrauchtum Anziehungskraft.

Bekannt sind die Schramberger Junghans-Uhren, Betriebe der Wehrtechnik in Oberndorf und Rottweil als Schul- und Beamtenstadt, aber ebenso durch den Rottweiler Hund. In Flözlingen arbeitet die kleinste Brauerei Europas.

Regierungsbezirk: Stuttgart. Einwohner: 151000. Fläche: 1490 $km^2$. Einwohner je $km^2$: 101. Kfz-Kennzeichen: SHA. Kreisverwaltung: Münzstraße 1, 7170 Schwäbisch Hall. Verwaltungsgliederung: 30 kreisangehörige Gemeinden (Blaufelden, Braunsbach, Bühlertann, Bühlerzell, Crailsheim, Fichtenau, Fichtenberg, Frankenhardt, Gaildorf, Gerabronn, Ilshofen, Kirchberg/J., Kreßberg, Langenburg, Mainhardt, Michelbach/B., Michelfeld, Oberrot, Obersontheim, Rosengarten, Rot am See, Satteldorf, Schrozberg, Schwäbisch Hall, Stimpfach, Sulzbach-Laufen, Untermünkheim, Vellberg, Wallhausen und Wolpertshausen).

### Wappenbeschreibung

In Silber, schräggekreuzt aus von Silber und Schwarz geviertem Schildfuß wachsend, ein schwarzer Kesselhaken (Kräuel) und ein schwarzer Flößerhaken; dazwischen oben eine rote Scheibe, darin ein silbernes Kreuz.

### Historische Entwicklung

Bis zur napoleonischen „Flurbereinigung" bestimmten neben den geistlichen Territorien (Comburg, Ellwangen) namentlich die Reichsstadt Hall, Hohenlohe, Limpurg und Brandenburg-Ansbach, am Rande auch die Reichsstädte Rothenburg und Dinkelsbühl das Gesicht des heutigen Kreises. Im neuen Kreiswappen – verliehen am 25. April 1974 – erinnern die vier Bestandteile an einige dieser Gebiete. Das gevierte Zollernwappen im Schildfuß verweist auf die zollerische Abkunft der Markgrafen von Ansbach, denen ein großer Teil des ehemaligen Landkreises Crailsheim gehörte. Der Kesselhaken („Kräuel") ist die „redende" Wappenfigur der Stadt Crailsheim. Sowohl die „Zollernvierung" als auch der Kesselhaken standen im Wappen des früheren Kreises Crailsheim. Der Flößerhaken soll die ehemals limpurgischen Bestandteile des Landkreises im Raum Gaildorf repräsentieren; die mit dem Kreuz belegte Scheibe soll eine Hellermünze darstellen. Denn die Stadt Schwäbisch Hall war seit der Stauferzeit Sitz einer Münzpräge und war Geburtsort des nach ihr benannten Hellers. Diese aus Silberblech gestanzte, mit einem Kreuz und einer Hand verzierte Münze erreichte bald einen weiten Absatz in Mitteleuropa. Die letzte Prägung fand im Jahre 1545 statt.
Der Landkreis Schwäbisch Hall entstand am 1. 1. 1973 aus den Altkreisen Crailsheim und Schwäbisch Hall sowie aus dem Raum Gaildorf des ehemaligen Kreises Backnang.

### Struktur des Kreises – Sehenswürdigkeiten

Der im Nordosten von Baden-Württemberg liegende Landkreis Schwäbisch Hall umschließt die Limpurger Berge und den Mainhardter Wald, die weiten Ebenen im Gebiet der ehemaligen Rothenburger Landwehr sowie die tiefeingeschnittenen Landstriche von Bühler, Jagst und Brettach.
Viele Burgen und Schlösser, Wehrkirchen und alte Brücken, historische Ortsbilder und bäuerliche Fachwerkhäuser dokumentieren den architekturhistorischen Reichtum einer geschichtsträchtigen Region. So wie die historisch bedeutsamen Städte Schwäbisch Hall: ev. Stadtkirche St. Michael mit romanischem Urbau von 1156, Marktplatz mit Rathaus und prächtigen Häuserfassaden, Marktbrunnen von Konrad Schaller (1509), Stadtbefestigung mit dem Pechnasenturm und dem Langenfelder Tor (1160 und 1515); Limpurg: Henkersbrücke, Johanniterkirche; Kloster Comburg; Vellberg (fast vollständig erhaltene Befestigungsanlage mit Mauern, Toren, Bastionen, Kasematten, Marktplatz mit Brunnen und fachwerkgeschmückten Häusern) und Crailsheim (Rathaus mit Turm, ev. Liebfrauenkapelle von 1393, spätgotische ev. Stadtkirche St. Johannes d. T., Spitalkapelle, Diebsturm aus dem 13. Jh.) weisen fast alle Gemeinden im Kreisgebiet kunsthistorische Sehenswürdigkeiten auf: z. B. Schloßanlagen in Bartenstein, Braunsbach, Gaildorf, Kirchberg an der Jagst, Langenburg u. a., Rathaus in Obersontheim, Schloß Morstein und Michelbacher Torturm in Gerabronn, Haller Torturm in Ilshofen oder stauferzeitliche Tannenburg in Bühlertann. Erwähnenswert sind das Geigenmuseum in Crailsheim und das Auto-Museum Schloß Langenburg.

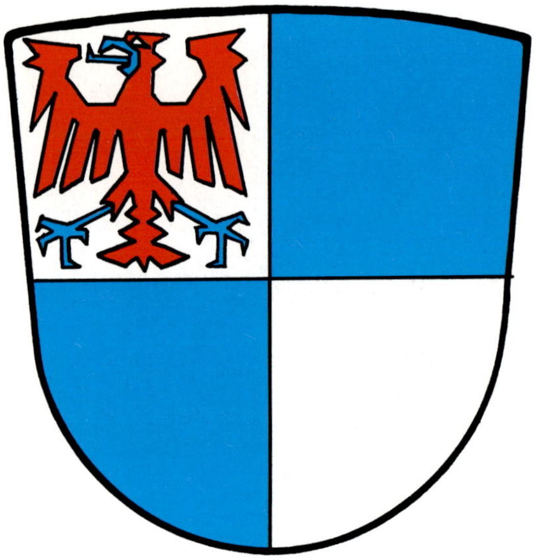

Regierungsbezirk: Freiburg. Einwohner: 194557. Fläche: 1025,11 km². Einwohner je km²: 190. Kfz-Kennzeichen: VS. Kreisverwaltung: Kaiserring 1, 7730 Villingen-Schwenningen. Verwaltungsgliederung: Eine große Kreisstadt (Villingen-Schwenningen), 9 Städte (Bad Dürrheim, Blumberg, Bräunlingen, Donaueschingen, Furtwangen, Hüfingen, St. Georgen i. Schw., Triberg i. Schw., Vöhrenbach) und 10 Gemeinden.

### Wappenbeschreibung

Von Silber und Blau geviert; in 1 ein blau bewehrter und blau bezungter roter Adler.

### Historische Entwicklung

Der Schwarzwald-Baar-Kreis ist durch die baden-württembergische Kreisreform am 1. 1. 1973 aus Großteilen der ehemaligen Landkreise Villingen-Schwenningen und Donaueschingen sowie je einer Gemeinde aus den Landkreisen Rottweil, Tuttlingen und dem früheren Landkreis Hochschwarzwald entstanden. Am 7. Juni 1974 wurde dem neugebildeten Landkreis das Wappen verliehen. Da die Flüsse Donau und Neckar im Kreisgebiet ihren Ursprung haben, wird auf sie mit den beiden blauen Feldern verwiesen. Die beiden silbernen Felder versinnbildlichen die Landschaften des Kreises: Schwarzwald und Baar. Der rote Adler, der den Zähringer Adler der ehemaligen Stadt Villingen zum Vorbild hat, nimmt auf die Grafen von Zähringen Bezug. Graf Berthold III. gründete im Jahre 1120 die Stadt Villingen. Im Jahre 1326 fiel die Stadt an die Habsburger. Die früher eigenständige Stadt Schwenningen ist heute mit Villingen zusammengeschlossen. Grabfunde weisen darauf hin, daß bereits um 500 nach Christi ein Alemannendorf in der Nähe der heutigen Stadtkirche stand.

### Struktur des Kreises – Sehenswürdigkeiten

Kultureller und wirtschaftlicher Mittelpunkt des Landkreises ist die Doppelstadt Villingen-Schwenningen, bestehend aus der badischen mittelalterlichen, 1120 gegründeten Zähringerstadt Villingen und der württembergischen Uhrenmetropole Schwenningen, die urkundlich erstmals im 9. Jh. erwähnt wird. Die drei Stadttore im Stadtbezirk Villingen (Oberes, Riet- und Bickentor) sind die Endpunkte der als „Zähringerkreuz“ bekannten Stadtanlage. Bemerkenswert sind das Münster „Unserer Lieben Frau“, dessen Münsterschatz die großartigen Goldschmiedearbeiten des Scheibenkreuzes und des berühmten Fürstenberg-Kelches birgt, die barocke Benediktinerkirche, das frühere Franziskanerkloster (heute Museum und Konzerthaus), das Kloster St. Ursula, das spätgotische alte Rathaus mit Renaissanceportal und mehrere Bürgerhäuser mit Staffelgiebeln. Der gesamte Stadtkern wird von der zum großen Teil gut erhaltenen inneren Ringmauer mit dem wuchtigen Romäusturm, dem Kaiserturm und dem Pulverrondell umschlossen.
Weitere Sehenswürdigkeiten im Kreisgebiet sind beispielsweise das Schloß des Fürsten zu Fürstenberg in Donaueschingen mit der Hofbibliothek und den Sammlungen, das Deutsche Uhrenmuseum in Furtwangen, das Kardinal-Bea-Museum in Blumberg, das Phonomuseum in St. Georgen i. Schw. sowie der Narrenschopf in Bad Dürrheim, der die bedeutendste Sammlung schwäbisch-alemannischer Fasnachtsmasken und -kostüme beherbergt. In Triberg i. Schw. kann man den höchsten Wasserfall Deutschlands besichtigen. Reizvoll eine Fahrt mit der Museumsbahn durch das wildromantische Wutachtal, durch Deutschlands einzigen Kreiskehrtunnel, über grandiose Brücken, Viadukte und Kehrschleifen: ein unvergeßliches Erlebnis.
Die Wirtschaft bestimmen die Industrie, das Handwerk, die Land- und Forstwirtschaft sowie der Fremdenverkehr. Über zwei Drittel der Kreisfläche werden land- und forstwirtschaftlich genutzt. An den Quellen von Donau und Neckar liegt diese gut erschlossene Ferienlandschaft mit ihren vielfältigen Möglichkeiten des Erlebens und Erholens, so zum Beispiel im Soleheilbad und Heilklimatischen Kurort Bad Dürrheim, Europas höchstgelegenem Solbad, sowie in den Kurorten des Schwarzwaldes Königsfeld, Triberg und Schönwald. Daneben bieten sich eine Reihe Luftkurorte als gute Erholungsmöglichkeiten an.

Regierungsbezirk: Tübingen. Einwohner: 114 102. Fläche: 1204 km². Einwohner je km²: 95. Kfz-Kennzeichen: SIG. Kreisverwaltung: Leopoldstr. 4, 7480 Sigmaringen. Verwaltungsgliederung: 25 kreisangehörige Gemeinden (Beuron, Bingen, Gammertingen, Herbertingen, Herdwangen-Schönach, Hettingen, Hohentengen, Illmensee, Inzigkofen, Krauchenwies, Leibertingen, Mengen, Meßkirch, Neufra, Ostrach, Pfullendorf, Sauldorf, Saulgau, Scheer, Schwenningen, Sigmaringen, Sigmaringendorf, Stetten a. k. M., Veringenstadt, Wald).

### Wappenbeschreibung

In Rot über einem erniedrigten silbernen Balken ein schreitender goldener Hirsch.

### Historische Entwicklung

Der Landkreis Sigmaringen ist am 1. Januar 1973 durch die Kreisreform neu gebildet worden. Auf Beschluß des Kreistags wurde das Wappen des Altkreises Sigmaringen im Einvernehmen mit dem Hauptstaatsarchiv Stuttgart an die neuen Gebietsverhältnisse angepaßt. Der goldene Hirsch im roten Schild ist seit 1483 als Wappen der Grafen von Sigmaringen belegt, deren Herrschaftsbereich ursprünglich über die spätere zollerische Grafschaft Sigmaringen hinaus Gebiete in der Gegend von Pfullendorf und im Bereich des ehemaligen Landkreises Saulgau umfaßte. Damit repräsentiert diese Wappenfigur, die auch als Helmzier der Grafen von Zimmern (Meßkirch) erscheint, einen großen Teil des neuen Landkreises. Der österreichische „Bindenschild" (in Rot ein silberner Balken) bezieht sich auf die vorderösterreichischen Gebiete, die sich einst um die Grafschaft Sigmaringen, die gleich der Grafschaft Veringen von Österreich zu Lehen ging, gruppierten. Das alte Kreiswappen hatte statt des silbernen Balkens die „Zollernvierung" (siehe Zollernalbkreis!) im Schildfuß gezeigt.

Das einprägsame und in Form und Farbgebung besonders ansprechende neue Kreiswappen wurde am 9. Juni 1978 verliehen.

### Struktur des Kreises – Sehenswürdigkeiten

Der Landkreis Sigmaringen gehört zu der Region Bodensee-Oberschwaben. Mit seinem nördlichen Teil bedeckt er die „Mittlere Flächenalb" und reicht im äußersten Norden bis zur kuppigen Flächenalb, während er im Westen einen Teil der „Hohen-Schwaben-Alb" des „Oberen Donautales" und der „Hegau-Alb" einnimmt. Der südlich der Donau liegende Landstrich zählt zu den „Donau-Ablach-Platten" und streckt sich im Süden bis in das „Oberschwäbische Hügelland" hin. Als typische Alblandschaft ist der Kreis reich an Naturdenkmälern: z. B. Teufelstor im Laucherttal bei Gammertingen, Nikolaus- und Göpfelsteinhöhle bei Veringenstadt im Laucherttal, Donaudurchbruch.

Mehrere Stilepochen hat das Hohenzollernschloß Sigmaringen seit dem 12. Jh. erlebt. Neben einem Museum mit schwäbischen Gemälden und Plastiken aus dem 15./16. Jh. und dem Marstallmuseum mit einer Ausstellung von Jagd-, Reise- und Galawagen besitzt es auch eine der umfangreichsten Waffensammlungen in Deutschland. Sehenswert sind das malerische Stadtbild von Sigmaringen (mit dem runden Turm, Rest der ehemaligen Stadtbefestigung, heute Heimatmuseum), von Pfullendorf (mittelalterlicher Stadtkern, Fachwerkhäuser und Steinbauten, darunter „Altes Haus" [1317], Obertor [1505], St. Jakobskirche – gotische Pfeilerbasilika mit oberschwäbischem Barock ausgestattet) und von Mengen (mittelalterliches Stadtbild mit Fachwerkhäusern).

Gut erhalten ist die barocke Benediktinerabtei in Beuron mit der 1738 geweihten Kirche.

Regierungsbezirk: Tübingen. Einwohner: 179417. Fläche: 519 km². Einwohner je km²: 345. Kfz-Kennzeichen: TÜ. Kreisverwaltung: Doblerstraße 13/15/21, 7400 Tübingen. Verwaltungsgliederung: 15 kreisangehörige Städte und Gemeinden – 3 Städte (Mössingen, Rottenburg a. N., Tübingen), 12 Gemeinden (Ammerbuch, Bodelshausen, Dettenhausen, Dußlingen, Gomaringen, Hirrlingen, Kirchentellinsfurt, Kusterdingen, Nehren, Neustetten, Ofterdingen, Starzach).

## Wappenbeschreibung

In Silber an schräg aus dem Unterrand hervorkommendem schwarzen Speer eine dreilatzige rote Fahne.

## Historische Entwicklung

Der in der Mitte Baden-Württembergs liegende Landkreis Tübingen wurde im Jahre 1973 in seinen jetzigen Grenzen im Zuge der Verwaltungsreform festgeschrieben. Das Kreisgebiet erfuhr dabei nur geringfügige Veränderungen. Die Großen Kreisstädte Tübingen und Rottenburg am Neckar erstrecken sich dabei in ihren Markungsflächen zusammen auf etwa die Hälfte des Kreises. Der Landkreis führt seit der erneuten Genehmigung vom 3. September 1973 das bereits 1955 angenommene Wappen weiter. Die dreilatzige rote Fahne war die Gerichts- bzw. Blutgerichtsfahne der Tübinger Pfalzgrafen. Sie wird im Kreiswappen in ihrer ältesten Trageart am Fahnenspeer abgebildet, wie sie zur Zeit der Belehnung der Grafen von Tübingen mit der Pfalzgrafschaft üblich war. Die Farben Rot und Silber sind dem Wappen der Grafen von Hohenberg entnommen und sollen an den ehemals hohenbergischen Besitz im heutigen Landkreis erinnern. Das Familienwappen der Pfalzgrafen von Tübingen hatte die rote Fahne auf goldenem Schildgrund dargestellt.

## Struktur des Kreises – Sehenswürdigkeiten

Der Landkreis Tübingen ist flächenmäßig der kleinste Kreis Baden-Württembergs und liegt im Herzen dieses Bundeslandes.

Drei markante Täler mit ihren Flußläufen durchziehen die abwechslungsreiche Region: Neckartal, Steinlachtal und Ammertal. Das geschlossene Waldgebiet „Rammert“ und der „Naturpark Schönbuch“ sowie die Kurorte Bad Sebastiansweiler und Bad Niedernau gehören zu den Erholungszentren. Etwa die Hälfte der Gesamtmarkungsfläche des Kreises wird landwirtschaftlich genutzt. Der selbsterzeugte Wein wird weitgehend in den „Besenwirtschaften“ ausgeschenkt. Als beliebte Ziele in der Universitätsstadt Tübingen gelten das Pfalzgrafenschloß mit berühmtem „Äußeren Tor“, das zur Vorburg gehört, die evang. Stiftskirche St. Georg (gotisch), der Hölderlinturm, die historische Altstadt und der Marktplatz (Marktbrunnen) mit malerischem Rathaus. – Als sakrales Schmuckstück gilt das ehemalige Zisterzienserkloster in Bebenhausen. In der altehrwürdigen Bischofsstadt Rottenburg am Neckar laden der Marktplatz, das Rathaus, das römische Bad, der St.-Martins-Dom, die ehem. Stiftskirche St. Moritz (Freskomalereien, Grabdenkmäler) und die Wallfahrtskirche St. Maria im Weggental (berühmte Plastiken) zum Verweilen ein.

Weitere Sehenswürdigkeiten: „Wurmlinger Kapelle“, das dreistöckige „Schwedenhaus“ in Ammerbuch-Altingen (ältestes Fachwerkhaus im Kreis), die Schlösser Weitenburg, Hirrlingen, Wachendorf, Hohenentringen, Tübingen-Kilchberg und Gomaringen, der Botanische Garten in Tübingen, die Belsener Kirche in Mössingen-Belsen und die frühkeltischen Grabhügel der älteren Eisenzeit in Tübingen-Kilchberg und Gomaringen Stockach.

Regierungsbezirk: Freiburg. Einwohner: 111350. Fläche: 734,4 km². Einwohner je km²: 152. Kfz-Kennzeichen: TUT. Kreisverwaltung: Alleenstraße 10, 7200 Tuttlingen. Verwaltungsgliederung: 35 kreisangehörige Gemeinden (Aldingen, Bärenthal, Balgheim, Böttingen, Bubsheim, Buchheim, Deilingen, Denkingen, Dürbheim, Durchhausen, Egesheim, Emmingen-Liptingen, Fridingen a. D., Frittlingen, Geisingen, Gosheim, Gunningen, Hausen o. V., Immendingen, Irndorf, Königsheim, Kolbingen, Mahlstetten, Mühlheim a. D., Neuhausen o. E., Reichenbach a. H., Renquishausen, Rietheim-Weilheim, Seitingen-Oberflacht, Spaichingen, Talheim, Trossingen, Tuttlingen, Wehingen, Wurmlingen).

### Wappenbeschreibung

Geteilt: oben in Gold eine liegende schwarze Hirschstange, unten in Blau ein unterhalbes vierspeichiges goldenes Rad.

### Historische Entwicklung

Urahn des jetzigen Landkreises war eine kleine, dem bekannten Inselkloster Reichenau gehörende Herrschaft, die aus Tuttlingen, den Dörfern Öfingen und Oberbaldingen und der Hälfte von Sunthausen bestand. Über mehrere Hände kam dieses „Herrschäftle" vor 1377 an Württemberg. 1444 erweiterten die damals noch im Range von Grafen amtierenden Württemberger ihren Besitz zwischen Schwarzwald und Schwäbischer Alb beträchtlich. Dank der Säkularisierung, der Mediatisierung und Napoleons wuchs zu Beginn des 19. Jh. das Oberamt Tuttlingen. Den nächsten Schub gab es 1938, als das hauptsächlich aus dem ehemals vorderösterreichisch-hohenbergischen Obervogteiamt Spaichingen hervorgegangene Oberamt Spaichingen zum Kreis Tuttlingen geschlagen wurde. Die letzte Kreisreform in den 1970er Jahren wischte endgültig die historisch gewachsenen Bindungen weg. Fürstenbergisch-badische Städte und Gemeinden kamen zum württembergischen Tuttlingen. Das Kreiswappen vom 12. Oktober 1973, das der alte Landkreis Tuttlingen bereits seit dem 28. Februar 1961 geführt hatte, verweist mit der oberen Hälfte auf das altwürttembergische Amt und die Stadt Tuttlingen. Das halbe Rad ist dem bereits 1482 verliehenen Wappen der vorderösterreichischen Herrschaft Oberhohenberg entlehnt. Auch das Spaichinger Stadtwappen zeigt das (allerdings fünfspeichige) Rad. Die Farben Blau und Gelb sind die Stadtfarben von Tuttlingen und Trossingen.

### Struktur des Kreises – Sehenswürdigkeiten

In der mittelständisch geprägten Wirtschaft dominiert ein Wirtschaftszweig: die Medizintechnik. Mit über 200 Firmen, die sich der Produktion und dem Handel von medizinischen Geräten widmen, gilt Tuttlingen als das Weltzentrum der Medizintechnik. Weltweit bekannt sind die Musikinstrumente aus Trossingen und Spaichingen und manch andere Erzeugnisse. Vor einem halben Jahrhundert noch Notstandsgebiet wuchs ein blühendes Wirtschaftsgebiet inmitten herrlicher Landschaftsräume (Oberes Donautal, Baaralb, Hegaualb und Großer Heuberg). Barocke Kirchen findet man in Seitingen-Oberflacht, Egesheim, Reichenbach a. H., Fridingen a. D. und auf dem Dreifaltigkeitsberg. Der Jugendstil präsentiert sich mit einem Meisterwerk, der Fassade der evangelischen Stadtkirche in Tuttlingen.

Das kulturelle Angebot des Landkreises ist beachtlich: Im Dr.-Ernst-Hohner-Konzerthaus in der „Musikstadt Trossingen" werden Stücke der ernsten und heiteren Muse aufgeführt sowie Konzerte bekannter Ensembles veranstaltet. Auch Tuttlingen bietet ein reiches Programm an geistlicher Musik, Konzerten und Theateraufführungen. Eindrucksvoll sind die Aufführungen der Naturbühne Steintäle in Fridingen. Im Sommer gibt es zahlreiche Straßenfeste im Landkreis.

Regierungsbezirk: Freiburg. Einwohner: 145088. Fläche: 113 $km^2$. Einwohner je $km^2$: 128. Kfz-Kennzeichen: WT. Kreisverwaltung: Kaiserstraße 110, 7890 Waldshut-Tiengen 1. Verwaltungsgliederung: 32 kreisangehörige Städte und Gemeinden (Albbruck, Bad Säckingen, Bernau, Bonndorf, Dachsberg, Dettinghofen, Dogern, Eggingen, Görwihl, Grafenhausen, Häusern, Herrischried, Höchenschwand, Hohentengen am Hochrhein, Ibach, Jestetten, Klettgau, Küssaberg, Lauchringen, Laufenburg, Lottstetten, Murg, Rickenbach, St. Blasien, Stühlingen, Todtmoos, Ühlingen-Birkendorf, Waldshut-Tiengen, Wehr, Weilheim, Wutach und Wutöschingen).

### Wappenbeschreibung

Durch einen silbernen Wellenschrägbalken geteilt: oben in Grün ein schrägliegender, aus dem hinteren Schildrand wachsender goldener Abtsstab; unten in Blau ein goldenes Turbinenrad.

### Historische Entwicklung

Im Mittelalter waren für den heutigen Landkreis die Grafen, die Klöster und die Freibauern von nachhaltiger Bedeutung. 1173 erhielt Graf Albrecht III. von Habsburg die Vogtei über das Kloster Säckingen. Damit war der Grundstein zur Macht der Habsburger in der Hochrheinregion gelegt. Neben Vorderösterreich waren noch die Landgrafschaften Stühlingen und Klettgau im Besitz von Hochadeligen. Die Umwälzungen im Gefüge der Französischen Revolution vereinigten die Landschaft von Südschwarzwald und Hochrhein nach fast tausendjähriger Zerrissenheit wieder zu einem geschlossenen Herrschaftsgebiet. Im Rahmen der napoleonischen „Flurbereinigung" wurden die ehemals österreichischen und hochadeligen Lande größtenteils dem Hause Baden zugeschlagen. Der Landkreis Waldshut in seiner gegenwärtigen Form entstand im Jahre 1973. Durch Teilung des früheren Landkreises Säckingen und durch Hinzunahme von Teilen des früheren Landkreises Hochschwarzwald wurde der neue, erheblich größere Landkreis Waldshut gebildet. Sein am 11. Dezember 1973 genehmigtes Wappen erinnert mit dem Turbinenrad an die bedeutende Rolle der elektrischen Energie für die wirtschaftliche Entwicklung am Hochrhein. Der Wellenbalken symbolisiert die das Kreisgebiet durchziehenden Wasserläufe Rhein, Wehra, Murg, Alb, Schwarza, Schlücht, Steina und Wutach; der Abtsstab soll auf die Gründung klösterlicher Niederlassungen verweisen.

### Struktur des Kreises – Sehenswürdigkeiten

Der Landkreis Waldshut besteht landschaftlich aus dem Hochrheintal mit dem unteren Wutachtal und aus dem Mittelgebirge des Südschwarzwaldes. Wirtschaftlich gesehen ist der Kreis dreigeteilt: Der Westen ist hochindustrialisiert (Raum Bad Säckingen), der Osten vergleichsweise unterindustrialisiert, und das stark ländlich geprägte Gebiet im Norden wird überwiegend fremdenverkehrsmäßig genutzt.

Das milde bis mäßige Reizklima ist ärztlich anerkannt (Heilbad Bad Säckingen, außerdem viele heilklimatische Kurorte und Luftkurorte). Daneben besitzt das Land am Hochrhein ein reiches kulturelles Erbe. Bemerkenswerte Kirchenbauten, kunsthistorisch wertvolle Burgen und Schlösser und schmucke Profanbauten ziehen den Betrachter in ihren Bann. Hervorheben muß man die um 1100 erbaute Pfarrkirche von Birndorf, die einzige erhaltene romanische Kirche im Kreis und eine der ältesten Kirchen dieser Region überhaupt, die Stadtpfarrkirche St. Marien in Tiengen (1753–55 von Peter Thumb erbaut), der letzte große Barockbau im Kreisgebiet, und die Klosterkirche St. Blasien (1768–83 von d'Ixnard und Pigage erbaut), die durch ihre riesige Kuppel besticht. Sehenswert sind die Burgruine Küssaburg und das Schloß zu Bonndorf mit seinen Stuckdekken von Franz Joseph Vogel. Eine spätgotische Stadtlandschaft bieten Waldshut, Tiengen, Laufenburg und Bad Säckingen (mit Holzbrücke aus dem 16. Jh.). Im Hans-Thoma-Museum in Bernau hat der bedeutende Maler eine Erinnerungsstätte mit sehenswerter Gemäldesammlung erhalten.

Regierungsbezirk: Tübingen. Einwohner: 172000. Fläche: 918 km². Einwohner je km²: 187. Kfz-Kennzeichen: BL. Kreisverwaltung: Hirschbergstr. 29, 7460 Balingen. Verwaltungsgliederung: 25 Gemeinden in 10 Verwaltungsgemeinschaften (Albstadt mit Bitz, Meßstetten mit Obernheim und Nusplingen, Winterlingen mit Straßberg, Balingen mit Geislingen, Gemeindeverwaltungsverband oberes Schlichemtal mit Schömberg, Zimmern u.d.B., Dautmergen, Dormettingen, Dotternhausen, Hausen a. T., Rathausen und Weilen u. d. R., Rosenfeld, Hechingen mit Rangendingen und Jungingen, Burladingen, Bisingen mit Grosselfingen, Haigerloch).

## Wappenbeschreibung

Gespalten: vorne von Silber und Schwarz geviert, hinten in Gold drei liegende schwarze Hirschstangen übereinander.

## Historische Entwicklung

Der Zollernalbkreis führt mit doppelter Berechtigung die sogenannte „Zollernvierung" im Wappenschild. Sie verweist auf das für das Kreisgebiet früher so maßgebende Geschlecht der Zollern, deren Stammburg (ab 1850 wiedererbaut) sich auf dem Kreisterritorium befindet. Zudem erinnert auch der neue Kreisname an dieses Geschlecht, das nach der Thronbesteigung in Preußen und dessen Vergrößerung zur deutschen Großmacht aufstieg, das (zweite) Deutsche Reich gründete und von 1871 bis 1918 dessen Kaiser stellte. Die silbernschwarze Zollernvierung stand deshalb sogar als Herzschild im deutschen Reichswappen und lieferte die preußischen Landesfarben.
Als mit der Gründung des Norddeutschen Bundes 1866 eine Flagge für Kriegs- und Handelsschiffe notwendig wurde, griff Bismarck den Farbakkord Schwarz-Weiß-Rot auf, der 1871 zu den „Reichsfarben" des Deutschen Reiches wurde. Dabei stand Schwarz-Weiß 1866 für Preußen, Weiß-Rot offiziell für Brandenburg; ursprünglich dürften Weiß und Rot für die Hansestädte gestanden haben. Der zweite Bestandteil des neuen Kreisemblems sind die württembergischen Hirschstangen, die auf den langjährigen Landesherren verweisen. Das Wappen des Zollernalbkreises wurde am 2. August 1974 verliehen, nachdem am 1. 1. 1973 die neue Gebietskörperschaft hauptsächlich aus dem Landkreis Balingen und dem Großteil des Kreises Hechingen gebildet worden war.

## Struktur des Kreises – Sehenswürdigkeiten

Vom „Kleinen Heuberg" um Rosenfeld mit der herrlichen Albkulisse als Hintergrund über das Albvorland und seinen malerischen Städtchen bis hinauf zur Albhochfläche mit ihren ausgedehnten Wacholderheiden und Buchenwäldern bietet der Landkreis, dessen Wahrzeichen die auf einem 855 m hohen Bergkegel ruhende Burg Hohenzollern ist, ein abwechslungsreiches Bild. Die Stammburg des Hauses Hohenzollern birgt in ihren prunkvollen Räumen eine Fülle von wertvollen zeitgeschichtlichen Kunst- und Kulturschätzen. In Europa einmalig ist das Museum für Waagen und Gewichte im historischen Zollernschloß in Balingen, das den geschichtlichen Bezug zur „gewichtigen" Waagenindustrie dieser Region vermittelt. Nicht Alltägliches weisen auch das musikhistorische Museum/Schloß Stauffenberg in Albstadt-Lautlingen, das Atom-Museum in Haigerloch und das Ofenplatten-Museum in Rosenfeld auf. Sehenswerte Kirchenarchitektur in Melchingen (Barock), Stadtkirche in Balingen (Gotik), Stiftskirche (klassizistisch) und St. Luzen (Renaissance) in Hechingen sowie in Haigerloch (St.-Anna-Wallfahrtskirche, Schloßkirche, ev. Kirche mit Nachschöpfung des III. Abendmahls n. Leonardo d. Vinci) verleiht den gewachsenen Stadtanlagen individuelle Reize. Wasserfreunde können auf dem Stausee in Schönberg Boot fahren oder dort baden. Spuren der alten Römer finden sich in Haigerloch, Hechingen und Rosenfeld, alte Ritterburgen im Raum Burladingen.

Rhön-Grabfeld
Bad Neustadt a. d. S.
Bad Kissingen
Aschaffenburg
Main-Spessart
Karlstadt
Schweinfurt
Haßberge
Haßfurt
Würzburg
Kitzingen
Miltenberg
Coburg
Kronach
Hof
Lichtenfels
Kulmbach
Wunsiedel
i.Fichtelgeb.
Wunsiedel
Bamberg
Bayreuth
Tirschenreuth
Erlangen-
Höchstadt
Forchheim
Neustadt
a. d.
Weiden i.d.Opf.
Waldnaab
Neustadt a.d.Aisch-
Bad Windsheim
Neustadt
a. d. A.
Erlangen
Fürth
Nürnberg
Lauf a.d.Pegnitz
Nürnberger Land
Amberg-Sulzbach
Amberg
Ansbach
Schwabach
Roth
Neumarkt
i. d. Opf.
Schwandorf
Cham
Weißenburg-
Weißenburg i.Bay.
Gunzenhausen
Regensburg
Regen
Straubing-Bogen
Straubing
Eichstätt
Kelheim
Deggendorf
Freyung-
Grafenau
Freyung
Donau-Ries
Donauwörth
Ingolstadt
Neuburg a. d. D.
Neuburg-
Schrobenhausen
Pfaffenhfn.
a. d. I.
Dingolfing-Landau
Dingolfing
Passau
Dillingen a. d. D.
Landshut
Günzburg
Neu-Ulm
Aichach-
Aichach
Friedberg
Augsburg
Freising
Rottal-Inn
Pfarrkirchen
Dachau
Erding
Mühldorf
a.Inn
Altötting
Fürstenfeldbruck
MÜNCHEN
Mindelheim
Unterallgäu
Memmingen
Landsberg
a.Lech
Starnberg
Ebersberg
Kaufbeuren
Rosenheim
Traunstein
Marktoberdorf
Ostallgäu
Weilheim-
Schongau
Weilheim i.OB
Bad Tölz
Bad Tölz-
Wolfratshausen
Miesbach
Bad Reichenhall
Kempten (Allgäu)
Lindau (Bodensee)
Oberallgäu
Sonthofen
Berchtes-
gadener
Land
Garmisch-Partenkchn.
100 km

WOLFGANG MAGG

# Die Landkreise in Bayern

Das „Gesetz, die Distriktsräte betreffend“ vom 28. Mai 1852 schuf als Gemeindeverband mit körperschaftlichen Rechten die Distriktsgemeinde im rechtsrheinischen Bayern für jeden der damals 249 Landgerichtsbezirke. Die *Distriktsgemeinde* von 1852 ist damit die Vorläuferin des heutigen Landkreises als kommunale Selbstverwaltungseinrichtung.

Im Bereich der unteren Staatsbehörden gab es bereits seit Beginn des 19. Jahrhunderts die *Landgerichte* als reine Verwaltungs- und Justizbehörden. Die Landgerichte wurden dann 1862 auf die Rechtspflege beschränkt und gleichzeitig als reine Verwaltungsbehörden 142 *Bezirksämter* eingerichtet.

Es läßt sich nicht bestreiten, daß die bayerischen Distriktsgemeinden von 1852, deren Sprengel übrigens wie bei den Landgerichten bis zum Ende des Ersten Weltkriegs nahezu unangetastet blieben, praktisch unmündig waren und auch von einer echten Wahl der Distriktsräte als Organvertretung im heutigen Sinn nicht die Rede sein konnte. Die Distriktsgemeinden standen unter Staatskuratel. Das Sagen hatte bis 1862 der Landrichter und dann der königlich-bayerische Bezirksamtmann.

Erst das Selbstverwaltungsgesetz von 1919 hob diese Bevormundung auf, brachte die Umbenennung in *Bezirke* als Körperschaften des öffentlichen Rechts und räumte ihnen das Recht der Selbstverwaltung nach Maßgabe der Gesetze ein. Den Staatsbehörden blieb also nur noch die Rechtsaufsicht. Ein entsprechendes Wahlgesetz brachte außerdem die Wahl der Bezirksräte durch das Volk.

Mit Wirkung vom 1. Januar 1920 wurden darüber hinaus im Rahmen einer Gebietsreform die Sprengel der ehemaligen Distriktsgemeinden an die Grenzen der Bezirksämter angepaßt. Die Verwaltung der neuen Bezirke wurde dem Bezirkstag und dem Bezirksausschuß übertragen, die beide frei wählbare Vorsitzende unter Ausschaltung des staatlichen Bezirksamtsvorstandes erhielten. Allerdings wurde dem staatlichen Bezirksamtsvorstand 1927 wieder die Stellung des gesetzlichen Leiters des Bezirksausschusses übertragen.

Durch das Gleichschaltungsgesetz von 1933 wurde der Bezirksausschuß aufgelöst und seine Befugnisse auf den auf neun Mitglieder verkleinerten Bezirkstag unter dem Vorsitz des staatlichen Bezirksoberamtmanns übertragen. Als Relikt aus dieser Zeit geblieben ist lediglich die bis heute geltende Umbenennung des Bezirksoberamtmanns in Landrat und der Bezirke selbst in *Landkreise* seit 1939.

Der Gebietszuschnitt der 142 Bezirksämter von 1862 hatte für die Bezirke nach dem Ersten und die Landkreise nach dem Zweiten Weltkrieg weitgehend Bestand bis zur *Gebietsreform* 1972, als die Zahl der 143 Landkreise auf 71 reduziert und die durchschnittliche Einwohnerzahl auf 100 000 und die Fläche auf 1000 km² erhöht wurde.

Das „Grundgesetz“ der Landkreise ist die Landkreisordnung für den Freistaat Bayern. Danach ist der *Kreistag* das wichtigste Organ des Landkreises. Er ist die Vertretung der Kreisbürger und wird von ihnen auf die Dauer von sechs Jahren gewählt. Als Kreisparlament entscheidet der Kreistag über alle wichtigen Angelegenheiten des Landkreises im eigenen und übertragenen Wirkungskreis, soweit er nicht den Kreisausschuß allgemein für zuständig erklärt hat und soweit nicht der Landrat kraft Gesetzes in laufenden Angelegenheiten zuständig ist.

Alle Angelegenheiten, die der Kreistag zu beschließen hat, hat der *Kreisausschuß* kraft Gesetz vorzuberaten. Daneben ist der Kreisausschuß das Beschlußgremium für alle ihm vom Kreistag übertragenen Zuständigkeiten. Der Kreistag bestimmt, ob neben dem von der Landkreisordnung zwingend vorgeschriebenen Kreisausschuß für bestimmte Aufgaben noch weitere Ausschüsse tätig werden sollen, zum Beispiel für Personalangelegenheiten und für Angelegenheiten von Kreiseinrichtungen.

Weiteres eigenes Organ ist schließlich der *Landrat* selbst. Er ist kommunaler Wahlbeamter, und zwar Beamter auf Zeit. Der Landrat ist gesetzlicher Vertreter des Landkreises, er führt den Vorsitz in den Sitzungen der Kreisparlamente, er ist oberstes Vollzugsorgan für Beschlüsse der Kreisparlamente und er besitzt eine eigene Zuständigkeit in bestimmten Kreisangelegenheiten. Daneben ist der Landrat kraft Gesetzes der Leiter des staatlichen Landratsamtes. Zudem wird der bayerische Landrat unmittelbar vom Volk gewählt. Diese Sonderstellung des bayerischen Landrats ist einmalig in der Bundesrepublik Deutschland.

**Landkreisverband Bayern – Kardinal-Döpfner-Straße 8 – 8000 München 2**

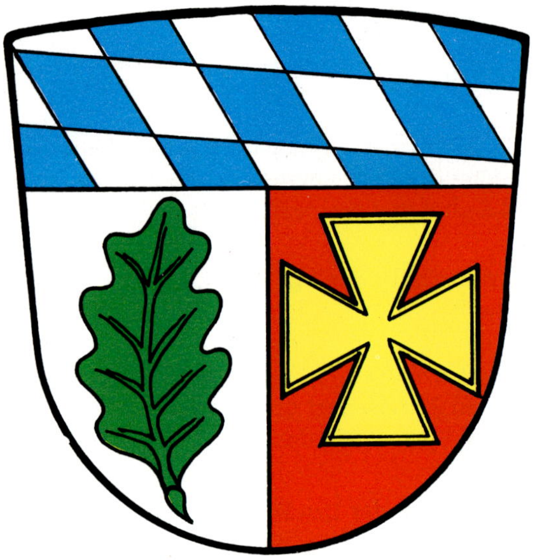

Regierungsbezirk: Schwaben. Einwohner: 99 564. Fläche: 764 $km^2$. Einwohner je $km^2$: 130. Kfz-Kennzeichen: AIC. Kreisverwaltung: Münchener Str. 9, 8890 Aichach. Verwaltungsgliederung: 23 kreisangehörige Städte, Märkte und Gemeinden, davon 16 in 5 Verwaltungsgemeinschaften (VG Aindling mit Markt Aindling, Gemeinde Petersdorf, Gemeinde Todtenweis; VG Dasing mit den Gemeinden Dasing, Adelzhausen, Eurasburg, Obergriesbach, Sielenbach; VG Inchenhofen mit Markt Inchenhofen, Gemeinde Hollenbach; VG Kühbach mit Markt Kühbach, Gemeinde Schiltberg; VG Mering mit Markt Mering und den Gemeinden Ried, Steindorf, Schmiechen) sowie 7 Einheitsgemeinden (Gemeinde Affing, Stadt Aichach, Stadt Friedberg, Gemeinde Kissing, Gemeinde Merching, Markt Pöttmes, Gemeinde Rehling).

### Wappenbeschreibung

Unter Schildhaupt mit den bayerischen Rauten gespalten von Silber und Rot; vorne ein grünes Eichenblatt, hinten ein goldenes Ulrichskreuz.

### Historische Entwicklung

Der Landkreis Aichach-Friedberg, 1972 aus den namengebenden Vorgängerkreisen gebildet, war ursprünglich ein wesentlicher Teil des wittelsbachischen Herzogtums Bayern. Bereits um das Jahr 1000 waren die Grafen von Scheyern die Landesherren an der Paar. Graf Otto II. († 1078) baute nordöstlich von Aichach die Burg Wittelsbach, nach der sich die Grafen seit 1115 benannten; sie ist der Stammsitz der Wittelsbacher, denen 1180 Kaiser Friedrich I. Barbarossa (1152–1190) das Herzogtum Bayern zu Lehen gab. Das Stadtrecht von 1347 und der Sitz des Landgerichtes verliehen Aichach schon früh eine zentralörtliche Funktion, die es bis heute behalten hat.

Der Bau der Burg und die Gründung der Stadt Friedberg (1257–1266) dienten ursprünglich der Aufgabe, die herzogliche Zollstelle bei der Lechbrücke zu schützen. Aus den altbayerischen Landgerichtsbezirken Aichach und Friedberg wurden 1939 „Landkreise“, der Kreis Friedberg wurde 1944 dem Regierungsbezirk Schwaben zugeordnet. Der neue Großlandkreis vereint die beiden altbayerischen Gebiete wieder, allerdings unter Zugehörigkeit zu Schwaben.

Das neue Kreiswappen, das am 10. Dezember 1975 genehmigt wurde, erinnert mit seinen Symbolen an die Altlandkreise: Das Eichenblatt „spricht“ für den Raum Aichach, das „Ulrichskreuz“ stand im Friedberger Wappen als Hinweis auf das Bistum Augsburg. Die Rauten symbolisieren die alte Gebietsherrschaft und die Stammburg der Wittelsbacher im heutigen Kreisgebiet.

### Struktur des Kreises – Sehenswürdigkeiten

Der Landkreis Aichach erstreckt sich östlich der Fuggerstadt Augsburg in nordsüdlicher Ausdehnung und wird überwiegend von der Landwirtschaft geprägt. Geologisch gehört er zum voralpinen Hügelland zwischen Donau, Lech und Isar. Weitere größere Wasserläufe sind die Friedberger Ach, die Paar, die Ecknach und die Weilach. Botanische Seltenheiten finden sich im Lechfeld mit Hummelorchis, Helmknabenkraut, Breitblättrigem Knabenkraut und der aus dem vorderen Orient stammenden Taglilie.

Aus der Vielzahl der Sehenswürdigkeiten seien genannt: das Obere Tor in Aichach und das hoch über Friedberg thronende Schloß (1257) mit dem Hungerturm und der Stadtmauer; diese geben den beiden Städten des Landkreises ihre markante Silhouette. Als Wallfahrtsstätten mit jahrhundertealten Traditionen sind ferner weit über die Kreisgrenzen hinaus bekannt: die spätgotische St.-Leonhards-Kirche mit dem berühmten Leonhardialtar in Inchenhofen, die Wallfahrtskirche Maria Birnbaum bei Sielenbach, die im 17. Jh. von den Deutschordensrittern als erste Zentralbaukirche nördlich der Alpen errichtet worden ist, die barocke Herrgottsruhkirche mit herrlichen Deckengemälden in Friedberg und die Wallfahrtskirche Maria Kappel in Schmiechen.

Geschichtsträchtige Orte sind auch der Thingplatz „Gunzenlee“ bei Kissing, die ehemalige Burg Niederschneitbach (Schneitbacher Einung vom Jahre 1302), die Burg Schiltberg sowie die Hofmarken Unterwittelsbach, Haslangkreit, Affing, Gumppenberg und Scherneck.

Regierungsbezirk: Oberbayern. Einwohner: 92530. Fläche: 569 km². Einwohner je km²: 162,5. Kfz-Kennzeichen: AÖ. Kreisverwaltung: Bahnhofstraße 38, 8262 Altötting. Verwaltungsgliederung: 9 Einheitsgemeinden (Altötting, Burghausen, Burgkirchen a. d. Alz, Garching a. d. Alz, Haiming, Neuötting, Pleiskirchen, Töging a. Inn, Winhöring), 6 Verwaltungsgemeinschaften mit 15 Mitgliedsgemeinden (Emmerting, Kirchweidach, Marktl, Reischach, Tüßling, Unterneukirchen).

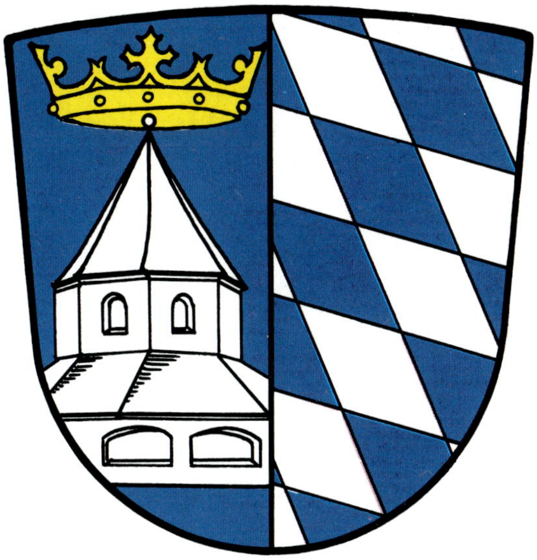

## Wappenbeschreibung

Gespalten; vorne in Blau das silberne Oktogon der Altöttinger Gnadenkapelle, darüber schwebend eine goldene Marienkrone, hinten die bayerischen Rauten.

## Historische Entwicklung

Die fruchtbaren Landstriche entlang des Inns, der Isen und südlich der Alz boten den Menschen der Vor- und Frühgeschichte schon vor Jahrtausenden eine Heimstatt. Aus der Römerzeit sind Fragmente von Straßen, Gebäuden, Gebrauchsgegenständen und Kunstwerken vorzufinden. „Oetting" wird schon im ersten Regierungsjahr des agilolfingischen Herzogs Tassilo III. (748/88) in einer Schenkungsurkunde erwähnt. Die Agilolfinger waren die ersten urkundlich erfaßbaren bayerischen Herzöge, deren Stammesherzogtum im politisch-religiösen Kraftfeld des Frankenreiches lag. Das im 12. Jh. gestiftete Zisterzienserkloster Raitenhaslach war neben dem später entstandenen Chorherrenstift Sankt Philipp und Jakob in Altötting in hohem Maße religiöser, kultureller und wirtschaftlicher Ausstrahlungspunkt. Im 15. Jh. begann die Marienwallfahrt „Zu Unserer Lieben Frau" in der Gnadenkapelle in Altötting. Die Kapelle stand Pate für das erstmals am 16. Januar 1960 angenommene Kreiswappen. Die Krone ist ein Symbol der Gottesmutter Maria. Die Bedeutung der wittelsbachischen Landesherren seit dem Spätmittelalter für ihren Altöttinger Besitz geht im Kreiswappen aus dem Rautenmuster hervor. Burghausen mit seiner mächtigen Burganlage war Sitz wichtiger herzoglicher Ämter.

Da mit dem Inkrafttreten der bayerischen Landkreisreform alle Kreiswappen ihre Gültigkeit zum 1. Juli 1972 einbüßten, war eine Neugenehmigung des Wappens für den fast unverändert gebliebenen Landkreis Altötting nötig. Diese wurde am 23. August 1972 von der dafür zuständigen Regierung von Oberbayern ausgesprochen.

## Struktur des Kreises – Sehenswürdigkeiten

Die Wirtschaftsstruktur wird vor allem von der Industrie bestimmt. Das bayerische Chemiedreieck Burghausen – Gendorf – Trostberg liegt zum größten Teil im Kreisgebiet. Das mittelständische Gewerbe folgt an zweiter Stelle und die Landwirtschaft an dritter.

Altötting, das „Herz Altbayerns", wird seit fast 500 Jahren von Wallfahrern aufgesucht, deren Ziel die Gnadenkapelle, eine der ältesten Kirchenbauten Deutschlands (um 800), inmitten des Kapellplatzes mit der Schwarzen Muttergottes ist. Der barocke Kapellplatz zählt zu den schönsten Europas und war u. a. auch Mittelpunkt des Papstbesuches im Jahr 1980. Ein weiterer Anziehungspunkt ist die längste Burganlage Europas (über 1 km) in der alten Grenz- und Salzachstadt Burghausen, errichtet Mitte des 13. bis Ende des 15. Jh. Neuötting, die einst reiche Inn- und Handelsstadt, prägt mit ihrer mächtigen gotischen St.-Nikolaus-Stadtpfarrkirche das historische Stadtbild. Zu weiteren hervorragenden Denkmälern im Landkreis zählen: die Kirche in Raitenhaslach, Marienberg, Feichten a. d. Alz und Kirchweidach sowie eine Reihe sehenswerter Schlösser und andere Bau- und Kunstdenkmäler, Museen und Sammlungen.

Der Landkreis an Inn, Salzach und Alz weist auch einige herrliche Landschaftsschutzgebiete auf und verfügt über zahlreiche Sport- und Freizeitmöglichkeiten, von Badeseen bis zu weitläufigen Wanderwegen.

Regierungsbezirk: Oberpfalz. Einwohner: 93190. Fläche: 1255 km². Einwohner je km²: 75. Kfz-Kennzeichen: AS. Kreisverwaltung: Landratsamt, Schloßgraben 3, 8450 Amberg. Verwaltungsgliederung: 27 Gemeinden (Ammerthal, Stadt Auerbach i. d. Opf., Birgland, Ebermannsdorf, Edelsfeld, Ensdorf, Etzelwang, Markt Freihung, Freudenberg, Gebenbach, Markt Hahnbach, Stadt Hirschau, Hirschbach, Markt Hohenburg, Illschwang, Markt Kastl, Markt Königstein, Kümmersbruck, Neukirchen b. Su.-Ro., Poppenricht, Markt Rieden, Markt Schmidmühlen, Stadt Schnaittenbach, Stadt Sulzbach-Rosenberg, Ursensollen, Stadt Vilseck, Weigendorf).

## Wappenbeschreibung

Durch eine eingeschweifte, gesenkte goldene Spitze, darin schräggekreuzt ein schwarzer Schlägel und ein schwarzer Hammer, gespalten von Schwarz und Rot; vorne ein linksgewendeter, rot gekrönter und rot bewehrter goldener Löwe, hinten drei (2:1 gestellte) silberne Lilien.

## Historische Entwicklung

Die Geschichte des Landes um Amberg und Sulzbach wurde lange Zeit durch seine reichen Erzvorkommen geprägt. Eine Urkunde von 787, also aus der Zeit des Frankenkönigs und ersten deutschen Kaisers Karls des Großen, belegte die Erzförderung und Eisenverhüttung. Zu Recht ruft deshalb das bergmännische Werkzeug den im Mittelalter überregional bedeutsamen Wirtschaftssektor ins Gedächtnis. Die Bildteilung mittels der eingeschweiften Spitze wie im Wappen des Bezirkes Oberpfalz soll hervorheben, daß Amberg und dessen Umland für viele Jahre politischer Mittelpunkt der wittelsbachischen Oberpfalz waren, nachdem im Hausvertrag von Pavia 1329 die pfälzisch-bayerische Linie entstanden war. Ebenso steht der pfälzische Löwe für die Ämter Amberg, Sulzbach, Kastl-Pfaffenhofen und Auerbach. Die drei Lilien beziehen sich auf die Grafen von Sulzbach, die für den Sulzbacher und partiell für den Raum um Kastl große Bedeutung hatten. Die Farbgebung Silber-Rot bezieht sich auf die Verflechtung der Region mit dem Reich, in dem diese Farbkombination ein hohes Ansehen genoß. Die bayerische Landkreisreform von 1972 führte zur Zusammenlegung der Kreise Amberg und Sulzbach-Rosenberg. Während das Wappen des ersteren Kreises aus dem Jahre 1958 den Pfälzer und den Bamberger Löwen sowie die „Reichsfarben" Silber und Rot enthielt, zeigte der Schild von Sulzbach-Rosenberg seit 1965 neben dem Pfälzer Löwen und den Lilien der Sulzbacher Grafen auch die bayerischen Rauten. Das am 17. August 1973 genehmigte neue Kreiswappen vereinigt in heraldisch vorbildlicher Weise die wichtigsten Wappenzeichen und vermeidet eine Überladung des Schildes.

## Struktur des Kreises – Sehenswürdigkeiten

9650 Einwohner arbeiten in der Industrie, die sich vor allem auf die Eisenwerkgesellschaft Maximilianshütte in Sulzbach-Rosenberg, dem größten eisenschaffenden Werk Süddeutschlands, sowie auf die Kaolinindustrie in Hirschau-Schnaittenbach als Grundstofflieferant für die Glas-, Porzellan- und Chemieindustrie stützt. An nächster Stelle stehen das Handwerk mit 5600 und der Dienstleistungsbereich mit 2750 Beschäftigten. Im allgemein landwirtschaftlich geprägten Landkreis mit rund 5250 land- und forstwirtschaftlichen Betrieben besteht als weitere Wirtschaftssäule der Fremdenverkehr. Zur Verfügung stehen 3800 Gästebetten. Die gut gepflegten Dörfer runden das herbschöne Bild der Oberpfälzer Juralandschaft ab. Dem Besucher eröffnen sich vielseitige Erholungsmöglichkeiten und ein reiches Angebot an Sport- und Freizeiteinrichtungen. Mit dem Bergbau- und Industriemuseum Ostbayern im Hammerherrenschloß zu Theuern besitzt der Landkreis ein bedeutendes Museum, das inzwischen zu einem Kulturzentrum geworden ist, das nicht nur über zahlreiche Ausstellungen (Minerale, Porzellan, Glas, bergmännisches Leben und Arbeiten, über 10000 Exponate), sondern auch über mehrere Außenstellen (Hammerwerk, Spiegelglasschleife, Besucherbergwerk) verfügt.

Regierungsbezirk: Mittelfranken. Einwohner: 155 636. Fläche: 1973 km². Einwohner je km²: 79. Kfz-Kennzeichen: AN. Kreisverwaltung: Crailsheimstraße 1, 8800 Ansbach. Verwaltungsgliederung: 11 Städte (Dinkelsbühl, Feuchtwangen, Heilsbronn, Herrieden, Leutershausen, Merkendorf, Ornbau, Große Kreisstadt Rothenburg o. d. Tauber, Schillingsfürst, Wassertrüdingen, Windsbach), 12 Märkte (Arberg, Bechhofen, Colmberg, Dentlein a. Forst, Dietenhofen, Dombühl, Dürrwangen, Flachslanden, Lehrberg, Schopfloch, Weidenbach, Weiltingen) und 35 Gemeinden.

### Wappenbeschreibung

Unter gespaltenem Schildhaupt, darin vorne geviert von Silber und Schwarz, hinten in Rot drei silberne Spitzen, in Gold ein rot bewehrter schwarzer Doppeladler.

### Historische Entwicklung

Als sich gegen Ende des 11. Jh. auch in diesem Gebiet die alten Gaugrafschaften aufsplitterten, entstanden aus den alten Gaugrafengeschlechtern und dem neueren Beamtenadel edelfreie Familien. Dazu gehörten im Ansbacher Raum die Herren von Hohenlohe, von Comburg-Rothenburg, von Endsee, von Dornburg-Schalkhausen, von Wahrberg, von Abenberg, von Truhendingen und von Oettingen. Bei der „Reichslandpolitik" der staufischen Könige im 12. Jh. kam der großen Nord-Süd-Reichsstraße (Würzburg-Rothenburg-Feuchtwangen-Dinkelsbühl-Augsburg-Italien) wegen ihrer verbindenden Kraft eine besondere Bedeutung zu. Nach dem dynastischen Erlöschen der Staufer im 13. Jh. formierte sich im heutigen Kreisgebiet ein Konglomerat klein- und kleinststaatlicher Einheiten ohne wirtschaftliche oder politische Zentren. Es war unmöglich, einen geschlossenen Territorialstaat aufzubauen. Diesem Ziel kamen am ehesten noch die Burggrafen von Nürnberg nahe, die viele Gebiete des heutigen Landkreises erwarben und eine planvolle Heirats- und Erwerbspolitik entwickelten. Im Kreiswappen (genehmigt am 24. Juli 1979) verweist neben der „Zollernvierung" für die Burggrafen der doppelköpfige Reichsadler auf die Territorien der ehemaligen Reichsstädte Rothenburg o.d. Tauber und Dinkelsbühl, sowie die reichsfreie Stadt Feuchtwangen. Als allgemeines Symbol für Franken wurde der „fränkische Rechen" im Wappenschild aufgenommen. Das heutige Kreisgebiet wurde zwischen 1803 und 1810 bayerisch. Der flächengrößte bayerische Landkreis entstand 1972 aus den vier Landkreisen Ansbach, Dinkelsbühl, Feuchtwangen und Rothenburg o.d. Tauber, der ehemaligen kreisfreien Stadt Rothenburg o.d. Tauber und weiteren kleineren Gebietsteilen.

### Struktur des Kreises – Sehenswürdigkeiten

Natur, Kunst und Geschichte haben dieses romantische Urlaubsland verwöhnt. Vollkommene Schönheit spiegelt die sakrale Architektur wider. Beispiele: St. Jakob mit Tilman Riemenschneiders Heilig-Blut-Altar in Rothenburg o.d. Tauber, St. Georg in Dinkelsbühl, das Münster zu Heilsbronn oder der romanische Kreuzgang in Feuchtwangen. Weltliche Gegenstücke die herrlichen Schlösser, Burgen, Gärten, Parks und verwitterten Ruinen. Man findet sie in Schillingsfürst, Colmberg, Virnsberg, Sommersdorf, Lichtenau, Triesdorf und Leonrod und anderswo längs der „Romantischen Straße" und der „Burgenstraße". Als historische Städtchen sind sehenswert Herrieden, Leutershausen, Merkendorf, Wolframs-Eschenbach, Ornbau, Windsbach und Wassertrüdingen. Rückblenden auf die Wirren des Dreißigjährigen Krieges bringen Dinkelsbühls sommerliche Kinderzech'-Festwoche und die Rothenburger Pfingstfestspiele mit dem legendären „Meistertrunk", zu dem sich der figurenreiche Schäfertanz und die lustigen Hans-Sachs-Schwänke gesellen. Ganze sieben Jahrhunderte lassen die Rothenburger „Reichsstadttage" in typischen Momentaufnahmen Revue passieren. Geistig-künstlerische Höhepunkte markieren die Darbietungen des „Windsbacher Knabenchors". Begegnungen mit zeitgenössischer und klassischer Dichtung unter freiem Himmel vermitteln die Feuchtwanger „Kreuzgangspiele" und das „Fränkisch-Schwäbische Städtetheater" in Dinkelsbühl.

Regierungsbezirk: Unterfranken. Einwohner: 149550. Fläche: 699,08 km². Einwohner je km²: 214. Kfz-Kennzeichen: AB. Kreisverwaltung: Bayernstraße 18, 8750 Aschaffenburg. Verwaltungsgliederung: 32 kreisangehörige Gemeinden (Alzenau, Bessenbach, Blankenbach, Dammbach, Geiselbach, Glattbach, Goldbach, Großostheim, Haibach, Heigenbrücken, Heimbuchenthal, Heinrichsthal, Hösbach Johannesberg, Kahl am Main, Karlstein am Main, Kleinkahl, Kleinostheim, Krombach, Laufach, Mainaschaff, Mespelbrunn, Mömbris, Rothenbuch, Sailauf, Schöllkrippen, Sommerkahl, Stockstadt am Main, Waldaschaff, Weibersbrunn, Westerngrund, Wiesen).

## Wappenbeschreibung

Unter silbernem Schildhaupt, darin zwei grüne Eichenblätter mit einer grünen Eichel, gespalten von Rot und Blau; vorne ein sechsspeichiges silbernes Rad, hinten ein mit drei blauen Ringen belegter silberner Schräglinksbalken.

## Historische Entwicklung

In der Mitte des 11. Jh. kam das Untermaingebiet unter die Oberhoheit der Erzbischöfe von Mainz. Zur Festigung seiner Macht errichtete Kurmainz 1395/99 die Burg Alzenau. Im Kreiswappen, das 1967 erstmals verliehen wurde und am 14. November 1974 erneut die amtliche Genehmigung erhielt, erinnert das Mainzer Rad an diesen Oberherren. Seit dem 14. Jh. erfolgte die Verwaltung durch das erzbischöfliche Vizedomamt Aschaffenburg. Daneben übten zahlreiche Adelsgeschlechter grundherrliche Rechte aus, oft im Widerstreit mit dem Erzbischof. Die angesehenste Adelsfamilie im Kreisgebiet waren jedoch die Echter von Mespelbrunn. Die in Mainzer Diensten stehenden Echter erhielten im mittleren Spessart 1412 die Wüstung und Hofstätte „Espelborn“ als Geschenk für ihre Treue. Aus dieser Hofstätte erbauten sie ab 1430 das Wasserschloß Mespelbrunn. Das Wappenbild der Echter von Mespelbrunn, aus deren Geschlecht der berühmte Würzburger Fürstbischof Julius Echter von Mespelbrunn stammte, waren die drei Ringe auf dem Schrägbalken. Erst nach der napoleonischen Zeit, am 26. 6. 1814, kam das Aschaffenburger Umland zum Königreich Bayern. Die Eichenblätter im Schildhaupt des Kreiswappens versinnbildlichen den waldreichen Spessart, an dem der 1972 aus den Kreisen Aschaffenburg und Alzenau gebildete Großlandkreis Aschaffenburg Anteil hat.

## Struktur des Kreises – Sehenswürdigkeiten

Geologisch und geographisch ist der Landkreis uneinheitlich: Flußanschwemmungen in der Mainniederung, im Bachgau fruchtbare Lößböden, im Vorspessart Gneis und Granit, im Hochspessart ist dieses Urgestein von dem jüngeren Sandstein überlagert. Die höchste Erhebung des Spessarts ist der Geiersberg mit 586 m. Das Klima ist mildkontinental bis gemäßigt ozeanisch. Der „Naturpark Spessart“, als erster Naturpark Bayerns gegründet, trägt dazu bei, daß der Landkreis ein begünstigtes Urlaubsgebiet ist. 53 % der Landkreisfläche bestehen aus Waldungen, 20 % werden landwirtschaftlich genutzt. Aber auch eine differenzierte Industriestruktur weist der Landkreis auf, denn immerhin 65 % der 45 000 Erwerbstätigen sind im produzierenden Gewerbe beschäftigt, 16 % im Dienstleistungsgewerbe, 13 % in Handel und Verkehr und nur noch 6 % in der Land- und Forstwirtschaft.

Von den Bau- und Kunstdenkmälern ist vor allem das märchenhafte Wasserschloß Mespelbrunn (16. Jh.), die Wallfahrtskirche Hessenthal (1439) mit einer reichen Ausstattung, die 1395 errichtete spätgotische Burg Alzenau und das ehemalige Kloster Schmerlenbach aus dem 13. Jh. mit seiner Kirche aus dem Jahre 1758 oder die Wallfahrtskirche in Alzenau-Kälberau (14.–16. Jh.) zu erwähnen, aber auch der Marktplatz mit Kirche und Nöthigshof in Großostheim (ab 13. Jh.). Der Besucher findet weitere Schlösser und Adelssitze sowie viele kunstvoll ausgestattete Kirchen und Kapellen im Landkreis, der gut zu erreichen ist und ein dichtes Verkehrsnetz aufweist.

Regierungsbezirk: Schwaben. Einwohner: 190150. Fläche: 1092 km². Einwohner je km²: 174. Kfz-Kennzeichen: A. Kreisverwaltung: Prinzregentenplatz 4, 8900 Augsburg. Verwaltungsgliederung: 20 Einheitsgemeinden (Adelsried, Altenmünster, Aystetten, Biberbach, Bobingen, Diedorf, Dinkelscherben, Fischach, Gablingen Gersthofen, Horgau, Königsbrunn, Langweid, Meitingen, Neusäß, Schwabmünchen, Stadtbergen, Thierhaupten, Wehringen, Zusmarshausen) und 26 Mitgliedsgemeinden in 7 Verwaltungsgemeinschaften (Allmannshofen, Bonstetten, Ehingen, Ellgau, Emersacker, Gessertshausen, Graben, Großaitingen, Heretsried, Hiltenfingen, Kleinaitingen, Klosterlechfeld, Kühlenthal, Kutzenhausen, Langeneufnach, Langerringen, Mickhausen, Mittelneufnach, Nordendorf, Oberottmarshausen, Scherstetten, Untermeitingen, Ustersbach, Walkertshofen, Welden, Westendorf).

### Wappenbeschreibung

Unter von Rot und Silber gespaltenem Schildhaupt gespalten von Silber und Blau; vorne ein rotes Ulrichskreuz, hinten eine goldene Lilie.

### Historische Entwicklung

Zahlreiche Funde, wie z.B. die bronzezeitlichen Hügelgräber bei Allmannshofen und Ortlfingen, belegen die Besiedlung des Kreisgebiets bereits in der Ur- und Frühzeit. Die Römer, die 15. v. Chr. das Land bis zur Donau besetzten, hinterließen in ihrer rund 500jährigen Besatzungszeit zahlreiche Zeugnisse. Besonders zu erwähnen sind die reich ausgestatteten Römergräber von Wehringen und die Via Claudia Augusta, einst Verbindungsstraße mit Italien. Nach der alemannischen Besiedlung wuchs dem Hochstift und Domkapitel Augsburg die bedeutendste Landes- und Grundherrschaft im heutigen Kreisgebiet zu. Daran erinnern in dem am 15. Mai 1975 genehmigten Kreiswappen die Bistumsfarben Rot und Silber im Schildhaupt und das nach dem hl. Ulrich benannte Kreuz. Bei der Schlacht auf dem Lechfeld besiegten am 10. August 955 Kaiser Otto der Große und Bischof Ulrich von Augsburg die Ungarn. Im Lechfeld, in der Gemeinde Graben, stand auch die Wiege der durch ihre Handels- und Finanzgeschäfte berühmt gewordenen Fugger. Das Wappensymbol der Fugger, die Lilie, steht im Kreiswappen auch stellvertretend für die im 17. und 18. Jh. zahlreich im Kreisgebiet vorhandenen adeligen Herrschaften. Bei Zusmarshausen wurde 1648 die letzte Schlacht des Dreißigjährigen Krieges geschlagen. Im Gefolge der Napoleonischen Kriege fiel Ende 1805 die Augsburger Gegend an Bayern.

Der heutige Landkreis wurde 1972 im wesentlichen aus den früheren Landkreisen Augsburg, Schwabmünchen und Wertingen gebildet.

### Struktur des Kreises – Sehenswürdigkeiten

Der Landkreis Augsburg liegt im östlichen Mittelschwaben und ist Bindeglied zwischen Altbayern und Schwaben. Von Westen her umschließt er zur Hälfte das Gebiet der kreisfreien Stadt Augsburg. Land- und Forstwirtschaft bestimmen auch heute noch in weiten Teilen das Bild der vielfältig und reich gegliederten Landschaft. Die verkehrsgünstige Lage und eine gut ausgebaute Infrastruktur sind mit ein Grund, daß der Landkreis Augsburg zu den wirtschaftlich starken Landkreisen Bayerns gehört. Weltfirmen der chemischen, metallverarbeitenden, der Textil- und Nahrungsmittelindustrie sowie zahlreiche Handwerks-, Handels- und Dienstleistungsbetriebe bieten hochwertige Arbeitsplätze. Als bevorzugtes Naherholungsgebiet für den Ballungsraum Augsburg empfiehlt sich der Naturpark „Augsburg – Westliche Wälder“, der sich über einen großen Teil des Kreisgebiets erstreckt, mit hervorragenden Möglichkeiten für Erholung und Freizeitgestaltung. Aber auch für den Kunstinteressierten ist der Landkreis Augsburg ein schier unerschöpflicher Fundus. Namen berühmter Baumeister, wie Dominikus Zimmermann, Hans Adam Dossenberger, Franz Beer und Elias Holl, lassen den Reichtum ahnen. Sehenswert: Wallfahrtskirche in Biberach mit dem „Herrgöttle von Biberach“, einem romanischen Kruzifix von 1220, die Klöster Holzen, Lechfeld und Oberschönenfeld, die Wallfahrtskirche in Violau, die Klosterkirche „Peter und Paul“ in Thierhaupten und das „Juwel“ im Landkreis, der in der gesamten Kunstwelt hochgeschätzte spätgotische Flügelaltar von Daniel Mauch (1510) in der Franz-Xaver-Kapelle in Bieselbach.

# Landkreis Bad Kissingen

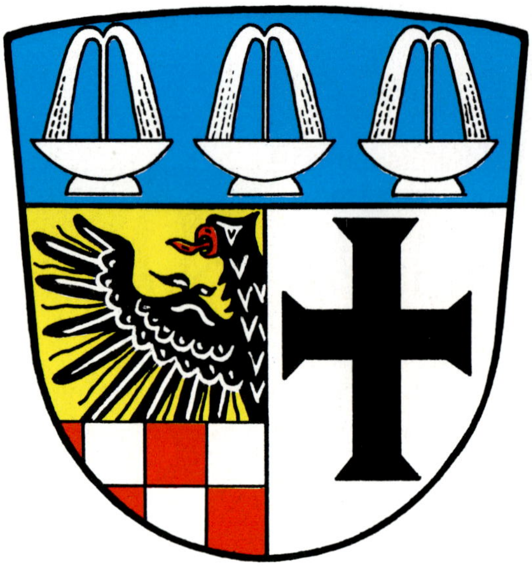

Regierungsbezirk: Unterfranken. Einwohner: 101 964. Fläche: 1139 km². Einwohner je km²: 90. Kfz-Kennzeichen: KG. Kreisverwaltung: Obere Marktstraße 6, 8730 Bad Kissingen. Verwaltungsgliederung: 26 Einheitsgemeinden (Aura a.d. Saale, Bad Bocklet, Bad Brückenau, Bad Kissingen, Burkardroth, Elfershausen, Euerdorf, Fuchsstadt, Geroda, Hammelburg, Maßbach, Motten, Münnerstadt, Nüdlingen, Oberleichtersbach, Oberthulba, Oerlenbach, Ramsthal, Rannungen, Riedenberg, Schondra, Sulzthal, Thundorf i. Ufr., Wartmannsroth, Wildflecken und Zeitlofs), 4 Verwaltungsgemeinschaften (Bad Brückenau, Elfershausen, Euerdorf und Maßbach).

## Wappenbeschreibung

Unter blauem Schildhaupt, mit drei silbernen Schalenbrunnen nebeneinander, gespalten: vorne über von Rot und Silber geschachtem Schildfuß in Gold ein wachsender, schwarzer, rot bewehrter, halber Adler am Spalt; hinten in Silber ein schwarzes Tatzenkreuz.

## Historische Entwicklung

Historisch setzt sich der 1972 aus den drei Altlandkreisen Bad Kissingen, Hammelburg und Bad Brückenau sowie der kreisfreien Stadt Bad Kissingen gebildete neue Landkreis Bad Kissingen im wesentlichen aus zwei historischen Gebieten zusammen. Im zähen Ringen mit den Grafen von Henneberg konnte das Fürstbistum Würzburg sein Einflußgebiet immer weiter Richtung Stammheimat der Henneberger (Thüringen) ausdehnen und trat nach deren Aussterben die Rechtsnachfolge an. Das Gebiet des ehemaligen Landkreises Bad Kissingen war mit Ausnahme der Herrschaft Rosenbach um Maßbach würzburgisches Gebiet. Die Fürstabtei Fulda, seit 1753 Fürstbistum, konnte sich nach Süden bis zur Saale ausdehnen, so daß das Gebiet der ehemaligen Landkreise Bad Brückenau und Hammelburg im wesentlichen fuldisches Territorium war. Eine Sonderstellung hatte nur die „Thüngensche Cent", eine (evangelisch-lutherische) reichsritterschaftliche Herrschaft der Herren von Thüngen. Die historische Vergangenheit des Landkreises spiegelt sich im Kreiswappen wider, das am 29. Mai 1973 genehmigt wurde. Drei silberne Heilbrunnen auf blauem Untergrund versinnbildlichen im Schildhaupt die Tatsache, daß drei der bayerischen Staatsbäder im Landkreis Bad Kissingen liegen. Die vordere Schildhälfte zeigt das geminderte Wappen der Grafen von Henneberg, die einen Doppeladler über dem Schachfeld führten. Für das ehemalige fuldische Gebiet und damit die beiden Landkreise Bad Brückenau und Hammelburg steht das „fuldische Kreuz" in der hinteren Wappenhälfte.

## Struktur des Kreises – Sehenswürdigkeiten

Der Bäderlandkreis Bad Kissingen ist geographisch von seiner Lage am Südrand der Rhön gekennzeichnet und bedingt durch die drei bayerischen Staatsbäder Bad Bocklet, Bad Brückenau und Bad Kissingen überwiegend auf Kur- und Fremdenverkehr orientiert. Ein großer Teil des Kreisgebietes gehört zum Naturpark Rhön und wird durch viele waldfreie Kuppen und Matten, einsame Hochflächen, dunkle Hochmoore, ausgedehnte Wälder sowie klare Bäche und Flüsse bestimmt. Die drei Bäder in diesem idealen Wander- und Wintersportgebiet, Kissingen, Brückenau und Bocklet (Biedermeierbad), verdanken ihre repräsentativen Bauten u. a. den bayerischen Königen; Erholung und Gesundung wird durch die schmucken Stadtbilder unterstützt. Überall im Landkreis finden sich bauhistorische Sehenswürdigkeiten wie Schlösser und Burgen, Kirchen und Klöster, gewachsene Städte mit wappengezierten Rathäusern, Stadtmauern und Fachwerkhäusern, Madonnen und Brückenheilige, Kreuze und Bildstöcke.

Besonders hingewiesen sei auf Münnerstadt (meisterliche Glasfenster, Holzschnitzereien von Tilman Riemenschneider, Tafelbilder von Veit Stoß, Stadtmuseum im alten Deutschherrenhaus), auf das spätgotische Schloß Aschach (mit Kunstsammlung), auf Frauenroth (Grabmal von Otto von der Bodenlaube und Gemahlin Beatrix), auf Steinach (Riemenschneiderkruzifix) und auf die Madonna von Lauter.

# Landkreis Bad Tölz – Wolfratshausen

Regierungsbezirk: Oberbayern. Einwohner: 98806. Fläche: 1111 km². Einwohner je km²: 89. Kfz-Kennzeichen: TÖL. Kreisverwaltung: Bahnhofsplatz 1, 8170 Bad Tölz. Verwaltungsgliederung: 14 Einheitsgemeinden (Bad Heilbrunn, Bad Tölz, Dietramszell, Egling, Eurasburg, Gaißach, Icking, Jachenau, Königsdorf, Lenggries, Münsing, Wackersberg, Wolfratshausen), 3 Verwaltungsgemeinschaften (Benediktbeuern/Bichl, Kochel am See/Schlehdorf, Greiling/Reichersbeuern/Sachsenkam).

## Wappenbeschreibung

Unter blauem Schildhaupt, darin ein schreitender, rot bezungter und rot bewehrter goldener Löwe, gespalten; vorne die bayerischen Rauten, hinten in Rot zwei schräggekreuzte, mit den Krümmen zugewendete silberne Abtsstäbe.

## Historische Entwicklung

Die ältesten Spuren menschlicher Besiedlung im Raum des Isar-Loisach-Tales gehen zurück auf die Jungsteinzeit (4000 bis 1800 v. Chr.). In der Eisenzeit wurden dann die Kelten hier seßhaft. Die regelmäßigen Viereckschanzen im nördlichen Landkreis beweisen es. Kurz vor der Zeitenwende besetzten die Römer das Land zwischen Alpen und Donau. Die Bevölkerung wurde romanisiert und christianisiert. Nach dem Zusammenbruch des Römischen Reiches drangen im Zuge der Völkerwanderung die Bajuwaren ein. Um 740 n. Chr. wurde eines der ältesten bayerischen Klöster gegründet, das Kloster Benediktbeuern. Es entwickelte sich in der Folgezeit zu einem bedeutenden geistlichen und kulturellen Zentrum. Die Schrecken des Dreißigjährigen Krieges und die Pest nahmen dem Land zwischen Isar und Loisach dann jedoch seine Ruhe und schwächten die Bevölkerung. Der Österreichische Erbfolgekrieg mit der „Sendlinger Mordweihnacht" im Jahre 1705 forderte hierzulande einen schrecklichen Blutzoll.
In seiner jetzigen Größenordnung besteht der Landkreis seit dem 1. 7. 1972. Im Rahmen der Gebietsreform wurden damals die beiden Landkreise Bad Tölz und Wolfratshausen zusammengelegt.
Das am 27. Februar 1974 genehmigte Kreiswappen symbolisiert mit den bayerischen Rauten die ehemaligen Pfleggerichte Tölz und Wolfratshausen; letztgenanntes war aus dem Erbe der Andechser Grafen (Andechser Löwe!) hervorgegangen. Die Abtsstäbe standen im ältesten Wappen der Klosterherren von Benediktbeuern.

## Struktur des Kreises – Sehenswürdigkeiten

Begünstigt durch seine Lage im Alpenvorland entwickelte sich das Isar-Loisach-Land zu einem beliebten Urlaubsgebiet. Durch einen langsam wachsenden Fremdenverkehr hat es seine Natürlichkeit, landschaftliche Schönheit und Vielfältigkeit bewahrt. Ein Großteil des Landkreises wird noch immer landwirtschaftlich genutzt. Die schönen Seen, wie etwa Walchen- und Kochelsee, der Sylvensteinsee, Starnberger See und Kirchsee laden zum Wassersport ein. Isar und Loisach bieten ein gern besuchtes Wander- und Baderevier. Dem Schutz des Naturschutzgesetzes wurde nicht nur das Isartal als letzte Wildflußlandschaft Europas unterstellt, auch die großräumigen Moorflächen, letzte Rückzugsgebiete für die bedrohte Tier- und Pflanzenwelt (z. B. das Ellbach-Kirchseemoor).
Lenggries ist bekannt als Wintersportort, wie auch das Skizentrum Brauneck und der Herzogstand bei Kochel am See. Interessant für die jüngere Generation ist die Sommerrodelbahn am Blomberg. Die Kurorte Bad Tölz und Bad Heilbrunn genießen weithin guten Ruf als heilkräftige Jodbäder. Behandelt werden vor allem Herz- und Kreislauferkrankungen und Nervenleiden. Kochel am See und Lenggries sind als Luftkurorte, Benediktbeuern, Holzhausen sowie Jachenau als Erholungsorte staatlich anerkannt.
Brauchtum und Tradition werden im Landkreis sehr hoch gehalten. Besonders zu kirchlichen Feiertagen und festlichen Anlässen werden die schönen Trachten getragen. Allein 13 Gebirgsschützenkompanien können derzeit gezählt werden. Berühmt sind vor allem die schönen Fronleichnamsprozessionen in den Landgemeinden und die Tölzer Leonhardifahrt am 6. November jeden Jahres. Das Kloster Benediktbeuern, das Freilichtmuseum Glentleiten, die Heimatmuseen in Bad Tölz und Wolfratshausen, das Stadtmuseum in Geretsried, die Klöster Beuerberg, Dietramszell und Schlehdorf, die Schlösser Eurasburg und Harmating seien nicht übersehen.

Regierungsbezirk: Oberfranken. Einwohner: 118336. Fläche: 1169,25 km². Einwohner je km²: 101. Kfz-Kennzeichen: BA. Kreisverwaltung: Promenadestraße 2a, 8600 Bamberg. Verwaltungsgliederung: 17 Einheitsgemeinden (Städte Hallstadt, Scheßlitz und Schlüsselfeld; Märkte Hirschaid, Heiligenstadt i. Ofr. Rattelsdorf und Zapfendorf; Gemeinden Bischberg, Breitengüßbach, Gundelsheim, Kemmern, Litzendorf, Memmelsdorf, Oberhaid, Pommersfelden, Strullendorf und Viereth-Trunstadt), 8 Verwaltungsgemeinschaften mit 19 Migliedsgemeinden.

## Wappenbeschreibung

In Gold nebeneinander ein linksgewendeter, mit einer silbernen Schräglinksleiste überdeckter, rot bewehrter schwarzer Löwe und ein steigender, widersehender, rot bezungter schwarzer Keiler, der einen durchgehenden, schräggestellten silbernen Abtsstab mit silbernem Schweißtuch im Gebrech (Maul) hält und mit dem linken Vorderhammer (Bein) stützt.

## Historische Entwicklung

Der heutige Landkreis Bamberg umfaßt zum überwiegenden Teil, vor allem in seinem östlichen Bereich, Gebiete, die bis 1803 Bestandteil des im Jahre 1007 gegründeten Bistums bzw. Hochstiftes Bamberg waren. Daneben nahm in der historischen Entwicklung des westlichen Teiles des Kreisgebietes die Zisterzienserabtei Ebrach eine besondere Stellung im kulturellen und wirtschaftlichen Leben der Landschaft ein. Sie war landständisches Kloster im Bistum und Hochstift Würzburg und besaß einen sehr umfangreichen und geschlossenen grundherrschaftlichen Komplex mit Rechten in zahlreichen Dörfern.
Das Wappen des Landkreises Bamberg (Erstgenehmigung: 18. Juni 1962; Neuverleihung: 28. Mai 1973) versinnbildlicht diese historische Entwicklung und zeigt die Wappentiere des Hochstiftes Bamberg, einen Löwen, sowie des Klosters Ebrach, einen Eber mit Abtsstab.
Als mit Wirkung vom 1. Juli 1862 in ganz Bayern die bayerischen Bezirksämter als reine Verwaltungsbehörden mit bürokratischer Verfassung entstanden, wurden für das Gebiet des heutigen Landkreises zwei Bezirksämter (das Bezirksamt Bamberg I für den östlichen und das Bezirksamt Bamberg II für den westlichen Bereich) gebildet; ihre Vereinigung wurde im Zuge der seinerzeit bis zum Jahre 1931 praktizierten Staatsverwaltungsvereinfachung durch das Bayerische Gesamtministerium mit Wirkung vom 1. Oktober 1929 verfügt. Dieses Bezirksamt, das ab 1938 als Landratsamt bezeichnet wurde, ist als Vorgänger des heutigen Landkreises Bamberg anzusehen, der im Zuge der Gebietsreform erweitert wurde.

## Struktur des Kreises – Sehenswürdigkeiten

Landschaftlich reizvoll liegt der Landkreis Bamberg im Herzen Frankens als Ringlandkreis um die kreisfreie Stadt Bamberg. Er hat Anteil an den Naturparks „Fränkische Schweiz“, „Haßberge“ und „Steigerwald“. Regnitz und Main mit ihren fruchtbaren Tälern verbinden diese Landschaften. Ein Fünftel der Erwerbstätigen ist in der Land- und Forstwirtschaft tätig, während ca. 50 Prozent im produzierenden Gewerbe arbeiten. Zu den bedeutendsten Sehenswürdigkeiten zählen neben dem Zisterzienserkloster Ebrach mit seiner Klosterkirche, einem großartigen frühgotischen Bau, und den Klosteranlagen mit dem 1747 entstandenen Herkulesbrunnen, die frühere fürstbischöfliche Sommerresidenz Schloß Seehof bei Memmelsdorf, Schloß Weißenstein bei Pommersfelden mit einem prunkvollen Marmorsaal, Schloß Greifenstein, Burg Lisberg sowie die vom Landkreis Bamberg revitalisierte Giechburg mit der benachbarten Felsenkapelle Gügel. Die beiden Barockorgeln in der Klosterkirche Ebrach sind Anlaß für die alle zwei Jahre stattfindende internationale Orgelwoche und für die jährlichen Fränkischen Orgeltage. Informationen sind erhältlich bei den Gebietsausschüssen „Frankische Schweiz“, „Haßberge“ und „Steigerwald“ sowie beim Landratsamt Bamberg.

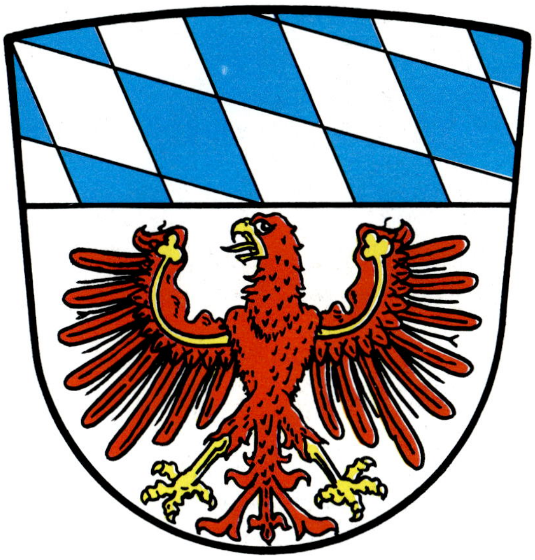

Regierungsbezirk: Oberfranken. Einwohner: 96122. Fläche: 1274 km². Einwohner je km²: 78. Kfz-Kennzeichen: BT. Kreisverwaltung: Tunnelstraße 2, 8580 Bayreuth. Verwaltungsgemeinden (Ahorntal, Bad Berneck i. Fichtelgebirge, Bindlach, Bischofsgrün, Eckersdorf, Gefrees, Goldkronach, Heinersreuth, Pegnitz, Pottenstein, Speichersdorf, Waischenfeld, Warmensteinach); 20 Gemeinden, die folgenden 7 Verwaltungsgemeinschaften angehören: Betzenstein (mit der weiteren Mitgliedsgemeinde Plech), Creußen (Haag, Prebitz, Schnabelwaid), Fichtelberg (Mehlmeisel), Hollfeld (Aufseß, Plankenfels), Mistelbach (Gesees, Hummeltal), Mistelgau (Glashütten), Weidenberg (Emtmannsberg, Kirchenpingarten, Seybothenreuth).

### Wappenbeschreibung

Unter Schildhaupt mit den bayerischen Rauten in Silber ein golden bewehrter roter Adler mit goldenen Kleestengeln auf den Flügeln.

### Historische Entwicklung

Der Landkreis Bayreuth wurde im Zuge der Gebietsreform 1972 aus Teilen sieben ehemaliger Landkreise gebildet. Den Hauptanteil stellten hierbei die ehemaligen Landkreise Bayreuth und Pegnitz, kleinere Gebietsteile kamen aus den Altlandkreisen Ebermannstadt, Münchberg, Kulmbach, Kemnath und Eschenbach hinzu. Der Landkreis setzt sich aus vier geschichtlichen Gebieten zusammen: dem ehemaligen Markgrafentum Ansbach-Bayreuth, Teilen des Hochstifts Bamberg, aus altbayerischem Gebiet der Oberpfalz und aus kleineren Flächenanteilen der Freien Reichsstadt Nürnberg. Der Großteil des Landkreises gehörte über Jahrhunderte zu Kammerämtern der zollerischen Markgrafen von Brandenburg-Bayreuth. Dieser geschichtlichen Verbundenheit trägt auch das Landkreiswappen Rechnung. Der brandenburgische Adler aus dem Wappen der einstigen Landesherren stellt die Vergangenheit unter der bayreuthischen Landeshoheit dar, während die bayerischen Rauten im Schildhaupt auf die historische Verbindung des östlichen Kreisgebietes mit der Oberpfalz und zugleich auf die Stellung des Wappenträgers als übergemeindliche Gebietskörperschaft im Freistaat Bayern hinweisen. Da die Symbolik des bisherigen Bayreuther Kreiswappens vom 27. September 1962 auch auf den erheblich vergrößerten neuen Landkreis Bayreuth zutraf, stimmte die Regierung von Oberfranken am 21. Februar 1974 der Fortführung dieses Wappens zu.

### Struktur des Kreises – Sehenswürdigkeiten

Der Landkreis Bayreuth umfaßt die wohl schönsten Landschaftsteile Oberfrankens mit zwei klassischen Fremdenverkehrsgebieten: im Norden den Zentralstock des Fichtelgebirges, im Südwesten wesentliche Teile der Fränkischen Schweiz. Das waldreiche Fichtelgebirge ist eine der Urlaubslandschaften, die fast das ganze Jahr über Saison haben. Als Naturapotheke hat das Fichtelgebirge einen guten Namen. Orte wie das Kneippheilbad Bad Berneck im Fichtelgebirge, die anerkannten Luftkurorte Bischofsgrün, Fichtelberg und Warmensteinach und die Erholungsorte Weidenberg und Mehlmeisel sowie Goldkronach und Gefrees bürgen für einen erholsamen Urlaubsaufenthalt. Als Attraktion erweist sich die 1 km lange Sommerrodelbahn auf der Nordseite des Ochsenkopfes. Auch im Winter bietet das Fichtelgebirge als das nordbayerische Wintersportzentrum für jeden etwas. Zwei Doppelsesselbahnen bringen die Sportbegeisterten zum Gipfel des Ochsenkopfes. Sie sind auch im Sommer für die Wanderfreunde in Betrieb. Von den Aussichtstürmen bei Hollfeld und Waischenfeld oder dem Schloßberg bei Pegnitz bieten sich herrliche Ausblicke. Von den schönsten Höhlen seien nur die Teufelshöhle bei Pottenstein und die Sophienhöhle bei Burg Rabenstein genannt. Stellvertretend für viele gut erhaltene Burgen und Ruinen seien die Burgen in Pottenstein, Waischenfeld und Betzenstein erwähnt. Ein Besuch des Fränkischen-Schweiz-Museums in der Unteren Burg Tüchersfeld, des bekannten Krügemuseums in Creußen oder des heimatkundlichen Museums in Betzenstein kann empfohlen werden. Ein besonderer Anziehungspunkt ist auch das groß angelegte Wildgehege im Veldensteiner Forst. Größte Stadt im Landkreis ist Pegnitz mit seinem alten Rathaus und der Bartholomäuskirche. Staatlich anerkannte Luftkurorte in der Fränkischen Schweiz sind Pottenstein und Waischenfeld.

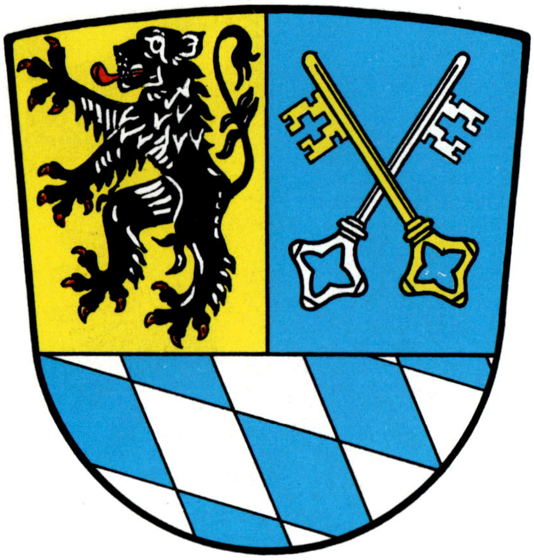

Regierungsbezirk: Oberbayern. Einwohner: 92220. Fläche: 840 km². Einwohner je km²: 110. Kfz-Kennzeichen: BGL. Kreisverwaltung: Salzburger Straße 64, 8230 Bad Reichenhall. Verwaltungsgliederung: 15 kreisangehörige Gemeinden (Ainring, Anger, Bad Reichenhall, Bayerisch Gmain, Berchtesgaden, Bischofswiesen, Freilassing, Laufen, Marktschellenberg, Piding, Ramsau b. Berchtesgaden, Saaldorf, Schneizlreuth, Schönau a. Königssee, Teisendorf).

## Wappenbeschreibung

Über Schildfuß mit den bayerischen Rauten gespalten von Gold und Blau; vorne ein rot bewehrter schwarzer Löwe, hinten schräggekreuzt ein goldener und ein silberner Schlüssel.

## Historische Entwicklung

Wie der ganze Freistaat Bayern erhielt auch seine südöstliche Ecke durch die Landkreisreform am 1. 7. 1972 eine neue Verwaltungsgliederung. Das am 29. Mai 1973 genehmigte Wappen symbolisiert den Zusammenschluß des neuen Kreises aus drei bis dahin selbständigen Gebietskörperschaften. Für das Territorium der früheren Fürstpropstei Berchtesgaden, die im wesentlichen dem südlichen Teil des heutigen Landkreises entspricht, stehen die aus dem alten Berchtesgadener Wappen übernommenen schräggekreuzten Schlüssel. Sie sind die Symbole des hl. Petrus aus dem Sinnbild der Fürstpropstei und standen bereits im Wappen des ehemaligen Kreises Berchtesgaden. Der frühere Landkreis Laufen stand lange Zeit unter der Herrschaft der Fürstbischöfe von Salzburg; deshalb erscheint der Salzburger Löwe im neuen Kreisemblem. Die vormals kreisfreie Stadt Bad Reichenhall gehörte zum altbayerischen Kurfürstentum, was durch die bayerischen Rauten dargestellt wird. Die Rauten sind zugleich ein für alle Gebietsteile gemeinsam geltendes Symbol, da damit die seit dem Anfang des 19. Jh. wirkende bayerische Landeshoheit im Rupertiwinkel widergespiegelt wird.

## Struktur des Kreises – Sehenswürdigkeiten

Der südost-oberbayerische Landkreis Berchtesgadener Land besteht aus drei Teilen: dem eigentlichen „Berchtesgadener Land“ (im engeren Sinne der ehemaligen Landesherrschaft der Fürstpropstei Berchtesgaden), der stets bayerisch gewesenen Stadt Bad Reichenhall und dem Land um Laufen („Rupertigau“). Der Berchtesgadener Talkessel ist ringsum von hohen Bergen umgeben, wobei im Süden die Felsspitzen des Watzmanns (Wahrzeichen Berchtesgadens) die Silhouette beherrschen. Dazu bildet er mit dem Königssee den Kern des Nationalparks Berchtesgaden (erster alpiner Nationalpark Deutschlands, 21000 ha), einer eindrucksvollen Landschaft, die dem Wanderer, Bergsteiger und Skitourenfahrer ein außergewöhnliches Naturerlebnis vermittelt (für keinen Teil des Nationalparks besteht Betretungsverbot). Viele Schlösser und Burgen erinnern an die reiche Geschichte dieser Region: der Hallthurm (alte Paßbefestigung der Fürstpropstei Berchtesgaden gegen Bayern und Salzburg), die heutige Ruine Burg Karlstein (Burgreste aus dem 12. Jh.), Schloß Marzoll (früheres Römerkastell, nach Brand im 11. Jh. im Jahre 1630 als Schloß neu errichtet), Burg Staufeneck und das königliche Schloß in Berchtesgaden (heute Museum), um nur einige zu nennen. Sehenswert sind die Stadtbilder von Laufen (Stadtbefestigung, Stiftskirche mit romanischem Kreuzgang) und Marktschellenberg, die sakralen Bauten des Landkreises (z. B. St. Bartholomä am Königssee, Wallfahrtskirche Maria Gern, kath. Pfarrkirche in Ramsau) und das Salzbergwerk Berchtesgaden.

# Landkreis Cham

Regierungsbezirk: Oberpfalz. Einwohner: 116396. Fläche: 1509,75 km². Einwohner je km²: 77,1. Kfz-Kennzeichen: CHA. Kreisverwaltung: Rachelstraße 6, 8490 Cham. Verwaltungsgliederung: 39 kreisangehörige Gemeinden (Arnschwang, Arrach, Blaibach, Cham, Chamerau, Eschlkam, Falkenstein, Furth i. Wald, Gleißenberg, Grafenwiesen, Hohenwarth, Kötzting, Lam, Lohberg, Michelsneukirchen, Miltach, Neukirchen b. Hl. Blut, Pemfling, Pösing, Reichenbach, Rettenbach, Rimbach, Roding, Rötz, Runding, Schönthal, Schorndorf, Stamsried, Tiefenbach, Traitsching, Treffelstein, Zell, Waffenbrunn, Wald, Walderbach, Waldmünchen, Weiding, Willmering, Zandt – davon 20 Einheitsgemeinden und 19 Gemeinden in 9 Verwaltungsgemeinschaften).

## Wappenbeschreibung

Unter Schildhaupt mit den bayerischen Rauten in Rot die zweitürmige silberne Kirche von Chammünster in Seitenansicht.

## Historische Entwicklung

Im Jahre 748 gründete das Regensburger Kloster St. Emmeram die „Cella“, die Urpfarrei in Chammünster. In der Further Senke an einer der wichtigsten Handelsstraßen zwischen Bayern und Böhmen gelegen, wurde Chammünster zum Ausgangspunkt der Kolonisierung des Bayerischen Waldes. Sitz der weltlichen Herrschaft der Mark Cham waren zunächst die Königshofbezirke Cham und Roding.
In das 11. Jh. fallen zahlreiche Ortsgründungen; im 12. Jh. wurden im Regental die bedeutenden Klöster Reichenbach und Walderbach gegründet, die bis zur Reformation die Besiedlung der Umgebung vorantrieben. Nach 1667 wurden sie zu Wegbereitern der Rekatholisierung der Oberpfalz. 1803 wurden die alten Landgerichtsbezirke, u. a. Wetterfeld, aufgehoben; 1862 entstanden aus den Landgerichten die Bezirksämter, die 1931 in Landkreise umbenannt wurden. Die früheren Landkreise Cham, Kötzting und Waldmünchen, der östliche Teil des Landkreises Roding und einige Gemeinden anderer Kreise wurden 1972 zum neuen Landkreis Cham zusammengeschlossen. Der neue Landkreis Cham erhielt sein bisheriges Wappen am 9. Dezember 1975 neu verliehen. Die bayerischen Rauten bedeuten die jahrhundertelange Zugehörigkeit zum wittelsbachischen Territorium der Oberen Pfalz. Sie stehen auch für die Tradition eines altbayerischen und dann pfälzischen Gerichts- und Verwaltungssprengels, die sich vom Spätmittelalter bis zur Gebietskörperschaft im Freistaat Bayern fortsetzt. Die stilisierte Wiedergabe der Kirche von Chammünster hebt die Bedeutung des Chamer Gebietes für die Christianisierung im frühen Mittelalter hervor.

## Struktur des Kreises – Sehenswürdigkeiten

Der im südöstlichen Teil der Oberpfalz gelegene Landkreis ist mit dem Naturpark Oberer Bayerischer Wald und zahlreichen Seen ein weitläufiges Erholungsgebiet. Der Fremdenverkehr ist ein wichtiger Einkommenszweig. – Burgen und Schlösser, traditionsreiche Wallfahrtsstätten wie die Kirchen Lamberg, Heilbrünnl, Weißenregen und Neukirchen b. Hl. Blut, aber auch viele Profanbauten in den Städten und Märkten sind bedeutende Sehenswürdigkeiten. Die Klosterkirchen Walderbach und Reichenbach sind hervorragende Zeugnisse romanischer Baukunst in dieser Gegend. – Die Festspiele „Kötztinger Pfingstritt“ erinnern an ein Gelöbnis aus dem Jahre 1412, „Trenck der Pandur“ in Waldmünchen zeigt jenen Pandurenoberst Franz Seraph von der Trenck, der im österreichischen Erbfolgekrieg 1742 Cham und Waldmünchen niederbrannte. Auch der „Further Drachenstich“, das älteste Volksschauspiel Deutschlands, und die „Burghofspiele Falkenstein“ sorgen für einen abwechslungsreichen Sommer im Landkreis. Zahlreiche Museen, darunter überregionale Spezialmuseen, Konzerte und vielfältige Veranstaltungen zählen zum kulturellen Angebot.

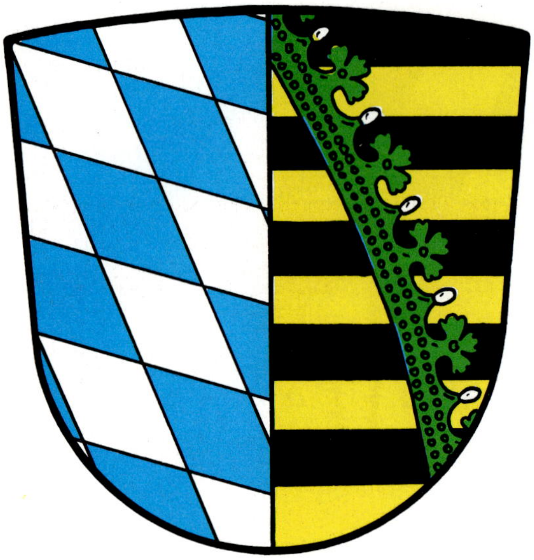

Regierungsbezirk: Oberfranken. Einwohner: 81874. Fläche: 592 $km^2$. Einwohner je $km^2$: 138. Kfz-Kennzeichen: CO. Kreisverwaltung: Hauptgebäude Allee 7, 8630 Coburg. Verwaltungsgliederung: 17 kreisangehörige Gemeinden, davon je 2 in 2 Verwaltungsgemeinschaften (Ahorn, Dörfles-Esbach, Ebersdorf b. Coburg, Itzgrund, Lautertal, Meeder, Neustadt b. Coburg, Rodach b. Coburg, Rödental, Seßlach, Sonnefeld, Weidhausen b. Coburg, Weitramsdorf, VG Grub a. Forst mit Grub a. Forst und Niederfüllbach, VG Untersiemau mit Untersiemau und Großheirath).

## Wappenbeschreibung

Gespalten; vorne die bayerischen Rauten, hinten neunmal geteilt von Schwarz und Gold, belegt mit einem schrägen und gebogenen grünen Rautenkranz.

## Historische Entwicklung

Der Landkreis Coburg ist das Kernstück der ehemaligen Pflege Coburg, einer aus dem Spätmittelalter stammenden Verwaltungseinheit. Im Jahre 1353 kam dieses Gebiet auf dem Erbweg an das Haus Wettin, gehörte seitdem zum sächsischen Kurfürstentum und wurde 1572 zum Zentrum des wettinischen Fürstentums Coburg. Nach vielfältigen, durch die dynastische Geschichte bedingten Umorganisationen entstand schließlich 1826 das Herzogtum Coburg, das in Personalunion mit Gotha bis 1918 bestand. Dieser gebietsgeschichtlichen Entwicklung trägt die Aufnahme des wettinischen Stammwappens (neunmal geteilt von Schwarz und Gold, belegt mit einem grünen Rautenkranz) in das Landkreiswappen Rechnung. Nach dem Umsturz von 1918 entschied sich Coburg durch Volksabstimmung 1920 zum Anschluß an den Freistaat Bayern. Diese für die Geschichte der letzten Jahrzehnte äußerst bedeutungsvolle Entscheidung und die seitherige Zugehörigkeit des Gebietes zu Bayern dokumentieren die bayerischen Rauten im Landkreiswappen. Das Wappen wurde am 23. Mai 1973 neu verliehen, nachdem es bereits seit 1962 geführt worden war.

Die Landkreisreform von 1972 gliederte die Städte Neustadt bei Coburg und Seßlach samt Umland in den Kreis ein. Die früher kreisfreie Stadt Neustadt bei Coburg wurde Große Kreisstadt. Zum anderen verlor der Landkreis bedeutende Gemeinden an die kreisfreie Stadt Coburg.

## Struktur des Kreises – Sehenswürdigkeiten

Der Landkreis Coburg ist von der Natur sehr wechselvoll gestaltet. Er befindet sich in einer Übergangslage von der Mainniederung zum Thüringisch-Fränkischen Mittelgebirge und wird von vier verschiedenen Landschaften („Mainfränkische Gäulandschaft" mit dem östlichen Grabfeld, die „Langen Berge", das Obermainische Hügelland und das Itz-Hügelland) geographisch gegliedert. Klein- und Mittelbetriebe (holzverarbeitende Industrie, Metallverarbeitung, Elektrotechnik, Spielwaren, Christbaumschmuck, Keramik, Porzellan) bestimmen die Wirtschaftsstruktur einer Randregion, die mit ihrer landschaftlichen Schönheit und einem Reichtum an Sehenswürdigkeiten Urlauber und Erholungssuchende anzieht. Besonders zu erwähnen sind hier die Stadt Rodach (Reste der Stadtbefestigung, Wehrkirche, Marktplatz, Rathaus, Fridolinhaus, Thermalbewegungsbad), Seßlach (mittelalterliches Stadtbild mit guterhaltenen historischen Gebäuden, Stadtmauer, Toren und Türmen, Schloß Geyersberg, OT Heiligersdorf Schloß) und Rödental (OT Oeslau, Schloß und Park Rosenau, OT Mönchröden, ehem. Benediktinerkloster).

Weitere Sehenswürdigkeiten befinden sich in Ahorn (Schloß mit Wendeltreppe und Kirche), Itzgrund (OT Lahm, Schloßkirche mit Orgel), Meeder (Gretenhaus, Sternbergschloß, Laurentiuskirche [Urpfarrei]), Neustadt b. Coburg („Trachtenpuppenmuseum" mit über 1000 originalgetreuen Nachbildungen von Trachten aus verschiedenen Kulturphasen und einer Spielzeugschau sowie Puppen vom 17. Jh. bis in unsere Tage; „Steha-Märchenschau") und in Weitramsdorf (Wildpark Tambach).

Regierungsbezirk: Oberbayern. Einwohner: 103883. Fläche: 579 km². Einwohner je km²: 179. Kfz-Kennzeichen: DAH. Kreisverwaltung: Weiherweg 16, 8060 Dachau. Verwaltungsgliederung: 17 kreisangehörige Gemeinden (Markt Altomünster, Bergkirchen, Große Kreisstadt Dachau, Erdweg, Haimhausen, Hebertshausen, Hilgertshausen-Tandern, Karlsfeld, Markt Indersdorf, Odelzhausen, Petershausen, Pfaffenhofen a. d. Glonn, Röhrmoos, Schwabhausen, Sulzemoos, Vierkirchen, Weichs).

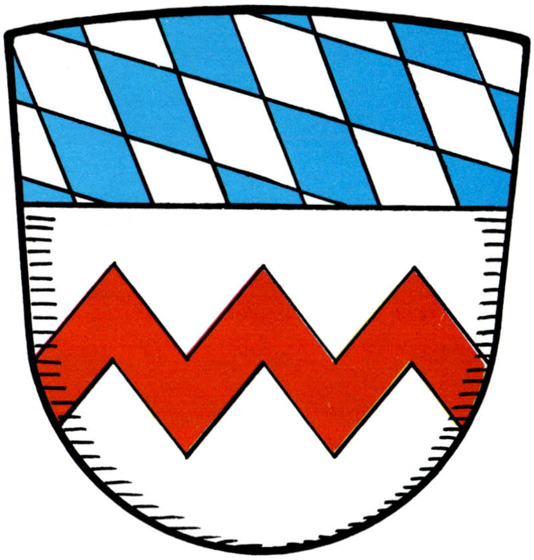

### Wappenbeschreibung

Unter Schildhaupt mit den bayerischen Rauten in Silber ein roter Zickzackbalken.

### Historische Entwicklung

Das Straßennetz der Römer, zu deren Provinz Rätien das Dachauer Land gehörte, durchzog das Kreisgebiet und bestimmte noch bis nach 1200 die Hauptverkehrsachsen. Nach dem Sturz Herzog Tassilos III. im Jahre 788 zog der fränkische König die agilolfingischen Güter ein. Danach erlangten die Grafen von Scheyern die zuvor von ihnen verwalteten Königsgüter als Erbeigentum. Dieses Adelsgeschlecht spaltete sich um 1100 in drei Linien: die Grafen von Dachau, die Grafen von Valley und die jüngeren Grafen von Scheyern, die sich bald den Namen „Wittelsbach" gaben. Im Kreiswappen steht der rote Zickzackbalken der Dachauer Linie in silbernem Feld. Bei der Hauptlinie dürfte die Tingierung (Farbgebung) golden in Blau gewesen sein.
Als die Wittelsbacher 1242 die Grafen von Bogen beerbten, fiel ihnen das Recht zur Führung deren silbern-blauen Rautenwappens zu. Dieses verdrängte das eigentliche wittelsbachische Hauswappen und wurde zum wichtigsten und bekanntesten Wappenbild der bayerischen Landesherren. Der Landkreis Dachau übernahm die auch „Wecken" (= Brötchen) genannten Rauten als Teil des altbayerischen Kernlandes. Die Geschichte des Landkreises als Selbstverwaltungskörperschaft ist relativ jung. Erst 1852 wurde ein körperschaftlicher Verband der im damaligen Landgericht Dachau gelegenen Gemeinden gebildet. Die Landkreisreform zum 1. 7. 1972 vergrößerte den Landkreis um 15 Gemeinden aus den Landkreisen Aichach und Friedberg. Fahrenzhausen wurde an den Landkreis Freising abgetreten. Mit Abschluß der Gemeindegebietsreform zum 1. 5. 1978 hatten sich im Landkreis Dachau 17 kreisangehörige Gemeinden neu gebildet. Das bisherige Landkreiswappen wurde am 15. 7. 1976 neu verliehen.

### Struktur des Kreises – Sehenswürdigkeiten

Der Landkreis Dachau mit seinen knapp 104000 Einwohnern, verteilt auf die Große Kreisstadt Dachau und 16 weitere Gemeinden, liegt nordwestlich der Landeshauptstadt, eingebettet zwischen zwei strahlenförmig auf München zulaufende Autobahnen. Während der nördliche Teil des Landkreises durch Hügel, Felder und Wälder geprägt ist, grenzt der Süden mit seiner flachen Moos- und Amperlandschaft unmittelbar an die Landeshauptstadt. Der Siedlungsschwerpunkt liegt im Süden des Landkreises. Allein in Dachau (über 33000 Einwohner) und Karlsfeld (knapp 15000 Einwohner) wohnen 46 Prozent der Landkreisbürger. Hier liegt auch das über einen halben Quadratkilometer große Naherholungsgebiet Karlsfelder See.

Etwa 550 Baudenkmäler deuten im Landkreis auf eine bewegte Vergangenheit hin. Besonders hervorzuheben sind hier das Dachauer Schloß mit einer der schönsten Renaissance-Holzdecken nördlich der Alpen, das Schloß Haimhausen, dem François Cuvilliés die heutige Fassade gab, dann die Schlösser in Unterweilbach, Lauterbach, Unterweikertshofen, Odelzhausen, Sulzemoos, Tandern und Hof. Von den kirchlichen Bauten seien das Kloster in Indersdorf, das über Jahrhunderte hinweg das geistige Zentrum des Dachauer Landes bildete, das Birgittinen-Kloster in Altomünster und die Basilika auf dem Petersberg genannt. Letztere ist die älteste im Landkreis erhalten gebliebene Kirche und die Urzelle des Klosters Scheyern.

Regierungsbezirk: Niederbayern. Einwohner: 100822. Fläche: 860 km². Einwohner je km²: 117. Kfz-Kennzeichen: DEG. Kreisverwaltung: Herrenstraße 18. 8360 Deggendorf. Verwaltungsgliederung: 26 kreisangehörige Gemeinden, davon 12 Einheitsgemeinden und 5 Verwaltungsgemeinschaften mit 14 Gemeinden (Aholming, Auerbach, Außernzell, Bernried, Buchhofen, Deggendorf, Grafling, Grattersdorf, Hengersberg, Hunding, Iggensbach, Künzing, Lalling, Metten, Moos, Niederalteich, Oberpöring, Offenberg, Osterhofen, Otzing, Plattling, Schaufling, Schöllnach, Stephansposching, Wallerfing, Winzer).

## Wappenbeschreibung

In Gold ein gesenkter blauer Wellenbalken, darüber ein rot bewehrter schwarzer Doppeladler, darunter ein grüner Dreiberg.

## Historische Entwicklung

Die Klöster Niederalteich und Metten, 741 und 770 gegründet, kolonialisierten große Teile des mittleren Bayerischen Waldes. Bis hinein zur jetzigen Landesgrenze mit der Tschechoslowakei reichten die Gründungen Niederalteicher Äbte. Etwa zur gleichen Zeit, mit der Entmachtung des bayerischen Herzogs Tassilo durch Kaiser Karl den Großen 788 n. Chr., wurde das Gebiet des heutigen Landkreises Deggendorf dem östlichen Donaugau einverleibt. Später entstanden die wittelsbachischen Pfleggerichte, zu denen auch Natternberg, Hengersberg und Osterhofen erhoben wurden. Heute umfaßt der Landkreis Deggendorf die Gebiete dieser drei ehemaligen Gerichtsbezirke, nachdem seit der Gebietsreform auch der Osterhofener Raum in sein Hoheitsgebiet eingegliedert wurde. Das Kreiswappen wurde erstmals 1963 genehmigt und am 23. Mai 1973 neu verliehen. Es symbolisiert durch den blauen Wellenbalken, den grünen Dreiberg und die goldene Feldfarbe die geographische Lage des Landkreises an den Flüssen Donau und Isar sowie an den Abhängen des Bayerischen Waldes und den Getreideanbau im Gäuboden. Für die geschichtliche Entwicklung und die kulturellen Faktoren steht der Dreiberg auch als altes Wappenbild des Klosters Niederalteich, der kaiserliche Doppeladler als Sinnbild für den legendären Gründer des Klosters Metten, Kaiser Karl den Großen (768–814).

## Struktur des Kreises – Sehenswürdigkeiten

Der Landkreis liegt im Herzen Niederbayerns. Die Donau teilt ihn in zwei fast gleichgroße Hälften. Rechts von der Donau befindet sich der fruchtbare Gäuboden, links von ihr beginnt der Vorwald des Bayerischen Waldes. Das Land hat auf Höhen zwischen 500 und 1150 Metern Wälder, die wie seit Jahrhunderten unberührt wirken und doch jedermann zugänglich sind. Kunstvoll ausgestattete romanische, gotische, Barock- und Rokokokirchen sowie Klöster wie Metten und Niederalteich zeugen von traditionsreicher Vergangenheit. Es gibt zahlreiche Burgen und Burgruinen, von Schloß Egg über Wildenforst und Hatham, Offenberg, Pitzen und Winzer bis hinunter zu den teilweise noch bewohnten Schlössern in Moos und Niederpöring. Wer archäologische Grabungsergebnisse bestaunen will oder mehr an bäuerlichem und handwerklichem Leben vergangener Zeiten interessiert ist, findet dazu aufschlußreiche Sammlungen an zahlreichen Grabungsstätten und in Museen zwischen Deggendorf und Künzing. Es mangelt nicht an Bibliotheken, Renaissancebauten, unverfälscht erhaltenen Bauernanwesen und Bürgerhäusern alter typischer Baustile und nicht an geschlossenen Dörfern, die unter Denkmalschutz stehen, aber kein Museum, sondern mit Leben erfüllt sind. Über das durch seine reichhaltige Geschichte für den Gast interessante kulturhistorische Szenarium informiert das Fremdenverkehrsreferat des Landkreises.

Regierungsbezirk: Schwaben. Einwohner: 78905. Fläche: 791 km². Einwohner je km²: 99. Kfz-Kennzeichen: DLG. Kreisverwaltung: Große Allee 24, 8880 Dillingen a. d. Donau. Verwaltungsgliederung: 27 kreisangehörige Gemeinden (Aislingen, Bachhagel, Bächingen, Binswangen, Bissingen, Blindheim, Buttenwiesen, Dillingen, Finningen, Glött, Gundelfingen, Haunsheim, Höchstädt, Holzheim, Laugna, Lauingen, Lutzingen, Medlingen, Mödingen, Schwenningen, Syrgenstein, Villenbach, Wertingen, Wittislingen, Ziertheim, Zöschingen, Zusamaltheim).

## Wappenbeschreibung

Unter blauem Schildhaupt, darin ein schreitender goldener Löwe, geteilt von Gold und Blau; oben ein schreitender, herschauender, rot bewehrter schwarzer Löwe, unten eine goldene Lilie.

## Historische Entwicklung

Im Zuge der großen Völkerstraße an der Donau liegend, ist der Landkreis Dillingen a. d. Donau reich an Zeugnissen alter Kulturen, die in den Museen in Dillingen, Lauingen, Höchstädt und Wertingen gesammelt sind, darunter Funde aus der Altsteinzeit. Ab 15/16 v. Chr. herrschten hier die Römer – sie errichteten Kastelle, Straßen und in Faimingen (Phoebianis) die nun rekonstruierte Tempelanlage des Heilgottes Apollo Grannus –, seit 213 n. Chr. die Alemannen, ab dem 9. Jh. überwiegend die Staufer (der schwarze Löwe im 1973 angenommenen Wappen erinnert daran) und die Grafen von Dillingen (der goldene Löwe), ab 1261/68 zum größten Teil und seit 1803/06 insgesamt Bayern. Die Stadt Dillingen (die Lilie im Wappen), von 1258 bis 1803 im Besitz des Hochstiftes Augsburg, war fürstbischöfliche Residenz und Universitätsstadt, Lauingen zweite Residenz der Grafschaft Pfalz-Neuburg. Der heutige Landkreis entstand zum 1. Juli 1972 aus dem Landkreis Dillingen (1803 Landgericht; mit den Landgerichten Höchstädt und Lauingen 1862 Bezirksamt), dem Landkreis Wertingen (1768 Landgericht, 1862 Bezirksamt) und der kreisunmittelbaren Stadt Dillingen. Das am 19. Oktober 1973 von der Regierung von Schwaben gebilligte neue Kreiswappen vereinigt somit Motive aus den Wappen der drei Verwaltungsvorgänger.

## Struktur des Kreises – Sehenswürdigkeiten

Trotz der Ausweitung der gewerblichen Tätigkeit in den letzten Jahren kommt der Landwirtschaft (60 % der Gesamtwirtschaftsfläche) große Bedeutung zu. 6 % des Kreisgebietes gehören zu Natur- und Landschaftsschutzgebieten. Um Gäste werben das Fremdenverkehrsgebiet Kesseltal (Bissingen), die Gemeinschaft „Städte an der Donau" (mit Donau-Radwanderweg von Ulm bis Regensburg) und der Naturpark „Augsburg-Westliche Wälder". Lohnende Besucherziele finden sich in Dillingen („Schwäbisches Rom"): Schloß (12. Jh., 1654 mit Rittersaal), Basilika (1619/28), Studienkirche (Wandpfeilerkirche 1610/19; Ausstattung 1750), ehem. Universität (1554–1804), dann bis 1971 Philos.-Theologische Hochschule, seither Akademie für Lehrerfortbildung, mit „Goldenem Saal" (1761/64), ehem. Jesuitenkolleg (1732/39 mit Bibliothek); in Lauingen: Pfarrkirche (Hallenkirche 15. Jh.), Schloß (1475/82), Schimmelturm (1478), Rathaus (1783/90 mit Festsaal), Geburtsort des Kirchenlehrers hl. Albertus Magnus; Kirchen und Schlösser jeweils in Höchstädt (dort künftig Zweigstelle des Nationalmuseums), Gundelfingen und Wertingen; Kloster Maria Medingen (1716/18 von Dominikus Zimmermann), in Haunsheim (frühe evang. Renaissance-Landkirche 1608/09; Schloß), römischer Tempel in Faimingen, (Wallfahrts-)Kirchen in Buggenhofen, Donaualtheim, Gottmannshofen, Obermedlingen und Schwennenbach; Gedenkstätte für die Opfer der weltgeschichtlich bedeutsamen Schlacht bei Höchstädt-Blindheim (1704 im Span. Erbfolgekrieg); Automuseum Gundelfingen.

Regierungsbezirk: Niederbayern. Einwohner: 74293. Fläche: 878 km². Einwohner je km²: 84. Kfz-Kennzeichen: DGF. Kreisverwaltung: Obere Stadt 1, 3, 7, 8312 Dingolfing. Verwaltungsgliederung: 15 kreisangehörige Gemeinden (Stadt Dingolfing, Markt Eichendorf, Markt Frontenhausen, Gottfrieding, Stadt Landau a. d. Isar, Loiching, Mamming, Marklkofen, Mengkofen, Moosthenning, Niederviehbach, Markt Pilsting, Markt Reisbach, Markt Simbach, Markt Wallersdorf).

### Wappenbeschreibung

Unter Schildhaupt mit den bayerischen Rauten gespalten; vorne in Rot ein silberner Löwe, der auf einem silbernen Seitenvierberg emporsteigt, hinten im Kerbschnitt dreimal geteilt von Rot und Silber.

### Historische Entwicklung

Der Landkreis Dingolfing-Landau entstand durch den Zusammenschluß der beiden namensgebenden Altlandkreise. Der westliche Teil unterstand seit der Mitte des 12. Jh. der Herrschaft der Grafen von Frontenhausen, welche die dreifache Kerbung im Wappenschild führten. Nach dem Erlöschen des Grafengeschlechtes fiel das Land nach einem bischöflich-regensburgischen Interregnum an die Herzöge von Wittelsbach, die den Ausbau ihrer Hausmacht gezielt vorantrieben. Ähnlich verlief die Entwicklung im östlichen Raum, den früher der Landkreis Landau an der Isar umfaßte.
Im Spätmittelalter ging die Landauer Gegend teilweise in wittelsbachischem Besitz auf, nachdem die Edelfreien von Zulling-Ellenbrechtskirchen 1218 im Mannesstamm erloschen waren. Die Herrschaft der anderen Erbnachfolger der Edelfreien von Zulling, der Grafen von Leonberg, währte freilich nur kurz. Obwohl auch ihr Besitz im 14. Jh. an das bayerische Herzogshaus kam, überdauerte ihr sprechendes Wappenbild die Zeiten: Der Löwe auf dem Vierberg schmückte bis 1972 auch das Wappen des Landkreises Landau an der Isar. Die wittelsbachischen Rauten standen bereits in den Wappen beider Altlandkreise an der dominierenden Schildhauptstelle, um die überragende Bedeutung des Landesherren aufzuzeigen.
Im neuen Kreiswappen von Dingolfing-Landau, das am 1. Oktober 1974 die amtliche Genehmigung erlangte, behielten sie ihren Platz bei.

### Struktur des Kreises – Sehenswürdigkeiten

Der heutige Landkreis Dingolfing-Landau besinnt sich gern der Tatsache, daß er Heimat bedeutender Denker, bildender Künstler und Komponisten ist. Zu erinnern wäre an den Humanisten Jakob Ziegler († 1549), die Baumeister Weigenthaler (17./19. Jh.) und die Goldschmiede Winhard (17./18. Jh.). Fruchtbaren Boden finden auch die Bauern im Landkreis, den die Isar in West-Ost-Richtung durchfließt und als kleine Konkurrentin die Vils. Fruchtbar wurde dem aus Pilsting 1908 nach Dingolfing übersiedelten Landmaschinen-Reparierer Andreas Glas der neue Standort. Der kleine Betrieb wuchs. Erst Sämaschinen, dann Motorroller und Automobile wurden produziert, bis 1968 BMW den Betrieb übernahm und die modernste Autofabrik Europas wachsen ließ.
Die Freizeit- und Erholungskarte des Landkreises führt 38 Orte auf, die sich durch Sehenswürdigkeiten hervorheben. So gilt die Schloßanlage von Tunzenberg als einer der schönsten niederbayerischen Adelssitze, die Pfarrkirche in Obertunding beeindruckt mit ihrem romanischen Turm und ihrer Lage wie auch die Wallfahrtskirche hoch auf dem Dreifaltigkeitsberg durch die reiche Innenausstattung. Eines der interessantesten Gotteshäuser ist die aus dem 15. Jh. stammende, beachtenswert neuausgestattete Benefiziumskirche in Ganacker. Genannt werden muß von den vielen sehenswerten Kirchen noch die Pfarrkirche in Oberhausen. Und die Städte? Natürlich lohnt sich ein gründlicher Rundgang durch die Stadt Landau an der Isar, als Bergstadt angelegter wittelsbachischer Gründungsort aus dem Jahre 1224. Dingolfing, eine frühbajuwarische Ansiedlung, 1251 als wittelsbachische Stadt gegründet, hat eine Hochbrücke (1612 erbaut), die in ihrer Art einmalig in Bayern ist.

Regierungsbezirk: Schwaben. Einwohner: 115459. Fläche: 1303 km². Einwohner je km²: 89. Kfz-Kennzeichen: DON. Kreisverwaltung: Pflegstraße 2, 8850 Donauwörth. Verwaltungsgliederung: 44 Städte, Märkte und Gemeinden – 11 Einheitsgemeinden (Asbach-Bäumenheim, Donauwörth, Fremdingen, Harburg [Schwaben], Kaisheim, Marxheim, Mertingen, Möttingen, Nördlingen, Oberndorf a. Lech, Tapfheim), 7 Verwaltungsgemeinschaften mit 33 Mitgliedsgemeinden (VG Monheim mit Buchdorf, Daiting, Monheim, Rögling, Tagmersheim; VG Oettingen mit Auhausen, Ehingen a. Ries, Hainsfarth, Megesheim, Munningen, Oettingen; VG Rain mit Genderkingen, Holzheim, Münster, Niederschönenfeld, Rain; VG Ries mit Alerheim, Amerdingen, Deiningen, Ederheim, Forheim, Hohenaltheim, Mönchsdeggingen, Reimlingen, Wechingen; VG Wallerstein mit Maihingen, Marktoffingen, Wallerstein; VG Wemding mit Fünfstetten, Huisheim, Otting, Wemding, Wolferstadt).

### Wappenbeschreibung

Geteilt: oben in Gold ein wachsender, rot bewehrter schwarzer Adler; unten gespalten; vorne in Rot ein durchgehendes goldenes Andreaskreuz, hinten die bayerischen Rauten.

### Historische Entwicklung

Der neue Landkreis Donau-Ries entstand 1972 im wesentlichen aus den Gebieten der alten Landkreise Nördlingen und Donauwörth sowie aus der bis dahin kreisfreien Stadt Nördlingen. Aus den Wappen dieser Altlandkreise wurden als Sinnbild für das Ries das Abzeichen der Grafen und Fürsten von Oettingen – das goldene Andreaskreuz in Rot – und die bayerischen Rauten als Hinweis auf die Bedeutung des wittelsbachisch-bayerischen Einflusses im Lech-Donau-Gebiet übernommen. Im Wappen des Kreises Nördlingen, das 1954 genehmigt worden war, stand in der vorderen Hälfte des gespaltenen Schildes das Andreaskreuz; hinten befanden sich die staufisch-schwäbischen „Leoparden": in Gold drei rot bewehrte und bezungte, herschauende schwarze Löwen übereinander. Im ehemaligen Donauwörther Kreiswappen von 1964 waren neben den bayerischen Rauten der Panther der Grafen von Graisbach-Lechsgemünd, das Reliquienkreuz der Benediktiner-Reichsabtei von Donauwörth und die Krone des Zisterzienserstiftes Kaisheim abgebildet. Der halbierte Adler im neuen Kreissymbol verweist auf die früheren Reichsstädte Donauwörth und Nördlingen, die noch heute in ihren Stadtwappen den Reichsadler unter Hinzufügung unterscheidender Beizeichen führen. Das Wappen des Landkreises Donau-Ries erhielt am 27. April 1977 die amtliche Genehmigung.

### Struktur des Kreises – Sehenswürdigkeiten

Das hügelige, in weiten Teilen von der Landwirtschaft geprägte Land gehört vorwiegend dem schwäbisch-fränkischen Jura an, wobei das fruchtbare Ries als Grenzregion zwischen schwäbischer und fränkischer Alb gilt. Das nordschwäbische Gebiet mit den Flüssen Lech und Donau zeichnet sich durch viele Naturschönheiten, Kunst- und Kulturdenkmäler aus, die vor allem an der Romantischen Straße zu finden sind. Nördlingen weist einen spätmittelalterlichen Mauerkern auf (kreisrunde Altstadt, ev. Stadtkirche St. Georg, von derem spätgotischen Turm „Daniel" [90 m] der Besucher einen hervorragenden Ausblick hat, ehemalige Karmeliterklosterkirche St. Salvator mit Hochaltar und Wandfresken, gotisches Rathaus mit Freitreppe im Renaissancestil und Klösterle). Weiter südlich liegt die imposante Wehr- und Wohnburg Harburg mit ihren berühmten Museen (wertvolle Arbeiten aus Gold und Elfenbein, historische Handschriftensammlung, fränkische Bildteppiche, Kunstwerke von Riemenschneider). Weitere Sehenswürdigkeiten sind die Klosterkirchen in Donauwörth, Kaisheim (Zisterzienser, 1387), Maihingen und Auhausen, Wallfahrtskirche „Maria Brünnlein" bei Wemding und das Rokokoschloß Leitheim. Lohnend ist ein Besuch der Städte Monheim, Oettingen und Rain sowie ein Abstecher zu den Ofnethöhlen bei Holheim (urgeschichtliche Skelettfunde).

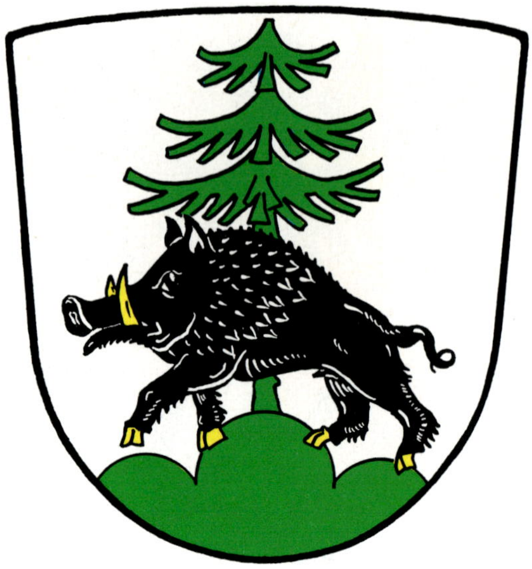

Regierungsbezirk: Oberbayern. Einwohner: 97317. Fläche: 549,32 km². Einwohner je km²: 177. Kfz-Kennzeichen: EBE. Kreisverwaltung: Eichthalstraße 5, 8017 Ebersberg. Verwaltungsgliederung: 21 Gemeinden, davon 12 Einheitsgemeinden (Anzing, Ebersberg, Forstinning, Grafing, Hohenlinden, Kirchseeon, Markt Schwaben, Pliening, Poing, Steinhöring, Vaterstetten, Zorneding), 9 Gemeinden in 2 Verwaltungsgemeinschaften (Aßling mit Emmering und Frauenneuharting und Glonn mit Baiern, Bruck Egmating, Moosach, Oberpframmern).

### Wappenbeschreibung

In Silber auf grünem Dreiberg ein schreitender, golden bewehrter schwarzer Eber, hinter dem eine grüne Tanne mit 29 Ästen aufwächst.

### Historische Entwicklung

Die Siedlungen im heutigen Landkreis Ebersberg gehen zu einem großen Teil auf die Zeit der bajuwarischen Landnahme zurück, woran die auf -ing und -ham endenden Ortsnamen erinnern. Die Bajuwaren ergriffen dabei Besitz von einem Raum, der vorübergehend herrenlos geworden war, nachdem sich die Römer in der Mitte des 5. Jh. n. Chr. aus ihren Provinzen nördlich der Alpen zurückgezogen hatten. Die Römer waren dem seit Jahrhunderten immer stärker wachsenden Druck der germanischen Stämme gewichen, die wiederholt die Donau und die römischen Grenzbefestigungen überrannt hatten. Vor den Römern hatten in dem Raum Kelten gesiedelt, was durch einzelne Funde, aber auch durch die keltische Namensgebung der Flüsse belegt werden kann.

Deutlichstes Zeugnis der römischen Herrschaftsausübung im Ebersberger Gebiet sind die zum Teil noch gut sichtbaren Überreste einer alten Römerstraße im Bereich des Ebersberger Forstes. Auf dieses rund 90 km² große Waldgebiet, eines der größten in der gesamten Bundesrepublik, wird auch im Wappen hingewiesen: Dabei entsprach die Anzahl der Äste der Tanne zur Zeit der ersten Wappenverleihung (31. Oktober 1955) der damaligen Gemeindezahl. Der Eber auf dem Berg stellt ein schönes Beispiel für ein „redendes“ Wappen dar. Zudem ähnelt es dem Wappen des ehemaligen Benediktinerklosters Ebersberg.
Der in der Gebietsreform von 1972 fast völlig unberührt gebliebene Landkreis erlangte die Wappenneugenehmigung am 10. November 1972.

### Struktur des Kreises – Sehenswürdigkeiten

An zwei großen Landschaftsformen des Voralpenlandes hat der Landkreis Anteil: ein Drittel der Fläche liegt in der Münchener Ebene, zwei Drittel sind verschiedenen Hügelländern zuzuordnen. 34 % der Landkreisfläche sind bewaldet, 58 % landwirtschaftlich genutzt, 6,5 % besiedelt. Die Ausstrahlung der Großstadt München ist vor allem im Raum Baldham-Vaterstetten deutlich, während in den Straßen von Ebersberg, Markt Schwaben oder Grafing Kleinstadtidylle vorherrscht, im südlichen Baierer Winkel gar Voralpenlandschaft.
In Ebersberg findet man ein wichtiges kunsthistorisches Denkmal: die 1480 im spätgotischen Stil neu erbaute Pfarrkirche mit der gotischen Silberbüste ihres Namenspatrons Sebastian. Besonders schön sind die 1668 umgebaute Sebastiankapelle und das Stifterhochgrab. Das 1529 erbaute spätgotische Rathaus ist ein imposantes Bauwerk schlichter Schönheit. In Grafing, 813 bereits urkundlich erwähnt, ist nicht nur die Dreifaltigkeitskirche (Rokoko) sehenswert, auch die mittelalterliche Burg Elkofen. Ein altes Siedlungsgebiet ist dieser Landkreis: Anzing war schon zur Kelten- und Römerzeit besiedelt, Aßling wird 778 erwähnt, Forstinning 804, in Glonn fand man im Tuffsteinbruch römische Münzen, in Egmating wurde ein Reihengräberfeld aus dem 7. Jh. freigelegt. Auch Markt Schwaben mit den schönen Zunftstangen in der Pfarrkirche St. Margareth hat alte Wurzeln; 1000 Jahre alt soll die Königseiche in Moosach sein. Auch Zorneding (813) und Steinhöring (9. Jh.) zeigen, wie man Tradition mit Fortschritt verbinden kann.

Regierungsbezirk: Oberbayern. Einwohner: 96037. Fläche: 1214 km². Einwohner je km²: 79. Kfz-Kennzeichen: EI. Kreisverwaltung: Residenzplatz 1, 8078 Eichstätt. Verwaltungsgliederung: 30 kreisangehörige Gemeinden (Große Kreisstadt Eichstätt, Stadt Beilngries; Marktgemeinde Altmannstein, Dollnstein, Gaimersheim, Kinding, Kipfenberg, Kösching, Mörnsheim, Nassenfels, Pförring, Titting, Wellheim; Gemeinden Adelschlag, Böhmfeld, Buxheim, Denkendorf, Egweil, Eitensheim, Großmehring, Hepberg, Hitzhofen, Lenting, Mindelstetten, Oberdolling, Pollenfeld, Schernfeld, Stammham, Walting, Wettstetten).

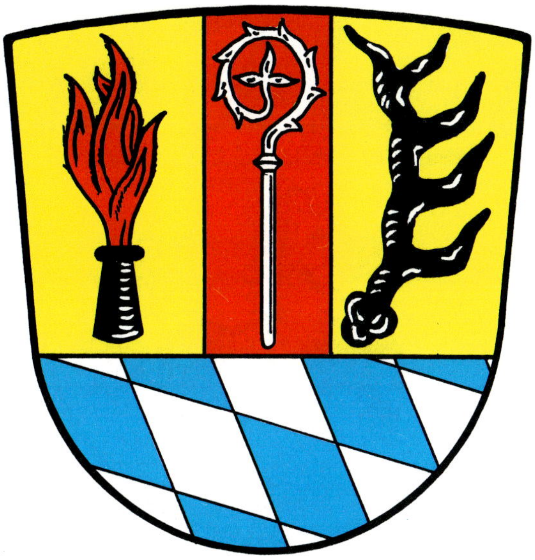

### Wappenbeschreibung

Über Schildfuß mit den bayerischen Rauten in Gold ein mit einem wachsenden silbernen Bischofsstab belegter roter Pfahl; vorne eine rote Fackel auf schwarzem Rohr, hinten eine senkrecht stehende schwarze Hirschstange.

### Historische Entwicklung

Das Gebiet des Landkreises Eichstätt unterstand im Mittelalter vorwiegend den Grafen von Hirschberg. Nach deren Aussterben 1305 erwarben es die Bischöfe von Eichstätt als Kernraum ihres weltlichen Territoriums (des Hochstifts), über das sie bis zur Säkularisation (1803) als Landesherren regierten. Diese geschichtlichen Wurzeln des Landkreises werden im Wappen durch die heraldischen Symbole des früheren Hochstifts Eichstätt (Bischofsstab) und der ehemaligen Grafschaft Hirschberg (Hirschstange) versinnbildlicht. Die Rauten im Schildfuß stehen für die schon lange zum Herzogtum Bayern gehörigen südlichen Kreisgebiete und weisen auch auf die bayerische Herrschaft über das gesamte Kreisgebiet seit 1803 hin. Das Energiezentrum östlich von Ingolstadt wird durch die lodernde Fackel angedeutet. Das neue Kreiswappen erhielt am 22. November 1974 die erforderliche Genehmigung der Regierung von Oberbayern.

### Struktur des Kreises – Sehenswürdigkeiten

Der Landkreis Eichstätt wird geprägt durch den Flußlauf der Altmühl, die Jurahochfläche und die Ausläufer des Donautals im Süden. Die Kreisstadt Eichstätt, Bischofsstadt und Standort einer Katholischen Universität, birgt die bedeutendsten Sehenswürdigkeiten: Willibaldsburg mit berühmtem Juramuseum, Sommerresidenz, Dom, Abtei St. Walburg, Schutzengelkirche, ehemalige fürstbischöfliche Residenz, erbaut von Gabriel de Gabrieli. Der Landkreis Eichstätt ist hervorragend ausgestattet mit Wanderwegen, 150 km eigens angelegten Radwanderwegen, einer 110 km langen Bootswanderstrecke auf der Altmühl, zwei landkreiseigenen Fossiliensteinbrüchen und dem Kletterfelsen im Urdonautal. Der Naturpark Altmühltal umfaßt nahezu 90 % der Landkreisfläche. Er ist mit einer Fläche von 2908 km² einer der größten Naturparks Deutschlands mit ausgedehnten Waldungen und einer noch weitgehend unberührten Landschaft, in der man auf Schlösser, Burgen und Kirchen als Zeugen bedeutender Kulturlandschaft stößt. 1975 hat der Landkreis das 34 Hektar große Erholungszentrum Kratzmühle mit Badesee und Bootshaus errichtet.
Weitere Sehenswürdigkeiten sind: Burg Kipfenberg, Schloß Hirschberg, die Altstadt von Beilngries, Schloß Hexenagger, die Heimatmuseen in Kipfenberg, Altmannstein und Kösching sowie die Fossilienmuseen in Mörnsheim und Schernfeld. Die Steinindustrie (Juramarmor, Solnhofer Platten) und die Ölleitung Triest-Ingolstadt sollen als Hinweise auf die Wirtschaftsstruktur erwähnt sein.

Regierungsbezirk: Oberbayern. Einwohner: 88248. Fläche: 871 km². Einwohner je km²: 101. Kfz-Kennzeichen: ED. Kreisverwaltung: Alois-Schießl-Platz 2, 8050 Erding. Verwaltungsgliederung: 26 kreisangehörige Gemeinden: Berglern, Bockhorn, Buch am Buchrain, Dorfen (Stadt), Eitting, Erding (Stadt), Finsing, Forstern, Fraunberg, Hohenpolding, Inning am Holz, Isen (Markt), Kirchberg, Langenpreising, Lengdorf, Moosinning, Neuching, Oberding, Ottenhofen, Pastetten, St. Wolfgang, Steinkirchen, Taufkirchen (Vils), Walpertskirchen, Wartenberg (Markt), Wörth.

### Wappenbeschreibung

Unter Schildhaupt mit den bayerischen Rauten in Silber ein springendes, golden bewehrtes rotes Pferd.

### Historische Entwicklung

Die Landschaften, die das heutige Gebiet des Landkreises Erding ausmachen, bieten den Menschen bereits seit ca. 9000 Jahren einen Lebensraum. Vielfältige Zeugnisse ihrer Kulturen hinterließen die Kelten, die Römer und schließlich ab dem 5. Jh. die Bajuwaren. Die Geschichte des Erdinger Landes ist eng verbunden mit dem Aufstieg der Wittelsbacher in Bayern, wurde doch die Stadt Erding 1230 ursprünglich als Feste zwischen den wittelsbachischen Zentren München und Landshut gegründet. Im Rahmen der wittelsbachischen Erbteilung von 1255 kamen die Gerichte Erding und Dorfen nach Niederbayern, eine Entscheidung, die erst 1808 wieder rückgängig gemacht wurde. 1862 brachte die Trennung von Justiz und Verwaltung. Anstelle der Gerichte Erding und Dorfen trat das Bezirksamt Erding. Ab 1939 wurde für diese Verwaltungseinheit der Begriff „Landkreis" eingeführt. Sein heutiges Aussehen mit 26 kreisangehörigen Gemeinden erhielt der Landkreis Erding im Rahmen der Landkreisgebietsreform anfangs der 70er Jahre. Das Pferd im Wappen des Landkreises Erding wurde als Symbol dem Wappen der Grafschaft Haag entnommen und zeigt damit die historischen Beziehungen zu dem für das Gebiet wichtigen Adelsgeschlecht der Fraunberger auf. Es verweist aber auch auf die Tatsache, daß der Landkreis Erding lange Zeit mit Abstand der pferdereichste Bayerns war. Das Rautenmuster im Schildhaupt deutet die historische Zugehörigkeit des Landkreises zum Freistaat Bayern an. Dem Landkreis Erding wurde bereits 1953 die Genehmigung zur Führung seines Wappens verliehen. Da der Landkreis nach der Gebietsreform im wesentlichen in seiner ursprünglichen Form erhalten blieb, wurde das Kreiswappen am 31. Oktober 1972 erneut verliehen. Zwar weicht die goldene Ausführung von Mähne und Schweif des Pferdes von der amtlichen Wappenbeschreibung ab, es wird aber an der 1953 verliehenen Darstellung im beidseits eingebogenen Wappenschild auch in Zukunft festgehalten.

### Struktur des Kreises – Sehenswürdigkeiten

Der Landkreis Erding liegt im nordöstlichen Bereich des Regierungsbezirks Oberbayern. Sein Gebiet ist geographisch nicht klar begrenzbar. Man unterscheidet drei Landschaftsformen, das tertiäre Hügelland im Norden und Osten, das eiszeitliche Moränengebiet im Süden und Südosten sowie das Erdinger Moos als Fortsetzung der Münchener Schotterebene.

Der Landkreis Erding zeigt auch heute noch ein vorwiegend ländliches Bild, in dem sich Landwirtschaft, Handwerk und gewerblicher Mittelstand ergänzen. Allerdings entfalten immer mehr auch industriell geführte Unternehmen ihre Tätigkeiten, vorwiegend im Mittelzentrum Erding sowie in den Unterzentren Dorfen und Taufkirchen. Hauptsehenswürdigkeiten des Erdinger Landes sind die mittelalterlichen Stadtplätze von Erding und Dorfen, das Herderhaus in Aufhausen, die Kirchen St. Johann in Erding und St. Zeno in Isen, die Marienwallfahrtskirchen in Dorfen und Thalheim.

Regierungsbezirk: Mittelfranken. Einwohner: 104818. Fläche: 564,6 $km^2$. Einwohner je $km^2$: 186. Kfz-Kennzeichen: ERH. Kreisverwaltung: Marktplatz 6, 8520 Erlangen, Dienststelle Höchstadt, Schloßberg 10, 8552 Höchstadt a. d. Aisch. Verwaltungsgliederung: 3 Städte (Baiersorf, Herzogenaurach, Höchstadt a. d. Aisch); 7 Märkte (Eckental, Heroldsberg, Lonnerstadt, Mühlhausen, Vestenbergsgreuth, Wachenroth, Weisendorf); 15 Gemeinden (Adelsdorf, Aurachtal, Bubenreuth, Buckenhof, Gremsdorf, Großenseebach, Hemhofen, Heßdorf, Kalchreuth, Marloffstein, Möhrendorf, Oberreichenbach, Röttenbach, Spardorf, Uttenreuth); 13 Gemeinden sind zu 4 Verwaltungsgemeinschaften zusammengeschlossen (Aurachtal, Heßdorf, Höchstadt a. d. Aisch, Uttenreuth).

### Wappenbeschreibung

Gespalten; vorne in Gold ein linksgewendeter, mit einer silbernen Schräglinksleiste überdeckter, rot bewehrter schwarzer Löwe; hinten in Blau mit von Rot und Silber gestücktem Bord ein halbes goldenes Wasserschöpfrad.

### Historische Entwicklung

Ortsnamen aus dem heutigen Landkreis tauchten erstmals um das Jahr 1000 in Schenkungsurkunden auf. Das von König Heinrich II. im Jahre 1007 gegründete Hochstift Bamberg erwuchs zum mächtigsten Gebietsherren und behauptete seine Stellung in den Höchstädter Ländereien bis zur Säkularisation. Sein Löwe ist noch heute im Wappen des Landkreises präsent. Die Farben Gold und Blau der hinteren Schildhälfte entstammen dem Großen Wappen der nahegelegenen damaligen Reichsstadt Nürnberg, welche die Gebiete um Heroldsberg zu ihrer Einflußzone zählte. Jedoch standen der Reichsstadt die Markgrafen von Brandenburg-Bayreuth als Rivalen um die Macht gerade im Erlanger Raum gegenüber. Im Wappen des Landkreises erinnert der rot-silbern gestückte Schildbord an die ehedem markgräflichen Ämter. Infolge eines Erbvertrages von 1791 gingen die markgräflichen Besitzungen an das Königreich Preußen über, und die rationalistischen Verwaltungsprinzipien eines modernen Staates versetzten auch hier der mittelalterlichen Herrschaftsstruktur den Todesstoß. Doch wenige Jahre später überschrieb der Pariser Vertrag von 1810 das Bayreuther Land an Bayern, und die Erlanger Gebiete gingen im Rezatkreis auf. Kurz zuvor hatte sich das bayerische Königreich die seit Jahrhunderten zum Erzbistum Bamberg gehörigen Besitzungen um Höchstadt einverleibt. Die heutigen Verwaltungsgrenzen zog schließlich die Gebietsreform der 70er Jahre unseres Jahrhunderts, als sie den Landkreis Höchstadt an der Aisch mit dem Kreis Erlangen zusammenschloß. In der hinteren Hälfte des am 19. August 1976 genehmigten Kreiswappens wird an die einst zahlreichen Wasserschöpfräder an der Regnitz erinnert, die auch heute noch zum Teil in Betrieb sind und als Denkmäler gepflegt und erhalten werden.

### Struktur des Kreises – Sehenswürdigkeiten

Die Bevölkerungszahl ist seit dem Zweiten Weltkrieg stark gestiegen. Heimatvertreibung bewirkte auch hier konfessionelle Veränderungen. Herzogenaurach bot sich mit günstigen Standortbedingungen aufstrebenden Betrieben an. Der ehemals schlesische, große metallverarbeitende Betrieb Schaeffler wie die inzwischen weltweit bekannten Sportartikelfirmen Adidas und Puma haben die größte Stadt des Landkreises bekannt gemacht. Bubenreuth wurde zu einem Zentrum der deutschen Kleininstrumentenfertigung. Die papierverarbeitende Industrie ist hier ebenso anzutreffen wie die der Heimtextilien, Bauelemente, Baustoffe und der Holz- und Kunststoffverarbeitung. In der Nahrungsmittelbranche stellt die Verarbeitung von Meerrettich oder fränkisch „Kren" eine besondere Spezialität dar. Aber auch viele Zeugen der Geschichte laden den Besucher ein: Die Eckenmühle in Aurachtal, der alte Brunnen in Eckenhaid, die Kreuzigungsgruppe in Großenseebach, das Schloß und die Stadttürme sowie das Spital in Herzogenaurach, die Wehrkirche – eine in Franken typische Entwicklung – in Hannberg, das Schloß an der Alten Aischbrücke in Höchstadt und dort manch anderes Denkmal dieser alten Stadt. Schließlich seien das Rote, Gelbe, Weiße und Grüne Schloß in Heroldsberg genannt. Den Landkreis kann man nicht durchfahren, ohne etliche Karpfenteiche wahrgenommen zu haben. Der hier gezüchtete „Aischgründer Spiegelkarpfen" ist für jeden Karpfen-Freund ein Begriff.

Regierungsbezirk: Oberfranken. Einwohner: 97098. Fläche: 642,94 km². Einwohner je km²: 151,02. Kfz-Kennzeichen: FO. Kreisverwaltung: Streckerplatz 3, 8550 Forchheim. Verwaltungsgliederung: 13 Einheitsgemeinden (Große Kreisstadt Forchheim, die Märkte Eggolsheim, Egloffstein, Gößweinstein, Igensdorf, Neunkirchen a. Br., Pretzfeld und Wiesenttal sowie die Gemeinden Hallerndorf, Hausen, Heroldsbach, Langensendelbach und Obertrubach).

### Wappenbeschreibung

Über silbernem Schildfuß, darin ein roter Fisch, gespalten von Gold und Rot; vorne ein linksgewendeter, mit einer silbernen Schräglinksleiste überdeckter, rot bewehrter schwarzer Löwe; hinten ein schrägliegender silberner Schlüssel.

### Historische Entwicklung

Der im Zuge der Gebietsreform mit Wirkung vom 1. 7. 1972 geschaffene neue Landkreis umfaßt nahezu das gesamte Gebiet des ehemaligen Kreises Forchheim, den südlichen Teil des Kreises Ebermannstadt, ferner den südwestlichen Bereich des Landkreises Pegnitz und das Gebiet der vormals kreisfreien Stadt Forchheim.
Das am 7. März 1974 genehmigte neue Kreiswappen setzt sich dementsprechend aus Bestandteilen der früheren Hoheitszeichen zusammen. Der Fisch im Schildfuß entstammt dem Wappen der früher kreisfreien Stadt Forchheim. Da man zur Zeit der Schaffung des Stadtwappens den Namen Forchheim vom Begriff „Forchen" (= Forellen) ableitete, kamen die Fische ins Stadtsiegel. Das Hochstift Bamberg hatte für das heutige Kreisgebiet große Bedeutung. Deshalb ist im Kreiswappen der Bamberger Löwe abgebildet, wie er auch schon in den Wappen aller drei untergegangenen Landkreise stand. Die Schlüssel reden für das edelfreie Geschlecht der Schlüsselberger, die umfangreichen Besitz im Kreisgebiet innehatten. Bereits das alte Kreiswappen von Ebermannstadt zeigte einen Schlüssel.

### Struktur des Kreises – Sehenswürdigkeiten

Der überwiegend ländlich strukturierte Landkreis hat durch die Reize der Fränkischen Schweiz im Fremdenverkehr eine erhebliche Bedeutung, aber auch einige wesentliche Industriebetriebe, insbesondere papiererzeugende Fabriken, Spinnereien, Folienhersteller, Webereien und Ziegeleibetriebe sind im Landkreis ansässig. Außerdem befinden sich hier ein großes Öllager bei Eggolsheim und ein großes Blähtonwerk bei Pautzfeld.
Deutschland besitzt in der Fränkischen Schweiz als kostbare Seltenheit eine Landschaft mit der Grazie der Kleinräumigkeit. Das nördliche Jurahochplateau zwischen Bamberg im Westen, Forchheim im Süden und Bayreuth im Osten bildet mit den tief eingeschnittenen Tälern der Wiesent und ihrer Nebenarme ein reizvolles Interieur, das zu Entdeckungsreisen verlockt.
Mittelalterlicher Adelsstolz der Grafen und Ritter, Bischöfe und Äbte hat eine Fülle architektonischer Glanzpunkte in die Landschaft gesetzt. Burgen, Schlösser und Ruinen erinnern an die Zeiten, da noch Schild und Speer klangen. Nirgendwo aber ist die Natur und Kultur inniger als hier, ist Barock so intim wie in der Wallfahrtskirche Balthasar Neumanns in Gößweinstein. Gesteinschluchten und Talkurven, Mischwälder und Bergwiesen, dunkle Fichtenschläge und klare Forellenbäche zeichnen das vielfältige Panorama aus, über das sich Dichter wie Tieck, Jean Paul, Ernst Moritz Arndt, Immermann und Victor von Scheffel rühmend ebenso äußerten wie Fürst Pückler oder Ludwig Richter, die nicht nur als Wandersleute, sondern auch als Feinschmecker hier auf ihre Kost kamen.

# Landkreis Freising

Regierungsbezirk: Oberbayern. Einwohner: 119611. Fläche: 802 km². Einwohner je km²: 150. Kfz-Kennzeichen: FS. Kreisverwaltung: Landshuter Straße 31, 8050 Freising. Verwaltungsgliederung: 24 kreisangehörige Städte, Märkte und Gemeinden – davon 14 in 4 Verwaltungsgemeinschaften (VG Allershausen mit Allershausen, Hohenkammer, Kirchdorf a.d. Amper, Paunzhausen; VG Langenbach-Marzling mit Langenbach, Marzling; VG Mauern mit Gammelsdorf, Hörgertshausen, Mauern, Wang; VG Zolling mit Attenkirchen, Haag a.d. Amper, Wolfersdorf, Zolling), Markt Au/Hallertau, Eching, Fahrenzhausen, Große Kreisstadt Freising, Hallbergmoos, Kranzberg, Stadt Moosburg, Markt Nandlstadt, Neufahrn, Rudelzhausen.

## Wappenbeschreibung

Unter Schildhaupt mit den bayerischen Rauten gespalten von Gold und Rot; vorne ein linksgewendeter, rot gekrönter schwarzer Mohrenkopf mit rotem Ohrring, hinten eine silberne Rose.

## Historische Entwicklung

In das Gebiet drang schon früh das Christentum ein, das sich unter dem Schutz der bayerischen Agilolfinger-Herzöge, die auf dem Freisinger Domberg residierten, entfaltete. Im Jahre 715 bewegte Herzog Theodo den auf einer Rompilgerfahrt befindlichen Wanderbischof Korbinian, die Christianisierung des Landes von hier aus zu betreiben. Im Laufe der Jahrhunderte entwikkelte sich das Bistum Freising zu einem Territorium, über das als weltliches und geistliches Oberhaupt der Fürstbischof regierte. Im Wappen führten die Freisinger Bischöfe seit dem Spätmittelalter ein gekröntes Mohrenhaupt; es ist eine irrige Umdeutung des Hauptes des hl. Korbinians von Münzdarstellungen. Bischof Otto I. von Freising († 1158) aus dem kaiserlichen Geschlecht der Babenberger zählte zu den größten mittelalterlichen Geschichtsschreibern. – Als am 25. 2. 1803 zu Regensburg unter französischem Druck der „Reichsdeputationshauptschluß“ als Gesetz angenommen worden war, wurde das Hochstift Freising als Entschädigung für an Frankreich abgetretene Gebiete dem Kurfürstentum Bayern überantwortet. Der heutige Landkreis ist in der Hauptsache aus dem Gebiet des Fürstbistums Freising (Mohrenkopf) und aus den wittelsbachischen Landgerichten Kranzberg und Moosburg (Rauten) gewachsen. Das im Gebiet nicht unbedeutende, 1281 erloschene Grafengeschlecht der Moosburger wird durch die silberne Rose repräsentiert. Das Wappen wurde am 15. Juli 1976 neu verliehen.

## Struktur des Kreises – Sehenswürdigkeiten

Vor den nördlichen Toren der Landeshauptstadt München erstreckt sich der ländliche Kreis Freising von der Schotterebene im Süden bis zum Hallertauer Hügelland im Norden. Neben den Natur- und Landschaftsschutzgebieten dienen Kranzberger See, Echinger See, Mühlseen in Neufahrn, Stoibermühle sowie ein umfangreiches Wandernetz der Erholung. Die Kreisstadt Freising gehört zu den ältesten Städten Oberbayerns: Bereits vor 2000 Jahren war der Domberg, Mittelpunkt der malerischen Altstadt, bewohnt. Der zweitürmige Dom (1159; vierschiffige Krypta mit berühmter Bestiensäule unter dem Hochchor) wurde im 18. Jahrhundert von den Gebr. Asam barock ausgestaltet. Auf dem zweiten Hügel des Ortes liegt Weihenstephan, wo sich u. a. die älteste Braustätte der Welt (seit 1040) und die größte Brauhochschule Europas befinden. Der Hopfenanbau in der Hallertau, dem bedeutendsten Hopfenanbaugebiet der Welt, bestimmt die Landwirtschaft. Zu dieser Region gehören u. a. Attenkirchen, „Tor zur Hallertau“ genannt, Au, Hohenkammer (Wasserschloß – 16. Jh.) und Nandlstadt. Sehenswert sind die sakralen Bauten Maria Rast und St. Nikolaus in Langenbach sowie Kastulus Münster (12. Jh.) und Johanniskirche (1353) in Moosburg.

Regierungsbezirk: Niederbayern. Einwohner: 72 941. Fläche: 984 $km^2$. Einwohner je $km^2$: 74. Kfz-Kennzeichen: FRG. Kreisverwaltung: Wolfkerstraße 3, 8393 Freyung. Verwaltungsgliederung: 14 Einheitsgemeinden (Freyung, Grafenau, Grainet, Haidmühle, Hohenau, Jandelsbrunn, Mauth, Neureichenau, Neuschönau, Röhrnbach, Saldenburg, Sankt Oswald-Riedlhütte, Spiegelau, Waldkirchen); 4 Verwaltungsgemeinschaften (VG Hinterschmiding mit den Mitgliedsgemeinden Hinterschmiding und Philippsreut, VG Perlesreut mit den Mitgliedsgemeinden Fürsteneck, Perlesreut und Ringelai, VG Schönberg mit den Mitgliedsgemeinden Eppenschlag, Innernzell, Schöfweg und Schönberg, VG Thurmansbang mit den Mitgliedsgemeinden Thurmansbang und Zenting).

## Wappenbeschreibung

Über gekürzter und eingeschweifter Spitze, darin die bayerischen Rauten, in Silber nebeneinander ein linksgewendeter schwarzer Bär und ein roter Wolf.

## Historische Entwicklung

Als Verwaltungseinheit ist der Landkreis ein junges Gebilde: 1972 wurden im Zuge der Gebietsreform die ehemaligen Nachbarlandkreise Wolfstein und Grafenau zusammengefaßt und die Stadt Freyung zum Verwaltungssitz bestimmt. Damit sind zwei Gebiete zusammengeführt worden, deren geschichtliche Entwicklung Jahrhunderte hindurch verschiedenartig war.
Ursprünglich galt das Wolfsteiner Land, ein Teil des ausgedehnten, zumeist noch unbesiedelten „Nordwaldes", als Königsgut. 1010 gelangte es durch königliche Schenkung als Rodungsland an das Reichskloster Niedernburg in Passau, mit dem es um die Wende zum 13. Jh. Bestandteil des Hochstiftes Passau wurde. Hauptort dieses Gebietes östlich der Ilz war jahrhundertelang der alte Pfarr- und Marktort Waldkirchen, der am „Goldenen Steig" lag, jenem bedeutendsten mittelalterlichen Saumweg Süddeutschlands, der Passau mit Böhmen verband und über den das Moldauland mit Salz und Waren aus dem Süden versorgt worden ist. Als die Säkularisation im Jahre 1803 das Hochstift Passau auflöste, fiel das Wolfsteiner Land 1805 an das Kurfürstentum Bayern, das im Jahr darauf zum Königreich erhoben wurde. Im Landkreiswappen vom 9. März 1976 erinnert der rote Wolf, das heute noch gültige Passauer Wappentier, an die lange Zugehörigkeit zum passauisch-bischöflichen Pfleggericht. Während die Bewohner des Wolfsteiner Landes erst relativ spät bayerische „Untertanen" wurden, gelangte das Gebiet westlich der Ilz (Grafenauer Land) bereits 1438 unter bayerische Verwaltung. In diesem Jahr erwarb es Herzog Heinrich der Reiche von Bayern-Landshut, und auch in der Folgezeit blieb es fortwährend im Besitz der bayerischen Herzöge, die es ihrem Rentamt Straubing zuteilten und in den Burgen Bärnstein und Dießenstein Pflegrichter einsetzten. Im Landkreiswappen wird das Amt Grafenau, das aus dem herzoglich-bayerischen Pfleggericht Bärnstein hervorgegangen ist, durch den Bären symbolisiert.

## Struktur des Kreises – Sehenswürdigkeiten

Im unteren Bayerischen Wald gelegen, dem Böhmerwald benachbart, wird die Mittelgebirgslandschaft im Norden von den Grenzbergen Rachel (1453 m) und Lusen (1373 m), im Osten vom Dreisessel (1312 m), im Süden vom Oberfrauenwald (948 m) sowie im Westen vom Brotjacklriegel (1016 m) umrahmt. Im Landkreis gibt es 11 Naturschutzgebiete, 6 Landschaftsschutzgebiete, über 60 Naturdenkmäler und den ersten deutschen Nationalpark, der sich auf einer Fläche von 13 000 ha an den Südhängen des Böhmerwaldes erstreckt und in dem in erster Linie die ursprünglichen Lebensbedingungen für Pflanzen und Tiere soweit wie möglich wieder hergestellt werden sollen. In Schau- bzw. Wiedereinbürgerungsgehegen sind hier u. a. Wisente, Luchse, Wölfe und Bären zu beobachten. Neben der von ihren Naturgegebenheiten her sicherlich einzigartigen Landschaft machen den Landkreis Freyung-Grafenau für Einheimische ebenso wie für Feriengäste aber auch wertvolle kulturelle Einrichtungen attraktiv. Erwähnenswert ist in diesem Zusammenhang u. a. das Freilichtmuseum in Finsterau, das Museumsdorf Dreiburgensee, das Heimatmuseum und die Galerie Wolfstein in Freyung sowie das Schnupftabak- und Bauernmöbelmuseum in Grafenau.

Regierungsbezirk: Oberbayern. Einwohner: 175389. Fläche: 435,18 km². Einwohner je km²: 403. Kfz-Kennzeichen: FFB. Kreisverwaltung: Münchener Straße 32, 8080 Fürstenfeldbruck. Verwaltungsgliederung: Stadt Fürstenfeldbruck und 22 Gemeinden (Adelshofen, Alling, Althegnenberg, Egenhofen, Eichenau, Emmering, Germering, Grafrath, Gröbenzell, Hattenhofen, Jesenwang, Kottgeisering, Landsberied, Maisach, Mammendorf, Mittelstetten, Moorenweis, Oberschweinbach, Olching, Puchheim, Schöngeising, Türkenfeld).

### Wappenbeschreibung

Durch einen von Silber und Rot in zwei Reihen geschachten Schrägbalken geteilt von Grün und Blau; oben eine silberne Fürstenkrone, unten eine dreibogige, gemauerte silberne Brücke.

### Historische Entwicklung

Die Gründung des Klosters auf dem „Felde des Fürsten" durch Aldersbacher Zisterziensermönche geht auf eine Sühneleistung des Bayernherzoges Ludwig II. (1253/94) zurück, der aus unbegründeter Eifersucht seine Gemahlin Maria von Burgund hatte hinrichten lassen. Die Fürstenkrone im zuletzt am 11. November 1976 genehmigten Kreiswappen versinnbildlicht die engen Beziehungen des Hausklosters zur wittelsbachischen Landesherrschaft. Sie stammt außerdem aus dem Wappen des Abtes Alexander Pellhammer, unter dessen Regierungszeit die berühmte und künstlerisch höchst bedeutsame Abteikirche in Fürstenfeld vollendet wurde. Die Bogenbrücke erinnert an den Markt Bruck. Der silbern-rote Schachbalken gilt als Familienwappen des heiligen Bernhard von Clairvaux († 1153), der den Orden der Zisterzienser ins Leben rief. Seither wird der Schachbalken als heraldisches Zeichen des Ordens verwendet.

Im Jahre 1342 gelang es dem Kloster Fürstenfeld, den schon damals blühenden Markt Bruck, der seine Entstehung der Lage an einer bedeutsamen Amperbrücke verdankte, zu erwerben. Durch die Fürstenkrone und die Brücke wird der Name des Landkreises im Wappen sichtbar verankert. Bis 1967 führte der Landkreis ein Wappen, das in erste Linie auf die Wirtschaftsformen des Kreisgebietes Bezug nahm. Die Errichtung des Landgerichtes Fürstenfeldbruck 1823 stellt die eigentliche Geburtsstunde des heutigen Verwaltungssprengels dar, der auch durch die Gebietsreform kaum verändert wurde.

### Struktur des Kreises – Sehenswürdigkeiten

Das Landschaftsbild dieses im Osten von der Landeshauptstadt München begrenzten Landkreises kennzeichnen im nördlichen Teil bewaldete Hügelzüge, im mittleren Bereich moorige Ebenen und im südlichen Teil ein alpines Hügel- und Moorland, dessen bewaldete Höhenrücken von der Amper durchschnitten werden. Der östliche Teil hat eine ausgesprochene Siedlungsstruktur, während der westliche noch stark landwirtschaftlich geprägt ist. Im Landkreis stößt man auf viele kirchliche Bauwerke, die kunsthistorisch bedeutsam sind. Vor allem gilt dies für die Klosterkirche Fürstenfeld, eine der großartigsten Barockkirchen Bayerns, die vor wenigen Jahren restauriert wurde. Nach der Zerstörung im Dreißigjährigen Krieg hatte man die Kirche ab 1690 nach den Plänen von Giovanni Viscardi neu aufgebaut. An der Gestaltung wirkten die Brüder Asam mit. Sehenswert sind auch die zahlreichen Landkirchen, die zum Teil auf romanische und gotische Anlagen zurückgehen. Als beliebte überregionale Erholungsgebiete sind vor allem die herrlichen Seen zu nennen: Ammersee, Pilsensee, Wörthsee, aber auch der angrenzende Starnberger See. Nahe der Ortschaft Unteraltig wurde ein Gräberfeld aus der Bronze- und Eisenzeit gefunden, Zeichen eines alten Siedlungsgebietes.

Regierungsbezirk: Mittelfranken. Einwohner: 93715. Fläche: 307,85 km². Einwohner je km²: 304. Kfz-Kennzeichen: FÜ. Kreisverwaltung: Stresemannplatz 11, 8510 Fürth. Verwaltungsgliederung: 14 Einheitsgemeinden (Ammerndorf, Cadolzburg, Großhabersdorf, Langenzenn, Oberasbach, Obermichelbach, Puschendorf, Roßtal, Seukendorf, Stein, Tuchenbach, Veitsbronn, Wilhermsdorf, Zirndorf).

## Wappenbeschreibung

Über einer gekürzten roten Spitze, darin eine wachsende goldene Ähre, dieser aufgelegt ein wachsendes silbernes Zahnrad, gespalten; vorne in Silber ein halber, golden bewehrter roter Adler am Spalt mit goldenem Kleestengel auf dem Flügel, hinten fünfmal schräggeteilt von Rot und Silber.

## Historische Entwicklung

Wesentliche Impulse erhielt der Landesausbau des heutigen Kreises, der eine Art Drei-Bistümer-Eck Bambergs, Würzburgs und Eichstätts bildet, unter den Stauferkönigen. Besonders Konrad III. und Friedrich I. Barbarossa bemühten sich im 12. Jh., ein eigenes königliches Territorium mit der Stadt Nürnberg als Organisationspunkt aufzubauen. Dies gelang jedoch erst den zollernschen Burggrafen von Nürnberg, die in der 2. Hälfte des 13. Jahrhunderts zielstrebig darangingen, ein eigenes Territorium zu schaffen, nachdem für sie in der Reichsstadt Nürnberg als kaiserliche Beamte kein Platz mehr war. Diese staatliche Ordnung prägte den Raum in den folgenden Jahrhunderten, auch als die Hohenzollern 1417 mit der Mark Brandenburg belehnt wurden. 1791 verkaufte der letzte Markgraf sein Land an das Königreich Preußen, das seine süddeutschen Gebiete 1805 auf Druck Napoleons im Schönbrunner Vertrag an Bayern abtreten mußte. 1862 entstand das Königliche Bezirksamt Fürth als zentrale Verwaltungsstelle für einen Großteil des heutigen Landkreises. Es wurde 1918 in „Bezirksamt Fürth" umbenannt und hat das Landratsamt Fürth als Rechtsnachfolger in der Verwaltung. Mit der Landkreisreform von 1972 erhielt der Landkreis Fürth schließlich seine jetzige Gestalt. Der Landkreis nahm das erstmals 1965 genehmigte Wappen erneut am 20. November 1972 an. Ähre und Zahnrad symbolisieren Landwirtschaft und Industrie. An die ehemalige Herrschaft der Markgrafen von Brandenburg-Ansbach, die Verbindungen zur Reichsstadt Nürnberg und die landesherrlichen Rechte des Hochstifts Bamberg im nördlichen Kreisgebiet erinnern der halbe Adler, die Schrägteilung aus dem Nürnberger Stadtwappen sowie die Farben Silber und Rot im Schildfuß.

## Struktur des Kreises – Sehenswürdigkeiten

Der Besucher des Landkreises kann auf den Spuren der Hohenzollern wandeln, wenn er deren einst wichtigen Residenzort Cadolzburg mit der aus dem 13. Jh. stammenden Burg besichtigt, oder er kann im Heimatmuseum des ehemaligen Königshofes Langenzenn eine sehr interessante Münzsammlung entdecken.
Die Stadt Stein bietet ihm, neben dem Schloß des Grafen von Faber-Castell, ein Freilandaquarium und ein Terrarium sowie ein überregional bekanntes Freizeitzentrum mit Hallenbad, Wellenbad, Saunen und Solarien. Auch der größte Ort im Landkreis, die Stadt Zirndorf, befindet sich auf historischem Boden. Hier lockt den Naturfreund besonders das Waldgebiet um die Alte Veste, die durch den Dreißigjährigen Krieg (Wallensteins Lager) ihre Berühmtheit erlangt hat.
Überhaupt wird die Naherholung in allen Gemeinden des reizvollen Rangaus groß geschrieben. Der Kenner schätzt die gut ausgebauten Flur- und Radwanderwege, die Hallen- und Freibäder ebenso wie die ausgezeichnete fränkische Spezialitätenküche, die allenorts angeboten wird. Der Kulturfreund findet zahlreiche Kirchenbauten mit Ausstattung aus der Dürerzeit in Veitsbronn, Puschendorf oder Seukendorf, eine 265 Jahre alte Barockkirche in Wilhermsdorf und kann in Großhabersdorf und Ammerndorf einige der schönsten fränkischen Fachwerkbauten bewundern.

Regierungsbezirk: Oberbayern. Einwohner: 82745. Fläche: 1012 km². Einwohner je km²: 82. Kfz-Kennzeichen: GAP. Kreisverwaltung: Olympiastraße 10, 8100 Garmisch-Partenkirchen. Verwaltungsgliederung: 22 kreisangehörige Gemeinden (Bad Kohlgrub, Bayersoien, Eschenlohe, Ettal, Farchant, Garmisch-Partenkirchen, Grainau, Großweil, Krün, Mittenwald, Murnau a. Staffelsee, Oberammergau, Oberau, Ohlstadt, Rieegsee, Saulgrub, Schwaigen, Seehausen a. Staffelsee, Spatzenhausen, Uffing a. Staffelsee, Unterammergau, Wallgau).

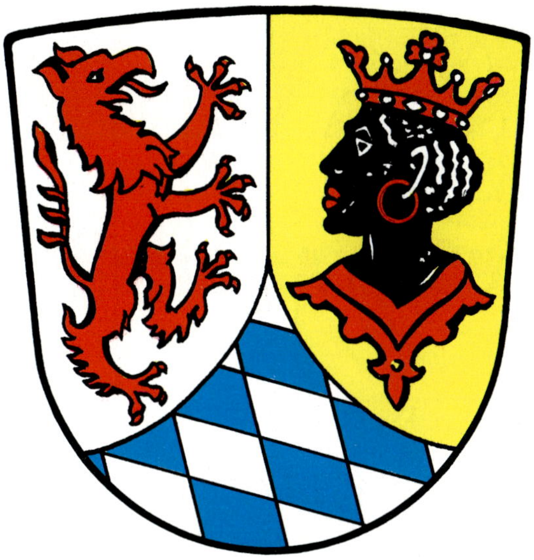

### Wappenbeschreibung

Über gekürzter und eingeschweifter Spitze, darin die bayerischen Rauten, gespalten von Silber und Gold; vorne ein linksgewendeter roter Greifenlöwe, hinten ein rot gekrönter Mohrenkopf mit rotem Ohrring.

### Historische Entwicklung

Durch Funde von Steinbeilen und Keramikbruchstükken läßt sich nachweisen, daß bereits in der Jungsteinzeit Menschen in Werdenfels siedelten. Germanische Reihengräber bei Garmisch-Partenkirchen werden auf die Zeit ab 550 bis 600 n. Chr. datiert. Im Mittelalter besaßen ursprünglich die Welfen die Gebietshoheit über das gesamte heutige Kreisgebiet. Daran erinnert im erneut am 20. November 1972 genehmigten Kreiswappen der Welfenlöwe, der hier in der Form des Greifenlöwen steht, wie ihn das Kloster Steingaden führte. 1249 erwarb das Hochstift Freising – im Kreiswappen durch den Mohrenkopf symbolisiert – den welfischen Besitz und 1294 die Grafschaft Mittenwald und Partenkirchen von dem Grafen von Eschenlohe. Aus beiden Erwerbungen bildete das Hochstift Freising die später gefürstete Grafschaft Werdenfels. Die bayerischen Rauten verweisen zum einen auf das vom Wittelsbacher Kaiser Ludwig IV. (1314/47) im Jahre 1330 gegründete Benediktinerkloster Ettal, zum anderen zeigen sie die stets enge Verbindung des Gebietes von Ettal und Werdenfels mit dem Herzogtum Bayern. Im Rahmen der Säkularisation des Jahres 1802 kam der Besitz des Hochstifts Freising und der umliegenden Klöster 1803 an das Kurfürstentum Bayern. Die Entstehung des Landkreises geht wie bei allen anderen bayerischen Kreisen auf die Bezirksordnung von 1862 zurück. Im Jahre 1972 erfuhr der Landkreis eine Gebietserweiterung im Norden.

### Struktur des Kreises – Sehenswürdigkeiten

Der an Naturschönheiten reiche Landkreis im Werdenfelser Land mit seinen Bergen, Seen und Mooren und den bedeutsamen kirchlichen und profanen Bauten ist eines der bedeutendsten Fremdenverkehrs- und Naherholungsgebiete Bayerns. Der Fremdenverkehr ist die wirtschaftliche Schlagader des Landkreises. Mehr als 1000 konzessionierte Betriebe des Beherbergungsgewerbes mit rund 17000 Betten und über 3000 Privatvermieter mit etwa 20000 Betten sowie rund 500 Gastwirtschaften stehen den Gästen zur Verfügung. 14 der 22 Gemeinden sind anerkannte Kur- und Erholungsorte. Für den Wintersport bietet der Landkreis beste Möglichkeiten, aber auch im Sommer und Herbst finden Wanderer und vor allem Bergwanderer hier ein reiches Angebot: die Zugspitze mit 2964 m Deutschlands höchster Berg, die Gebirgsketten des Wettersteins und des Karwendels, das Ammergebirge mit dem Kramer, die Oberammergauer Berge mit dem Ettaler Mandl oder der beliebte Aussichtsberg „Wank“ seien als Auswahl genannt. Unter den Sehenswürdigkeiten erfreut sich das von König Ludwig II. erbaute Rokoko-Schloß Linderhof (1874–78) besonderer Beliebtheit, nicht minder Kloster Ettal (14. Jh., im 18. Jh. umgestaltet) mit barockem Kuppelbau. Das Passionsspielhaus und die Holzschnitzer in Oberammergau, das Olympia-Skistadion in Garmisch-Partenkirchen, Geigenschule und Geigenbauer in Mittenwald, das Freilichtmuseum Glentleiten, das Werdenfels-Museum und die bemalten Häuser und Kirchen (Lüftlmalerei), das Stammgestüt Schwaiganger und nicht zuletzt von den Klammen die Höllental- und Partnachklamm sind Beispiele sehenswerter Vielfalt in diesem Landkreis mit über 50 Prozent der Gesamtfläche an Natur- und Landschaftschutzgebieten.

Regierungsbezirk: Schwaben. Einwohner: 108182. Fläche: 758,9 km². Einwohner je km²: 143. Kfz-Kennzeichen: GZ. Kreisverwaltung: An der Kapuzinermauer 1, 8870 Günzburg. Verwaltungsgliederung: 34 Gemeinden (Aichen, Aletshausen, Balzhausen, Bibertal, Breitenthal, Bubesheim, Burgau, Burtenbach, Deisenhausen, Dürrlauingen, Ebershausen, Ellzee, Günzburg, Gundremmingen, Haldenwang, Ichenhausen, Jettingen-Scheppach, Kammeltal, Kötz, Krumbach, Landensberg, Leipheim, Münsterhausen, Neuburg, Offingen, Rettenbach, Röfingen, Thannhausen, Ursberg, Waldstetten, Waltenhausen, Wiesenbach, Winterbach, Ziemetshausen).

### Wappenbeschreibung

Gespalten: vorne in Rot ein halber silberner Adler am Spalt; hinten fünfmal schräglinks geteilt von Silber und Rot, überdeckt von einem goldenen Pfahl.

### Historische Entwicklung

Die Grundlagen für die Erschließung dieses Raumes legten die Römer, die Siedlungsschwerpunkte setzten und den Verkehrsweg von Augusta Vindelicorum (Augsburg) nach Gontia (Günzburg) knüpften. Unter den Alemannen und der nachfolgenden Oberhoheit der Franken vollzog sich der Ausbau der Herrschafts- und Besitzverhältnisse im Günzburger Raum. Die staufischen Herzöge hatten versucht, ihren Hausbesitz im Schwäbischen auszubauen; das Ende ihrer Dynastie bedeutete zugleich für die hier ansässigen Adeligen einen großen Zugewinn an Macht. 1301 gelangte die Markgrafschaft Burgau durch Kauf an die Habsburger, die mit Graf Rudolf schließlich 1273/91 erstmals einen deutschen Kaiser stellen sollten. In einem Jahrhunderte währenden Prozeß gelang es ihnen, ihre Vormacht in Schwaben auszubauen, wobei Günzburg eine bedeutende Rolle als Hauptort zukam. Das zeitweilig auch im Wappen des Königreiches Bayern erscheinende Abzeichen der Markgrafschaft Burgau (seit 1802/05 war das gesamte Gebiet des heutigen Landkreises bayerisch), die mit einem Pfahl belegte Schräglinksteilung, wurde deshalb 1962 in das Wappen des Altlandkreises Günzburg gesetzt. Für die vielen anderen kleinen Territorien griff der Entwerfer des Wappens des Altlandkreises Krumbach (Schwaben) im selben Jahre auf den halben Adler des Geschlechtes derer von Schwabeck-Ursberg zurück. 1972 gingen die Altlandkreise Günzburg und Krumbach (Schwaben) und die kreisfreie Stadt Günzburg im Großlandkreis auf, dessen neugezeichnetes Wappen am 19. April 1973 genehmigt wurde.

### Struktur des Kreises – Sehenswürdigkeiten

Fünf Flüsse streben durch die hügelige, mit Wiesenfeldern und Wäldern bedeckte Landschaft nach Norden zur Donau, die eben noch den Landkreis durchfließt, nahe Leipheim, jener historischen Stadtanlage, an Günzburg in nordöstlicher Richtung vorbei. Diese Große Kreisstadt hat ihren Reiz bewahrt. Über dem stattlichen Marktplatz erhebt sich der Stadtturm, aber die Stadt überragt jenes Schloß, das daran erinnert, daß Günzburg einst Residenzstadt war. Die Liebfrauenkirche von Dominikus Zimmermann ist ein weiterer Akzent. Auch in Burgau ist ein Schloß unübersehbar, aber 1307 war dieser Ort bereits Stadt mit alemannischer Bevölkerung, die sich gut mit allen Zuwanderern zu mischen verstand, bis hin zur Heimatvertreibung 1945.
Im Günztal liegt Ichenhausen, 1032 bereits urkundlich erwähnt, von 1301 bis 1805 österreichisch. Im Unteren Schloß ist das Bayerische Schulmuseum untergebracht. Das Roßkammhaus zeichnet sich durch ein seltenes Eichenfachwerk aus. Wenige Kilometer sind es nach Wettenhausen mit seinem ehemaligen Chorherrenstift und der kunsthistorisch interessanten Kirche. Das „Herz Mittelschwabens“ nennt man Krumbach mit dem historischen Ortskern, in dem die St.-Michaels-Kirche und das Fachwerk-Rathaus aus dem Jahre 1679 hervorstechen. Fährt man östlich nach Ursberg (ehem. Prämonstratenser-Reichsabtei mit barocker Klosterkirche und herrlicher Kreuzigungsgruppe, dort heute das großartige Dominikus-Ringeisenwerk für Behinderte), so kommt man am Kneipp- und Mineralheilbad Krumbad vorbei.
Im Norden des Landkreises liegt der Ort Gundremmingen, der 1962 zu einem europäischen Begriff wurde, als mit dem Bau des damals größten Atomkraftwerkes begonnen wurde. Der „Schwäbische Barockwinkel“ hat viel aus Vergangenheit und Gegenwart zu bieten.

Regierungsbezirk: Unterfranken. Einwohner: 77855. Fläche: 956 km². Einwohner je km²: 82. Kfz-Kennzeichen: HAS. Kreisverwaltung: Hauptstraße 5, 8728 Haßfurt. Verwaltungsgliederung: 25 kreisangehörige Gemeinden (Aidhausen, Breitbrunn, Bundorf, Burgpreppach, Ebelsbach, Ebern, Eltmann, Gädheim, Haßfurt, Hofheim i. Ufr., Kirchlauter, Knetzgau, Königsberg i. Bay., Maroldsweisach, Oberaurach, Pfarrweisach, Rauhenebrach, Rentweinsdorf, Riedbach, Sand a. M., Stettfeld, Theres, Untermerzbach, Wonfurt, Zeil a. M.).

### Wappenbeschreibung

Über von Schwarz und Gold geteiltem, mit einem schrägen und gebogenen grünen Rautenkranz belegtem Schildfuß gespalten von Rot und Gold; vorne drei silberne Spitzen, hinten ein mit einer silbernen Schrägleiste überdeckter, rot bewehrter schwarzer Löwe.

### Historische Entwicklung

Die ältesten Spuren menschlichen Lebens in den Tälern des Maines und der Nassach stammen aus der letzten Zwischeneiszeit. Für eine Besiedelung in der Steinzeit sprechen Funde aus dem Mainkies bei Haßfurt, Zeil und Limbach. Eine Reihe alter Handelsstraßen, die die Königshöfe Karls des Großen verbanden, durchzog das Kreisgebiet. Etwa um 750 tauchte erstmals der Name „Haßgau“ auf; im Jahre 814 erhielt das Kloster Fulda Schenkungen aus dem „Pago Hasegewe“. Starken Einfluß auf die Entwicklung hatte die Lage im Grenzbereich zwischen den Hochstiften Würzburg und Bamberg. Das nicht immer friedliche Nebeneinander konnten die zahlreich vertretenen Rittergeschlechter für ihre Interessen nutzen. Diese Geschichte spiegelt sich im Kreiswappen vom 1. August 1974 wider. So fanden für das Hochstift Würzburg der „fränkische Rechen“, für das Hochstift Bamberg der Bamberger Löwe und für das ehemalige sächsische Amt Königsberg der sächsische Rautenkranz Eingang in das Wappen. Seit dem Jahre 1803 gehörte ganz Unterfranken, abgesehen von einem kurzen Zwischenspiel (1806/14) des Herzogtums Toskana, zum Königreich Bayern. Mit Wirkung vom 1. 7. 1862 wurden die Bezirksämter Haßfurt und Ebern gebildet. Das Bezirksamt Hofheim erlangte seine Selbständigkeit im Jahre 1900. Der heutige Landkreis Haßberge ist durch die Gebietsreform im Jahre 1972 aus dem ehemaligen Landkreis Haßfurt sowie den größten Teilen der Kreise Hofheim und Ebern hervorgegangen.

### Struktur des Kreises – Sehenswürdigkeiten

Der Main durchbricht im Osten des Kreises in engem Tal die Höhenzüge der Haßberge und des Steigerwaldes und erreicht zwischen den Wallfahrtskirchen Maria Limbach (letztes Sakralwerk B. Neumanns) und dem Zeiler Käppele das Haßfurter Becken und damit die offene Gäulandschaft. Der nördlich des Maines gelegene Naturpark Haßberge ist geprägt von bewaldeten Hochflächen und tief eingeschnittenen, ausgefächerten Wiesentälern. Der aus dem flachwelligen Hofheimer Becken steil aufsteigende Hauptkamm erreicht auf der Nassacher Höhe (501 m) seine höchste Erhebung. Südlich der flachen Mainau erhebt sich unvermittelt die bis zu 250 m hohe Bergmauer der nördlichen Steigerwaldausläufer. Gekrönt wird diese Bergmauer vom Großen Knetzberg (488 m), Ebersberg (445 m) und Hermannsberg (383 m). Wenn der Landkreis Haßberge auch keine herausragende touristische Einzelsensation zu bieten hat, so ist er dafür jedoch mit großartigen Schätzen der Natur und der Kultur reich gesegnet. Die malerischen Städte der Fachwerkromantik wie Zeil a. M., Königsberg i. Bay., Ebern und Landgemeinden vermitteln so manches kulturgeschichtliche Stimmungsbild. Alte Kirchen, stolzen Bürgersinn verratende Rathäuser, fachwerk- und sandsteinleuchtende Bürgerhäuser, wuchtig-trutzige Türme, Stadttore und viele Schlösser und Burgen findet man im Kreis. Dem Naturfreund eröffnet sich eine Vielfalt von selten vorkommenden Tier- und Pflanzenarten.

Regierungsbezirk: Oberfranken. Einwohner: 107000. Fläche: 893 $km^2$. Einwohner je $km^2$: 120. Kfz-Kennzeichen: HO. Kreisverwaltung: Schaumbergstraße 14, 8670 Hof. Verwaltungsgliederung: 27 kreisangehörige Gemeinden (Bad Steben, Berg, Döhlau, Geroldsgrün, Helmbrechts, Köditz, Konradsreuth, Münchberg, Naila, Oberkotzau, Regnitzlosau, Rehau, Schwarzenbach an der Saale, Schwarzenbach am Wald, Selbitz, Sparneck, Stammbach, Töpen, Trogen, Weißdorf, Zell) und 4 Verwaltungsgemeinschaften (VG Feilitzsch mit Feilitzsch, Gattendorf, Töpen, Trogen; VG Lichtenberg mit Lichtenberg und Issigau; VG Schauenstein mit Schauenstein und Leupoldsgrün; VG Sparneck mit Sparneck und Weißdorf).

### Wappenbeschreibung

Gespalten: vorne in Schwarz ein linksgewendeter, rot gekrönter und rot bewehrter goldener Löwe; hinten in Gold mit von Rot und Silber gestücktem Bord ein rot bewehrter schwarzer Löwe.

### Historische Entwicklung

Das Durchgangsland an Saale und Regnitz gelangte vor dem Jahre 1000 als Grenzmark unter fränkische Oberhoheit. Im Jahre 1209 übernahmen die Grafen von Dießen-Andechs das Hofer Gebiet als Reichslehen. Nach dem Aussterben der Andechser 1248 wuchsen die Burggrafen von Nürnberg in die Rolle des regionalen Machthabers hinein. An sie erinnert der Löwe innerhalb des gestückten Schildbordes. Obwohl die Burggrafen im Jahre 1373 den Vögten von Weida und Gera Rechtstitel abkauften, standen sie doch im fortwährenden Gegensatz zu diesen. Die Vögte waren wittelsbachische Vasallen und führten aus diesem Grunde den pfälzisch-bayerischen Löwen.

Neben den erwähnten Herrschaften gab es im Hofer Gebiet noch kleinere Rittergüter und kirchliche Besitzungen. Dominierend blieben aber bis in die Moderne die Burg- und Markgrafen aus dem Hause Hohenzollern, denen 1791 die preußischen Könige und 1810 der bayerische Landesherr nachfolgten. Als 1972 die Landkreise Hof, Münchberg, Naila und Rehau aufgelöst und zum Großlandkreis Hof zusammengefügt wurden, behielt dieser das dem alten Landkreis Hof am 19. Februar 1963 bewilligte Wappen bei (Neugenehmigung vom 22. Februar 1977), da die Wappenbilder auch die Geschichte aller drei aufgelösten Kreise widerspiegeln.

### Struktur des Kreises – Sehenswürdigkeiten

Im Landkreis lassen sich vier Naturräume unterscheiden: die Nordkette des Fichtelgebirges mit Waldstein- und Kornbergzug, die Münchberger Gneishochfläche, der südöstliche und östliche Teil des Frankenwaldes mit dem Selbitztal und das von der Sächsischen Saale durchflossene Hofer Vogtland als Übergang zu Elster- und Erzgebirge. Die Mannigfaltigkeit der Geologie trifft man kaum sonst in deutschen Landen so deutlich wie hier. Im 1116 $km^2$ großen Naturpark Frankenwald ist das idyllische Langenautal bei Geroldsgrün ein besonderes Kleinod. Der Landkreis ist reich an Tälern mit Wiesen und Wäldern, Kirchen, Burgruinen und kleinen Schlössern, ein Wanderparadies und beliebtes Feriengebiet. Und doch zählt der Landkreis Hof auch zu den am meisten industrialisierten Landkreisen Bayerns. Hier gehören über 70 % der Betriebe zum verbrauchsgüterproduzierenden Gewerbe (Schwerpunkt: Textilverarbeitung). Die innerdeutsche Grenze hat menschliche und geschäftliche Kontakte unterbunden, aber dennoch ist die Wirtschaftskraft ungebrochen.

Bad Steben, eines der fünf bayerischen Staatsbäder, mit seinen modernen Sanatorien und Kureinrichtungen ist ein aufstrebender Badeort zur Vorbeugung und Rehabilitation bei Herz- und Kreislauf-, Rheuma- und Gelenkerkrankungen sowie Frauenkrankheiten. Es gibt im Landkreis zahlreiche schöne Ferien- und Urlaubsorte. Die in den letzten Jahren ständig angewachsenen Übernachtungszahlen sprechen für sich. Auf die stille herbe Schönheit von Frankenwald und Fichtelgebirge, eine breite Palette landschaftlicher und kulturhistorischer Sehenswürdigkeiten sowie ein reizvolles Angebot für Sport, Freizeit und Erholung ist man im Hofer Land auch ein bißchen stolz.

# Landkreis Kelheim

Regierungsbezirk: Niederbayern. Einwohner: 86668. Fläche: 1067,15 km². Einwohner je km²: 81. Kfz-Kennzeichen: KEH. Kreisverwaltung: Schloßweg 3, 8420 Kelheim. Verwaltungsgliederung: 24 kreisangehörige Gemeinden: Abensberg, Aiglsbach, Attenhofen, Bad Abbach, Biburg, Essing, Hausen, Herrngiersdorf, Ihrlerstein, Kelheim, Kirchdorf, Langquaid, Mainburg, Neustadt a. d. Donau, Painten, Elsendorf, Riedenburg, Rohr in NB, Saal a. d. Donau, Siegenburg, Teugn, Train, Volkenschwand, Wildenberg.

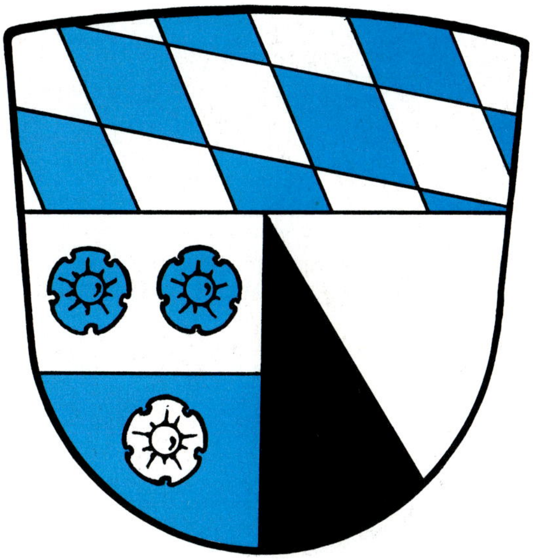

## Wappenbeschreibung

Unter Schildhaupt mit den bayerischen Rauten gespalten: vorne geteilt von Silber und Blau mit drei (2:1 gestellten) Rosen in verwechselten Farben; hinten schräggeteilt von Silber und Schwarz.

## Historische Entwicklung

Aus dem Zeitraum zwischen etwa 2000 und 1000 vor Christus ist im Landkreis Kelheim eine Vielzahl keltischer Viereckschanzen bekannt. Als wichtigste Keltensiedlung ist dabei die Stadt „Alkimoenis" mit ihrer 10 km langen Stadtmauer überliefert, die zwischen dem Altmühltal im Norden und dem Donaudurchbruch im Süden liegt. Einige Jahrzehnte nach Christi Geburt setzten sich die Römer entlang der Donau fest (Kastell „Abusina" bei Kelheim). Im Jahre 620 gründete der heilige Enstasius das Kloster Weltenburg a. d. Donau, das älteste Kloster auf bayerischem Boden. 1180 bestimmte der Wittelsbacher Herzog Otto I. Kelheim zur Residenzstadt des Herzogtums, das sein Sohn Ludwig der Kelheimer mit der Gründung von wichtigen Städten zielstrebig ausbaute. 1231 wurde das eben aufblühende Kelheim von einem schweren Schicksalsschlag getroffen, als der Herzog auf der Donaubrücke zu Kelheim einem Mordanschlag zum Opfer fiel und als neue Residenz die Burg Trausnitz über Landshut gewählt wurde. Aus dieser Zeit ist der bedeutende bayerische Geschichtsschreiber Johann Thurmair aus Abensberg bekannt (1477–1534), der sich „Aventinus" nannte. Der heutige Landkreis, der in der Gebietsreform von 1972 vergrößert wurde, führt das Wappen von 1960 weiter (Neuverleihung: 31. Oktober 1975). Die bayerischen Rauten erinnern an den wittelsbachischen Hausbesitz in den Gebieten um Donau, Altmühl und Laaber. Den alten Adel vertritt das silbern-schwarze Wappen der Reichsfreien von Abensberg. Die Rosen stellen die Verbindung zu den alten Benediktinerklöstern Rohr und Weltenburg her, deren Vögte dieses Motiv führten; sie waren auch das Bild der Burggrafen von Riedenburg mit dem Sitz auf der Rosenburg.

## Struktur des Kreises – Sehenswürdigkeiten

Mit dem Altmühltal hat der Landkreis Anteil am größten Naturpark Deutschlands („Naturpark Altmühltal"). Die Römer bauten ihren gewaltigen Limes von der Donau im Gebiet des heutigen Landkreises bis hinüber zum Rhein.

Zentren des Fremdenverkehrs sind die Schwefelheilbäder Bad Abbach und Bad Gögging. Im Landkreis sind eine Vielzahl von Wallfahrtskirchen, interessanten Burgen, Schlössern oder Landschafts- und Naturschutzgebieten zu finden, z.B. die Befreiungshalle (erbaut 1842–1863) und der Donaudurchbruch bei Kelheim, die Klosterkirche Rohr mit der von E.Q. Asam geschaffenen Himmelfahrt Mariens, als bedeutendstes Werk der Hirsauer Schule in Niederbayern die ehemalige romanische Klosterkirche in Biburg, Tropfsteinhöhle Schulerloch, Klausenhöhle in Essing, Schleiferturm (1480, heute Kriegerdenkmal), Michaelskirche (12. Jh.), Franziskanerkirche (Klosterkirche), Herzogsschloß, Römerkastell „Castra Abusina" in Eining, Altes Wasserschloß (15. Jh.) in Train, außerdem Museen in Abensberg, Bad Gögging, Kelheim (Archäologie), Mainburg, Neustadt a. d. Donau und Riedenburg, wo sich auch der Bayerische Landes-Jagdfalken-Hof befindet.

Regierungsbezirk: Unterfranken. Einwohner: 79827. Fläche: 684 km². Einwohner je km²: 117. Kfz-Kennzeichen: KT. Kreisverwaltung: Kaiserstraße 4 u. 8, 8710 Kitzingen. Verwaltungsgliederung: 31 kreisangehörige Gemeinden (Abtswind, Albertshofen, Biebelried, Buchbrunn, Castell, Dettelbach, Geiselwind, Großlangheim, Iphofen, Kitzingen, Kleinlangheim, Mainbernheim, Mainstockheim, Marktbreit, Markt Einersheim, Marktsteft, Martinsheim, Nordheim a. Main, Obernbreit, Prichsenstadt, Rödelsee, Rüdenhausen, Schwarzach a. Main, Segnitz, Seinsheim, Sommerach, Sulzfeld a. Main, Volkach, Wiesenbronn, Wiesentheid und Willanzheim).

### Wappenbeschreibung

In Blau unter einer goldenen Weintraube mit Stiel und Blatt eine silberne Steinbrücke mit zwei Bögen; unter dem vorderen Bogen ein rotes Schildchen, darin drei silberne Spitzen, unter dem hinteren Bogen ein von Rot und Silber geviertes Schildchen.

### Historische Entwicklung

Der im Zuge der bayerischen Kreisreform von 1972 gebildete Landkreis Kitzingen enstand im wesentlichen aus den ehemaligen Kreisen Kitzingen und Gerolzhofen sowie der kreisfreien Stadt Kitzingen. Im jetzigen Kreisgebiet herrschte im Westen das Hochstift Würzburg, das zeitweise die Stadt Kitzingen an die östlich benachbarten Markgrafen von Ansbach verpfändete. Im Osten und Norden dominierten die Grafen von Castell und das Kloster Ebrach, im Süden die Herren von Seinsheim und Schwarzenberg. Das am 23. Oktober 1974 verliehene neue Kreisemblem erinnert an diese alten Herrschaften und wiederholt zugleich Teile der untergegangenen Kreiswappen. Die silbernen Spitzen in Rot des Hochstiftes Würzburg, die heute als das fränkische Sinnbild schlechthin gelten, kamen bereits in den Kreiswappen Kitzingens und Gerolzhofens vor. Das von Rot und Silber gevierte Schildchen weist auf die Bedeutung der Fürsten und Grafen von Castell hin, deren Schlösser Castell und Rüdenhausen im heutigen Kreisgebiet liegen. Die Brücke symbolisiert den Mainübergang und damit die Lage der eingegliederten, ehemals kreisfreien Stadt Kitzingen. Im Wappen dieser Stadt steht als alleiniges Zeichen die silberne Brücke in Blau. Das Rebstück schließlich versinnbildlicht die Wirtschaftsstruktur im Landkreis, die durch den Weinanbau geprägt wird.

### Struktur des Kreises – Sehenswürdigkeiten

Der fränkische Weinlandkreis Kitzingen (die Hälfte der fränkischen Rebfläche befindet sich im Kreisgebiet) liegt am Maindreieck im Südosten des bayerischen Regierungsbezirks Unterfranken. Im Westen wird seine Topographie durch das Maintal und im Osten durch den Westabfall des Steigerwaldes bestimmt. Die fränkische Geschichte und Kultur haben Menschen und Landschaft geprägt und viele bauhistorische Kleinodien wie alte Kirchen, prächtige Rathäuser, wuchtig-trutzige Türme, Stadttore und Schlösser hinterlassen. Die alte Weinhandelsstadt Kitzingen (mit dem Fastnachtsmuseum des Bundes Deutscher Karneval im historischen Falterturm) kann auf den ältesten Weinkeller (im Jahre 745 erbaut) verweisen. Sehenswert sind Marktbreit und Sulzfeld am Main (beide besitzen ein erhaltenes altertümliches Ortsbild, Sulzfeld am Main dazu eine Stadtmauer), das Rödelseer Tor in Iphofen und das Vorstadttor in Prichsenstadt, die Marktplätze in Geiselwind und Volkach, die Viersäulenmarter in Sommerach und die Graue Marter bei Gerlachshausen sowie das Portal der Wallfahrtskirche im durch Mauer, Türme und Tore befestigten Dettelbach.
Im Kreis Kitzingen stehen außerdem drei markante Kirchenbauten von Balthasar Neumann: die Benediktinerabtei Münsterschwarzach (1727–1743), die Kreuzkapelle im Kitzinger Gärtnerstadtteil Etwashausen und die Schloßkirche in Wiesentheid. Zu den sakralen Schmuckstücken zählen auch die Riemenschneider-Madonna in Volkach und der Flügelaltar Füttersee.

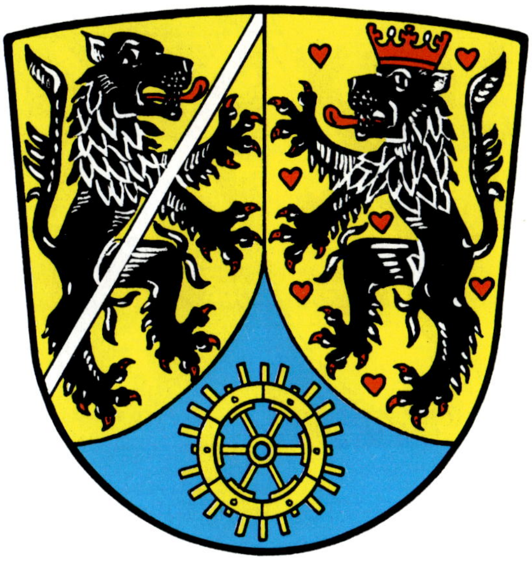

Regierungsbezirk: Oberfranken. Einwohner: 74151. Fläche: 652 km². Einwohner je km²: 114. Kfz-Kennzeichen: KC. Kreisverwaltung: Güterstraße 18, 8640 Kronach. Verwaltungsgliederung: 18 kreisangehörige Städte, Märkte und Gemeinden – 4 Städte (Kronach, Ludwigsstadt, Teuschnitz, Wallenfels), 7 Märkte (Küps, Marktrodach, Mitwitz, Nordhalben, Pressing, Steinwiesen, Tettau), 7 Gemeinden (Reichenbach, Schneckenlohe, Steinbach am Wald, Stockheim, Tschirn, Weißenbrunn, Wilhelmsthal). Verwaltungsgemeinschaften bilden: Teuschnitz mit Teuschnitz, Reichenbach, Tschirn und Mitwitz mit Mitwitz, Schneckenlohe.

### Wappenbeschreibung

Gespalten durch eine gekürzte, eingeschweifte blaue Spitze, darin ein goldenes Wasserrad; vorne in Gold ein linksgewendeter, mit einer silbernen Schräglinksleiste überdeckter, rot bewehrter schwarzer Löwe; hinten in mit roten Herzen bestreutem goldenen Feld ein rot gekrönter und rot bewehrter schwarzer Löwe.

### Historische Entwicklung

Von großer Bedeutung für Kronachs Entwicklung war die Schutzfunktion der als Eckpfeiler des Bamberger Stiftlandes geltenden Burg Rosenberg, die sich im 15. Jh. zur starken Festung entwickelte. Aber auch die Lage an der wichtigen Straße nach Lauenstein und Sachsen förderte das Heranwachsen zu einem wohlhabenden Gemeinwesen. Bis zum Beginn des 19. Jh. war das Hochstift Bamberg der maßgebliche Landesherr im heutigen Kreisgebiet. Der Bamberger Löwe steht deshalb in der vorderen Hälfte des Kreiswappens, das erstmals 1957 und zuletzt am 5. Juni 1973 genehmigt wurde. Ihm gegenüber steht der Löwe der Grafen von Orlamünde, die bis zu ihrem Aussterben im 15. Jh. wesentliche Teile des nördlichen Kreisraumes um Lauenstein und Ludwigsstadt besaßen. Die Farbgebung der heraldischen Spitze erinnert an die Tingierung des Klosterwappens von Langheim. Das Wasserrad in alter Form kennzeichnet den Holz- und Wasserreichtum der Landschaft und die sich daraus ergebende wirtschaftliche Struktur des Landkreises.
Nachdem 1802 die Bamberger Besitzungen an Bayern gefallen waren, wurden auch hier Landgerichte eingerichtet. Die endgültige Aufhebung des Bezirksamtes Teuschnitz und die Angliederung seines Gebietes an das Bezirksamt Kronach im Jahre 1931 stellt die Geburtsstunde des seit 1939 als „Landkreis" bezeichneten Verwaltungssprengels dar. Die bayerische Kreisreform von 1972 tangierte den Kreis nur geringfügig. Im Kreisgebiet liegt die Befestigungsanlage „Heunischenburg", die aus der Urnenfelderzeit um 800 v. Chr. stammt und die älteste derartige Anlage in Europa nördlich der Alpen ist.

### Struktur des Kreises – Sehenswürdigkeiten

Der oberfränkische Kreis grenzt an die Landkreise Coburg, Lichtenfels, Kulmbach sowie Hof und an die DDR. Über weite Teile der Region erstreckt sich die Erholungslandschaft Frankenwald, ein flachkuppiges, dichtbewaldetes Rumpfgebirge mit vielen Tälern („Naturpark Frankenwald"). Auf wirtschaftlichem Sektor steht die Industrie (Holzverarbeitung, Porzellan, Glas) an erster Stelle. Am Zusammenfluß von Rodach, Kronach und Haßlach liegt die malerische Kreisstadt Kronach inmitten eines höhen- und waldreichen Bruchschollengebietes, das sich zwischen den Ausläufern der Fränkischen Alb, dem Frankenwald sowie dem Fichtelgebirge ausbreitet. Festung Rosenberg (hervorgegangen aus dem „Steinernen Haus", 1125), die ein ausgedehnter barocker Bastionsgürtel umgibt, katholische Pfarrkirche St. Johannes Baptist mit Annenkapelle (gotisch/spätgotisch), Wallfahrtskirche Glosberg, Hl.-Kreuz-Kapelle (17. Jh.) auf dem Kreuzberg, Pfarrkirche Friesen (Fresken), Geburtshaus von Lucas Cranach d. Ä. (1472–1553), Stadtturm, Stadtgraben, Rathaus (1583) und Melchior-Otto-Säule zählen zu den vielen Sehenswürdigkeiten Kronachs. Weitere herausragende Kulturdenkmäler befinden sich in Ludwigsstadt (Burg Lauenstein), in Mitwitz (Wasserschloß), in Schneckenlohe (Dorfbrunnen), in Steinbach am Wald (Wehrkirche), in Küps (Schlösser), in Marktrodach (altfränkisches Bauernhaus Zeyern) und in Weißenbrunn (Fischbrunnen).

Regierungsbezirk: Oberfranken. Einwohner: 73789. Fläche: 657 km². Einwohner je km²: 113. Kfz-Kennzeichen: KU. Kreisverwaltung: Jahnstraße 5, 8650 Kulmbach. Verwaltungsgliederung: 22 kreisangehörige Gemeinden mit 5 Verwaltungsgemeinschaften und einer Großen Kreisstadt. Selbständige Gemeinden (Himmelkron, Kulmbach [Gr. Kreisstadt], Mainleus, Marktschorgast, Neudrossenfeld, Neuenmarkt, Presseck, Thurnau, Wirsberg), Verwaltungsgemeinschaften (Kasendorf mit Kasendorf und Wonsees, Marktleugast mit Grafengehaig und Marktleugast, Stadtsteinach mit Rugendorf und Stadtsteinach, Trebgast mit Harsdorf, Ködnitz und Trebgast, Untersteinach mit Guttenberg, Kupferberg, Ludwigschorgast und Untersteinach).

**Wappenbeschreibung**

Durch eine gesenkte, eingeschweifte, von Schwarz und Silber gevierte Spitze gespalten von Gold und Blau: vorne ein linksgewendeter, mit einer silbernen Schräglinksleiste überdeckter, rot bewehrter schwarzer Löwe; hinten ein rot bewehrter silberner Adler.

**Historische Entwicklung**

Um das Jahr 1000 n. Chr. erstreckte sich die Herrschaft des Schweinfurter Grafenhauses entlang befestigter Stützpunkte vom mittleren Main bis zum Rande der Mittelgebirge. Als König Heinrich II. 1003 die Macht der Schweinfurter brach, begann eine neue Ära der Entwicklung. Die Erben der Schweinfurter Güter waren die bayerischen Grafen von Andechs, die späteren Herzöge von Meranien. Auf sie verweist der Adler im Kreiswappen, das am 28. August 1975 genehmigt wurde. Der Löwe symbolisiert die Bamberger Bischöfe als Rechtsnachfolger der Königsgüter und der umfangreichen königlichen Bannforstgebiete. Mit dem Aussterben der Meranier 1248 traten ihr Erbe, wiederum durch Heirat, die Grafen von Orlamünde an, die sich bereits im nördlichen Frankenwald festgesetzt hatten. 1338 übertrugen sie ihre Herrschaft durch Erbvertrag an die Zollerngrafen von Nürnberg. An sie erinnert im Kreissymbol die „Zollernvierung" im Schildfuß. Einen wichtigen Einschnitt in die weitere Entwicklung des Landes stellte die Reformation dar, die durch die engen Kontakte des Augustinerklosters in Kulmbach zu den sächsischen und thüringischen Bruderklöstern rasch Einzug im Kulmbacher Land hielt. Der Konraditag (26. November) 1554 brachte der Stadt Kulmbach die Zerstörung und damit den hochfliegenden Plänen des Markgrafen Albrecht Alcibiades das Ende. Die bereits im 15. Jh. bedeutsame Plassenburg wurde ab 1557 als Schloßresidenz ausgebaut. Bis 1806 war sie Landesfestung der Hohenzollern. Im Gefolge des Eisenbahnbaues von 1846 vollzog sich eine beträchtliche Industrialisierung der Region, insbesondere im Brau- und Textilgewerbe Kulmbachs.

Die bayerische Kreisreform von 1972 führte die Landkreise Kulmbach und Stadtsteinach sowie die 1890 erstmals kreisfreie Stadt Kulmbach zum heutigen Großlandkreis zusammen.

**Struktur des Kreises – Sehenswürdigkeiten**

Im Herzen Oberfrankens gelegen wird der Kreis Kulmbach landschaftlich vom Frankenwald, Fichtelgebirge, Obermaintal und von der Fränkischen Schweiz geprägt. Historische Sehenswürdigkeiten wie Burgen, Schlösser, Ruinen und sakrale Bauten sind Zeugen einer bewegten Vergangenheit. Hoch über der Kreisstadt Kulmbach thront die ehemalige Hohenzollernresidenz Plassenburg, die Graf Berthold II. von Andechs um 1135 auf einem Berg nahe dem Zusammenfluß von Rotem und Weißem Main erbauen ließ. Überwältigend ist der „Schöne Hof", der zu den reichsten Außendekorationen der deutschen Renaissance zählt. Er entstand beim Wiederaufbau der Burg nach einem Brand im 16. Jh. Sie beherbergt das Deutsche Zinnfigurenmuseum, ein Jagdmuseum sowie eine Gemäldegalerie. Unterhalb der Burg erstreckt sich die romantische Altstadt mit dem schmucken Rathaus (1752, Rokokofassade). Das ehemalige Zisterzienserkloster und die Klosterkirche mit spätgotischem Kreuzgang in Himmelkron, das Deutsche Dampflokomotiv-Museum in der Gemeinde Neuenmarkt, die am Fuße der ersten Eisenbahnteilstrecke Europas, der „Schiefen Ebene", liegt und Schloß Guttenberg gehören zu den vielen Sehenswürdigkeiten der Region.

Regierungsbezirk: Oberbayern. Einwohner: 81909. Fläche: 804 km². Einwohner je km²: 102. Kfz-Kennzeichen: LL. Kreisverwaltung: Von-Kühlmann-Straße 15, 8910 Landsberg a. Lech. Verwaltungsgliederung: 31 Einheitsgemeinden und Verwaltungsgemeinschaften (Denklingen, Dießen a. Ammersee, Geltendorf, Kaufering, Landsberg a. Lech, Penzing, Utting a. Ammersee, Weil; VG Fuchstal mit Fuchstal, Unterdießen, VG Igling mit Hurlach, Igling, Obermeitingen, VG Prittriching mit Egling a. d. Paar, Prittriching, Scheuring, VG Pürgen mit Hofstetten, Pürgen, Schwifting, VG Reichling mit Apfeldorf, Kinsau, Reichling, Rott, Thaining, Vilgertshofen, VG Schondorf a. Ammersee mit Eching a. Ammersee, Greifenberg, Schondorf a. Ammersee, VG Windach mit Eresing, Finning, Windach).

## Wappenbeschreibung

Unter Schildhaupt mit den bayerischen Rauten gespalten von Rot und Silber; vorne ein goldener Adler, hinten ein roter Löwe.

## Historische Entwicklung

Bereits für das dritte Jahrtausend vor Christi existieren Spuren einer Besiedlung, und eine Handelsstraße aus der Hallstattzeit kreuzte vermutlich bei Landsberg den Lech. Im ersten nachchristlichen Jahrhundert faßten die Römer hier Fuß, bis sie im 4. und 5. Jh. von Bajuwaren und Alemannen verdrängt wurden. Mit dem 12. Jh. ist die Landnahme abgeschlossen, nachdem die Ungarneinfälle mit dem ottonischen Sieg des Jahres 955 auf dem Lechfeld endgültig abgewehrt worden waren. Schließlich kristallisierten sich die Herrschaftsgebiete zweier Adelsgeschlechter heraus: im Süden und Osten die Grafen von Dießen-Andechs, im Norden und Westen die Welfen. Der Löwe des mächtigen Welfengeschlechtes, das im Zuge des Machtkampfes mit den Staufern im 12. Jh. auch seine Besitztümer am Lech verlor, steht im Kreiswappen, das am 9. Oktober 1953 erstmals genehmigt wurde. Der ursprünglich im blauen Feld stehende Adler war das Wappenbild der Grafen von Dießen-Andechs, welche Mitte des 13. Jh. von den Wittelsbachern abgelöst wurden. Da auch das welfische Hausgut an die neuen Herren von Bayern gefallen war, gehörten die Landsberger Landstriche von nun an fast geschlossen zum wittelsbachischen Bayern. Diese Jahrhunderte währenden Herrschaftsverhältnisse verdeutlicht das Rautenschildhaupt. Bis 1803 besaß das Hochstift Augsburg kleinere Güter im Landsberger Raum, der noch heute zu dessen Bistumssprengel gehört. Dies wird durch die Feldfarben Rot und Silber angezeigt. Da der Altlandkreis Landsberg lediglich vergrößert wurde, erhielt der gleichnamige Nachfolgekreis am 3. Oktober 1972 die Genehmigung zur Fortführung des Wappens.

## Struktur des Kreises – Sehenswürdigkeiten

Eingebettet in der abwechslungsreichen Voralpenlandschaft liegen liebliche Moränenhügel, Hochmoore, Waldweiher, Badeseen, ausgedehnte Wälder und hübsche Bauerndörfer. Das Straßenbild von Landsberg macht deutlich, wie sich in dieser malerischen Kreisstadt Schwäbisches und Altbayerisches verbinden. Am Steilufer des Lechs gelegen, überrascht sie mit vielen Türmen und Toren (das Bayertor ist das größte spätgotische Tor Süddeutschlands) und dem noch gut erhaltenen Mauerring. Die Stadtpfarrkirche Mariä Himmelfahrt mit ihren Glasfenstern des 15. und 16. Jh. und gotischer Madonna (1440) und die Johanniskirche (Dominikus Zimmermann) sind nicht minder bedeutend wie die Stiftskirche des ehemaligen Augustiner-Chorherrenstifts in Dießen am Ammersee.
Der an Kunststätten reiche Landkreis beherbergt nahe Eresing die Erzabtei St. Ottilien mit einer völkerkundlichen Sammlung. Die Wallfahrtskirche in Vilgertshofen sei erwähnt, aber auch der Hinweis nicht vergessen, daß Schondorf ein gern aufgesuchter Luftkurort ist und sich auch Utting durch den See und die waldreiche Umgebung als Erholungsort empfiehlt.

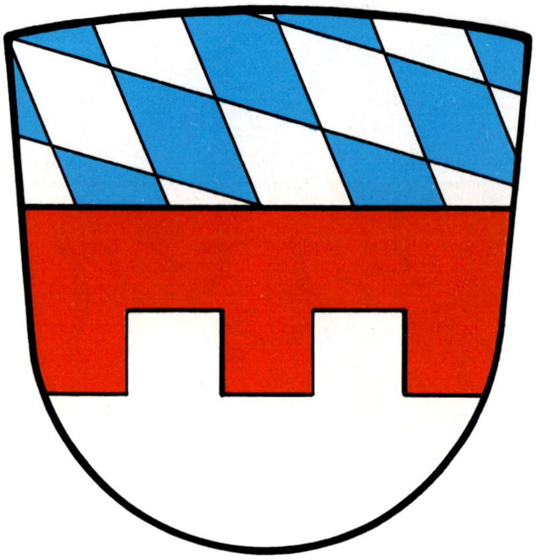

Regierungsbezirk: Niederbayern. Einwohner: 112958. Fläche: 1348,9 km², Einwohner je km²: 83. Kfz-Kennzeichen: LA. Kreisverwaltung: Veldener Straße 15. 8300 Landshut. Verwaltungsgliederung: 35 Gemeinden (Adlkofen, Aham, Altdorf, Altfraunhofen, Baierbach, Bayerbach b. Ergoldsbach, Bodenkirchen, Bruckberg, Buch am Erlbach, Eching, Ergolding, Ergoldsbach, Essenbach, Furth, Geisenhausen, Gerzen, Hohenthann, Kröning, Kumhausen, Neufahrn i. NB, Neufraunhofen, Niederaichbach, Obersüßbach, Pfeffenhausen, Postau, Rottenburg a. d. Laaber, Schalkham, Tiefenbach, Velden, Vilsbiburg, Vilsheim, Weihmichl, Weng, Wörth a. d. Isar, Wurmsham).

### Wappenbeschreibung

Unter Schildhaupt mit den bayerischen Rauten in Rot eine silberne Mauer mit zwei Zinnen.

### Historische Entwicklung

Bereits seit der Steinzeit bildeten sich entlang der Flüsse im heutigen Kreisgebiet Siedlungszentren wie Ergolding und Altdorf. Später waren der fränkische König, der bayerische Herzog, bedeutende Hochadelsfamilien, besonders aber die Kirche Träger der Herrschaft in diesem Raum. 1204 wurde die Stadt Landshut gegründet. In mehrfacher Hinsicht ist die Verwendung der bayerischen Rauten im Kreiswappen berechtigt, das zuerst 1960 und dann am 23. Mai 1973 genehmigt wurde. Die Rauten erinnern an die Wittelsbacher als Gründer von Burg und Stadt Landshut sowie an die frühere Landeshoheit der bayerischen Herzöge, von denen sich eine wichtige Nebenlinie bis zum Jahre 1503 nach Landshut benannte, im gesamten Umkreis der Stadt und damit im heutigen Kreisgebiet. Auch hatte die aus dem Haus der Grafen von Bogen stammende Ludmilla das Kloster Seligenthal gegründet, das einen umfangreichen Besitz im Kreisterritorium besaß. Das Rautenwappen war das Hauswappen der Bogener, von denen es die Wittelsbacher nach ihrem Aussterben 1242 übernahmen. Repräsentativ für die zahlreichen Adelsherrschaften steht das einfache Stammwappen der Grafen von Preysing. Das Geschlecht gehört zu den ältesten Adelsfamilien Bayerns, hat seinen Stammsitz im Landkreis und stellte unter anderem insbesondere für den Landesteil Bayern-Landshut höchste Beamte. Die bayerische Kreisreform von 1972 hob den Großlandkreis Landshut aus der Taufe.

### Struktur des Kreises – Sehenswürdigkeiten

Das landschaftlich reizvolle, ausgewogen bewaldete, vom Isartal durchzogene Landkreisgebiet zeigt sich reich an kulturellem Erbe. So finden sich verteilt auf dem Kreisgebiet 50 gotische Backsteinkirchen, geprägt von der Landshuter Bauschule. Zahlreiche Landschlösser, Burgen und Herrensitze zeugen von bewegter Vergangenheit, so zum Beispiel in Bruckberg, einer der ältesten Siedlungen Bayerns, in der bereits in der jüngeren Steinzeit Menschen lebten, und in Kronwinkl. Typische Merkmale der Stadtgründungen des 13. Jh. mit ihren langgestreckten, sich zum Markt hin öffnenden Hauptstraßen prägen das Bild der Stadt Vilsbiburg an der Vils, inmitten des niederbayerischen Hügellandes gelegen, und des Marktes Velden, der bereits 773 erwähnt wird, als ein Priester Sigo sein väterliches Erbgut in der Grenznachbarschaft von Velden der hl. Maria und der Bischofskirche von Freising vermachte. Im Heimatmuseum Vilsbiburg kann man auch viele eindrucksvolle Exponate der weit über die Landkreisgrenzen hinaus bekannten Töpferkunst der Kröninger Hafnerei bewundern. Den kleinen kunsthistorischen Ausflug ins Gebiet des Landkreises Landshut rundet die aus dem 18. Jh. stammende Leonhardi-Rokokokirche der Stadt Rottenburg a. d. Laaber ab.

Regierungsbezirk: Oberfranken. Einwohner: 65034. Fläche: 484 km². Einwohner je km²: 134. Kfz-Kennzeichen: LIF. Kreisverwaltung: Kronacher Straße 30, 8620 Lichtenfels. Verwaltungsgliederung: 11 kreisangehörige Gemeinden (Altenkunstadt, Burgkunstadt, Markt Ebensfeld, Hochstadt a. Main, Lichtenfels, Markt Marktgraitz, Markt Marktzeuln, Michelau i. Ofr., Redwitz a. d. Rodach, Staffelstein, Weismain). Die Gemeinde Hochstadt a. M. und der Markt Marktzeuln bilden die Veraltungsgemeinschaft Hochstadt-Marktzeuln. Die Gemeinde Redwitz a. d. Rodach und der Markt Marktgraitz bilden die Verwaltungsgemeinschaft Redwitz a. d. Rodach.

## Wappenbeschreibung

Gespalten von Blau und Gold: vorne über goldenem Reichsapfel eine goldene Kaiserkrone mit rotem Innenfutter; hinten ein mit einer silbernen Schrägleiste überdeckter, rot bewehrter schwarzer Löwe.

## Historische Entwicklung

Das ganze Gebiet gehörte einst zur Grafschaft des Radenzgaues, welcher seit 960 n. Chr. nachweisbar im Besitz der Schweinfurter Markgrafen war. Auch der sogenannte Banzgau im Westen des heutigen Landkreises war echtes Erbgut der Schweinfurter Markgrafen. Die Erben der Schweinfurter Markgrafen waren die Herzöge von Andechs-Meranien, die nun ihre Ansprüche geltend machten und auf diese Weise der Territorialerweiterung durch das Bamberger Bistum Einhalt geboten. Als das Geschlecht der Meranier um 1248 ausstarb, konnte das Hochstift Bamberg seinen Einflußbereich nach und nach ausdehnen, und zwar fast auf das Gebiet des gesamten heutigen Landkreises. Um 1802 wurde es aufgelöst und der Raum gelangte unter die Hoheit des Kurfürstentums Bayern. In der Folge entstanden die Landgerichte und späteren Landkreise Lichtenfels und Staffelstein. Der neue Landkreis Lichtenfels besteht seit 1972 aus dem ehemaligen Landkreis Lichtenfels und großen Teilen des früheren Landkreises Staffelstein. Deshalb wurden für das Landkreiswappen vom 15. Juli 1977 Motive aus den beiden früheren Kreiswappen miteinander verbunden. Als Hinweis auf das Hochstift Bamberg (Altlandkreis Lichtenfels) wurde der Löwe des Hochstiftes in das Wappen aufgenommen. Die kaiserlichen Insignien, Krone und Reichsapfel, führte das Domkapitel Bamberg (Altlandkreis Staffelstein). Die Feldfarben Gold und Blau erinnern an die Farben des Wappens der Grafen von Andechs-Meranien.

## Struktur des Kreises – Sehenswürdigkeiten

Die Naherholungsgebiete im Bereich Lichtenfels-Staffelstein und die Landschaftsschutzgebiete, vor allem im Bereich des Jura, mit gut ausgebauten Wanderwegen, Parkplätzen und Naturlehrpfaden werden gerne besucht. Wassersport und Angelmöglichkeiten bieten die Baggerseen und der Main. In Staffelstein, das viele malerische Fachwerkhäuser, vor allem ein schönes Rathaus (1687) schmückt, zieht ab 1986 das neue Thermalsolbad Erholungsuchende an und trägt zur Förderung des Fremdenverkehrs bei. Die weltberühmte Basilika Vierzehnheiligen von Balthasar Neumann, die Klosterkirche Banz von Dientzenhofer sowie die markanten Aussichtspunkte, wie der sagenumwogene Staffelberg, der Kordigast und das Hochplateau der Görauer Anger, sind beliebte Anziehungspunkte. Dazu kommen die sehenswerten Städte, Märkte und Dörfer sowie viele Schlösser, Burgen und Klöster, die in den letzten Jahren immer mehr Fremde angelockt haben. Der Landkreis Lichtenfels bemüht sich seit Jahren um ein gepflegtes Bild seiner Ortschaften. Dies geschieht vor allem im Rahmen des Wettbewerbs „Unser Dorf soll schöner werden". In den letzten Jahren sind allein fünf Bundessieger im Rahmen dieses Wettbewerbs aus dem Landkreis hervorgegangen: Isling (1969), Stadel (1973), Mannsgereuth (1973 und 1979), Püchitz (1975) und Kleukheim (1979). 1985 erhielt die Ortschaft Neudorf die Goldmedaille auf Landesebene.

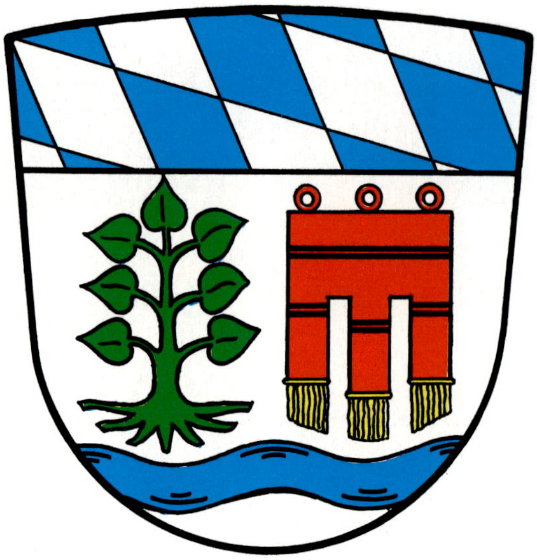

Regierungsbezirk: Schwaben. Einwohner: 69635. Fläche: 323,37 km². Einwohner je km²: 215. Kfz-Kennzeichen: LI. Kreisverwaltung: Stiftsplatz 4, 8990 Lindau (Bodensee). Verwaltungsgliederung: 19 Einheitsgemeinden (Bodolz, Gestratz, Grünenbach, Heimenkirch, Hergatz, Hergensweiler, Lindau, Lindenberg, Maierhöfen, Nonnenhorn, Oberreute, Opfenbach, Röthenbach, Scheidegg, Sigmarszell, Stiefenhofen, Wasserburg, Weiler-Simmerberg, Weißensberg).

## Wappenbeschreibung

Unter Schildhaupt mit den bayerischen Rauten in Silber über blauem Wellenbalken nebeneinander eine grüne Linde und eine dreilatzige rote Fahne mit goldenen Fransen und drei roten Ringen.

## Historische Entwicklung

Als zum Ausgang des Mittelalters viele Adelsfamilien ausstarben, verfielen ihre Sitze. Dies nutzte auch das zur Reichsstadt aufgestiegene Lindau zu Besitzvergrößerungen auf dem Lande aus. Der so erworbene Besitz wurde schließlich in Innere und Äußere Gerichte eingeteilt. Das am 14. April 1978 verliehene neue Kreiswappen verweist mit dem Lindenbaum auf die bis 1972 kreisfreie Stadt Lindau und spricht außerdem für den Kreisnamen. Dem Haus Montfort, das ebenfalls hier Herrschaftsrechte hatte, gelang es nicht, seine Macht wirklich auszubauen. Wichtig hingegen wurden die Schenkungen der Montforter an ihr Hauskloster Mehrerau, das so zu einigem Besitz im heutigen Kreisgebiet kam. Für den mit dem Geschlecht der Grafen von Montfort verbundenen nördlichen und östlichen Teil des Landkreises steht deren dreilatzige Fahne. Der Wellenbalken verweist auf die Lage des Kreises am Bodensee und diesen Zusatz im Amtsnamen. Seit 1805 war das Landkreisgebiet bayerisch und wurde in die Landgerichte Weiler und Lindau, später in das Bezirksamt bzw. Landratsamt Lindau eingeteilt. Darauf nehmen die bayerischen Rauten Bezug.

Nach dem Zweiten Weltkrieg wurde das Kreisgebiet aus dem Lande Bayern gelöst und der französischen Besatzungszone angeschlossen, um die Verbindung zum französisch besetzten Teil Österreichs zu gewährleisten. 1955 erfolgte die Rückgliederung an den Freistaat Bayern.

## Struktur des Kreises – Sehenswürdigkeiten

Das Bürgertum der alten Reichsstadt Lindau und die mehr ländliche Kunst des bäuerlichen Umlandes haben unterschiedliche, hervorragende Kunstwerke hervorgebracht. Als ältestes Bauwerk muß die Peterskirche in Lindau genannt werden. Ein romanischer Bau mit den Fresken des Hans Holbein d. Ä. (um 1470/80), den Passionszyklus darstellend. Die evang. Stephanskirche, die auf das Jahr 1180 zurückgeht, und die barocke kath. Stiftskirche, 1748 begonnen, haben ihren anerkannten Wert wie das Haus zum Cavazzen als wohl schönstes Bürgerhaus am „Schwäbischen Meer“, in dem die Städt. Kunstsammlungen untergebracht sind. In der Nähe des Hafens, der sein heutiges Gesicht 1856 erhielt, steht das Alte Rathaus (1422/36) mit der ehem. Reichsstädtischen kostbaren Bibliothek. Im Landkreis sind zu nennen: die Fresken in der Gestratzer katholischen Pfarrkirche (1435/37), die Kirche zu Genhofen mit ihren seltsamen Ornamenten, St. Peter und Paul in Lindenberg. Als eines der ganz wenigen Schlösser des Allgäus, die gut erhalten geblieben sind, verdient Schloß Syrgenstein Beachtung. Die St.-Anna-Kapelle zu Riedholz besitzt einen Flügelaltar, der um 1520 entstanden ist und einst im Schloß Laubenberg gestanden haben soll. Sehenswert sind aber auch ihre Holzfiguren aus der Zeit um 1440. Scheideggs Pfarrkirche St. Gallus geht möglicherweise auf Baupläne des Lindauer Baumeisters J. G. Specht und dessen Sohn zurück. Wasserburg und Nonnenhorn verdienen wegen ihres Ortsbildes und der Lage am See Beachtung. Weiler und Hergensweiler besitzen besonders gut eingerichtete Heimatmuseen.

Regierungsbezirk: Unterfranken. Einwohner: 120553. Fläche: 1321 km². Einwohner je km²: 91. Kfz-Kennzeichen: MSP. Kreisverwaltung: Marktplatz 8, 8782 Karlstadt. Verwaltungsgliederung: 40 kreisangehörige Gemeinden (Arnstein, Aura i. S., Birkenfeld, Bischbrunn, Burgsinn, Erlenbach, Esselbach, Eußenheim, Fellen, Frammersbach, Gemünden a. M., Gössenheim, Gräfendorf, Hafenlohr, Hasloch, Himmelstadt, Karbach, Karlstadt, Karsbach, Kreuzwertheim, Lohr a. M., Marktheidenfeld, Mittelsinn, Neuendorf, Neuhütten, Neustadt a. M., Obersinn, Partenstein, Rechtenbach, Retzstadt, Rieneck, Roden, Rothenfels, Schollbrunn, Steinfeld, Thüngen, Triefenstein, Urspringen, Wiesthal, Zellingen).

### Wappenbeschreibung

In Rot ein schmaler silberner Wellenpfahl; vorne über einem sechsspeichigen silbernen Rad ein goldenes Eichenblatt mit zwei goldenen Eicheln; hinten über drei silbernen Spitzen eine goldene Weintraube.

### Historische Entwicklung

Das Gebiet des heutigen Landkreises Main-Spessart teilte die Geschichte des unterfränkischen Raumes. Als wichtigste Kräfte erwiesen sich seit dem Mittelalter das Erzstift Mainz, das Hochstift Würzburg, die Grafen von Rieneck, Wertheim und Henneberg, die Herren von Thüngen und Trimberg. Auf das Mainzer Erzstift, das Hochstift Würzburg und die Grafen von Rieneck verweisen daher Elemente des Landkreiswappens vom 16. Dezember 1974: Mainzer Rad, „fränkischer Rechen“ und die Rienecker Farben Rot und Gold. Das Eichenblatt im Kreisemblem verweist auf den Spessart, die Weintraube auf das Maingebiet und der Wellenpfahl auf den Main selbst. Die territoriale Zersplitterung bestimmte seit der Reformation im wesentlichen auch die konfessionelle Bevölkerungsverteilung; allerdings gelang es den geistlichen Staaten Mainz und Würzburg, ihr Territorium noch einmal zu vergrößern. Eine Umwälzung der alten Verhältnisse erfolgte zu Beginn des 19. Jh. mit der Säkularisierung der geistlichen Staaten und der Mediatisierung der kleineren Territorien. Seit 1814/19 gehört das gesamte Gebiet des Landkreises zu Bayern, das mit entsprechenden Veränderungen und Regelungen das neugewonnene Gebiet dem bayerischen Gesamtstaat einverleibte. 1862 wurden die Bezirksämter, die späteren Landratsämter, in Gemünden, Karlstadt, Lohr und Marktheidenfeld errichtet, die bis zur Kreisreform von 1972 für das Gebiet des heutigen Landkreises und darüber hinaus zuständig waren.

### Struktur des Kreises – Sehenswürdigkeiten

Der Main prägt im Kreisgebiet eine 87 km lange Flußlandschaft mit urwüchsigen Nebentälern. Im Westen dominiert der Spessart als größtes zusammenhängendes Waldgebiet Bayerns. Der Landkreis Main-Spessart als der flächengrößte Landkreis Unterfrankens mit einem Waldanteil von über 50 % der Gesamtfläche hat Anteil an den beiden Großräumen des Spessarts und des fränkischen Gäulandes, wo die Landwirtschaft vorherrscht. Der Main gräbt sich tief in den Muschelkalk ein und trennt mit gewundenem Lauf die beiden Großräume. An den Hängen des klimatisch begünstigten Maintals und der nicht weniger günstigen Nebentäler wächst ein guter Tropfen Wein. Die Lage der Siedlungen und die beherrschenden Bauten dokumentieren die historische Entwicklung des Raumes: die Kirchen und Konventsgebäude der ehemaligen Klöster, die trutzigen Burgen und schloßartigen Adelssitze, die Mauern und Türmchen, Rathäuser und Kirchen der Dörfer, Märkte und Städte. Deutlich wird, daß dieser Landkreis keine alte Einheit ist, daß ein überragendes Zentrum fehlt. Mehr als wettgemacht wird dies durch eine überwältigende Vielfalt.

Regierungsbezirk: Oberbayern. Einwohner: 81214. Fläche: 863,89 km². Einwohner je km²: 94. Kfz-Kennzeichen: MB. Kreisverwaltung: Rosenheimer Straße 1–3, 8160 Miesbach. Verwaltungsgliederung: 17 Gemeinden (Bad Wiessee, Bayrischzell, Fischbachau, Gmund a. Tegernsee, Hausham, Markt Holzkirchen, Irschenberg, Kreuth, Stadt Miesbach, Otterfing, Rottach-Egern, Markt Schliersee, Stadt Tegernsee, Valley, Waakirchen, Warngau, Weyarn).

## Wappenbeschreibung

In Silber ein oberhalber, golden bewehrter und bezungter roter Adler über zwei schräggekreuzten roten Stäben, darunter über blauem Wellenschildfuß zwei grüne Seeblätter mit gekreuzten Stielen.

## Historische Entwicklung

Der Landkreis Miesbach überdauerte die Gebietsreform des Jahres 1972 fast unverändert; lediglich die Gemeinde Otterfing aus dem ehemaligen Kreis Wolfratshausen wurde eingegliedert. So ist es verständlich, daß der neue Landkreis die Weiterführung des am 15. September 1955 erstmals angenommenen Wappens beantragte (genehmigt am 7. Juni 1977).
Es versinnbildlicht die historische Entwicklung nahezu des gesamten Kreisgebietes. Denn im Mittelalter umfaßte die Reichsgrafschaft Hohenwaldeck die östliche Hälfte des Kreises Miesbach. Ursprünglich unter der Herrschaft der 1483 ausgestorbenen Herren und Reichsvasallen von Waldeck auf Hohenwaldeck, nachher im Besitz der Reichsfreiherren bzw. -grafen von Maxlrain, stellte das Gebiet eines der ganz wenigen reichsunmittelbaren Herrschaften im alten Kurfürstentum Bayern dar. Erst nach dem Aussterben der Maxlrainer 1734 kam das ganze Land zu Bayern. Die 746 gegründete, weltberühmte Benediktinerabtei Tegernsee gehörte nach einer kurzen Zeit der Reichsunmittelbarkeit im 13. Jh. zwar fortan der Landeshoheit nach zum Herzogtum Bayern, war aber hinsichtlich der Grund- und Gebietsherrschaft bis zu ihrer Aufhebung 1803 nahezu exemt (= landesherrlichem Einfluß entzogen und nur dem Kaiser untertan). Als Symbol für Hohenwaldeck kam nur das alte Stammwappen der Waldecker in Betracht: der halbe Adler mit den Stäben. Das älteste Stiftswappen von Tegernsee waren die mit den Stengeln gekreuzten Seeblätter über den Wellen.

## Struktur des Kreises – Sehenswürdigkeiten

Gleich neben der Autobahn-Ausfahrt Weyarn (Autobahn München-Salzburg) steht die Pfarrkirche Weyarn, die Johann Baptist Zimmermann mit Fresken und Stuck ausgeschmückt hat. Sie birgt eines der wertvollsten Kunstwerke des Landkreises: die Verkündigungsgruppe von Ignaz Günther. Eine der ältesten und besterhaltenen Klosterkirchen in Oberbayern ist das ehemalige St.-Martins-Münster in Fischbachau. Aber bis man dorthin fährt, laden viele Dorfkirchen oder der Tegernsee mit seinem Kloster, das über tausend Jahre Schrittmacher der Kultur im deutschen Sprachraum war, ein. Rottach-Egern, Bad Wiessee, St. Quirin oder Gmund sind bekannte und beliebte Orte an den Ufern des Sees, die bald zu stattlichen bewaldeten Berghöhen ansteigen. Als weiterer größerer See ist der Schliersee mit gleichnamigem Ort und Fischhausen-Neuhaus beliebtes Urlaubsziel. Nicht minder gilt dies für Bayrischzell, das wie der Spitzingsee eine Vielzahl reizvoller Wanderungen eröffnet. Unter den Bauerntheatern, für die man in Altbayern besondere Liebe entwickelte, ist das Schlierseer wohl das bekannteste. Auch die zahlreichen Musikkapellen, Stubenmusi, Drei- oder Viergesänge und der Tanz bezeugen die bayerische Freude am Feiern. Zu Musik und Tanz gehört im Oberland selbstverständlich die Tracht. Und davon gibt es im Landkreis einige ortsgebundene Variationen.
Kleine Pensionen und international renommierte Hotels warten auf den Gast, dem die Schönheit der Landschaft allein schon im Sommer wie im Winter viel zu bieten hat. Wie sagte es der Landrat? „Ein Gebiet, das der Schöpfer in einer Sonntagslaune gestaltet hat."

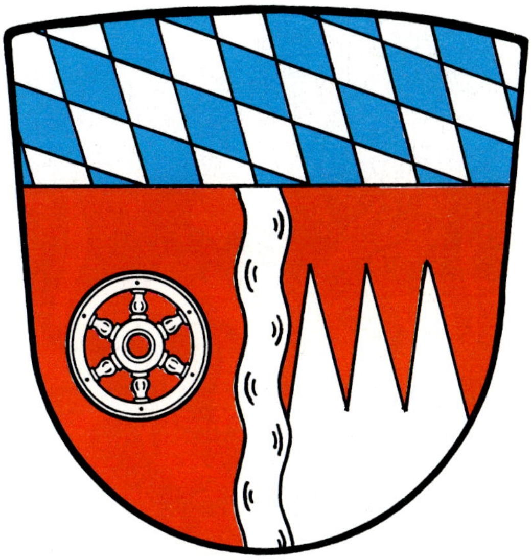

Regierungsbezirk: Unterfranken. Einwohner: 110613. Fläche: 715,81 km². Einwohner je km²: 155. Kfz-Kennzeichen: MIL. Kreisverwaltung: Brückenstraße 2, 8760 Miltenberg. Verwaltungsgliederung: 32 Einheitsgemeinden (Altenbuch, Amorbach, Bürgstadt, Collenberg, Dorfprozelten, Eichenbühl, Elsenfeld, Erlenbach a. Main, Eschau, Faulbach, Großheubach, Großwallstadt, Hausen, Kirchzell, Kleinheubach, Kleinwallstadt, Klingenberg a. Main, Laudenbach, Leidersbach, Miltenberg, Mömlingen, Mönchberg, Neunkirchen, Niedernberg, Obernburg a. Main, Röllbach, Rüdenau, Schneeberg, Stadtprozelten, Sulzbach a. Main, Weilbach, Wörth a. Main).

### Wappenbeschreibung

Unter Schildhaupt mit den bayerischen Rauten in Rot ein silberner Wellenpfahl; davor ein sechsspeichiges silbernes Rad, dahinter drei silberne Spitzen.

### Historische Entwicklung

Aus vor- und frühgeschichtlicher Zeit finden sich im Kreisgebiet Ringwälle, die Zeugnis von der Baukunst der damaligen Bewohner ablegen. Die römischen Besatzer sicherten ihre Eroberungen durch den mit Kastellen bewehrten Limes, bis die Grenzgebiete in der Mitte des 3. Jh. angesichts des Eindringens der Germanen militärisch nicht mehr zu halten waren. Aus der an schriftlichen Überlieferungen armen Epoche der Völkerwanderung ragt das Jahr 734 hervor, als das Reichskloster Amorbach gegründet wurde. Neben die geistige Ausstrahlungskraft dieser Abtei trat die politische des Erzbistums Mainz, im Kreiswappen durch das Rad symbolisiert. Mit dem Erstarken des Bürgertums in wirtschaftlicher, kultureller aber auch politischer Hinsicht im ausgehenden Mittelalter erlangten auch in diesem Raum sechs Gemeinwesen das begehrte Stadtrecht. Dabei bildeten der im Kreiswappen als Wellenpfahl dargestellte Main und die Verkehrsader Frankfurt-Nürnberg den Ausgangspunkt für das Handelswesen der Bürgerschaften. Die Französische Revolution bewirkte auch in diesem Reichsteil einen Umbruch im gewachsenen Herrschaftsgefüge, als im Jahre 1803 das von Kurfürst Karl Theodor von Dalberg regierte Erzbistum Mainz der Säkularisation zum Opfer fiel. Nach den bewegten Jahren der Napoleonischen Kriege fiel der Raum Miltenberg 1816 vollständig an das zwischenzeitlich zum Königreich aufgestiegene Bayern. Aus den auch hier errichteten Landgerichten gewannen nach und nach die Kreise Miltenberg und Obernburg an Gestalt. Der hauptsächlich aus diesen beiden Verwaltungsbezirken im Jahre 1972 formierte heutige Landkreis Miltenberg setzte wegen der Bedeutung der über hundertjährigen bayerischen Oberhoheit die Rauten ins Schildhaupt; der rot-silberne „Rechen" des am 25. Mai 1977 genehmigten Kreiswappens steht für Franken.

### Struktur des Kreises – Sehenswürdigkeiten

„Ein Lebensraum auch für die Kunst" ist jenes Kapitel im Landkreisbuch überschrieben, in dem die reiche Ernte aufgezählt wird, die dem Landkreis auf dem Boden alter Kulturtradition erwachsen ist. Der Verfasser jenes Beitrages, Dr. Friedrich Oswald, würde, um einem Gast in einem Tag einen Begriff davon zu vermitteln, „ihn in das Obernburger Römerhaus und durch den Spessart an das Wasserschloß Oberaulenbach führen, über Klingenberg und am Kleinheubacher Schloß vorbeifahrend die Amorbacher Abteikirche mit ihrer Orgel erleben lassen, dann in Miltenberg nach einem Blick auf den ‚Riesen' durch die Hauptstraße und über den Marktplatz mit dem Museum in der alten Amtskellerei zur Burg gehen, um dem Besucher von dort aus jenes Bild zu zeigen, das in seiner Verschmelzung von Stadtbaukunst und Naturschönheit seit den Tagen der Romantiker noch jedes empfängliche Auge begeistert hat. Über Bürgstadt mit seiner volkstümlich ausgemalten Martinskapelle und dem stattlichen Rathaus ginge es dann nach Stadtprozelten mit der Henneburg als einer der schönsten Burgruinen Süddeutschlands." Das Gesicht der Landschaft, die nicht nur dort von der besonders reizvollen Talschleife von Miltenberg vom Main bestimmt wird, ist vom Buntsandstein geprägt. Ausgedehnte Obst- und Rebkulturen sind die Folge einer außergewöhnlich guten Klimalage. Hier werden vor allem Qualitäts- und Prädikatsweine angebaut und in Bocksbeutel als Gütezeichen besonderer Art abgefüllt.

Der Fremdenverkehr in den zumeist aufgesuchten Orten Miltenberg, Amorbach, Mönchberg und Großheubach wächst. Daneben bietet die Wirtschafts-Produktpalette ein breites Angebot, das zu mehr als drei Vierteln aus dem produzierenden Gewerbe stammt und zu einem respektablen Bruttoinlandsprodukt geführt hat.

Regierungsbezirk: Oberbayern. Einwohner: 91410. Fläche: 805 km². Einwohner je km²: 113. Kfz-Kennzeichen: MÜ. Kreisverwaltung: Töginger Straße 18, 8260 Mühldorf a. Inn. Verwaltungsgliederung: 31 kreisangehörige Gemeinden – 7 Einheitsgemeinden (Ampfing, Aschau a. Inn, Buchbach, Haag i. OB, Mettenheim, Mühldorf a. Inn, Waldkraiburg), 10 Verwaltungsgemeinschaften (VG Neumarkt-Sankt Veit mit Neumarkt-Sankt Veit, Egglkofen; VG Oberbergkirchen mit Oberbergkirchen, Lohkirchen, Schönberg, Zangberg; VG Polling mit Polling, Oberneukirchen; VG Reichertsheim mit Reichertsheim, Kirchdorf; VG Rohrbach mit Erharting, Niederbergkirchen, Niedertaufkirchen; VG Schwindegg mit Schwindegg, Obertaufkirchen; VG Gars a. Inn mit Gars a. Inn, Unterreit; VG Heldenstein mit Heldenstein, Rattenkirchen; VG Kraiburg a. Inn mit Kraiburg a. Inn, Jettenbach, Taufkirchen; VG Maitenbeth mit Maitenbeth, Rechtmehring).

### Wappenbeschreibung

Gespalten von Schwarz und Gold: vorne ein linksgewendeter, rot gekrönter und rot bewehrter goldener Löwe; hinten ein rot bewehrter schwarzer Löwe.

### Historische Entwicklung

Aufgrund der Schenkungen der Agilolfingerherzöge und von ortsansässigen Adligen erwuchs den Salzburger Erzbischöfen eine im Herzogtum Bayern liegende Exklave an der Salzach. Bei den vielfach unklaren Rechtsverhältnissen des Mittelalters kam es zu ständigen Reibereien zwischen den bayerischen und salzburgischen Behörden. Ein besonderer Zankapfel war die Stadt Mühldorf, über die der Salzburger Erzbischof die Landeshoheit beanspruchte. Wenn im Wappen des Landkreises, das 1968 und zuletzt am 15. März 1973 genehmigt worden war, der goldene kurbayerische und der schwarze salzburgische Löwe sich angriffslustig gegenüberstehen, so deutet das zugleich darauf hin, daß es im Mittelalter immer wieder zu schweren kriegerischen Auseinandersetzungen kam. Den bayerischen Herzögen gelang es aber nicht, die Stadt Mühldorf zu erobern. Dieser Zustand änderte sich erst 1802. Am 2. Dezember erschien in Mühldorf, feierlich empfangen, der kurfürstlich-bayerische Generalkommissar Freiherr von Aretin, der die Stadt für seinen Herrn in Besitz nahm. Danach wurden die Verwaltungs- und Gerichtsbezirke Mühldorf a. Inn und Neumarkt – Sankt Veit gebildet. Aus diesen ging der Landkreis Mühldorf a. Inn hervor, der in der bayerischen Kreisreform von 1972 keine wesentlichen Änderungen erfuhr.

### Struktur des Kreises – Sehenswürdigkeiten

Landschaftlich wird der oberbayerische Landkreis Mühldorf a. Inn, den die Kreise Erding, Ebersberg, Rosenheim, Traunstein, Altötting (Oberbayern) sowie Rottal-Inn und Landshut (Niederbayern) einrahmen, von drei Räumen geprägt: Nördlich der Inn-Isar-Linie breitet sich das tertiäre Isar-Hügelland aus, an das sich im Süden und Südosten das Becken des unteren Inntals sowie die Niedertrassenfelder und die Deckenschotter-Ebenen zwischen Isen und Inn anschließen. Südlich von Kraiburg und Mühldorf erhebt sich die Hügellandschaft der eiszeitlichen Moränen. Der bäuerliche Landkreis weist wirtschaftlich eine Mischstruktur auf.
Die alte Kreisstadt Mühldorf ist historisch und ökonomisch der Mittelpunkt der Region. Im Altstadtkern vermitteln stolze Bürgerhäuser, enge Gassen, Laubengänge, trutzige Türme und Tore den Eindruck einer wohlhabenden Handelsstadt. Sehenswert sind die ehemaligen Getreidespeicher, Korn- und Haberkasten, in denen heute die Stadtbücherei untergebracht ist. Kloster Au. a. Inn, Kloster St. Veit, Kloster Zangberg (Ahnensaal), Peterskirche in Berg (Rundkirche), Schloßbergkirchlein Kraiburg a. Inn sowie die Schlösser Guttenburg, Stampfl (12./13. Jh.) in Gars a. Inn und Wasserschloß Schwindegg (Renaissance) zählen zu den architektonischen Schmuckstücken des Kreises.

Regierungsbezirk: Oberbayern. Einwohner: 260970. Fläche: 667,76 km². Einwohner je km²: 390,8. Kfz-Kennzeichen: M (alle Kennzeichen, bei denen auf das M weniger als zwei Buchstaben oder weniger als drei Ziffern folgen). Kreisverwaltung: Landratsamt Mariahilfplatz 17 a, 8000 München 95. Verwaltungsgliederung: 29 Gemeinden (Aschheim, Aying, Baierbrunn, Brunnthal, Feldkirchen, Garching b. München, Gräfelfing, Grasbrunn, Grünwald, Haar, Höhenkirchen-Siegertsbrunn, Hohenbrunn, Ismaning, Kirchheim b. München, Neubiberg, Neuried, Oberhaching, Oberschleißheim, Ottobrunn, Planegg, Pullach i. Isartal, Putzbrunn, Sauerlach, Schäftlarn, Straßlach, Taufkirchen, Unterföhring, Unterhaching, Unterschleißheim).

### Wappenbeschreibung

Gespalten: vorne die bayerischen Rauten, hinten geteilt von Schwarz und Gold; im ganzen überdeckt mit einem schräglinken silbernen Wellenbalken.

### Historische Entwicklung

Das Territorium des Landkreises München gehörte überwiegend von Anfang an zum Kern der wittelsbachischen Herrschaft. Aus den vormals herzoglichen Landgerichten Starnberg, Dachau und Wolfratshausen gingen 1852 die beiden Distriktsgemeinden München links der Isar bzw. rechts der Isar hervor, allerdings unter Miteinbeziehung der Landeshauptstadt.
Seit der Schaffung der „Bezirke" 1919/20 in Bayern, die 1939 in „Landkreise" umbenannt wurden, gab es fortlaufend Eingemeindungen vom Landkreis München in die kreisfreie Landeshauptstadt München.
Aus der Gebietsreform 1972 ging der Landkreis München leicht vergrößert hervor. Deshalb erschien es angebracht, das am 3. April 1957 verliehene Wappen unverändert fortzuführen. Die erforderliche Genehmigung wurde von der Regierung von Oberbayern bereits am 18. August 1972 erteilt. Die bayerischen Rauten, welche stets in der vorderen Oberecke mit dem „Metall" Silber beginnen sollen (was durch die Angabe der Reihenfolge „Silber-Blau" ausgedrückt wird), verweisen auf die altbayerische Amtsorganisation. Schwarz und Gold sind die Farben der Landeshauptstadt, in der auch der Sitz der Kreisverwaltung angesiedelt ist. Der Wellenbalken versinnbildlicht die Isar, welche die Kreisfläche von Südwesten nach Nordosten durchzieht.

### Struktur des Kreises – Sehenswürdigkeiten

Der Landkreis liegt überwiegend auf der Münchener Schotterebene, die im Süden in die Endmoränenlandschaft des Voralpengebiets hineinreicht; er umschließt im Norden, Osten und Süden die Landeshauptstadt München. Landwirtschaftlich geprägte Gemeinden wechseln ab mit verdichteten, aber mit viel Grün durchsetzten Großsiedlungen, Gartenstädte mit ausgedehnten Wäldern, die 45 Prozent der Landkreisfläche bedecken. In umfangreichen, gleichfalls stark durchgrünten Gewerbeflächen haben sich Weltfirmen der Luft- und Raumfahrtindustrie, der Elektro- und Elektronikbranche sowie zahlreiche Mittelbetriebe der unterschiedlichsten Gewerbezweige angesiedelt; sie bieten insgesamt mehr als 100000 Arbeitsplätze. Eine der beiden Universitäten der Bundeswehr hat hier ebenso ihren Sitz wie zahlreiche Institute der Münchener Universitäten und weltberühmte Forschungseinrichtungen. Die Schloßanlage in Schleißheim oder das 760 als Benediktinerkloster gegründete spätere Prämonstratenserkloster Schäftlarn mit den barocken Kirch- und Klosterbauten aus dem 18. Jh., die Sammlung Meißner Porzellans im Schloß Lustheim oder die Burg Grünwald sind Sehenswürdigkeiten, die man sich nicht entgehen lassen sollte.

# Landkreis Neuburg-Schrobenhausen

Regierungsbezirk: Oberbayern. Einwohner: 75050. Fläche: 739,58 km². Einwohner je km²: 101. Kfz-Kennzeichen: ND. Kreisverwaltung: Platz der Deutschen Einheit 1, 8858 Neuburg a. d. Donau. Verwaltungsgliederung: 18 Gemeinden, davon 11 Einheitsgemeinden (Aresing, Markt Burgheim, Ehekirchen, Karlshuld, Karlskron, Königsmoos, Große Kreisstadt Neuburg a. d. Donau, Oberhausen, Markt Rennertshofen, Stadt Schrobenhausen, Weichering) und 7 Mitgliedsgemeinden in 2 Verwaltungsgemeinschaften (Berg i. Gau, Bergheim, Brunnen, Gachenbach, Langenmosen, Rohrenfels, Waidhofen).

### Wappenbeschreibung

Geteilt; oben gespalten von Gold und Schwarz: vorne ein rot gezungter und rot gekrönter schwarzer Bärenkopf, hinten ein rot bewehrter und rot gekrönter wachsender goldener Löwe; unten in Silber zwei blaue Wellenleisten.

### Historische Entwicklung

Aus den Weinberghöhlen am Rande des Juras bei Mauern stammt „die Rote von Mauern", eine 7 cm hohe Statuette, die als wichtigstes Glied in der Kette von Beweisstücken gilt, daß Bayern schon vor 100000 Jahren besiedelt war. Ebenso wie die Römer hinterließen auch die Menschen der Frühgeschichte Spuren im heutigen Kreisgebiet. Im Mittelalter formte sich im nördlichen Kreisraum das Herrschaftsgebiet von Stadt und Land Neuburg heraus. 1505 gründete Kaiser Maximilian das Fürstentum Pfalz-Neuburg, das den Enkeln des letzten Landshuter Bayernherzoges übertragen wurde. 1685 erwarb der Neuburger Herzog Philipp Wilhelm die rheinische Kurpfalz hinzu. Erst 1777 wurde das Territorium wieder mit dem bayerischen Kernland vereinigt. Im südlichen Kreisgebiet um Schrobenhausen hatten die Grafen von Scheyern, die Vorfahren der Wittelsbacher, große Besitzungen. Ihre Ländereien fielen an die Landesherren und gehörten von 1392 an zur Linie Bayern-Ingolstadt, ab 1447 zu Bayern-Landshut. Der heutige Landkreis entstand im wesentlichen durch die Zusammenlegung der Kreise Neuburg und Schrobenhausen. Im Kreiswappen vom 12. Juni 1974 erinnert der Pfälzer Löwe an das 1505 geschaffene wittelsbachische Fürstentum Pfalz-Neuburg, aber auch an den früheren Landkreis Neuburg a. d. Donau. Der Bärenkopf ist dem Wappen der Stadt Schrobenhausen entnommen, während die beiden Wellenleisten die Flüsse Donau und Paar darstellen.

### Struktur des Kreises – Sehenswürdigkeiten

Der westlich von Ingolstadt gelegene Landkreis wird von drei unterschiedlichen Landschaftsräumen geprägt: dem Fränkischen Jura nördlich der Donau, dem Donaumoos in der Mitte und dem tertiären Hügelland um Schrobenhausen. Das Donaumoos mit seinen schnurgeraden Straßen, den zahlreichen Wassergräben, den schwarzen Torfböden und seiner typischen Zeilenbebauung empfiehlt sich dem Betrachter als besondere landschaftliche Spezialität.

An der Donau erhebt sich der Stadtberg von Neuburg mit dem Renaissance-Schloß (1522–1556) des Pfalzgrafen Ottheinrich, mit Hofkirche, Provinzialbibliothek und historischer Altstadt. Von dort hat man nach Osten den Blick auf das Jagdschloß Grünau. In einem Tal im Jura versteckt sich unweit nördlich von Neuburg a. d. Donau die Klosterkirche von Bergen mit der romanischen Krypta. Feinschmecker sollten besonders im Frühsommer das Schrobenhausener Land besuchen und den Spargel genießen. Dabei bietet sich auch Gelegenheit, das einzige Deutsche Spargelmuseum, die Pfarrkirche und das Lenbachmuseum (Franz von Lenbach, der große Porträtmaler, wurde in dieser bereits 1447 mit Stadtrechten versehenen Gemeinde 1836 geboren) in Schrobenhausen, die Asamkirche und das Schloß in Sandizell sowie die Wallfahrtskirche auf dem nahen Beinberg zu besichtigen. Weitere Sehenswürdigkeiten sind das Schloß Bertoldsheim, das Schloß Niederarnbach und die Mauerner Höhlen.

Regierungsbezirk: Oberpfalz, Einwohner: 102050. Fläche: 1344 $km^2$. Einwohner je $km^2$: 76. Kfz-Kennzeichen: NM. Kreisverwaltung: Nürnberger Straße 1, 8430 Neumarkt i. d. Opf. Verwaltungsgliederung: 14 Einheitsgemeinden (Berching, Berg, Breitenbrunn, Deining, Dietfurt, Freystadt, Hohenfels, Lauterhofen, Mühlhausen, Neumarkt i. d. Opf., Postbauer-Heng, Pyrbaum, Seubersdorf, Velburg); 2 Verwaltungsgemeinschaften (Neumarkt: Berngau, Pilsach, Sengenthal; Parsberg: Lupburg, Parsberg).

## Wappenbeschreibung

Gespalten von Schwarz und Silber: vorne ein linksgewendeter, rot gekrönter und rot bewehrter goldener Löwe; hinten übereinander ein schreitender und ein aufgerichteter roter Löwe.

## Historische Entwicklung

Die bayerische Landkreisreform des Jahres 1972 schuf den Großlandkreis aus den Altlandkreisen Neumarkt i. d. Opf., aus den größten Teilen der früheren Landkreise Parsberg und Beilngries, aus Teilen der ehemaligen Kreise Riedenburg und Hilpoltstein sowie aus der Stadt Neumarkt i. d. Opf. (kreisfrei 1903/38 und 1949/72).
Die geschichtlichen Beziehungen des Kreisgebietes werden im Wappen symbolisiert, das der Altlandkreis Neumarkt in der Oberpfalz seit dem 8. Februar 1960 benutzte und der neue Großlandkreis seit dem 8. Oktober 1974 unverändert weiterführt. Der gekrönte goldene Löwe auf schwarzem Grunde verdeutlicht die vor fast siebenhundert Jahren begründete Herrschaft der Wittelsbacher, besonders der kurpfälzischen Linie, in den größten Teilen des Kreisterritoriums. Die zwei roten Löwen auf silbernem Feld sind dem seit 1292 bekannten Siegel der reichsgräflichen Familie von Wolfstein entnommen, die im Jahre 1740 ausstarb. Die Farbgebung Silber-Rot berücksichtigt die im Besitz der Herren von Wolfstein gewesenen, reichsunmittelbaren Herrschaften Sulzbürg und Pyrbaum, die später an das Kurfürstentum Bayern kamen. Zugleich soll die Farbkombination Rot-Silber in der linken Schildhälfte die Reichsgüter versinnbildlichen. Denn neben dem schwarzen Adler in Gold des Kaisers symbolisierten auch die Farben Silber und Rot der Reichssturmfahne die Reichsgewalt.

## Struktur des Kreises – Sehenswürdigkeiten

Am Ende des Krieges wurde Neumarkt fast völlig zerstört, aber bald begannen die Bürger mit dem Wiederaufbau und entwickelten ihre Stadt zu einem beachtlichen Wirtschaftszentrum in der westlichen Oberpfalz. Heute ist sie Große Kreisstadt, Sitz und Namensgeberin des Landkreises. – Berching, alter Mittelpunkt des Sulzgaues, 883 erstmals genannt, hat in St. Lorenz acht Tafelbilder als bedeutende Arbeiten eines unbekannten Meisters um 1515 und präsentiert sich als romantische Stadt in mittelalterlichen Mauern. Markt Breitenbrunn in reizvoller Landschaft des Oberpfälzer Jura hat vor zehn Jahren den 1100. Geburtstag gefeiert, während man in Dietfurt a. d. Altmühl vor nicht langer Zeit Gräber aus der Hallstattzeit freilegte. In Freystadt hat man 1975 das renovierte Rathaus und den historischen Marktplatz als schönsten der Oberpfalz eingeweiht.
In romantischer Tallandschaft liegt der Markt Hohenfels. Parsberg mit dem Schloß als Wahrzeichen, die nach hundertjähriger Unterbrechung 1917 wieder zur Abtei erhobene Benediktinerabtei Plankstetten oder die Stadt Velburg mit der Wallfahrtskirche auf dem Herz-Jesu-Berg seien angesprochen. Wer stille, idyllische Täler sucht, der findet sie hier: Sulz, Altmühl, Schwarze und Weiße Laber, Schwarzach, Vils, Lauterbach und Naab.

Regierungsbezirk: Mittelfranken, Einwohner: 84259. Fläche: 1267,61 km². Einwohner je km²: 66. Kfz-Kennzeichen: NEA. Kreisverwaltung: Bamberger Straße 31, 8530 Neustadt a. d. Aisch. Verwaltungsgliederung: 38 kreisangehörige Gemeinden (Bad Windsheim, Baudenbach, Burgbernheim, Burghaslach, Dachsbach, Diespeck, Dietersheim, Emskirchen, Ergersheim, Gallmersgarten, Gerhardshofen, Gollhofen, Gutenstetten, Hagenbüchach, Hemmersheim, Illesheim, Ippesheim, Ipsheim, Langenfeld, Marktbergel, Markt Bibart, Markt Erlbach, Markt Nordheim, Markt Taschendorf, Münchsteinach, Neuhof/Zenn, Neustadt a. d. Aisch, Oberickelsheim, Obernzenn, Oberscheinfeld, Scheinfeld, Simmershofen, Sugenheim, Trautskirchen, Uehlfeld, Uffenheim, Weigenheim, Wilhelmsdorf)

### Wappenbeschreibung

Über einem siebenmal von Silber und Blau gespaltenen Schildfuß gespalten: vorne in Gold ein von Silber und Schwarz gevierter, rot bezungter Brackenkopf; hinten in Silber ein wachsender, halber, rot bewehrter schwarzer Adler am Spalt.

### Historische Entwicklung

Wie die meisten Landstriche Frankens kannte das heutige Kreisgebiet im Mittelalter eine Vielzahl geistlicher und weltlicher Herrschaften. Entsprechend der früheren territorialen Gliederung enthält das am 14. Juni 1974 genehmigte Kreiswappen mehrere Motive als Hinweis auf die ehemaligen Oberherren. Der Brackenkopf ist Bestandteil des Stadtwappens von Neustadt a. d. Aisch; im Kreiswappen wird er von Silber und Schwarz geviert, um zusätzlich auf die Markgrafen von Brandenburg-Bayreuth zu verweisen, die auch die Herrschaft über die Stadt Neustadt a. d. Aisch ausgeübt hatten. Die „Zollernvierung" stand bereits im Kreiswappen von Uffenheim; der heutige Großlandkreis wurde 1972 aus den Kreisen Neustadt a. d. Aisch, Uffenheim und aus zwei Dritteln des Kreises Scheinfeld gebildet. Der geminderte Reichsadler war ebenfalls im Kreiswappen Uffenheims vertreten und symbolisiert die ehemalige Reichsstadt Windsheim mit ihrem Umland.

Der mehrfach von Silber und Blau gespaltene Schildfuß verweist auf das 1806 mediatisierte (= dem Landesherren unterstellte) Fürstentum Schwarzenberg, das Amtsverwaltungen in Scheinfeld und anderen Orten unterhalten hatte. Die mehrfache silbern-blaue Spaltung hatte den Schilduntergrund des alten Kreiswappens von Scheinfeld gebildet. Die oben erwähnte „Zollernvierung" repräsentiert auch den Altlandkreis Neustadt a. d. Aisch, der allerdings mit einem anderen Wappenmotiv an die Markgrafen von Brandenburg-Bayreuth erinnert hatte.

### Struktur des Kreises – Sehenswürdigkeiten

Touristischer und interessanter Mittelpunkt in „Frankens gemütlicher Ecke" ist die einzige Kurstadt Mittelfrankens Bad Windsheim mit einer Solequelle, die zu den am stärksten konzentrierten Heilquellen der Bundesrepublik zählt. Die mittelalterliche Altstadt mit der Pfarrkirche St. Kilian, dem schönen Brunnen, dem Ochsenhofmuseum usw. präsentiert viel von fränkischer Geschichte. Das Fränkische Freilandmuseum mit seiner bäuerlichen Bau- und Wohnkultur zieht viele Gäste an. Vom 1200 Jahre alten Städtchen Scheinfeld mit seinem imposanten Schloß Schwarzenberg gibt es viele Wandermöglichkeiten in den Naturpark Steigerwald. Sehenswert ist die romanische Münsterkirche (1139) in Münchsteinach, ebenso das Handwerkermuseum in Markt Erlbach mit Kilianskirche oder das Uhrenmuseum in Obernzenn. Die Burg Hoheneck oberhalb der Ipsheimer Weinberge bietet einen weiten Rundblick in den Aischgrund und in die Windsheimer Bucht, ebenso zur Frankenhöhe wie auch zum Steigerwald.

Dem Wanderer sei auch die Bullenheimer Weingroßanlage mit Weinlehrpfad bis hinüber zum Schloß Frankenberg empfohlen. Ein großzügiger Ausblick hinein in den Gollachgau bis zur Metropole Uffenheim mit seinem interessanten Heimatmuseum belohnt den Aufstieg. Auch die Kreisstadt Neustadt a. d. Aisch bietet dem geschichtlich Interessierten allerlei Kostbarkeiten und Sehenswürdigkeiten an (Heimatmuseum, Stadtkirche).

# Landkreis Neustadt a.d. Waldnaab

Regierungsbezirk: Oberpfalz. Einwohner: 90367. Fläche: 1428,78 km². Einwohner je km²: 64. Kfz-Kennzeichen: NEW. Kreisverwaltung: Stadtplatz 38, 8482 Neustadt a. d. Waldnaab. Verwaltungsgliederung: 13 Einheitsgemeinden (Altenstadt a. d. Waldnaab, Eslarn, Floß, Flossenbürg, Grafenwöhr, Luhe-Wildenau, Mantel, Moosbach, Neustadt a. d. Waldnaab, Vohenstrauß, Waidhaus, Waldthurn, Windischeschenbach), 8 Verwaltungsgemeinschaften mit 24 Mitgliedsgemeinden (Eschenbach i d. Opf., Kirchenthumbach, Neustadt a. d. Waldnaab, Pleystein, Pressath, Schirmitz, Tännesberg, Weiherhammer).

## Wappenbeschreibung

Gespalten und hinten geteilt: vorne in Schwarz ein rot gekrönter und rot bewehrter goldener Löwe; hinten oben in Blau drei (2:1 gestellte) goldene Sterne, unten in Silber ein blauer Balken.

## Historische Entwicklung

Nachweisbar werden Gebiete des Landkreises zur Zeit Graf Berengars von Sulzbach faßbar, der im 11. Jh. die Burg Floß erbauen ließ. Nach seinem Tode kaufte 1188 Kaiser Friedrich I. den Herrschaftsbereich und gliederte ihn dem staufischen Reichsland Eger an. 1251 fiel er durch Pfändung an Herzog Otto II. von Bayern, um im Jahre 1269 Herzog Heinrich XIII. von Niederbayern zugeteilt zu werden. 1321 wurde ein Teil an die Landgrafen von Leuchtenberg verpfändet, 1329 das Kreisgebiet der Oberen Pfalz zugeschlagen. Die Landgrafen von Leuchtenberg führten den blauen Balken im silbernen Schild. Ab dem Jahre 1406 gehörte der größte Teil der Region zum Hause Wittelsbach, das mit dem Pfälzer Löwen im Kreiswappen vertreten ist, das seit dem 22. März 1977 erneut geführt wird. Bis 1777 dauerte die vollständige Einverleibung nach Kurbayern. Das dritte Schildmotiv, die drei Sterne, war das Wappen der gefürsteten Grafschaft Störnstein der Reichsfürsten von Lobkowitz. 1575 tauchte erstmals deren Name auf. Sie kürten damals schon Neustadt an der Waldnaab zu ihrem Verwaltungsmittelpunkt.

Im Zuge der Gebietsreform von 1972 entstand der Großlandkreis aus dem ehemaligen Kreis Neustadt a. d. Waldnaab, aus den meisten Teilen der Kreise Eschenbach i. d. Opf. und Vohenstrauß und aus kleineren Gebieten dreier anderer Landkreise.

## Struktur des Kreises – Sehenswürdigkeiten

Der Landkreis liegt im Oberpfälzer Wald und zählt zum Fremdenverkehrsgebiet Ostbayern. Er zeichnet sich durch seinen Waldreichtum und die abwechslungsreiche Landschaft mit teilweiser Mittelgebirgsprägung als Erholungsgebiet besonders aus. Weite Teile des Landkreisgebietes sind als Naturpark ausgewiesen. Sehenswert sind: die größte Burganlage der Oberpfalz in Leuchtenberg, in der in den Sommermonaten Theateraufführungen und andere Veranstaltungen stattfinden; die Burgruine Flossenbürg aus dem 12 Jh.; die Friedrichsburg in Vohenstrauß (1692); das Lobkowitzer Schloß in Neustadt a. d. Waldnaab mit seinen einmaligen Deckengemälden; die Barockkirche mit Prämonstratenserkloster in Speinshart (17. Jh.); die Wieskirche bei Moosbach (1747); der Schwedenturm mit Pranger und die Koppelbergkirche in Luhe (17. Jh.); die gotische Pfarrkirche aus dem Jahre 1492 in Eschenbach i. d. Opf; die Burg Neuhaus bei Windischeschenbach mit Waldnaabtalmuseum. Der Vulkan Parkstein wird als „Europas schönster Basaltkegel" bezeichnet. Lohnende Ausflugsziele sind der Rosenquarzfelsen mit dem darauf befindlichen Kloster in Pleystein sowie das Naturschutzgebiet „Vogelfreistätte" am Rußweiher bei Eschenbach i. d. Opf. (140 ha). Im Landkreis liegt der mit 23400 ha größte Truppenübungsplatz Europas, Grafenwöhr, der bereits 1910 eröffnet wurde.

Regierungsbezirk: Schwaben. Einwohner: 142000. Fläche: 515 km². Einwohner je km²: 276. Kfz-Kennzeichen: NU. Kreisverwaltung: Kantstraße 8, 7910 Neu-Ulm. Verwaltungsgliederung: 17 kreisangehörige Städte, Märkte und Gemeinden (Große Kreisstadt Neu-Ulm, die Städte Illertissen, Senden, Vöhringen und Weißenhorn; die Märkte Altenstadt, Buch, Kellmünz und Pfaffenhofen, sowie die Gemeinden Bellenberg, Elchingen, Holzheim, Nersingen, Oberroth, Osterberg, Roggenburg und Unterroth).

### Wappenbeschreibung

Über rotem Schildfuß, darin ein waagrechtes, golden beschlagenes, silbernes Hifthorn, fünfmal schräglinks geteilt von Rot und Silber, überdeckt mit einer aus der Teilungslinie wachsenden, schwarz gekleideten und golden gekrönten Mohrin, die eine goldene Bischofsmütze in den Händen hält.

### Historische Entwicklung

Im frühen 12. Jh. wurden die Klöster Elchingen und Roggenburg gestiftet; sie wurden von Benediktinern bzw. Prämonstratensern geleitet. Das zuerst 1966 und erneut am 7. Januar 1975 genehmigte Kreiswappen ist Ausdruck der territorialen Vielgestalt der Region im Mittelalter. Das Hifthorn (Jagdhorn) ist dem Wappen der Herren von Neuffen entnommen, die um 1150 nach Weißenhorn kamen und dort eine Burg erbauen ließen. Als Erben der Roggenburger Klosterstifter hatten sie erheblichen Anteil an der Entwicklung des Raumes. Die Mohrin war das Emblem des im Jahre 1510 erloschenen Grafengeschlechtes von Kirchberg, welches seinen Sitz auf der Burg Wullenstetten hatte. Das gräfliche Herrschaftsgebiet erstreckte sich über das gesamte Illertal von Ulm bis Kellmünz. Die rot-silberne Schräglinksteilung des Schildfeldes geht auf die Grafen von Berg zurück, die außerdem Markgrafen von Burgau waren und den Osten des heutigen Kreisterritoriums innehatten. Später ging daraus vor allem die Herrschaft Pfaffenhofen hervor. Erst 1810 gelangte der Raum zu Bayern. Der heutige Landkreis Neu-Ulm wurde am 1. Juli 1972 aus dem bisherigen Kreis Neu-Ulm, aus großen Teilen des Kreises Illertissen und aus der kreisfreien Stadt Neu-Ulm gebildet.

### Struktur des Kreises – Sehenswürdigkeiten

Der Landkreis ist geprägt durch die Entwicklungsachsen entlang des Donau- und Illertales mit starker Bevölkerungskonzentration sowie Schwerpunkten für Industrie, Handel und Gewerbe. Er ist ein bevölkerungsstarker, vornehmlich industrieller Raum mit starken grenzüberschreitenden Beziehungen zum benachbarten Baden-Württemberg. Firmen von z. T. internationaler Bedeutung haben dort ihre Niederlassungen. Im Gegensatz dazu stehen die vorwiegend landwirtschaftlich strukturierten Gebiete in den Tälern der Roth, der Biber, des Osterbaches und der Leibi. Neu-Ulm und die baden-württembergische Nachbarstadt Ulm bilden als grenzüberschreitendes Oberzentrum der Region Donau-Iller ein wichtiges Verkehrszentrum mit guter Anbindung an das europäische Eisenbahn- und Fernstraßennetz. Der Landkreis ist reich an Kunstdenkmälern: die Klosteranlagen Oberelchingen und Roggenburg, das mittelalterliche Stadtbild des Fuggerstädtchens Weißenhorn, das Vöhlinschloß in Illertissen und die Kirche St. Johann Baptist von Dominikus Böhm in Neu-Ulm sind nur einige Beispiele. Schlösser und ehemalige Herrensitze sowie Kirchen und Kapellen sind Fundgruben für Kunstkenner und Historiker. Unter den Museen im Landkreis ist das Edwin-Scharff-Museum von besonderer Bedeutung. Als einziges in Süddeutschland ist es dem Werk nur eines Künstlers gewidmet.

Ein besonderes Kleinod des Landkreises ist das neu eingerichtete Bienenmuseum im alten Vöhlinschloß in Illertissen. Auch das historische Bürgertheater in Weißenhorn ist eine herausragende Stätte des Kulturschaffens im Landkreis.

Regierungsbezirk: Mittelfranken. Einwohner: 148 209. Fläche: 800 km². Einwohner je km²: 185. Kfz-Kennzeichen: LAU. Kreisverwaltung: Waldluststraße 1, 8560 Lauf/Pegnitz. Verwaltungsgliederung: 27 kreisangehörige Gemeinden (Alfeld, Altdorf b. Nbg., Burgthann, Engelthal, Feucht, Happurg, Hartenstein, Henfenfeld, Hersbruck, Kirchensittenbach, Lauf a. d. Pegnitz, Leinburg, Neuhaus a. d. Pegnitz, Neunkirchen a. Sand, Offenhausen, Ottensoos, Pommelsbrunn, Reichenschwand, Röthenbach a. d. Pegnitz, Rückersdorf, Schnaittach, Schwaig b. Nbg., Schwarzenbruck, Simmelsdorf, Velden, Vorra, Winkelhaid).

### Wappenbeschreibung

Über blauem Schildfuß, darin ein unterhalbes silbernes Mühlrad, gespalten: vorne in Gold ein rot bewehrter halber schwarzer Adler am Spalt, hinten fünfmal schräggeteilt von Rot und Silber.

### Historische Entwicklung

Der im Zug der Landkreisreform vom 1. Juli 1972 geschaffene Landkreis Nürnberger Land umfaßt im wesentlichen die ehemaligen Landkreise Hersbruck und Lauf und den größten Teil des ehemaligen Landkreises Nürnberg. Die älteste schriftliche Quelle stammt von 889 (Velden). Zum bayerischen Nordgau gehörend, wurde das Land von Eichstätt aus missioniert. 1180 kam das Gebiet an die Wittelsbacher. Hersbruck und Lauf wurden als Amtszentren mit besonderen Rechten ausgestattet. Unter Kaiser Karl IV., der eine Landbrücke zwischen Prag und Nürnberg, „Neuböhmen" genannt, errichten wollte, traten in der Mitte des 14. Jh. entscheidende Veränderungen ein. Doch schon Ende des Jahrhunderts kehrte das Land an die Wittelsbacher zurück. Im Landshuter Erbfolgekrieg 1504/05 fiel der Reichsstadt Nürnberg das Gebiet zwischen Betzenstein im Norden und Feucht im Süden sowie bis Hartmannshof im Osten zu. Nur das Land um den Rothenberg blieb bayerisch, das um Burgthann/Oberferrieden markgräflich. Bis zum Übergang an Bayern teilte das Landgebiet die Geschicke der Reichsstadt Nürnberg. Das Wappen wurde dem Landkreis am 1. Oktober 1974 verliehen. Es zeigt als Hinweis auf das ausgedehnte frühere Landgebiet der ehemaligen Freien Reichsstadt Nürnberg im oberen Schildteil das Nürnberger Stadtwappen. Das Mühlrad symbolisiert die in den Flußtälern, besonders dem der Pegnitz, schon in früherer Zeit genutzte Wasserkraft.

### Struktur des Kreises – Sehenswürdigkeiten

Vor den Toren der Städte Nürnberg, Fürth und Erlangen gelegen, zählt der Landkreis Nürnberger Land geographisch und geologisch zum Großraum des schwäbisch-fränkischen Schichtstufenlandes. Der Wasserlauf der Pegnitz bestimmt mit seinen vielen Nebenflüssen und Bächen ein Gebiet, das als „Hersbrucker Schweiz" oder „Pegnitzer Alb" bekannt ist. Neben der Pegnitz trägt auch die Schwarzach zum Wasserreichtum der Region bei.
Schon früh wurden an den Ufern der Flüsse Mühlen, Säge- und Hammerwerke gebaut, die bis heute die Wirtschaftsstruktur des westlichen Teils des Kreisgebietes bestimmen. Dagegen dominiert im Osten die Landwirtschaft. Besonders der Anbau von Hopfen sicherte seit altersher die Existenzgrundlage vieler Bauern und prägte dazu den Baustil des „Hersbrucker Gebirges": hochgiebelige Häuser, deren Etagen teilweise der Hopfentrocknung dienten. Sommer wie Winter laden die abwechslungsreichen Mittelgebirgslandschaft in der östlichen Region des Kreises mit Erhebungen über 600 m (Hochberg 620 m, Dorf Hohenstein und seine trutzige Burgruine 634 m) sowie die weitläufigen Waldgebiete im Westen ein. Wasserratten bevorzugen das Naturbad Weißenbrunn, den ausgebauten Baggersee Happurg oder den Birkensee beim Nürnberger Autobahnkreuz.

Regierungsbezirk: Schwaben. Einwohner: 131343. Fläche: 1527 km². Einwohner je km²: 86. Kfz-Kennzeichen: OA. Kreisverwaltung: Rathausplatz 2, 8972 Sonthofen. Verwaltungsgliederung: 28 kreisangehörige Städte und Gemeinden (Altusried, Balderschwang, Betzigau, Blaichach, Bolsterlang, Buchenberg, Burgberg, Dietmannsried, Durach, Fischen, Haldenwang, Hindelang, Immenstadt, Lauben, Missen-Wilhams, Oy-Mittelberg, Obermaiselstein, Oberstaufen, Oberstdorf, Ofterschwang, Rettenberg, Sonthofen, Sulzberg, Waltenhofen, Weitnau, Wertach, Wiggensbach, Wildpoldsried); 7 Gemeinden in Verwaltungsgemeinschaften.

### Wappenbeschreibung

Gespalten von Rot und Gold; vorne unter von Rot und Blau geteiltem Schildhaupt in Rot ein wachsender silberner Felsenberg, hinten übereinander drei schreitende, herschauende, rot bewehrte schwarze Löwen.

### Historische Entwicklung

Im Zuge des keltischen Eindringens in den süddeutschen Raum wurde um 600 v. Chr. auch das Allgäu besiedelt. In dem Gebiet der heutigen Stadt Kempten entstand ein religiöses Zentrum der Kelten, aus dem sich nach der Besetzung des Allgäus durch die Römer die Stadt Cambodunum entwickelte. Dieser politische, administrative und wirtschaftliche Mittelpunkt hatte bis zum Ende der Römerzeit Bestand. Im Mittelalter erfolgte eine Neuordnung, in deren Verlauf auch das heutige Landkreisgebiet neu gegliedert wurde. Dabei entstanden die freie Reichsstadt Kempten, die Fürstabtei Kempten und die Grafschaft Königsegg-Rothenfels; Teile des Gebietes zählten auch zum Bistum Augsburg. Anfang des 19. Jh. wurden diese Gebiete dem Königreich Bayern einverleibt. Der heutige Landkreis Oberallgäu ging im Jahre 1972 aus der Gebietsreform durch den Zusammenschluß der Altlandkreise Sonthofen und Kempten hervor. Im Wappen, das am 23. November 1973 genehmigt wurde, erinnert die rot-blaue Feldteilung im Schildhaupt der vorderen Wappenhälfte an die aus dem Erbe des ehemaligen Fürststifts Kempten stammenden Teile des früheren Landkreises Kempten. Die drei schreitenden Löwen wurden dem Wappen des früheren Landkreises Sonthofen entnommen und sollen auf die staufischen Herzöge von Schwaben hinweisen, die im Mittelalter die Herrschaft über das Sonthofener Gebiet ausübten. Der silberne Felsenberg weist unmittelbar auf die Lage des Landkreises in den Allgäuer Alpen hin, worauf auch die neue Landkreisbezeichnung Bezug nimmt.

### Struktur des Kreises – Sehenswürdigkeiten

Der Landkreis Oberallgäu ist der südlichste Landkreis der Bundesrepublik Deutschland. Geographisch läßt er sich in das Gebiet der Allgäuer Alpen im Süden und in das Alpenvorland einteilen, die beide ihre besonderen Reize aufweisen. Die Allgäuer Hochalpen, im Allgäuer Hauptkamm zusammengefaßt, erheben sich in einem gewaltigen Halbrund von Osten nach Süden. Zu den nahmhaftesten Berggipfeln zählen Hochvogel, Grünten, auch „Wächter des Allgäus" genannt, Großer Krottenkopf (2657 m), Mädelegabel und Biberkopf. Für das Oberallgäu typisch sind die Grasberge (Höfats, Schneck) wie auch die Flyschberge mit ihrer reichen Flora. Aber auch das Alpenvorland mit weiten Wiesen und Wäldern sowie die zahlreichen Seen und Täler geben dem Landkreis ein besonderes Gepräge. Die Vielzahl der landschaftlichen Besonderheiten des Landkreises spiegelt sich auch in der Ausweisung von 8 Naturschutzgebieten und 24 Landschaftsschutzgebieten wider, die annähernd 40% der Landkreisfläche bedecken.

Es sind aber nicht nur die landschaftlichen Vorzüge, sondern auch die kulturellen Sehenswürdigkeiten wie Burgen, Schlösser, Ruinen, Kirchen und Kapellen, die zu einem Besuch einladen. So finden wir zahlreiche Burgen aus früh- und spätgotischer Zeit (Laubenberg-Stein, Sulzberg, Alt-Trauchburg, Neunburg) und Schlösser (Immenstadt, Rauhenzell, Hindelang). Sehenswert sind u. a. die in der Barockzeit entstandenen sakralen Bauten in Altstädten (Pfarrkirche), Oberstdorf (Loretokapelle), Fischen (Frauenkirche), Immenstadt-Bühl (Wallfahrtskapelle Maria-Loreto), Wiggensbach (Pfarrkirche), Wertach (Sebastianskapelle), Hindelang-Bad Oberdorf (Pfarrkirche) und Petersthal (Pfarrkirche). Sogar aus Romanik und Gotik sind Gotteshäuser erhalten geblieben wie in Waltenhofen-Rauns, Durach und Oy-Mittelberg (Wallfahrtskirche Maria Rain).

Regierungsbezirk: Schwaben. Einwohner: 111000. Fläche: 1395 km². Einwohner je km²: 79. Kfz-Kennzeichen: OAL. Kreisverwaltung: Schwabenstraße 11, 8952 Marktoberdorf. Verwaltungsgliederung: 44 Städte, Märkte und Gemeinden gegliedert in 9 Verwaltungsgemeinschaften (Biessenhofen, Buchloe, Eggenthal, Obergünzburg, Pforzen, Roßhaupten, Seeg, Unterhingau, Westendorf) und 11 Einheitsgemeinden (Stadt Füssen, Germaringen, Halblech, Lechbruck, Stadt Marktoberdorf, Mauerstetten, Markt Nesselwang, Pfronten, Markt Ronsberg, Schwangau, Stötten am Auerberg).

## Wappenbeschreibung

Unter blauem Schildhaupt, darin ein schreitender, golden gekrönter und golden bewehrter silberner Löwe, gespalten von Rot und Silber; vorne ein gestürztes silbernes Schwert, hinten ein wachsender roter Abtsstab.

## Historische Entwicklung

Der neue Landkreis Ostallgäu mit dem Sitz der Kreisverwaltung in Marktoberdorf besteht im wesentlichen aus den früheren Kreisen Füssen, Kaufbeuren und Marktoberdorf. Der Kreistag beschloß daher am 8. 4. 1974 die Annahme eines Landkreiswappens, in dem sich die früheren Landkreise in den einzelnen Wappensymbolen widerspiegeln. Mit dem Martinsschwert aus dem ehemaligen Landkreiswappen Marktoberdorfs wird auf den Hauptort des neuen Landkreises hingewiesen. Der hl. Martin ist Orts- und Kirchenpatron von Marktoberdorf. Auf den ehemals Kaufbeurer Gebietsanteil weist der silberne Löwe des früheren Benediktinerstiftes Irsee und zugleich der Markgrafen von Ronsberg hin. Für Füssen steht der Abtsstab, der sich auf das ehemalige Benediktinerkloster St. Mang bezieht, während auf das ehemalige Hochstift Augsburg, das hauptsächlich um Buchloe und Füssen vertreten war, die Feldfarben Rot-Silber hindeuten. Das Wappen wurde mit Schreiben der Regierung von Schwaben vom 10. Oktober 1974 genehmigt.

## Struktur des Kreises – Sehenswürdigkeiten

Charakteristisch für das Landschaftsbild im Landkreis Ostallgäu sind seine Wälder, Wiesen, Berge und Seen. Diese vier Landschaftselemente setzen besonders im südlichen Bereich Akzente von reizvoller Schönheit und bilden eine so harmonische Einheit, daß man sich nicht wundern muß, wenn das Füssener Land zu einem der attraktivsten Fremdenverkehrsgebiete in Bayern geworden ist.

Neben dem Fremdenverkehr im Voralpenraum mit nahezu 20% der Erwerbstätigen im Landkreis nimmt die Landwirtschaft mit 27% der Beschäftigten in der Erwerbsstruktur der Einwohner eine bedeutende Stelle ein. Während im Süden des Kreisgebietes durch die voralpine Höhenlage verbreitet Grasland- und Weidewirtschaft zur Milcherzeugung zu finden ist, vollzieht sich im nördlichen Teil ein klimatisch bedingter Wandel zugunsten der Ackerland- und Getreidewirtschaft.

Der Landkreis Ostallgäu bietet eine Vielzahl von Sehenswürdigkeiten. So wirkt beispielsweise in der Kreisstadt Marktoberdorf das ehemalige Jagdschloß der Fürstbischöfe von Augsburg beherrschend über die Stadt und das Umland hinaus. Glanzpunkte des Ostallgäus sind die Königsschlösser bei Schwangau. Der bayerische Kronprinz Maximilian ließ 1832 die Ruine der im 12. Jh. entstandenen Burg Schwangau im neugotischen Stil zum heutigen Schloß Hohenschwangau aufbauen. Schloß Neuschwanstein wurde nach einer Idee von König Ludwig II. von Bayern nach dem Vorbild der Wartburg im neuromanischen Stil 1868 – 1886 erbaut. Heute besichtigen jährlich über 1 Million Besucher dieses Schloß. An weiteren bedeutsamen Kunstschätzen beherbergt der Landkreis in Füssen das „Hohe Schloß“ mit einer wertvollen Gemäldegalerie, das Kloster St. Magnus (Krypta mit Fresken aus dem 9. Jh.), das Totentanz-Gemälde aus dem Jahre 1602 in der Anna-Kapelle; östlich von Schwangau, malerisch auf freiem Feld, die mit wertvollen Schnitzereien ausgestattete Wallfahrtskirche St. Koloman. Besonders erwähnenswert im nördlichen Landkreis ist das 1190 entstandene Benediktinerkloster Irsee sowie die 1699 – 1702 erbaute barocke Klosterkirche. Im Klostergebäude wurde im Jahre 1981 durch den Bezirk Schwaben das schwäbische Erwachsenenbildungszentrum eingerichtet.

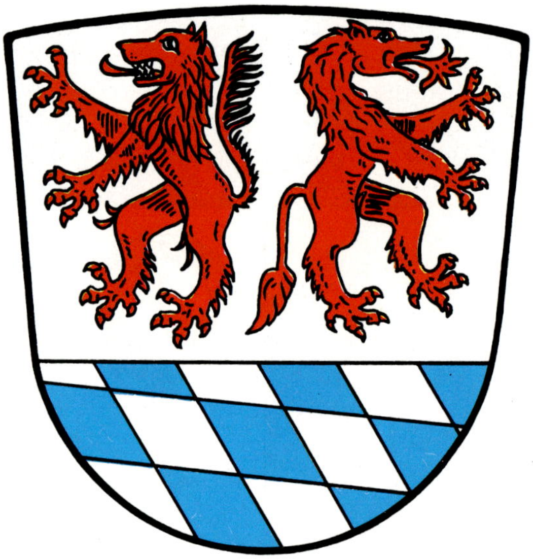

Regierungsbezirk: Niederbayern. Einwohner: 158133. Fläche 1530 km². Einwohner je km²: 103. Kfz-Kennzeichen: PA. Kreisverwaltung: Domplatz 11, 8390 Passau. Verwaltungsgliederung: 27 kreisangehörige Gemeinden: Aicha vorm Wald, Aldersbach, Bad Füssing, Büchlberg, Eging am See (Markt), Fürstenstein, Fürstenzell (Markt), Haarbach, Hauzenberg (Stadt), Hofkirchen (Markt), Hutthurm (Markt), Kirchham, Neuburg am Inn, Neuhaus am Inn, Neukirchen v. Wald, Obernzell (Markt), Ortenburg (Markt), Pocking (Stadt), Ruderting, Ruhstorf a. d. Rott, Salzweg, Thyrnau, Tiefenbach, Untergriesbach (Markt), Vilshofen (Stadt), Wegscheid (Markt), Windorf (Markt); 5 Verwaltungsgemeinschaften: VG Aidenbach mit Aidenbach (Markt), Beutelsbach; VG Breitenberg mit Breitenberg, Sonnen; VG Griesbach im Rottal mit Bad Griesbach i. R. (Stadt), Tettenweis; VG Rotthalmünster mit Kößlarn (Markt), Malching, Rotthalmünster (Markt); VG Tittling mit Tittling (Markt), Witzmannsberg.

## Wappenbeschreibung

Über einem Schildfuß mit den bayerischen Rauten in Silber ein roter Wolf und ein nach links gewendeter roter Panther.

## Historische Entwicklung

Der Landkreis Passau in seiner heutigen Gestalt entstand am 1. 7. 1972. Er wurde gebildet aus dem früheren Landkreis Wegscheid, den größten Teilen der Kreise Griesbach im Rottal, Passau und Vilshofen sowie der Gemeinde Pörnbach aus dem Landkreis Eggenfelden. Nach der Bildung des Großlandkreises genehmigte am 27. Juni 1974 die Regierung von Niederbayern das neue Kreiswappen, dessen Gestaltung den Zusammenschluß der früheren Landkreise symbolisieren soll. Der rote Wolf, der bereits im Wappen der Landkreise Passau und Wegscheid enthalten war, weist auf das Hochstift Passau hin als Kerngebiet des heutigen Kreises. Südlich der Donau bis zum Rottal erstreckte sich im Mittelalter das Herrschaftsgebiet der spanheimischen Grafen von Ortenburg. Die Wittelsbacher übernahmen große Teile dieser Besitzungen und begründeten das herzogliche Gericht Vilshofen. Der rote Panther gilt deshalb als Sinnbild des früher zu Vilshofen und Griesbach im Rottal gehörigen Raumes. Die seit dem beginnenden 19. Jh. einheitliche bayerische Behördenorganisation wird durch die Rauten im Schildfuß des Wappens zum Ausdruck gebracht.

## Struktur des Kreises – Sehenswürdigkeiten

Der Landkreis Passau ist landschaftlich vollkommen unterschiedlich strukturiert. Nördlich der Donau erstreckt sich der „Südliche Bayerische Wald“ mit Fichten- und Laubwäldern, und im Süden verliert sich das wellige Hügelland in der weiten Ebene des Rottals. Obstanlagen und große Felder prägen hier die Landschaft zwischen Rott und Inn.
So vielfältig wie die Landschaft ist auch das Urlaubsangebot: Die reizvolle Landschaft des Bayerischen Waldes bietet Abwechslung und Erholung, und im Bädereck um Bad Füssing und Bad Griesbach kann man sich „gesundkuren“.

Zahlreiche Sehenswürdigkeiten bieten sich dem Gast, so etwa die Museen von Asbach, Breitenberg und Obernzell (Keramikmuseum) oder die Schlösser und Burgen wie die Neuburg, Schloß Ortenburg und das Wasserschloß in Aicha v. Wald. Zu den schönsten sakralen Bauwerken zählen die ehemalige Zisterzienserklosterkirche Fürstenzell (17./18. Jh. - eines der Hauptwerke von J. M. Fischer) mit Klosterbibliothek (Rokoko), die Cuvilliés-Kirche in Asbach (18. Jh.), die gotische Kirche Kößlarn und die Klosterkirche Mariä Himmelfahrt in Aldersbach (Gebr. Asam, Hochaltar von J. M. Götz).

Regierungsbezirk: Oberbayern. Einwohner: 86396. Fläche: 760 km². Einwohner je km²: 114. Kfz-Kennzeichen: PAF. Kreisverwaltung: Hauptplatz 22, 8068 Pfaffenhofen 1. Verwaltungsgliederung: 19 kreisangehörige Städte, Märkte und Gemeinden – 13 Einheitsgemeinden (Baar-Ebenhausen, Gerolsbach, Hohenwart [Markt], Jetzendorf, Manching [Markt], Münchsmünster, Pfaffenhofen [Stadt], Reichertshausen, Rohrbach, Scheyern, Schweitenkirchen, Vohburg a. d. Donau [Stadt], Wolnzach [Markt]), 3 Verwaltungsgemeinschaften (VG Geisenfeld mit Geisenfeld [Stadt], Ernsgaden; VG Ilmmünster mit Ilmmünster, Hettenshausen; VG Reichertshofen mit Reichertshofen [Markt], Pörnbach).

## Wappenbeschreibung

Gespalten: vorne die bayerischen Rauten, belegt mit einem doppelarmigen goldenen Kreuz; hinten in Gold eine durchgehende grüne Hopfenrebe mit Blatt und Dolde.

## Historische Entwicklung

Der Landkreis Pfaffenhofen a. d. Ilm zählt zu den Regionen Bayerns, die die ältesten und engsten Beziehungen zum vormals regierenden Hause Wittelsbach aufweisen. Ein hervorragendes Zeugnis dieser Verbindung ist das Kloster Scheyern, das 1119 bei der Stammburg der Grafen von Scheyern errichtet wurde. Die gräfliche Familie verlegte dabei ihren Wohnsitz auf das Schloß Wittelsbach und nannte sich seitdem danach. Das am 4. Juli 1974 bestätigte Kreiswappen symbolisiert durch die bayerischen Rauten mit dem aufgelegten Scheyerer Kreuz, dem Wahrzeichen des Klosters, diese geschichtlichen Ereignisse. Mit seiner linken Schildhälfte verweist das Wappen auf den Hopfenanbau im Kreisgebiet. Der Landkreis besitzt die größte Hopfenanbaufläche von allen Landkreisen in der Bundesrepublik.

Im Norden des durch die Gebietsreform von 1972 wenig veränderten Kreisterritoriums lag eine der bedeutendsten keltischen Siedlungen. Beim heutigen Manching umschloß ein Ringwall die wohl Stammeshauptstadt der Vindeliker gewesene Keltenstadt mit einer Fläche von rund 380 Hektar. Neuere Ausgrabungen lassen es wahrscheinlicher erscheinen, daß nicht das Vordringen der Römer um 15 vor Christus, sondern das Eindringen germanischer Stämme dieses blühende Gemeinwesen vernichtete.

## Struktur des Kreises – Sehenswürdigkeiten

Im Nordosten Oberbayerns erstreckt sich der Kreis Pfaffenhofen a. d. Ilm vom flachwelligen tertiären Hügelland bis in die Donauebene. Ilm, Paar und Donau durchfließen die von der Landwirtschaft geprägte Region. Hierbei spielt der Hopfenanbau eine wichtige Rolle (fast die Hälfte des Hallertauer Hopfengebietes gehört zum Kreis). Neben der Landwirtschaft zählen Industrie und Handwerk zu den bedeutenden Wirtschaftsfaktoren. Bemerkenswerte Zeugen der Vergangenheit sind Klöster, mehr als 200 Kirchen, Burgen und Schlösser. Hierzu gehören u. a.: die romanische Basilika in Ilmmünster (Plastiken von E. Grasser und Bilder von J. Pollak), die Benediktinerabtei Scheyern (1123, mit Arbeiten von I. Günther, Klosterbibliothek: romanische Buchmalereien, Kreuz mit einer Reliquie vom Kreuz Christi, Gruftkapelle), die Klosteranlage Hohenwart, die Pfaffenhofener Pfarrkirche St. Johannes Baptist, die romanische Backsteinkirche St. Peter in Griesbach, die Wallfahrtskapelle St. Kastulus bei Langenbruck, die Wolnzacher Pfarrkirche St. Laurentius („Hallertauer Dom"), die Burgruine Vohburg und Donautor (15. Jh.) sowie das idyllisch gelegene Wasserschloß Reichertshausen. Auf die Spuren der Kelten trifft man in Manching (Ausgrabungen einer vorchristl. Siedlung, Ringwall). Das Pfaffenhofener Rentamt (Barockbemalung), das „alte Mesnerhaus" (Heimatmuseum) in Pfaffenhofen und historisches Straßenbild in Hohenwart zeugen von liebevoller Denkmalspflege.

Regierungsbezirk: Niederbayern. Einwohner: 74833. Fläche: 976 km². Einwohner je km²: 77. Kfz-Kennzeichen: REG. Kreisverwaltung: Poschetsrieder Straße 16, 8370 Regen. Verwaltungsgliederung: 3 Städte (Regen, Viechtach, Zwiesel); 2 Märkte (Bodenmais, Teisnach); 14 Gemeinden (Arnbruck, Bayer. Eisenstein, Bischofsmais, Böbrach, Drachselsried, Frauenau, Geiersthal, Kirchberg, Kirchdorf i. Wald, Kollnburg, Langdorf, Lindberg, Prackenbach, Rinchnach); 1 Verwaltungsgemeinschaft (bestehend aus dem Markt Ruhmannsfelden und den Gemeinden Achslach, Gotteszell, Patersdorf und Zackenberg).

### Wappenbeschreibung

Unter Schildhaupt mit den bayerischen Rauten in Rot ein silberner Pfahl, darin eine bewurzelte grüne Fichte; vorne ein silbernes Kelchglas, hinten ein wachsender silberner Zinnenturm.

### Historische Entwicklung

Bereits vor tausend Jahren führten Waldpfade, Säumersteig, Böhmerstraße und Bayerweg nach Böhmen; vor allem wurde auf ihnen Salz transportiert. Mönche aus den Klöstern an der Donau rodeten die riesigen Wälder; ihnen folgten die Bauern.
Im 8. und 9. Jh. gehörte der Landstrich zur Markgrafschaft Cham, dann zum Schweinachgau und fiel nach dem Aussterben der Grafen von Bogen 1242 an den Herzog von Bayern zurück. Damals wurde der Markt Viechtach zu einem wittelsbachischen Amt für die Urbarmachung. Von 1308 bis 1602 war ein Teil des Gebietes mit der Burg Weißenstein an die Grafen von Degenberg verpfändet. Danach wurde der Raum neu organisiert: Neben das Landgericht Regen trat ein Landgericht Zwiesel, das 1609 mit dem Pfleggericht Weißenstein vereinigt wurde. Erst die bayerische Landkreisreform schloß die Landkreise Regen und Viechtach zu der heutigen Gebietskörperschaft zusammen. Die grüne Fichte im neuen Kreiswappen (genehmigt am 9. Juli 1975) auf dem silbernen heraldischen Pfahl (als Hinweis auf das gleichnamige Felsenriff) symbolisiert das Landschaftsbild, die heimische Glasindustrie wird im Kelchglas widergespiegelt. Die vielen früheren Adelsherrschaften und mittelalterlichen Burgen ergeben die geschichtliche Begründung für den Burgturm. Die seit dem 13. Jh. einsetzende wittelsbachische Verwaltungstradition wird durch die bayerischen Rauten versinnbildlicht.

### Struktur des Kreises – Sehenswürdigkeiten

Im mittleren und nördlichen Teil des Bayerischen Waldes gelegen, besitzt der Landkreis Regen eine über 37 km lange Grenze zum Nachbarstaat Tschechoslowakei. Rund 60 % des Kreisgebietes bestehen aus Wald. Dem Naturschutz wird ein hoher Stellenwert eingeräumt: Bemerkenswerte „Urwaldreste“ finden sich besonders in den Landschaftsschutzgebieten am Falkenstein und am Arber. Ebenfalls geschützt wird der Gr. Arbersee, einer der sieben eiszeitlichen Karseen des Bayer. Waldes. Ein Phänomen der Natur ist der Pfahl, jener mächtige Quarzgang, der als 20 – 300 m breiter Spalt bei einer Länge von ca. 150 km auch durch den Landkreis Regen führt. Bei Viechtach tritt der Pfahl in der Form gezackter Felsentürme imposant in Erscheinung.
Wer einen Einblick in die berühmte Glasbläserkunst des Bayerischen Waldes gewinnen möchte, sollte eine Besichtigung der Glashütten oder der Museen und Ausstellungen (Glasmuseum Frauenau, Kristallmuseum Viechtach, Ausstellung alter Theresienthaler Mustergläser in Theresienthal) nicht versäumen. Eine Begegnung mit dem bäuerlichen Leben und Arbeiten vermitteln die Bauernhaus-Museen in Lindberg und Zachenberg, das Waldmuseum in Zwiesel sowie die Waldgalerie Margarethe in Viechtach. Die Burgruinen in Regen, Viechtach und Kollnburg verweisen auf die reiche Geschichte dieses Landstrichs. Sehenswerte Kirchenarchitektur ist in Viechtach (St. Augustinus, St.-Anna-Kapelle) und in Bischofsmais (Wallfahrtsstätte St. Hermann) zu bewundern.

Regierungsbezirk: Oberpfalz. Einwohner: 142757. Fläche: 1398 km². Einwohner je km²: 102. Kfz-Kennzeichen: R. Kreisverwaltung: Altmühlstraße 3, 8400 Regensburg. Verwaltungsgliederung: 41 selbständige Gemeinden, davon 19 Einheitsgemeinden und 22 Gemeinden, die in 7 Verwaltungsgemeinschaften zusammengefaßt sind.

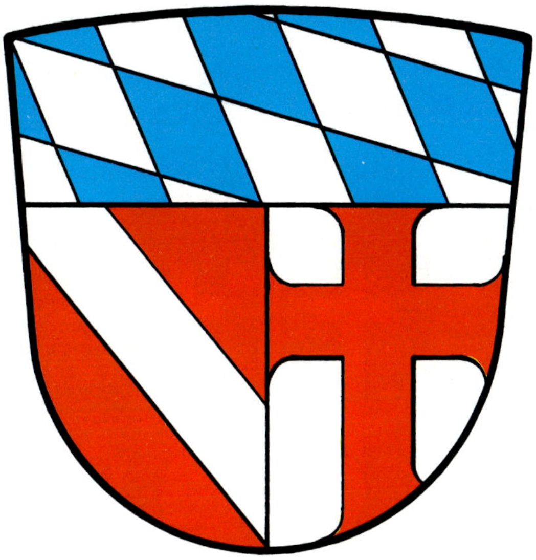

## Wappenbeschreibung

Unter Schildhaupt mit den bayerischen Rauten gespalten von Rot und Silber: vorne ein silberner Schrägbalken, hinten ein durchgehendes rotes Tatzenkreuz.

## Historische Entwicklung

Seit dem Jahre 15 vor Christi gehörte das Land südlich der Donau für ein halbes Jahrtausend zur römischen Provinz Rätien. Castra Regina, das jetzige Regensburg, war ab 179 n. Chr. Standort der III. Italischen Legion. Nach dem Abzug der Römer wanderten in mehreren Schüben Bajuwaren in das Gebiet ein, und der römische Staatsbesitz fiel an das Herzogsgeschlecht der Agilolfinger. Dieses erste Herrschergeschlecht Bayerns stiftete in großzügigem Umfang Klöster und schenkte Teile seines Grundbesitzes dem Bistum Regensburg.
Im Landkreiswappen, das am 26. September 1972 erneut genehmigt wurde, symbolisiert der Schrägbalken das Hochstift Regensburg, während das Kreuzmotiv des Klosters Prüfening den umfangreichen Streubesitz vieler geistlicher Gemeinschaften repräsentiert. Nach dem Aussterben des Grafengeschlechts im Donaugau kam das Gebiet unter die Botmäßigkeit der Wittelsbacher. Die Landesherren errichteten zur besseren Verwaltung ihres Besitzes in ganz Bayern 36 Ämter. Mit den verschiedenen Landesteilungen Bayerns unter den wittelsbachischen Linien wechselte auch das Gebiet um Regensburg des öfteren seinen Oberherren. Die Rauten im Kreiswappen versinnbildlichen deshalb die kurbayerischen und die pfalz-neuburgischen Ämter im heutigen Kreisgebiet. Stets aus dem wittelsbachischen Herrschaftsraum herausgenommen blieb dagegen seit dem 13. Jh. die Freie Reichsstadt Regensburg, die erst 1810 bayerisch wurde. Das Gebiet des heutigen Landkreises Regensburg war 1808 dem sogenannten Regenkreis (mit der Hauptstadt Straubing) zugeschlagen worden, 1838 wurde auch das südliche Landkreisgebiet der Oberpfalz zugeordnet.
Im Zug der Landkreisreform vergrößerte sich der Landkreis Regensburg 1972 um 28 Prozent seines Gebietes und um 24 Prozent seiner Einwohner. Er ist jetzt – von der Fläche her gesehen – der neuntgrößte und von der Bevölkerungszahl her gesehen der elftgrößte aller bayerischen Landkreise.

## Struktur des Kreises – Sehenswürdigkeiten

Ein Landkreis der landschaftlichen und strukturellen Vielfalt. Vier verschiedene Landschaften prägen das Bild: das Donautal mit dem Gäuboden und den ersten Hügeln der „Schwäbisch-Bayerischen Hochebene", die Anfänge des Vorderen Bayerischen Waldes zwischen dem Regental und der Donau, die beiden Flußtäler von Naab und Regen, deren Landschaftscharakter den Übergang vom Jura zum Bayerischen Wald darstellt, und schließlich das romantische Felsental der Schwarzen Laber mit seinen Hochflächen. Von den letzten Höhen des Bayerischen Waldes schauen die von König Ludwig I. erbaute Walhalla bei Donaustauf und Schloß Wörth über die Donau hinweg in den „Gäuboden", die bayerische Kornkammer. Walhalla, der Ruhmestempel mit den Büsten berühmter Deutscher, ist beliebter Anziehungspunkt für Fremde und Einheimische. Im Gäuboden finden sich nicht nur Bade- und Segelseen, sondern auch kulturelle Kleinode: das Cuvilliés-Schloß zu Sünching, die Asamkunst im Schloß Alteglofsheim oder die große Barockvollendung durch Johann Michael Fischers Wallfahrtskirche „Maria Schnee" bei Aufhausen. Im Vorderen Bayerischen Wald sind Brennberg mit seiner Burgruine und die Rokoko-Klosterkirche Frauenzell zu erwähnen. Die Klosterkirche Pielenhofen, Kallmünz, der Markt unterm Felsen, die Burg Wolfsegg oder im Tal der Schwarzen Laber des Minnesängers Hadamar Burg sowie die Wallfahrtskirche auf dem Eichelberg seien als weitere Kostbarkeiten des die Großstadt Regensburg glücklich umgebenden Landkreises genannt.

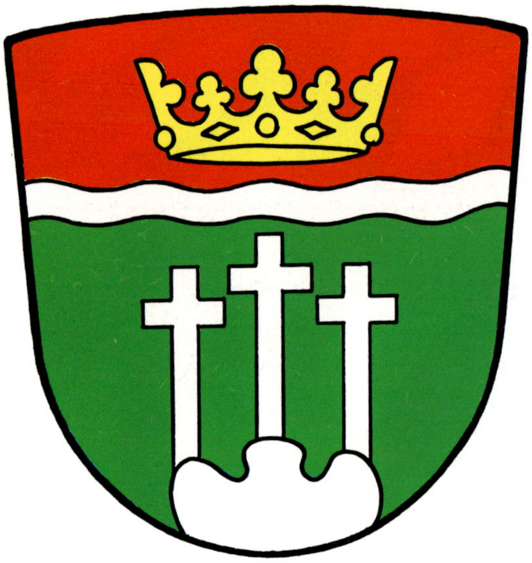

Regierungsbezirk: Unterfranken. Einwohner: 77529. Fläche: 1022 km². Einwohner je km²: 76. Kfz-Kennzeichen: NES. Kreisverwaltung: Spörleinstraße 11, 8740 Bad Neustadt a. d. Saale. Verwaltungsgliederung: 8 Verwaltungsgemeinschaften mit 33 Gemeinden (Bad Königshofen i. Grabfeld, Bad Neustadt a. d. Saale, Fladungen, Heustreu, Mellrichstadt, Ostheim v. d. Rhön, Saal a. d. Saale), 5 Einheitsgemeinden mit 3 Städten (Bad Königshofen i. Gr., Bad Neustadt a. d. S., Bischofsheim a. d. Rhön) und 2 Gemeinden (Sandberg, Bastheim).

### Wappenbeschreibung

Durch einen erhöhten silbernen Wellenbalken geteilt von Rot und Grün; oben eine goldene Laubkrone, unten auf silbernem Dreiberg drei silberne Hochkreuze.

### Historische Entwicklung

Der Landkreis entstand 1972 aus den Altkreisen Bad Neustadt a. d. Saale, Mellrichstadt und Königshofen i. Grabfeld. Sein Wappen vom 17. August 1976 stellt wie das vieler anderer Kreise eine Kurzfassung der geschichtlichen Entwicklung dar. Der den Schild teilende Wellenbalken deutet in mehrfacher Beziehung auf „Wasser" hin: auf die Fränkische Saale, die das Kreisgebiet durchschlängelt und auf die Heilquellen, die die Städte Bad Königshofen i. Grabfeld und Bad Neustadt a. d. Saale zu bekannten Heilbädern machten. Zudem symbolisiert das Wellenband die landschaftliche Zweiteilung des Landkreises in die Rhön und das Grabfeld. Die Krone in der oberen Schildpartie erinnert an das ehemalige Königsgut im Grabfeld, Königshofen, und auch an die Kaiserpfalz Salce, die in der unmittelbaren Nähe des heutigen Bad Neustadt a. d. Saale gelegen haben soll. Die drei Hochkreuze auf dem Berg stellen den Bezug zum Wahrzeichen der Rhön her, den Kreuzberg, der seit Jahrhunderten ein Ziel der Wallfahrer und Wanderer ist. Krone und Kreuz weisen im übrigen auf die historische Bedeutung hin, die die kirchlichen und weltlichen Landesherren (im wesentlichen die Herren von Henneberg und das Hochstift Würzburg) für die Region besaßen. Die Schildfarben Silber und Rot sind die Farben Frankens; die Besiedlung durch die Franken war für das gesamte Gebiet des heutigen Kreises von entscheidender Bedeutung. Das Grün nimmt Bezug auf den Waldreichtum.

### Struktur des Kreises – Sehenswürdigkeiten

Der nördlichste Landkreis Bayerns wird geographisch von der Rhön, dem Rhön-Vorland, dem Grabfeld, dem Henneberger Hügelland, den Haßbergen und der fränkischen Saale geprägt. Auf Grund der landschaftlichen Schönheit kommt dem Fremdenverkehr dieser ländlichen Region eine wichtige Stellung zu. Die abwechslungsreiche Mittelgebirgslandschaft bietet viele Burgen, Schlösser und altertümliche Siedlungen. Der Naturfreund findet seine Erholung im Naturpark „Bayerische Rhön". Die Kur- und Badeorte Bad Neustadt (Altstadtkern von einem begehbaren doppelten Wehrring umschlossen, das Hohntor als Wahrzeichen der Stadt) und Bad Königshofen (Festungsmauern, Stadtpfarrkirche, Grabfeldmuseum) versprechen mit ihren malerischen Stadtbildern einen idyllischen Kuraufenthalt. Weitere Sehenswürdigkeiten im Landkreis sind: Ganerbenburgruine Salzburg (1161) bei Bad Neustadt, romanische Befestigungsruine Osterburg, Schloß Lebenhan (um 1750, heute Kloster), mittelalterliche Wasserburgen in Unsleben und Roßrieth, Ruine Lichtenburg, Gelbes und Weißes Schloß in Nordheim, Hansteinsches, Steinsches und Oeptisches Schloß in Ostheim sowie das Herrschaftsgut (Schloß, Kirche) in Völkershausen. Das Franziskanerkloster Kreuzberg (1681), St. Martin in Brennhausen, St. Kilian in Mellrichstadt, die Barockkirche in Eyershausen und die romanische Klosterkirche Wechterswinkel sind Schmuckstücke sakraler Baukunst.

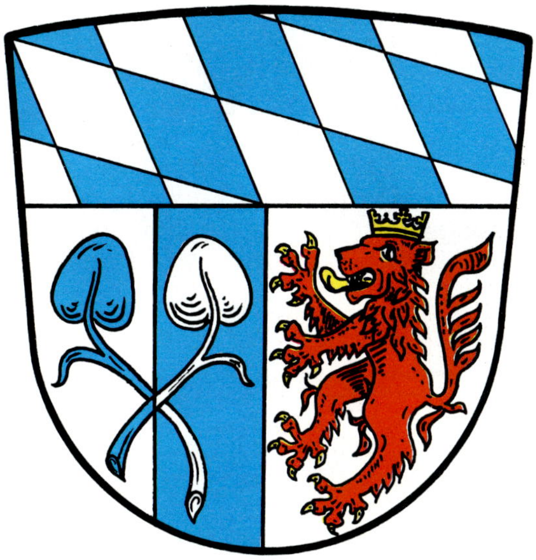

Regierungsbezirk: Oberbayern. Einwohner: 191 710. Fläche: 1435 km². Einwohner je km²: 133. Kfz-Kennzeichen: RO. Kreisverwaltung: Wittelsbacherstraße 53, 8200 Rosenheim. Verwaltungsgliederung: 37 kreisangehörige Gemeinden (3 Städte: Bad Aibling, Kolbermoor, Wasserburg a. Inn), (Amerang, Aschau i. Chiemsee, Babensham, Bad Feilnbach, Bernau a. Chiemsee, Brannenburg, Bruckmühl [Markt], Edling, Eggstätt, Eiselfing, Endorf i. OB [Markt], Feldkirchen-Westerham, Flintsbach a. Inn, Frasdorf, Griesstätt, Großkarolinenfeld, Kiefersfelden, Neubeuern [Markt], Nußdorf a. Inn, Oberaudorf, Pfaffing, Prien a. Chiemsee [Markt], Prutting, Raubling, Riedering, Rimsting, Rohrdorf, Samerberg, Söchtenau, Soyen, Schechen, Stephanskirchen, Tuntenhausen, Vogtareuth), 3 Verwaltungsgemeinschaften (Breitbrunn a. Chiemsee: Chiemsee, Gstadt a. Ch.; Halfing: Höslwang, Schonstett; Rott a. Inn: Ramerberg).

## Wappenbeschreibung

Unter Schildhaupt mit den bayerischen Rauten gespalten: vorne gespalten von Silber und Blau, belegt mit zwei Seeblättern an schräggekreuzten Stengeln in verwechselten Farben; hinten in Silber ein golden gekrönter und golden bewehrter roter Löwe.

## Historische Entwicklung

Der Großlandkreis entstand bei der Gebietsreform 1972 durch die Eingliederung fast des gesamten Kreises Bad Aibling und des südlichen Teiles des Landkreises Wasserburg a. Inn in den bisherigen Landkreis Rosenheim. Mit der Schaffung dieser neuen Verwaltungseinheit waren auch die Wappen der bisherigen Gebietskörperschaften überholt. In dem am 14. Mai 1976 genehmigten neuen Kreiswappen erinnern die Rauten im Schildhaupt an die ältesten wittelsbachischen Besitzungen an der mittleren Mangfall; die „Wecken“ standen bereits im Schild des Kreiswappens von Bad Aibling. Die gekreuzten Seeblätter waren die Symbole des Klosters Frauenchiemsee für den Chiemgau. Der Löwe ist dem Wappen des ehemaligen Kreises Wasserburg a. Inn entlehnt und wird den Grafen von Wasserburg zugeschrieben. Nach der Römerzeit ließen sich in der Rosenheimer Gegend die zwei Iren Marinus und Anianus als Missionare nieder. In Aibling, das erstmals um 800 als „Epilinga“ urkundlich erwähnt wurde, hatten die Agilolfinger einen ihrer bedeutendsten Herzogshöfe, von dem aus sie als oberste Gerichts- und Grundherren Recht sprachen. In der 738jährigen Zeitspanne, in der die Wittelsbacher von 1180 bis 1918 die Geschicke Bayerns bestimmten, gehörte dann das gesamte Gebiet des heutigen Kreises Rosenheim zum bayerischen Stammland. Mit dem Aussterben der sogenannten Hallgrafen von Wasserburg fiel diese Stadt 1247 direkt an die wittelsbachischen Landesherren.

## Struktur des Kreises – Sehenswürdigkeiten

Als südöstlicher Landkreis Oberbayerns erstreckt sich Rosenheim vom kalkalpinen Bereich im Süden bis in die Zweibecken- und Grundmoränengebiete des Inn-Chiemsee-Gletschers. Die hügelige, von der Landwirtschaft geprägte Region wird von vielen Flußtälern gegliedert: Mangfall, Attel, Prien, Thalkirchner Ache und Murn. Neben Mooren und Seen (Chiemsee ist der größte) gestalten die Chiemgauer Voralpen und das Mangfallgebirge die Landschaft. Wendelstein und Kampenwand zählen zu den dominierenden Bergen des Urlaubsgebietes. Der Kreis ist reich an Schlössern und Burgen: Prunkschloß Herrenchiemsee (von Ludwig II. nach dem Vorbild von Versailles 1878 bis 1885 erbaut), Schloß Neubeuern, Schloß Amerang, Hohenaschau (größte Burganlage des Landkreises), Burg Wasserburg im malerischen gleichnamigen Städtchen am Inn gelegen, Schloß Brannenburg, Burgruine Falkenstein, Schloß Wildenwart, Schloß Maxlrain (seit 300 Jahren wird dort Bier gebraut) und Schloß Pullach. Die Dorf- und Stadtkirchen gelten vielerorts als sakrale Schmuckstücke: z. B. Kirche von Urschalling (zwei mittelalterliche Wandmalerei-Zyklen), Pfarrkirche in Prien (ausgeschmückt von J. B. Zimmermann), Pfarrkirche in Wasserburg (gotisch), die Kirchen ehemaliger Benediktinerklöster in Rott a. Inn (bayerisches Rokoko) und Attel (Barock) sowie die Wallfahrtskirchen in Tuntenhausen und Weihenlinden. Nach Kiefersfelden locken im Juli und August die Ritterspiele.

Regierungsbezirk: Mittelfranken. Einwohner: 105 602. Fläche: 895 km². Einwohner je km²: 117. Kfz-Kennzeichen: RH. Kreisverwaltung: Weinbergweg 37, 8542 Roth. Verwaltungsgliederung: 16 Städte, Märkte und Gemeinden – 6 Städte (Abenberg, Greding, Heideck, Hilpoltstein, Roth, Spalt), 4 Märkte (Allersberg, Schwanstetten, Thalmässing, Wendelstein), 6 Gemeinden (Büchenbach, Georgensgmünd, Kammerstein, Rednitzhembach, Röttenbach, Rohr).

### Wappenbeschreibung

Gespalten durch eine eingeschweifte goldene Spitze, darin eine rote Rose mit silbernem Butzen und silbernen Kelchblättern; vorne geviert von Silber und Schwarz, hinten in Rot ein wachsender silberner Bischofsstab.

### Historische Entwicklung

Die Besiedlung des Landkreisgebietes begann schon in prähistorischer Zeit. Über fast alle Perioden der Vorgeschichte vom Mesolithikum bis zur La-Tène-Zeit der Kelten sind Zeugnisse menschlichen Lebens vorhanden. Die bei zahlreichen Ausgrabungen erbrachten Funde, wie in Landersdorf, belegen dies. Die eigentliche Besiedlung erfolgte im wesentlichen mit der germanischen Landnahme zunächst im südlichen Landkreisgebiet. Thalmässing sowie Greding dürften zu den ältesten Orten im Landkreis gehören. Im Zuge der sogenannten Pippinischen Kolonisationswelle wurde auch das nördliche Landkreisgebiet für die spätere Besiedlung erschlossen. Durch das Territorialbestreben kirchlicher und weltlicher Würdenträger gliederte sich das Gebiet des jetzigen Landkreises im Mittelalter im wesentlichen in drei Herrschaftsbereiche, auf die auch im Kreiswappen vom 14. Januar 1975 verwiesen wird. Durch die Fürstbischöfe von Eichstätt (Bischofsstab), die Markgrafen von Brandenburg-Ansbach („Zollernvierung") und durch die wittelsbachischen Pfalzgrafen von Pfalz-Neuburg wurden weite Teile des Landkreises beherrscht und besonders geprägt. Die „Asylrose" im Wappen erinnert an das in Roth bis 1797 bestehende kaiserliche Asyl und an die Mittelpunktsfunktion dieser Stadt in der Gegenwart. Die Gebiete um Abenberg, Spalt und Obermässing standen unter der Herrschaft der Bischöfe von Eichstätt, die Markgrafen von Brandenburg-Ansbach regierten besonders in der Stadt Roth und im südlichen Landkreisgebiet um Thalmässing, während die Pfalzgrafen von Pfalz-Neuburg vor allem über die Städte Hilpoltstein und Heideck sowie die Marktgemeinde Allersberg herrschten. Am Ende des 18. Jh. erfolgte die Vereinigung dieser Territorien unter dem Königreich Bayern.

### Struktur des Kreises – Sehenswürdigkeiten

Das Kerngebiet des ländlichen Kreises Roth gehört zum mittelfränkischen Becken. Breite Talauen, das entstehende Fränkische Seenland mit Rothsee und Brombachsee am Nordrand des Naturparks Altmühltal, das Spalter Hügelland, der Heidenberg, der Schloßberg, ausgedehnte Wälder und die Fränkische Alb prägen die abwechslungsreiche Landschaft. Malerische Ortschaften mit Sand- und Fachwerkbauten laden zum Verweilen ein, so z. B. Allersberg, Greding, Hilpoltstein, Heideck und Roth mit ihren mittelalterlichen Stadtkernen. Besonders reizvoll sind die typisch fränkischen Dörfer wie Großweingarten, Laibstadt, Nemsdorf, Furth, um nur einige zu nennen. Neben den mächtigen Burgen in Abenberg und Hilpoltstein befinden sich prachtvolle Schlösser in der Kreisstadt Roth (Markgrafenschloß Ratibor), in Röthenbach St. W. (Schloß Kugelhammer) und in Dürrenmungenau und Mörlach. Die beiden bedeutenden Museen in der Region sind das prähistorische Museum im Erholungsort Greding und das einzige Klöppelmuseum der Bundesrepublik in Abenberg. Im Aufbau befinden sich zur Zeit das vorgeschichtliche Museum in Thalmässing und das Industriemuseum Eisenhammer nahe der Stadt Roth. Auf den Spuren berühmter Künstler, wie Albrecht Dürer, Adam Krafft, Michael Wolgemut, Tilman Riemenschneider und Veit Stoß kann der Besucher zahlreiche Kostbarkeiten und Kunstschätze im Landkreis entdecken.

Regierungsbezirk: Niederbayern. Einwohner: 100588. Fläche: 1278,6 km². Einwohner je km²: 79. Kfz-Kennzeichen: PAN. Kreisverwaltung: Ringstraße 4, 8340 Pfarrkirchen. Verwaltungsgliederung: 31 kreisangehörige Gemeinden (Markt Arnstorf, Bayerbach, Markt Birnbach, Dietersburg, Stadt Eggenfelden, Egglham, Ering, Falkenberg, Markt Gangkofen, Geratskirchen, Hebertsfelden, Johanniskirchen, Julbach, Kirchdorf a. Inn, Malgersdorf, Markt Massing, Mitterskirchen, Stadt Pfarrkirchen, Postmünster, Reut, Rimbach, Roßbach, Schönau, Stadt Simbach a. Inn, Stubenberg, Markt Tann, Markt Triftern, Unterdietfurt, Wittibreut, Markt Wurmannsquick, Zeilarn).

## Wappenbeschreibung

Durch einen schmalen, nach links gerichteten blauen Wellenschrägbalken geteilt von Silber und Gold; oben ein feuerspeiender roter Pantherrumpf, unten ein nach links gerichtetes, steigendes rotes Pferd.

## Historische Entwicklung

Die Besiedlung des Rottaler Raumes und am Inn ist bereits in der Jungsteinzeit nachgewiesen. Die kontinuierliche Besiedlung setzte mit der Landnahme der Bajuwaren im ersten Drittel des 6. Jh. ein. Im 12. Jh. löste die pfalzgräfliche Linie der spanheimischen Grafen von Ortenburg die Bischöfe von Passau als mächtigste Grundherren ab. Die Übernahme des Spanheimer Panthers durch das Viztumsamt, das die wittelsbachischen Landesherren nach dem Erwerb des Gebietes an der Rott 1260 errichtet hatten, unterstrich die Bedeutung des 1248 ausgestorbenen Grafengeschlechtes. Das Viztumsamt an der Rott (Viztum, Vicedominus = Stellvertreter des Landesherrn), das auf der Burg Reichenberg bei Pfarrkirchen angesiedelt war, konnte die Machtstellung der bayerischen Herzöge an Rott und Inn festigen. Bis zum 15. Jh. war schließlich das gesamte Rottal in drei Pfleg- bzw. Landgerichte eingeteilt worden. Mit den Reformen des 19. Jh. wurden daraus Bezirksämter geschaffen, aus denen 1938 die Landkreise Pfarrkirchen und Eggenfelden hervorgingen – das Kerngebiet des heutigen Landkreises Rottal-Inn. Der junge Großlandkreis umfaßt daneben noch Teile der 1972 untergegangenen Landkreise Griesbach und Vilsbiburg. Sein von den beiden Flüssen abgeleiteter Name und die im Rottal besonders gepflegte Pferdezucht finden im Wappen, das am 19. Oktober 1973 genehmigt wurde, ihren Ausdruck.

## Struktur des Kreises – Sehenswürdigkeiten

Der Inn bildet im südlichen Teil die Landkreis- und zugleich Staatsgrenze zu Österreich. Die Rott, in West-Ost-Richtung fließend, teilt den Landkreis in fast gleich große Teile. Langgestreckte Höhenzüge wechseln mit sanften Hügelgruppen und Muldentälern mit steil eingeschnittenen Bachkerben. Die ursprüngliche Laubwaldbestockung wurde zu einem erheblichen Teil in Ackerfluren umgewandelt. Die fast gleichmäßig verstreuten Weiler und Einödhöfe prägen das Siedlungsgefüge. Mit seinen einzeln stehenden Vierseithöfen ist der Landkreis der an Einzelhöfen reichste der Bundesrepublik. In ruhiger ländlicher Umgebung liegt das Thermalbad Birnbach, dessen Heilwasser aus 1618 m Tiefe mit 70°C gewonnen wird. Von den Sehenswürdigkeiten seien genannt: Wallfahrtskirche Christi Auferstehung in Gartlberg als barockes Wahrzeichen des Rottals, die Wallfahrtskirche St. Salvator aus dem 15. Jh. in Heiligenstadt bei Gangkofen, die Schlösser in Arnstorf (18. Jh.), in Schönau (19. Jh.), die Pfarrkirche St. Alban mit beachtenswertem spätgotischen Bau in Taubenbach, das Vogelschutzgebiet „Unterer Inn“ und das „Niederbayerische Bauernhofmuseum“ in Massing, das mehrere Gehöfte zeigt.
Unter Landschaftsschutz steht das Europareservat „Vogelschutzgebiet Unterer Inn“ mit rund 100 brütenden Vogelarten.

Regierungsbezirk: Oberpfalz. Einwohner: 129648. Fläche: 1472,56 $km^2$. Einwohner je $km^2$: 88. Kfz-Kennzeichen: SAD. Kreisverwaltung: Wackersdorfer Straße 80, 8640 Schwandorf. Verwaltungsgliederung: 12 Einheitsgemeinden (Bodenwöhr, Bruck i. d. Opf., Burglengenfeld, Fensterbach, Maxhütte-Haidhof, Neunburg v. W., Nittenau, Oberviechtach, Schmidgaden, Schwandorf, Teublitz, Wernberg-Köblitz). 21 Mitgliedsgemeinschaften zusammengefaßt in 7 Verwaltungsgemeinschaften (Nabburg: Altendorf, Guteneck, Nabburg; Neunburg v. W.: Dieterskirchen, Thanstein, Neukirchen-Balbini, Schwarzhofen; Oberviechtach: Gleiritsch, Teunz, Niedermurach, Winklarn; Pfreimd: Trausnitz; Schönsee: Schönsee, Stadlern, Weiding; Schwarzenfeld: Schwarzenfeld, Stulln, Schwarzach bei Nabburg; Wackersdorf: Wackersdorf, Steinberg).

### Wappenbeschreibung

Gespalten von Schwarz und Silber; über einem gesenkten, von Silber und Blau gespaltenen schmalen Wellenbalken, dem ein von Gold und Schwarz gespaltenes Zahnrad unterlegt ist, vorne ein linksgewendeter, rot bewehrter und rot gekrönter Löwe, hinten ein roter Zinnenturm.

### Historische Entwicklung

Der Landkreis Schwandorf entstand im Zuge der 1972er Gebietsreform aus den Landkreisen Burglengenfeld, Oberviechtach, Nabburg und Neunburg vorm Wald, aus Teilen des Kreises Roding und aus der zuvor kreisfreien Stadt Schwandorf. Bis zu dieser Zeit hatten die verschiedenen Ländereien wenig gemeinsame Geschichte; Besitzer und Regierungen wechselten häufig durch Handel und Heirat. Im 9. Jh. fand einer der größten Kolonisationsvorstöße durch das Naabtal bis weit in den Nordgau hinein statt. 1296 erhielt Nabburg das Stadtrecht und entwickelte sich zu einem bedeutenden Verwaltungsmittelpunkt. 1329 ging das Gebiet des Amtes Nabburg in die rheinische Linie der Wittelsbacher über und wurde Bestandteil der Kurpfalz. Allmählich bürgerte sich dafür die Bezeichnung „Obere Pfalz" ein. Im neuen Landkreiswappen (Genehmigung vom 13. Dezember 1974) erinnert der pfälzische Löwe daran. Auch den südlichen Kreis prägten die Wittelsbacher früh. Im 12. Jh. umfaßte das Viztumsamt Burglengenfeld 27 Ämter und war damit der zweite Hauptort Bayerns. Das Territorium um Neunburg gehörte von Anbeginn seiner Geschichte zum bayerischen Nordgau mit dem Zentrum Warberg. Von besonderer Bedeutung waren auch die im Wappen durch den Turm berücksichtigten Burgen im Regental. Der Wellenbalken deutet die geographische Lage im Oberpfälzer Flußsystem an, das Rad gilt den zahlreichen wasserbetriebenen Hammerwerken und der hochindustrialisierten Struktur.

### Struktur des Kreises – Sehenswürdigkeiten

Die fischreichen Flüsse Naab und Regen und die durch den Bau des Eixendorfer Speichersees gebändigte Schwarzach sind die Hauptflüsse des durch viele aufgestaute Weiher und seine „Oberpfälzer Karpfen" bekannten Landkreises. Der Oberpfälzer Wald im Nordosten und das Oberpfälzer Hügelland im Südwesten und ein schmaler Streifen des Bayerischen Waldes im Osten prägen die Landschaft.

Die Große Kreisstadt Schwandorf wurde in den letzten Kriegswochen 1945 zu 57 % zerstört. Heute ist sie eine Industriestadt mit einigen geretteten Sehenswürdigkeiten (z. B. St. Jakob, Wallfahrtskirche Unserer Lieben Frau vom Kreuzberg, die St.-Peter-und-Paul-Kirche im Stadtteil Haselbach). Die zweitgrößte Stadt ist Burglengenfeld. Trotz Verdoppelung der Einwohnerzahl nach Kriegsende hat sich diese stetig weiterentwikkelte Stadt ihren freundlich-gemütlichen Charakter erhalten. Nittenaus barocke Stadtpfarrkirche, die romantische Burg im Pfreimdtal, die Städte Nabburg mit romanischer Kirche und Oberpfälzer Bauernmuseum in Perschen, Neunburg vorm Wald mit dem alljährlichen Leonhardiritt in Seebarn, Markt Schwarzenfeld mit dem Charlottenhofer Weihergebiet, Bodenwöhr am 8 km langen Hammersee, Altendorf mit seinen Angelmöglichkeiten und Pirschangeboten oder Oberviechtach mit seinem Doktor-Eisenbarth-Archiv, Markt Wernberg-Köblitz im Naturpark „Oberpfälzer Wald" – sie alle haben ihren typischen Oberpfälzer Charme, den man vielleicht nicht sofort erkennt, aber dann gern hat.

Regierungsbezirk: Unterfranken. Einwohner: 102788. Fläche: 841 $km^2$. Einwohner je $km^2$: 122. Kfz-Kennzeichen: SW. Kreisverwaltung: Ignaz-Schön-Str. 30, 8720 Schweinfurt. Verwaltungsgliederung: Stadt Gerolzhofen; Märkte Stadtlauringen, Oberschwarzach und Werneck; 25 Gemeinden (Bergrheinfeld, Dingolshausen, Dittelbrunn, Donnersdorf, Euerbach, Frankenwinheim, Geldersheim, Gochsheim, Grafenrheinfeld, Grettstadt, Kolitzheim, Lülsfeld, Michelau i. Steigerwald, Niederwerrn, Poppenhausen, Röthlein, Schonungen, Schwanfeld, Schwebheim, Sennfeld, Sulzheim, Üchtelhausen, Waigolshausen, Wasserlosen, Wipfeld); Verwaltungsgemeinschaft Gerolzhofen (mit der Stadt Gerolzhofen, dem Markt Oberschwarzach und den Gemeinden Dingolshausen, Donnersdorf, Frankenwinheim, Lülsfeld, Michelau i. Steigerwald, Sulzheim); Verwaltungsgemeinschaft Schwanfeld (mit den Gemeinden Schwanfeld, Wipfeld).

### Wappenbeschreibung

Über rotem Schildfuß, darin drei silberne Spitzen, in Gold ein rot bewehrter schwarzer Adler.

### Historische Entwicklung

Der überwiegende Teil des Landkreises gehörte zu den Ämtern Werneck und Mainberg des ehem. Hochstifts Würzburg. Zwischen 1250 und 1339 erwarb Würzburg Schloß und Amt Werneck und übte dort bis zum Untergang der alten Reichsverfassung zu Beginn des 19. Jh. die Rechte der Landesherrschaft aus. Das Amt Mainberg gelangte 1542 durch Kauf von den Grafen von Henneberg unter bischöfliche Botmäßigkeit; wie beim Amt Werneck dauerten auch hier die würzburgischen Rechte bis zum Beginn des 19. Jh. Diese geschichtliche Entwicklung wird durch den „fränkischen Rechen“ (in Silber drei rote Spitzen) als einem hochstiftisch-würzburgischen Symbol im Landkreiswappen verdeutlicht. Neben den würzburgischen Ämtern nahmen verschiedene reichsunmittelbare Orte eine nicht unbedeutende Stellung im heutigen Kreisgebiet ein. Hier sind in erster Linie die nahe Schweinfurt gelegenen Reichsdörfer Sennfeld und Gochsheim zu nennen. Zur Symbolisierung dieser Tatsache steht im Landkreiswappen der Reichsadler. Das Kreiswappen wurde erstmals am 14. Juni 1962 genehmigt; die Wiederverleihung erfolgte am 25. Juli 1974.

### Struktur des Kreises – Sehenswürdigkeiten

Zwischen den Ausläufern der Haßberge und den weiten Wäldern der „Schweinfurter Rhön“ im Norden sowie dem Steigerwald mit dem Zabelstein (489 m über NN) im Südosten bildet der Landkreis mit seiner abwechslungsreichen naturräumlichen Ausstattung einen ausgesprochenen Kontrast zur kreisfreien Industriestadt Schweinfurt, die er gänzlich umschließt. Der am Rande der Haßberge gelegene 33 ha große „Ellertshäuser See“ (Zeltplatz, Wassersport und Bademöglichkeiten) bietet sich für Freizeitgestaltung und Erholung geradezu an und gewinnt immer mehr an Bedeutung für den Fremdenverkehr. Gleiches gilt für den Steigerwald als Urlaubsgebiet mit seinen Spazier- und Wandermöglichkeiten, den Burgruinen Stollburg, Vollburg und Zabelstein sowie einem Aussichtsturm mit Blick weit in den Landkreis bis in das sonnenverwöhnte Maintal, an dessen Hängen wie auch im Steigerwald der durch seine Qualität und den Bocksbeutel bekannte wohlschmekkende, würzige Frankenwein gedeiht.

Sehenswert sind die Stadt Gerolzhofen, das „Gastliche Tor zum Steigerwald“, der Markt Werneck mit dem von Balthasar Neumann erbauten Schloß, die in vielen Orten liebevoll erhaltenen alten Rathäuser und Fachwerkbauten im typisch fränkischen Stil sowie zahlreiche Kirchen und Schlösser von kulturhistorischer Bedeutung.

Regierungsbezirk: Oberbayern. Einwohner: 111094. Fläche: 488 km². Einwohner je km²: 227. Kfz-Kennzeichen: STA. Kreisverwaltung: Vogelanger 2, 8130 Starnberg. Verwaltungsgliederung: 14 Einheitsgemeinden (Andechs, Berg, Feldafing, Gauting, Gilching, Herrsching am Ammersee, Inning am Ammersee, Krailling, Pöcking, Seefeld, Starnberg, Tutzing, Weßling, Wörthsee).

### Wappenbeschreibung

Den bayerischen Rauten aufgelegt oben ein schreitender goldener Löwe, unten ein goldener Adler.

### Historische Entwicklung

Im Gebiet des heutigen Landkreises Starnberg weisen Hügelgräber aus der Bronze- und Hallstattzeit auf die frühe Besiedelung hin. Die von Augsburg nach Salzburg führende Römerstraße durchquerte das Kreisgebiet. Urkundliche Erwähnungen von Ortschaften reichen bis in das 8. Jh. zurück, als der Agilolfinger Tassilo III. (748–788) in Bayern herrschte. Bis ins 13. Jh. hinein konnten die Grafen von Andechs-Meranien ihre dominierende Stellung fast im gesamten Starnberger Raum ausbauen. Ihre Wappentiere – Adler und Löwe – fanden somit Eingang in das Kreiswappen ebenso wie die wittelsbachischen „Wecken“. Denn in den Jahren 1246/48 verdrängten die Wittelsbacher Landesherren die Andechser aus dem Starnberger Gebiet, und die Andechser Stammburg wurde zerstört. –
Die Entstehung des Landkreises setzt mit der Formierung des Bezirksamtes München II ein, das die Amtsgerichte Starnberg und Wolfratshausen umfaßte. Als Prinzregent Luitpold am 1. Oktober 1902 beide Bezirke trennte, entstand das seit 1939 als Landkreis bezeichnete selbständige Verwaltungsgebiet, dessen Grenzen auch die Gebietsreform vom 1. Juli 1972 unverändert überdauerten. Das am 17. März 1960 erstmals genehmigte Kreiswappen wurde deshalb nach Neugenehmigung vom 24. Oktober 1972 unverändert übernommen.

### Struktur des Kreises – Sehenswürdigkeiten

Der im Südwesten der Landeshauptstadt gelegene, voralpenländische Landkreis ist ein bevorzugtes Naherholungsgebiet im Großraum München. Nicht zuletzt tragen dazu der Starnberger See im Süden des Kreisgebietes und der die Westgrenze bildende Ammersee bei. Schließlich sind noch der Pilsen-, Wörthsee und Weßlinger See als reizvolle Erholungsgebiete zu nennen.
Zu den bedeutendsten Sehenswürdigkeiten zählen: Kloster Andechs (Klosterkirche 1420–1430 erbaut, 300 Jahre später durch Johann Baptist Zimmermann gründlich erneuert und mit Rokoko-Ausstattung versehen. Das berühmte Andechser Bier der Klosterbrauerei, seit 1455, wird nicht nur im beliebten Bräustüberl ausgeschenkt, sondern auch weltweit exportiert), Votivkapelle Berg (Erinnerungsstätte an König Ludwig II.); die Schlösser Berg, Possenhofen, Tutzing, Starnberg, Seefeld und Leutstetten, das Heimatmuseum Starnberg, das für wissenschaftliche Interessenten zugängliche Käfermuseum in Tutzing, der Bismarckturm in Berg und das Kurparkschlößchen Herrsching lohnen einen Besuch.
64 % der Gesamtfläche sind ausgewiesene Landschafts- und Naturschutzgebiete. Fremdenverkehrsamt des Landkreises Starnberg: Fremdenverkehrsverband Fünfseenland, Wittelsbacher Straße 9a, 8130 Starnberg.

Regierungsbezirk: Niederbayern. Einwohner: 79478. Fläche: 1203 $km^2$. Einwohner je $km^2$: 66. Kfz-Kennzeichen: SR. Kreisverwaltung: Leutnerstraße 15, 8440 Straubing. Verwaltungsgliederung: 37 kreisangehörige Gemeinden (Aholfing, Aiterhofen, Ascha, Atting, Stadt Bogen, Falkenfels, Feldkirchen, Stadt Geiselhöring, Haibach, Haselbach, Hunderdorf, Irlbach, Kirchroth, Konzell, Laberweinting, Leiblfing, Loitzendorf, Markt Mallersdorf, Pfaffenberg, Mariaposching, Markt Mitterfels, Neukirchen, Niederwinkling, Oberschneiding, Parkstetten, Perasdorf, Perkam, Rain, Rattenberg, Rattiszell, Salching, Sankt Englmar, Markt Schwarzach, Stallwang, Steinach, Straßkirchen, Wiesenfelden, Windberg).

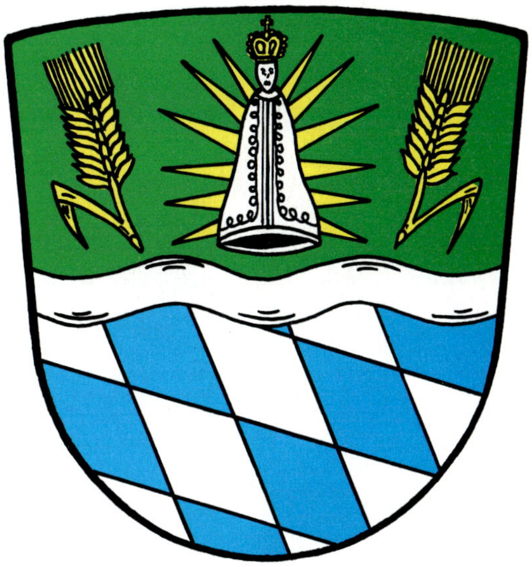

### Wappenbeschreibung

Durch eine silberne Wellenleiste geteilt: oben in Grün die silbern gekleidete und golden gekrönte Madonna vom Bogenberg in goldenem Strahlenglanz, beseitet rechts von einer schräggestellten goldenen Ähre und links von einer schräglinks gestellten goldenen Ähre; unten die bayerischen Rauten.

### Historische Entwicklung

Bald nach der Eroberung des Landes durch die Römer um Christi Geburt entstand im Osten von Straubing ein bedeutender Militärstützpunkt. Für die Versorgung dieses Kastells sorgten Gutshöfe im gesamten Umland. Aus einer dieser „villae rusticae" stammt der berühmte römische Schatzfund vom Alburger Hochweg. Das germanische Gräberfeld von Friedenhain aus dem 4. Jh. und der Friedhof auf den Stadtäckern im Westen von Straubing sind Schlüsselstellen der archäologischen Forschung zur Stammesbildung der Bajuwaren. Ein neues Kapitel in der Entwicklung und Geschichte des Kreisgebietes begann mit den Grafen von Bogen im 11. Jh. Zugleich mit dem Herrschaftsraum der Grafen kam auch ihr silbern-blaues Rautenwappen an die Wittelsbacher und damit in das bayerische Wappen. Der Landkreis Straubing-Bogen darf deshalb für sich in Anspruch nehmen, die Heimat des bayerischen Rautenwappens zu sein. Noch heute erinnern daran die Rauten im Kreiswappen vom 8. April 1974. Sie verweisen aber auch auf die altbayerische Ämterorganisation im Kreisgebiet. Als Sinnbild für den als „Kornkammer Bayerns" bezeichneten Gäuboden enthält das Wappen die goldenen Ähren in Grün. Das Madonnenbild versinnbildlicht die alte Marienwallfahrt auf dem Bogenberg, während die Wellenleiste auf die Flüsse Donau und Laber Bezug nimmt. Der heutige Landkreis wurde 1972 aus den Kreisen Bogen und Straubing sowie u. a. aus dem Großteil des Landkreises Mallersdorf formiert.

### Struktur des Kreises – Sehenswürdigkeiten

Das Urlaubsgebiet beidseits der Donau wird geprägt durch die Mittelgebirgslandschaft des Bayerischen Waldes im Norden und die fruchtbare Ebene des „Gäubodens", der Kornkammer Bayerns, im Süden. Ein Wanderwegnetz von 350 km Länge und vielfältige Naturschönheiten locken neben zahlreichen Kulturdenkmälern und Sehenswürdigkeiten die Besucher. Das Prämonstratenserkloster Windberg (1140 – 1745) hat eine kunstgeschichtlich bedeutsame Rokokokirche, die ehemalige Benediktinerabtei Oberalteich (1631) bei Bogen besitzt mit ihrer Kirche eine der bedeutendsten Kunststätten des niederbayerischen Barock. Die Klosterkirche Mallersdorf mit faszinierendem Rokokoaltar (1768) von Ignaz Günther muß genannt werden. Hingewiesen sei auf die vielerorts anzutreffenden Kapellen, Wegmarterl, Burgen und malerischen Bauernhäuser. Sehenswert sind die Heimatmuseen in Straubing und Bogen. Religiöses Brauchtum wird hier gepflegt: Am Pfingstsonntag findet die „Prozession mit der langen Stange" auf den Bogenberg statt, eine Kerzenwallfahrt mit über 500jähriger Tradition, und am Pfingstmontag gibt es in Sankt Englmar das „Englmari-Suchen" als Reiterprozession. Heimatabende, Standkonzerte, Trachten- und Musikfeste, Fahnenweihen, Bauerntheater und Nachtfackelwanderungen mit Hüttenzauber sorgen für Unterhaltung und Zerstreuung. Der Landkreis Straubing-Bogen eignet sich besonders für den Urlaub mit der ganzen Familie – in ländlicher Idylle.

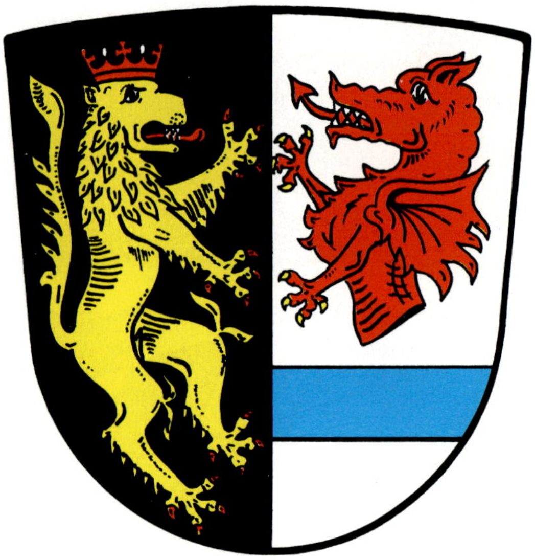

Regierungsbezirk: Oberpfalz. Einwohner: 76584. Fläche: 1086,46 km². Einwohner je km²: 70. Kfz-Kennzeichen: TIR. Kreisverwaltung: Mähringer Str. 7, 8593 Tirschenreuth. Verwaltungsgliederung: 13 Einheitsgemeinden (Bärnau, Erbendorf, Friedenfels, Fuchsmühl, Immenreuth, Konnersreuth, Kulmain, Mähring, Neualbenreuth, Plößberg, Tirschenreuth, Waldershof, Waldsassen). 5 Verwaltungsgemeinschaften mit 13 Mitgliedern (Kemnath, Kastl; Krummennaab, Reuth b. Erbendorf; Mitterteich, Leonberg, Pechbrunn; Neusorg, Brand, Ebnath, Pullenreuth; Wiesau, Falkenberg).

### Wappenbeschreibung

Gespalten von Schwarz und Silber; vorne ein linksgewendeter, rot bekrönter und rot bewehrter goldener Löwe, hinten über einem gesenkten blauen Balken ein golden bewehrter roter Drachenrumpf.

### Historische Entwicklung

Einige vorgeschichtliche Funde beweisen, daß im Gebiet des heutigen Landkreises Tirschenreuth sich schon frühzeitig Menschen aufgehalten haben. Die ersten urkundlichen Nennungen beginnen 1008 für Kemnath, 1061 für den Südrand des Fichtelgebirges mit der Straße nach Eger und 1133 mit der Gründung des Klosters Waldsassen. Während das Gebiet des ehemaligen Landkreises Tirschenreuth (vor 1972) im Laufe der Jahrhunderte als Stiftland Waldsassen zu einer Einheit sich formte, in der nur wenige andere Besitzungen waren, nahm das Land um Kemnath-Kastl-Erbendorf seinen Weg über die kurpfalz-baierische Staatsgestaltung, endend schließlich allesamt im bayerischen Staat von 1806. Der goldene Löwe im Landkreiswappen (genehmigt am 1. März 1974) weist auf die rheinpfälzischen Kurfürsten und auf ihr Land in Bayern – der Oberen Pfalz – hin und bezieht sich auf das bereits im 13. Jh. entstandene, kurpfälzisch und kurbayerisch gewordene Amt Waldeck-Kemnath, das im wesentlichen unverändert im 19. Jh. Landgericht, dann Bezirksamt und schließlich zum Landkreis Kemnath wurde. Der Drache bringt die nordgauischen Markgrafen der Diepoldinger in Erinnerung; er war durch Jahrhunderte Teil des Wappens des Klosters Waldsassen. Der blaue Balken ist das Wappenzeichen der Landgrafen von Leuchtenberg, die bereits im 13. Jh. die Herrschaft Waldeck besaßen und denen auch im Stiftland Waldsassen Lehen gehörten.

### Struktur des Kreises – Sehenswürdigkeiten

Es führt kein Weg vorbei an der Basilika zu Waldsassen, einem Dientzenhofer Bau, am Bibliothekssaal des Klosters Waldsassen mit seinen lebensgroßen, in Holz geschnitzten Figuren aus der Welt des Buches, an der Wallfahrtskirche Kappl, dem Rundbau Georg Dientzenhofers. Tirschenreuth und Kemnath, Erbendorf, Wondreb, Bärnau, Beidl – nur einige Orte auf der vielfältigen Palette von Kunst und Kultur im Landkreis.

Das Naturschutzgebiet Waldnaabtal, das Wondrebtal, die Heusterz bei Tirschenreuth, Armesberg und Waldecker Schloßberg, Steinwald und Fichtelgebirge sind die Perlen im Landkreis. In der Gegend um Waldsassen und Kemnath sieht man viele der sogenannten „Stiftlandsäulen“ (Steinsäulen mit einem Tabernakel, das als offenes Gehäuse ein Bildwerk umschließt) und einer Kugel mit Kreuz. Sie künden die Zugehörigkeit zum Stift Waldsassen.

Im Landkreis hat man die größten Kaolinlagerstätten Mitteleuropas sowie Uranerzvorkommen entdeckt, deren Abbau derzeit zwar eingestellt ist, aber in der Zukunft von Bedeutung für den Landkreis werden kann. Die Infrastruktur wurde zugunsten wirtschaftlicher Entwicklung laufend verbessert.

Regierungsbezirk: Oberbayern. Einwohner: 143000. Fläche: 1538 km². Einwohner je km²: 93. Kfz-Kennzeichen: TS. Kreisverwaltung: Ludwig-Thoma-Str. 3, 8220 Traunstein. Verwaltungsgliederung: 20 Einheitsgemeinden (Altenmarkt a. d. Alz, Fridolfing, Grabenstätt, Grassau, Inzell, Kirchanschöring, Palling, Reit im Winkl, Ruhpolding, Schleching, Schnaitsee, Seeon-Seebruck, Siegsdorf, Surberg, Tittmoning, Traunreut, Traunstein, Trostberg, Übersee, Unterwössen) und 6 Verwaltungsgemeinschaften (Bergen, Chieming, Marquartstein, Obing, Tacherting, Waging a. See) mit 15 Mitgliedsgemeinden.

## Wappenbeschreibung

Gespalten und hinten geteilt: vorne in Silber ein rot bewehrter und feuerspeiender blauer Panther; hinten oben in Gold ein rot bewehrter schwarzer Adler, unten in Rot auf grünem Dreiberg eine zweitürmige silberne Burg, hinter der ein grüner Baum aufwächst.

## Historische Entwicklung

Das Wappen des Landkreises Traunstein setzt sich aus den Wappen dreier früherer Gebietsherren des Kreisgebietes zusammen. Die vordere Schildhälfte zeigt den Panther der Grafen von Kraiburg-Ortenburg aus dem Hause Spanheim. Seit dem 12. Jh. besaßen die Grafen Besitzungen im Chiemgau. Der Markt Trostberg wurde von ihnen um das Jahr 1225 gegründet. Die ursprüngliche Farbgebung des Panthers ist unklar; im Kreiswappen wird das Farbtier blau wiedergegeben wie auch im Wappen des Freistaates Bayern. Der Adler im hinteren oberen Viertel des Kreisemblems erinnert an das vormalige Bistum Chiemsee, zu dem früher der Chiemgau gehörte. Das „sprechende" Motiv im letzten Schildviertel symbolisiert das Augustiner-Chorherrenstift Baumburg. Der Landkreis Traunstein entstand aus den Distrikten Traunstein und Trostberg und erfuhr nach ungefähr 125jähriger Lebenszeit 1972 durch die bayerische Kreisreform eine wesentliche Vergrößerung. 18 Gemeinden aus dem ehemaligen Landkreis Laufen, dazu drei aus Mühldorf am Inn und die kreisfreie Stadt Traunstein wurden dem neuen Landkreis Traunstein eingegliedert. Das erstmals am 21. 3. 1955 amtlich genehmigte Wappen wurde dem Großkreis am 14. Mai 1976 erneut verliehen.

## Struktur des Kreises – Sehenswürdigkeiten

See-, Fluß- und Hügellandschaften bestimmen das Landschaftsbild im nördlichen Teil, die Chiemgauer Alpen den südlichen. Die Autobahn München-Salzburg gibt schon einen Eindruck von dieser Landschaft, die mit ihrem „Bayerischen Meer", dem 80 km² großen und bis zu 73 m tiefen Chiemsee, von den Wassersportlern ebenso geliebt wird wie Oberwössen und Reit im Winkl mit der Winklmoos Alm als besonders schneesicher von Wintersportlern bevorzugt werden. Der im Osten des Landkreises gelegene Waginger See wird als wärmster See Bayerns gelobt. Traunstein, einst durch den Salzhandel reich geworden, verlor durch den großen Brand 1851 sein altes Gesicht. Heute ist die Kreisstadt eine moderne Einkaufs- und Behördenstadt. Traunreut, auf dem Gelände eines ehemaligen Rüstungswerkes nach dem Zweiten Weltkrieg durch Heimatvertriebene aus dem Boden gestampft, ist heute die größte Industriestadt des Landkreises. Auch in Trostberg ist Industrie zu Hause. Die Altstadt zeigt die Häuser des Inn-Stadt-Typus mit den über die Dächer hinaus hochgezogenen, horizontal abschließenden Fassaden, vorn oft mit Erkern aufgelockert, und den Arkaden im Erdgeschoß. Solche Häuser finden sich auch in Tittmoning. Ruhpolding und Inzell sind als Wintersport- und Luftkurorte zu nennen. Insgesamt 13 Gemeinden tragen das Prädikat „Luftkurort". In der Landwirtschaft dominieren die Rinder, aber die Zucht der blonden Haflinger-Pferde spielt eine große Rolle. Industrie und Gewerbe sind gut vertreten. Europas größte Leuchtenfabrikationsstätte, das Siemens-Leuchtenwerk, ist in Traunreut angesiedelt. Und daß auch Käse aus dem äußersten Südosten Bayerns und der Bundesrepublik „exportiert" wird, beweist allein schon der so schnell beliebt gewordene „Bavaria Blu".

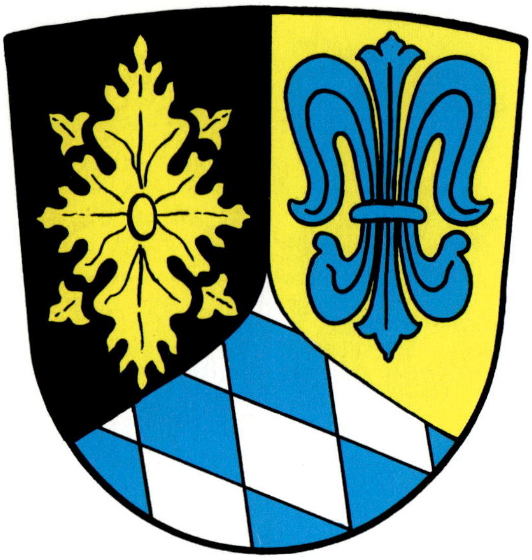

Regierungsbezirk: Schwaben. Einwohner: 115022. Fläche: 1230,34 km². Einwohner je km²: 93. Kfz-Kennzeichen: MN. Kreisverwaltung: Bad Wörishofer Straße 33, 8948 Mindelheim. Verwaltungsgliederung: 8 Einheitsgemeinden (Bad Wörishofen, Buxheim, Ettringen, Markt Rettenbach, Markt Wald, Mindelheim, Sontheim, Tussenhausen) und 11 Verwaltungsgemeinschaften (Babenhausen, Boos, Dirlewang, Erkheim, Grönenbach, Kirchheim i. Schw., Illerwinkel in Legau, Memmingerberg, Ottobeuren, Pfaffenhausen, Türkheim).

### Wappenbeschreibung

Durch eine eingeschweifte, gesenkte Spitze mit den bayerischen Rauten gespalten von Schwarz und Gold; vorne eine goldene Rosette, hinten eine blaue Lilie.

### Historische Entwicklung

Mit dem Untergang des alten Herzogtums Schwaben nach dem Tode des letzten Hohenstaufers 1268 war dem Schwabenland der Weg zu bunter Vielfalt vorgezeichnet. Im südlichen Teil des heutigen Landkreises dominierte die alte Reichsabtei Ottobeuren, deren Wappenfigur – die Rosette – im neuen Landkreiswappen vom 12. September 1974 steht. Unter den weltlichen Herrschaftsträgern ragte das Haus Fugger mit den Schwerpunkten Kirchheim i. Schwaben und Babenhausen hervor. Die Fugger besaßen als Wappenbild eine Lilie. Da die Herrschaften Mindelheim und Türkheim bereits seit dem 17. Jh. in enger Beziehung zum Herzogtum Bayern standen, wurden die Rauten übernommen, die auch die Kontinuität der bayerischen Verwaltungsorganisation in Schwaben seit dem frühen 19. Jh. dokumentieren sollen. Nachdem infolge der Napoleonischen Kriege die Landeshoheit in den Jahren 1802 bis 1806 an Bayern übergegangen war, wurden schließlich 1848 auch noch die grundherrlichen Rechte vom bayerischen Staat übernommen: Die Patrimonialgerichte der Grundherren wurden aufgehoben, und die Pächter des Bodens wurden zu Grundeigentümern. Am 1. 7. 1862 errichtete der bayerische Staat die Bezirksämter, aus denen die Landkreise hevorgingen. Es entstanden die Landkreise Memmingen und Mindelheim, die dann 1972 unter Einbeziehung des südöstlichen Teiles des Kreises Illertissen zum Landkreis Unterallgäu zusammengefaßt wurden.

### Struktur des Kreises – Sehenswürdigkeiten

Ursprünglich ländlichen Charakters ist das Unterallgäu auf dem Weg zu einem gesund gegliederten gewerblichen Wirtschaftsraum, in dem sich Industrie, Handel und Gewerbe stark entwickelt haben. Die Landwirtschaft nimmt jedoch noch immer einen wichtigen Platz ein. Milchwirtschaft und Viehzucht herrschen vor. Mit 200000 Rindern ist der Landkreis das viehreichste Gebiet Bayerns.

Bad Wörishofen, die einstige Wirkungsstätte des Pfarrers Sebastian Kneipp, entwickelte sich zu einem weltbekannten Kurort. Auch die Kurbetriebe in Ottobeuren und Grönenbach haben dazu beigetragen, den Fremdenverkehr stark anwachsen zu lassen.

Aber nicht minder waren es die Schätze, über die der Landkreis verfügt. Bauwerke aus vielen Jahrhunderten prägen das Bild entscheidend mit. So die Ottobeurer Barock-Basilika, die zur 1000-Jahr-Feier der Benediktinerabtei 1766 eingeweiht wurde und in der jährlich Tausende von Musikbegeisterten den Ottobeurer Konzerten lauschen. Genannt werden müssen Schloß Kirchheim mit dem Zedernsaal oder das Illerbeurer Bauernhofmuseum, der mit Sorgfalt renovierte Stadtkern innerhalb des ehemaligen Stadtgrabens der Kreisstadt Mindelheim, das Kartäuserkloster (1402) in Buxheim, das gewaltige Fuggerschloß in Babenhausen, das 1541 Anton Fugger erbaute, um nur einige Beispiele aus dem reichen Angebot liebevoll restaurierter Privathäuser, barocker Dorfkirchen, stattlicher gepflegter Bauernhöfe oder grün umrankter Marterl am Wege zu nennen.

Regierungsbezirk: Oberbayern. Einwohner: 108 056. Fläche: 966,35 km². Einwohner je km²: 112. Kfz-Kennzeichen: WM. Kreisverwaltung: Pütrichstraße 8, 8120 Weilheim i. OB. Verwaltungsgliederung: 10 Einheitsgemeinden (Bernried, Hohenpeißenberg, Markt Peißenberg, Markt Peiting, Stadt Penzberg, Polling, Stadt Schongau, Stadt Weilheim i. OB, Wessobrunn, Wielenbach); 8 Verwaltungsgemeinschaften (Altenstadt, Bernbeuren, Habach, Huglfing, Pähl-Raisting, Rottenbuch, Seeshaupt, Steingaden).

### Wappenbeschreibung

Unter goldenem Schildhaupt, darin ein schreitender, herschauender, rot bewehrter und rot gezungter schwarzer Löwe, in Blau ein wachsender goldener Abtsstab, dem ein silberner Schlägel und ein silberner Hammer schräggekreuzt unterlegt sind.

### Historische Entwicklung

Der Doppellandkreis Weilheim-Schongau entstand im Jahre 1972 im wesentlichen aus den beiden namensgebenden Altlandkreisen. In dieser Region konnten die ersten festen Siedlungen für die Bronzezeit (1800–1200 v. Chr.) nachgewiesen werden (Hügelgräber). Den keltischen Stämmen der Vindelicier und Likatier folgten im ersten nachchristlichen Jahrhundert die Römer, die unter anderem die Militärstation Abodiacum (Epfach) anlegten. Nach einer Besiedlungslücke in der Völkerwanderungszeit ergriffen die Bajuwaren und die Alemannen vom Lande Besitz. Als die Grafschaften im Hochmittelalter zu erblichen Lehen wurden, erlangten die Welfen im westlichen Landkreisterritorium die Macht (Altenstadt und Burg Peiting). Nach dem Erlöschen der welfischen Herren war der Raum für knapp ein Jahrhundert staufisch, auf sie folgten 1268 die Wittelsbacher. Im Osten dominierten bis 1248 die Grafen von Andechs-Meranien, dann fiel deren Besitz ebenfalls an die bayerischen Landesherren. Seither lag die Verwaltungshoheit bei den Pflegämtern und Landgerichten Schongau und Weilheim, die die Fortentwicklung mit den übrigen altbayerischen Ämtern teilten. Im Hoheitszeichen des Kreises, das am 21. Mai 1974 die regierungsamtliche Zustimmung fand, deutet der hersehende Löwe im Schildhaupt die staufische Epoche an; die wittelsbachischen Nachfolger werden durch die silbern-blauen Farben im unteren Teil des Wappens berücksichtigt. Auf die geistig-kulturelle Bedeutung der früheren Klöster Wessobrunn, Polling, Habach, Bernried und anderer weist der Abtsstab hin, das Bergmannswerkzeug („Gezäh") ruft die frühere wirtschaftliche Bedeutung des Kohlebergbaus in Peiting, Penzberg und Peißenberg in Erinnerung.

### Struktur des Kreises – Sehenswürdigkeiten

Mit der Postkutsche kann man auch heutzutage durch den „Pfaffenwinkel", dieses kunsthistorisch reiche Land im Alpenvorland, reisen. Zeit nehmen sollte man sich jedenfalls, um allein das anzuschauen, was hier nur als kleine Auswahl aufgeführt werden kann: Schongau mit dem Wehrgang und der Stadtpfarrkirche Mariä Himmelfahrt, Altenstadt mit der romanischen Basilika, Weilheim mit einer der ersten deutschen Barockkirchen, der ebenfalls Mariä Himmelfahrt genannten Stadtpfarrkirche, Raisting mit der imposanten Erdfunkstelle der Deutschen Bundespost, Penzberg, das neben Kirchen ein Bergbau-Museum präsentiert, in Polling der einzigartige Bibliothekssaal, aber dann die Klöster Rottenbuch mit der dreischiffigen Basilika, Steingaden, dessen Münster alle Stilepochen seit der Romanik enthält, Wessobrunn, der Ausgangspunkt des bayerischen Barock. Und sicherlich ein Höhepunkt die Wieskirche des Dominikus Zimmermann, die als die schönste Rokokokirche Deutschlands gilt. Ein stimmungsvolles Wander- und Erholungsgebiet sind die Osterseen südlich des Starnberger Sees. Den Wanderer führen die Fernwanderwege „König-Ludwig-Weg", „Lech-Höhenweg" und der „Prälatenweg" durch eine reizvolle Landschaft, die zu allen Jahreszeiten erlebnisreiche Streifzüge garantiert. Rund 80 Prozent der Beschäftigten sind in der Kreisstadt Weilheim, der Lechmetropole Schongau, in Penzberg, Peißenberg oder Peiting tätig, während auf dem Lande Milchwirtschaft, Viehzucht und Forstwirtschaft das Erwerbsleben bestimmen.

Regierungsbezirk: Mittelfranken. Einwohner: 84011. Fläche: 970,74 km². Einwohner je km²: 87. Kfz-Kennzeichen: WUG. Kreisverwaltung: Landratsamt, Friedrich-Ebert-Straße 18, 8832 Weißenburg i. Bay. Verwaltungsgliederung: 8 kreisangehörige Gemeinden (Gunzenhausen, Langenaltheim, Pappenheim, Pleinfeld, Polsingen, Solnhofen, Treuchtlingen, Weißenburg i. Bay.) und weitere 19 Gemeinden in 5 Verwaltungsgemeinschaften (VG Altmühltal, VG Gunzenhausen, VG Hahnenkamm, VG Nennslingen, VG Ellingen).

## Wappenbeschreibung

Über Schildfuß, darin Eisenhutfeh von Silber und Blau, gespalten; vorne dreimal geteilt von Rot und Gold, hinten in Gold ein halber, rot bewehrter schwarzer Adler am Spalt.

## Historische Entwicklung

Der Landkreis entstand in seinen heutigen Grenzen am 1. Juli 1972 durch die Zusammenlegung der Kreise Gunzenhausen und Weißenburg in Bayern unter Einbeziehung der bis dahin kreisfreien Stadt Weißenburg in Bayern. Aus dem Wappen des ehemaligen Landkreises Gunzenhausen übernahm der Großlandkreis die Dreifachteilung von Rot und Gold. Dies war das Wappenbild der 1424 ausgestorbenen Grafen von Truhendingen; es wurde vom hohenzollerschen Oberamt Hohentrüdingen der Markgrafschaft Brandenburg-Ansbach übernommen. Wie das Wappen des ehemaligen Kreises Weißenburg in Bayern zeigt auch das neue Kreiswappen das silbern-blaue „Eisenhutfeh". Dieses stand im Schild der Grafen von Pappenheim, welche ihren Machtschwerpunkt im südlichen Bereich des Kreises Weißenburg-Gunzenhausen besaßen.
Da die frühere Reichsstadt Weißenburg 1972 in den neuen Landkreis inkorporiert wurde und hier die Kreisverwaltung ihren Sitz hat, wurde aus dem Wappen der Stadt der Reichsadler übernommen. Die Regierung von Mittelfranken gab am 8. März 1976 ihre Genehmigung zur Führung des neuen Kreiswappens, das am 1. Dezember 1975 vom Kreistag gutgeheißen worden war.

## Struktur des Kreises – Sehenswürdigkeiten

Im Gebiet des Landkreises treffen die Stämme der Franken und Schwaben mit den Bayern zusammen, was am Dialekt der Bewohner deutlich zu hören ist. Im „fränkischen Norden" entdeckt man feingliederige, spitzgezogene Kirchtürme, steile, zum Teil abgestufte Dächer, hinter denen sich Hopfenböden verbergen. Im Kontrast dazu steht im Südosten des Landkreises das Altmühl-Jurahaus mit seinem Legschieferdach. Der Naturpark „Altmühltal" mit fast 3000 km² Fläche ist der größte Naturpark Deutschlands. Die Erstellung des „Altmühlsees" nördlich von Gunzenhausen und des „Brombachsees" (etwa so groß wie der Tegernsee) sind neben dem „Hahnenkammsee" bedeutende Faktoren für den Fremden- und Naherholungsverkehr. Wenn auch die Land- und Forstwirtschaft noch starkes Gewicht hat, so hat die Industrie nach dem Zweiten Weltkrieg mit den kunststoffverarbeitenden Betrieben neben Textil- und Bekleidungsindustrie und dem Maschinenbau beachtlich gewonnen. Nach wie vor spielen Steine und Erden eine wichtige Rolle: das Solnhofener „Steinbruchgebiet" und seine weltweit berühmt gewordenen Versteinerungen (Archaeopterix). Jüngeren Datums ist der Rest jenes „Karlsgrabens", mit dem schon Karl der Große 793 versuchte, den Main und die Donau zu verbinden.
Ellingen (899 erstmals erwähnt) ist Sitz des Deutschordensschlosses (mit Deutschordensmuseum), mit dessen Bau 1708 der Deutsche Orden begonnen hatte, der hier seit dem 14. Jh. mit der Ballei Franken ansässig war.

Regierungsbezirk: Unterfranken. Einwohner: 138450. Fläche: 967,54 km². Einwohner je km²: 143. Kfz-Kennzeichen: WÜ. Kreisverwaltung: Zeppelinstraße 15, 8700 Würzburg. Verwaltungsgliederung: 52 Gemeinden, davon 34 in 12 Verwaltungsgemeinschaften (Aub, Bergtheim, Eibelstadt, Eisingen, Estenfeld, Giebelstadt, Helmstadt, Hettstadt, Kirchheim, Kist, Margetshöchheim, Röttingen). Von den 52 Gemeinden sind 4 Gemeinden Städte (Aub, Eibelstadt, Ochsenfurt, Röttingen).

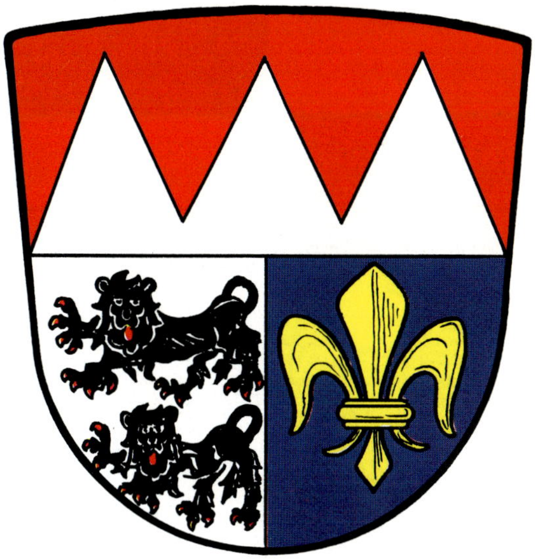

### Wappenbeschreibung

Geteilt und unten gespalten: oben in Rot drei silberne Spitzen; unten vorne in Silber übereinander zwei schreitende, herschauende, rot bewehrte schwarze Löwen; hinten in Blau eine goldene Lilie.

### Historische Entwicklung

Das heutige Kreisgebiet gehörte nach der Eroberung durch die Franken zum fränkisch-thüringischen Großherzogtum. Viel Besitz befand sich in geistlichen Händen: des Bistums Würzburg, der Abtei Fulda, des Burkardus-Klosters Oberzell und dem Kartäuserkloster Engelgarten.
Zahlreiche Burgen und Burgruinen zeugen aber auch von den glanzvollen Seiten der Ritter- und Adelsgeschlechter, die wie die Bürgerschaften den mächtigen Fürsten und Bischöfen zu trotzen wagten. Die Machtkämpfe zwischen den Bischöfen und den um die Reichsunmittelbarkeit ringenden Städten endeten im Jahre 1400 mit der Schlacht bei Bergtheim, in der das Bürgerheer vernichtend geschlagen wurde. Zu Beginn des 19. Jh. wurde das Frankenland dem zum Königreich erhobenen, wittelsbachischen Bayern durch ein Machtwort Napoleons einverleibt. Aus den verschiedenen Gebiets- und Verwaltungsreformen gingen schließlich die beiden Landkreise Würzburg und Ochsenfurt hervor, die 1972 zusammen mit weiteren Gemeinden aus benachbarten Kreisen zum heutigen Landkreis Würzburg zusammengefaßt wurden. Im Wappen des Landkreises, das am 13. Dezember 1974 genehmigt wurde, verweist der „fränkische Rechen“ auf das Hochstift und Domkapitel Würzburg als mittelalterlichen Gebietsherren. Die herschauenden hohenlohischen Löwen symbolisieren die einst bedeutende weltliche Herrschaft Limpurg-Speckfeld, bis 1412 Hohenlohe-Speckfeld. Die Lilie bezieht sich auf die ehemalige Grundherrschaft des Ritterstiftes St. Burkard.

### Struktur des Kreises – Sehenswürdigkeiten

„Bayerns Weinwinkel in fränkischer Kulturlandschaft“ liegt im Herzen der Bundesrepublik Deutschland im nördlichen Teil Bayerns. Bekannte Ferienstraßen – „Romantische Straße“, „Bocksbeutelstraße“, „Deutsche Ferienstraße Alpen-Ostsee“ – führen mitten durch dieses verkehrsgünstig erreichbare Feriengebiet. In direkter Nachbarschaft liegen so bekannte Städte wie Rothenburg ob der Tauber, Bad Mergentheim und Volkach sowie die Erholungsgebiete Spessart, Rhön und Steigerwald. Den Mittelpunkt bildet die geschichtsträchtige Bischofs- und Universitätsstadt Würzburg.
Das Maintal: Großzügige Weinberganlagen, Kirchen und Schlösser – darunter die barocke Fürstbischöfliche Sommerresidenz Schloß Veitshöchheim (1680/82) mit dem Treppenhaus von Balthasar Neumann (1749/53) und den weitbekannten Putten im Rokoko-Garten –, mittelalterliche Dörfer und Städte mit Stadtbefestigungen und Wehrtürmen, Weinstuben und Weinfesten, vielfältige Freizeitangebote, nicht zuletzt auf dem Main, charakterisieren dieses Tal. Das Taubertal und der Gollachgrund: Auch hier reizvolle Wander- und Radwanderwege, Bootsfahrten, unterhaltsame Wein- und Bierfeste. In Aub ist vor allem die Pfarrkirche Mariä Himmelfahrt (17. Jh.) mit der Kreuzigungsgruppe von Tilman Riemenschneider sehenswert. Der archäologische Wanderpfad und die Festspiele in Röttingen und Giebelstadt sind weitere Anziehungspunkte. Gäuplatten im Maindreieck: Der Gramschatzer Wald mit 40 km Wanderwegnetz und das Naherholungsgebiet Kürnachtal sind hier zu nennen, im westlichen Landkreis der reiche Waldbestand im Aalbachtal und Guttenberger Wald.

Regierungsbezirk: Oberfranken. Einwohner: 89600. Fläche: 606 km². Einwohner je km²: 148. Kfz-Kennzeichen: WUN. Kreisverwaltung: Jean-Paul-Straße 9, 8592 Wunsiedel 1. Verwaltungsgliederung: 17 kreisangehörige Gemeinden (Arzberg, Bad Alexandersbad, Höchstädt b. Thiersheim, Hohenberg a. d. Eger, Kirchenlamitz, Marktleuthen, Marktredwitz [Große Kreisstadt], Nagel, Röslau, Schirnding, Schönwald, Selb [Große Kreisstadt], Thiersheim, Thierstein, Tröstau, Weißenstadt, Wunsiedel).

### Wappenbeschreibung

Unter von Silber und Schwarz geviertem Schildhaupt gespalten von Gold und Rot; vorne ein rot bezungter schwarzer Adler am Spalt; hinten ein silbernes Hirschgeweih.

### Historische Entwicklung

Im Gebiet des heutigen Landkreises Wunsiedel i. Fichtelgebirge weisen typische Steinwerkzeuge, Steingeräte und Bruchstücke vorgeschichtlicher Keramik auf die frühe Besiedlung hin. Die Funde an der „Ruhstatt" beweisen, daß eine kleine Siedlergemeinschaft schon um 2000 v. Chr. bestand. Dort führte auch ein uralter Fernweg in typischer Höhenlage vorüber, der seit der frühgeschichtlichen Zeit Franken und Böhmen verband. Eine Dauerbesiedlung des heutigen Landkreisgebietes setzte aber erst um das Jahr 1000 nach Christi ein. Deshalb stammen auch die ältesten urkundlichen Erwähnungen verschiedener Ortschaften aus dieser Zeit. Die Grafen von Hohenzollern begannen ihre in Franken dominierende Stellung ab 1285 im gesamten Fichtelgebirgsraum, dem „Sechsämterland", auszubauen; die „Zollernvierung" im neuen Kreiswappen (Verleihung: 26. Juli 1974) legt davon Zeugnis ab. Zugleich wurde der Einflußbereich der im Osten gelegenen Freien Reichsstadt Eger (Adlermotiv!) eingeschränkt. Seit dem Jahre 1613 leitete ein „Amtshauptmann" die Geschicke der sechs Ämter. Sein Amt ist vergleichbar mit dem des späteren Bezirksamtmannes und dem des heutigen Landrates. Das bis 1816 zu Eger gehörende Marktredwitz wurde ebenso wie Selb 1919 kreisfreie Stadt. Durch die Gebietsreform von 1972 kamen beide Städte zum Landkreis Wunsiedel i. Fichtelgebirge, der auch Teile des aufgelösten Kreises Rehau zugewiesen erhielt. Das Hirschgeweih im Wappenschild verweist auf das für den Selber Raum bedeutende Geschlecht der Forster.

### Struktur des Kreises – Sehenswürdigkeiten

Der im Nordosten von Bayern gelegene Mittelgebirgslandkreis ist ein bevorzugtes Naherholungsgebiet. Nicht zuletzt tragen dazu die klimatischen Bedingungen, die über 2000 km Wanderwege und die intakte Tier- und Pflanzenwelt im Fichtelgebirge bei. Bad Alexandersbad ist ein gern aufgesuchter Kur- und Badeort. Die Luisenburg-Festspiele in Wunsiedel und das Rosenthal-Theater in Selb, aber auch das Fichtelgebirgsmuseum in Wunsiedel, das Egerlandmuseum in Marktredwitz und das Museum der Deutschen Porzellanindustrie in Hohenberg a. d. Eger sind zu nennen. Die bedeutendsten deutschen Porzellanunternehmen haben in Selb, Arzberg und Marktredwitz ihren Sitz. Über die Hälfte der industriellen Arbeitsplätze werden hier im keramischen Bereich angeboten. Als weitere Erwerbszweige sind die Granitindustrie und die Holzverarbeitung zu nennen, die aufgrund der natürlichen Voraussetzungen eine lange Tradition haben. Hinzu kommt noch der Maschinenbau und die Textilindustrie, die Absatzmärkte in aller Welt finden. Große, in der Hauptsache zusammenhängende Waldflächen machen über die Hälfte der Gesamtwirtschaftsfläche des Landkreises Wunsiedel i. Fichtelgebirge aus. Der Fichtenwald, die würzige Luft und die klaren Bäche inmitten saftig grüner Wiesen lassen ahnen, daß der Naturpark Fichtelgebirge eine Naturapotheke ist.

Korbach
Waldeck-
Frankenberg
Kassel
Werra-Meissner-
Kreis
Eschwege
Homberg
Schwalm-Eder-Kreis
Hersfeld-
Rotenburg
Bad Hersfeld
Marburg-Biedenkopf
Marburg (Lahn)
Lahn-Dill-Kreis
Vogelsbergkreis
Lauterbach
Gießen
Wetzlar
Fulda
Limburg-Weilburg
Limburg (Lahn)
Hoch-
taunus-
kreis
Friedberg
Wetteraukreis
Bad
Homburg
v. d. H.
Rheingau–Taunus–
Bad
Schwalbach
Main-
Taunus-
Main-Kinzig-Kreis
Hanau
WIESBADEN
Hofhm.
a. Ts.
Krs.
Kreis
Frankfurt a. M.
Offenbach a. M.
Offenbach
Gr.-Gerau
Darmstadt
Darmstadt-
Dieburg
Bergstraße
Odenwald-
Heppenheim a. d. Bergstr.
Erbach
kreis
100 km

GERRIT KAISER

# Die Landkreise in Hessen

Hessen wurde erst im Jahre 1945 durch Proklamation der amerikanischen Militärregierung aus der ehemaligen preußischen Provinz Hessen-Nassau sowie aus Teilen des ehemaligen Volksstaates Hessen gebildet. Der Volksstaat Hessen wiederum entstand 1918 aus dem Großherzogtum Hessen (Darmstadt); die Provinz Hessen-Nassau durch Eingliederung des früheren Kurfürstentums Hessen (Kassel), des Herzogtums Nassau, der Freien Stadt Frankfurt und einiger Gebiete des Großherzogtums Hessen (Darmstadt) in den preußischen Staatenverband 1866.

Der Kreis als Verwaltungseinheit tauchte erstmals im Kurfürstentum Hessen (Kassel) auf, als mit der Kurhessischen Verordnung vom 29. Juni 1821, dem sogenannten Organisationsedikt, das gesamte kurhessische Staatsgebiet in vier Provinzen und diese wiederum in Kreise als reine Verwaltungsbezirke eingeteilt wurde. Damit kann 1821 als das Geburtsjahr der Kreise in Hessen bezeichnet werden.

Im früheren Herzogtum Nassau fand sich der Kreis als administrative Einheit zum ersten Mal in 1849, als durch die Zusammenlegung von Ämtern sogenannte Kreisämter entstanden. Sie wurden aber schon bald wieder aufgelöst. In der 1866 durch Annektion gebildeten Provinz Hessen-Nassau richteten die Preußen bereits 1867 wieder Kreise ein, die sie mit eigenen Korporationsrechten ausstatteten. Die zunächst geltende Preußische Kreisverfassung wurde 1885 reformiert. Sie führte die klassische Dreiteilung der Kreisorgane in Kreistag, Kreisausschuß und Landrat ein und bewirkte die Weiterentwicklung der Kreise zu echten Selbstverwaltungskörperschaften.

Im Großherzogtum Hessen wurden erstmals 1832 bzw. 1835 Kreise eingeführt und mit ihnen die bisherigen Landratsbezirke ersetzt. Nach der Revolution von 1848 wurden in den Kreisen erste Ansätze einer Kreisselbstverwaltung verwirklicht, die schließlich mit Gesetz von 1874 endgültig zum Durchbruch kam, in dem – in Anlehnung an das preußische Vorbild – auch die dreiorganschaftliche Struktur der Kreisverfassung festgeschrieben wurde.

Die Weimarer Republik brachte die Wahl der Kreistagsabgeordneten durch die Kreisbevölkerung und damit die Demokratisierung der Kreistage. 1933 wurden die Kreistage aufgelöst. Von nun an galt das Führerprinzip.

Im neu geschaffenen Land Hessen (zunächst „Großhessen" bezeichnet) knüpfte die erste Kreisordnung von 1946 an die überkommene organschaftliche Gliederung der Kreise an. Die Doppelstellung der Kreise als staatliche Verwaltungsbezirke und als kommunale Gebietskörperschaften mit dem Landrat an der Spitze der Verwaltung (zunächst noch als Staatsbeamter) blieb erhalten. Diese Grundstrukturen sind bis heute unverändert. Die räumliche Gestaltung der Kreise hat sich seither stark verschoben. War Hessen am Anfang in 39 Kreise und 9 kreisfreie Städte unterteilt, so faßte die gebietliche Neugliederung in den 70er Jahren diese zu *21 Landkreisen* erheblich größeren Zuschnitts (von ca. 85 000 bis 360 000 Einwohnern) unter Einbeziehung von 4 bisher kreisfreien Städten zusammen.

Bei den Aufgaben ist zwischen echten Selbstverwaltungsaufgaben und Aufgaben zur Erfüllung nach Weisung zu unterscheiden. Bei den Weisungsaufgaben steht dem Staat das Weisungsrecht gegenüber dem Kreis zu. Oberstes Organ ist der *Kreistag,* weiteres Organ ist der *Kreisausschuß.* Dem *Landrat* kommt wegen seiner herausgehobenen Stellung im Kreisausschuß eine organähnliche Stellung zu.

Der *Kreistag* besteht je nach Einwohnerzahl des Kreises aus 51 bis 93 für 4 Jahre gewählten Kreistagsabgeordneten. Als oberstes Organ trifft der Kreistag alle wichtigen Entscheidungen und überwacht die gesamte Verwaltung (Beschluß- und Überwachungsfunktion). Der Kreistagsvorsitzende hat die Kreistagssitzungen einzuberufen und die Sitzungen zu leiten. Zur Vorbereitung seiner Beschlüsse kann der Kreistag Ausschüsse bilden. (Die Bildung eines Finanzausschusses ist zwingend vorgeschrieben.)

Der *Kreisausschuß* besteht aus dem Landrat als dem Vorsitzenden, dem Ersten und weiteren ehrenamtlichen Kreisbeigeordneten. Die Hauptsatzung kann bestimmen, daß der Erste und gegebenenfalls ein weiterer Kreisbeigeordneter das Amt hauptamtlich verwalten. Der Landrat und die hauptamtlichen Kreisbeigeordneten werden durch den Kreistag für die feste Amtszeit von 6 Jahren gewählt, die ehrenamtlichen Kreisbeigeordneten für die Wahlzeit des Kreistags. Dem Kreisausschuß stehen als eigenständigem Organ eine Reihe eigener, nicht entziehbarer Zuständigkeiten zu. Als Verwaltungsbehörde des Kreises hat er insbesondere die laufende Verwaltung nach den Beschlüssen des Kreistages zu besorgen. Eine wichtige Funktion kommt ihm als Anstellungsbehörde aller Kreisbediensteten zu. Er hat auch besondere Kontrollrechte gegenüber dem Kreistag und kann dessen Beschlüssen widersprechen, wenn sie das Recht verletzen oder das Wohl des Landkreises gefährden.

Der *Landrat* steht an der Spitze des Kreisausschusses, ist sein Sprecher im Kreistag, leitet und beaufsichtigt die gesamte Verwaltung. Er ist Dienstvorgesetzter aller Beamten, Angestellten und Arbeiter (mit Ausnahme der Kreisbeigeordneten). Der Landrat fungiert auch als Leiter des mit dem Gebiet des Landkreises deckungsgleichen Bezirks der Unteren Behörde der Allgemeinen Landesverwaltung. Er ist insoweit umfassend in die staatliche Verwaltungshierarchie eingegliedert. In dieser Doppelfunktion ist der Landrat Mittler zwischen Staatsverwaltung und kommunaler Selbstverwaltung.

**Hessischer Landkreistag – Gertrud-Bäumer-Straße 28 – 6200 Wiesbaden**

# Landkreis Bergstraße

Regierungsbezirk: Darmstadt. Einwohner: 239377. Fläche: 719,47 km². Einwohner je km²: 333. Kfz-Kennzeichen: HP, Kreisverwaltung: Gräffstraße 5, 6148 Heppenheim. Verwaltungsgliederung: 10 Städte (Bensheim, Bürstadt, Heppenheim, Hirschhorn, Lampertheim, Lindenfels, Lorsch, Neckarsteinach, Viernheim, Zwingenberg), 12 Gemeinden (Abtsteinach, Biblis, Birkenau, Einhausen, Fürth, Gorxheimertal, Grasellenbach, Groß-Rohrheim, Lautertal, Mörlenbach, Rimbach, Wald-Michelbach).

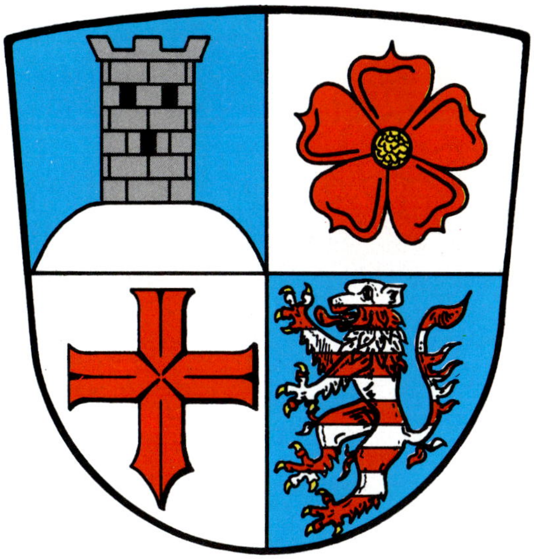

## Wappenbeschreibung

Geviert: 1 in Blau auf silbernem Berg ein silberner Zinnenturm, 2 in Silber eine fünfblättrige rote Blüte mit goldenem Butzen, 3 in Silber das rote Lorscher Nagelspitzkreuz, 4 in Blau der hessische Löwe.

## Historische Entwicklung

Der Ursprung des Kreises Bergstraße geht bis auf die Gründung des bedeutsamen Klosters Lorsch im Jahre 764 zurück. Aus dessen Urkundenbuch, dem „Codex Laureshamensis", geht hervor, daß seit dieser Zeit das Gebiet des Kreises Bergstraße in der Mark Heppenheim eine verwaltungsmäßige Einheit bildet. Das Kreiswappen würdigt deshalb mit dem Nagelspitzkreuz die Reichsabtei, deren Besitzungen bis zu ihrem Aufgehen im Kurfürstentum Mainz (1232) von den Niederlanden bis in die Schweiz reichten. Die Verwaltungseinheit im Bereich des heutigen Kreises blieb aber weiterhin bestehen, auch als das Land von 1461 bis 1650 an die Kurpfalz verpfändet war und danach steten Fehden zwischen Kurmainz und Kurpfalz unterlag. Erst 1803 kam die Mark Heppenheim zu Hessen. Deshalb ziert der hessische Löwe das vierte Wappenfeld. Wie Kurmainz sein Oberamt, benannte Hessen die ganze Provinz nach der Starkenburg, die im ersten Feld des Wappenschildes dargestellt wird.

Der Begriff „Kreis Bergstraße" wurde am 1. Oktober 1938 geschaffen, als aus dem damaligen Kreis Heppenheim und Teilen des Kreises Bensheim eine neue, größere Verwaltungseinheit gebildet wurde. Seinen heutigen Gebietsstand erreichte der Landkreis praktisch im Jahre 1945, als nach dem Ende des Krieges noch einmal administrative Umverteilungen vorgenommen wurden. Die Blüte im zweiten Feld des Wappens, das seit dem 27. Oktober 1954 geführt wird, spricht ihrerseits vom reizvollen Zauber der Landschaft zwischen Rhein und Neckar.

## Struktur des Kreises – Sehenswürdigkeiten

Aus Rheinebene, Bergstraße, Odenwald und Neckartal setzt sich das vielseitige und reizvolle Landschaftsbild des Kreises Bergstraße im Süden Hessens zusammen. Die Autobahnen Frankfurt – Mannheim und Darmstadt – Heidelberg ermöglichen ein problemloses Ansteuern dieser interessanten Region. Eine der wohl bedeutendsten Sehenswürdigkeiten hier ist das Kloster Lorsch. Die Königshalle des ehemaligen Benediktinerklosters wurde zu Ehren Karls des Großen errichtet, nachdem er die Langobarden bezwungen hatte. Sie gilt als ältestes Bauwerk der karolingischen Renaissance. Teile des Kreises sind auch als „Land der Nibelungen" bekannt. Angeblich soll sich Siegfried über einen Brunnen bei Gras-Ellenbach gebeugt haben, als ihn Hagens tödlicher Stoß traf. Burgen und Schlösser entlang der Bergstraße, im Neckartal und Odenwald erinnern an die Hochzeit deutschen Rittertums. Das Frühjahr läßt die „Strata montana", die Bergstraße, frühzeitig in einem Blütenmeer versinken. Die Römer haben nicht nur diese Straße gebaut; sie brachten auch die ersten Weinreben. Zeugnisse ihrer Steinmetzkunst sind am Felsenmeer bei Reichenbach zu sehen. Der hessische Teil der Bergsträßer Weinlagen ist eigenständiges Weinbaugebiet „Hessische Bergstraße". Heppenheim, der Sitz der Kreisverwaltung, besticht, wie andere Orte entlang der Bergstraße, durch seine schönen Fachwerkhäuser, von denen besonders das Rathaus als Schmuckstück gilt. Neben Erholungsmöglichkeiten im Naturpark „Bergstraße-Odenwald" reizen Besuche der zahlreichen Feste und Märkte oder auch ein Abstecher nach Darmstadt, der Stadt des Jugendstils, in der Wissenschaft und Kunst gepflegt werden.

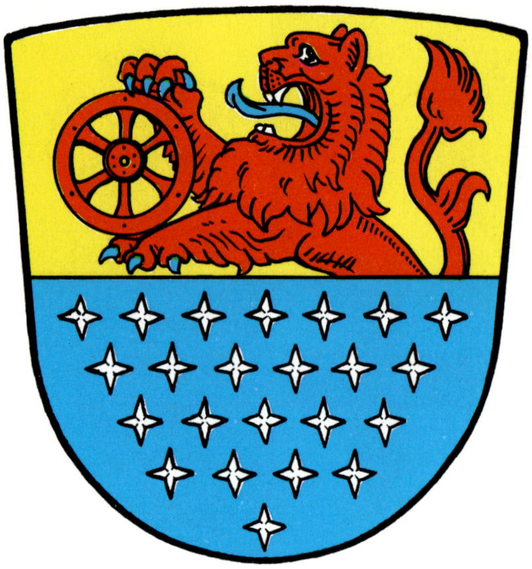

Regierungsbezirk: Darmstadt. Einwohner: 249538. Fläche: 558,32 km². Einwohner: je km²: 379. Kfz-Kennzeichen: DA. Kreisverwaltung: Rheinstraße 65–67, 6100 Darmstadt und Albinistraße 1–3, 6110 Dieburg. Verwaltungsgliederung: 23 Gemeinden (Alsbach-Hähnlein, Babenhausen, Bickenbach, Dieburg, Eppertshausen, Erzhausen, Fischbachtal, Griesheim, Groß-Bieberau, Groß-Umstadt, Groß-Zimmern, Messel, Modautal, Mühltal, Münster, Ober-Ramstadt, Otzberg, Pfungstadt, Reinheim, Roßdorf, Schaafheim, Seeheim-Jugenheim, Weiterstadt).

### Wappenbeschreibung

Von Gold und Blau geteilt: oben ein wachsender, blau bewehrter und bezungter roter Löwe, in den Pranken ein rotes sechsspeichiges Rad haltend; unten 23 silberne Sterne.

### Historische Entwicklung

Mit dem Zusammenschluß der Landkreise Darmstadt und Dieburg am 1. 1. 1977 ergab sich auch die Notwendigkeit, ein neues Kreiswappen zu schaffen. Das neue Landkreiswappen wurde am 11. 11. 1977 vom Kreistag beschlossen und am 16. 6. 1978 vom Hessischen Innenminister genehmigt. Der blau bewehrte und bezungte rote Löwe knüpft an den katzenelnbogischen Löwen, der zusätzlich das Mainzer Rad in den Pranken hält, an. Somit bringt der Löwe zum Ausdruck, daß mit der Bildung des Großkreises Darmstadt-Dieburg alter mainzischer Territorialbesitz (Vogteiamt Dieburg) mit dem hessen-darmstädtischen Besitz (Obergrafschaft Katzenelnbogen) vereinigt wurde. Für die farbliche Gestaltung des Wappens wie auch für die Teilung des Schildes war die für die katzenelnbogischen Städte und Märkte typische Siegel- und Wappenform maßgebend. Die silbernen Sterne stehen für die 23 Städte und Gemeinden des Landkreises Darmstadt-Dieburg. Dies stellt eine Anknüpfung an das frühere Kreiswappen von Darmstadt dar, das 41 silberne Sterne zeigte.

### Struktur des Kreises – Sehenswürdigkeiten

Drei Großlandschaften charakterisieren diesen Landkreis: Nördliche Oberrheinebene, Rhein-Main-Tiefland und Odenwald. Er ist geprägt von reizvollen landschaftlichen Kontrasten, den Gegensätzen kunstgeschichtlich bemerkenswerter historischer Ortskerne, wie dem Marktplatz in Groß-Umstadt mit seinem Renaissance-Rathaus und der Innenstadt von Babenhausen, ehemals Residenzstadt der Hanauer-Lichtenbergischen Herren. Das Stadtbild von Groß-Umstadt – auch Odenwälder Weininsel genannt – prägen noch vier Schlösser. Nur wenige Kilometer weiter steht in Hering, der kleinsten Stadt Hessens, die Veste Otzberg, die weithin sichtbar auch Wächter des Kreises genannt wird. Weitere Burgen und Schlösser entlang der Bergstraße wie Frankenstein, Tannenberg, Alsbacher Schloß, Lichtenberg und Schloß Heiligenberg sind Anziehungspunkte für Reisende. Besonders eindrucksvoll zeigt sich die Bergstraße zur Baumblüte im Frühjahr. Dieburg, die ehemalige Kreisstadt, geizt nicht mit Kostbarkeiten aus vergangenen Zeiten: Vorhanden sind noch Teile der Stadtmauer. Die Wallfahrtskapelle zeigt seltene Kunstschätze der Gotik, Renaissance und des Barock. Schloß Fechenbach, heute Museum, beherbergt Funde aus der Römerzeit, Trachten, heimische Töpferarbeiten. In Pfungstadt, der größten Stadt des Kreises, sind das Rathaus (1614), das Pfarrhaus (1545), die Kirchmühle über der Modau und der Pfungstädter Galgen sehenswerte Zeugen der Vergangenheit. Besuchenswert auch Babenhausen, am Kreuzungspunkt dreier alter Handelsstraßen gelegen, was luftbildarchäologische Aufnahmen bezeugen. In der Gemarkung Harreshausen steht die „Pyramideneiche“, ein Naturdenkmal. Die Sterne und Säulen des „Felsenmeeres“ haben vor 2000 Jahren die Römer bearbeitet.

Regierungsbezirk: Kassel. Einwohner: 191 562. Fläche: 1380 $km^2$. Einwohner je $km^2$: 138. Kfz-Kennzeichen: FD. Kreisverwaltung: Wörthstraße 15, 6400 Fulda. Verwaltungsgliederung: 23 Städte und Gemeinden (Burghaun, Dipperz, Ebersburg, Ehrenberg, Eichenzell, Eiterfeld, Flieden, Fulda, Gersfeld, Großenlüder, Hilders, Hofbieber, Hosenfeld, Hünfeld, Kalbach, Künzell, Neuhof, Nüsttal, Petersberg, Poppenhausen, Rasdorf, Bad Salzschlirf, Tann).

### Wappenbeschreibung

Von Silber und Blau gespalten; vorne das schwarze, durchgehende fuldische Kreuz, hinten der hessische Löwe.

### Historische Entwicklung

Das osthessische Kreisgebiet ist ein alter Siedlungsraum, der mit der Gründung der Stadt Fulda vor über 1000 Jahren auch in die schriftliche Überlieferung eintrat. Im Jahre 744 gründete der heilige Sturmius im Auftrag von Bischof Bonifatius das Kloster Fulda unmittelbar am gleichnamigen Fluß, am Schnittpunkt zweier alter Handelswege: der Antsanvia mit dem Ortesweg. Eine Wallfahrtskirche und die heutige Michaelskirche bildeten den Kern der Ansiedlung, die vor über 900 Jahren die Markt- und Münzrechte verliehen erhielt. Seit der Mitte des 12. Jh. und der Verleihung der Stadtrechte ist Fulda auch der geistig-kulturelle und wirtschaftliche Mittelpunkt der Region. Da das Territorium des Fürststifts und 1752 zum Bistum erhobenen Fuldas das Kerngebiet des späteren Landkreises umfaßte, fand das Fuldaer Kreuz Aufnahme im Wahrzeichen des Landkreises. Der hessische Löwe in der hinteren Schildhälfte des zuletzt am 9. Juli 1973 genehmigten Wappens erinnert an die Zugehörigkeit zum Kurfürstentum Hessen von 1816 bis 1866 bzw. zum Lande Hessen seit 1945. 1932 war noch unter preußischer Landeshoheit die Zusammenlegung der Kreise Fulda und Gersfeld erfolgt.

Die Kreisreform des Jahres 1977 bewirkte die Vereinigung der Landkreise Fulda und Hünfeld. Der heutige Kreis Fulda führt das Wappen seines Namensvorgängers weiter. Der Landkreis Hünfeld hatte in von Silber und Blau geteiltem Feld oben das schwarze Fuldaer Kreuz, unten das silberne der Kreisstadt Hünfeld geführt.

### Struktur des Kreises – Sehenswürdigkeiten

Der Landkreis Fulda erstreckt sich über Rhön und Vogelsberg, zwei hessische Mittelgebirge. Die höchste Erhebung der Rhön ist zugleich die höchste Erhebung Hessens: die Wasserkuppe mit ihren 955 Metern und der Fuldaquelle. Sie ist die Wiege des Segelfluges und beliebtestes Touristenziel im gesamten osthessischen Raum. Zu den bedeutendsten Sehenswürdigkeiten im Umfeld der Wasserkuppe zählen ohne Zweifel die beiden ehemaligen Kreisstädte Fulda und Hünfeld. Fulda ist eine reine Barockstadt und ständiger Sitz der Deutschen Bischofskonferenz. Unbedingt besichtigungswert sind die Michaelskirche, der Dom, der nach den Plänen von Johann Dientzenhofer 1706–1721 neu erbaut wurde, das Stadtschloß sowie das vor den Toren von Fulda gelegene Schloß Adolphseck, das schönste hessische Barockschloß mit großzügiger Gartenanlage. Vom Hünfelder Land aus an wenigen Tagen im Jahr deutlich sichtbar ist das hessische Kegelspiel, eine einmalige Mittelgebirgsformation in ganz Deutschland. Milseburg und Guckaisee sind nur zwei der zahlreichen Besuchspunkte im Naturpark Hessische Rhön, der ein Drittel der gesamten Fläche des Landkreises Fulda umfaßt. Besonders hervorzuheben ist das „Rote Moor“, das derzeit renaturiert wird.

Der Landkreis Fulda beherbergt neben Agrarwirtschaft größere und kleinere Betriebe von überregionaler Bedeutung aus der Textilindustrie, der Metallindustrie, dem Kalibergbau und der Gummiwarenproduktion. Wachs- und Kerzenwaren werden nach alter Tradition hergestellt.

Regierungsbezirk: Gießen. Einwohner: 227827. Fläche: 855 km². Einwohner je km²: 267. Kfz-Kennzeichen: GI. Kreisverwaltung: Ostanlage 33–41, 6300 Gießen. Verwaltungsgliederung: 18 kreisangehörige Städte und Gemeinden – davon 10 Städte (Allendorf/Lumda, Gießen, Grünberg, Hungen, Laubach, Lich, Linden, Lollar, Pohlheim, Staufenberg), 8 Gemeinden (Biebertal, Buseck, Fernwald, Heuchelheim, Langgöns, Rabenau, Reiskirchen/Wieseck, Wettenberg).

## Wappenbeschreibung

Geteilt; oben in Silber ein rotes Balkendreieck, unten in Blau ein silbernes Antoniterkreuz.

## Historische Entwicklung

Der heilige Bonifatius und nachfolgende Mönche christianisierten den Kreisbereich ab dem 8. Jh. Seit 1242 bestand in Grünberg ein Antoniterkloster, mit dessen Einkünften die 1607 gegründete Universität Gießen dotiert wurde. Deshalb führt die Universität das Antoniterkreuz, das auch im Kreiswappen erscheint. Im Hochmittelalter entstanden im Kreisgebiet zahlreiche Burgen, Zeugen einer Vielfalt von Herrscherhäusern, die im Kreisgebiet ihre Besitztümer sicherten. Im Spätmittelalter waren es vor allem die Erzbischöfe von Mainz und die Landgrafen von Hessen, die das Kreisgebiet umkämpften, hinzu kamen die Grafen von Nassau. In seinen Grundzügen entstand der Landkreis Gießen durch die Verwaltungsreform von 1821, als Gießen Provinzhauptstadt wurde und die Landratsbezirke Gießen, Grünberg und Hungen gebildet wurden. 1832 folgte dann die Einteilung in Kreise; die Provinz Oberhessen umfaßte deren sechs. Die Machtkämpfe zwischen Preußen und Österreich bewirkten weitere Veränderungen des Kreisgebietes, die sich bis in die Zeit nach dem Zweiten Weltkrieg fortsetzten. Die hessische Gebietsreform des Jahres 1977 brachte die Grenzen nochmals in Bewegung. Der Landkreis Gießen wurde teils Bestandteil des Lahn-Dill-Kreises, teils der Stadt Lahn. 1979 erlangte der Kreis dann seine Selbständigkeit wieder; ihm wurden die bis dahin kreisfreie Stadt Gießen und mehrere Gemeinden zugeordnet, und es entstand der Landkreis Gießen in seiner gegenwärtigen Form. Das bereits seit 1952 geführte und am 14. Januar 1980 erneut genehmigte Kreiswappen verweist mit dem Balkendreieck auf die für den Kreis typischen Fachwerkhäuser.

## Struktur des Kreises – Sehenswürdigkeiten

Zwischen Gladenbacher Bergland, den Taunusausläufern und dem Vogelsberg erstreckt sich der landschaftlich reizvolle Kreis Gießen. Ausgedehnte Waldgebiete, Fluß- und Bachtäler sowie Seen prägen die Mittelgebirgslandschaft. Auf den Urlauber warten ein umfangreiches (Rad-) Wandernetz und Wassersportmöglichkeiten u.a. auf der Lahn sowie Ausflüge zu trutzigen Burgen (z.B. zu den Burgen Cleeberg in Langgöns, Gleiberg in Wettenberg, Staufenberg in Staufenberg und Nordeck in Allendorf) und Schlössern aus verschiedenen Epochen: so z.B. in der Kreis- und Universitätsstadt Gießen („Altes Schloß“ mit Bergfried, „Neues Schloß“ im Fachwerkstil, 16. Jh.), in Lich, Laubach, Hungen und Buseck. Oberhessisches Fachwerk bestimmt in vielen Städten und Dörfern seit dem Mittelalter die malerischen Ortskerne; so auch in den Luftkurorten Grünberg und Laubach. Die Justus-Liebig-Gedenkstätte, in den Räumen des „Chemischen Laboratoriums“ im ehemaligen Wachhaus der Stadt Gießen untergebracht, sowie das „Oberhessische Museum“ mit Beiträgen u.a. zur Ur- und Frühgeschichte Hessens zählen zu den vielen Museen im Kreis. Sehenswert sind außerdem das Leibsche Haus (14. Jh., eine der ältesten Fachwerkbauten in Deutschland), das Röntgendenkmal neben dem Stadttheater sowie die ehemalige Augustinerchorherren-Stiftskirche in Schiffenberg mit ihrem gotischen Gewölbe und Arkaden.

Regierungsbezirk: Darmstadt. Einwohner: 230000. Fläche: 453 km². Einwohner je km²: 505. Kfz-Kennzeichen: GG. Kreisverwaltung: Wilhelm-Seipp-Straße 4, 6080 Groß-Gerau. Verwaltungsgliederung: 6 Städte und 8 Gemeinden (Biebesheim am Rhein, Bischofsheim, Büttelborn, Gernsheim, Ginsheim-Gustavsburg, Groß-Gerau, Kelsterbach, Mörfelden-Walldorf, Nauheim, Raunheim, Riedstadt, Rüsselsheim, Stockstadt, Trebur).

### Wappenbeschreibung

Gespalten; vorne neunfach von Rot und Silber geteilt, hinten zwei schwarze Balken in Silber; in der Schildmitte aufgelegt ein blauer Herzschild mit drei (2:1 gestellten) silbernen Rauten.

### Historische Entwicklung

Obwohl der Kreis Groß-Gerau als Verwaltungseinheit erst 153 Jahre alt ist, reicht die Geschichte dieses Raumes am Zusammenfluß von Rhein und Main in die beginnende Christianisierung zurück. Aus Überlieferungen und prähistorischen Funden wird deutlich, daß in diesem Raum bereits Siedlungsformen vorhanden waren, die bis in die Gründerzeit der umliegenden Großstädte Frankfurt, Mainz und Darmstadt zurückreichen.
Die Geburtsstunde des Kreises Groß-Gerau schlug im Jahre 1832: Mit dem Edikt vom 6. Juni 1832 wurde anstelle der 1821 geschaffenen Landratsbezirke die Bildung von Kreisen im Großherzogtum Hessen-Darmstadt Gesetz. In dieser Zeit entstand auch das Wappen des Kreises Groß-Gerau. Sein heutiges Gebiet ist historisch aus den Ämtern Dornberg und Rüsselsheim gewachsen. Diese katzenelnbogischen Verwaltungsgebiete fielen 1479 mit der gesamten Grafschaft Katzenelnbogen an Hessen. Im Jahre 1600 erwarb Landgraf Ludwig V. auch das Amt Kelsterbach mit den Gemeinden Mörfelden, Ginsheim und Nauheim, das vorher den Grafen von Isenburg-Büdingen-Ronneburg gehört hatte. Aus dieser geschichtlichen Entwicklung sind das Bild und die Farbkomposition des Kreiswappens gestaltet, das am 25. Januar 1967 verliehen wurde. Die rot-silbernen Streifen sind dem hessischen Löwen entnommen, die schwarzen Balken in Silber verweisen auf die Grafschaft Isenburg. Der Herzschild symbolisiert die Dynastie von Dornberg und ihre Katzenelnboger Nachfolger.

### Struktur des Kreises – Sehenswürdigkeiten

Die Städte Frankfurt, Darmstadt, Mainz und Wiesbaden grenzen unmittelbar an das Kreisgebiet, dessen natürliche Grenze im Norden der Main und im Westen der Rhein bilden. Diese zentrale Lage hat zu einer hohen Industrialisierung und einer sprunghaften Zunahme der Bevölkerungsentwicklung vor allem nach dem Zweiten Weltkrieg geführt.
Die wirtschaftliche Struktur des Kreises Groß-Gerau wird in erster Linie geprägt durch internationale und nationale Unternehmen, die sich hier niedergelassen haben. Hierzu zählen Firmen wie die Adam-Opel-AG in Rüsselsheim, der mit 60000 Einwohnern größten Stadt des Kreises. Die chemische und Glanzstoffindustrie sowie Maschinenbauunternehmen haben hier ihren Standort gefunden. Es erscheint verwunderlich, daß in diesem Industriekreis auch weiträumige Erholungsflächen und eine gesund strukturierte Landwirtschaft Platz gefunden haben. Der Kreis, der im wesentlichen von der weitläufigen Riedebene geprägt wird, ist reich an Natur- und Kulturschönheiten. Mit dem Europareservat „Kühkopf-Knoblochsaue“ besitzt er das größte zusammenhängende Naturschutzgebiet des Landes Hessen. Auch die Landschaftsschutzgebiete in den Rheinauen, „Hessische Rheinuferlandschaft“ genannt, ziehen mit ihrer Vielfalt idyllischer Schönheiten zahlreiche Besucher an.

Regierungsbezirk: Kassel. Einwohner: 126667. Fläche 1097 $km^2$. Einwohner je $km^2$: 115. Kfz-Kennzeichen: HEF. Kreisverwaltung: Friedloser Straße 12, 6430 Bad Hersfeld; Außenstelle: Lindenstraße 1, 6442 Rotenburg a.d. Fulda. Verwaltungsgliederung: 20 kreisangehörige Gemeinden (Alheim, Bad Hersfeld, Bebra, Breitenbach a. Herzberg, Cornberg, Friedewald, Hauneck, Haunetal, Heringen [Werra], Hohenroda, Kirchheim, Ludwigsau, Nentershausen, Neuenstein, Niederaula, Philippsthal [Werra], Ronshausen, Rotenburg a.d. Fulda, Schenklengsfeld, Wildeck).

## Wappenbeschreibung

Von Silber und Rot gespalten; vorne das rote Hersfelder Doppelkreuz, hinten ein waagerechter silberner Ast, aus dem ein Zweig mit drei silbernen Lindenblättern emporwächst.

## Historische Entwicklung

Der Kreis Hersfeld-Rotenburg enstand im Zuge der hessischen Verwaltungsreform am 1. August 1972 aus den bis dahin selbständigen Kreisen Hersfeld und Rotenburg. Die Geburtsstunde der beiden Kreise, wie der meisten Kreise im jetzigen Regierungsbezirk Kassel, war die Errichtung der kurhessischen Kreisämter im Rahmen der Verwaltungsreform des Kurfürstentums Hessen. Der Kreis Hersfeld gehörte damals mit 84 Gemeinden und rund 34000 Einwohnern zur Provinz Fulda, der Kreis Rotenburg mit 73 Gemeinden und rund 32000 Einwohnern zur Provinz Niederhessen (Kassel). Der Hessische Minister des Innern erteilte dem Kreis Hersfeld-Rotenburg am 29. März 1976 die Erlaubnis zur Führung eines Wappens, das in heraldisch vorbildhafter Weise einfach und dennoch prägnant ist. Die beiden Schildhälften versinnbildlichen den Doppelnamen des Kreises. Das rote Hersfelder Doppelkreuz ist das Zeichen des alten Stiftes Hersfeld, der Lindenast ist dem Wappen der Stadt Rotenburg entnommen.
Beide Wappenbilder waren bereits in den Wappen der ehemaligen Kreise Hersfeld und Rotenburg verwendet worden. Das Wappen des ehemaligen Kreises Hersfeld zeigte in Silber das rote Doppelkreuz. Das Rotenburger Kreiswappen war geteilt; oben stand der wachsende hessische Löwe, unten befand sich in silbernem Feld ein roter Dreiberg, der mit dem grünen Lindenblatt belegt war. Die silbern-rote Farbgebung des neuen Kreiswappens unterstreicht außerdem die Zugehörigkeit des Kreises zum Lande Hessen, das einen golden bewehrten, neunmal von Silber und Rot geteilten Löwen im blauen Schild führt (der „hessische Löwe").

## Struktur des Kreises – Sehenswürdigkeiten

Zwischen den Städten Kassel und Fulda liegt der Kreis Hersfeld-Rotenburg in einer Mittelgebirgslandschaft, die sich vom Stölzinger Gebirge im Norden durch das Fulda- und Haunetal bis zu den Ausläufern der Rhön erstreckt. Entlang der Werra besitzt das Kreisgebiet eine fast 70 km lange östliche Grenze zur DDR, während es im Westen an den Höhenzug des Knülls stößt.
Die noch unberührte Natur, ausgedehnte Wälder, Seen und Bäche verleihen dem „waldhessischen" Landstrich den Rang einer abwechslungsreichen Erholungslandschaft. Zwei bekannte Heilquellen nennt die Kurstadt Bad Hersfeld ihr eigen: den Lullus- und den Vitalisbrunnen. Das Kurbad wurde 1906 eröffnet, seit 1963 ist Hersfeld hessisches Staatsbad. Besondere Bewunderung fordert das Stadtbild dieses 1250 Jahre alten Fleckens heraus. Die Geschichte präsentiert sich hier in herrlichen Fachwerkbauten, malerischen Gassen, der gotischen Kirche und nicht zuletzt in der Stiftsruine, der größten romanischen Kirchenruine Deutschlands. Sie dient alljährlich als Kulisse für die Bad Hersfelder Festspiele, die in ganz Europa Anklang finden. Doch nicht nur Bad Hersfeld verfügt über sehenswerte Bausubstanz. Schlösser und Burgen, alte Stadt- und Festungsmauern, historische Rathäuser, Kirchen und Klosteranlagen sind in ganz „Waldhessen" vorhanden.

Regierungsbezirk: Darmstadt. Einwohner 207185. Fläche: 482,07 km². Einwohner je km²: 430. Kfz-Kennzeichen: HG. Kreisverwaltung: Louisenstraße 86/90, 6380 Bad Homburg v.d. Höhe. Verwaltungsgliederung: 7 Städte (Bad Homburg v.d. Höhe, Friedrichsdorf, Königstein, Kronberg, Oberursel, Steinbach, Usingen) und 6 Gemeinden (Glashütten, Grävenwiesbach, Neu-Anspach, Schmitten, Wehrheim, Weilrod).

## Wappenbeschreibung

In blauem, vorn mit silbernen Eisenhüten und hinten mit goldenen Kleeblättern bestreutem Feld ein gespaltener, vorn golden bewehrter und neunmal von Silber und Rot geteilter, hinten rot bewehrter goldener Löwe.

## Historische Entwicklung

Mit der Fusion der Kreise Usingen und Obertaunus zum Hochtaunuskreis begann am 1. 8. 1972 ein neuer Abschnitt gemeinsamer Entwicklung. Der Bereich des heutigen Kreises war bereits in vorgeschichtlicher Zeit ein umkämpftes Siedlungsgebiet: So zeugen die Ringwälle um den Altkönig von der keltischen Besiedlung, während das (1907 wiederaufgebaute) Römerkastell Saalburg an die römischen Besatzungstruppen erinnert. Im Mittelalter verhinderten zahlreiche miteinander konkurrierende Herrschaften die Entstehung eines zusammenhängenden politischen Territoriums im heutigen Kreisgebiet.
Das Wappen des Hochtaunuskreises, verliehen am 12. Juli 1974, trägt dieser historischen Situation Rechnung. Die Eisenhüte der Herren von Kronberg – die hier im Spätmittelalter und in der Reformationszeit über drei Jahrhunderte eine entscheidende Stellung behaupteten – erinnern an dieses Geschlecht, während der silbern-rote Löwe für die Landgrafen von Hessen-Homburg und deren führende Rolle in der neueren Zeit steht. Der goldene Löwe war das Symbol der Grafen von Nassau, die vom Mittelalter bis zum 19. Jh. mit dem Raum Usingen eng verbunden waren. Das Kleeblatt ist seit dem Mittelalter das Wahrzeichen der Stadt Usingen, die durch zwei Jahrhunderte Residenz des nassauischen Fürstenhauses war.

## Struktur des Kreises – Sehenswürdigkeiten

Einst „Bühnen großer Geschichte“ sind manche historischen Bauwerke im Hochtaunuskreis heute beliebte Ausflugsziele und Sehenswürdigkeiten. Stellvertretend seien hier nur die Burgruine Weilnau in Weilrod-Altweilnau (12./13. Jh.), die Burgruine Reifenberg (14. Jh.), die eindrucksvollste Burganlage des Taunusgebietes in Königstein (13. Jh.), die Burg Kronberg (um 1230) und das Landgräfliche Schloß des Kleist'schen „Prinzen von Homburg“ in der Kreisstadt Bad Homburg v.d. Höhe genannt. Hier lohnt sich ein Besuch des Spielkasinos (der „Mutter von Monte Carlo“) und des Thermalbades „Taunus-Therme“. Sehenswert ist auch die Laurentiuskirche und das Naturdenkmal „Eschbacher Klippen“ in der ehemaligen Kreisstadt Usingen. Lebendige hessische Vergangenheit erleben kann man im Freilichtmuseum Hessenpark bei Neu-Anspach. Im Winter ist der Hochtaunus mit Großem Feldberg (879 m) ein beliebtes Skigebiet. Der Hochtaunuskreis liegt praktisch mit seiner gesamten Fläche im Naturpark Hochtaunus, dem zweitgrößten Naturpark Hessens. In den ausgedehnten Tauruswäldern können Naturfreunde fast alle mitteleuropäischen Wildarten beobachten. Darüber hinaus lockt der Opel-Zoo, der Familienfreizeitpark „Ponyhof Lochmühle“ und die älteste Falknerei Hessens auf dem Großen Feldberg. Kuren kann man natürlich auch: Bad Homburg v.d. Höhe und der Heilklimatische Kurort Königstein bieten alle Voraussetzungen für einen erfolgreichen Kuraufenthalt.

Regierungsbezirk: Kassel. Einwohner: 223153. Fläche: 1292,48 km². Einwohner je km²: 173. Kfz-Kennzeichen: KS. Kreisverwaltung: Humboldtstraße 24, 3500 Kassel. Verwaltungsgliederung: 11 Städte (Bad Karlshafen, Baunatal, Grebenstein, Hofgeismar, Immenhausen, Liebenau, Naumburg, Trendelburg, Vellmar, Wolfhagen, Zierenberg) und 18 Gemeinden (Ahnatal, Breuna, Calden, Emstal, Espenau, Fuldabrück, Fuldatal, Habichtswald, Helsa, Kaufungen, Lohfelden, Nieste, Niestetal, Oberweser, Reinhardshagen, Schauenburg, Söhrewald, Wahlsburg).

## Wappenbeschreibung

Von Blau und Gold schräglinks geteilt: oben der golden gekrönte und bewehrte, wachsende hessische Löwe; unten drei fächerförmig gestellte grüne Eichenblätter, denen zwei hintereinander liegende, schräglinks gestellte schwarze Wolfsangeln aufgelegt sind.

## Historische Entwicklung

Der Landkreis Kassel wurde am 1. 8. 1972 durch den Zusammenschluß der Landkreise Hofgeismar, Kassel und Wolfhagen gebildet. Das Wappen des neuen Kreises entstand in Anlehnung an die Wappen der drei alten Landkreise. Dabei übernahm man aber nur kleinere Einzelteile der drei früheren Wappen im Sinne des heraldischen Prinzips des „Pars pro toto" (ein Bruchteil statt des Ganzen). Damit wurde eine Überladung des neuen Wappens vermieden.
Das Wappen des Kreises Hofgeismar hatte in Rot einen silbernen Eichenstumpf gezeigt als Hinweis auf die landschaftlichen Gegebenheiten. Außerdem hatte der Überlieferung nach der hl. Bonifatius im Reinhardswald die heilige Eiche des Gottes Donar gefällt, um damit die Überlegenheit des Christentums über das Heidentum zu demonstrieren. Für das neue Kreiswappen griff der Wappenzeichner auf einzelne Eichenblätter zurück. Im Wappen des früheren Kreises Kassel stand als Zeichen für die Residenz Kassel der hessische Löwe neben anderen Symbolen. Im Wappen des Kreises Wolfhagen befand sich in goldenem Feld ein rot bewehrter und bezungter schwarzer Wolf; er war ein Sonderwappen der Herrschaft Wolfhagen. Im neuen Kreiswappen erinnern die Wolfsangeln daran. Das derzeit gültige Wappen wurde dem Landkreis Kassel am 9. Mai 1975 verliehen.

## Struktur des Kreises – Sehenswürdigkeiten

Der Landkreis Kassel – „Hessens grüne Nordspitze" – schließt große Teile der Naturparke Habichtswald und Meißner-Kaufunger Wald sowie den gesamten Reinhardswald, die „Heimat Dornröschens", ein. Die ausgedehnten Wälder und die Läufe der Diemel, Fulda und oberen Weser kennzeichnen diese Erholungslandschaft. Der Waldreichtum prägt auch das Gesicht der kleinen Landstädte. Mit weitgehend geschlossenen Fachwerkensembles warten noch heute Hofgeismar und Grebenstein, Zierenberg und Wolfhagen auf.
Einmalig in der Bundesrepublik ist das barocke Stadtbild von Bad Karlshafen, erbaut wie zahlreiche „Colonien" am Reinhardswald Ende des 17. Jh. für die aus Frankreich vertriebenen Hugenotten. Unweit der Kasseler Wilhelmshöhe, des größten barocken Bergparkes Europas, steht Wilhelmsthal, das „schönste Rokokoschloß nördlich des Mains", eine Schöpfung des François de Cuvilliés. An Kaiserin Kunigunde, die dort im Jahr 1033 als Nonne ihr Leben beschloß, erinnert die Stiftskirche zum Hl. Kreuz in Kaufungen. Von den zahlreichen Burgen verdienen die Krukenburg bei Helmarshausen, in der der Mönch Herimann das berühmte Evangeliar Heinrich des Löwen malte, und das Dornröschenschloß Sababurg mit seinem 600 Morgen großen Urwildpark besondere Erwähnung.
Informationen: Fremdenverkehrsverband Weser-Diemel-Fulda, Postfach 102420, 3500 Kassel.

Regierungsbezirk: Gießen. Einwohner: 236941. Fläche: 1066,29 km². Einwohner je km²: 222. Kfz-Kennzeichen: L. Kreisverwaltung: Karl-Kellner-Ring 51, 6330 Wetzlar. Außenstelle: Wilhelmstraße 16–20, 6340 Dillenburg. Verwaltungsgliederung: 8 Städte (Aßlar, Braunfels, Dillenburg, Haiger, Herborn, Leun, Solms, Wetzlar) und 15 Gemeinden (Bischoffen, Breitenscheid, Dietzhölztal, Driedorf, Ehringshausen, Eschenburg, Greifenstein, Hohenahr, Hüttenberg, Lahnau, Mittenaar, Schöffengrund, Siegbach, Sinn, Waldsolms).

### Wappenbeschreibung

Geteilt: oben in Gold ein rot bewehrter schwarzer Doppeladler; unten gespalten: vorn in Gold ein blaues Jagdhorn mit rotem Band, hinten in blauem, mit goldenen Schindeln bestreutem Feld ein rot bewehrter goldener Löwe.

### Historische Entwicklung

Wie bereits im Kreiswappen vom 4. 8. 1980 angedeutet, stand der Raum des späteren Dillkreises um Dillenburg und Herborn bereits seit dem Hochmittelalter unter der Herrschaft der Fürsten von Nassau (Wappenlöwe) bzw. Nassau-Oranien, wie das nördliche Nassau nach dem Anfall der französischen Grafschaft Orange (Jagdhorn) 1544 genannt wurde. Nach 1815 als Ämter Dillenburg und Herborn dem Herzogtum Nassau zugehörig, ging das Gebiet erst 1866 mit der Mediatisierung des Herzogtums an das Königreich Preußen über, das am 22. 2. 1867 aus diesen Ämtern den Dillkreis formierte. Im Land um Wetzlar und Braunfels, dem Gebiet des späteren Kreises Wetzlar, waren zwei historische Mächte bestimmend: die ehemalige Reichsstadt Wetzlar (Reichsadler) und die Grafen von Solms. Bereits 1180 von Kaiser Friedrich I. Barbarossa zur Reichsstadt erhoben, verlor Wetzlar durch den Reichsdeputationshauptschluß im Jahre 1803 seine Reichsfreiheit und kam auf Beschluß des Wiener Kongresses 1815 zu Preußen. Die in den westlichen Gebieten des späteren Kreises seit dem 12. Jh. dominierenden Grafen von Solms gingen 1806 durch die Rheinbundakte ihrer Souveränität verlustig; ihre Ämter Braunfels, Greifenstein und Hohensolms fielen an Nassau und 1815 durch Tausch an Preußen. Mit der Kreiseinteilung vom 14. 5. 1816 schuf dann die preußische Regierung aus dem Gebiet der Stadt Wetzlar einen Kreis Wetzlar sowie aus den ehemals solmsischen Gebieten einen Kreis Braunfels und vereinigte beide am 31. 8. 1822 zu einem neuen Kreis Wetzlar. Der Dillkreis und der Landkreis Wetzlar behielten bis Ende 1976 ihre Selbständigkeit und wurden im Zuge der Gebietsreform am 1. 1. 1977 mit dem Landkreis Gießen zu einem Großkreis „Lahn-Dill" zusammengeschlossen, aus dem schließlich in einem zweiten Reformschritt am 1. 8. 1979 wieder der Landkreis Gießen und ein verkleinerter Lahn-Dill-Kreis hervorgingen.

### Struktur des Kreises – Sehenswürdigkeiten

Das Gebiet des Lahn-Dill-Kreises, vom Westerwald und Ausläufern des Rothaargebirges bis in den Hintertaunus und in die Randzone der Wetterau reichend, weist als Mittelgebirgslandschaft Höhenlagen von 136 m bis 670 m – ü. NN – auf. Rund 50% der Kreisfläche sind bewaldet, 95% sind ausgewiesene Landschaftsschutzgebiete. Die Wirtschaftsstruktur wird vorwiegend durch die Metallindustrie, das verarbeitende Gewerbe und das Handwerk geprägt. In der Kreisstadt Wetzlar sind neben einem großen Unternehmen der Eisenindustrie bedeutende Werke der optischen und elektrotechnischen Industrie mit Weltruf angesiedelt. 19 anerkannte Erholungsorte und ein Luftkurort machen die Funktionen des Lahn-Dill-Gebietes als Erholungslandschaft deutlich. Zu den bedeutendsten Sehenswürdigkeiten zählen: der Dom, der seit der Reformation von beiden christlichen Konfessionen genutzt wird, die historische Altstadt mit den Resten der Stadtmauer und der Ruine der Reichsburg Kalsmunt; die Goethegedenkstätten in Wetzlar, die an den Wetzlarer Aufenthalt Goethes im Jahre 1772 erinnern; Wilhelmsturm (Nassau-Oranisches Museum) und Hessisches Landgestüt mit der alle zwei Jahre stattfindenden Hengstparade in Dillenburg; Schloß und mittelalterlicher Marktplatz in Braunfels; die Burgruine Greifenstein mit Deutschem Glockenmuseum; die Herborner Altstadt mit über 400 Fachwerkhäusern und „Hoher Schule" sowie das Herborner Schloß und die größte Volkssternwarte Hessens im Solmser Stadtteil Burgsolms.

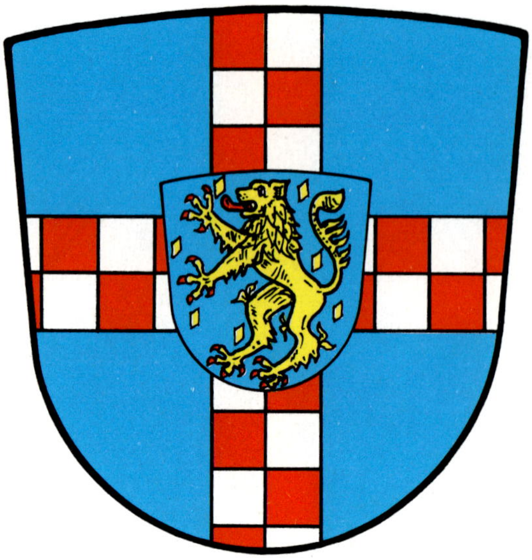

Regierungsbezirk: Gießen. Einwohner: 151500. Fläche: 738 km². Einwohner je km²: 206. Kfz-Kennzeichen: LM. Kreisverwaltung: Schiede 43, 6250 Limburg/Lahn. Verwaltungsgliederung: 5 Städte (Limburg, Weilburg, Bad Camberg, Hadamar, Runkel) und 14 Gemeinden (Beselich, Brechen, Dornburg, Eilbtal, Elz, Hünfelden, Löhnberg, Mengerskirchen, Merenberg, Selters, Villmar, Waldbrunn, Weilmünster, Weinbach).

## Wappenbeschreibung

In Blau ein durchgehendes, rot-silbern geschachtes Kreuz, belegt mit einem blauen Schild, darin zwischen goldenen Schindeln ein rot bewehrter goldener Löwe.

## Historische Entwicklung

Zahlreiche vor- und frühgeschichtliche Funde im Limburger Becken, das sich weitgehend mit den Grenzen des Landkreises Limburg-Weilburg deckt, zeugen von der frühen Besiedlung dieser Landschaft durch den altsteinzeitlichen Menschen. Nach dem Fall des obergermanischen Limes um 260 n. Chr. und der Überwindung der stark befestigten Rheingrenze kurz nach 400 n. Chr. war das Land frei für die Besitznahme durch die Germanen. 918 starb der deutsche König und Graf des Lahngaus, Konrad I., auf seinem Lieblingssitz Weilburg. Der letzte nassauische Vogt wurde schließlich 1292 als Adolf von Nassau deutscher König, der den Burgflecken Weilburg zur Residenz für eine bis 1816 direkt von hier aus regierende stolze Reihe nassauischer Grafen, Fürsten und Herzöge machte, deren letzter dem Herzogtum Nassau als Adolf II. bis 1866 vorstand. 1867 wurde der Oberlahnkreis mit der Kreisstadt Weilburg gebildet, 1886 der Kreis Limburg an der Lahn. Zum 1. Juli 1974 wurden beide aufgrund der hessischen Gebietsreform zum Kreis Limburg-Weilburg zusammengeschlossen.

In das neue Kreiswappen (Genehmigung vom 18. April 1975) wurden das Kreuz, das dem ehemaligen Kreis Limburg 1957 als Wappensymbol verliehen worden war (Bistum Limburg), und der nassauische Löwe, der schon in dem 1936 verliehenen Wappen des ehemaligen Oberlahnkreises den ersten Rang innehatte, aufgenommen.

## Struktur des Kreises – Sehenswürdigkeiten

Der Landkreis ist ein ideales Ferienland. Hier findet man sanftes Mittelgebirgsklima, romantische Flußtäler von Lahn und Weil, saubere Bäche zum Angeln, Gelegenheit zum Segeln und für Wasserski, und neben vielen weiteren Möglichkeiten, sich sportlich zu betätigen, kilometerlange, bequeme und gut ausgezeichnete Waldwanderwege. Eine Auswahl bedeutender Sehenswürdigkeiten: Limburg (St.-Georgs-Dom, ein Juwel mittelalterlicher Baukunst, der auf steilem Felsen hoch über der Lahn steht; im Krieg unzerstört gebliebene Altstadt mit engen, verschlungenen Gassen, reizvollen Fachwerk- und Steinbauten, Erkern und Schnitzereien; eines der ältesten deutschen Fachwerkhäuser, erbaut 1289; Domschatz); Weilburg (barocke Residenzstadt mit großartigen Schloßanlagen; Heiliggrabkapelle aus dem 16. Jahrhundert auf dem Kalvarienberg; einziger Schiffstunnel Deutschlands aus dem Jahre 1847; Bergbaumuseum inmitten der Stadt; Kubacher Höhlen mit einzigartigen Kristallen); Bad Camberg (ältestes hessisches Kneippbad mit Natur- und Heilquellen; mittelalterliche Altstadt); 1000jährige Blasiuskapelle in Dornburg; frühmittelalterliche Burg Runkel. Musikfreunde kommen bei den Weilburger Schloßkonzerten mit Kammermusik in den Monaten Mai bis Juli auf ihre Kosten.

Regierungsbezirk: Darmstadt. Einwohner: 367000. Fläche: 1398 km². Einwohner je km²: 262. Kfz-Kennzeichen: HU. Kreisverwaltung: Eugen-Kaiser-Straße 10, 6450 Hanau. Verwaltungsgliederung: 11 Städte (Bruchköbel, Gelnhausen, Hanau, Langenselbold, Maintal, Nidderau, Bad Orb, Schlüchtern, Bad Soden-Salmünster, Steinau a.d. Str., Wächtersbach) und 18 Gemeinden (Biebergemünd, Birstein, Brachttal, Erlensee, Flörsbachtal, Freigericht, Großkrotzenburg, Gründau, Hammersbach, Hasselroth, Joßgrund, Linsengericht, Neuberg, Niederdorfelden, Rodenbach, Ronneburg, Schöneck, Sinntal).

## Wappenbeschreibung

Geteilt und halbgespalten: oben in Rot ein aus einem silbernen Wellenschildfuß wachsender, golden bewehrter silberner Schwan; unten vorn in Gold ein rot bewehrter schwarzer Adler mit einem silbernen Brustschild mit schwarzem Balken; unten hinten in Rot zwei goldene Schrägbalken.

## Historische Entwicklung

Der Spessart war jahrhundertelang ein kaum zu durchdringendes Waldgebiet. Kaiser und Lehnsfürsten begannen im 12. Jh. Jagdhelfer in den Tälern anzusiedeln. Aus den Jagddörfern wurden die heute noch von ausgedehnten Wäldern umgebenen Gemeinden. Am Vogelsberg, der früher als der Spessart besiedelt wurde, residierten zwei bekannte Adelsgeschlechter: die von Hutten und von Isenburg. Das Kinzigtal wurde vom Schlüchterner Kloster ausgehend schon früh christianisiert. Barbarossa ließ beim Engpaß in Gelnhausen seine Kaiserpfalz bauen und erhob die Siedlung Gelnhausen 1170 zur Freien Reichsstadt. In Gelnhausen wurden mehrere Reichstage abgehalten, und der in Gelnhausen geborene Hans Jakob Christoffel von Grimmelshausen beschrieb die Zerstörung seiner Heimat während des Dreißigjährigen Krieges im „Abenteuerlichen Simplicissimus". Das am 30. Dezember 1980 verliehene Kreiswappen verweist auf die vor dem 1. 7. 1974 bestehenden Gebietskörperschaften und früheren Territorialherren. Der Schwan stand bereits im Wappen der Grafen von Hanau und symbolisiert sowohl den früheren Landkreis Hanau als auch die zuvor kreisfreie Stadt Hanau. Der Adler ist das Sinnbild der Stadt Gelnhausen und verweist auf den früheren gleichnamigen Landkreis. Die Schrägbalken beziehen sich auf die Herren von Hutten und den ehemaligen Kreis Schlüchtern, während das Flußsymbol auf Main und Kinzig Bezug nimmt.

## Struktur des Kreises – Sehenswürdigkeiten

Zwischen den Ausläufern des Vogelsberges, des Spessarts und der vorderen Rhön gelegen ist der Landkreis reich an Naturschönheiten. Holz- und Möbelfabriken, weltbekannte metallverarbeitende Werke, Firmen der Gummiindustrie und auch der Nukleartechnik beschäftigen die Menschen wie viele Betriebe der Landwirtschaft im Weizen- und Zuckerrübenanbau und, an den Main- und Kinzigsüdhängen, Obst- und Gartenbau. In höheren Landstrichen ist die Viehzucht vorherrschend. In Hanau steht Schloß Philippsruhe, 1701–1712 erbaut, äußerlich wie im Inneren prunkvolle Repräsentanz absoluter Fürsten. In Hanau sollte man auch am Deutschen Goldschmiedehaus und Neustädter Rathaus nicht vorüberfahren. In Gelnhausen lassen selbst die Ruinen noch die Harmonie erkennen, die einmal die Kaiserpfalz Friedrich Barbarossas (1170–1200 erbaut) auszeichnete. Das älteste deutsche Amtshaus, das Romanische Haus (um 1180), Hessens ältestes Fachwerkhaus an der Kuhgasse (1356), vor allem aber die Marienkirche (12. und 13. Jh.) und Peterskirche (13. Jh.) sind Kleinodien im mittelalterlichen Stadtkern von Gelnhausen. Eines der am besten erhaltenen Renaissance-Schlösser Mitteleuropas, eine weiträumige Anlage mit Trockengraben und Bergfried, eingerichtet mit kostbaren historischen Möbeln und Wandteppichen, ist das Schloß der Grafen von Hanau in Steinau (erbaut 1528–1556). Es enthält auch eine Brüder-Grimm-Ausstellung. Vor dem Schloß beherbergt ein früherer Marstall das bekannte Steinauer Marionettentheater. Den alten Stadtkern von Schlüchtern bildet das ehemalige Benediktinerkloster mit einer aus dem 8. Jh. stammenden Krypta.

Regierungsbezirk: Darmstadt. Einwohner: 201 000. Fläche: 222 $km^2$. Einwohner je $km^2$: 905. Kfz-Kennzeichen: MTK. Kreisverwaltung: Bolongarostraße 101, 6230 Frankfurt-Höchst. Verwaltungsgliederung: 9 Städte (Bad Soden, Eppstein, Eschborn, Flörsheim am Main, Hattersheim am Main, Hochheim am Main, Kelkheim/Taunus, Schwalbach am Taunus) und 3 Gemeinden (Kriftel, Liederbach, Sulzbach/Taunus).

**Wappenbeschreibung**

Geteilt; oben das silberne mainzische Rad in Rot, unten die drei roten eppsteinischen Sparren in Silber.

**Historische Entwicklung**

Die Gründung des Main-Taunus-Kreises geht auf das Jahr 1928 zurück. Der neue Landkreis entstand aus Gebietsteilen der früheren Kreise Wiesbaden und Höchst sowie aus Gemeinden der Kreise Obertaunus und Untertaunus. Die hessische Kreisreform, die am 1. Januar 1977 in Kraft trat, führte zu Gebietsverlusten des Main-Taunus-Kreises, so daß seine Fläche von 307 $km^2$ auf 222 $km^2$ zurückging. Das am 19. Juni 1950 durch das Hessische Innenministerium verliehene Kreiswappen behielt jedoch seine Gültigkeit. Das silberne Rad in Rot ist bekanntlich das Wappen des Erzbistums Mainz, das im alten Deutschen Reich mit seinem Kurfürsten den ranghöchsten deutschen Fürsten nach dem Kaiser stellte. Die Mainzer Kurfürsten hatten in Höchst ein Oberamt zur Verwaltung der Gebiete am Untermain. Die roten Sparren in der unteren Schildhälfte waren das Bildzeichen der 1535 mit der Königsteiner Linie ausgestorbenen Herren von Eppstein. Ihre Burg und Stadt Eppstein am Taunus war früher der Brennpunkt eines umfangreichen, reichsunmittelbaren Territoriums gewesen. Im Jahre 1581 übernahmen die Mainzer Erzbischöfe die Mehrzahl der alten Eppsteiner Besitzungen.

**Struktur des Kreises – Sehenswürdigkeiten**

Zum Rhein-Main-Gebiet gehörend liegt der Kreis zwischen den Großstädten Frankfurt, Wiesbaden und Mainz inmitten des wirtschaftlichen Zentrums Hessens. Mehr als zwei Drittel aller Berufstätigen arbeiten außerhalb des Kreisgebiets. Etwa 55 Prozent sind im produzierenden Gewerbe beschäftigt. Nur noch ein Prozent der Bevölkerung ist in der Landwirtschaft tätig. Hauptwirtschaftszweige sind der Maschinenbau, die Elektrotechnik, die chemische Industrie und die Ernährungsindustrie. Für die Entwicklung von Industrie, Handel und Gewerbe war die verkehrsgünstige Lage von spürbarem Einfluß.

Kleinbäuerliche Betriebe bauen an den Südosthängen des Taunus Sonderkulturen an, z.B. Erdbeeren in Kriftel, Rosenkulturen in Hattersheim, Nelkenzucht in Bad Soden. Das größte Mirabellenanbaugebiet der Bundesrepublik liegt im südlichen Kreisgebiet. Das nach Süden und Südosten zum Main hin abfallende Taunusvorland ist, durch einen sehr frühen Beginn der Vegetationsperiode gekennzeichnet, ein Wein- und Obstklima. Der Hochheimer Wein wurde schon im 16. Jh. nach den Niederlanden und England exportiert. Die Briten nennen noch heute alle Rheinweine „Hock“ in Erinnerung an Hochheim. Bad Soden ist seit dem 18. Jh. ein beliebter Badeort, dessen Solequellen früher zur Salzgewinnung genutzt wurden. Von Wäldern umgeben ist Eppstein, die „Perle der Nassauischen Schweiz“. Eschborn präsentiert sich als moderne Wohnstadt vor der Großstadt Frankfurt. Das Stadtbild prägen Bürohochhäuser. Der Fremdenverkehr ist vor allem jenseits des Hochtaunuskammes von Bedeutung.

Regierungsbezirk: Gießen. Einwohner: 238125. Fläche: 1262,50 $km^2$. Einwohner je $km^2$: 189. Kfz-Kennzeichen: MR. Kreisverwaltung: Im Lichtenholz 60, 3550 Marburg. Verwaltungsgliederung: 22 Städte und Gemeinden (Amöneburg, Angelburg, Biedenkopf, Breidenbach, Cölbe, Dautphetal, Ebsdorfergrund, Bad Endbach, Fronhausen, Gladenbach, Kirchhain, Lahntal, Lohra, Marburg, Münchhausen, Neustadt, Rauschenberg, Stadtallendorf, Steffenberg, Weimar, Wetter, Wohratal).

## Wappenbeschreibung

In Blau der golden gekrönte und bewehrte, neunmal von Silber und Rot geteilte hessische Löwe, der in seinen Pranken einen silbernen Schild mit durchgehendem schwarzen Kreuz (Deutscher Orden) hält.

## Historische Entwicklung

So viel die Landschaft im Bereich des heutigen Landkreises auch den weltlichen und geistlichen Gewalten kulturgeschichtlich verdankt, so nachteilig wirkte sich für Jahrhunderte die territoriale und religiöse Zersplitterung wirtschaftlich und sozial aus. Zu einer zumindest administrativen Vereinheitlichung kam es erst im Laufe der hessischen Gebietsreform 1974, als die Landkreise Marburg und Biedenkopf sowie die bis dahin kreisfreie Stadt Marburg zum Landkreis Marburg-Biedenkopf zusammengeschlossen wurden.

Der Großlandkreis bekam am 11. Juli 1975 das Wappen des ehemaligen Kreises Marburg neu verliehen. Dies ist damit zu rechtfertigen, daß es in seinem Symbolgehalt auch für den Kreis Biedenkopf und die Stadt Marburg sprechen kann. Der Altlandkreis Biedenkopf führte als teilweise „sprechendes“ Wappen den Kopf des hessischen Löwen, die Stadt Marburg zeigt einen reitenden und gerüsteten Ritter im Wappen, der einen Schild mit dem hessischen Löwen hält. Jedesmal stellt der Löwe das Wappentier der Landgrafen von Hessen dar, deren erste Hauptstadt und spätere mehrmalige Residenzstadt Marburg war. Das silberne Schildchen mit dem Kreuz war das Wappen des Deutschen Ritterordens, dessen bedeutendste Niederlassung im Westen des Reiches in Marburg lag, dem weitere Ländereien zugehörten.

## Struktur des Kreises – Sehenswürdigkeiten

Ein Gebiet, das voller Reize und Kontraste steckt: rustikale Behäbigkeiten des Marburger Landes mit seinen stattlichen Dörfern, seinen weiten Wiesen, Wäldern und der zauberhaften Bergwelt des „Hessischen Hinterlandes“. In diesem Gebiet liegen die Kneipp-Heilbäder Bad Endbach und Gladenbach, die Luftkurorte Biedenkopf, Holzhausen, Rauschenberg und Wetter und die staatlich anerkannten Erholungsorte Bottenhorn, Hartenrod, Wommelshausen, Herzhausen, Lixfeld, Steinperf, Weidenhausen, Burgholz, Amöneburg und Schweinsberg. Die altehrwürdige Universitätsstadt Marburg erhebt sich wie eine Krone über dem grünen Mantel des Wald- und Wiesenlandes, Stadt der heiligen Elisabeth und der ersten protestantischen Universität, eine Stadt mit lebendiger Romantik, mit der Elisabethkirche, dem ehemaligen Zeugnis frühgotischer Architektur, dem Landgrafenschloß mit dem größten gotischen Rittersaal Deutschlands und mit seiner Universität, die architektonisch und geistig das Bild der Stadt geprägt hat. Im Land an der oberen Lahn haben sich aber auch bäuerliche und städtische Traditionen erhalten in über 70 Trachten- und Folkloregruppen, in weit bekannten Volksfesten, wie dem Marktfrühschoppen und anderen Stadtteilfesten in Marburg, dem Gladenbacher Kirschenmarkt, den Grenzgängen in Biedenkopf, Buchenau, Wetter, Goßfelden und Wollmar, sowie zahlreiche Kirmesfeiern. Alle sind Spiegelbilder echt hessischer Fröhlichkeit. Es lohnt sich, dieses Land zu studieren, das durch seine Verschiedenartigkeit in Landschaft und Wirtschaft besticht und in Neustadt mit dem Junker-Hansen-Turm den größten Fachwerkrundbau Europas zu bieten hat.

Regierungsbezirk: Darmstadt. Einwohner: 85 769. Fläche: 623,94 km². Einwohner je km²: 137. Kfz-Kennzeichen: ERB. Kreisverwaltung: Michelstädter Straße 12, 6120 Erbach. Verwaltungsgliederung: 5 Städte (Kreisstadt Erbach, Bad König, Beerfelden, Breuberg, Michelstadt), 10 Gemeinden (Brensbach, Brombachtal, Fränkisch-Crumbach, Hesseneck, Höchst im Odenwald, Lützelbach, Mossautal, Reichelsheim [Odenwald], Rothenberg, Sensbachtal).

## Wappenbeschreibung

In Gold eine bewurzelte schwarze Eiche, begleitet von drei (1:2 gestellten) sechsstrahligen roten Sternen.

## Historische Entwicklung

Die Geburtsstunde des Odenwaldkreises, bis 1. August 1972 Landkreis Erbach, schlug im Jahre 1822. In Bekanntmachungen des Großherzoglich-Hessischen Ministeriums des Innern und der Justiz wurde für die Herrschaft Breuberg mit den Ämtern Habitzheim und König ein Landrats- und Landgerichtsbezirk Breuberg und für die Gräflich Erbach-Erbach und Erbach-Fürstenauischen Ämter ein Landratsbezirk Erbach geschaffen. 1874 wurden die Kreise Erbach und Neustadt zu dem Kreis Erbach zusammengeschlossen. Vor dem Einsetzen einer planmäßigen Besiedlung überzog den Odenwald von etwa 3000 v. bis 1000 n. Chr. ein dichter, fast ununterbrochener Laubwald aus Eichen und Buchen; noch heute sind rund 60 % der Kreisfläche von Wald bedeckt. Bedeutend für die spätere Bevölkerungsentwicklung im heutigen Kreisgebiet waren der Limesbau und die Anlegung eines Straßennetzes durch die Römer. Dieser geschichtliche Hintergrund und die natürlichen Gegebenheiten der Landschaft standen Pate bei der Gestaltung des Kreiswappens, das seit der Verleihung vom 20. November 1956 unverändert geführt wird. Der goldene Wappenschild wird beherrscht von einer bewurzelten schwarzen Eiche als Symbol der Odenwaldlandschaft. Die Eiche wird begleitet von den Sternen aus dem Wappen der Grafen von Erbach. Diese waren bis zur Mediatisierung von 1806 die wichtigsten Territorialherren im Kreisgebiet. Somit entstand ein ansprechendes und eigenständiges Kreiswappen, dessen klares und prägnantes Bildmotiv auch in der siegelmäßigen Verwendung gut zum Ausdruck kommt.

## Struktur des Kreises – Sehenswürdigkeiten

Der Odenwaldkreis liegt südöstlich in dem von Rhein, Main und Neckar gebildeten Landschaftsviereck. Ausgedehnte Wälder durchziehen diese Region. Der westliche Teil des Odenwaldes besteht weitgehend aus zerklüfteten Steilhängen (Granit), während im Osten sanfte Hügel dieses Mittelgebirge bestimmen. Neben zahlreichen Erholungsmöglichkeiten bietet der Landkreis in Bad König (Stahlbad) Trink- und Badekuren an. Die Entwicklung im Bereich der Kunst dieses Landstrichs spiegeln Erbach und Michelstadt wider. Mit seinem mittelalterlichen Bergfried beherrscht das barocke Schloß der Erbacher Grafen den Marktplatz der Kreisstadt Erbach. Im Schloßinneren überrascht eine Kunstsammlung, die Objekte der bildenden Künste, des Kunstgewerbes sowie Waffen und Jagdzubehör einschließt. Nicht nur einen Großteil dieser Exponate verdankt die Stadt dem Grafen Franz I. zu Erbach-Erbach, sondern auch die Kunst des Drechselns und der Elfenbeinschnitzerei. Die „Erbacher Rose" gilt als besonders beliebtes Schmuckstück. Im „Deutschen Elfenbeinmuseum" lassen sich Elfenbeinschnitzereien aus aller Welt bewundern. Michelstadts 1484 im Fachwerkstil erbautes Rathaus kann als eines der Wahrzeichen des Odenwaldkreises angesehen werden. Im Stadtteil Steinbach entdeckt der Besucher die Schloßanlage Fürstenau (13. Jh.) und die älteste karolingische Basilika nördlich der Alpen. Beerfelden, die „Stadt am Berge", besitzt als Zeuge aus dem Mittelalter einen im Jahre 1597 errichteten Galgen, die Richtstätte des ehemaligen Zentgerichts. Im Herzen der Stadt liegt die Quelle der Mümling, die in einem Zwölf-Röhrenbrunnen gefaßt ist. Im nördlichen Teil des Odenwaldes überragt das Mümlingtal die Mitte des 12. Jahrhunderts erbaute Vogteiburg Breuberg, die der ihr zu Fuße liegenden Stadt ihren Namen gab. Sie gilt als die besterhaltene Burg in ganz Süddeutschland.

Regierungsbezirk: Darmstadt, 294711 Einwohner. Fläche: 356,3 km². Einwohner je km²: 828. Kfz-Kennzeichen: OF. Kreisverwaltung: Berliner Straße 60, 6050 Offenbach/Main. Verwaltungsgliederung: 13 Städte und Gemeinden (Dietzenbach, Dreieich, Egelsbach, Hainburg, Heusenstamm, Langen, Mainhausen, Mühlheim am Main, Neu-Isenburg, Obertshausen, Rodgau, Rödermark und Seligenstadt).

### Wappenbeschreibung

In Silber ein grüner Eichenbaum mit drei goldenen Eicheln; belegt mit einem gespaltenen Herzschild, darin vorne in Silber zwei schwarze Balken, hinten in Rot ein halbes silbernes Rad am Spalt.

### Historische Entwicklung

Funde aus der Jungsteinzeit (2500–1600 v. Chr.) deuten auf eine weit zurückliegende Besiedlung im Gebiet des heutigen Kreises Offenbach hin. In den späteren Jahrhunderten hinterließen Menschen der Hallstattkultur, Kelten, Germanen (Alemannen), Römer und Franken ihre siedlungs- und kulturgeschichtlichen „Visitenkarten". Die unterschiedliche territoriale Entwicklung spiegelt sich im Kreiswappen vom 10. Februar 1951 wider: Der Eichenbaum symbolisiert die Zugehörigkeit großer Teile des westlichen Kreisgebietes zum Wildbannforst Dreieich, der schon zur Zeit Karls des Großen als geschlossenes Königsgut bestand. Die schwarzen Balken auf silbernem Feld bedeuten den territorialen Besitz von Teilen des Westkreises durch die isenburgischen Grafen seit dem 15. Jh. Die über 800jährige Zugehörigkeit des östlichen Kreisgebietes zum Erzbistum Mainz wird durch das Mainzer Rad im Kreiswappen angezeigt. In seiner heutigen Form geht der Kreis Offenbach auf die Gebiets- und Verwaltungsreform von 1821 zurück: Durch die Zusammenlegung der ehemaligen Landgerichtsbezirke Langen, Offenbach und Seligenstadt entstand 1832 der Kreis Offenbach, dem bis 1938 die Stadt Offenbach angehörte. Die letzte Gebietsreform 1977 ließ die bis dahin selbständigen 31 Städte und Gemeinden zu 13 Städten und Gemeinden zusammenwachsen.

### Struktur des Kreises – Sehenswürdigkeiten

Der flächenmäßig zweitkleinste und bevölkerungsmäßig zweitgrößte hessische Landkreis ist für die Vielfalt und hohe Leistungskraft seiner Industrie- und Gewerbebetriebe in Wirtschaftskreisen bekannt (Maschinenbau, Elektrotechnik und Lederverarbeitung sind die dominierenden Industriezweige). Trotz der hohen Industrialisierung und der Bevölkerungsdichte sind lediglich 12 Prozent der Kreisfläche mit Straßen und Gebäuden überbaut. Rund 50 Prozent der Flächen sind bewaldet, über 20 Prozent bestehen aus Grün- und Ackerland. Zum großen Freizeitwert in den zahlreichen Naherholungseinrichtungen kommt ein breitgefächertes kulturelles Freizeitangebot hinzu. Zu den Sehenswürdigkeiten zählen nicht nur die Einhard-Basilika, die größte nördlich der Alpen erhaltene karolingische, in Seligenstadt, die Ruine der Burg Hayn in Dreieich oder die von Balthasar Neumann errichtete Stadtkirche in Heusenstamm; besondere Eindrücke vermitteln die Fachwerkbauten in den restaurierten Altstadtkernen beispielsweise von Dreieichenhain, Seligenstadt oder Langen.

Über die Geschichte des Kreises Offenbach und seine industrielle Entwicklung informieren die beiden Kreismuseen und die 6 Heimatmuseen, darunter das Zeppelin-Museum in Neu-Isenburg/Zeppelinheim, das Glasmuseum in Langen, das Feuerwehrmuseum in Dietzenbach und das einzige hessische Töpfermuseum in Rödermark-Urberach.

Regierungsbezirk: Darmstadt. Einwohner: 165487. Fläche: 811 km². Einwohner je km²: 204. Kfz-Kennzeichen: RÜD. Kreisverwaltung: Badweg 3, 6208 Bad Schwalbach. Verwaltungsgliederung: 17 kreisangehörige Gemeinden (Aarbergen, Bad Schwalbach, Eltville, Geisenheim, Heidenrod, Hohenstein, Hünstetten, Idstein, Kiedrich, Lorch, Niedernhausen, Oestrich-Winkel, Rüdesheim, Schlangenbad, Taunusstein, Waldems, Walluf).

## Wappenbeschreibung

Schräglinks geteilt; oben in mit goldenen Schindeln bestreutem blauen Feld ein wachsender, rot bewehrter goldener Löwe, unten in Silber ein rotes Rad.

## Historische Entwicklung

Die früheste Besiedlung im Gebiet des heutigen Rheingau-Taunus-Kreises erfolgte in der Zeit der Bandkeramiker und später in der Hallstattzeit. Eine Besiedlungsverdichtung ist in der Zeit der römischen Besetzung im 2. Jahrhundert n. Chr. zu beobachten. Der Limes durchquerte damals das nördliche Kreisgebiet. Erste urkundliche Erwähnungen von Ortschaften datieren um 770 (Walluf) und 812 (Kloster Bleidenstadt in Taunusstein), danach vor allem in der Zeit von 1000 bis 1200 n. Chr. Der Kreisteil Rheingau entlang des Rheinknies, von Walluf bis Lorch, war lange Zeit Kurmainzer Hoheitsgebiet, der Kreisteil Untertaunus lag in wechselnden Machtbereichen von Katzenelnbogen und Nassau. Rheingau und Untertaunus waren von 1867– 1976 selbständige Landkreise; ihr Zusammenschluß erfolgte 1977 auf Grund der hessischen Gebiets- und Verwaltungsreform. Kreisstadt wurde dabei Bad Schwalbach, während sich das Kfz-Kennzeichen RÜD auf die ehemalige Kreisstadt des Rheingaus bezieht. Am 22. Januar 1981 wurde das neue Kreiswappen genehmigt. Es vereinigt die Wappenbilder der Grafen von Nassau (Löwe) und der Mainzer Erzbischöfe (Rad).

## Struktur des Kreises – Sehenswürdigkeiten

Unmittelbar nördlich an die Landeshauptstädte Wiesbaden und Mainz angrenzend stellt der Rheingau-Taunus-Kreis einen bevorzugten Naherholungsraum des Rhein-Main-Gebietes dar. Mit dem Rhein und der dort anschließenden Weinlandschaft, den 435 km² großen Mischwäldern auf den Höhen des westlichen Taunus, verfügt der Rheingau-Taunus-Kreis über eine besondere Schönheit und Abwechslung seiner Landschaft. Neben der Vielfalt eines vor allem mittelständischen Gewerbes spielen die Landwirtschaft und der Weinbau mit dem weltbekannten „Rheingauer Riesling“ eine nicht unerhebliche Rolle. Dank seiner bevorzugten Lage, aber auch wegen seiner vielen Kultur- und Baudenkmäler gehört der Rheingau-Taunus-Kreis als „Grün-Goldenes Ferienland“ zu den beliebtesten deutschen Fremdenverkehrsgebieten. Von den vielen Sehenswürdigkeiten aus einer mehr als 1000jährigen Geschichte seien genannt: das Kloster Eberbach, ehemaliges Zisterzienserkloster, erbaut um 1135; das Schloß Johannisberg, früher Benediktinerkloster, erbaut um 1106; die Kurfürstliche Burg in Eltville aus dem 14. Jahrhundert; die gotische Kirche St. Valentinus mit Michaelskapelle in Kiedrich, erbaut um 1420 und 1444 mit der ältesten bespielbaren Orgel Deutschlands, errichtet um 1500. Weiter: das „Graue Haus“ in Winkel, ältestes Steinhaus Deutschlands, aus dem 9. Jahrhundert; das Schloß Vollrads bei Winkel, erbaut um 1330 sowie die romanische Basilika St. Ägidius in Mittelheim (um 1130). Im Taunusbereich ragen heraus die Burgruine Hohenstein der Grafen von Katzenelnbogen (um 1095), das Nassauer Schloß Idsteins aus dem 17. Jahrhundert mit dem Hexenturm als Teil der ehemaligen Burg aus dem 14. Jahrhundert.

Weitere Auskünfte: Amt für Fremdenverkehr des Rheingau-Taunus-Kreises, Rheinstraße 5, 6220 Rüdesheim am Rhein.

Regierungsbezirk: Kassel. Einwohner: 181 045. Fläche: 1538,21 km². Einwohner je km²: 117. Kfz-Kennzeichen: HR. Kreisverwaltung: Parkstraße 6, 3588 Homberg (Efze). Verwaltungsgliederung: 11 Städte (Borken, Felsberg, Fritzlar, Gudensberg, Homberg, Melsungen, Neukirchen, Niedenstein, Schwalmstadt, Schwarzenborn, Spangenberg) und 16 Gemeinden (Edermünde, Frielendorf, Gilserberg, Guxhagen, Jesberg, Knüllwald, Körle, Malsfeld, Morschen, Neuental, Oberaula, Ottrau, Schrecksbach, Wabern, Willingshausen, Zwesten).

### Wappenbeschreibung

In Blau über drei erniedrigten silbernen Wellenbändern der golden gekrönte und bewehrte, fünfmal von Silber und Rot geteilte, wachsende hessische Löwe.

### Historische Entwicklung

Im Kreisgebiet gibt es bedeutsame Funde aus der jüngeren Steinzeit. Diese Epoche hat eine ganze Reihe von verschiedenen Kulturen hervorgebracht, die aus allen Richtungen kamen: vom Westen die Michelsberger Kultur, aus Nordwesten die Einzelgräberkultur, aus Frankreichs Süden die Megalithkultur und aus dem Donauraum die Kultur der Bandkeramiker. Später war der Raum dem Jahrhunderte andauernden Machtkampf zwischen den Landgrafen von Hessen und den Mainzer Erzbischöfen ausgesetzt. Daneben hatte sich die Grafschaft Ziegenhain herausgebildet. Wichtige Verkehrsstränge durchzogen das heutige Kreisgebiet: von Westen nach Osten die „Langen-Hessen-Straße", in nord-südlicher Richtung z. B. die „Nürnberger Straße". Die Kreise Fritzlar und Homberg entstanden im Jahre 1821 im Zuge der Einrichtung der kurhessischen Kreisämter. 1932 wurden in Folge einer preußischen Sparmaßnahme beide Verwaltungssprengel zum Kreis Fritzlar-Homberg vereinigt. Dieser Landkreis wurde mit den ebenfalls 1821 gebildeten Kreisen Melsungen und Ziegenhain am 1. 1. 1974 zum Schwalm-Eder-Kreis zusammengelegt.

Das am 4. September 1975 verliehene Kreiswappen verdeutlicht die beherrschende Rolle der Landgrafen von Hessen für das Kreisgebiet; die Wellenbalken verweisen auf den neuen Kreisnamen.

### Struktur des Kreises – Sehenswürdigkeiten

Im Südosten des Kreises erhebt sich bis zu 634 Meter das wald- und wildreiche Knüllgebirge, an das sich das Homberger Hochland mit dem Segelfluggelände Mosenberg anschließt. Im Norden dominieren Basaltkuppen und der Naturpark Habichtswald, während die von der Landwirtschaft beherrschte Kreismitte im Osten und Westen von den bewaldeten Ausläufern des Knüllgebirges, des Stölzinger Gebirges und des Kellerwaldes (höchste Erhebung: der 675 m hohe Wüstegarten) umschlossen wird. Im Melsunger Land zieht sich in vielfachen Windungen von Süden nach Norden das waldreiche Fuldatal. An trutzigen Burgen ist das kurhessische Bergland reich. Meisterliche Fachwerkhäuser zieren nahezu alle Orte im Kreis, in dem die „Schwälmer" mit ihrer farbenprächtigen Tracht weit über Hessen hinaus bekannt geworden sind. Hier haben sich die Gebrüder Grimm zu ihrem Märchen „Rotkäppchen und der Wolf" inspirieren lassen. Weite Wälder mit Waldlehrpfaden, Schutzhütten, vielerlei Wild und zahlreichen Jagdschlössern laden den Wanderer ein, der auf historische Funde besonders in der Gegend zwischen Homberg (Efze), Fritzlar und Niedenstein stoßen kann – Zeugnisse über Lebensgewohnheiten und Gebräuche früherer Generationen bis zum germanischen Volksstamm der Chatten. Sehenswert in Fritzlar ist der St.-Petri-Dom, der Graue Turm (1273), in Homberg die spätgotische Marienkirche, in Melsungen das Fachwerkrathaus und in Ziegenhain das Schloß und Museum der Schwalm mit vielen Trachten. Am zweiten Sonntag nach Pfingsten findet hier seit über 250 Jahren die „Salatkirmes" statt, ein überregionales Heimatfest mit Trachtenzug.

Regierungsbezirk: Gießen. Einwohner: 108671. Fläche: 1459 km$^2$. Einwohner je km$^2$: 75. Kfz-Kennzeichen: VB. Kreisverwaltung: Goldhelg 20, 6420 Lauterbach, Hessen 1; Hersfelder Straße 57, 6320 Alsfeld. Verwaltungsgliederung: 19 kreisangehörige Gemeinden (Alsfeld, Antrifttal, Feldatal, Freiensteinau, Gemünden [Felda], Grebenau, Grebenhain, Herbstein, Homberg [Ohm], Kirtorf, Lauterbach, Lautertal, Mücke, Romrod, Schlitz, Schotten, Schwalmtal, Ulrichstein, Wartenberg).

## Wappenbeschreibung

Durch eine Silberleiste schräglinks geteilt; oben in Rot zwei natürliche silberne Türkenbundlilien, unten in Blau der dreimal von Silber und Rot geteilte Löwenkopf mit goldener Krone.

## Historische Entwicklung

Der Vogelsbergkreis wurde am 1. 8. 1972 durch den Zusammenschluß der Landkreise Alsfeld und Lauterbach gebildet. Während der 1852 entstandene Kreis Lauterbach lediglich durch die Verwaltungsreform des Jahres 1938 verändert worden war, war die Verwaltungsgeschichte des Kreises Alsfeld wechselvoller. Dieser Landkreis entstand durch das Organisationsedikt von 1832 und wurde bereits 1838 erstmals in seiner territorialen Ausdehnung verändert. Zwischen 1848 und 1852 war der Kreis aufgelöst, und in den Jahren 1866, 1874 und 1938 erfuhr er weitere Gemeindeangliederungen. Das neue Kreiswappen, das am 26. Juli 1978 vom Hessischen Minister des Innern genehmigt wurde, wird vom hessischen Farbakkord Blau-Silber-Rot dominiert und setzt sich aus Emblemen des ehemaligen Kreises Lauterbach und der Stadt Alsfeld zusammen. Das Lauterbacher Kreiswappen ist wie fast alle untergegangenen deutschen Kreiswappen im grundlegenden Werk von Klemens Stadler, Band 1, abgebildet. Es zeigte unter anderem die beiden Türkenbundlilien als Hinweis auf den Naturpark „Hoher Vogelsberg“. Der Löwenkopf stellt eine „Minderung“ (= Teilentnahme) des hessischen Löwen dar, der neben einem aufrechten Gerichtsschwert im Wappen der Stadt Alsfeld steht.

## Struktur des Kreises – Sehenswürdigkeiten

Der im Städtedreieck von Frankfurt/Main, Gießen und Fulda liegende Vogelsbergkreis verdankt seinen Namen dem Vogelsberg, einem deutschen Mittelgebirge. Als einer der größten erloschenen Vulkane der Erde ist sein Massiv mit einem Durchmesser von 60 km und einer Fläche von 2500 km$^2$ in der Form dem Ätna ähnlich, den er zwar nicht in der Höhe, doch aber an Ausdehnung weit übertrifft. Im Naturpark „Hoher Vogelsberg“, seit 1957 kontinuierlich zu einem Wochenend- und Ferienerholungsgebiet ausgebaut, findet man Ruhe und Entspannung. Neben der „Deutschen Ferienstraße Alpen-Ostsee“ führt auch die „Deutsche Märchenstraße“ durch die Städte und Dörfer des Kreisgebiets. Selbst in den kleinsten Gemeinden kann man kostbare Fachwerkbauten profaner und sakraler Art bewundern. Sehr bekannt ist das Rathaus von Alsfeld (1512), das in der Bausubstanz kaum verändert wurde und heute noch seiner ursprünglichen Bestimmung dient. Ebenfalls sehenswert in Alsfeld sind das Weinhaus und Hochzeitshaus (Renaissance) sowie das Minigerodehaus (früher Barock). Im ganzen Kreis erinnern Burgen, Schlösser und Wehrbauten an die abwechslungsreiche Geschichte, z.B. Ruine von Wartenberg bei Angersbach; Stadtburgen der Grafen Görtz in Schlitz (Mittelalter); Schloß von Romrod (12. Jh.); Stadtschloß Hohhaus in Lauterbach (später Barock); Türme der alten Befestigungsanlagen in Lauterbach und Schlitz; Brauhausturm in Homberg.

Regierungsbezirk: Kassel: Einwohner: 153 961. Fläche: 1848,56 km². Einwohner je km²: 84. Kfz-Kennzeichen: KB. Kreisverwaltung: Südring 2, 3540 Korbach. Verwaltungsgliederung: 22 kreisangehörige Gemeinden: Allendorf (Eder), Arolsen, Bad Wildungen, Battenberg (Eder), Bromskirchen, Burgwald, Diemelsee, Diemelstadt, Edertal, Frankenau, Frankenberg (Eder), Gemünden (Wohra), Haina (Kloster), Hatzfeld (Eder), Korbach, Lichtenfels, Rosenthal, Twistetal, Vöhl, Volkmarsen, Waldeck, Willingen (Upland).

### Wappenbeschreibung

Von Blau und Gold schräglinks geteilt; oben der wachsende, von Silber und Rot gestreifte hessische Löwe, unten der schwarze achtstrahlige Waldecker Stern.

### Historische Entwicklung

Die früheste Besiedlung des unteren Edertales erfolgte bereits in der Altsteinzeit. Später war der größte Teil des jetzigen Kreisgebietes in den sächsischen Siedlungs- und Kulturbereich einbezogen. Im Mittelalter traten als Landesherren u. a. die Grafen Werner auf, Herren der Grafschaft Maden-Gudensberg mit Besitzungen an der Eder, der Lahn und im Westerwald. Auch die geistlichen Territorien von Mainz, Köln und Paderborn faßten im heutigen Kreisgebiet Fuß.
Das am 21. Juni 1974 amtlich genehmigte Kreiswappen zeigt in der oberen Hälfte den hessischen Löwen aus dem Wappen des ehemaligen Landkreises Frankenberg und unten den achtstrahligen Waldecker Stern, das ehemalige Wappen des Landkreises Waldeck. 1180 hatte sich erstmals Graf Volkwin von Schwalenberg nach der Burg Waldeck benannt; unter Graf Adolf I. entwickelte sich Waldeck zu einem lebensfähigen Territorium. Er setzte sich mit Erfolg gegen eine Koalition der Erzbischöfe von Köln und Mainz, des Bischofs von Paderborn, der Reichsabtei Corvey und des Grafen von Arnsberg durch.
Die Geschichte des südlichen Kreisteiles wurde dagegen vom Ringen der Landgrafen von Hessen-Thüringen, deren Löwe im oberen Teil des Kreiswappens steht, mit dem Erzbistum Mainz um die Vorherrschaft in Hessen bestimmt. Durch sein geschicktes politisches Agieren gelang es dem Waldecker Geschlecht, dem in Graf Georg Friedrich (* 1620) ein Staatsmann und Heerführer von hohem Format erwachsen war, den Bestand des Landes (seit 1717 Fürstentum) zu sichern. Nachdem Waldeck sogar die Revolution von 1918 als Freistaat überdauert hatte, wurde dieser schließlich am 1. April 1929 vom großen Nachbarn Preußen annektiert – einer der wenigen Gebietszusammenschlüsse der Weimarer Republik, die an der Ungleichheit ihrer Länder schwer zu tragen hatte.

### Struktur des Kreises – Sehenswürdigkeiten

Im nordhessischen Landkreis Waldeck-Frankenberg bestimmen das „Rheinische Schiefergebirge“ und das „Hessische Bergland“ mit ihren großen Wäldern und den Stauseen an Eder, Twiste und Diemel die vielseitige Landschaft. Diese Gegend bietet kulturhistorisch ein reichhaltiges Angebot. Sehenswerte Fachwerkbauten findet der Besucher in Frankenberg (Eder), Bad Wildungen, Korbach, Mengeringhausen, Rhoden und vielen anderen Orten. Die Silhouette vieler Städte wird von den Türmen gotischer Hallenkirchen beherrscht: Frankenberg (Liebfrauenkirche), Bad Wildungen (Stadtkirche mit Altarbild des Konrad von Soest) und Korbach (St. Kilian mit gotischem Figurenportal und St. Nikolai mit dem Barock-Grabmal des Fürsten Georg Friedrich von Waldeck). Besondere Sehenswürdigkeiten sind die frühgotische Kirche des Zisterzienserklosters Haina, die Bilder auf dem Flügelaltar der Kirche in Netze, die Schnitzaltäre in Külte, Braunau und Kleinern, der 1780 geschaffene Festsaal im Schreiberschen Haus zu Arolsen mit bedeutsamen Schnitzer- und Stukkaturarbeiten sowie das barocke Residenzschloß in Arolsen mit seinen Kunstschätzen. Empfehlenswert ist ein Besuch des Kreisheimatmuseums in Frankenberg (Eder), der Heimatmuseen in Bad Wildungen und Korbach und des Museums für hessische Militär- und Jagdgeschichte im Schloß Friedrichstein (Bad Wildungen).

Regierungsbezirk: Kassel. Einwohner: 115 702. Fläche: 1024 $km^2$. Einwohner je $km^2$: 113. Kfz-Kennzeichen: ESW. Kreisverwaltung: Schloßplatz 1, 3440 Eschwege; Außenstelle in 3430 Witzenhausen. Verwaltungsgliederung: 16 kreisangehörige Gemeinden (Bad Sooden-Allendorf, Berkatal, Eschwege, Großalmerode, Herleshausen, Hessisch Lichtenau, Meinhard, Meißner, Neu Eichenberg, Ringgau, Sontra, Waldkappel, Wanfried, Wehretal, Weißenborn, Witzenhausen).

### Wappenbeschreibung

Über einem grünen, mit einem silbernen Wellenbalken belegten Dreiberg hinter einer silbernen Flanke, darin ein neunblättriger roter Eschenzweig, in Blau eine eintürmige, rot bedachte silberne Burg.

### Historische Entwicklung

Der Raum beiderseits des Hohen Meißners und entlang der Werra ist eine alte Kulturlandschaft. Seine Besiedlung reicht, wie Ausgrabungs- und Forschungsergebnisse zeigen, bis in die vorgeschichtliche Zeit zurück. Ringwälle und Fluchtburgen sind hier als Erbe zahlreicher Völkerwellen verschiedener Kulturstufen anzusehen, die in der Frühgeschichte den hessischen Raum berührt haben. Urkundliche Erwähnungen von Ortschaften reichen bis in das 8. Jahrhundert zurück, als Karl Martell hier herrschte und einen fränkischen Königshof gründete. Ab 1292 fiel der gesamte heutige Bereich als Lehen an die hessischen Landgrafen. Die Landkreise Eschwege und Witzenhausen als Vorgänger des Werra-Meißner-Kreises wurden 1821 durch kurfürstliches Organisationsedikt geschaffen. Das Aufgehen des Kurfürstentums Hessen 1866 in Preußen brachte keine territorialen Veränderungen. Lediglich 1971 wurde die Stadt Sontra aus dem Kreis Hersfeld-Rotenburg in den Kreis Eschwege eingegliedert.
Der heutige Werra-Meißner-Kreis entstand am 1. Januar 1974 durch den Zusammenschluß der ehemaligen selbständigen Landkreise Eschwege und Witzenhausen. Am 12. November 1976 erhielt der neue Kreis die Genehmigung zum Führen des neuen Kreiswappens. Aus dem Wappen des Kreises Eschwege entlehnte man den „sprechenden" Eschenzweig und setzte ihn aus gestalterischen Gründen in eine heraldische „Flanke", die in der deutschen Kreisheraldik einmalig ist. Die Burganlage stand im Witzenhausener Kreiswappen, der Schildfuß nimmt Bezug auf den neuen Kreisnamen.

### Struktur des Kreises – Sehenswürdigkeiten

Der Werra-Meißner-Kreis liegt im Nordosten des Landes Hessen. Von den 327 km Kreisgrenze sind 121 km zugleich Grenze zur DDR. Einer jener Gründe, die entscheidenden Einfluß auf die wirtschaftliche und verkehrsmäßige Struktur dieses Landstriches haben. Bewaldete Höhen und landschaftlich reizvolle Gebirgstäler bestimmen den Charakter der Landschaft. Im Herzen des Kreises liegt der „Hohe Meißner" (754 m), König der nordhessischen Berge genannt, und einer der Hauptanziehungspunkte für die Besucher. Hinzu kommen die Ausläufer des Eichsfeldes, im Nordwesten Teile des Kaufunger Waldes, im Westen die Lichtenauer Hochebene und im Süden das Stölzinger und Richelsdorfer Gebirge; insgesamt ein Landkreis mit einer großen landschaftlichen Vielfalt. 75 % der gesamten Kreisfläche sind ausgewiesene Landschaftsschutz- und Naturschutzgebiete. Zu den bedeutendsten Sehenswürdigkeiten zählen: Landgrafenschloß in Eschwege (1386, Barock-, Renaissance- und Rokoko-Elemente sind hier vereinigt); Burg Ludwigstein (1415, internationaler Jugendtreffpunkt, Jugendherberge); Schloß Nesselröden (1592); romanische Klosterkirche Germerode (1144); die Burgen Fürstenstein, Arnstein, Brandenfels (Ruine) und Boyneburg (Ruine) sowie die Schlösser Rothestein und Berlepsch. Bemerkenswerte Fachwerkbauten, alte Stadtmauern und Tortürme sind in Witzenhausen, Bad Sooden-Allendorf, Eschwege, Herleshausen und Wanfried zu sehen.
Fremdenverkehrsverband Werra-Meißner-Kaufunger Wald e. V., Nordbahnhofsweg 1, 3430 Witzenhausen.

Regierungsbezirk: Darmstadt. Einwohner: 252166. Fläche: 1100,65 $km^2$. Einwohner je $km^2$: 229. Kfz-Kennzeichen: FB. Kreisverwaltung: Kaiserstraße 136, 6360 Friedberg bzw. Berliner Str. 31, 6470 Büdingen. Verwaltungsgliederung: 25 Städte und Gemeinden (Altenstadt, Bad Nauheim, Bad Vilbel, Büdingen, Butzbach, Echzell, Florstadt, Friedberg, Gedern, Glauburg, Hirzenhain, Karben, Kefenrod, Limeshain, Münzenberg, Nidda, Niddatal, Ober-Mörlen, Ortenberg, Ranstadt, Reichelsheim, Rockenberg, Rosbach v. d. Höhe, Wölfersheim, Wöllstadt).

## Wappenbeschreibung

Durch einen blauen Wellenbalken geteilt; oben in Gold wachsend der schwarze, rot bewehrte Doppeladler, unten in Silber zwei rote Balken.

## Historische Entwicklung

Das erste Volk, das sich auf Dauer in der Wetterau niederließ, waren die sogenannten Bandkeramiker des vierten vorchristlichen Jahrtausends. Um Christi Geburt hielten die Römer Einzug im Raum um die Wetter, bis sie sich um 260 n. Chr. angesichts der militärischen Bedrohung durch die Germanen zurückzogen. In der Stauferzeit wurde die Wetterau ein Gebiet von hoher politischer und kultureller Aktivität, da dieses reiche Land als Paßgebiet nach Nord- und Nordostdeutschland besonders bedeutsam war; bekannt ist aus dieser Zeit der Reichstag zu Gelnhausen von 1180, auf dem das Lehen des geächteten Welfenherzogs Heinrich des Löwen an treue Anhänger Friedrich Barbarossas verteilt wurde. An das Reichsland Wetterau, das gegen Ende des Mittelalters immer mehr zersplitterte, erinnert der Reichsadler im neuen Kreiswappen vom 2. Juli 1975. Die wichtigsten Herrschaften, die nun ihre Macht ausbauen konnten, waren: Hessen-Kassel und Hessen-Darmstadt, die verschiedenen Solmser Linien, Isenburg, das Erzbistum Mainz, die Ganerbschaften Lindheim und Staden, die Reichsstadt Friedberg und die gleichnamige Reichsburg. Die roten „Zwillingsbalken" im Wappen des Wetteraukreises erinnern an eines dieser Geschlechter, an das Haus Isenburg-Büdingen. Der blaue Wellenbalken bezieht sich auf den Fluß Wetter, der dem zum 1. August 1972 aus den Landkreisen Friedberg und Büdingen entstandenen Wetteraukreis den Namen gab.

## Struktur des Kreises – Sehenswürdigkeiten

Vor allem durch die drei Heilbäder Bad Nauheim, Bad Salzhausen (Stadtteil von Nidda) und Bad Vilbel hat der Wetteraukreis, zwischen der Hessenmetropole Frankfurt (Main) und Gießen gelegen, einen Namen. Das hessische Staatsbad Bad Nauheim kann auf eine über 130jährige Kurgeschichte zurückblicken. Vormals Salzsiederdorf, heute Herzbad mit Weltruhm. Der Sommer zaubert im Ortsteil Steinfurth, der liebevoll „Rosendorf" genannt wird, Millionen von Blüten hervor. Von der trutzigen Burg Friedberg, die die gleichnamige Kreisstadt beherrscht, tut sich im Westen der Blick auf die bewaldeten Höhen des Taunus auf, die dort die Wetterau begrenzen. Nach Osten hin erstreckt sich ein sanftes Hügelland, an das sich der Vogelsberg anschließt. Durch das milde Klima bedingt gedeiht der Obstanbau prächtig. Im Frühjahr fasziniert im Wetteraukreis vor allem die Kirschblüte. In Friedberg lohnt sich der Besuch des Wetteraumuseums. Dort und im Heuson-Museum in Büdingen vermitteln eine Vielzahl an Fundstücken aus der Zeit der Bandkeramiker (4. Jahrtausend v. Chr.), die als erste diese Gegend bewohnten, einen Einblick in ihre Lebenswelt. Neben den vielen malerischen Orten (Fachwerkbauten) dieser Region wie Nidda, Ortenberg und Butzbach, ist Büdingen ein Juwel. Die Stadt wird gern das „Rothenburg ob der Tauber Hessens" genannt.

Scharhörn
zu Hamburg
Neuwerk
Wangerooge
Spiekeroog
Langeoog
Baltrum
Norderney
Juist
Borkum
zu Leer
Wittmund
Jever
Wilhelmshaven
Aurich
Emden
Friesland
Cuxhaven
Bremerhaven
Stkrs.
zu Bremen
Stade
Weser-
Brake
(Unterweser)
marsch
Leer
Westerstede
Ammerland
Oldenburg
Osterholz
Osterholz-
Scharmbeck
BREMEN
Delmenhorst
Winsen (Luhe)
Harburg
Lüneburg
Rotenburg
(Wümme)
Cloppenburg
Emsland
Meppen
Verden
Soltau-
-Fallingbostel
Fallingbostel
Uelzen
Lüchow-Dannenberg
Lüchow
Vechta
Diepholz
Grafschaft
Nordhorn
Bentheim
Nienburg (Weser)
Celle
Gifhorn
Wolfsburg
Osnabrück
Stadthagen
Schaumburg
HANNOVER
Peine
Braunschweig
Helmstedt
Hameln
Hameln-
Pymont
Hildesheim
Salzgitter
Wolfenbüttel
Holzminden
Goslar
Northeim
Osterode a. Harz
Göttingen
100 km

HERBERT KOHN

# Die Landkreise in Niedersachsen

Die 38 niedersächsischen Landkreise haben eine recht unterschiedliche (Verwaltungs-)Geschichte. So wurde durch Gesetz vom 12. Oktober 1832, die Organisation und den Wirkungskreis der herzoglichen Kreisdirektionen betreffend, im Herzogtum Braunschweig ein erster Schritt zur Dezentralisierung der Staatsverwaltung in Form von sechs Kreisdirektionen getan; die heutigen Landkreise Helmstedt, Holzminden und Wolfenbüttel können also auf ein über 150jähriges Bestehen zurückblicken.

Im ehemaligen Land Oldenburg wurde 1933 die Zahl der Amtsverbände von 12 auf 6, nämlich Ammerland, Cloppenburg, Friesland, Oldenburg, Vechta und Wesermarsch verringert; einige Jahre später erhielten diese Amtsverbände die Bezeichnung Landkreise.

Der heutige Landkreis Schaumburg entstand 1977 durch Zusammenlegung des Landkreises Grafschaft Schaumburg (1932 zur preußischen Provinz Hannover geschlagen) mit dem Landkreis Schaumburg-Lippe (1946 als Land Schaumburg-Lippe mit den Ländern Hannover, Braunschweig und Oldenburg zum Land Niedersachsen vereinigt; die beiden schaumburg-lippischen Landkreise Bückeburg und Stadthagen wurden durch Gesetz vom 10. Mai 1948 mit Wirkung vom 1. April 1948 unter dem Namen „Landkreis Schaumburg-Lippe“ zusammengelegt.)

Die Mehrzahl der niedersächsischen Landkreise führt ihre Geburtsstunde auf den 1. April 1885 zurück, an dem in den ehemals preußischen Landesteilen Niedersachsens die Kreisordnung für die Provinz Hannover vom 6. Mai 1884 in Kraft trat, endgültig die seit zwei Jahrhunderten bestehende hannoversche Ämterverfassung ablöste und die Entwicklung zu den Landkreisen heutiger Prägung einleitete.

Ihren heutigen Gebietszuschnitt erhielten die niedersächsischen Landkreise durch das Achte Gesetz zur Verwaltungs- und Gebietsreform vom 28. März 1977. Die Veränderungen in der Struktur der Landkreise nach Einwohnerzahl, Fläche und Bevölkerungsdichte, die sich aus der in mehreren Schritten vollzogenen Neugliederung ergeben haben, sind in abgerundeten Zahlen und Durchschnittswerten der Tabelle zu entnehmen:

| | Landkreise | Einwohner ∅ | Fläche ∅ | Einw. je km² ∅ |
|---|---|---|---|---|
| 1970 | 60 | 88 000 | 772 | 114 |
| 1980 | 38 | 148 000 | 1213 | 122 |

Wenn auch die Spannweite der Einwohnerzahlen in den extremen Werten groß ist (im Landkreis Lüchow-Dannenberg leben heute knapp 49 000 Einwohner, im Landkreis Hannover beinahe 550 000), kann doch von einer insgesamt homogenen Größenstruktur der Landkreise gesprochen werden.

Die niedersächsischen Landkreise sind *Gemeindeverbände* und *Gebietskörperschaften*, die ihre Angelegenheiten im Rahmen der Gesetze durch ihre Organe in eigener Verantwortung verwalten; Organe sind der Kreistag, der Kreisausschuß und der Oberkreisdirektor.

Der *Kreistag* besteht – je nach der Einwohnerzahl – aus 43 bis 71 vom Volk gewählten Abgeordneten. Der Vorsitzende des Kreistages führt die Amtsbezeichnung *Landrat;* er wird vom Kreistag aus seiner Mitte für die Dauer der Wahlperiode – fünf Jahre – gewählt. Ihm obliegt die repräsentative Vertretung des Landkreises.

Der *Kreisausschuß* besteht aus dem Landrat, der den Vorsitz führt, sechs stimmberechtigten Kreistagsabgeordneten und dem Oberkreisdirektor, der eine beratende Stimme hat. Weitere Mitglieder können nach besonderer gesetzlicher Regelung bzw. nach entsprechendem Kreistagsbeschluß hinzutreten. Der Kreisausschuß bereitet die Beschlüsse des Kreistages vor, beschließt im Regelfall über diejenigen Angelegenheiten, die nicht der Beschlußfassung des Kreistages oder des Werksausschusses bedürfen und die nicht nach der Landkreisordnung in der Zuständigkeit des Oberkreisdirektors liegen; er unterrichtet die Öffentlichkeit in geeigneter Weise über wichtige Angelegenheiten.

Der *Oberkreisdirektor*, das dritte Organ des Landkreises, wird vom Kreistag für eine Amtszeit von zwölf Jahren gewählt; erstmalige Wahl ist auch für eine Amtszeit von sechs Jahren zulässig. Er leitet und beaufsichtigt den Geschäftsgang der Verwaltung und vertritt den Landkreis nach außen in Rechts- und Verwaltungsgeschäften sowie im gerichtlichen Verfahren. Er muß die durch Prüfung erworbene Befähigung zum höheren allgemeinen Verwaltungsdienst oder zum Richteramt besitzen; Ausnahme hiervon ist möglich.

Zu den klassischen Aufgaben der Ordnungsverwaltung, der sozialen Sicherung, der Jugendhilfe und -pflege sind weitere umfassende Funktionsbereiche der planenden und leistenden Verwaltung hinzugetreten; insbesondere im Zuge der Verwaltungs- und Gebietsreform sind den Landkreisen eine Reihe originärer Aufgaben zugewiesen worden. Das Aufgabenspektrum reicht vom Schulwesen über Kulturarbeit, Gesundheits- und Veterinärverwaltung bis hin zu wichtigen Kernbereichen des Umweltschutzes, des Natur- und Landschaftsschutzes und der Abfallbeseitigung. Als einzige Landkreise in allen Flächenstaaten der Bundesrepublik sind die niedersächsischen Landkreise Träger der Regionalplanung; sie erlassen ein Regionales Raumordnungsprogramm und wirken auf die Entwicklung einer gesunden Kreisstruktur hin. Die Landkreise führen die Kommunal- und Fachaufsicht über die kreisangehörigen Gemeinden.

**Niedersächsischer Landkreistag – Am Mittelfelde 169 – 3000 Hannover 81**

Regierungsbezirk: Weser-Ems. Einwohner: 93 200. Fläche: 728 $km^2$. Einwohner je $km^2$: 128. Kfz-Kennzeichen: WST. Kreisverwaltung: Ammerlandallee 12, 2910 Westerstede. Verwaltungsgliederung: 6 kreisangehörige Gemeinden (Apen, Bad Zwischenahn, Edewecht, Rastede, Stadt Westerstede, Wiefelstede).

## Wappenbeschreibung

Geviert: 1 in Gold zwei rote Balken, 2 in Blau ein goldenes Ankerkreuz, 3 in Blau ein goldener Eichenzweig, 4 in Gold zwei rote Zickzackbalken.

## Historische Entwicklung

Schon um das Jahr 800 n. Chr. bestand im Ammerland ein eigenständiges Herrschaftsgebiet („pagus ameri"), das in seinen Grenzen etwa dem heutigen Landkreis entsprach. Als moderne Verwaltungseinheit geht der Kreis auf die oldenburgische Verwaltungsreform von 1933 zurück. Die 1977 erfolgte Eingliederung dreier Gemeinden aus dem vorübergehend aufgelösten Landkreis Friesland hatte nur bis Ende 1979 Bestand.

Am 3. Juli 1978 wurde dem Landkreis ein neues Wappen verliehen, das sich von dem vorangegangenen nur durch die Form des Kreuzes im 2. Feld unterscheidet. Die Balken im 1. Feld entsprechen dem alt-oldenburgischen Grafenwappen. Das Ankerkreuz symbolisiert das Gebiet um Spohle und Conneforde, das 1577 vom Ammergau abgetrennt worden war und im Zuge der niedersächsischen Gebietsreform (ab 1972) der Gemeinde Wiefelstede wieder zugeschlagen wurde. Das Eichenblatt im 3. Feld des Kreiswappens versinnbildlicht die typischen ammerländischen Eichen. Die roten Zickzackbalken schließlich stellen die älteste Form der ammerländischen Balken dar.

## Struktur des Kreises – Sehenswürdigkeiten

Der Landkreis Ammerland nimmt den südöstlichen Teil des Ostfriesisch-Oldenburgischen Geestrückens ein und erstreckt sich westlich des Oldenburger Stadtgebietes rund 41 km weit bis zur Leda-Jümme-Marsch sowie von der Friesischen Wehde im Norden über rund 33 km nach Süden bis an den Küstenkanal. Mittelpunkt des von Moor- und Niederungsgebieten umgebenen Kreises ist das Zwischenahner Meer, der drittgrößte Binnensee Niedersachsens. Die Wirtschaftsstruktur wird noch wesentlich von der Landwirtschaft bestimmt. Sowohl die Ammerländer Fleischwaren als auch die Ammerländer Rhododendren und Azaleen aus den Baumschulkulturen haben bundesweite Bedeutung erlangt. Auch die gewerbliche Wirtschaft hat sich auf manchen Gebieten einen Namen gemacht (Radiatoren, Heizkessel, computergesteuerte Maschinen, sonstige Metallwaren; Baumaterialien, Kunststoffrohre; Textilwaren). Sehenswert sind die Kreisstadt Westerstede (Kirche St. Petri, 12. Jh., Rhododendronpark Linswege, Schloß Fikensolt, Howieker Wassermühle), Bad Zwischenahn (Moorheilbad, Zwischenahner Meer, Heimatmuseum Ammerländer Bauernhaus mit Windmühle und Spieker, St.-Johannes-Kirche, 12. Jh.), Edewecht (hölzerner Glockenturm der St.-Nikolai-Kirche, Windmühlen in Westerscheps und Osterscheps), Apen (Kirche mit aus Eiche geschnitzter Kanzel), Wiefelstede (Johanneskirche, die älteste Kirche des Ammerlandes, mit sakraler Besonderheit: einem Schnitzaltar nach einer Kupferstichpassion Albrecht Dürers, 16. Jh.) und Rastede (Kirche St. Ulrich, 1059, Schloß und Palais des Herzogs von Oldenburg, alte Bauernhöfe). Der „Löffeltrunk", ein Schnaps aus dem Zinnlöffel getrunken, ist hier zuhause, aber auch der „Bookweeten-Jan-Hinnerk", ein Buchweizenmehl-Pfannkuchen. In den vielen gemütlichen Gaststätten kann man beides probieren.

Regierungsbezirk: Weser-Ems. Einwohner: 169580. Fläche: 1278,11 km². Einwohner je km²: 132,7. Kfz-Kennzeichen: AUR. Kreisverwaltung: Fischteichweg 7–13, 2960 Aurich 1. Verwaltungsgliederung: 3 Städte (Aurich, Norden, Norderney), 3 Samtgemeinden (Brookmerland, Dornum, Hage), 9 Gemeinden (Baltrum, Großefehn, Großheide, Hinte, Ihlow, Juist, Krummhörn, Südbrookmerland, Wiesmoor), gemeindefreies Gebiet: Insel Memmert.

## Wappenbeschreibung

Von Blau und Rot gespalten; darin ein goldener Jungfrauenadler mit goldener Krone, begleitet oben von zwei goldenen sechszackigen Sporenrädern, unten von zwei goldenen Eicheln.

## Historische Entwicklung

Wenngleich Plinius bereits über Land und Leute an der Emsmündung berichtete, bleibt doch die ostfriesische Geschichte bis ins Mittelalter hinein weitgehend im Dunkeln. Sie war jedoch, und dies bis in die Jetztzeit, ein ständiger Kampf mit den Gewalten der Natur – vorrangig mit der Nordsee und ihren Fluten. Die erste Einigung des ostfriesischen Raumes, nach den Zeiten der „Friesischen Freiheit" im 13. und 14. Jh. und der fehdenreichen spätmittelalterlichen Häuptlingszeit, erfolgte unter der Herrschaft der Cirksena, dem schließlich in der Stadt Aurich residierenden Fürstengeschlecht. Ihr Wappenbild war der Jungfrauenadler, der das neue Kreiswappen vom 13. September 1978 schmückt. Als die Cirksena 1744 ausstarben, folgte ihnen Preußen – nach den napoleonischen Wirren endlich (bis 1866) die hannoverschen Welfen. 1885 führte Preußen in seiner Provinz Hannover die Kreisverfassung ein. In seiner heutigen Gestalt ist der Landkreis Aurich Ergebnis der Gebietsreform von 1977: zusammengefügt aus den beiden kleineren Vorgängern, den Kreisen Aurich und Norden. Die bereits im Norder Kreiswappen abgebildeten Sporenräder waren ursprünglich das Bildmotiv der Häuptlingsfamilie Idzinga. Die Eicheln verweisen auf den Altlandkreis Aurich, der eine Eiche im Schild geführt hatte. Gold und Rot waren die Farben der Familie tom Brook.

## Struktur des Kreises – Sehenswürdigkeiten

Als Insel- und Küstenkreis, mit den dem Festland vorgelagerten bekannten Nordseeheilbädern Baltrum, Juist und Norderney vor allem, stellt der Landkreis eine bedeutungsvolle Ferien- und Erholungsregion dar. Auch im Binnenland, auf der Geest und in den einstigen Mooren ist der Fremdenverkehr von großem wirtschaftlichem Gewicht. Entsprechend den Landschaften haben sich die Siedlungsformen entwickelt: Uralte Warfendörfer in der Marsch mit zahlreichen historischen Ortskernen und Baudenkmalen: Wasserburgen und Backsteinkirchen, Windmühlen hier und ebenso an den schiffbaren Fehnkanälen. Hervorzuheben sind die Ludgerikirche in Norden und die Pilsumer Kreuzkirche, zahlreiche historische Orgeln in den Sakralbauten, das Lütetsburger Schloß mit großartigem Park, der Störtebekerturm in Marienhafe, die Mühlenstraße Großefehn, heimat- und naturkundliche Museen, aber auch neuzeitliche Einrichtungen wie die Seehundforschungsstation im Nordseebad Norddeich. Das Wattenmeer zwischen Inselkette und Deichlinie wurde 1985 zum Nationalpark erklärt. Von den Spezialmuseen seien genannt das Wald- und Moormuseum in Berumerfehn (Gemeinde Großheide), das Küstenmuseum auf der Insel Juist und das Mühlenmuseum in Ostgroßefehn (Gemeinde Großefehn).

Als typische ostfriesische Sportarten seien das Boßeln und das Klootschießen genannt. Meister sind die Ostfriesen im Teetrinken.

Regierungsbezirk: Weser-Ems. Einwohner: 116382. Fläche: 980,34 $km^2$. Einwohner je $km^2$: 118,7. Kfz-Kennzeichen: NOH. Kreisverwaltung: van-Delden-Straße 1–7, 4460 Nordhorn. Verwaltungsgliederung: 26 kreisangehörige Städte und Gemeinden (Bad Bentheim, Emlichheim, Engden, Esche, Georgsdorf, Getelo, Gölenkamp, Halle, Hoogstede, Isterberg, Itterbeck, Laar, Lage, Neuenhaus, Nordhorn, Ohne, Osterwald, Quendorf, Ringe, Samern, Schüttorf, Suddendorf, Uelsen, Wielen, Wietmarschen und Wilsum).

## Wappenbeschreibung

In Rot siebzehn ganze und zwei halbe kugelförmige goldene Schildbeschläge in sechs Reihen (4 : ½+3+½ : 4 : 3 : 2 : 1 gestellt).

## Historische Entwicklung

Die ehemals selbständige Grafschaft ist im Jahre 1752 aufgrund der erdrückenden Schuldenlast, verursacht hauptsächlich durch die vielen Kriege im gefahrvollen Grenzraum, an das Kurfürstentum Hannover auf eine Dauer von zunächst 30 Jahren verpfändet worden. Von der hierdurch entstandenen Abhängigkeit vermochten sich die Bentheimer Grafen und späteren Fürsten nie mehr zu lösen. Im Jahre 1848 wurde die Grafschaft Bentheim endgültig in das Königreich Hannover integriert. Als Folge der kriegerischen Auseinandersetzung mit Preußen wurde das Königreich Hannover im Jahre 1866 aufgelöst. 1867 wurde der preußische Kreis Lingen gebildet, der bis zum 31. März 1885 Bestand hatte. Am 1. April 1885 entstand dann der Landkreis Grafschaft Bentheim durch die von König Wilhelm I. von Preußen erlassene Kreisordnung. Da der Landkreis als Gebietskörperschaft in gewissem Sinne in die Nachfolge der früheren Grafschaft Bentheim eingetreten ist, was auch durch die amtliche Bezeichnung zum Ausdruck kommt, lag der Gedanke nahe, das gräfliche Herrschaftswappen zu übernehmen.

Die Fürsten von Bentheim führen das oben abgebildete Wappen auch heute noch. Bevor das Wappen am 20. Mai 1955 dem Landkreis verliehen werden konnte, war deshalb die Zustimmung des fürstlichen Hauses einzuholen.

## Struktur des Kreises – Sehenswürdigkeiten

Ein westlicher Ausläufer des Teutoburger Waldes im Süden, Moorgebiete im Nordosten sowie eine abwechslungsreiche Hügellandschaft im Nordwesten mit einer besonders idyllischen Natur im Uelsener Raum prägen das Landschaftsbild der „Grafschaft“ an der Niederländischen Grenze. Das Bentheimer Schloß, eine in ihrer Größe und Höhe gewaltige Grafenburg mit Schloßkapelle und historischem Steinbild „Herrgott von Bentheim“, das Kloster Frenswegen (heute ökumenische Begegnungsstätte) und die „Herrlichkeit Lage“ mit alter Bergruine und einer in Funktion befindlichen alten Wassermühle zählen zu den bedeutendsten Sehenswürdigkeiten. Ein Schwefelheilbad mit modernen Kureinrichtungen im 1250 ha großen Bentheimer Wald, eine Freilichtbühne, Spielbank, Schloßpark, Heimatmuseum und viele Erholungseinrichtungen sind zu erwähnen. Textil- und Bekleidungsindustrie, Erdöl- und Erdgasgewinnung sowie die Torfindustrie sind die vorherrschenden Wirtschaftszweige in der „Grafschaft“. Auch der Elektrotechnik, dem Einzelhandel und der Landwirtschaft kommt ein hoher Stellenwert zu.

Regierungsbezirk: Lüneburg. Einwohner: 164277. Fläche: 1544 $km^2$. Einwohner je $km^2$: 106. Kfz-Kennzeichen: CE. Kreisverwaltung: Trift 26, 3100 Celle. Verwaltungsgliederung: 2 Städte (Celle, Bergen), 6 Gemeinden (Faßberg, Hambühren, Hermannsburg, Unterlüß, Wietze, Winsen/Aller), 4 Samtgemeinden mit 16 Gemeinden (SG Eschede mit Eschede, Habighorst, Höfer und Scharnhorst, SG Flotwedel mit Bröckel, Eicklingen, Langlingen und Wienhausen, SG Lachendorf mit Ahnsbeck, Beedenbostel, Eldingen, Hohne und Lachendorf, SG Wathlingen mit Adelheidsdorf, Nienhagen und Wathlingen), 1 gemeindefreier Bezirk (Lohheide).

### Wappenbeschreibung

In Gold ein rot gezungter blauer Löwe, zwischen dessen Vorderpranken ein rotes Herz schwebt.

### Historische Entwicklung

Der Landkreis Celle blickt als Verwaltungseinheit wie alle hannoversch-niedersächsischen Kreise mittlerweile auf eine hundertjährige Geschichte zurück. Die Institution „Kreis" wurde zum 1. 4. 1885 in der damaligen preußischen Provinz Hannover eingeführt. Sie löste in Anlehnung an preußische Verwaltungstraditionen den bereits deutlich ausgeprägten administrativen Aufbau des vormaligen Königreiches Hannover ab.
Das Gebiet des heutigen Kreises Celle war im wesentlichen bereits 1823 in der Großvogtei Celle zusammengefaßt, wobei eine erste große Gebietsreform 1859 die Zusammenfassung der Ämter Celle und Bergen brachte. Ein weiterer Einschnitt erfolgte erst wieder mit der Kreisreform unseres Jahrhunderts: Die bis dahin kreisfreie Stadt Celle wurde zum 1. 1. 1973 in den Landkreis eingegliedert, der – was seine äußeren Grenzen anbelangt – seit seiner Bildung nahezu unverändert geblieben ist. Das am 24. August 1928 genehmigte Kreiswappen war das Ergebnis eines Ideenwettbewerbes. Die Großvogtei Celle war einer der wichtigsten Verwaltungsbezirke des Fürstentums Lüneburg gewesen, und Celle war vom Ende des 14. bis zu Beginn des 18. Jh. die Hauptresidenz der Herzöge von Lüneburg. Deshalb erschien die Anlehnung an das alte lüneburgische Löwenwappen nicht nur gerechtfertigt, sondern geboten.

### Struktur des Kreises – Sehenswürdigkeiten

Am südlichen Rand der Lüneburger Heide, vor den Toren der niedersächsischen Landeshauptstadt Hannover, liegt der Landkreis Celle. Das südliche Kreisgebiet ist landschaftlich geprägt durch die Flußniederung der Aller mit parkähnlichem Charakter, der nördliche Teil besteht überwiegend aus Wald und Heide. Eine erste Besiedlung fand bereits um 5000 v. Chr. statt. Zeuge jener Zeit ist das 4000 Jahre alte Hünengrab in Siddernhausen. Eine bedeutsame Sammlung bronzezeitlicher Gräberfunde (1800 bis 700 v. Chr.) befindet sich im Heimatmuseum Römstedthaus in Bergen. Die historische Kreisstadt Celle mit ihren schmalen Fachwerkhäusern aus dem 16., 17. und 18. Jh. in der malerischen Altstadt ist der Mittelpunkt der Region. Das ehemals herzogliche Schloß (1292) beherbergt das älteste ständig bespielte Theater Deutschlands und die Schloßkapelle aus dem Jahre 1470. Sehenswert sind auch das teilweise aus dem 14. Jh. stammende Rathaus mit seinem vorgesetzten Weserrenaissancegiebel, die Stadtkirche von 1308 (Epitaphien, Altar, Fürstengruft der Welfen) und das Bomann-Museum, Volkskultur in der Region Lüneburger Heide; eine Besonderheit ist das eingebaute Bauernhaus von 1571 und das Imkereimuseum im Bienenforschungsinstitut. In dem um 1229 als Zisterzienserkloster gegründeten Kloster Wienhausen, ein bedeutender Zeuge der gotischen Backsteinbaukunst, werden jährlich nach Pfingsten gotische Wandteppiche ausgestellt. Zu den kulturellen Attraktionen zählen auch die Bauernhausmuseen in Oldendorf und Winsen (Aller), die Laurentiuskirche (1217) in Müden (Örtze) mit bronzener Taufe und gotischem Sterngewölbe, die Stechinellikapelle in Wieckenberg und das Erdölmuseum in Wietze, wo die deutsche Erdölforschung 1858 mit der ersten Erdölbohrung in Europa ihren Anfang nahm. Die Erdölindustrie, der Abbau von Kalisalzen und die Landwirtschaft stellen auch heute einen wichtigen Pfeiler der heimischen Wirtschaft dar. Mit 75000 ha Wald ist der Landkreis Celle einer der waldreichsten in der Bundesrepublik. Der größte und landschaftlich schönste Teil dieser Fläche entfällt auf den 500 $km^2$ großen Naturpark Südheide. Sehenswert sind der Witzer Berg mit strohgedecktem Schafstall und dem Lönsstein und das Naturschutzgebiet Meißendorfer Teiche/Bannetzer Moor, ein ausgedehntes Teich- und Feuchtgebiet.

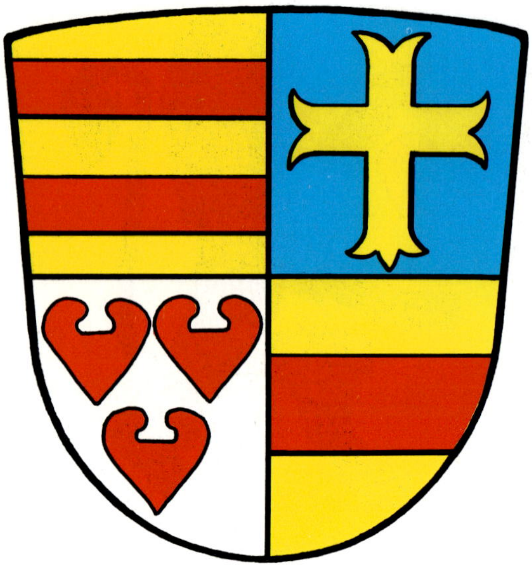

Regierungsbezirk: Weser-Ems. Einwohner: 111108. Fläche: 1431,7 $km^2$. Einwohner je $km^2$: 77,6. Kfz-Kennzeichen: CLP. Kreisverwaltung: Burgstraße 8, 4590 Cloppenburg. Verwaltungsgliederung: 13 kreisangehörige Gemeinden (Barßel, Bösel, Cappeln, Stadt Cloppenburg, Emstek, Essen, Stadt Friesoythe, Garrel, Lastrup, Lindern, Stadt Löningen, Molbergen, Saterland).

### Wappenbeschreibung

Geviert: 1 in Gold zwei rote Balken, 2 in Blau ein goldenes Steckkreuz (Nagelspitzkreuz), 3 in Silber drei rote Seeblätter (2:1 gestellt), 4 in Gold ein roter Balken.

### Historische Entwicklung

Der Landkreis Cloppenburg entstand 1933, als die oldenburgischen Ämter Friesoythe und Cloppenburg zum Amt Cloppenburg vereinigt wurden. Dieser Amtsverband führte das abgebildete Wappen bis 1938, als es vom Reichsinnenministerium verboten wurde. Am 3. September 1959 wurde dem Landkreis jedoch das Wappen erneut genehmigt. Da vom Ende des 13. Jh. bis 1400 die Grafen von Tecklenburg Gebietsherren waren, erscheint ihr Wappenbild, die „ausgebrochenen Lindenblätter", im dritten Feld des Kreiswappens. Auf die Grafen folgte die Landesherrschaft der Bischöfe von Münster, die bis zum Jahre 1803 währte. Der einzelne Balken im vierten Feld erinnert daran. Der obere Teil des Kreisemblems nimmt Bezug auf das Großherzogtum Oldenburg, zu dem das Kreisterritorium ab dem Jahre 1803 gehörte. Nachdem der letzte Großherzog August während der Revolution des Jahres 1918 abgesetzt worden war, bildete Oldenburg einen Freistaat der Weimarer Republik. Wie alle anderen deutschen Länder wurde auch Oldenburg am 30. 1. 1934 gemäß dem „Gesetz über den Neuaufbau des Reiches" seiner Hoheitsrechte beraubt und sank zu einem reinen Verwaltungsgebiet innerhalb des nationalsozialistischen Staates ab.

Die erneute Eigenständigkeit Oldenburgs nach dem Zweiten Weltkrieg war von kurzer Dauer, denn am 1. 11. 1946 schuf die britische Besatzungsmacht das neue Land Niedersachsen.

### Struktur des Kreises – Sehenswürdigkeiten

Mit dem benachbarten Landkreis Vechta bildet die Südoldenburger Region das dichteste Viehveredelungsgebiet der EG. Der Norden dieses Kreises wird durch die Flußmarschen von Leda und Jümme und vom Barßeler Tief bestimmt, wo der Tidenhub noch 80 cm trotz der Entfernung von über 100 km zur Nordseeküste beträgt. Nach Süden folgen die Hochmoore von Oster- und Westermoor, dem größten zusammenhängenden Hochmoorgebiet Europas. Der Elisabeth-Fehnkanal ist der einzige noch schiffbare Fehnkanal Deutschlands. Natürliche Grünlandstandorte bestimmen hier die Landwirtschaft. Das Saterland ist die kleinste friesische Sprachinsel Europas. Die vor 60 Jahren angelegte Thülsfelder Talsperre ließ ein Naturschutzgebiet entstehen. Wie eine nordische Schärenlandschaft ist die Wasserfläche gegliedert, mit Heide und Wäldern umgeben.

An der Nordspitze liegt die kleine rote Ziegelsteinstadt Friesoythe (1308), die sich im Blick auf frühere Bindungen „Hansestadt" nennt. Die Kreisstadt Cloppenburg (1435) beherbergt eine tecklenburgisch-münstersche Burg aus dem 13. Jh. Hier befindet sich das Niedersächsische Freilichtmuseum, das Museumsdorf Cloppenburg als ältestes Museumsdorf Deutschlands mit über 50 originalgetreu wiederaufgebauten Häusern. Die Stadt Löningen ist Erholungsort im Hasetal und besitzt die größte pfeilerlose Saalbaukirche Deutschlands. In Bischofsbrück wurde ein großes Sippengrab, ein Beispiel für die vielen Hünengräber, gefunden, die man zumeist aus Findlingen in der Steinzeit baute.

Regierungsbezirk: Lüneburg. Einwohner: 192240. Fläche: 2129,83 km². Einwohner je km²: 90. Kfz-Kennzeichen: CUX. Kreisverwaltung: Vincent-Lübeck-Straße 2, 2190 Cuxhaven. Verwaltungsgliederung: 1 große selbständige Stadt (Cuxhaven), 4 Gemeinden (Langen, Loxstedt, Nordholz, Schiffdorf), 9 Samtgemeinden (Am Dobrock, Bederkesa, Beverstedt, Börde Lamstedt, Hadeln, Hagen, Hemmoor, Land Wursten, Sietland) mit insgesamt 53 Mitgliedsgemeinden.

### Wappenbeschreibung

In Gold über von Rot und Silber wellenförmig geteiltem Schildfuß der heilige Bischof Nikolaus in grünem, silbern gerändertem Ornat mit silbernen Schuhen und silbernem Krummstab, dessen Krümme in einer grünen, vierblättrigen Rose endet, die rechte Hand zum Segen erhoben, mit silbernen Haaren und natürlicher Fleischfarbe.

### Historische Entwicklung

Bis weit in das 19. Jh. hinein zeigte die politische Landkarte des Elbe-Weser-Dreiecks viele kleine Verwaltungseinheiten und deshalb auch zahlreiche Verwaltungsgrenzen. Unter der Landesherrschaft Hannovers, Hamburgs und Bremens lebten die Menschen überwiegend in kleinen Landgemeinden. Seit der Jahrhundertmitte zeichnete sich dann die bis heute andauernde Entwicklung ab, die einerseits durch das Entstehen und Wachsen der beiden Hafenstädte Cuxhaven und Bremerhaven, andererseits durch die fortschreitende Vereinigung der Verwaltungsbezirke zu immer größeren und zahlenmäßig entsprechend wenigeren Einheiten gekennzeichnet wird. Dabei war und blieb die Landwirtschaft das vorherrschende Merkmal des Gebietes. Im Jahre 1885 entstanden im Gebiet des heutigen Landkreises Cuxhaven die Kreise Lehe, Geestemünde, Hadeln und Neuhaus an der Oste. 1932 wurden aus den Kreisen Lehe und Geestemünde der Landkreis Wesermünde sowie aus den Kreisen Hadeln und Neuhaus (Oste) der Kreis Land Hadeln gebildet. Diese beiden Landkreise wurden im Zuge der Verwaltungs- und Gebietsreform zusammen mit der bis dahin kreisfreien Stadt Cuxhaven am 1. 8. 1977 zum Landkreis Cuxhaven zusammengefaßt.
Dem neuen Landkreis wurde am 11. Juni 1979 die Genehmigung zur Führung des neuen Wappens erteilt. Sein wellenförmig geteilter Schildfuß deutet auf die durch Deiche geschützten Marschen an Elbe und Wesermündung hin. Der heilige Bischof Nikolaus, Schutzpatron der Schiffer und Küstenbewohner, kommt im Landkreis Cuxhaven in regionalen Siegeln seit dem 13. Jahrhundert vor.

### Struktur des Kreises – Sehenswürdigkeiten

Der an der Nordsee zwischen den Mündungen von Elbe und Weser gelegene Landkreis Cuxhaven ist überwiegend ländlich strukturiert. Fremdenverkehr und Fischverarbeitung sind wichtige Wirtschaftszweige. Die Badeorte an den Küsten des Landkreises, aber auch die Kurorte im Inneren des Kreisgebietes werden immer wieder von zahlreichen Erholungsuchenden aus dem gesamten Bundesgebiet besucht. Besonders hervorzuheben sind in diesem Zusammenhang das Nordseeheilbad Cuxhaven, das Nordseebad Dorum, die Küstenbadeorte Nordholz-Spieka und Wremen, die Luftkurorte Bederkesa und Wingst sowie die Erholungsorte Neuhaus/Oste und Otterndorf. Zu den Sehenswürdigkeiten im Landkreis Cuxhaven zählt die wiedererrichtete Burg Bederkesa. Sie enthält u. a. ein Museum, in dem zahlreiche archäologische Funde aus dem Elbe-Weser-Dreieck die frühgeschichtliche Entwicklung dieses Raumes aufzeigen. Außerdem lohnt sich auch ein Besuch des Niedersächsischen Deichmuseums in Dorum, des Waldmuseums in Wingst oder des Kranichhauses in Otterndorf. Im Landkreis sind viele alte Dorfkirchen, zum Teil aus Findlingen erbaut, erhalten.

Regierungsbezirk: Hannover. Einwohner: 183329. Fläche: 1986 km². Einwohner je km²: 92. Kfz-Kennzeichen: DH. Kreisverwaltung: Niedersachsenstraße 2, 2840 Diepholz. Außenstelle: Amtshof 3, 2808 Syke. Verwaltungsgliederung: 5 Städte (Bassum, Diepholz, Sulingen, Syke, Twistringen), 3 Einheitsgemeinden (Stuhr, Wagenfeld, Weyhe), 7 Samtgemeinden („Altes Amt Lemförde", Barnstorf, Bruchhausen-Vilsen, Kirchdorf, Rehden, Schwaförden, Siedenburg)

## Wappenbeschreibung

In Gold zwei rot bewehrte, abwendig gekehrte schwarze Bärentatzen, unten miteinander durch schwarzes Brustfell verbunden; darin ein aufgerichteter, blau bewehrter und blau bezungter roter Löwe.

## Historische Entwicklung

An vielen Stellen im Kreisgebiet hat man Reste jungsteinzeitlicher und bronzezeitlicher Besiedlung gefunden, während römische Fundstücke vermutlich auf Handelsbeziehungen zurückzuführen sind. Das Kernland der Sachsen kam zu Ende des 8. Jh. unter fränkische Herrschaft. Der Streubesitz zahlreicher weltlicher und geistlicher Herren entwickelte sich allmählich zu Territorien, im hiesigen Raum zu den Grafschaften Hoya und Diepholz. Der Südwestraum des heutigen Landkreises bildete die Grafschaft Diepholz, während der Südosten und der Norden Teile der Grafschaft Hoya waren. Das ganze Gebiet kam Ende des 16. Jh. infolge des Aussterbens der Grafenhäuser zum Herzogtum Braunschweig-Lüneburg. Lediglich zwei Ämter wurden von den Landgrafen von Hessen übernommen, 1815 jedoch wieder mit dem übrigen Gebiet vereinigt. Die hannoversche Herrschaft wurde 1866 durch die preußische abgelöst. Schon 1932 waren die Landkreise Grafschaft Hoya und Grafschaft Diepholz gebildet worden.
Durch eine zweite Kreisreform 1977 wurden diese Kreise unter Abtrennung des Hoyaer Raumes zum heutigen Landkreis Diepholz zusammengelegt. Das am 25. Juli 1979 genehmigte Kreiswappen zeigt den Löwen der Grafschaft Diepholz und die Bärentatzen der Grafschaft Hoya.

## Struktur des Kreises – Sehenswürdigkeiten

Von der Wesermarsch bis hin zur Mittelgebirgsschwelle, die mit dem Stemweder (Kalk-)Berg eine Höhe von 155 m über NN erreicht, entspricht die Landschaft dem Charakter der nordwestdeutschen Tiefebene. Hügeliges Land mit Bachtälern, ein waldarmes Acker- und Siedlungsland, bei dem allerdings der Baumbestand so geschickt verteilt ist, daß man den Mangel kaum bemerkt. Im Südwesten trifft man auf etliche Hochmoore. Die Diepholzer Moorniederung ist ein riesiges Feuchtgebiet von internationaler Bedeutung, ein Rast- und Nahrungsplatz des großen Vogelzuges. Im Südwesten liegt der 16 km² große Dümmer. Dieser Flachsee ist als Ausblasungsmulde eine eindrucksvolle Schöpfung der Eis- und Nacheiszeit, heute ein Zufluchtsort für Wasservögel. Zahlreiche Großsteingräber und bronzezeitliche Hügelgräber bekunden die Besiedelung der Syker Geest seit der Jungsteinzeit.

In der Kreisstadt Diepholz sind Turm und Mauerwerk des 1663 neuerbauten Schlosses der Grafen von Diepholz erhalten, ebenso die „Münte", die ehemalige Münze. In Syke ist ein Teil der Burg der Grafen von Hoya (13. Jh.) erhalten, im übrigen ist Syke heute wie Bassum und Twistingen Einkaufszentrum im nördlichen Kreisgebiet wie Sulingen im östlichen. Hier kann man wie bei Diepholz auch von einem kulturellen Mittelpunkt sprechen. Sulingen wurde bereits 1029 erstmals genannt. Dem Besucher seien das Kreismuseum in Syke und das Dümmermuseum in Lembruch empfohlen. Nicht unerwähnt soll die Tatsache sein, daß im Kreisgebiet ein Viertel des Erdgases und ein Siebtel des Erdöls der Bundesrepublik gefördert werden, und daß die Entschwefelungsanlage für Erdgas bei Barnstorf fast den bundesdeutschen Schwefelbedarf deckt.

Regierungsbezirk: Weser-Ems. Einwohner: 246875. Fläche: 2879,77 km². Einwohner je km²: 86. Kfz-Kennzeichen: EL. Kreisverwaltung: Ordeniederung 1, 4470 Meppen. Verwaltungsgliederung: 6 Städte (Lingen/Ems, Meppen, Papenburg, Haren/Ems, Haselünne, Freren), 5 Einheitsgemeinden (Emsbüren, Geeste, Rhede/Ems, Salzbergen, Twist) und 9 Samtgemeinden mit 50 Mitgliedsgemeinden (Dörpen, Nordhümmling, Freren, Herzlake, Lathen, Lengerich, Sögel, Spelle, Werlte).

### Wappenbeschreibung

Zweifach geteilt, unten im Wellenschnitt: oben in Rot ein silbernes Hünengrab, in der Mitte in Gold drei rote Mispelblüten mit goldenen Butzen nebeneinander, unten in Blau ein goldener Anker.

### Historische Entwicklung

Zahlreiche Großsteingräber auf dem Hümmling und auf den Lingener Höhen sind beredte Zeugen für die Teilhabe des Emslandes an der europäischen Megalithkultur. Neben der Ems stellten die „Friesische Straße" als Zugang Münsters zur Nordseeküste und die „Flämische Straße" von Brügge zu den Hansestädten Bremen und Hamburg wichtige Verkehrsverbindungen dar. Die um 1200 an der „Flämischen Straße" gegründete Handelsniederlassung Haselünne erhielt als erste emsländische Siedlung im 13. Jahrhundert die Stadtrechte. Das ältere Meppen, etwa 780 am Zusammenfluß von Hase und Ems als fränkisches Reichsgut und Missionszelle angelegt, erlangte mit dem Übergang der emsländischen Besitzungen der Grafen von Ravensberg an den Bischof von Münster im Jahre 1252 seine dominierende Stellung. Die Stadt wurde Verwaltungsmittelpunkt des nach ihr benannten Amtes, zu dem die Territorien um Meppen und Aschendorf und ab 1394 auch der Hümmling gehörten. Im Norden erwarb der Drost Dietrich von Velen 1630 Land und Rechte der Papenburg und baute den Ort nach holländischem Vorbild zur ersten deutschen Fehnkolonie aus. Mit der Säkularisation gelangte Meppen an den Herzog von Arenberg, jedoch wurde das Amt bereits 1815 unter Wahrung der standesherrlichen Rechte dem Königreich Hannover einverleibt. Der Wiener Kongreß brachte auch die ehemalige Grafschaft Lingen zu Hannover. Bis dahin hatte Lingen, vor allem wegen seiner militärischen Bedeutung als Kastell, eine wechselvolle Geschichte erlebt und nacheinander Habsburger, Spanier und Oranier als Landesherren gesehen, ehe es 1702 preußisch wurde. Die preußische Kreisordnung von 1885 schuf im hannoverschen Emsland die Kreise Lingen, Meppen, Hümmling und Aschendorf, aus denen 1932 die drei Altkreise Aschendorf-Hümmling, Lingen und Meppen gebildet wurden, die 1977 wiederum zum Landkreis Emsland zusammengefaßt worden sind.
Das neue Kreiswappen (verliehen am 27. Januar 1982) erinnert mit den Farben Gold und Rot an das Niederstift Münster und zeigt die Mispelblüten der Arenberger und den goldenen Anker der Grafschaft Lingen. Der blaue Schildfuß im unteren und das Hünengrab im oberen Drittel weisen auf Fluß und Landschaft hin.

### Struktur des Kreises – Sehenswürdigkeiten

Bis auf den heutigen Tag hat sich das Emsland mit seinen Flußauen, Wäldern, Hügelketten und Mooren ein abwechslungsreiches Landschaftspanorama und eine intakte Umwelt erhalten. Das hat den guten Ruf des Landkreises als ein attraktives Erholungsgebiet im Nordwesten Niedersachsens begründet. Den Reiz der Landschaft von Ems und Hase, des Hümmlings und der Baccumer Hügelkette untermalen die zahlreichen Kirchen, Kapellen und Schlösser, aber auch die restaurierten Wind- und Wassermühlen oder die Steingräber aus der Vorzeit. Zu den Sehenswürdigkeiten gehören die historischen Stadtkerne von Lingen und Meppen sowie das Stadtbild der Fehnkolonie Papenburg, ferner das Wasserschloß Dankern und die Burgmannshöfe in Haselünne. Aus der Reihe der Baudenkmäler hebt sich vor allem das von 1736 bis 1748 erbaute barocke Jagdschloß Clemenswerth bei Sögel hervor. Im Heimatmuseum in Papenburg findet die Schiffahrts- und Moorabteilung besondere Beachtung, in Haselünne das Hausmuseum. Wirtschaftlich ist der Landkreis unter anderem durch seine bedeutenden Erdöl- und Erdgasvorkommen bekannt geworden.

Regierungsbezirk: Weser-Ems. Einwohner: 95507. Fläche: 607 km². Einwohner je km²: 157. Kfz-Kennzeichen: FRI. Kreisverwaltung: Lindenallee 1, 2942 Jever. Verwaltungsgliederung: 8 Einheitsgemeinden (Bockhorn, Stadt Jever, Sande, Schortens, Stadt Varel, Wangerland, Wangerooge, Zetel).

## Wappenbeschreibung

In Blau ein rot bewehrter goldener Löwe zwischen einem silbernen Ankerkreuz im rechten und linken Obereck.

## Historische Entwicklung

Während des Mittelalters wurde die Küstenlinie ständig durch Sturmfluten verändert. Zu dieser Zeit wurde das Land von Häuptlingen beherrscht. Doch setzten sich im südlichen Kreisgebiet schon um 1465 die Grafen von Oldenburg fest, denen 1575 auch Jever zufiel. Während nach dem Tode des Grafen Anton-Günther die Grafschaft Varel mit Kniphausen dessen Sohn, dem Grafen von Aldenburg, vermacht wurde, verblieb das Gebiet der Friesischen Whede bei den Oldenburger Grafen. Das Jeverland fiel dagegen 1667 durch Erbgang an das Haus Anhalt-Zerbst, 1793 an Rußland, 1807 an Holland, 1810 an Frankreich und erst 1818 übernahmen die Herzöge von Oldenburg wieder die Herrschaft. Als Nachfolger der Aldenburger regierten in Varel bis 1854 die Reichsgrafen von Bentinck und sodann wieder die Oldenburger. Die ehemaligen „Ämter" Varel und Jever wurden 1932/33 durch die oldenburgische Verwaltungsreform zum Landkreis Friesland vereinigt. 1977 wurde er aufgelöst, geteilt und erstand in neuen Grenzen. Als Folge der Entscheidung des Niedersächsischen Staatsgerichtshofes konnte der Landkreis Friesland mit der Wiederherstellung der früheren Gebiets- und Verwaltungseinheit zum 1. Januar 1980 seine zweite Geburtsstunde begehen.

Sein Wappen vom 26. April 1962 vereinigt die Symbole der Häuptlinge von Jever (Löwe) und der Grafen von Bentinck (Ankerkreuze). Damit soll die Vereinigung der vormaligen Ämter Jever und Varel zum heutigen Landkreis Friesland zum Ausdruck gebracht werden.

## Struktur des Kreises – Sehenswürdigkeiten

Im Landkreis Friesland hat sich der Fremdenverkehr zu einem bedeutenden Wirtschaftszweig entwickelt. Das ist u. a. auf seine geographische Lage – Küstennähe, Insel – und die vorhandenen verschiedenartigen Landschaftsteile, Meer und Moor, Marsch und Geest, Wald und Weiden, zurückzuführen. Dazu tragen aber auch die Städte Jever und Varel sowie viele Dörfer bei, die ihr historisch reizvolles Gepräge bis in die Gegenwart erhalten haben.

Sehenswert sind die vielerorts sichtbaren Zeugen und Spuren, die die wechselvolle Geschichte dieses Landstrichs hinterlassen hat. Namentlich die alten Kirchen Frieslands, vor allem Wehrkirchen mit gesondertem Glockenturm, die Schlösser in Jever mit prachtvollem Audienzsaal, Neuenburg und Gödens sowie die zahlreichen Bau- und Kunstdenkmäler von Rang, wie der Münstermann-Altar in Varel und das Edo-Wiemken-Denkmal in Jever sind beachtenswerte Beispiele.

Von den Museen und Sammlungen seien genannt: Schloß- und Heimatmuseum in Jever, Heimatmuseum Varel, das guten Einblick in die bäuerliche Kultur bietet, Heimatmuseum „Alter Leuchtturm" auf Wangerooge, Nordwestdeutsches Schulmuseum in Bohlenbergerfeld.

Regierungsbezirk: Braunschweig. Einwohner: 127100. Fläche: 1560,57 km². Einwohner je km²: 81,4. Kfz-Kennzeichen: GF. Kreisverwaltung: Schloßplatz 1, 3170 Gifhorn. Verwaltungsgliederung: 2 Städte (Gifhorn und Wittingen), 1 Gemeinde (Sassenburg) und 7 Samtgemeinden (Boldecker Land, Brome, Hankensbüttel, Isenbüttel, Meinersen, Papenteich, Wesendorf).

### Wappenbeschreibung

In mit roten Herzen besätem goldenen Feld ein rot bewehrter und bezungter blauer Löwe, der in den Vorderpranken ein silbernes Hifthorn hält.

### Historische Entwicklung

Die Entstehung und Gründung der Siedlungen im Landkreis Gifhorn wurde mit der Landnahme etwa im 5./6. Jahrhundert eingeleitet. Eine alte Wehrburg in Brome aus dem 11. Jahrhundert kündet von völkisch unruhigen Zeiten, als das Gebiet noch Grenzgebiet zwischen germanischen und slawischen Volksstämmen war. Dieser Grenzverlauf hat heute durch die innerdeutsche Grenze, die den Landkreis Gifhorn auf 60 km flankiert, wieder Bestand. Dazwischen liegt ein Jahrtausend wechselvoller Heimatgeschichte, die im Mittelalter eng mit der des Welfenhauses verbunden war. Auch nach dem welfisch-staufischen Machtkampf, der 1180 den Sturz Heinrichs des Löwen zur Folge hatte, blieben die Erbgüter Braunschweig und Lüneburg und damit auch der Gifhorner Raum in welfischer Hand. Darauf verweist im Kreiswappen vom 29. August 1929 der welfisch-lüneburgische Löwe, der in seiner Farbgebung und zusammen mit den Herzen an das dänische Königswappen erinnert. Das auch im Wappen der Kreisstadt vorkommende Hifthorn spricht für den Namen Gifhorn, der „Jagdhorn" bedeutet. Im 18. Jh. im Erbwege an Hannover gefallen, mit diesem 1866 von Preußen annektiert, hat der Landkreis Gifhorn seinen Ursprung in der preußischen Kreisordnung. Diese formte 1885 aus ehedem hannoverschen Ämtern die Landkreise Gifhorn und Isenhagen, die 1933 zusammengelegt wurden. 1951 schied die 1938 gegründete „Volkswagenstadt" Wolfsburg nach rascher Entwicklung aus dem Kreisgebiet aus, und auch die Jahre 1972 und 1974 brachten Änderungen im Gebietsstand.

### Struktur des Kreises – Sehenswürdigkeiten

Eine abwechslungsreiche Naturlandschaft im Süden der Lüneburger Heide mit großen Wäldern hat das dünnbesiedelte Kreisgebiet zu einem beliebten Erholungsgebiet werden lassen. Der Bernsteinsee (10 ha) und der Tankumsee (62 ha) bieten Wassersportmöglichkeiten. Ausflugsfahrten auf dem Elbe-Seitenkanal und Fahrten mit dem historischen Dampfzug („Preußenzug") finden starken Anklang.
Sehenswürdigkeiten sind u.a.: das Gifhorner Welfenschloß mit Kapelle aus dem 16. Jh., die Gifhorner Altstadt mit Fachwerkhäusern aus dem 16./17. Jh. und Barockkirche (18. Jh.); das am Stadtrand in Aller- und Iseniederung gelegene Internationale Mühlenmuseum mit 5 Originalmühlen, darunter ein originalgetreuer Nachbau der weltbekannten Mühle von Sanssouci, Backhaus, Treppenspeicher und Ausstellungshalle; das Zisterzienserkloster Isenhagen in Hankensbüttel (14. Jh.); das Jagdmuseum Wulff in Oerrel, das eine der umfangreichsten Trophäensammlungen in Deutschland mit zahlreichen Großwildpräparationen beherbergt; die aus dem 11. Jahrhundert stammende Burg in Brome mit Heimatmuseum.

Regierungsbezirk: Braunschweig. Einwohner: 263 700. Fläche: 1100 km². Einwohner je km²: 240. Kfz-Kennzeichen: GÖ. Kreisverwaltung: Reinhäuserlandstraße 4, 3400 Göttingen. Verwaltungsgliederung: 3 Städte (Duderstadt, Göttingen, Münden), 3 Samtgemeinden (Dransfeld, Gieboldehausen, Radolfshausen), 4 Gemeinden (Friedland, Gleichen, Rosdorf, Staufenberg) und 2 Flecken (Adelebsen, Bovenden).

**Wappenbeschreibung**

Unter rotem Schildhaupt, darin ein schreitender, blau bewehrter goldener Löwe, in Gold, durch einen roten Maueranker verbunden, oben ein roter Schild mit silbernem Göpel, unten ein silbern unterlegtes, sechsspeichiges rotes Rad.

**Historische Entwicklung**

Der heutige Landkreis Göttingen setzt sich im wesentlichen aus den früheren Kreisen Göttingen, Münden und Duderstadt zusammen. Dem am 8. November 1973 genehmigten Kreiswappen liegt das alte Emblem des Landkreises Göttingen zugrunde, da Göttingen Mittelpunkt des Großkreises blieb. Der ursprüngliche Löwe der Herzöge von Braunschweig symbolisiert aber nicht nur den ehemaligen Kreis Göttingen, sondern auch die bisherigen Kreisstädte Duderstadt und Münden. Der Maueranker war das Stammwappen der Grafen von Plesse und stand neben dem braunschweigischen Löwen im alten Kreiswappen Göttingens. Der rote Schild mit dem silbernen Göpel ist eine Minderung des bisherigen Wappens des Landkreises Münden; er versinnbildlicht den Zusammenfluß von Werra und Fulda zur Weser. Für den ehemaligen Landkreis Duderstadt wurde aus dem bisherigen Kreisemblem das sechsspeichige rote Rad gewählt, da diesem durch die mehrhundertjährige Herrschaft von Kurmainz im Duderstädter Raum eine besondere Bedeutung zukommt. Durch die silberne Unterlegung werden die Farben des Kurmainzer Wappens, Rot und Silber, wiederholt.

**Struktur des Kreises – Sehenswürdigkeiten**

Von der Oberweser bis zu den Vorbergen des Harzes erstreckt sich Niedersachsens südlichster Landkreis. Die ausgedehnten Wälder der Dransfelder Hochfläche im Westen gehören zum Naturpark Münden. In Adelebsen sind Schloß und Burg mit einem in Europa architektonisch einmaligen fünf- bzw. sechseckigen mächtigen Bergfried aus dem 14. Jh. sehenswert. Im Süden erinnert die Burg Sichelnstein an die Grenzstreitigkeiten zwischen Braunschweig und Hessen. Wirtschaftlicher Schwerpunkt ist die alte Universitätsstadt Göttingen (Georg II. von Hannover gründete 1737 die Universität), in der noch viele Fachwerkhäuser erhalten sind. Besonders beeindruckend das gotische Rathaus mit seiner Eingangshalle aus dem Jahre 1403. Dem Gänseliesel auf dem Marktbrunnen sollte man einen Besuch abstatten, der Junkernschänke (1547/49 ausgebaut), dem Haus Abel Bornemann (1536), der Ratsapotheke (1553) oder dem Hardenberger Hof (1592), in dem sich jetzt das Städtische Museum befindet. Mittelalterliche Baukunst kann man auch in Duderstadt bewundern: völlig erhaltenes Oval des Walles mit beachtlichen Resten der Stadtmauern, historischer Stadtkern mit gotischen Kirchen, 500 Fachwerkhäuser und ein Rathaus mit massivem Unterbau aus dem 13. Jh. Hann. Münden, im Flüssedreieck von Werra, Fulda und Weser, hat eine reizvolle Altstadt mit fachwerkbunten Gassen, einem Rathaus im Weserrenaissancestil. Erholung bietet der größte See Südniedersachsens, der Seeburger See (100 ha), in dem man mit den sonst so scheuen Bleßhühnern um die Wette schwimmen kann.

Regierungsbezirk: Braunschweig. Einwohner: 166533. Fläche: 965 km². Einwohner je km²: 173. Kfz-Kennzeichen: GS. Kreisverwaltung: Klubgartenstraße 11, 3380 Goslar. Verwaltungsgliederung: 7 Städte (Bad Harzburg, Braunlage, Goslar, Langelsheim, Seesen, Bergstadt St. Andreasberg, Vienenburg), 1 Gemeinde (Liebenburg), 2 Samtgemeinden (Oberharz, Lutter a. Bbge.).

### Wappenbeschreibung

Gespalten; vorne in Gold ein halber, rot bewehrter schwarzer Adler am Spalt, hinten in Rot ein linksgewendeter, blau bezungter und golden bewehrter silberner Löwe.

### Historische Entwicklung

Der heutige Landkreis Goslar entstand in drei Schritten in der niedersächsischen Gebietsreform. Gerade im Bereich des Harzes hatte sich eine Neugliederung besonders aufgedrängt. Die Bildung der innerdeutschen Grenze, die teilweise ungünstigen Siedlungsvoraussetzungen und die geschichtlichen Einflüsse hatten dazu geführt, daß hier viele kleine Verwaltungseinheiten bestanden.
Bis zum Abschluß der Kreisreform am 1. 8. 1977 erhielt der Landkreis schließlich seinen heutigen Zuschnitt. Zuvor war sein Gebiet auf sechs Kreise (u.a. Goslar, Zellerfeld und Blankenburg) und die kreisfreie Stadt Goslar aufgeteilt gewesen. Das am 8. August 1931 vom Preußischen Staatsministerium genehmigte Kreiswappen hat nach wie vor seine Gültigkeit. Der von Gold und Rot gespaltene Schild war das Emblem des Hochstiftes Hildesheim, wie es auch von den Ämtern Vienenburg und Wiedelah geführt worden war. Der halbe Adler verweist auf die alte Kaiserstadt und spätere Freie Reichsstadt Goslar. Der Löwe war das Wappenbild der Grafen von Schladen; diese spielten von etwa 1110 bis 1362 als eingesessenes Dynastengeschlecht eine Rolle in der Geschichte des jetzigen Landkreises. Die unübliche Linkswendung des Löwen – gewöhnlich blicken sie nach heraldisch rechts – ist aus Rücksicht auf die Symmetrie des Wappens gewählt worden.

### Struktur des Kreises – Sehenswürdigkeiten

Zwischen Göttingen, Salzgitter und Braunschweig erstreckt sich der Landkreis Goslar. Er umfaßt große Gebiete des Oberharzes, das nordwestliche und nördliche Harzvorland und wird im Osten von der DDR begrenzt. Zum Naturschutzgebiet „Oberharz" gehören Hochmoore bei Bruchberg und die älteste Harzer Talsperre Oderteich. Ausgedehnte Wanderwege führen im Naturpark Harz durch weitläufige Fichtenwälder vorbei an imposanten Wasserfällen (Romkerhaller-, Radauwasserfall) und Klippen (Käste-, Rabenklippe) zu vielen Aussichtspunkten (Wurmberg, Achtermannshöhe, Bocksberg, Burgberg, Rammelsberg). Der Wasserreichtum des Mittelgebirges spiegelt sich in seinen Talsperren wider: Ecker-, Oker-, Grane- und Innerstetalsperre.
Auf dem wirtschaftlichen Sektor nimmt der Fremdenverkehr im Harz eine bedeutende Stellung neben dem produzierenden Gewerbe am Harzrand ein. Das Erzbergwerk Rammelsberg in der Kreisstadt Goslar (wirtschaftliches und kulturelles Zentrum) liefert im einstmals an Bodenschätzen reichen Landstrich noch heute u.a. Zink und Blei. Sehenswert sind in der malerischen Altstadt Goslars die „Kaiserpfalz" (11.–13. Jh. bevorzugte Residenz deutscher Kaiser und Könige), das Rathaus, mittelalterliche Kirchen und Museen; Clausthal-Zellerfeld, St. Andreasberg, Lautenthal und Wildemann, das Oberharzer Bergbaumuseum sowie die Burgen in Vienenburg, Liebenburg und Seesen. Auf eine 150jährige Kurgeschichte blickt Bad Harzburg zurück. Aus dem einstigen „Jagdrevier der Könige" ist der „Naturpark Harz" geworden, der Besucher und Urlauber anzieht.

# Landkreis Hameln-Pyrmont

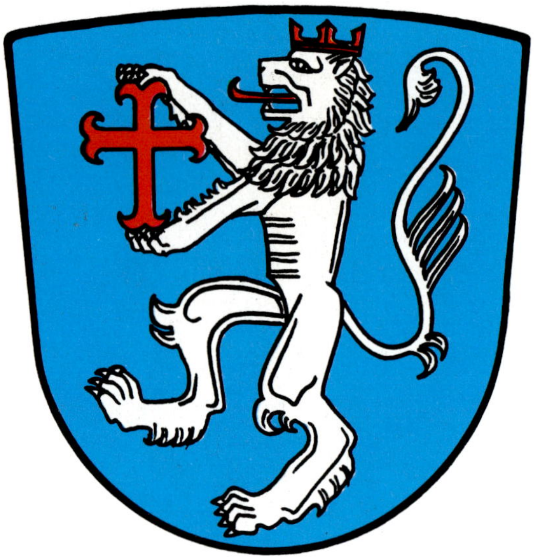

Regierungsbezirk: Hannover. Einwohner: 154142. Fläche: 795,93 km². Einwohner je km²: 193,7. Kfz-Kennzeichen: HM. Kreisverwaltung: Pferdemarkt 1 (Kreishaus) 3250 Hameln 1. Verwaltungsgliederung: 8 kreisangehörige Gemeinden (Städte Hameln, Bad Pyrmont, Bad Münder, Hess. Oldendorf, Flecken/Gemeinden Aerzen, Coppenbrügge, Emmerthal, Salzhemmendorf).

### Wappenbeschreibung

In einem frühgotisch geformten spitzen Schilde auf Blau ein steigender – aufrecht schreitender – silberner Löwe, der ein rotes Ankerkreuz in den Pranken hält.

### Historische Entwicklung

Am 1. 4. 1885 wurde die alte Hannoversche Ämterverfassung durch die Preußische Kreisordnung für die Provinz Hannover abgelöst. Damit begann auch die Geburtsstunde des Kreises Hameln. Eine Erweiterung erfuhr das Kreisgebiet durch die Eingliederung des fürstlich-waldeckschen Gebietsteils Grafschaft Pyrmont am 1. 4. 1922, nachdem sich die Bevölkerung in einer Volksabstimmung mehrheitlich dafür ausgesprochen hatte. Seitdem trägt der Kreis den Namen „Landkreis Hameln-Pyrmont“. Die letzten Veränderungen des Kreisgebietes wurden durch die Gemeinde- und Kreisreform in den Jahren ab 1973 ausgelöst. – Das vom Preußischen Staatsministerium am 30. Oktober 1929 genehmigte Wappen des Landkreises hat bis zum heutigen Tage seine Gültigkeit behalten. Für die Schaffung des Wappens war die ursprüngliche, historisch-geographische Zusammensetzung des Kreisgebietes maßgebend. Der Löwe ist dem Wappen der Grafen von Everstein entnommen worden, die im größten Gebietsteil des heutigen Landkreises Hameln-Pyrmont in den ehemaligen Ämtern Aerzen, Ohsen, Grohnde und Polle etwa von 1100 bis in das 15. Jahrhundert hinein ihre Macht entfaltet haben. Darüber hinaus gehörte im 13. Jahrhundert auch die Stadt Hameln zum mittelbaren Einflußgebiet der Grafen von Everstein. Das rote Ankerkreuz ist das dem waldeckschen Wappen entnommene Zeichen der vormaligen Grafschaft Pyrmont.

### Struktur des Kreises – Sehenswürdigkeiten

Der Landkreis Hameln-Pyrmont wird der Mittelgebirgslandschaft des Weserberglandes zugeordnet. Die Weser durchfließt ihn fast in seiner Mitte von Südosten nach Nordwesten. Viele Sehenswürdigkeiten erwarten den Besucher. Stadt Hameln – Rattenfängerspiele, historische Altstadt. Stadt Bad Pyrmont – Nieders. Staatsbad, mit herrlichem Kurpark und nördlichster Palmenfreianlage Europas. Stadt Bad Münder – Weserrenaissanceschloß Hasperde, Heimatmuseum. Stadt Hess. Oldendorf – Münchhausenschloß (Weserrenaissance), 100jähriges Stift Fischbeck, Hohensteinfelsen im Süntel. Flecken Aerzen – Weserrenaissanceschloß Schwöbber, Rittergut Posteholz. Flecken Coppenbrügge – Burganlage, Ithklippen. Gemeinde Emmerthal – Hämelschenburg – prächtigstes Schloß der Weserrenaissance. Flecken Salzhemmendorf – Hüttenstollen in Osterwald, Wasserbaum in Ockensen. Es lohnt sich, im Hameln-Pyrmonter Weserbergland ein Reiseziel für ein verlängertes Wochenende, für einen Urlaub oder eine Kur zur Erhaltung oder Wiederherstellung der Gesundheit auszuwählen. Die gewerbliche Wirtschaft im Landkreis weist eine ausgewogene Struktur auf. Der Kreis verfügt über eine weit gefächerte Industrie mit dem Stammsitz der OKAL-Fertighaus-Gruppe oder mit Firmen der Maschinen-, Holz- und Textilindustrie. Neben der Hauptverwaltung des Beamtenheimstättenwerkes runden ein großes Angebot leistungsfähiger Betriebe des Groß- und Einzelhandels sowie eine fortschrittliche Landwirtschaft und eine Vielzahl mittlerer und kleinerer Handwerksbetriebe das Bild ab.

Regierungsbezirk: Hannover. Einwohner: 546077. Fläche: 2085 km². Einwohner je km²: 261. Kfz-Kennzeichen: H. Kreisverwaltung: Hildesheimer Straße 20, 3000 Hannover 1. Verwaltungsgliederung: 20 kreisangehörige Städte und Gemeinden (Barsinghausen, Burgdorf, Burgwedel, Garbsen, Gehrden, Hemmingen, Isernhagen, Laatzen, Langenhagen, Lehrte, Neustadt a. Rbge., Pattensen, Ronnenberg, Seelze, Sehnde, Springe, Uetze, Wedemark, Wenningsen/Deister, Wunstorf).

### Wappenbeschreibung

Rot und Gold geteilt; oben ein blau bewehrter goldener Löwe, unten ein rot bewehrter blauer Löwe, beide schreitend.

### Historische Entwicklung

Im Gebiet des heutigen Landkreises Hannover dominierte seit dem Mittelalter das Welfenhaus. Nach dem Deutschen Krieg von Juni und Juli 1866 annektierte das über Österreich und seine Verbündeten (darunter das Königreich Hannover) siegreiche Preußen den welfischen Staat. Am 1 4. 1885 brachte die preußische Kreisordnung erstmals eine überörtliche Selbstverwaltung für das Gebiet. Aus mehreren Ämtern wurden die neuen Landkreise formiert. Es entstanden hier die Kreise Hannover, Linden, Springe, Neustadt am Rübenberge und Burgdorf. Während der Weimarer Republik (1919–1933) wurde der Kreis Linden dem Kreis Hannover zugeschlagen. Schließlich löste der Niedersächsische Landtag mit Wirkung vom 1. 3. 1974 die Landkreise Burgdorf, Hannover, Neustadt am Rübenberge und Springe auf und bildete den Landkreis Hannover in seiner heutigen Form. Die früheren Kreise hatten in ihren Wappen folgende Bildmotive geführt: Wolfskopf und Wolfsangel als Bezug auf Hermann Löns' Roman „Der Wehrwolf" (Kreis Burgdorf), Welfenlöwen und Löwe der Grafen von Roden (Hannover), Löwe der Grafen von Roden und Büffelhorn der Grafen von Wölpe (Neustadt a.R.) und Rosen der Grafen von Hallermunt (Springe). Im neuen Kreiswappen vom 19. Dezember 1974 wurde aus heraldischen und ästhetischen Überlegungen nur das Welfenhaus berücksichtigt: Der obere Löwe war Zeichen der Braunschweiger Linie, der untere der lüneburgischen.

### Struktur des Kreises – Sehenswürdigkeiten

Der Deister als nördlichster Vorposten des Deutschen Mittelgebirges bildet im Süden die Grenze. Der sich anschließende „Kleine Deister" steht unter Naturschutz und ist als Saupark mit Schwarz-, Dam- und Muffelwild bekannt. Das unweit gelegene Wisentgehege, 1837 angelegt, beherbergt die größte Wisentherde Mitteleuropas. Das ehem. Jagdschloß ist jetzt Jägerhof mit einem sehenswerten Jagdmuseum. Ein Seglerparadies ist das Steinhuder Meer (30 km²), sehenswürdig die Ende des 18. Jh. errichtete Inselfestung Wilhelmstein. Im Norden bilden die südlichen Ausläufer der Lüneburger Heide die Grenze.

Das Leinetal bietet viele unberührte Plätze und gehört, wie auch große Moorflächen, zu den vielen Schutzgebieten. Schloß Landestrost in Neustadt a.R. (niederl. Renaissance) hat ein Europäisches Torfmuseum, Schloß Marienburg bei Schulenburg, der Sitz der Nachfahren der Könige von Hannover, ein Schloßmuseum mit Kunstschätzen vergangener Jahrhunderte.

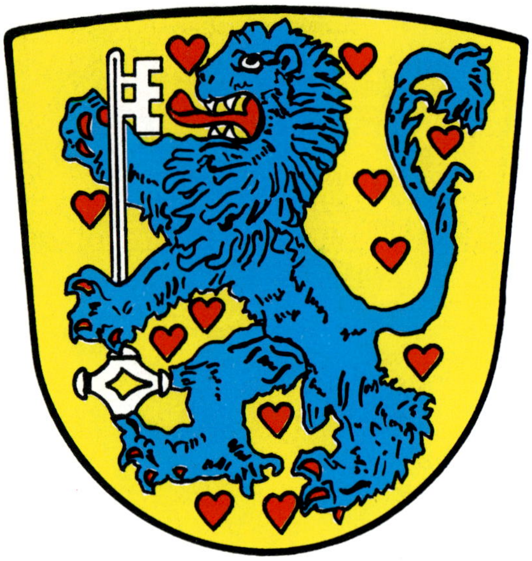

Regierungsbezirk: Lüneburg. Einwohner: 193 005. Fläche: 1244 $km^2$. Einwohner je $km^2$: 155. Kfz-Kennzeichen: WL. Kreisverwaltung: Schloßplatz 6, 2090 Winsen (Luhe). Verwaltungsgliederung: 12 kreisangehörige Gemeinden – davon: 6 Einheitsgemeinden (Stadt Winsen/Luhe, Stadt Buchholz/Nordheide, Rosengarten, Neu Wulmstorf, Seevetal, Stelle), 6 Samtgemeinden (Elbmarsch, Hanstedt, Hollenstedt, Jesteburg, Salzhausen, Tostedt).

### Wappenbeschreibung

In mit roten Herzen bestreutem goldenen Feld ein rot bewehrter und gezungter blauer Löwe, der in den Vorderpranken einen aufrechten silbernen Schlüssel hält.

### Historische Entwicklung

Das Grenzland an der Elbe war im Mittelalter wegen der günstigen Möglichkeiten zum Landesausbau und zur Binnenkolonisation gerade zwischen dem Bremer Erzbischof (an ihn erinnert der Schlüssel im Kreiswappen) und dem Welfenherzog Heinrich dem Löwen (1129–1195) umstritten. Dessen Nachfolger konnten sich im 13. Jh. die Herrschaft über das Herzogtum Lüneburg sichern. Darauf verweist der blaue Löwe mit den roten Herzen im Kreiswappen, das am 3. April 1928 genehmigt wurde. Der „Lüneburger Löwe" entstand in Anlehnung an das dänische Königswappen, da der Welfe Wilhelm, jüngster Sohn Heinrichs des Löwen, die dänische Königstochter Helene geheiratet hatte. Das Gebiet des heutigen Kreises war nun Teil des Herzogtums Braunschweig–Lüneburg. Als 1803 Großbritannien-Hannover – von 1714 bis 1837 waren die hannoverschen Kurfürsten in Personalunion zugleich Könige von England – in den Krieg gegen Napoleon eingetreten war, besetzten französische Truppen das Kurfürstentum; zwei Jahre lang gehörten die nördlichen Regionen Hannovers nominell zu Frankreich.
1815 wurde der Staat als Königreich Hannover wiederhergestellt und die von den Franzosen aufgehobene Ämterverfassung restauriert. Doch hatten die französischen Verwaltungsreformen ihre Spuren hinterlassen, und die innere Struktur der Ämter wurde modernisiert. 1885 wurde im Königreich Preußen, zu dem Hannover seit 1866 als Provinz gehörte, eine Kreisordnung erlassen: Der Kreis Harburg trat ins Leben.

### Struktur des Kreises – Sehenswürdigkeiten

Zwischen Elbe und Heide erstreckt sich vor den Toren der Hansestadt Hamburg der Landkreis Harburg. Die ländliche Gegend lädt zu ausgiebigen Wander- und Radtouren in die Elbmarsch im Osten, wo sich die Störche heimisch fühlen, in den Naturpark Harburger Berge (Schwarze Berge) und in die landschaftlich reizvolle Nordheide (Lüneburger Heide) mit ihren Schnukkenherden ein. Im Spätsommer bezaubert die violette Blütenpracht der Heide ihre Besucher. In der Nähe der Stadt Undeloh befinden sich imposante Hünengräber aus grauer Vorzeit. Neben alten Windmühlen in Eyendorf und Kampen, Wassermühlen in Bendestorf, Holm, Horst, Moisburg und Seppensen ist die Region reich an mittelalterlichen Kirchen. Sehenswert sind z.B. die Magdalenenkirche mit hölzernem Glockenturm (12. Jh.) in Undeloh, die gotische Kirche in Raven (14. Jh.) mit Holzschnitzwerken (Predella des Altars) aus der Lüneburger Schule des frühen 15. Jahrhunderts, die Kirche in Hittfeld (14. Jh.) mit freistehendem holzverschaltem Turm und die frühere Archidiakonatskirche (Romanik) mit spätgotischem Taufkessel in Salzhausen. Einen ausgezeichneten Einblick in die bäuerliche Bau- und Wohnkultur vermittelt der Museumshof am Kiekeberg bei Ehestorf.

Regierungsbezirk: Braunschweig. Einwohner: 97018. Fläche: 674 km². Einwohner je km²: 144. Kfz-Kennzeichen: HE. Kreisverwaltung: Südertor 6, 3330 Helmstedt. Verwaltungsgliederung: 3 Städte ( Helmstedt, Königslutter am Elm, Schöningen), 4 Samtgemeinden (Grasleben, Heeseberg, Nord-Elm, Velpke), 2 Gemeinden (Büddenstedt, Lehre).

### Wappenbeschreibung

In Blau über Gold geteilt; oben das silberne niedersächsisch-braunschweigische Pferd, unten eine grüne Ähre, überkreuzt von einem schwarzen Bergmannsgezäh.

### Historische Entwicklung

Die Geburtsstunde des Landkreises schlug am 12. 10. 1832, als Herzog Wilhelm die Landschaftsordnung für das Herzogtum Braunschweig unterzeichnete. Seine Geschichte ist aber naturgemäß viel älter. Ausgrabungen und Bodenfunde beweisen, daß die fruchtbaren Lößböden im Süden bereits um 4000 v. Chr. besiedelt wurden. Das Land um Elm und Lappwald war Grenz- und Durchgangsland während der Völkerwanderung und wurde nach erbitterten Kriegen zwischen Franken und Sachsen um 800 n. Chr. christianisiert. Später war es ein Ausgangspunkt der deutschen Ostkolonisation. Der 1125 zum deutschen König gewählte Sachsenherzog Lothar von Supplingenburg wollte seinen Stammsitz zum Mittelpunkt des Reiches machen; seine Nachfolger gaben diese Konzeption zugunsten der aufstrebenden Handelsstadt Braunschweig auf. Bei den mehrfachen Teilungen des welfischen Besitzes blieb das Kreisgebiet bei der Braunschweiger Linie, die im Jahre 1576 die Helmstedter Universität gründete, die bis 1810 bestand. Die Teilung Deutschlands nach 1945 trennte vom Kreis die Exklave Calvörde ab, wies ihm aber zugleich die Aufgabe zu, wichtigster Kontrollpunkt im Straßen- und Schienenverkehr zwischen beiden deutschen Staaten zu sein. Im Kreiswappen, das am 9. Juli 1952 verliehen wurde, weisen die Feldfarben auf die braunschweigischen Landesfarben Blau und Gold hin. Sie genießen nach wie vor die amtliche Anerkennung. Die Ähre verweist auf die Landwirtschaft, die Bergmannsgeräte auf den Braunkohlenbergbau und die Salzgewinnung. Das Pferd stellt das Niedersachsenroß dar.

### Struktur des Kreises – Sehenswürdigkeiten

Der Landkreis liegt im Übergangsgebiet zwischen Norddeutscher Tiefebene und Mitteldeutscher Gebirgsschwelle und hat daher Anteil an ganz unterschiedlichen Landschaftsformen. Um sie in ihrer natürlichen Schönheit zu bewahren und sie gleichzeitig für die Erholung zu nutzen, wurden weite Teile des Kreisgebietes unter Natur- und Landschaftsschutz gestellt sowie zum Naturpark Elm-Lappwald erklärt. Die Wirtschaftsstruktur des Helmstedter Raumes wird geprägt vom Bergbau, dem verarbeitenden Gewerbe und der Landwirtschaft. Die abgebaute Braunkohle wird ausschließlich für die Stromerzeugung genutzt. Weitere wichtige Industriezweige sind die Gummiindustrie, der Maschinen- und Apparatebau, die Möbelindustrie, aber auch die Zigarren- und Zuckerherstellung. Daneben gewinnt der Fremdenverkehr zunehmend an Bedeutung. Hauptanziehungspunkte für die Besucher sind außer herrlichen Wäldern die Lübbensteine, Großgräber aus der jüngeren Steinzeit, die Doppelkapelle, eines der ältesten Bauwerke Niedersachsens, und die ehemalige Universität in Helmstedt, die Burg Warberg sowie der Kaiserdom zu Königslutter. Der Landkreis ist reich an landschaftlichen Schönheiten und botanischen Besonderheiten, die den Naturfreund erfreuen werden.

Regierungsbezirk: Hannover. Einwohner: 279441. Fläche: 1205 km². Einwohner je km²: 232. Kfz-Kennzeichen: HI. Kreisverwaltung: Kaiserstraße 15, 3200 Hildesheim. Verwaltungsgliederung: 6 Städte (Alfeld/Leine, Bad Salzdetfurth, Bockenem, Elze, Hildesheim, Sarstedt), 8 Gemeinden (Algermissen, Diekholzen, Giesen, Harsum, Holle, Nordstemmen, Schellerten, Söhlde), 5 Samtgemeinden (Duingen, Freden/Leine, Gronau/Leine, Lamspringe, Sibbesse).

## Wappenbeschreibung

In Rot durch Zinnenschnitt ein goldenes Schildhaupt, darin ein rot gekrönter und bewehrter, wachsender schwarzer Adler; auf der Herzstelle eine goldene Rose mit silbernem Butzen und silbernen Kelchblättern, eingefaßt vom goldenen Geweih eines Zwölfender-Kronenhirsches.

## Historische Entwicklung

Der Mittelpunkt des Hildesheimer Landes, eines alten Kulturgebietes auf der Grenzlinie zwischen Mittelgebirge und Norddeutscher Tiefebene, ist die Stadt Hildesheim. Die 815 vom Karolingerkaiser Ludwig I. dem Frommen gegründete Siedlung entfaltete sich als Marktzentrum in einer durch besten Lößboden begünstigten Landschaft. Die spätere politische und kulturelle Entwicklung wurde immer wieder durch die Auseinandersetzungen zwischen den Braunschweiger Herzögen und den Hildesheimer Bischöfen geprägt. Der Landkreis Hildesheim in seiner heutigen Form ist ein Produkt der niedersächsischen Kreisreform. In den 1946 zusammengelegten Landkreis Hildesheim-Marienburg war am 1. 3. 1974 mit der Gemeindereform die bis dahin kreisfreie Stadt Hildesheim eingegliedert worden; der neue Kreis erhielt den Namen Hildesheim. Am 1. 8. 1977 fügte die Kreisreform die Nachbarkreise Hildesheim und Alfeld (Leine) zum heutigen Landkreis zusammen. Seit 1. August 1979 führt dieser das abgebildete Wappen, das mit seinen Bestandteilen an die Vorgänger erinnert: Der wachsende Adler steht in anderer Farbgebung im Wappen der Stadt Hildesheim. Das Hirschgeweih gibt in heraldisch vereinfachter Form Elemente aus den ehemaligen Kreiswappen von Alfeld (Leine) bzw. Hildesheim-Marienburg wieder. Während die Rose auf die Flora des Kreises (Heckenrosen) Bezug nimmt, sind die Hauptfarben Rot und Gold dem Hildesheimer Stiftswappen entlehnt.

## Struktur des Kreises – Sehenswürdigkeiten

Der Dom (872) mit dem tausendjährigen Rosenstock und seinen Kunstschätzen ist Mittelpunkt, weltberühmt sind aber auch die altägyptischen Sammlungen im Roemer- und Pelizaeusmuseum. St. Michael (1022) mit Bernwardsgruft, die Bürgerkirche St. Andreas (1038) mit 114,5 m hohem Turm, St. Godehard (1172) und der Kreuzgang von St. Mauritius seien als wenige weitere Beispiele genannt.

In Alfeld locken der Altstadtkern mit Rathaus (1586) und Lateinschule (1610) sowie aus neuer Zeit der Gropiusbau des Faguswerks. In Bockenem-Störy ist das Kleinwagen-Museum Ziel in- und ausländischer Autoliebhaber. Die Furtwängler-Orgel in Gronaus St.-Matthäi-Kirche (13. Jh.) ist eine der größten der Hann. Landeskirche. Die Klosterkirchen in Lamspringe und Wittenburg, die Wallfahrtskapelle „Kreuzerhöhung" in Ottbergen oder die Schlösser Wrisbergholzen, Marienburg bei Nordstemmen, Derneburg (Holle) mit dem Mausoleum der Grafen zu Münster und den Lawes-Bauten sowie in Brüggen mit sehenswertem Inventar müssen erwähnt werden. Die fruchtbaren Böden im Norden haben Getreide- und Zuckerrübenanbau begünstigt, während im südlichen Teil die Wälder dominieren. Bauernhöfe nehmen Urlauber auf, Reiterhöfe vermitteln das Glück auf dem Rücken der Pferde, und das Thermal-Sole-Hallen- und Freibad mit Trinkbrunnen in Bad Salzdetfurth hilft heilen und vorbeugen.

Regierungsbezirk: Hannover. Einwohner: 81687. Fläche: 692 km². Einwohner je km²: 118. Kfz-Kennzeichen: HOL. Kreisverwaltung: Neue Str. 9–11, 3450 Holzminden 1. Verwaltungsgliederung: 2 Einheitsgemeinden (Dellingsen, Holzminden), 6 Samtgemeinden (Bevern, Bodenwerder, Boffzen, Eschershausen, Polle, Stadtoldendorf).

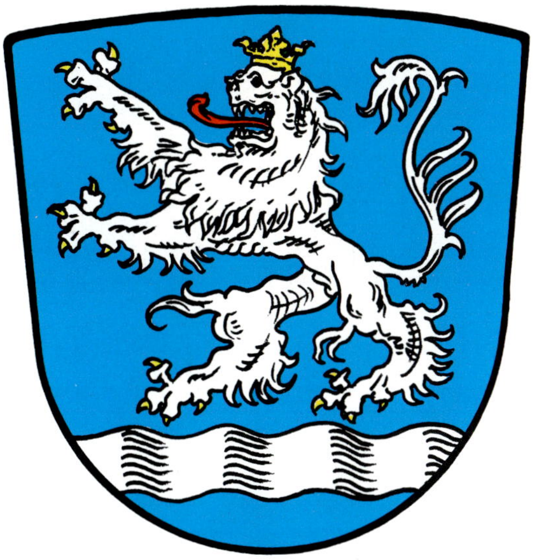

### Wappenbeschreibung

In Blau über silbernem Wellenbalken ein golden gekrönter und bewehrter, rot gezungter silberner Löwe.

### Historische Entwicklung

Die in altsächsischer Zeit vorgenommene Einteilung des Sachsenlandes in Gaue ist die erste erkennbare politische Raumordnung in diesem Raum. Zur Missions- und Kirchenpolitik Karls des Großen, der das Gebiet erobert hatte, gehörten die Gründungen von Bistümern. Der Einfluß weltlicher Machthaber ließ sich dennoch nicht verhindern. Eine bedeutende Rolle fiel dabei im Oberwesergebiet den Grafen von Everstein und den Herren von Homburg zu. Nach dem Sturz des Welfenherzogs Heinrich des Löwen 1180 waren die stauferfreundlichen Eversteiner Grafen auf dem Höhepunkt ihrer Machtentfaltung. Ihr silberner Löwe im blauen Feld erinnert im Kreiswappen vom 24. Juli 1950 noch heute daran. Mit dem Wiedererstarken der Welfen begann seit der Mitte des 13. Jh. jedoch ihr allmählicher Niedergang. Nach dem Übergang der Territorien an das Herzogtum Braunschweig-Lüneburg kam es 1539 zur Herausbildung der Grenzen des „Braunschweigischen Weserkreises“ (ab 1672 „Weserdistrikt“); seine Ausdehnung entsprach in etwa den Konturen des heutigen Landkreises, der mit dem heraldischen Wellenbalken auf die geschichtlich so bedeutsame Weser verweist. 1832 wurde das Herzogtum in sechs Kreise gegliedert. Damit trat der derzeitige Landkreis Holzminden ins Leben. Im August 1941 kam es im Zusammenhang mit der Gründung der Salzgitter-Werke zu einem Gebietsaustausch zwischen Braunschweig und Preußen, bei dem der Landkreis Holzminden an Preußen fiel. Dieses Ereignis offenbarte zugleich parteiinterne Machtrivalitäten des damaligen Regimes. Die Gebietsreform von 1977 bewahrte die Eigenständigkeit des Landkreises.

### Struktur des Kreises – Sehenswürdigkeiten

Der Landkreis Holzminden liegt inmitten des reizvollen Weserberglandes. Die Höhenzüge des Sollings, Voglers (Naturpark Solling-Vogler), Ith, Hilses, die Ottensteiner Hochebene sowie Oberweser und Leine bestimmen mit ihren Tälern die Landschaft. Neben Fachwerkbauten besitzen die schmucken Orte historische Sehenswürdigkeiten wie die Klosterkirchen Kemnade und Amelungsborn, die romanische Wehrkirche in Dielmissen bei Eschershausen, dem Geburtsort des Dichters Wilhelm Raabe (1831–1910) und die Weserrenaissance-Schlösser Hehlen und Bevern. Besondere Anziehungskraft hat die älteste Porzellanmanufaktur im Bundesgebiet: im Weserrenaissance-Schloß Fürstenberg (1747 von Herzog Carl I. gegründet). Das Schloßmuseum veranschaulicht nicht nur die geschichtliche Entwicklung des Porzellans, sondern auch seine Herstellung. Die Glashütte in Grünenplan und die Holzmindener Geschmack- und Riechindustrie gehören zu den bedeutenden Wirtschaftsfaktoren des Kreises. Auf das Geburtshaus des „Lügenbarons“ von Münchhausen (1720–1797) trifft der Reisende in Bodenwerder. Ein Kleinod unter den Bauten der Weserrenaissance ist das Schloß Bevern (Anfang 17. Jh.). Sehenswert ist auch das Kloster Amelungsborn als zweitälteste Gründung der Zisterzienser in Niedersachsen mit der zwischen 1129 und 1350 erbauten Klosterkirche. Weitere Sehenswürdigkeiten findet man in: Kemnade (Klosterkirche), Holzminden (Fachwerkhäuser, Heimatmuseum), Kirchbrak (Wehrkirche), Ottenstein (Kapelle Hattensen), Stadtoldendorf (Bergfried, Fachwerkhäuser, Türme der Stadtbefestigung), Schloß Neuhaus.

Regierungsbezirk: Weser-Ems. Einwohner: 142787. Fläche: 1086 km². Einwohner je km²: 131. Kfz-Kennzeichen: LER. Kreisverwaltung: Friesenstraße 46, 2950 Leer. Verwaltungsgliederung: 12 kreisangehörige Gemeinden: 3 Städte (Borkum, Leer, Weener), 6 Einheitsgemeinden (Jemgum, Moormerland, Ostrhauderfehn, Rhauderfehn, Uplengen, Westoverledingen), 3 Samtgemeinden (Bunde, Hesel, Jümme).

### Wappenbeschreibung

In Blau ein golden bewehrter, rot bezungter silberner Löwe, der als Halsband eine gestürzte goldene Krone trägt. Als Oberwappen eine Ährenkrone mit sechs goldenen Ähren und einem vierblättrigen goldenen Kleeblatt in der Mitte.

### Historische Entwicklung

Der Landkreis Leer entstand 1867 aus vier sogenannten Ämtern, überstand sowohl die preußische Gebietsreform aus dem Jahre 1932 wie auch die große Landkreisreform von 1979 jeweils unter Hinzugewinnung weiterer Bevölkerungs- und Flächenanteile. Kultur und Geschichte des Kreises sind nicht geprägt durch Feudalherrschaft und Bürgertum oder Leibeigenschaft, sondern durch freie Landleute, reiche Bauern und arme Siedler. Gerade deshalb zog es viele Glaubensvertriebene nach Friesland: Im 16. Jh. kamen die Kalvinisten aus den Niederlanden, die von den Truppen des Herzogs Alba vertrieben wurden, als er im Auftrage Philipps II. die Niederlande rekatholisieren sollte. Im 17. Jh. immigrierten Mennoniten, im 18. Jh. Pfälzer. – Das Wappen des Landkreises zeigt auch kein Emblem eines fremden Herrn, sondern den Löwen der Häuptlingsfamilie Ukena. Im 15. Jh. hatte Focko Ukena die Herrschaft über das Moormer-, Oberledinger-, Lengener- und Rheiderland erworben – in etwa das Gebiet des heutigen Kreises. Die Bedeutung des Löwen mit der gestürzten Krone ist heute unbekannt. Auf dem Wappenschild befindet sich eine Ährenkrone. Das vierblättrige Kleeblatt soll auf die vier alten Landschaften des Kreises hinweisen, die Ähren auf die landwirtschaftliche Struktur. Das Kreiswappen wurde am 12. August 1952 durch das niedersächsische Innenministerium verliehen und mit der 1. Hauptsatzung des Kreises am 22. 10. 1958 (erneut) gebilligt.

### Struktur des Kreises – Sehenswürdigkeiten

Im südlichen Teil Ostfrieslands gelegen wird der Landkreis Leer von den Niederlanden im Westen, von den Landkreisen Emsland im Süden, Cloppenburg und Ammerland im Osten sowie Wittmund, Aurich und der Stadt Emden im Norden umgeben. Die herbe Küstenlandschaft mit ihren ausgedehnten Hoch- und Niederungsmooren, sandiger Geest und saftigen Marschen, dem Dollart sowie den Flüssen Ems, Leda und Jümme lädt zur Erholung zu Lande und auf dem Wasser ein. Polderhöfe aus vergangenen Zeiten symbolisieren die noch immer ausgeprägte Agrarstruktur dieser Region. Zu einem Besuch reizen Oldersum (bedeutender Hafenort an der Abzweigung des Dortmund-Ems-Kanals, Standort zweier Werften), Ditzum, Jemgum und Weener an der Ems, Leer-Loga an der Leda oder Stickhausen an der Jümme mit Muhdehäfen, Sielen, Schleusen, Klappbrücken und alten romanischen bzw. gotischen Backsteinkirchen. Die häufig abseits stehenden Kirchtürme dienten früher teilweise als Leuchttürme. Windmühlen, Museen wie das „Fehn-Schiffahrtsmuseum" in Westrhauderfehn, die Holzkutterwerft in Ditzum und die „Alte Waage" (1714) in der Marktstadt Leer zählen zu den vielen Ausflugsmöglichkeiten. Neben altehrwürdigen Landhäusern, teilweise im niederländischen Barock erbaut, trifft man auch auf Burgen: Burg Stickhausen, Haneburg in Leer und Evenburg in Loga.

Immer einen Besuch wert ist die seit 1932 zum Kreis gehörende Nordseeinsel Borkum mit ihrem vielfältigen Erholungsprogramm.

Regierungsbezirk: Lüneburg. Einwohner: 48792. Fläche: 1220 km². Einwohner je km²: 40. Kfz-Kennzeichen: DAN. Kreisverwaltung: Königsberger Straße 10, 3130 Lüchow. Verwaltungsgliederung: 5 Samtgemeinden (Clenze, Dannenberg, Gartow, Hitzacker, Lüchow), 5 Städte (Dannenberg/Elbe, Schnackenburg, Hitzacker, Lüchow, Westrow), sowie 22 weitere Mitgliedsgemeinden.

## Wappenbeschreibung

In gespaltenem Schild vorne in Silber eine grüne, aus schwarzem Berge wachsende Tanne, hinten auf rotem Grunde drei goldene Rauten in der Anordnung 2:1.

## Historische Entwicklung

Die Bezeichnung dieser Region als „Wendland“ ist auf das Eindringen slawischer Siedler nach der Völkerwanderungszeit zurückzuführen, die sich nach den Sachsenkriegen Karls des Großen bis ins 12. Jh. relative Selbständigkeit bewahren konnten. In dieser Zeit übernahmen deutsche Ritter und die Grafen von Lüchow und von Dannenberg die Herrschaft, kolonisierten das Land, gründeten Städte und Rundlingsdörfer, die mit Deutschen und Slawen besetzt wurden. Die Sprache der wendländischen Slawen erhielt sich bis 1700. Später setzte sich die Bezeichnung „Hannoversches Wendland“ durch. Im 14. Jh. kamen die Grafschaften an das welfische Fürstenhaus. Von 1569–1671 bestand hier als Fürstentum Dannenberg eine welfische Nebenlinie. Die Verwaltung erfolgte durch die Ämter in Hitzacker, Dannenberg, Lüchow mit Warpke, Wustrow und Schnackenburg ohne das adlige Gericht Gartow. Die Verwaltungszusammenlegung von 1849 auf die Ämter in Dannenberg und Lüchow unterstreicht die Entwicklung beider Städte zu zentralen Orten. Nach dem Verlust welfischer Selbständigkeit 1866 wurden die Ämter in einem Großkreis Dannenberg zusammengefaßt, der 1885 in die Kreise Lüchow und Dannenberg gegliedert wurde. Die Verwaltungsvereinfachung von 1932 führte die Kreise wieder zusammen, damals mit Sitz in Dannenberg, seit 1952 in Lüchow. Im Zuge der Gemeinde- und Verwaltungsreform der 70er Jahre wurden die 232 selbständigen Gemeinden des Landkreises in 5 Samtgemeinden mit 27 Gliedgemeinden zusammengefaßt. Der Landkreis wird heute von drei Seiten von einer zunehmend undurchdringlichen Grenze umgeben. Wegen fehlender Erwerbsmöglichkeiten seit 1950 nahm die Bevölkerung um etwa ein Drittel ab. Industrieansiedlungen, Förderung der Landwirtschaft und des Fremdenverkehrs und ein Zuzug von Großstädtern helfen die „Ausblutung“ mildern.

Das am 24. Juli 1935 verliehene Kreiswappen zeigt die Tanne der früheren Grafen von Dannenberg, die 1928 vom damaligen Kreis Dannenberg als Wappenmotiv gewählt worden war. Die Rauten führten die Grafen von Lüchow und standen auch im Wappen des Altkreises Lüchow.

## Struktur des Kreises – Sehenswürdigkeiten

Die Siedlungsstruktur wird von vielen kleinen, in sich geschlossenen Ortschaften bestimmt.

Seit Gründung des Naturparks Elbufer-Drawehn im Jahre 1968 wird ein verstärkter Ausbau der Fremdenverkehrseinrichtungen im Landkreise betrieben. 37% der Kreisfläche sind Wald, 49% ausgewiesene Landschafts- und Naturschutzgebiete, weitere 3–4% werden voraussichtlich in den nächsten Jahren zusätzlich unter Natur- und Landschaftsschutzgebiet gestellt. Dabei handelt es sich zum Teil um Gebiete von internationaler Bedeutung im Bereich der Elbauen.

Sehenswürdig sind vor allem die Rundlingsdörfer besonders westlich von Lüchow, die Kleinstädte Lüchow und Dannenberg mit ihrem einheitlichen Stadtbild aus Fachwerkbauten sowie die Insellage der Altstadt von Hitzacker, der Wendlandhof im Rundling Lübeln, die Renaissance-Kapelle Breese im Bruche, die 5 Heimatmuseen, das Feuerwehrmuseum in Dannenberg und das Waldmuseum Göhrde. Landschaftliche Höhepunkte sind im Naturpark Elbufer-Drawehn das Elbufer bei Hitzacker an der Mündung der Jeetzel in die Elbe mit dem Steilabfall des Drawehns zum Elbstrom, das mittelgebirgsähnliche Relief des Drawehns im Raume Clenze mit Serpentinenstraßen und die Elbmarsch mit Wurtendörfern, Altarmen, Bracks, Qualmwasserflächen und Auenwäldern sowie die Nemitzer Heide im Osten des Landkreises. Interessant sind außerdem das Brennelement-Zwischenlager und das Erkundungsgelände für ein geplantes Endlager zur Einlagerung von radioaktiven Abfällen bei Gorleben.

# Landkreis Lüneburg

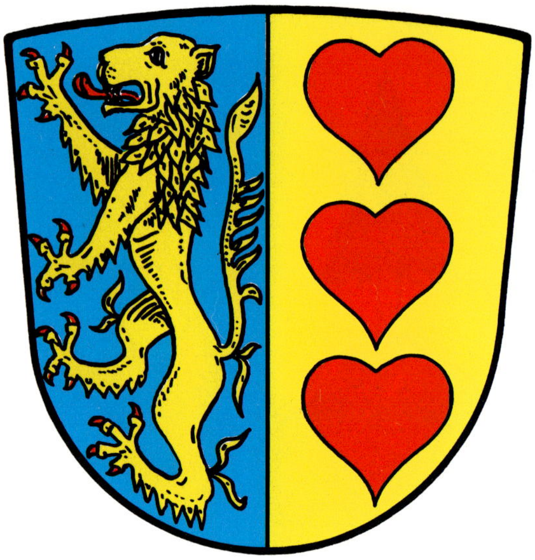

Regierungsbezirk: Lüneburg. Einwohner: 133339. Fläche: 1070 km². Einwohner je km²: 125. Kfz-Kennzeichen: LG. Kreisverwaltung: Auf dem Michaeliskloster 4, 2120 Lüneburg. Verwaltungsgliederung: 2 Städte (Lüneburg, Bleckede), 7 Samtgemeinden (SG Amelinghausen mit den Gliedgemeinden Amelinghausen, Betzendorf, Oldendorf/Luhe, Rehlingen, Sodersdorf; SG Bardowick mit den Gliedgemeinden Bardowick, Barum, Handorf, Mechtersen, Radbruch, Vögelsen, Wittorf; SG Dahlenburg mit den Gliedgemeinden Dahlenburg, Boitze, Dahlem, Nahrendorf, Tosterglope; SG Gellersen mit den Gliedgemeinden Reppenstedt, Kirchgellersen, Südergellersen, Westergellersen; SG Ilmenau mit den Gliedgemeinden Melbeck, Barnstedt, Dt. Evern, Embsen; SG Ostheide mit den Gliedgemeinden Barendorf, Neetze, Reinstorf, Thomasburg, Vastorf, Wendisch Evern, SG Scharnebeck mit den Gliedgemeinden Scharnebeck, Artlenburg, Brietlingen, Echem, Hittbergen, Hohnstorf, Lüdersburg, Rullstorf); 1 Gemeinde (Adendorf).

## Wappenbeschreibung

Gespalten, vorne in Blau ein rot bewehrter goldener Löwe, hinten in Gold übereinander drei rote Herzen.

## Historische Entwicklung

Im Jahre 1705 starb der letzte Regent des seit dem 13. Jh. bestehenden welfischen Fürstentums Lüneburg. Das Territorium fiel an die überlebende, in Hannover regierende Linie des Welfenhauses und gehörte fortan zum Kurfürstentum (später Königreich) Hannover. Die Verwaltung des Landes erfolgte in Ämtern. Nach der Annexion des besiegten Hannovers durch Preußen am 3. 10. 1866 entstand der Landkreis Lüneburg durch die „Kreisordnung" am 1. 4. 1885 neben anderen hannoverschen Kreisen. Als sich der Landkreis um ein eigenes Wappen bemühte, nahm er die Hilfe des Heraldikers Gustav Cloß in Anspruch. So erhielt er am 15. Januar 1927 als erster Landkreis in der Provinz Hannover die amtliche Genehmigungsurkunde; dies löste weites Aufsehen und eine Lawine von Wappenanträgen anderer Kreise aus. Da der Landkreis in seinem neu zu schaffenden Wappen auf das alte Fürstentum Lüneburg Bezug nehmen wollte, setzte Cloß einen Löwen in die vordere Schildhälfte. Das Wort „Welf" bezeichnete ein reißendes Tier, und im Wappen Heinrichs des Löwen stand ein Löwe als Wappenbild. Seit der Heirat von Heinrichs jüngstem Sohn Wilhelm mit einer dänischen Königstochter tauchten auch die Herzen aus dem dänischen Königswappen in welfischen Siegeln auf. In Anlehnung an das dänische Königswappen hatten die Welfen die Farbfolge Blau und Gold gewählt.

## Struktur des Kreises – Sehenswürdigkeiten

Der Kreis Lüneburg bietet eine Landschaft voller Gegensätze: weiträumige Elbmarschen im Norden, das große Waldgebiet der Göhrde im Osten, fruchtbares Ackerland im Süden und den Wilseder Berg (169 m) inmitten des Naturschutzgebietes Lüneburger Heide im Westen. Von der 1000 Jahre alten Salz- und Hansestadt erhielt die Heidelandschaft zwischen Weser und Elbe ihren Namen, der sich wiederum von dem ehemaligen Benediktinerkloster Lüne (1172) ableiten läßt. Das nun adelige Damenstift beeindruckt durch einen Kreuzgang mit einmaligen Glasmalereien aus Gotik und Renaissance, den über 500 Jahre alten Eichentischen und der einschiffigen gotischen Kirche mit wertvollen Kunstschätzen. Ein mittelalterliches Stadtbild mit alten Giebelhäusern verweist auf Lüneburgs abwechslungsreiche Geschichte. Der 105 m hohe Turm der Johanniskirche imponiert ebenso wie die wuchtigen Türme der alten Wehrkirchen in Bardowick, Thomasburg, Neetze oder Betzenberg. Nicht versäumen sollte man einen Besuch des Heideblütenfestes von Amelinghausen, in dessen Nähe sich die „Hünenbetten" (sog. „Fürstengräber", 4000 J.) befinden. Auf dem Platz einer mittelalterlichen Burganlage entstand das sehenswerte Schloß in Blekkede (heutiger Hauptflügel 1600 errichtet). Einen Kontrast zu den Bauwerken früherer Tage stellt das größte Schiffshebewerk Europas (Elbe-Seiten-Kanal) in Scharnebeck dar.

Regierungsbezirk: Hannover. Einwohner: 112112. Fläche: 1398 $km^2$. Einwohner je $km^2$: 80. Kfz-Kennzeichen: NI. Kreisverwaltung: Amtsbogen 1, 3070 Nienburg. Verwaltungsgliederung: 12 Verwaltungseinheiten (Städte Nienburg und Rehburg-Loccum, Samtgemeinden Eystrup, Heemsen, Grafschaft Hoya, Landesbergen, Liebenau, Marklohe, Steimbke, Uchte und Gemeinden Steyerberg sowie Stolzenau).

## Wappenbeschreibung

In gespaltenem Schilde unter einem roten, mit zwei gekreuzten silbernen Pferdeköpfen belegtem Schildhaupt rechts auf Gold eine schwarze, rot bewehrte Bärentatze, links auf Blau ein silbernes Büffelhorn.

## Historische Entwicklung

Bär und Büffel sind die Wappentiere der Grafen von Hoya bzw. der Wölper Grafen. Beide Grafenhäuser existieren nicht mehr. Wesentliche Territorien dieser Grafenhäuser bilden heute das Gebiet des Landkreises Nienburg/Weser. 1885 wurde die hannoversch-preußische Ämterverfassung durch die Kreisordnung für die Provinz Hannover abgelöst und damit auch der Landkreis Nienburg geschaffen. Mehrfach wurde er durch Gebietsreformen vergrößert: 1932 Zusammenlegung der Kreise Nienburg und Stolzenau, 1974 Abtretung und Hinzunahme mehrerer Gemeinden, 1977 Hinzulegung der Samtgemeinden Grafschaft Hoya und Eystrup. Die Pferdeköpfe im Wappen erinnern an den Giebelschmuck der niedersächsischen Bauernhäuser. Das Wappen wurde am 25. Februar 1935 vom Preußischen Staatsministerium verliehen.

## Struktur des Kreises – Sehenswürdigkeiten

Die weiträumig mäandrierende Weser prägt den zwischen Hannover und Bremen gelegenen Kreis. Fruchtbare Marschen beiderseits des Flusses, hohe Geestrükken, Moor- und Heideflächen bilden eine abwechslungsreiche Landschaft. Mit Ausnahme der Kreisstadt Nienburg ist der Kreis ländlich strukturiert; gleichwohl gibt es in den Gemeinden einen angemessenen Besatz an Einzelhandelsgeschäften, Handwerksbetrieben, Industrie- und Dienstleistungsunternehmen.
Der Landkreis Nienburg und das angrenzende Steinhuder Meer (32 $km^2$ Wasserfläche) sind attraktive Ziele für Erholungsuchende aus den Ballungsräumen.
Zu den wichtigsten Sehenswürdigkeiten gehören das Kloster Loccum (1163 von Zisterziensern gegründet, heute eine evangelische Akademie), der Bücker „Dom" (882 als Stift gegründet), die Saurierspuren in Münchehagen (135 Millionen Jahre alt) und die Nienburger Altstadt mit ihren Fachwerkhäusern, dem Rathaus aus dem 16. Jh. und der Martinikirche aus dem 15. Jh. Die Kreisstadt pflegt ein reges Kulturleben mit Theateraufführungen, Konzerten und Ausstellungen. Als kultureller Treffpunkt kann der historische Posthof bezeichnet werden, der Sitz der Stadtbibliothek ist, die viele Veranstaltungen anbietet.
Hoya ist Sitz der Landesreitschule und des Niedersächsischen Instituts für Sportgeschichte. Radwandern erfreut sich großer Beliebtheit. Ausgeschilderte Radwanderstrecken, zum Teil auf ehemaligen Bahndämmen, erschließen alle touristisch interessanten Gebiete.

Regierungsbezirk: Braunschweig. Einwohner: 148 188. Fläche: 1226 $km^2$. Einwohner je $km^2$: 117. Kfz-Kennzeichen: NOM. Kreisverwaltung: Medenheimer Straße 6–8, 3410 Northeim. Verwaltungsgliederung: 12 Städte und Gemeinden (Bad Gandersheim, Bodenfelde, Dassel, Einbeck, Hardegsen, Kalefeld, Katlenburg-Lindau, Kreiensen, Moringen, Nörten-Hardenberg, Northeim und Uslar).

## Wappenbeschreibung

Über von Gold und Blau gespaltenem Schildfuß gespalten von Blau und Gold mit zwei zugewendeten, rot bewehrten Löwen in gewechselten Farben.

## Historische Entwicklung

Der Landkreis Northeim wurde am 1. 4. 1885 aufgrund der von König Wilhelm von Preußen erlassenen Kreisordnung zusammen mit den Kreisen Einbeck und Uslar gebildet. Schon früh siedelten in dem heutigen territorialen Gebiet des Landkreises Northeim zunächst um die Geburt Christi die Cherusker. Es folgten die Perioden der römischen Kaiserzeit, der Völkerwanderung und der Merowingerzeit. Im Mittelalter bildeten sich Gaue, die später von Grafschaften abgelöst wurden. Nach 1235, der Gründung des Herzogtums Braunschweig-Lüneburg, wurde das Gebiet welfisch, was es bis in das 17./18. Jahrhundert blieb. Am 1. Oktober 1932 wurden aufgrund der Neugliederung der Kreise die Landkreise Northeim und Uslar zu einem Großkreis Northeim zusammengeschlossen. Nachfolgende Verwaltungs- und Gebietsreformen von 1962, 1973, 1974 und 1977 brachten neben der Abgabe von Gebieten an den Landkreis Göttingen und den Landkreis Holzminden die Zusammenlegung mit dem Landkreis Einbeck und die Eingliederung von Teilen der Landkreise Gandersheim und Osterode am Harz. Das am 22. Juli 1948 verliehene Kreiswappen zeigt die Löwen, die in den Wappen verschiedener kreisangehöriger Städte vorkommen.

## Struktur des Kreises – Sehenswürdigkeiten

Der Landkreis erstreckt sich vom Oberwesertal bis fast an den westlichen Harzrand. Der Leinegraben als natürlicher Nord-Süd-Korridor trägt als Bindeglied zwischen dem nord- und dem süddeutschen Raum seit Jahrhunderten die übergeordneten Fernverkehrsstränge (Bundesautobahn A 7/E 4, Bundesstraße 3, Eisenbahnstrecke Hannover-Würzburg und die im Bau befindliche Neubaustrecke der Deutschen Bundesbahn Hannover-Würzburg) und ist die Hauptentwicklungsachse des Kreises.

Insgesamt entspricht der Landkreis den Vorstellungen über ein überwiegend agrarisch orientiertes ländliches Siedlungsgebiet mit weiten zusammenhängenden Wäldern und vorwiegend landwirtschaftlich genutzten Flächen und profitiert im Sollingbereich und im Vorland des Harzes besonders vom Fremdenverkehr und der Naherholung. Seine Wirtschaftsstruktur ist vielschichtig, aber stark vertreten ist das produzierende Gewerbe.

An der Hauptentwicklungsachse liegen die Kreisstadt Northeim und die Bierstadt Einbeck mit ihren sehenswerten alten Fachwerkgebäuden, die Gemeinde Kreiensen und der Flecken Nörten-Hardenberg. Dem Harzvorland zuzuordnen ist das staatl. anerkannte Heilbad Bad Gandersheim, bekannt auch durch die Gandersheimer Domfestspiele, die Gemeinden Kalefeld und Katlenburg-Lindau.

Im Erholungsgebiet des Sollings liegen die Städte Uslar, Moringen, Hardegsen und Dassel und in der malerischen Tallandschaft der Oberweser der Flecken Bodenfelde.

Regierungsbezirk: Weser-Ems. Einwohner: 99709. Fläche: 1062,62 km². Einwohner je km²: 94. Kfz-Kennzeichen: OL. Kreisverwaltung: Gerichtsstraße 7, 2900 Oldenburg. Verwaltungsgliederung: 8 Gemeinden – davon: 7 Einheitsgemeinden (Dötlingen, Ganderkesee, Großenkneten, Hatten, Hude, Wardenburg, Stadt Wildeshausen), 1 Samtgemeinde (Harpstedt) mit 8 Mitgliedsgemeinden (Beckeln, Colnrade, Dünsen, Groß Ippener, Flecken Harpstedt, Kirchseelte, Prinzhöfte, Winkelsett).

## Wappenbeschreibung

Halbgespalten und geteilt: oben vorne in Gold zwei rote Balken, hinten in Blau ein eingekerbtes goldenes Steckkreuz; unten in Gold drei (2:1 gestellte) rote Rosen mit goldenen Butzen und grünen Kelchblättern.

## Historische Entwicklung

Um 1150 errichteten die späteren Grafen von Oldenburg die Festungsanlage Wildeshausen. Die Wildeshauser Stammlinie führte bis zu ihrem Aussterben im Jahre 1270 die drei roten Rosen in Gold. Mit der Auflösung des einheitlichen Verwaltungsraumes entstand nun u. a. die Herrschaft Delmenhorst, die vermutlich seit etwa 1475 ein Steckkreuz als heraldisches Sonderzeichen benutzte. Seit dem ersten Viertel des 13. Jh. standen auch die „ammerschen Balken" im Wappen der Oldenburger Grafen; wegen der familiären Verbindung zum dänischen Königshaus sind die roten Balken in Gold heute noch Bestandteil des dänischen Königswappens. Die neuere Geschichte des Kreisgebietes ist eng mit der Wiederbegründung des Herzogtums Oldenburg ab 1773 verbunden, als der dänische König die Grafschaft Oldenburg-Delmenhorst an die ältere Linie des Hauses Holstein-Gottorp abtrat. Nach der napoleonischen Zeit wurde Oldenburg 1829 zum Großherzogtum erhoben. Der (seit 1918) Freitstaat Oldenburg schuf am 15. Mai 1933 das Amt Oldenburg aus dem Amt Wildeshausen und Teilen der Ämter Oldenburg und Delmenhorst; dies war die eigentliche Geburtsstunde des heutigen Landkreises, der lediglich in den niedersächsischen Gebietsreformen 1974/77 territoriale Veränderungen erfuhr. Das oben abgebildete Wappen wurde bereits vom 25. April 1934 bis 25. Oktober 1945 vom Amt bzw. Landkreis (seit 1939) Oldenburg geführt; am 27. Februar 1965 wurde es wieder angenommen, nachdem der Landkreis zwischenzeitlich aus Traditionsgründen das Wappen des mit der Schaffung des Landes Niedersachsen untergegangenen Freistaates Oldenburg verwendet hatte.

## Struktur des Kreises – Sehenswürdigkeiten

Der Landkreis Oldenburg (Oldb) – zwischen den Großstädten Bremen und Oldenburg – ist schnell über die Bundesautobahnen A1, A 28 und A 29 zu erreichen.
Geprägt durch einen überzeugenden Dreiklang der typisch norddeutschen Landschaftsformen Geest, Marsch und Moor ist der „Grüne Kreis im Herzen der Geest" ein weithin bekanntes und gern besuchtes Wander- und Erholungsparadies. Inmitten dieser Landschaft mit reizvollem Charme und eigenwilligem Charakter, der die Flußläufe der Hunte, Delme und Lethe sowie zahlreiche natürliche und künstliche Seen noch einen besonderen Akzent verleihen, findet sich eine beeindruckende Vielzahl prä- und kulturhistorischer Sehenswürdigkeiten: mächtige Großsteingräber aus der Steinzeit wie z. B. „Visbeker Braut und Bräutigam", „Große Steine von Kleinenkneten", „Stenumer Steine"; Hügelgräber aus der Bronze- und Eisenzeit (Gräberfelder bei Pestrup und Hespenbusch), hervorragende Zeugnisse baumeisterlichen Könnens wie z. B. Alexanderkirche und gotisches Rathaus in Wildeshausen, Gaukirche in Ganderkesee mit Arp-Schnitger-Orgel und bedeutenden Freskenmalereien, Klosterruine in Hude mit erhalten gebliebener ehemaliger Torkapelle, Klostermühle, Abthaus und Brauhaus oder historischer Amtshof in Harpstedt.

Regierungsbezirk: Weser-Ems. Einwohner: 288060. Fläche: 2121 km². Einwohner je km²: 136. Kfz-Kennzeichen: OS. Kreisverwaltung: Am Schölerberg 1, 4500 Osnabrück. Verwaltungsgliederung: 5 Städte (Bad Iburg, Bramsche, Dissen a. T. W., Georgsmarienhütte, Melle) 12 Gemeinden (Bad Essen, Bad Laer, Bad Rothenfelde, Belm, Bissendorf, Bohmte, Glandorf, Hagen a. T. W., Hasbergen, Hilter a. T. W., Ostercappeln, Wallenhorst) und 4 Samtgemeinden mit insgesamt 17 Mitgliedsgemeinden (Artland, Bersenbrück, Fürstenau, Neuenkirchen).

### Wappenbeschreibung

Auf goldenem Grund der Bennoturm von Iburg in Rot mit blauem Dach, darunter ein schwarzes laufendes Rad (Osnabrücker Rad) auf Silber.

### Historische Entwicklung

Die Gründung einer Missionsstation in Osnabrück durch Karl den Großen im Jahre 780 steht im Zusammenhang mit seiner Eroberung und Christianisierung des Sachsenlandes. Aus dieser Missionsstation entwikkelte sich bis 1225 das Fürstbistum Osnabrück als geistlicher Territorialstaat des Heiligen Römischen Reiches Deutscher Nation. Residenz der Bischöfe war zunächst die von Bischof Benno II. im 11. Jh. erbaute Iburg, später das barocke Stadtschloß in Osnabrück. Seit 1648 führte entsprechend der Regelung des Westfälischen Friedens abwechselnd ein vom Domkapitel gewählter katholischer Bischof und ein evangelischer Landesherr aus dem Hause Braunschweig-Lüneburg die Regierung.

1803 erfolgte die Auflösung des Staates, der mit Ende der napoleonischen Herrschaft 1813 an das Königreich Hannover und 1866 an Preußen fiel. Durch die preußische Verwaltungsreform von 1885 wurden die Landkreise geschaffen, und zwar Bersenbrück, Iburg, Melle, Osnabrück und Wittlage im Territorium des ehemaligen Fürstbistums. Im Jahre 1932 wurde der Kreis Iburg dem Landkreis Osnabrück eingegliedert, und 1972 erfolgte die Zusammenlegung der vier Landkreise Bersenbrück, Melle, Osnabrück und Wittlage zum heutigen Verwaltungsgebiet. Damit umfaßt der Landkreis Osnabrück geographisch etwa wieder das Territorium des ehemaligen Fürstbistums Osnabrück. Das am 17. Juli 1947 angenommene Kreiswappen zeigt den Bennoturm von Iburg, darunter das Rad aus dem Wappen des Hochstifts Osnabrück.

### Struktur des Kreises – Sehenswürdigkeiten

Der Landkreis Osnabrück gehört einerseits mit dem Teutoburger Wald und dem Wiehengebirge zum Deutschen Mittelgebirge, andererseits mit der Moränenlandschaft der Ankumer und Fürstenauer Berge zur Norddeutschen Tiefebene. Der vorwiegend unter Landschaftsschutz stehende 900 km² große Naturpark „Nördlicher Teutoburger Wald – Wiehengebirge" erstreckt sich in zwei Bändern über dieses Gebiet.

Etwa 50 Großsteingräber aus der jüngeren Steinzeit sind im Osnabrücker Land noch heute vorhanden (Driehauser Steine, Karlssteine, Teufelssteine bei Lüstringen u.a.), im Naturschutzgebiet Gattberg befindet sich außerdem ein bedeutendes Findlingsfeld. Zu den besonderen Sehenswürdigkeiten sind auch die Saurierfährten bei Barkhausen (Gemeinde Bad Essen) zu rechnen, die sich im Huntetal erhalten haben.

Im Zuge des Wiehen- und Wesergebirges sowie des südlichen Teutoburger Waldes liegen eine Reihe von Wallburgen aus frühgeschichtlicher Zeit, die häufig den Namen des Sachsenherzogs Wittekind tragen (Wittekindsburg im Nettetal). Das Osnabrücker Land vermittelt mit der Vielzahl seiner architektonisch bedeutsamen Denkmäler einen anschaulichen Querschnitt der Baugeschichte. Den spätmittelalterlichen Sakralbaustil repräsentieren noch zahlreiche Dorfkirchen und ehemalige Klöster. In Bad Iburg beispielsweise die Klosterkirche (11.–16. Jh.) und die Iburg, die bis 1673 Bischofsresidenz war. Die Klosterkirche in Rulle (Gemeinde Wallenhorst) aus dem 13. Jh. gilt als die bedeutendste des Landkreises. Die den ländlichen Siedlungsbereich prägenden Fachwerkbauten, häufig Hofanlagen von beeindruckender Ausdehnung, geben Zeugnis von einer selbstbewußten Bauernkultur. Burgen, Schlösser und manchmal malerisch versteckte Herrensitze stehen in den unterschiedlichen Stilarten für Wechselbezüge von Architektur, Geschichte und Landschaft.

Regierungsbezirk: Lüneburg. Einwohner: 94385. Fläche: 651,14 km². Einwohner je km²: 145. Kfz-Kennzeichen: OHZ. Kreisverwaltung: Osterholzer Straße 23, 2860 Osterholz-Scharmbeck. Verwaltungsgliederung in 7 Einheiten: Stadt Osterholz-Scharmbeck, Samtgemeinden Hambergen mit den Mitgliedsgemeinden Axstedt, Hambergen, Holste, Lübberstedt und Vollersode, sowie den Einheitsgemeinden Grasberg Lilienthal, Ritterhude, Schwanewede und Worpswede.

### Wappenbeschreibung

Auf gewelltem blauen Schildfluß, darin ein waagerechter, rechts bartaufwärts liegender silberner Schlüssel, in Silber ein schwarzer Torfkahn mit Segel.

### Historische Entwicklung

Prähistorische Bodenfunde lassen für den Bereich des Landkreises Osterholz Jäger und Fischer im Gebiet der hohen Geest schon in der Jüngeren Steinzeit vermuten. Großsteingräber im Düngel, im Paddewischer Forst und in der Stadt Osterholzen-Scharmbeck sind Zeugen einer andauernden Besiedlung. Ein bedeutendes kulturelles Gedeihen erlebt das heutige Kreisgebiet jedoch erst durch die Besetzung einer in Bremen zu begründenden christlichen Kirche mit dem Missionar Willehad, der 788 zum Bischof geweiht wurde. In Bremen und in seiner Umgebung wuchs die Macht der Geistlichkeit zunehmend. Parallel zur geistlichen Durchdringung der Region erfolgte die Entfaltung des im Dienste der Bremer Kirche stehenden Adels. Die Stellung der Ritterschaft festigte sich bis zum 16. Jh. stetig. Die gravierende Entwicklung allen Lebens durch die Geistlichkeit im Osterholzer Gebiet schloß praktisch mit dem Ende des Dreißigjährigen Krieges ab: 1648 ging das Erzbistum Bremen in schwedische Macht über, die Klöster wurden säkularisiert. In der Folgezeit gab es eine Kette von Besitzwechseln und Fremdherrschaften, bis das heutige Kreisterritorium um die Mitte des 18. Jh. unter den Einfluß des Welfenhauses kam. Das war die große Zeit für die Intensivierung der Landerschließung. Nach der Annexion Hannovers 1866 durch Preußen wurden auch die Gebiete des ehemaligen Bistums Bremen in die preußische Verwaltung einbezogen. Die einst hannoveranischen Ämter Osterholz und Lilienthal bilden seit 1885 den Kreis Osterholz, der bis 1932 in seinen Grenzen unverändert blieb. Im Jahre 1939 erlitt der Landkreis Osterholz durch die Abtretung sechs wichtiger Industriegemeinden an Bremen einen schweren Substanzverlust. Die Kreisreform der 70er Jahre bewirkte lediglich geringfügige Änderungen. Das am 25. April 1936 verliehene Kreiswappen zeigt ein für die Gegend charakteristisches Torfschiff. Der silberne Schlüssel in Blau ist das Wappen der Stadt Stade, das sich vom Wappen des Erzstiftes Bremen ableiten läßt.

### Struktur des Kreises – Sehenswürdigkeiten

Der nördlich von Bremen gelegene Landkreis erstreckt sich von der Unterweser über die Teufelsmooregion bis zur Zevener Geest. Seit Jahrzehnten überwiegend landwirtschaftlich orientiert, liegt auch heute noch deren Anteil am Bruttosozialprodukt über dem Landesdurchschnitt. In jüngster Zeit konnten aber in nahezu allen Gemeinden Klein- und Mittelbetriebe angesiedelt werden. Der an Landschafts- und Naturschutzgebieten reiche Landkreis ist für das Wohnen der Großstädter aus Bremen attraktiv geworden. Jährlich siedeln zahlreiche Personen um. Liebhaber von Kunst und Kunsthandwerk finden im Künstlerdorf Worpswerde international anerkannte reiche Angebote. Die Hoetger-Bauten und das Roseliusmuseum hat der Landkreis in seine Obhut genommen und sich bei der Neugestaltung des Barkenhoffs in Worpswede erheblich engagiert.
Mit der Patenschaft zur Stadt Sagay auf der Insel Negros (Philippinen) im Jahre 1977 übernahm der Landkreis als einer der ersten eine kommunale Entwicklungshilfe.

Regierungsbezirk: Braunschweig. Einwohner: 88991. Fläche: 636,67 km². Einwohner je km²: 140. Kfz-Kennzeichen: OHA. Kreisverwaltung: Herzberger Straße 5, 3360 Osterode am Harz. Verwaltungsgliederung: 7 kreisangehörige Gemeinden, 4 Städte (Osterode am Harz, Herzberg am Harz, Bad Lauterberg im Harz und Bad Sachsa) und 3 Samtgemeinden (Bad Grund Harz, Hattorf am Harz und Walkenried).

### Wappenbeschreibung

Geteilt von Rot und Blau: oben ein schreitender, blau bewehrter goldener Leopard; unten ein rot bewehrter goldener Löwe.

### Historische Entwicklung

Osterode, das im Jahre 1152 zum ersten Mal urkundlich erwähnt wird, war von 1286 bis 1596 einer der beiden Residenzorte der Herzöge von Grubenhagen, die im Harzvorland regierten. Daneben diente diesen das alte Schloß über der Siedlung Herzberg als Aufenthaltsort. Als das Herrscherhaus des Fürstentums Grubenhagen im Jahre 1596 erlosch, fiel das Territorium an die Welfenherzöge von Hannover. Das Kreiswappen vereint deshalb die Löwen der Braunschweiger und der Lüneburger Linie des Welfenhauses. Das Kreisemblem wurde am 4. Juli 1936 vom damals zuständigen Preußischen Staatsministerium genehmigt. Der Landkreis Osterode als Verwaltungseinheit entstand im Jahre 1885 im Zuge der preußischen Kreisreform. Nach dem Zweiten Weltkrieg wurde der Landkreis vergrößert, als ihm Gebietsteile des Kreises Grafschaft Hohnstein in der damaligen sowjetischen Besatzungszone angegliedert wurden. Die niedersächsische Kreisreform der 70er Jahre bewirkte lediglich geringfügige Veränderungen im Gebietsstand des Kreises.

### Struktur des Kreises – Sehenswürdigkeiten

Der Südharz und das Harzvorland bestimmen den landschaftlichen Charakter des Kreises, in dem der „Naturpark Harz" etwa 40 % des Kreisgebietes einnimmt. Osterode, 1152 erstmals erwähnt, war von 1286 bis 1596 Residenz der Herzöge von Braunschweig-Grubenhagen. Vom 16. Jahrhundert an waren hier die Schmiedeeisenindustrie, die Tuchmacherei und die Schuhherstellung im besonderen Maße zu Hause. Noch im vergangenen Jahrhundert war Osterode die industriereichste Stadt im damaligen Königreich Hannover. Heute ist es mehr ein Verwaltungs- und Einkaufszentrum, aber auch Fremdenverkehrsort, der sehenswerte Gebäude zu bieten hat: in der Altstadt das Ritterhaus am Rollberg (1650), der Barockbau des Kornmagazins (1719/20) und die Marktkirche in St. Ägidien (13. Jh.), das herzogliche Schloß, das aus den Gebäuden eines Zisterzienserinnenklosters entstanden ist. Nicht weit von Osterode liegt der Soese-Stausee. Die kleine Stadt Herzberg am Harz beherbergt das Welfenschloß, 1510 als Renaissancebau errichtet; heute ist Herzberg ein besonders beliebter Erholungsort. Als ältestes wassertherapeutisches Heilbad der Bundesrepublik empfiehlt sich Bad Lauterberg. Bad Grund erhielt 1535 das Stadtrecht, seit 1855 Kurort. Weitere staatlich anerkannte Kurorte sind: Sieber, Lonau, Steina, Walkenried, wo sich ein Zisterzienserkloster aus dem Jahre 1127 mit sehenswertem Kreuzgang aus dem 14. Jahrhundert befindet, Zorge. Weitere Erholungsgebiete ergänzen das Angebot. Heimat- und Trachtenfeste finden in vielen Harzer Orten statt. Landschaftliche Reize hat das Gipsgestein am Harzrand bewirkt. Einige der unterirdischen Höhlen sind zusammengestürzt und ähneln in ihrer kreisrunden Form Kratern. Von diesen sogenannten Erdfällen sind die Teufelsbäder bei Osterode oder der Juessee in Herzberg besonders bekannt.

Regierungsbezirk: Braunschweig. Einwohner: 116466. Fläche: 534,32 km². Einwohner je km²: 218. Kfz-Kennzeichen: PE. Kreisverwaltung: Burgstraße 1, 3150 Peine. Verwaltungsgliederung: 1 selbständige Gemeinde (Stadt Peine) 7 kreisangehörige Gemeinden (Edemissen, Hohenhameln, Ilsede, Lahstedt, Lengede, Vechelde, Wendeburg).

### Wappenbeschreibung

In Gold zwei steigende, abgewendete, schwarz bewehrte und bezungte rote Wölfe.

### Historische Entwicklung

Das Gebiet des heutigen Landkreises war bereits in der Altsteinzeit besiedelt, wie Ausgrabungsfunde an Rastplätzen von Jägern belegen. Die ersten dauerhaften Siedlungen entstanden in der Jungsteinzeit mit dem Übergang vom umherschweifenden Jäger zum seßhaften Ackerbauern und Viehzüchter. Der Landkreis Peine besteht seit dem 1. 4. 1885, als er aus dem Amt Peine, der Stadt Peine und der Grafschaft Edemissen gebildet wurde. Dadurch wurde eine alte historische Grenze überwunden, die bis dahin das Kreisgebiet in zwei Hälften geteilt hatte und sich bis in die Zeit der Sachsen zurückverfolgen läßt. Denn bis zum Jahre 1802 hatte der Norden zum Kurfürstentum Hannover, der Süden zum Bistum Hildesheim gehört. Daran erinnert auch das am 18. Dezember 1958 genehmigte Kreiswappen, das das Lüneburger Gold und das Hildesheimer Rot zusammenfaßt. Die Doppelzahl der Wölfe versinnbildlicht die frühere Zweiteilung. Der Wolf selbst wurde als Bildmotiv gewählt, weil ihn bereits vor mehr als 700 Jahren Gunzelin, der Begründer der Kreisstadt Peine, in seinem Wappen führte. Seine jetzige Gestalt erhielt der Landkreis Peine bei der Gebietsreform von 1974, als die Gemeinden Vechelde und Wendeburg in den Verwaltungssprengel eingegliedert wurden.

### Struktur des Kreises – Sehenswürdigkeiten

Der Landkreis Peine ist verkehrsgünstig gelegen. Seine Lage wird durch das Spannungsfeld zwischen den Städten Hannover (ca. 40 km), Braunschweig (ca. 25 km), Salzgitter (ca. 25 km) und Hildesheim (ca. 30 km) bestimmt. Die Bundesautobahn Köln – Hannover – Berlin, die Bundesbahnstrecke Hannover – Braunschweig und der Mittellandkanal erschließen das Gebiet.
Landschaftlich präsentiert sich der Landkreis Peine in zwei verschiedenen Gewändern. Der Südkreis erfreut sich durch Lehm- und Lößböden ausgesprochener Fruchtbarkeit, im Norden finden sich vorwiegend magere Sandböden übergehend in Heideflächen, die mit Kiefern durchsetzt sind. 19 Prozent seines Gebietes stehen unter Natur- und Landschaftsschutz. Der Landkreis bietet damit seiner Bevölkerung ein großzügiges Erholungsgebiet. Industrie und Landwirtschaft prägen vornehmlich das Bild des Landkreises Peine. Die Eisen- und Stahlindustrie dominiert. Dafür ist der Industriehafen am Mittellandkanal von Bedeutung. Der Anbau von Zuckerrüben nimmt allein ein Viertel der landwirtschaftlichen Nutzfläche in Anspruch. Wer in den Landkreise kommt, sollte am Bauernhausmuseum in Bortfeld nicht vorbeifahren.

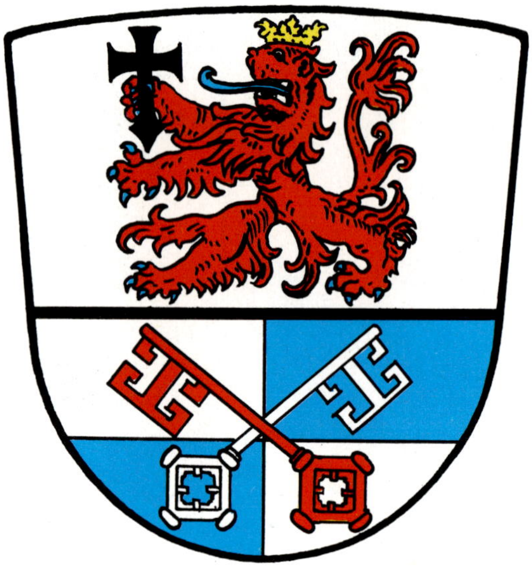

Regierungsbezirk: Lüneburg. Einwohner: 140160. Fläche: 2070 km². Einwohner je km²: 68. Kfz-Kennzeichen: ROW. Kreisverwaltung: Hinter dem Amtshof, 2720 Rotenburg (Wümme). Verwaltungsgliederung: 3 Städte (Bremervörde, Rotenburg [Wümme], Visselhövede), 2 Einheitsgemeinden (Gnarrenburg, Scheeßel), 8 Samtgemeinden (Bothel, Geestequelle, Fintel, Selsingen, Sittensen, Sottrum, Tarmstedt, Zeven).

### Wappenbeschreibung

Geteilt durch einen schwarzen Balken: oben in Silber ein golden gekrönter, blau bewehrter und bezungter roter Löwe, der in der rechten Vorderpranke ein schwarzes Nagelspitzkreuz hält; unten von Silber und Blau geviert und mit einem roten über einem silbernen gekreuzten Schlüssel, beide Bärte nach oben und außen, belegt.

### Historische Entwicklung

Seit dem 3. Jahrhundert nach Christus siedelten im Elbe-Weser-Dreieck die Sachsen. Das Herzstück dieses Gebietes ist der heutige Landkreis Rotenburg (Wümme). Bischof Rudolf von Verden erbaute in Rotenburg um 1195 im Sumpfgebiet der Wümme eine Burg, die sogenannte „Rode Borg". Sie sollte das Land nach Norden und Osten schützen. In Bremervörde errichtete der Sachsenherzog Lothar von Supplingenburg im 12. Jahrhundert eine feste Anlage: er befestigte die Vörde, den Übergang über die Oste. Die Burg kam später an die Erzbischöfe von Bremen. Ab 1642 bauten die Schweden Stade zur stärksten Festung Europas aus, Rotenburg wurde zur Vorfestung ausgestaltet. Durch die schwedische Regierung wurden 1648 die weltlichen Herzogtümer Bremen und Verden gebildet. Nach dem Frieden zu Stockholm 1719 blieben die Herzogtümer bis 1866 im Besitz des Königreiches Hannover. Ab 1. 4. 1885 wurden im wesentlichen aus den Ämtern Bremervörde, Zeven und Rotenburg die gleichnamigen Landkreise gebildet. Bei der Gebietsreform von 1932 wurden die Landkreise Bremervörde und Zeven zu einem Landkreis Bremervörde und 1977 im Kreise Bremervörde und Rotenburg zum heutigen Landkreis Rotenburg zusammengefaßt.
Entsprechend setzt sich auch das am 31. Mai 1979 genehmigte Kreiswappen zusammen: Der rote Löwe stammt aus dem Siegel des früheren Amtes Rotenburg, das Nagelspitzkreuz weist auf die Zugehörigkeit dieses Gebietes zum ehemaligen Bistum Verden hin. Die gekreuzten Schlüssel stammen aus dem Wappen des Erzbistums Bremen, dessen Erzbischöfe ca. 450 Jahre lang in Bremervörde residierten.

### Struktur des Kreises – Sehenswürdigkeiten

Der Landkreis zeichnet sich durch eine vorwiegend unzersiedelte weite Landschaft aus, deren Charakter bestimmt wird durch Wälder, Moore, vereinzelte Heideflächen, die reizvollen Flußtäler der Wümme und Oste mit den ihnen zufließenden Bachläufen sowie durch gepflegte, landwirtschaftlich geprägte Dörfer. Drei Viertel seiner Fläche werden land- und forstwirtschaftlich genutzt.
Industrie und Gewerbe größeren Ausmaßes haben sich vorwiegend in den Schwerpunktorten Bremervörde, Rotenburg und Zeven angesiedelt. Der Fremdenverkehr wächst. Zu den bedeutendsten Sehenswürdigkeiten zählen: die Steinahlkenheide bei Badenstedt mit 75 kleinen Grabhügeln der frühen Eisenzeit; das Steingrab im Steinfelder Holz, 4300 Jahre alte Gruft; das urgeschichtliche Steingrab bei Gnarrenburg im Eichholz, eine der letzten aus Findlingsblöcken errichtete Grabgruft aus der jüngeren Steinzeit (ca. 220 v. Chr.); die St.-Vitus-Kirche in Heeslingen, älteste erhaltene frühromanische Feldsteinkirche im nördlichen Niedersachsen (973) mit wertvollem spätgotischen Altaraufsatz; die St.-Bartholomäus-Kirche in Kirchwalsede, um die Mitte des 12. Jh. erbaute romanische Findlingskirche; die St.-Johannis-Kirche Visselhövede (1358); die St.-Viti-Kirche des ehemaligen Benediktinerklosters Zeven, um 1150 aus Feldsteinen errichtete Kreuzkirche mit wertvoller Innenausstattung, eine der schönsten romanischen Bauten Nordwestdeutschlands; der Meyerhof in Scheeßel, 1320 erstmals erwähnte, älteste Hofanlage des Ortes, Fachwerkgebäude (1875) mit Blaudruckspeicher und Kunstgewerbehaus; der Vörder See bei Bremervörde mit 50 ha Wasserfläche und Badestrand; die Bullenseen bei Rotenburg, im Wald gelegenes Freizeitgebiet.
Auskünfte: Heide-Wümme-Oste-Gesellschaft, Kreishaus, Postfach, 2720 Rotenburg (Wümme).

Regierungsbezirk: Hannover. Einwohner: 150098. Fläche: 676 $km^2$. Einwohner je $km^2$: 225. Kfz-Kennzeichen: SHG. Kreisverwaltung: Jahnstraße 20, 3060 Stadthagen. Verwaltungsgliederung: 12 kreisangehörige Gemeinden und Samtgemeinden (Städte: Bückeburg, Obernkirchen, Rinteln, Stadthagen, Gemeinde Auetal; Samtgemeinden: Eilsen, Lindhorst, Nenndorf, Niederwöhren, Nienstädt, Rodenberg, Sachsenhagen).

## Wappenbeschreibung

Roter Schild auf blauem Untergrund mit einem silbernen Nesselblatt in der Mitte.

## Historische Entwicklung

Urkundlich wurden die Herren von Schaumburg erstmals im Jahre 1110 erwähnt, als König Lothar von Supplingenburg ihnen das Grafenamt in Holstein und Stormarn übertrug. Den Namen führten sie nach ihrer Stammburg, die auf der Höhe des Nesselberges nordwestlich von Hessisch Oldendorf lag. Seit der ersten Hälfte des 13. Jh. führten sie in ihrem Wappen das Nesselblatt, das seit dem 16. Jh. mit drei Nägeln belegt wurde. Dieses Wappen in seiner älteren Form (unter Hinzufügung der Farbe Blau des Farbakkordes von Schaumburg-Lippe) führt der neue Landkreis seit dem 15. Januar 1979.

Ihre größte Ausdehnung hatte die Grafschaft Schaumburg gegen Ende des 14. Jh. erreicht. Nach dem Tode des letzten Grafen 1640 wurde das Erbe aufgeteilt. Das Herzogtum Braunschweig-Lüneburg riß Landesteile im Osten und Norden an sich, den Rest teilten sich die Landgrafen von Hessen-Kassel und die Grafen zur Lippe. Deren Grafschaft Schaumburg-Lippe bestand ab 1807 als Fürstentum weiter, während die hessische Hälfte 1866 Teil der preußischen Provinz Hessen-Nassau wurde. 1946 gingen das Fürstentum Schaumburg-Lippe, das während der Weimarer Republik ein eigenes Land gewesen war, und die Grafschaft Schaumburg im neu entstandenen Bundesland Niedersachsen auf. Die in den letzten Jahren durchgeführte Gebietsreform führte zur Bildung des neuen Landkreises Schaumburg, wodurch die Kerngebiete der mittelalterlichen Grafschaft Schaumburg wieder zusammengeführt wurden.

## Struktur des Kreises – Sehenswürdigkeiten

Das im Weserbergland liegende Schaumburg ist landschaftlich besonders reizvoll. Neben vielen Natur- und Landschaftsschutzgebieten besitzt der Kreis auch eine große Zahl von ausgewiesenen Erholungszonen. So gehört u.a. ein großer Teil des Kreisgebietes zum Naturpark „Weserbergland Schaumburg-Hameln", im Norden bietet dazu der abgrenzende Naturpark „Steinhuder Meer" hervorragende Möglichkeiten für Naherholung und Ferienaufenthalt. Kurmöglichkeiten gibt es in den staatlich anerkannten Heilbädern Bad Eilsen und Staatsbad Nenndorf.

Kulturell bedeutsam sind das Residenzschloß in Bückeburg (mit Schloßkapelle und Mausoleum), die Schlösser in Stadthagen und Hagenburg, Schloß Schaumburg und Schloß Baum, Paschenburg und Arensburg sowie die Wasserburgen in Apelern, Hülsede, Lauenau und Sachsenhagen. Das Stift Obernkirchen und das Kloster in Möllenbeck gelten als sehenswerte sakrale Baudenkmäler. Den Besuch des Wilhelm-Busch-Museums (Geburtshaus des Dichters) in Wiedensahl und des Hubschraubermuseums in Bückeburg sollte man nicht verpassen. Lohnend ist ebenfalls eine Besichtigung der Bodenaltertümer (Hünenburg bei Todenmann, Wallanlage Heisterburg im Deister und Ringwall Heisterschlößchen). Wie die Heimatmuseen in Bückeburg, Rinteln, Stadthagen, Bad Eilsen, Rodenburg und Obernkirchen gewähren sie einen Einblick in die Geschichte des Kreises.

Regierungsbezirk: Lüneburg. Einwohner: 126227. Fläche: 1873,12 $km^2$. Einwohner je $km^2$: 67. Kfz-Kennzeichen: SFA. Kreisverwaltung: Vogteistraße 19, 3032 Fallingbostel 1. Verwaltungsgliederung: 9 Einheitsgemeinden (Bispingen, Bomlitz, Fallingbostel, Munster, Neuenkirchen, Schneverdingen, Soltau, Walsrode, Wietzendorf); 3 Samtgemeinden (Ahlden, Rethem/Aller, Schwarmstedt) mit 14 Mitgliedsgemeinden (Ahlden/Aller, Eickeloh, Grethem, Hademstorf, Hodenhagen – Böhme, Frankenfeld, Häuslingen, Rethem/Aller – Buchholz/Aller, Essel, Gilten, Lindwedel, Schwarmstedt), 1 gemeindefreier Bezirk (Osterheide).

## Wappenbeschreibung

Von Blau und Gold geteilt: oben ein schreitender, rot bewehrter blauer Löwe; unten auf niedrigem goldenen Schildfuß ein goldenes Megalithgrab aus einer Deckplatte auf zwei Lagern.

## Historische Entwicklung

Der Landkreis Soltau-Fallingbostel wurde im Zuge der Verwaltungsreform des Jahres 1977 durch die Zusammenlegung der beiden „Heidelandkreise" Fallingbostel und Soltau gebildet. Aus Bestandteilen der untergegangenen Wappen der beiden Kreise wurde das gültige Kreiswappen zusammengesetzt, das am 2. April 1979 die Genehmigung der Bezirksregierung von Lüneburg fand. Das Hünengrab erinnert an die Menschen der Steinzeit, die den Raum besiedelten und auch die Großsteingräber, bekannt als die „Sieben Steinhäuser", errichteten. Die Urgeschichte endete im Kreisgebiet erstaunlicherweise mit einem Vakuum: Erst für das Hochmittelalter (in Deutschland etwa 1000–1250) finden sich wieder belegbare Fakten. Zwischen den Jahren 772 und 804 unternahm der Frankenherrscher Karl der Große mehrere erfolgreiche Kriegszüge (die ihn auch in diesen Raum führten) gegen die Sachsen, deren eindrucksvollste Persönlichkeit der Herzog Wittekind war. Im 10. Jh. dringt erstmals auch Nachricht von einem karolingischen Königshof „Salta" (= Soltau) zu uns durch. Die kaiserliche Macht wurde von den Grafen und Bischöfen ausgeübt, bis um das Jahr 900 sich ein sächsisches Stammesherzogtum der Liudolfinger herausbildete; aus ihnen gingen von 919 bis 1024 die deutschen Könige hervor. In den folgenden Jahrhunderten war das Gebiet als welfisches Kernland erheblich in deren Kämpfe miteinbezogen. Da die Welfenherzöge am längsten das Schicksal von Land und Menschen im Raum von Soltau-Fallingbostel bestimmten, wurde ihrem Löwenbild ein Platz im Kreiswappen zugewiesen.

## Struktur des Kreises – Sehenswürdigkeiten

Zwischen Hannover und Hamburg liegt der landschaftlich reizvolle Heidekreis Soltau-Fallingbostel. Diese lieblich-herbe Region erstreckt sich von der Aller bis hin zum Wilseder Berg (169 m), der die höchste Erhebung im Naturschutzgebiet „Lüneburger Heide" darstellt. Flüsse, Wiesen, Weiden, Laubwälder, Deiche und Heidelandschaft prägen die Gegend. Eine über 350 Jahre alte Bockwindmühle beherrscht das Bild von Rethem, der ältesten Stadt des Kreises (1360 Verleihung des Stadtrechts). Dort wo sich Handels- und Heerwege vergangener Zeiten treffen, entstand Schwarmstedt inmitten einer Auenlandschaft zwischen Aller und Leine. Der großzügige Fachwerkbau von 1632, als „alte Burg" bekannt, beeindruckt in diesem Ort. Kirchen, Burgen, Herrensitze und stattliche Bürgerhäuser im Allertal lassen den Reichtum früherer Zeiten erahnen. Die grüne Geest- und Moränenlandschaft birgt eines der bedeutendsten Denkmäler des norddeutschen Raumes: die vor etwa 6000 Jahren entstandenen „Siebensteinhäuser" bei Ostenholz. Das Heidemuseum, in dem Teile des Nachlasses des 1935 in der Tietlinger Heide beigesetzten Dichters Hermann Löns zusammengetragen wurden, und das Kloster laden in Walsrode zur Besichtigung ein.

Im Naturschutzgebiet „Lüneburger Heide" findet man in der Stadt Schneverdingen den „Hof Höpen" mit charakteristischem Niedersachsenhaus (1622) sowie den „Theeshof" (Heimathaus).

# Landkreis Stade

Regierungsbezirk: Lüneburg. Einwohner: 167742. Fläche: 1304,80 km². Einwohner je km²: 128,6. Kfz-Kennzeichen: STD. Kreisverwaltung: Am Sande 2, 2160 Stade. 4 kreisangehörige Gemeinden (Stadt Stade, Stadt Buxtehude, Gemeinde Drochtersen, Gemeinde Jork), 8 Samtgemeinden mit 36 Mitgliedsgemeinden (Apensen, Fredenbeck, Harsefeld, Himmelpforten, Horneburg, Lühe, Nordkehdingen, Oldendorf).

## Wappenbeschreibung

Geteilt, oben gespalten; vorn in Gold ein schwarzer Turm, hinten in Blau ein silberner Schlüssel, unten in Rot ein silbernes springendes Pferd.

## Historische Entwicklung

Zahlreiche archäologische Funde sowie Stein- und Hügelgräber weisen auf eine frühe Besiedlung im Gebiet des heutigen Landkreises Stade hin. Die Besiedlungsgeschichte bis zur heutigen Entwicklung wurde geprägt durch wechselnde Herrschaftseinflüsse und den Deichbau zur Erschließung insbesondere der jetzigen Kreisteile Kehdingen und Altes Land. Das ursprünglich von Chauken und Langobarden bewohnte Gebiet wurde im frühen Mittelalter von sächsischen Stämmen überlagert, geriet später unter die Herrschaft der Erzbischöfe von Bremen sowie unter dänische und schwedische Hoheit. Bei der Eindeichung und Besiedlung des Alten Landes haben Holländer maßgeblich mitgewirkt. Nach der Annexion des Königreichs Hannover durch Preußen im Jahre 1866 bildete dieses im Jahre 1885 aus bis dahin bestehenden Ämtern die Kreise Stade, Kehdingen und Altes Land. Aus diesen Kreisen wurde im Jahre 1932 der Landkreis Stade gebildet, der nach Gebietsveränderungen in den Jahren 1937 und 1972 weiterhin besteht. Sein Wappen wurde am 28. Oktober 1965 genehmigt. Der Turm symbolisiert die Zeit der Grafen von Stade, die bis zu ihrem Aussterben 1144 in den Burgen Harsefeld und Stade das Zentrum ihrer Herrschaft hatten. Die Farben sind einem angeblichen Heerzeichen der Grafen entnommen (schwarzer Büffelkopf in Gold), das der Landkreis zwischen 1951 und 1965 als Wappen geführt hat. Der silberne Schlüssel in Blau steht für die Zeit bis 1648, in der die Erzbischöfe im Kreisgebiet Landesherren und Stader Ratsherren waren. Um den Kreissitz deutlich zu machen, wurden anstelle des erzbischöflichen Symbols – silberner Schlüssel in Rot – die Stader Stadtfarben gewählt. Das silberne springende Pferd zeigt entsprechend dem niedersächsischen Landeswappen die Zugehörigkeit zum Lande Niedersachsen.

## Struktur des Kreises – Sehenswürdigkeiten

Am Nordostrand des Regierungsbezirks Lüneburg erstreckt sich der Landkreis von der Ostemündung elbaufwärts bis an das Hamburger Stadtgebiet und umfaßt im Norden das Marschenland Kehdingen, in seiner südlichen Fortsetzung das Alte Land und im Südwesten die Stader Geest. Die etwa in der Mitte des Kreisgebietes gelegene Kreisstadt Stade bildet zusammen mit der Stadt Buxtehude das Kerngebiet der Entwicklungsaktivität des Kreises. Dank der Initiativen des Kreises, der Stadt Stade und des Landes Niedersachsen konnte Anfang der siebziger Jahre in Stade-Bützfleth der Grundstein für eine großräumige Industrieansiedlung gelegt werden, die bis heute die Grundlage für eine hinreichend gefüllte Kasse des Kreises bildet. Neben den Industrie- und Gewerbezentren ist der Landkreis Stade überwiegend landwirtschaftlich strukturiert. Das „Alte Land" zwischen Stade und Hamburg gilt als das größte zusammenhängende Obstanbaugebiet Europas. Die in Kehdingen schon seit dem 14. Jahrhundert nachweisbare Pferdezucht bildet noch heute den Grundstein für eines der bedeutendsten Zuchtgebiete des hannoverschen Warmblutpferdes in Niedersachsen. Zunehmend mehr Bedeutung gewinnt auch im Landkreis Stade der Fremdenverkehr. Neben einzigartigen Landschaften im Lande Kehdingen, dem Alten Land und auf der Stader Geest, neben den alten Hansestädten Stade und Buxtehude, den vielen reizvollen Orten mit ihren zahlreichen eindrucksvollen Baudenkmälern mit weißen Fachwerkgiebeln in Ziegelausfachung und den großen reet- bzw. ziegelgedeckten Dächern sowie den zahlreichen Barockorgeln aus der Schule Arp Schnittgers in Stade und dem Alten Land bietet der Landkreis Stade heute eine Fülle von Möglichkeiten der Naherholung.

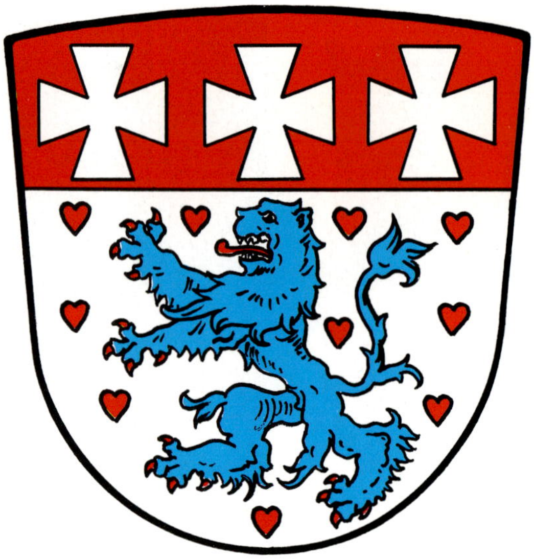

Regierungsbezirk: Lüneburg. Einwohner: 95129. Fläche: 1453 km². Einwohner je km²: 65. Kfz-Kennzeichen: UE. Kreisverwaltung: Veerßer Straße 53, 3110 Uelzen 1. Verwaltungsgliederung: 6 Samtgemeinden (Bevensen, Bodenteich, Ebstorf, Rosche, Suderburg, Wrestedt), 1 Einheitsgemeinde (Bienenbüttel), 1 Stadt (Uelzen).

### Wappenbeschreibung

Unter rotem Schildhaupt, darin nebeneinander drei silberne Tatzenkreuze, in mit zehn roten Herzen belegtem silbernen Feld ein rot bewehrter blauer Löwe.

### Historische Entwicklung

Das Uelzener Becken ist schon seit alters her besiedelt, wie Reste der jungsteinzeitlichen Großsteingräber und viele Hügelgräber der Bronzezeit belegen. Nach dem Ende der Karolingerherrschaft herrschte die Familie der Billunger bis 1106 im nordöstlichen Niedersachsen. Ihr Besitz war über einen großen Teil des Uelzener Raumes verbreitet. Etwa in diese Zeit fällt die Gründung von Burgen und Klöstern an der Slawengrenze. 1235 schuf Friedrich II. das Herzogtum Braunschweig-Lüneburg. Das Wappentier der Herzöge, der Löwe, findet sich ebenso wie die auf die Klöster Oldenstadt, Ebstorf und Medingen hinweisenden Kreuze im Kreiswappen wieder. Bis 1269 übten die Grafen von Schwerin die Lehnshoheit über Uelzen aus. Mitte des 14. Jahrhunderts folgten ihnen vielfach Welfen nach. Unter verschiedenen Kriegen, besonders aber während des Dreißigjährigen Krieges, hatte das Gebiet stark zu leiden. – Der Kreis geht aus der Vereinigung der Ämter Oldenstadt, Medingen und Bodenteich hervor. Aufgrund der Preußischen Kreisordnung wurde am 1. 4. 1885 der Landkreis Uelzen gebildet. Die von der Landesregierung im Zuge der Gebietsreform geplante Zusammenlegung der Kreise Uelzen und Lüchow, mit Verlegung des Kreissitzes nach Lüchow, wurde fallengelassen. Der Landkreis führt sein Wappen seit der Verleihung vom 1. März 1948.

### Struktur des Kreises – Sehenswürdigkeiten

Im Dreieck Hamburg-Hannover-Braunschweig liegt der Landkreis als in sich geschlossene bäuerliche Kulturlandschaft mit der über 700jährigen Stadt Uelzen als natürlichem Mittelpunkt. Als Erholungs- und Freizeitgebiet von überregionaler Bedeutung weist der Kreis bedeutende Sehenswürdigkeiten auf, so z. B. die rein gotische St.-Marien-Kirche (1292 zur Pfarrkirche erhoben), das ursprünglich gotische Zisterzienserinnenkloster Medingen (1241), das 1782 nach einem Brand in barockem Stil wiederaufgebaut wurde, die ehemalige Klosterkirche in Oldenstadt (972) und das Kloster Ebstorf mit der berühmten Ebstorfer Weltkarte (Mitte des 12. Jahrhunderts). Auf dem Mühlenberg bei Suhlendorf (Gemeinde Rosche) wurde ein Mühlenmuseum errichtet.

Das abgeschiedene Heidedorf Hösseringen beherbergt das Landwirtschaftsmuseum Lüneburger Heide. Bad Bevensen ist seit Erschließung einer Thermal-Jod-Sole-Heilquelle 1976 beliebtes Heilbad. Nach wie vor spielt die Land- und Forstwirtschaft eine große Rolle im Kreisgebiet. Mit 53 % der Gesamtfläche ist Uelzen der am intensivsten landwirtschaftlich genutzte Kreis der Bundesrepublik, aber nur noch 5,2 Prozent der Beschäftigten sind land- oder forstwirtschaftlich tätig. Durch den Elbeseitenkanal mit dem Uelzener Hafen wurde das Gebiet 1975 verkehrstechnisch weiter erschlossen.

Fremdenverkehrsamt: Arbeitsgemeinschaft Fremdenverkehr im Landkreis Uelzen e. V., Am Herzogenplatz 7, 3110 Uelzen 1.

Regierungsbezirk: Weser-Ems. Einwohner: 101498. Fläche: 812,20 km². Einwohner je km²: 125. Kfz-Kennzeichen: VEC. Kreisverwaltung: Kapitelplatz 9, 2848 Vechta. Verwaltungsgliederung: 3 Städte und 7 Gemeinden (Städte Vechta, Lohne und Damme, Gemeinden Bakum, Dinklage, Goldenstedt, Holdorf, Neuenkirchen, Steinfeld und Visbek).

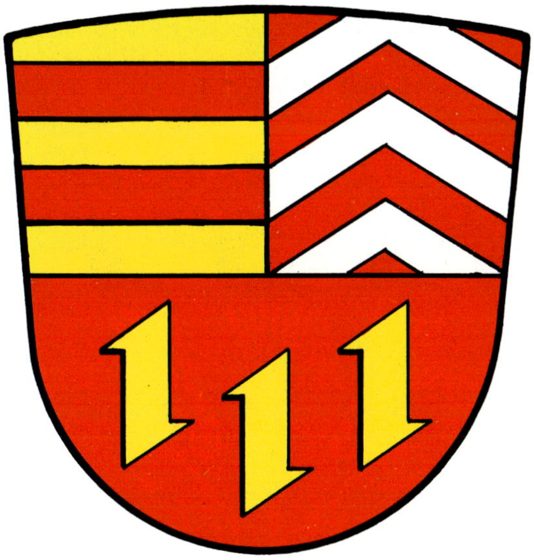

### Wappenbeschreibung

Schild geteilt, obere Hälfte gespalten. Vorn in Gold zwei rote Balken. Hinten in Silber zwei rote Sparren ganz, oben zwei rote Sparrenansätze und unten eine rote Sparrenspitze. Untere Schildhälfte in Rot drei goldene Wolfsangeln oder Forsthaken, 2:1 gestellt.

### Historische Entwicklung

Der heutige Landkreis Vechta ist altes Siedlungsgebiet aus dem altsächsischen Dersagau und einem Teil des Lerigaues. Urkundliche Erwähnung bereits im 8. Jahrhundert. Entscheidend beeinflußt wurde seine Entwicklung durch die Grafen von Ravensberg, die seit dem Jahre 1100 Landesherren der Grafschaft Vechta waren. Von ihnen wurde um 1150 die Burg Vechta am Moorbach errichtet. 1252 kam die Grafschaft durch Verkauf an das Fürstbistum Münster, wo sie bis 1803 als „münstersches Amt" verblieb. Durch den Reichsdeputationshauptschluß fiel das Amt als Entschädigung für den aufgehobenen Weserzoll an das Herzogtum Oldenburg. Nach der Franzosenzeit von 1810 bis 1813 wurde die „Landvogtei Vechta" in drei Ämter gegliedert. Oldenburg bildete 1879 aus diesen Ämtern das „Amt Vechta", das von 1938 an die Bezeichnung „Landkreis" führt und 1947 mit dem Lande Oldenburg an Niedersachsen fiel. Das Kreiswappen wird seit dem 27. Dezember 1955 geführt. Die roten Balken in Gold stammen aus dem Oldenburger Wappen, die roten Sparren in Silber erinnern an die Grafen von Vechta-Ravensberg. Die goldenen Wolfsangeln in Rot stellen eine Farbumkehrung des Familienwappens der Grafen von Galen dar, die als Erbdrosten zu Vechta von 1641 bis 1803 im Auftrage der Fürstbischöfe von Münster agierten.

### Struktur des Kreises – Sehenswürdigkeiten

Die Bevölkerung des Landkreises gehört in ihrer überwiegenden Mehrheit der katholischen Konfession an. Neben einem stetigen Wanderungsgewinn ist hervorzuheben, daß der Landkreis auch heute noch einen Geburtenüberschuß zu verzeichnen hat. Die Wirtschaftsstruktur wurde seit Jahrhunderten durch die Landwirtschaft geprägt. In neuerer Zeit hat sich der Landkreis zu einem Raum mit guter industrieller Besetzung gewandelt. Eine gesunde Branchenmischung ist heute die Basis der Wirtschaftsstruktur. Den Schwerpunkt bildet die Nahrungs- und Genußmittelindustrie. Sie steht in enger Wechselbeziehung zu der hochgradigen landwirtschaftlichen Veredelungswirtschaft. Räumlich liegt der Landkreis Vechta im Städtedreieck Oldenburg-Bremen-Osnabrück auf einem von Westen nach Osten verlaufenden Geeststreifen der Norddeutschen Tiefebene. Große Waldgebiete, Wiesen und Weiden, Ackerflächen, das Hügelland der Dammer Berge, das Dinklager Becken mit dem Wasserschloß, dem Stammsitz der Grafen von Galen, das Huntetal, der Dümmer im Süden, Hoch- und Niedermoore und die zahlreichen Bachtäler mit den Großsteinsetzungen geben dem Landkreis sein besonders reizvolles Gepräge. Sie sind Ziel vieler Erholungsuchender.

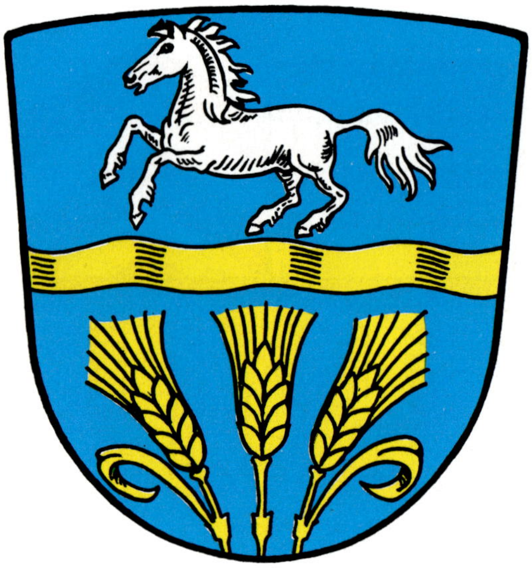

Regierungsbezirk: Lüneburg. Einwohner: 112442. Fläche: 787,77 km². Einwohner je km²: 142. Kfz-Kennzeichen: VER. Kreisverwaltung: Bremer Straße 4, 2810 Verden (Aller). Verwaltungsgliederung: 8 kreisangehörige Gemeinden, davon 2 Städte und eine Samtgemeinde mit 5 Mitgliedsgemeinden (Stadt Achim, Gemeinde Dörverden, Gemeinde Kirchlinteln, Flecken Langwedel, Flecken Ottersberg, Gemeinde Oyten, Samtgemeinde Thedinghausen, Stadt Verden).

## Wappenbeschreibung

Auf blauem Grunde durch ein goldenes Wellenband geteilt; im oberen Feld ein springendes silbernes Pferd, im unteren Feld drei goldene Ähren.

## Historische Entwicklung

Im 3. Jahrhundert unserer Zeitrechnung errichteten Sachsen im Siedlungsgebiet der Chauken und Angrivaren den Sturmigau und die Gaue Waldsati und Wigmodia. Karl der Große zerschlug nach 782 die sächsische Gauverfassung und ersetzte sie durch die fränkische Grafschaftsordnung. Er war auch der Gründer der Bistümer und geistlichen Territorien Bremen und Verden. Diese geistlichen Machtbereiche gewannen zusehends auch im politischen Bereich an Gewicht und Größe. Nach dem Dreißigjährigen Krieg wurden 1648 die beiden Bistümer Bremen und Verden in Herzogtümer umgewandelt und als Reichslehen an die schwedische Krone gegeben. Erst 1719 trat Schweden die Herzogtümer an das damalige Kurfürstentum Hannover ab. Im Königreich Hannover bildeten Ämter die Grundlage der Verwaltung. Nach verschiedenen Verwaltungsreformen 1852 und 1859 wurden die Ämter Achim und Verden mit der Stadt Verden 1867 teilweise zusammengeschlossen, aber bereits 1885 wieder in zwei selbständige Kreise aufgeteilt.

Erst ab 1932 bildeten die beiden Altkreise gemeinsam den Landkreis Verden mit dem Sitz der Verwaltung in Verden. Das Gebiet dieses Landkreises wurde 1939 durch Gebietsabtretungen an die Stadt Bremen und 1972 durch Eingliederung mehrerer Gemeinden aus Nachbarkreisen verändert. Die Kreisreform von 1977 hat den Landkreis Verden dagegen nicht berührt. Das am 14. August 1948 genehmigte Kreiswappen berücksichtigt mit den Ähren den landwirtschaftlich geprägten Charakter des Raumes. Der Wellenbalken deutet auf die Flüsse Weser, Aller und Wümme hin, während das Pferd die Bedeutung des Landkreises als Mittelpunkt der hannoverschen Pferdezucht hervorhebt.

## Struktur des Kreises – Sehenswürdigkeiten

Der geographisch fast genau im Zentrum Niedersachsens gelegene Landkreis Verden wird durch die drei typischen norddeutschen Landschaftsformen Geest, Marsch und Moor geprägt, in denen die Flußläufe der Weser und Aller sowie das bizarre Flußdelta der Wümme und ihrer Seitenarme einen besonderen Akzent setzen. Die günstige Verkehrserschließung des Kreises hat eine rege Ansiedlung von Industrie und Gewerbe in den Städten und Gemeinden des Landkreises gefördert. Andere weite Bereiche des Landkreises sind von Landwirtschaft geprägt.

Sitz der Kreisverwaltung ist die „Reiterstadt“ Verden, die als Absatzzentrum für hannoversche Warmblutpferde und überregionaler Vermarktungsort der größten Zuchtrinder-Erzeugergemeinschaft Deutschlands über die Grenzen der Bundesrepublik Deutschland hinaus bekannt ist.

Für den Besucher des Landkreises sind das Künstlerdorf Fischerhude mit dem Modersohn-Haus und dem Heimathaus Irmintraut, das Deutsche Pferdemuseum mit Bibliothek in Verden, der Dom zu Verden aus dem Jahr 1028, der Erbhof Thedinghausen – ein eindrucksvoller Bau der Weserrenaissance – und das vom Landkreis vor kurzem restaurierte Schloß Etelsen lohnende Ziele.

Regierungsbezirk: Weser-Ems. Einwohner: 91264. Fläche: 822 $km^2$. Einwohner je $km^2$: 111. Kfz-Kennzeichen: BRA. Kreisverwaltung: Poggenburger Straße 15, 2880 Brake. Verwaltungsgliederung: 3 Städte (Brake, Elsfleth, Nordenham) und 6 kreisangehörige Gemeinden (Berne, Butjadingen, Jade, Lemwerder, Ovelgönne, Stadland).

### Wappenbeschreibung

Gespalten und hinten geteilt: vorn in Gold zwei rote Balken; hinten oben in Silber eine grüne Kogge über schwarzen Wellen, unten in Grün ein silberner Friesenkrieger.

### Historische Entwicklung

Seit dem 10. Jh. sicherten die Bewohner der Wesermarsch den fruchtbaren Marschboden durch Erdwälle vor der See. Die im 11. Jh. errichteten Kirchen zeugen von dem beachtlichen Wohlstand und der bewahrten Freiheit der Rüstringer Friesen, woran im Kreiswappen vom 2. Februar 1953 der Friesenkrieger erinnert. Die Kogge ist Sinnbild für den mittels der Seefahrt betriebenen Handel der Küstenbewohner, Grün und Silber deuten die naturgegebenen Farben der Landschaft an. Im Mittelalter bewirkten gewaltige Sturmfluten tiefgreifende Veränderungen des Küstenverlaufes. – Der Versuch der Grafen von Oldenburg, die Wesermarsch unter ihre Gewalt zu bekommen, schlug zunächst fehl. Erst einem verbündeten braunschweigisch-oldenburgischen Heer gelang es 1514, die Wesermarsch-Friesen zu besiegen. Gemeinsam mit dem Hause Oldenburg gehörte das Gebiet von 1667 bis 1773 zu Dänemark. Seit 1774 stand die Wesermarsch unter der Herrschaft des Großherzogtums Oldenburg, dessen Balken in der vorderen Schildhälfte des Kreiswappens daran erinnern. Die Verwaltungsreform von 1814 beseitigte die gräflichen Vogteien ebenso wie die Kantone aus der französischen Besatzungszeit (1811/13). Die Wesermarsch wurde in sieben Ämter aufgeteilt. Nach verschiedenen Verwaltungsneugliederungen wurde schließlich 1933 der Landkreis Wesermarsch gebildet. Er blieb durch die Gebietsreformen fast unbeschadet in seiner früheren Größe erhalten.

### Struktur des Kreises – Sehenswürdigkeiten

Das Gebiet des heutigen Landkreises Wesermarsch liegt in dem zwischen der Geest des Landes Wursten und dem Jeverland verlaufenden Aller-Weser-Urstromtal. Im Osten und Norden sind die Unterweser und das Wattenmeer die natürlichen Grenzen des Kreises. Der Jadebusen im Westen ist als Vogelreservat geschützt und weist in seiner Nachbarschaft eine Besonderheit auf: das als „Schwimmendes Moor“ bekannte „Naturschutzgebiet Süderkleihörne“. Als einziges Außendeichmoor der Erde hebt es sich bei Sturmfluten über 3,25 m über NN von seiner Unterlage ab und „schwimmt“. Sehenswert sind die sakralen Bauten in Berne (Aegidiuskirche, spätgotische Hallenkirche mit Brabanter Orgel, 1234), in Warfleth (Schifferkirche), in Neuenhuntorf (St.-Marien-Kirche), in Altenesch (St.-Gallus-Kirche) sowie die Festungkirche im Schnittpunkt von B 212 und B 437 (mit Epitaphien von Ludwig Münstermann). An die historischen Auseinandersetzungen mit Oldenburgern, Dänen und Bremern erinnern die Denkmäler in Rodenkirchen und Altenesch und die Reste einer Burganlage in Ovelgönne. Eine heimatkundliche Sammlung besitzt das dortige Museum. Weitere Museen befinden sich in Nordenham und Abbehausen (Moorseer Mühle) sowie in der Kreisstadt Braake ein Schiffahrtsmuseum der Oldenburgischen Unterweserhäfen. Unweit der Seefahrtsschule Elsfleth lädt der 1909 erbaute und 1462 BRT große Dreimastschoner „Großherzogin Elisabeth“ (1000 $m^2$ Segelfläche) zur Besichtigung ein.

Regierungsbezirk: Weser-Ems. Einwohner: 53695. Fläche: 655,64 km². Einwohner je km²: 82. Kfz-Kennzeichen: WTM. Kreisverwaltung: Am Markt 9, 2944 Wittmund. Verwaltungsgliederung: 4 Einheitsgemeinden (Friedeburg, Langeoog, Spiekeroog, Wittmund); 2 Samtgemeinden (Holtriem, Esens).

### Wappenbeschreibung

In Blau eine goldene Kogge; auf deren drei Segeln von rechts nach links ein wachsender schwarzer Bär, zwei gekreuzte schwarze Peitschen und ein rot bewehrter schwarzer Doppeladler.

### Historische Entwicklung

Das Wappen des Kreises wurde erstmals am 7. August 1951 verliehen; nach der Neuentstehung des Landkreises wurde die Führungserlaubnis am 9. September 1980 wiederholt. Die Kogge soll dabei die Küstenlage des Kreises symbolisieren. Auf den drei Segeln befinden sich die Wappen der ehemaligen Ämter Esens (der Bär des Häuptlings Attena), Wittmund (Peitschen des Häuptlings Hero Omken) und Friedeburg (Doppeladler von Häuptling Sirk). – Die Funde von Feuersteingeräten bezeugen, daß z. B. am ehemaligen Brockzeteler Meer während der mittleren Steinzeit (ca. 8000–3000 v. Chr.) in diesem Raume Menschen lebten; erst in der jüngeren Steinzeit (ca. 3000 –1800 v. Chr.) begannen die Bewohner seßhaft zu werden. In der zweiten Hälfte des 8. Jh. drangen die Franken ein, zerstörten das friesische Großreich König Radbods († 719) und leiteten die langwierige Missionierung Frieslands ein (Apostel Willehad). Die in Richtern verkörperte Selbstverwaltung des 12. und 13. Jh. führte zu allgemeinem Wohlstand. Etwa ab der Mitte des 14. Jh. traten neben den alten Obrigkeiten allmählich als örtliche Herrscher die Häuptlinge in den Vordergrund. Im 18. Jh. erfolgte die Eingliederung Ostfrieslands in das Königreich Preußen. Nach der Annexion durch das revolutionäre Frankreich wurde das Land 1815 dem Königreich Hannover übereignet, um 1866 mitsamt diesem Königreich an Preußen zurückzufallen. Der 1885 entstandene Landkreis Wittmund wurde im Zuge der niedersächsischen Gebietsreform am 1. August 1977 aufgelöst, entstand jedoch am 1. Januar 1980 wieder in seinen alten Grenzen.

### Struktur des Kreises – Sehenswürdigkeiten

Geest mit Moor und Wald im Süden, Marsch in den nördlichen Regionen des Landkreises Wittmund sowie die beiden ostfriesischen Inseln Langeoog und Spiekeroog laden den Besucher zu erholsamen Ferien zwischen Aurich und Wilhelmshaven ein. Die Gemeinde Friedeburg, das „grüne Tor zur Nordsee", bietet dem Gast zahlreiche Besichtigungsmöglichkeiten alter Kirchen in Reepsholt, Horsten, Etzel und Marx neben Spaziergängen in Wald und Heide. Als „gemütliche Ostfriesenstadt" gilt weiter nördlich Wittmund an der Harle. Das Umland erhielt nach diesem Flüßchen seinen Namen (Harlingerland). In der Stadt selbst bietet sich der Besuch der „Peldemühle" (Heimatmuseum) an, wo Gegenstände aus Handwerk und Landwirtschaft ausgestellt werden. Wenige Kilometer westlich trifft der Reisende auf die alte ostfriesische Häuptlingsstadt Esens, deren Rathaus einschließlich Ahnensaal sowie die St.-Magnus-Kirche mit Turmmuseum besuchenswert sind. Südwestlich der Stadt schließt sich die Samtgemeinde Holtriem mit ihren mittelalterlichen Gotteshäusern in Ochtersum und Westerholt an. Weiter von Bedeutung sind der große Hochmoorsee „Ewiges Meer" und das gleichnamige Naturschutzgebiet. Die drei Nordseebäder Harlesiel-Carolinensiel, Neuharlingersiel und Bensersiel dienen der Gesunderhaltung. Als beliebter Zeitvertreib gelten Besichtigungen des Sielhafenmuseums (Carolinensiel) und des Buddelschiffmuseums (Neuharlingersiel) neben ausgedehnten Wattwanderungen.
Sehr gefragte Urlaubsziele sind ebenfalls die Inseln Spiekeroog und Langeoog mit ihren weiten Stränden und den schönen Dünenlandschaften.

Regierungsbezirk: Braunschweig. Einwohner: 114.063. Fläche: 722 km². Einwohner je km²: 158. Kfz-Kennzeichen: WF. Kreisverwaltung: Bahnhofstraße 11, 3340 Wolfenbüttel. Verwaltungsgliederung: Wolfenbüttel (selbständige Stadt), Gemeinde Cremlingen, 6 Samtgemeinden mit 35 Mitgliedsgemeinden (Asse, Baddeckenstedt, Oderwald, Schladen, Schöppenstedt und Sickte).

## Wappenbeschreibung

Geteilt: oben in Blau ein schreitender, rot bewehrter goldener Löwe; unten in Gold nebeneinander fünf grüne Ähren.

## Historische Entwicklung

Am 1. Januar 1833 wurde aufgrund der „Neuen Landschaftsordnung für das Herzogtum Braunschweig" in Wolfenbüttel eine Kreisdirektion für die Stadt und die Ämter Wolfenbüttel, Salder, Schöppenstedt und Harzburg errichtet. Dies ist die Geburtsstunde des Landkreises Wolfenbüttel. Die damalige Abgrenzung des Kreisgebietes blieb über ein Jahrhundert erhalten. In den Jahren 1941/42 wurde, insbesondere durch die Gründung der Stadt Salzgitter, der Gebietsstand des Landkreises Wolfenbüttel drastisch verändert. Die in den Jahren 1972 bis 1974 durchgeführte gebietliche Neugliederung in Niedersachsen führte auch in ihm zu einer umfangreichen Zusammenlegung von Gemeinden und zu einer wesentlichen Änderung des Kreisgebietes. Der schwerwiegendste Eingriff in das kommunalpolitische Leben der Region war jedoch nicht die jüngste Gebietsreform, sondern die Teilung Deutschlands nach dem Zweiten Weltkrieg. 22 Kilometer Kreisgrenze sind seitdem Grenze zur DDR. – Das nach wie vor gültige Wappen wurde dem Landkreis am 8. Januar 1954 verliehen. In der Farbgebung knüpft das Wappen an die alte braunschweigische Vergangenheit des Landkreises Wolfenbüttel an. Der schreitende Löwe im oberen Teil des Wappenfeldes soll die Beziehung zum früheren Herzogtum Braunschweig zum Ausdruck bringen. Mit Rücksicht auf die Struktur des Landkreises, in dem die Landwirtschaft vorherrscht, ist für den unteren Teil des Wappenfeldes ein Ährenbündel gewählt worden.

## Struktur des Kreises – Sehenswürdigkeiten

Das von Innerste und Oker durchflossene, im starken Umfang von der Landwirtschaft geprägte Kreisgebiet weist viele Naturschönheiten (z.B. Naturpark mit dem größten Buchenwaldbestand Norddeutschlands im Naherholungsgebiet Elm), historische Stätten und berühmte Baudenkmäler auf. Kultureller Mittelpunkt und wirtschaftliches Zentrum der Region ist die alte Residenzstadt Wolfenbüttel, historischer Stadtkern mit 500 Fachwerkhäusern, Residenzschloß der Herzöge zu Braunschweig und Lüneburg, Hauptkirche Beate Mariae Virginis (gotisierende Renaissancekirche, erbaut von Paul Franke), Lessinghaus, aber vor allem zu nennen ist die Herzog-August-Bibliothek, u.a. betreut von Leibniz und Lessing, zw. 1856 und 1862 von Wilhelm Raabe zum Schreiben seiner Romane genutzt, eine internationale Forschungsstätte für die frühere Neuzeit, in der ca. 550000 Bände verwahrt werden. Ab 1987/88 wird in ihr das „Evangeliar Heinrichs des Löwen" aufbewahrt.

Auch die romantische Stadt Hornburg („Rothenburg Niedersachsens") besitzt ein wohlerhaltenes Stadtbild (200 Fachwerkhäuser aus dem 16./17. Jh., Kirche Beate Mariae Virginis, mittelalterliche Burg). An das Leben und „Schaffen" ihres berühmtesten Einwohners erinnert das „Till-Eulenspiegel-Museum" in Schöppenstedt (sehenswert: Barockkirche St. Stephan mit dem größten romanischen Kirchturm des Kreises, gotische Kirche in Küblingen).

Minden-
Lübbecke
Minden
Herford
Bielefeld
Lippe
Detmold
Gütersloh
Steinfurt
Münster
Warendorf
Borken
Coesfeld
Kleve
Wesel
Recklinghsn.
Gelsen-
kirchen
Ober-
hausen
Bottrop
Duis-
burg
Mülheim
a. d. R.
Essen
Herne
Bochum
Dortmund
Unna
Hamm
Soest
Paderborn
Höxter
Krefeld
Viersen
Mönchen-
Gladbach
Mettmann
DÜSSELDORF
Neuss
Wuppertal
Solingen
Remscheid
Ennepe-
Ruhr-Krs.
Schwelm
Hagen
i. W.
Märkischer Kreis
Lüdenscheid
Arnsberg
Meschede
Hochsauerlandkreis
Olpe
Siegen
Heinsberg
Leverkusen
Rhein.-
Berg.-
Gummersbach
Oberbergischer
Kreis
Köln
Bergisch
Gladbach
Kreis
Bergheim
Erftkreis
Aachen
Düren
Euskirchen
Bonn
Siegburg
Rhein-
Sieg- Kreis


100 km

ADALBERT LEIDINGER

# Die Kreise in Nordrhein-Westfalen

Die Kreise im Gebiet des heutigen Bundeslandes Nordrhein-Westfalen erhielten ihre erste formale Ausprägung durch die „Kreisordnung für die Rheinprovinz und für Westfalen" vom 13. Juli 1827. Die darin festgelegte ständische Struktur der *Kreise* blieb ein halbes Jahrhundert lang erhalten. Wesentliche Änderungen brachten erst die Kreisordnungen für die Provinz Westfalen vom 31. Juli 1886 und für die Rheinprovinz vom 30. Mai 1887, die weitgehend identisch mit der bereits 1872 für die östlichen preußischen Provinzen erlassenen Kreisordnung waren. Der Kreistag wurde nun in den Städten von der Vertretung, in den Landgemeinden von den Wahlverbänden der unmittelbaren Steuerzahler und der größeren Grundbesitzer gewählt. Weitere Organe des Kreises waren der neu geschaffene *Kreisausschuß* und der *Landrat.* Der wirtschaftliche Aufschwung der damaligen Zeit brachte einen erheblichen Aufgabenzuwachs der Kreise im Bereich der Leistungsverwaltung.

Die beiden Kreisordnungen blieben bis zum Ende des Zweiten Weltkrieges gültig. Eine wesentliche Änderung erfolgte in der Weimarer Republik insbesondere durch die Einführung des allgemeinen Wahlrechts. In der Zeit des Nationalsozialismus wurde das Kreisverfassungsrecht mit der Durchsetzung des Führerprinzips jedoch inhaltlich vollständig ausgehöhlt.

Nach dem Zusammenbruch deutete erstmals eine Anweisung der britischen Militärbehörden vom 25. September 1945 die künftige Struktur des Kreisverfassungsrechts an. Sie folgte englischen Vorstellungen und führte die sogenannte *Zweigleisigkeit* ein, d. h. die Trennung des Amtes des Hauptverwaltungsbeamten von dem ehrenamtlich ausgeübten Amt des Vorsitzenden der kommunalen Vertretung. Diese Gedanken wurden von der revidierten deutschen Gemeindeordnung übernommen, die durch eine Instruktion der britischen Besatzungsmacht vom August 1946 auch auf die Vertretungskörperschaften der Kreise anzuwenden war.

Die geltende Kreisordnung Nordrhein-Westfalen datiert vom 21. Juli 1953. Sie entspricht in vielen Vorschriften der Gemeindeordnung Nordrhein-Westfalen vom 28. Oktober 1952, gibt dem Kreisausschuß jedoch die Stellung eines Kreisorgans und weist dem Oberkreisdirektor eine festumrissene Zuständigkeit zu, die der Kreistag nicht an sich ziehen kann. Organe der nordrhein-westfälischen Kreise sind der Kreistag, der Kreisausschuß und der Oberkreisdirektor.

Dem vom Volk in Wahlkreisen direkt gewählten *Kreistag* gehören je nach Einwohnerzahl des Kreises 49 bis 73 Kreistagsabgeordnete an, deren Zahl sich erhöhen kann, wenn dies erforderlich ist, um den Verhältnisausgleich zu erzielen. Dem Kreistag steht der ehrenamtlich tätige *Landrat* vor, der auch den Kreis als Repräsentant nach außen vertritt. Der Landrat beruft den Kreistag zu den Sitzungen ein und setzt die Tagesordnung des Kreistages fest. Wenn der Landrat der Auffassung ist, daß ein Beschluß des Kreistags das Wohl des Kreises gefährdet, kann er diesem Beschluß mit der Folge widersprechen, daß der Kreistag in einer weiteren Sitzung erneut über die Angelegenheit beschließen muß. Der Landrat und seine Vertreter werden vom Kreistag aus seiner Mitte nach den Grundsätzen der Verhältniswahl gewählt. Der Kreistag ist oberstes Organ des Kreises. In seine Wahrnehmungszuständigkeit fallen diejenigen Angelegenheiten, die ihrer Bedeutung nach einer Entscheidung durch den Kreistag bedürfen. Eine Reihe von Aufgaben weist die Kreisordnung dem Kreistag ausschließlich zur Entscheidung zu.

Der *Kreisausschuß* besteht aus mindestens 9 und höchstens 17 vom Kreistag aus seiner Mitte gewählten Mitgliedern unter dem Vorsitz des Landrates. Der Kreisausschuß beschließt über alle Angelegenheiten, soweit sie nicht dem Kreistag vorbehalten sind und es sich nicht um Geschäfte der laufenden Verwaltung handelt. Abgesehen von einzelnen Sonderregelungen ist er der einzige beschließende Ausschuß. Daneben ist der Kreisausschuß in besonderem Maße zur Vorbereitung der Kreistagsbeschlüsse und zur Kontrolle der Verwaltung berufen. Weiter ist er zuständig für die Planung von Verwaltungsaufgaben und für Eilentscheidungen, die in Fällen äußerster Dringlichkeit auch der Landrat gemeinsam mit einem Kreisausschußmitglied treffen kann.

Neben dem Kreisausschuß bildet der Kreistag zur Vorbereitung seiner Beschlüsse und zur Überwachung bestimmter Verwaltungsangelegenheiten weitere Ausschüsse. Diese haben jedoch keine eigene Entscheidungsbefugnis. Den Ausschüssen können außer Kreistagsmitgliedern auch sachkundige Bürger sowie als beratende Mitglieder sachkundige Einwohner angehören.

Hauptverwaltungsbeamter des Kreises ist der *Oberkreisdirektor.* Er muß die Befähigung zum Richteramt oder zum höheren Verwaltungsdienst besitzen und wird vom Kreistag auf acht Jahre gewählt. Durch Beschluß des Kreistages kann er mit Zweidrittelmehrheit abberufen werden. Er ist der gesetzliche Vertreter des Kreises. Der Oberkreisdirektor hat die Organisations- und Geschäftsverteilungsbefugnis und ist Dienstvorgesetzter der Mitarbeiter der Kreisverwaltung. Er ist für alle Geschäfte der laufenden Verwaltung zuständig; der Kreistag oder der Kreisausschuß können deren Erledigung nicht an sich ziehen. Auch die Ausführung von Weisungen obliegt dem Oberkreisdirektor.

Von den eigentlichen Kreisaufgaben des Oberkreisdirektors sind diejenigen Aufgaben zu unterscheiden, die er für den Staat im Wege der *Organleihe* als untere staatliche Verwaltungsbehörde erfüllt. Schwerpunkt ist hier die Kommunalaufsicht (gemeinsam mit dem Kreisausschuß). Weiter ist der Oberkreisdirektor *Kreispolizeibehörde* und damit Polizeichef im Kreis; ferner bildet er gemeinsam mit dem staatlichen Schulrat das *Schulamt.*

Der heutige Gebietszuschnitt der Kreise beruht auf der *Gebietsreform,* die in zwei Neugliederungsprogrammen zwischen 1967 und 1975 die ursprünglich 57 Kreise und 38 kreisfreien Städte in 31 Kreisen und 23 kreisfreien Städten zusammengefaßt hat. In den Kreisen wohnen auf 89 % der Fläche 56 % der Einwohner des Landes. Im Durchschnitt haben die Kreise Nordrhein-Westfalens 300000 Einwohner und eine Fläche von nahezu 1000 $km^2$. Dabei schwankt die Einwohnerzahl zwischen 123000 im Kreis Olpe und 626000 im Kreis Recklinghausen. Die Einwohnerdichte liegt zwischen 118 Einwohnern pro Quadratkilometer im Kreis Höxter und 1175 im Kreis Mettmann. Im Schnitt umfaßt jeder Kreis zwölf der 373 kreisangehörigen Gemeinden, deren kleinste ca. 4000 Einwohner und deren größte (Neuss) ca. 145000 Einwohner hat.

Wie im Grundgesetz (Art. 28 Abs. 2) wird auch in der Verfassung des Landes Nordrhein-Westfalen von 1950 den Kreisen das *Recht der Selbstverwaltung* gewährt (Art. 78 Abs. 1). Eindeutiger als das Grundgesetz räumt die Landesverfassung den Kreisen neben den Gemeinden die Allzuständigkeit ein, indem sie bestimmt, daß die Kreise in ihrem Gebiet die alleinigen Träger der öffentlichen Verwaltung sind, soweit die Gesetze nichts anderes vorschreiben (Art. 78 Abs. 2). Dem entspricht die Formulierung in § 2 Abs. 1 S. 1 der Kreisordnung, wonach die Kreise, soweit die Gesetze nicht ausdrücklich etwas anderes bestimmen, ausschließliche und eigenverantwortliche Träger der öffentlichen Verwaltung zur Wahrnehmung der auf ihr Gebiet begrenzten überörtlichen Angelegenheiten sind. Dem Grundsatz der Allzuständigkeit war bereits 1948 Rechnung getragen worden, indem die früheren staatlichen Behörden Katasteramt, Gesundheitsamt, Veterinäramt und Straßenverkehrsamt in die Kreisverwaltung eingegliedert wurden.

Wichtige heutige Kreisaufgaben sind auch der Umweltschutz (Landschaftsplanung, Naturschutz, Wasserbehörde, Abfallbeseitigung), das Jugend-, Sozial- und Gesundheitswesen und nach wie vor die klassische Ordnungsverwaltung (Bauaufsicht, Jagd- und Fischereibehörde, Rettungswesen, Katastrophenschutz). Ihre Ausgleichs- und Ergänzungsfunktion erfüllen die Kreise vor allem durch strukturverbessernde Maßnahmen. So betätigen sie sich bei der Wirtschafts- und Fremdenverkehrsförderung, im Kreisstraßenbau, in der Wohnungsbauförderung und im öffentlichen Personennahverkehr. Der Selbstverwaltungsspielraum der Kreise ist dort besonders groß, wo sie freiwillige Aufgaben wahrnehmen, z.B. bei der breiten Palette der kulturellen Angelegenheiten. Um das Gewicht der Selbstverwaltung zu stärken, hat die Landesverfassung die im übertragenen Wirkungskreis wahrzunehmenden Aufgaben (Auftragsangelegenheiten) abgeschafft und in Selbstverwaltungsaufgaben übergeführt, die als Pflichtaufgaben zur Erfüllung nach Weisung bezeichnet werden. Auftragsangelegenheiten gibt es daher in Nordrhein-Westfalen nur noch kraft Bundesrechts.

Die *Funktionalreform* hat in den Jahren 1978–1984 in einem gestuften System einen Teil früherer Kreisaufgaben auf 99 mittlere kreisangehörige Städte (ab 25000 Einwohner) und 27 große kreisangehörige Städte (ab 60000 Einwohner) verlagert, ohne daß damit der Bestand an Kreisaufgaben wesentlich geschmälert worden wäre.

Die nordrhein-westfälischen Kreise finanzieren sich zu rd. 50 % aus der Kreisumlage, die von den kreisangehörigen Gemeinden erhoben wird. Die Schlüsselzuweisungen des Landes an die Kreise sowie die sonstigen Bundes- und Landeszuweisungen betragen rd. 17 %. Hingegen tragen die Steuern nur zu rd. 5 % zu den Einkünften der Kreise bei. 1928 hatte die Kreisumlage 21 % der Kreisausgaben gedeckt, während die Kreissteuereinnahmen mehr als 25 % betrugen. Die Einnahmestruktur der Kreise in Nordrhein-Westfalen zeigt damit eine sehr starke Abhängigkeit von der Kreisumlage. Nimmt man die staatlichen Zuweisungen hinzu, so wird deutlich, daß die Kreise nicht einmal ein Drittel ihrer Ausgaben mit originären eigenen Einnahmen finanzieren können.

Das Schwergewicht der Ausgaben der Kreise bilden die Aufwendungen für die soziale Sicherung, die rd. ein Drittel der Kreiseinnahmen verschlingen. Ein weiterer gravierender Posten sind mit rd. 32 % die Ausgaben im Bereich der allgemeinen Finanzwirtschaft. Hierzu zählen auch die Aufwendungen für die Umlagen der beiden Landschaftsverbände Rheinland und Westfalen-Lippe, die als „höhere Kommunalverbände" die Kreise und kreisfreien Städte ihres Gebiets zu Mitgliedern haben.

Der steigende Ausgabenbedarf, insbesondere im Bereich der sozialen Vorsorge und im Umweltschutzsektor, bringt die Kreise zunehmend in Finanzierungsschwierigkeiten. Dies gilt um so mehr, als einer Anhebung der Kreisumlage deutliche Grenzen gesetzt sind, weil den Gemeinden der Ausgleich ihrer eigenen Haushalte ebenfalls schwer fällt. Die Kreise in Nordrhein-Westfalen fordern daher seit langem einen eigenen Anteil an einer der großen Steuerarten.

**Landkreistag Nordrhein-Westfalen – Liliencronstraße 14 – 4000 Düsseldorf 30**

Regierungsbezirk: Köln. Einwohner: 286971. Fläche: 550 $km^2$. Einwohner je $km^2$: 522. Kfz-Kennzeichen: AC. Kreisverwaltung: Zollernstraße 10, 5100 Aachen. Verwaltungsgliederung: 9 kreisangehörige Städte und Gemeinden (Alsdorf, Baesweiler, Eschweiler, Herzogenrath, Monschau, Roetgen, Simmerath, Stolberg, Würselen).

### Wappenbeschreibung

In Blau ein goldenes Hirschgeweih, auf dessen Grund stehend ein silberner Schwan mit schwarzen Füßen, ebensolchem Schnabel und roter Zunge; darüber im Schildhaupt in Gold ein schreitender, rot bezungter schwarzer Löwe.

### Historische Entwicklung

Am Ende des 18. Jh. gehörte das Land um die Aachener Pfalz, die sich im Laufe der Jahrhunderte aus einem bäuerlichen Königsgut zur Reichsstadt entwickelt hatte, verschiedenen Territorien an. Das Gebiet des späteren Landkreises Monschau lag vollständig im Herzogtum Jülich, ebenso ein Gebietsstreifen des früheren Landkreises Aachen. Im Kreiswappen, das am 20. Dezember 1972 erneut verliehen wurde, nimmt der Jülicher Löwe im Schildhaupt darauf Bezug. Auch die Reichsabteien Burtscheid und Cornelimünster waren im Kreisgebiet vertreten. Das Hauptbild des Kreiswappens geht auf das Sinnbild der inzwischen aufgelösten Stadt Burtscheid zurück, die den Schwan aus dem Wappenschild der Grafen von Waestenraedt übernommen hatte. Der Sitz der Aachener Kreisverwaltung liegt in der Stadt Aachen auf dem Gebiet der ehemaligen Stadt Burtscheid. Der französische Einmarsch zu Beginn des 19. Jh. beseitigte die mittelalterliche Territorialstruktur auch im Aachener Raum. Dank seiner Beteiligung an den Befreiungskriegen gegen Napoleon erhielt 1815 Preußen u.a. das Gebiet des Regierungsbezirks Aachen zugesprochen, den es 1815/16 in Kreise und kreisfreie Städte aufteilte. Die derzeitigen Kreisgrenzen ergaben sich durch die Gebietsreform im Jahre 1972: Dabei entstand der neue Kreis Aachen durch den Zusammenschluß der damaligen Kreise Aachen und Monschau unter Einbeziehung von Gebietsteilen angrenzender Kreise.

### Struktur des Kreises – Sehenswürdigkeiten

Als „Kragenkreis" umfaßt er in langgestreckter Form die alte Kaiserstadt Aachen. Er besitzt im Westen eine gemeinsame Grenze zu den Niederlanden und Belgien. Im Norden, der Teil der Limburger und Jülicher Börde ist, haben Siedlungsentwicklungen, Bergbau und Industrie die Landwirtschaft stark zurückgedrängt. Am stärksten offenbart sich die Formkraft der Wirtschaft im Stadtbild von Eschweiler und Stolberg (Metallerzeugung und -verarbeitung, Verstromung von Braunkohle, Kunststoff, Glas, chemische und pharmazeutische Industrie). Südlich dieser Industriezone beginnt das Monschauer-Land-Rurseengebiet mit großen Waldgebieten, Talsperren und Weideflächen. Dieser Bereich um Monschau, Roetgen und Simmerath zählt zum landschaftlich reizvollen Naturpark „Nordeifel" und wird sehr stark als Ferienland genutzt. Zu besichtigen gibt es vieles: das malerische Städtchen Monschau mit seinen Patrizierhäusern (Prunkstück ist das „Rote Haus" -Museum), die katholische Pfarrkirche (Dom) in Würselen, viele liebevoll restaurierte Burgen, wie z.B. die Wasserburg in Alsdorf, Burg Rode in Herzogenrath und die Stolberger Burg. Die Lebens- und Arbeitswelt der letzten 100 Jahre veranschaulichen die Museen in Simmerath-Lammersdorf (Bauern- und Heimatmuseum mit original Eifler Fachwerkhaus), in Stolberg (Heimat- und Handwerksmuseum) und in Roetgen (Wasserlehrpfad an der Trinkwasseraufbereitungsanlage).

Regierungsbezirk: Münster. Einwohner: 304905. Fläche: 1417 $km^2$. Einwohner je $km^2$: 215. Kfz-Kennzeichen: BOR. Kreisverwaltung: Burloer Straße 93, 4280 Borken. Verwaltungsgliederung: 17 kreisangehörige Städte und Gemeinden – 9 Städte (Ahaus, Bocholt, Borken, Gescher, Gronau, Isselburg, Rhede, Stadtlohn, Vreden), 8 Gemeinden (Heek, Heiden, Legden, Raesfeld, Reken, Schöppingen, Südlohn, Velen).

## Wappenbeschreibung

In Gold ein mit drei silbernen Maueranker belegter roter Balken.

## Historische Entwicklung

Der Kreis Borken wurde im Rahmen der nordrhein-westfälischen Kreisreform am 1. 1. 1975 im wesentlichen aus den alten Kreisen Ahaus und Borken sowie der ehemals kreisfreien Stadt Bocholt gebildet. Sein Wappen, das am 14. Mai 1979 die amtliche Genehmigung fand, vereinigt in heraldisch idealer Weise Motive aus den untergegangenen Kreiswappen. Es ist ausgesprochen schlicht und einprägsam gestaltet, was durch die kurze Wappenbeschreibung zum Ausdruck kommt. Die Farben des Wappens deuten auf die historische Zugehörigkeit des Kreisgebietes zum Fürstbistum Münster hin. Die silbernen Maueranker, deren dreifache Anordnung auf die Bildung des neuen Kreises aus den Kreisen Ahaus und Borken sowie der kreisfreien Stadt Bocholt hinweisen soll, sind dem Wappen der Herrschaft Anholt entlehnt und stellten ursprünglich Säulen dar.

Die Stadtgründer Anholts stammten aus dem Geschlecht der Herren von Zuylen in den Niederlanden. Sie führten drei Säulen im Wappen, die im Laufe der Zeit in Maueranker umgedeutet wurden. Außerdem sind diese Maueranker besondere Kennzeichen der für die Landschaft charakteristischen Wasserschlösser und kleinen Adelssitze.

## Struktur des Kreises – Sehenswürdigkeiten

Der Kreis Borken liegt zum größten Teil in der Westfälischen Bucht. Das wellige Westmünsterland, das sich von der Niederung der Borkener Aa bis zum Ruenberger Venn in Gronau erstreckt und entlang der holländischen Grenze reich an Mooren ist, sowie das Kernmünsterland mit seinen Ausläufern der Baumberge prägen die Landschaft. Gräberfelder u.a. in Ramsdorf und Heiden („Düwelsteene" – jungsteinzeitliche Steinkammer-Grabanlage) gehören zu den Zeugen der Frühzeit. Neben den imposanten Wasserburgen Ahaus, Anholt, Gemen, Raesfeld, Velen zählen kleine Adelssitze, wie Haus Diepenbrock in Bocholt, die Häuser Rhede und Tenking in Rhede und Egelborg in Legden zu den architektonischen Schmuckstücken des Kreises. Nienborg, Legden, Asbeck und Werth gehören zu den Ortschaften, die ihr ursprüngliches Dorfbild weitgehend erhalten konnten. Sehenswert: Pfarrkirche St. Georg (spätgotische Hallenkirche), Renaissance-Rathaus (1618) in Bocholt, Propsteikirche St. Remigius mit romanischem Taufstein und Gabelkruzifix in Borken, die Vredener Stiftskirche mit romanischer Krypta und Hungertuch (1619), die Barockkirche in Zwillbrock (Barockorgel) und der Schöppinger Altar in der St.-Brictius-Kirche.

Die wichtigsten Museen sind das Hamaland-Museum in Vreden (volkskundliche Ausstellungen) und das Museum Wasserburg Anholt (herrschaftliche Wohnkultur).

Regierungsbezirk: Münster. Einwohner: 176574. Fläche: 1108,49 km². Einwohner je km²: 159. Kfz-Kennzeichen: COE. Kreisverwaltung: Friedr.-Ebert-Straße 7, 4420 Coesfeld. Verwaltungsgliederung: 11 kreisangehörige Gemeinden (Gemeinde Ascheberg, Stadt Billerbeck, Stadt Coesfeld, Stadt Dülmen, Gemeinde Havixbeck, Stadt Lüdinghausen, Gemeinde Nordkirchen, Gemeinde Nottuln, Stadt Olfen, Gemeinde Rosendahl, Gemeinde Senden).

### Wappenbeschreibung

Von Gold zu Rot gespalten; vorn im oberen Drittel ein roter Balken, darunter eine rote Glocke, hinten ein stehender, golden gekleideter, segnender Bischof, zu seinen Füßen eine goldene Gans.

### Historische Entwicklung

Die Farben und der rote Balken des am 15. Oktober 1979 verliehenen Kreiswappens sind dem Wappen des Stiftes Münster entnommen. Der Bischof mit der Gans stand bereits im Wappen des ehemaligen Kreises Coesfeld und stellt den hl. Liudger von Münster mit seinem Bildattribut dar. Die Glocke aus dem früheren Kreiswappen von Lüdinghausen weist auf die gleichnamige Stadt hin, deren Name vom Wort „luden" (= läuten) abgeleitet wird. – Der Kreis Coesfeld mit seinen heutigen Grenzen besteht seit dem 1. 1. 1975. Er wurde durch die kommunale Neuordnung in Nordrhein-Westfalen aus Teilen der ehemaligen Kreise Lüdinghausen, Münster und Coesfeld gebildet. Diese politischen Gebilde hatten im wesentlichen Bestand seit 1816. Aufgrund der Beschlüsse des Wiener Kongresses 1814/15 erhielt Preußen den größten Teil des Raumes Westfalen. Die neue Provinz Westfalen wurde eingeteilt in Regierungsbezirke, im August 1816 erfolgte die Einteilung in 10 „landräthliche Kreise". Aus den zunächst rein staatlichen Verwaltungsbezirken entwickelte sich – auch auf Gemeindeebene – das kommunale Selbstverwaltungsrecht.

### Struktur des Kreises – Sehenswürdigkeiten

Das Münsterland und hier besonders der Kreis Coesfeld sind für den Reichtum an Wasserschlössern und Wasserburgen bekannt. Zwar sind nur wenige für Besucher zugänglich, aber eine Außenbesichtigung lohnt immer. Besichtigt werden kann die Burg Vischering in Lüdinghausen, das seinen historischen Charakter weitgehend erhalten hat. Jene Wasserrundburg ist eines der markantesten Beispiele einer mittelalterlichen Wasserburg und beherbergt heute das Münsterlandmuseum. Auf Schloß Nordkirchen, dem sogenannten „Westfälischen Versailles", finden ebenso wie auf Burg Vischering und in der Kolvenburg in Billerbeck regelmäßig Schloßkonzerte statt. Die für das Münsterland typische Parklandschaft ist besonders geeignet für erholsame Radtouren auf den „Pättkes" abseits der Straßen. Im Merfelder Bruch bei Dülmen kann man die einzigen wildlebenden Pferde Europas beobachten. Diese Herde ist die älteste auf dem Kontinent. Sie wird urkundlich bereits 1316 erwähnt. Sehenswert sind die Lamberti-Kirche in Coesfeld mit dem „Coesfelder Kreuz", Burg Hülshoff, die Geburtsstätte der Dichterin Annette von Droste-Hülshoff bei Havixbeck, der historische Ortskern von Nottuln mit Blaudruckerei, das Schiffahrts-Museum in Senden, das Schloß Westerwinkel in Ascheberg-Herbern oder das Venner Moor bei Senden. Die Wirtschaftsstruktur des Kreises wird bestimmt durch die Landwirtschaft. Dank verschiedener Bemühungen gelingt es in zunehmenden Maße, auch andere Zweige aus Industrie, Handel und Handwerk anzusiedeln. Hilfestellung bietet dabei die Wirtschaftsförderungsgesellschaft für den Kreis Coesfeld in Dülmen.

Weiteres durch das Kultur- und Presseamt des Kreises oder den Fremdenverkehrsverband „Das Grüne Band im Münsterland", Postfach 1265, 4430 Steinfurt.

Regierungsbezirk: Köln. Einwohner: 236797. Fläche: 940,95 km². Einwohner je km²: 251,7. Kfz-Kennzeichen: DN. Kreisverwaltung: Bismarckstraße 16, 5160 Düren. Verwaltungsgliederung: 5 kreisangehörige Städte (Düren, Heimbach, Jülich, Linnich, Nideggen) und 10 Gemeinden (Aldenhoven, Hürtgenwald, Inden, Kreuzau, Langerwehe, Merzenich, Niederzier, Nörvenich, Titz, Vettweiß).

## Wappenbeschreibung

Geteilt: oben in Gold ein halber, rot bezungter schwarzer Löwe; unten in Blau ein silberner Bogen Papier, belegt mit einem schwarzen D.

## Historische Entwicklung

In dem Gebiet zwischen Eifel, Rur und Inde weisen archäologische Funde größere Siedlungen bereits für die jüngere Steinzeit, für die Bronzezeit und danach lückenlos bis zur Römerzeit nach. Die starke römerzeitliche Besiedlung für das gesamte heutige Kreisgebiet hatte einen Schwerpunkt in Jülich, dem römischen „Juliacum". Fränkische Gräberfunde sind Zeugen der nachfolgenden Landnahme durch die Franken, und im Jahre 748 n. Chr. wird die „Villa Duria", das heutige Düren, als Platz einer pippinischen Reichsversammlung genannt. Im Mittelalter war der heutige Kreis Düren das Kernland des Herzogtums Jülich, das zu den bedeutendsten weltlichen Territorialstaaten im Westen Deutschlands zählte. Aus dem Wappen der Herzöge ist der Löwe des Kreiswappens entnommen. Mit dem Einmarsch französischer Revolutionstruppen 1794 endete das Herzogtum Jülich. Das Kreisgebiet Düren wurde dem Roer-Departement Aachen zugeschlagen. Nach dem Sturz Napoleons kam es zu Preußen. 1815 wurden die beiden preußischen Landkreise Düren und Jülich errichtet. Sie wurden am 1. 1. 1972 durch Landesgesetz zu einem neuen Kreis Düren zusammengefaßt. Die untere Hälfte des Kreiswappens (Erstverleihung: 19. Juni 1942, Neuverleihung: 27. Oktober 1972) symbolisiert die Papiermacherkunst im Dürener Land.

## Struktur des Kreises – Sehenswürdigkeiten

Braunkohle – Steinkohle – Kernenergie – Wasserkraft: Diese vier wichtigen Energiearten sind im Kreis Düren vorhanden. Die großflächigen Braunkohlentagebaue Hambach und demnächst Inden prägen mit riesigen Erdaufschlüssen das nördliche Kreisgebiet. Steinkohle wird in Aldenhoven-Siersdorf von einer Großzeche gefördert. In Versuchsreaktoren im Gelände der Kernforschungsanlage Jülich, einer Forschungsstätte von Weltruf, wird Elektrizität aus Kernenergie gewonnen. Energie aus Wasserkraft spenden die Kraftwerke der Eifeltalsperren. An der Rur, der Längsachse des Kreises, ist eine vielfältige Industrie von Kreuzau über Düren, Jülich bis Linnich heimisch geworden. Wichtige Industriezweige sind neben der altangestammten Papiererzeugung und Papierverarbeitung die Metallindustrie, der Maschinen- und Apparatebau sowie die Textil-, Chemie-, Kunststoff-, Glas-, Zucker- und Zellstoffindustrie. Das traditionsreiche Handwerk hat besondere Bedeutung. Weitgehend geprägt wird das Kreisgebiet von der Landwirtschaft. Zwei Drittel werden landwirtschaftlich genutzt. Die Jülich-Zülpicher Börde gehört zu den fruchtbarsten Gegenden Deutschlands. Im Süden und Südwesten kennzeichnen im Eifelvorland große Wälder, wie der Hürtgenwald und der Gebirgszug des Kermeter, die auf 560 m ansteigende reizvolle Landschaft.

Das Erholungsgebiet „Dürener Rureifel" umfaßt ein Viertel des Kreisgebiets. Besondere Anziehungspunkte sind die Rurtalsperre Schwammenauel, die größte Talsperre im Bundesgebiet, die Eifelstädtchen Heimbach und Nideggen, das Rurtal mit den Buntsandsteinfelsen sowie der Hürtgenwald mit seinen tiefeingeschnittenen Tälern. Der wirtschaftlich und kulturell eigenständige Kreis Düren hat eine Brückenfunktion zwischen den Ballungsräumen Köln und dem Dreiländereck Aachen.

Regierungsbezirk: Arnsberg. Einwohner: 336959. Fläche: 408,08 km². Einwohner je km²: 825,7. Kfz-Kennzeichen: EN. Kreisverwaltung: Hauptstraße 92, 5830 Schwelm. Verwaltungsgliederung: 9 kreisangehörige Städte (Breckerfeld, Ennepetal, Gevelsberg, Hattingen, Herdecke, Schwelm, Sprockhövel, Wetter/Ruhr, Witten).

### Wappenbeschreibung

In Gold ein in drei Reihen von Rot und Silber geschachter Balken, oben und unten begleitet von einem blauen Wellenbalken.

### Historische Entwicklung

Mit dem Vertrag von Essen (1. 5. 1243) geriet das heutige Kreisgebiet in den Besitz der Grafschaft Mark, deren Name auf den Oberhof Mark bei Hamm zurückging. Die Grafen hatten sich gegen die Kölner Erzbischöfe durchgesetzt, deren Einfluß nur noch auf kirchlichem Gebiet erhalten blieb. Die Grafen von Mark erweiterten ihr Territorium zu einem Flächenstaat und erlangten 1417 die Herzogswürde. Durch Heirat kam auch das Gebiet Jülich-Berg-Ravensberg zu Mark. Der nach dem Tod des kinderlosen letzten Herzogs einsetzende Jülich-Klevische Erbfolgekrieg am Vorabend des Dreißigjährigen Krieges führte dazu, daß die Grafschaften Mark, Kleve und Ravensberg an Brandenburg-Preußen fielen, Jülich und Berg an die pfälzische Linie der Wittelsbacher. Während der französischen Besetzung zu Beginn des 19. Jh. lag das Gebiet des heutigen Kreises fast vollständig im Arrondissement Hagen. Nach der Niederlage Napoleons ergriff Preußen von der Region Besitz. Nun wurde der gesamte preußische Staat in zehn Provinzen mit jeweils mehreren Regierungsbezirken eingeteilt; in letzteren schuf man Stadt- und Landkreise. Der Ennepe-Ruhr-Kreis wurde am 1. 8. 1929 aus der Taufe gehoben, im Zuge der kommunalen Neugliederung des rheinisch-westfälischen Industriegebietes. Die Gebietsreform der 60er und 70er Jahre vergrößerte ihn um die Stadt Witten. Das Wappen vom 2. Oktober 1937 entspricht ohne Wellenbalken, die den Kreisnamen versinnbildlichen, dem Wappen der Grafen von Mark.

### Struktur des Kreises – Sehenswürdigkeiten

Der Ennepe-Ruhr-Kreis liegt im Spannungsfeld der ihn umgebenden Großstädte Bochum, Dortmund, Essen, Hagen und Wuppertal. Er übt mit seiner reizvollen Landschaft eine wichtige Mittlertätigkeit zwischen typischen Stadt- und ländlichen Zonen aus. Ursprünglich prägten Steinkohlebergbau und eisenschaffende Industrie das Erscheinungsbild des Kreises. Inzwischen wurde der Fächer des wirtschaftlichen Potentials breiter und vielfältiger. Ein weit verzweigtes Straßennetz schafft nicht allein für Industrie und Gewerbe vorzügliche Standortvorteile, es erschließt zudem das gesamte Kreisgebiet für den Erholungsverkehr. Systematisch wurden Forstorte ausgebaut, die sich aufgrund ihrer verkehrlichen Anbindung, ihres Umfangs und ihres waldbaulichen Zustandes für die „stille" Naherholung eigneten. So schuf der Kreis schwerpunktmäßig die Naherholungsforste „Auerhof" in Hattingen-Elfringhausen-Oberstüter, „Hilgenpütt" in Sprockhövel-Gennebreck-Herzkamp, „Rüggeberg" in Ennepetal und „Krägeloher Berg" in Breckerfeld. Zwischen den Städten dieses Industriekreises trifft man noch auf eine alte bäuerliche Kulturlandschaft. Hingewiesen sei auf Burgruinen in Hattingen, Wetter und Witten, auf die Ennepe- und Heilenbecker Talsperre, auf den Harkort- und Hengsteysee bei Wetter und Herdecke, den Kemnader Stausee bei Witten und Hattingen, auf die Elfringhauser Schweiz in Hattingen. Namen wie der des Reichsfreiherrn vom und zum Stein, des Industriellen Friedrich Harkort, des Dichters Hoffmann von Fallersleben oder der Kochbuchautorin Henriette Davidis verbinden sich zum Beispiel mit der Stadt Wetter. In Ennepetal befindet sich das Naturdenkmal Kluterthöhle, eine Asthma-Naturheilstätte. In Breckerfeld gilt das besondere Augenmerk dem Jakobus-Altar, einem kunstvoll geschnitzten gotischen Flügelaltar. Schlösser und Herrensitze locken ebenso zu Besuchen wie die liebenswerten Städte des Kreises mit ihren altehrwürdigen Ortskernen.

Regierungsbezirk: Köln. Einwohner: 402479. Fläche: 704,7 $km^2$. Einwohner je $km^2$: 571. Kfz-Kennzeichen: BM. Kreisverwaltung: Friedrich-Ebert-Straße 11, 5030 Hürth. Verwaltungsgliederung: 9 Städte (Bedburg, Bergheim, Brühl, Erftstadt, Frechen, Hürth, Kerpen, Pulheim, Wesseling) und 1 Gemeinde (Elsdorf).

## Wappenbeschreibung

Unter grünem Schildhaupt, darin ein silberner Wellenbalken, gespalten: vorne in Gold ein rot bewehrter und rot bezungter schwarzer Löwe; hinten in Silber ein durchgehendes schwarzes Kreuz.

## Historische Entwicklung

Mit der Zusammenlegung der Kreise Bergheim und Köln mit Teilen des Euskirchener Bereiches (Stadt Erftstadt) entstand am 1. 1. 1975 der heutige Erftkreis. Mit den Motiven des am 20. April 1976 genehmigten Wappens soll sowohl an die früheren Kreise als auch an die geschichtlichen Territorien dieser Region erinnert werden. Der Wellenbalken verweist auf die Achsenfunktion der Erft und den neuen Kreisnamen. Der Löwe, der bereits in den Kreiswappen von Bergheim (Erft) und Köln stand, symbolisiert die 700jährige Zugehörigkeit des überwiegenden Teiles des Raumes zum alten Herzogtum Jülich. Das schwarze Kreuz in Silber stellt das Wappen des Erzbistums Köln dar und hält die Erinnerung an die Regentschaft der Kurfürsten von Köln wach. Sie waren bis zum Einmarsch der Truppen Napoleons am Ende des 18. Jh. neben den Jülichern die mächtigsten Landesherren an Rhein und Erft gewesen. Das Kölner Kreuz stand bis 1975 zudem im Wappen des Kreises Euskirchen.

Nach der französischen Besetzung wurde die Region vom Wiener Kongreß 1814/15 dem Königreich Preußen zugesprochen, das sie gleich darauf in Landkreise gliederte.

Erst die nordrhein-westfälische Gebietsreform der 70er Jahre unseres Jahrhunderts bewirkte erneut eine grundlegende Umstrukturierung der Verwaltung.

## Struktur des Kreises – Sehenswürdigkeiten

Der Erftkreis ist gegenüber dem mächtigen Zentrum Köln ein partnerschaftlicher, leistungsstarker Umland-Kreis. Er besitzt die größten Braunkohlengruben der Welt mit einer täglichen Arbeitsleistung von ca. 1,2 Mio. $m^3$. Am vielfältigen Industriebestand hat die chemische Industrie den größten Anteil. Das Wirtschaftsbild mit Eisen-, Stahl- und Tempergießerei, um nur diese zu nennen, zeigt immerhin 2600 Handwerksbetriebe und eine bedeutende landwirtschaftliche Produktion, bei der vor allem der Zuckerrübenanbau erwähnt werden muß.

In der größten Flächengemeinde, der Stadt Erftstadt, haben zwei Schlösser Aufmerksamkeit erlangt: Schloß Gymnich, heute Gästehaus der Bundesregierung, und Schloß Gracht (Universitätsseminar der Wirtschaft). Erftstadt ist die Geburtsstätte des amerikanischen Staatsmannes Carl Schurz. Auch die Schlösser Augustusburg und Falkenlust in Brühl, die Kurfürst Clemens August im 18. Jh. als Residenz der Kölner Erzbischöfe bauen ließ, finden zeitgemäße Nutzung: zu Repräsentation (Staatsempfänge des Bundespräsidenten) und Konzert. Bedburg, 893 urkundlich bereits erwähnt, wurde im 14. Jh. Stadt und ist durch den mittelalterlichen Stadtteil Kaster Anziehungspunkt für Fremde. Hundert Jahre älter als Stadt ist Bergheim. Hier befindet sich in Schloß Pfaffendorf das Braunkohlen-Informationszentrum und das älteste deutsche Privatgestüt Schlenderhan. Frechen ist Sitz der internationalen Graphik-Triennale, verfügt über ein Keramikmuseum und das „Keramion“ als ständige Ausstellung der rheinischen Keramik.

Kerpen, Geburtsstadt des „Gesellenvaters“ Adolf Kolping, ist dank seines Grüns eine beliebte Wohnstadt, nur 15 km vom Kölner Dom entfernt. Der Auenwald ist durch seine vielfältige Vogelwelt für den Naturschutz bedeutsam. In Pulheim gibt es ein Museum für Holographie. Wesseling, zwischen Bonn und Köln, zeigt seine Kulisse als dynamische Industriestadt.

Regierungsbezirk: Köln. Einwohner: 160243. Fläche: 1249,60 km². Einwohner je km²: 128. Kfz-Kennzeichen: EU. Kreisverwaltung: Jülicher Ring 32, 5350 Euskirchen. Verwaltungsgliederung: 11 kreisangehörige Gemeinden (Bad Münstereifel, Blankenheim, Dahlem, Euskirchen, Hellenthal, Kall, Mechernich, Nettersheim, Schleiden, Weilerswist, Zülpich).

### Wappenbeschreibung

Geviert: 1 in Rot drei (2:1 gestellte) goldene Rosen; 2 in Gold ein rot bewehrter und bezungter schwarzer Löwe; 3 in Silber ein durchgehendes schwarzes Kreuz; 4 in Rot ein dreizackiger goldener Zickzackbalken.

### Historische Entwicklung

Seine geographische Lage ließ das Kreisgebiet schon sehr früh in die Geschichte eintreten. Bereits vor rund 300000 Jahren lebten in diesem Teil der Eifel Menschen. In der Kartsteinhöhle bei Mechernich gelang der Nachweis ältester menschlicher Besiedlung nördlich der Alpen. Die Römer kultivierten diese Region und erschlossen sie mit Straßen, Siedlungen und technischen Anlagen.
Im Mittelalter erlitt der Raum das Schicksal, Spielball der Territorialherren zu sein. Kaum ein anderes deutsches Mittelgebirge wechselte so oft seine Besitzer wie die Eifel. 1827 war die größte Stadt, Euskirchen, Kreissitz geworden. Gleichzeitig war der Kreis Lechenich in „Kreis Euskirchen" umbenannt worden. 1932 wurde das Kreisgebiet vergrößert, und in der Gebietsreform der 70er Jahre erfolgte der Zusammenschluß der Kreise Euskirchen und Schleiden zum heutigen Kreis Euskirchen. Dieser führt seit dem 31. Oktober 1973 ein Wappen, das im Grunde dem Wappen des ehemaligen Kreises Schleiden mit umgestellten Feldern entspricht, und das auch das Kreuz Kurkölns aus dem alten Euskirchener Kreiswappen übernahm. Die vier einzelnen Felder beziehen sich in der heraldischen Reihenfolge auf die Herzöge von Arenberg, das Herzogtum Jülich, das Erzbistum Köln und auf die Grafen von Manderscheid-Blankenheim.

### Struktur des Kreises – Sehenswürdigkeiten

Der Kreis grenzt im Westen an das Königreich Belgien (28 Kilometer gemeinsame Grenze), im Süden an das Land Rheinland-Pfalz. Er umfaßt sowohl die fruchtbaren Ebenen der Zülpicher Börde als auch die Höhenzüge in der Nachbarschaft des Hohen Venns. Wald- und Seenreichtum, eine vielfältige Flora und eine reichhaltige Fauna ließen das Kreisgebiet zum selbstverständlichen Bestandteil zweier Naturparks werden. Weitläufige Wälder, Höhenzüge und Berge (bis zu etwa 700 Metern), tiefeingeschnittene Täler, saftige Auen und fruchtbare Böden prägen die Landschaft. Die Wirtschaft hat sich auf den Strukturwandel auf dem Weltmarkt und auf geänderte Produktionstechniken eingestellt. Standortgebundene Industriebereiche (Steinzeug, Textil und Eisenverhüttung) mußten aufgegeben werden; die Landwirtschaft ist nach wie vor außerordentlich leistungsfähig. Fast die Hälfte (46%) der insgesamt 58000 Erwerbstätigen sind heute im produzierenden Gewerbe beschäftigt. Als zweites wirtschaftliches Standbein strebt der Kreis Euskirchen die Stärkung des Fremdenverkehrs an. Landschaft und Wirtschaft stehen bei kaum vorhandenen Umweltbelastungen in einem ausgewogenen Zusammenspiel.
Zahlreiche Höhen- und Wasserburgen, Schloßanlagen, denkmalwerte Klöster und Kirchen machen neben Talsperren und Seen den besonderen Reiz dieser Region mit ihrem hohen Wohn- und Freizeitwert aus. Reste der römischen Wasserleitung kann man in Mechernich-Vussem besichtigen. Nettersheim bietet einen archäologischen Lehrpfad, und in Kall ist die Abteikirche Steinfeld aus dem 12. Jh. mit spätgotischem Kreuzgang und Barock-Innenausstattung sehenswert.

Regierungsbezirk: Detmold. Einwohner: 285 905. Fläche: 966 km². Einwohner je km²: 296. Kfz-Kennzeichen: GT. Kreisverwaltung: Wasserstraße 14, 4840 Rheda-Wiedenbrück. 13 kreisangehörige Gemeinden (Städte Borgholzhausen, Gütersloh, Halle/Westf., Harsewinkel, Rheda-Wiedenbrück, Rietberg, Versmold, Werther/Westf.; Gemeinden Herzebrock-Clarholz, Langenberg, Schloß Holte-Stukenbrock, Steinhagen, Verl).

### Wappenbeschreibung

Geteilt; oben in Silber drei rote Sparren, belegt mit einem goldenen Schild mit einem roten sechsspeichigen Rad, unten in Rot ein goldener Adler.

### Historische Entwicklung

Der Kreis Gütersloh wurde zum 1. Januar 1973 im Rahmen der kommunalen Gebietsreform in Nordrhein-Westfalen gebildet. Er setzt sich im wesentlichen aus den beiden ehemaligen Kreisen Halle (Westf.) und Wiedenbrück zusammen. Diese waren bereits 1816 – im Anschluß an die territoriale Neugliederung Deutschlands auf dem Wiener Kongreß (1814/15) – unter preußischer Oberhoheit geschaffen worden. In den Kreis Gütersloh eingegliedert wurden ferner die 1973 neugeschaffene Stadt Harsewinkel (ehemals Kreis Warendorf) und die bereits 1970 neugebildete Gemeinde Schloß Holte-Stukenbrock (zuletzt Kreis Bielefeld). Etwa zeitlich parallel zur Kreisreform hatte sich zwischen 1969 und 1973 die Neugliederung der Gemeinden vollzogen. Am 12. September 1974 erteilte der Regierungspräsident des Regierungsbezirkes Detmold dem Kreis Gütersloh die Genehmigung zur Wappenführung. Dieses neue Wappen nimmt die Symbole alter Herrschaftsbereiche wieder auf: die Sparren der um 1100 entstandenen früheren Grafschaft Ravensberg, zu der der Raum des Kreises Halle gehörte; das Rad der Fürstbischöfe von Osnabrück, zugleich Landesherren über das alte Amt Reckenberg (Burg Reckenberg = „Rädchenburg", um 1250); den Adler der 1237 selbständig gewordenen Grafschaft Rietberg. Reckenberg und Rietberg bildeten zusammen mit der ehemaligen Herrschaft Rheda (Burg Rheda seit 1170 belegt) bis zur Kreisreform von 1973 den Kreis Wiedenbrück. Die Farben Rot und Gold sind zugleich die Farben der Stifte Münster und Paderborn.

### Struktur des Kreises – Sehenswürdigkeiten

Der Kreis Gütersloh ist eine der wirtschaftlich stärksten Regionen Ostwestfalens. Neben einer breit strukturierten Schicht von mittelständischen Betrieben haben Großunternehmen von Weltrang hier ihren Sitz. Schwerpunkte der industriellen Produktion bilden Fleischwaren und Süßwaren, Haushaltsgeräte, Elektroartikel, Landmaschinen, Möbel, Textilien sowie Bücher und Schallplatten.

Trotz hoher Industrialisierung ist der Kreis Gütersloh ein „grüner" Kreis geblieben. Etwa 70 Prozent des Raumes mit zahlreichen Naturschutzgebieten stehen unter Landschaftsschutz. Bestimmt wird die Landschaft durch den Teutoburger Wald im Norden und die westfälische Parklandschaft an der Ems im Süden. Neben der Burgruine Ravensberg und den Wasserschlössern Rheda, Holte, Patthorst, Tatenhausen, Holtfeld und Brincke sind als sakrale Baudenkmäler die Klosterkirche Marienfeld (1222) und die Klöster Herzebrock (860 gegr.) und Clarholz (1133 gegr.) von Bedeutung. Sehenswert sind insbesondere die Altstädte von Wiedenbrück und Rietberg mit ihren reich verzierten Fachwerkbauten aus dem 16., 17. und 18. Jahrhundert. Gern besuchte touristische Ziele sind der Safaripark in Schloß Holte-Stukenbrock und der Hermannsweg im Teutoburger Wald.

Touristik-Auskünfte durch den Kreis Gütersloh (4840 Rheda-Wiedenbrück) und den Verkehrsverein Gütersloh (4830 Gütersloh).

Regierungsbezirk: Köln. Einwohner: 222736. Fläche: 627,8 km². Einwohner je km²: 355. Kfz-Kennzeichen: HS. Kreisverwaltung: Valkenburger Straße 45, 5138 Heinsberg. Verwaltungsgliederung: 7 Städte (Erkelenz, Geilenkirchen, Heinsberg, Hückelhoven, Übach-Palenberg, Wassenberg, Wegberg), 3 Gemeinden (Gangel, Selfkant, Waldfeucht).

### Wappenbeschreibung

Geteilt und oben gespalten; vorn in Rot ein zwiegeschwänzter, bekrönter silberner Löwe, hinten in Gold ein schwarzer Löwe; unten in Silber ein liegendes rotes Lilienkreuz, belegt mit einer fünfblättrigen blauen Flachsblüte.

### Historische Entwicklung

Die Geschichte des Kreises ist durch seine Grenzlage gekennzeichnet. Bis zum ausgehenden 15. Jh. gehörte das Gebiet überwiegend zur Herrschaft Heinsberg. Im Wappen vom 3. September 1973 wird dies durch den silbernen Löwen von Heinsberg angezeigt. Nur der nordöstliche Teil mit Erkelenz und Wegberg war bis zu dieser Zeit geldrisches Territorium. Außerdem unterstanden Teile der heutigen Stadt Übach-Palenberg der Reichsabtei Thorn an der Maas. Die Herrschaft Heinsberg ging im Jahre 1484 auf den Herzog von Jülich über, dessen schwarzer Löwe im Wappen der Stadt Geilenkirchen sowie im neuen Kreiswappen abgebildet ist. Die weitere Entwicklung war seit dieser Zeit mit dem Hause Jülich verbunden. Teile des nordöstlichen Kreisgebietes kamen durch ihre Zugehörigkeit zu Geldern im Laufe des 16. Jh. unter spanische Herrschaft und später zu den Österreichischen Niederlanden. Nach der Eroberung des linksrheinischen Gebietes durch Napoleon wurde das heutige Kreisgebiet 1794 unter französische Verwaltung gestellt. 1815 wurde das Land dem Königreich Preußen zugeteilt, das 1816 u. a. die Kreise Erkelenz, Geilenkirchen und Heinsberg errichtete. Nach mehrfachen Gebietsänderungen entstand schließlich am 1. Januar 1972 der Kreis Heinsberg. Das Lilienkreuz in seinem Wappen weist auf die Verbindung zwischen Erkelenz und dem Aachener Marienstift hin, die Flachsblüte ist Sinnbild für die besondere Bedeutung der Landwirtschaft.

### Struktur des Kreises – Sehenswürdigkeiten

Der westlichste Kreis der Bundesrepublik Deutschland ist der im Grenzgebiet zu den Niederlanden gelegene Kreis Heinsberg. Wälder, Seen und Flußauen im Naturpark „Schwalm-Nette“ sowie das Erholungsgebiet „Der Selfkant“, zu dem die Gemeinden Gangelt, Selfkant und Waldfeucht gehören, mit seiner offenen Landschaft, malerischen Orten und weithin sichtbaren Windmühlen sorgen für ruhige und beschauliche Stunden. Daneben sind die Burgen Wassenberg und Wegberg, die zahlreichen Gutshäuser in und bei Hückelhoven und die riedgedeckten Fachwerkbauten in Schwaam lohnende Ausflugsziele. Wie das Stadtbild von Erkelenz durch den Lambertusturm und das alte Rathaus geprägt wird, so gilt der gotische „Selfkantdom“ mit Krypta als Wahrzeichen von Heinsberg. Im Tal der Wurm geben das „Schloß Trips“ bei Geilenkirchen – eine der schönsten Wasserburgen des Niederrheins – und die „Karlskapelle“ in Übach-Palenberg sowie die Heimatmuseen des Kreises in Heinsberg und Geilenkirchen Zeugnis einer wechselvollen und interessanten Geschichte.

Eine besondere Attraktion ist die Löwen- und Großwildsafari im Selfkant, aber auch ein Ausflug zum Hochwildfreigehege oder mit der historischen Dampfeisenbahn nach Gangelt hat seine Reize.

Regierungsbezirk: Detmold. Einwohner: 226116. Fläche: 450 km². Einwohner je km²: 502. Kfz-Kennzeichen: HF. Kreisverwaltung: Amtshausstraße 2, 4900 Herford. Verwaltungsgliederung: 9 kreisangehörige Städte und Gemeinden – davon 6 Städte (Bünde, Enger, Herford, Löhne, Spenge, Vlotho), 3 Gemeinden (Hiddenhausen, Kirchlengern, Rödinghausen).

## Wappenbeschreibung

In Silber ein springendes schwarzes Roß.

## Historische Entwicklung

Der Kreis Herford nimmt sowohl in seinem Wappen als auch in seinem Namenszusatz „Wittekindskreis" auf den Sachsenherzog Wittekind Bezug, der sich nach drei erbittert geführten Kriegen von 772–804 gegen den Frankenherrscher Karl den Großen diesem unterwerfen mußte. Die Sage erzählt, daß Wittekind bis zu seiner Taufe einen schwarzen Hengst ritt, den er danach mit einem Schimmel vertauschte. Das zuletzt am 5. Januar 1970 genehmigte Kreiswappen zeigt deshalb ein sich aufbäumendes Roß.
In den nachfolgenden Jahrhunderten gehörte das heutige Kreisgebiet zu den Herrschaften Lippe und Ravensberg, um dann im 17. Jh. ein Landesteil von Kurbrandenburg zu werden. Nach der Besetzung durch die französischen Revolutionstruppen von 1807 bis 1813 ging das Territorium Minden-Ravensberg im neugeschaffenen Regierungsbezirk Minden der preußischen Provinz Westfalen auf. So entstanden im Jahre 1816 die Kreise Herford und Bünde. Der Kreis Herford zählte damals etwa 21000 Einwohner, der Kreis Bünde 32000. Da die Geschlossenheit des Raumes Herford-Bünde aber eine Änderung der Verwaltungseinteilung nahelegte, wurden am 1. 1. 1832 die Kreise Herford und Bünde zu einem Kreis vereinigt. Damit erhielt der von nun ab als „Kreis Herford" bezeichnete Verwaltungssprengel annähernd seinen derzeitigen Gebietsstand. Die Kreisreform beließ den Kreis Herford – bis auf geringfügige Korrekturen – nahezu unverändert.

## Struktur des Kreises – Sehenswürdigkeiten

Der Wittekindskreis Herford, im Nordosten des Bundeslandes Nordrhein-Westfalen gelegen, gehört zur Ravensberger Mulde. Diese reizvolle, von Flüssen und Bächen durchzogene Hügellandschaft wird im Norden vom Wiehengebirge sowie im Westen und Süden von den Ausläufern des Teutoburger Waldes begrenzt und reicht im Südosten an das Lippische Bergland. Textil- und Bekleidungsindustrie, Zigarrenindustrie („Zigarrenkiste Deutschlands") und Holzverarbeitung („Herz der deutschen Küchenmöbelproduktion") bestimmen das wirtschaftliche Leben. Viele historische Bauwerke sind Zeugen einer reichen Vergangenheit, so z. B. die Wasserburgen Rittergut Böckel und Haus Kliver in Rödinghausen, Bustedt in Hiddenhausen-Bustedt sowie die Wasserschlösser Ulenburg in Löhne und Mühlenburg in Spenge. Die Bäder Radringhausen, Seebruch und Senkelteich (Moorbäder, Schwefelquellen, Mineralwässer), die Städte Bünde mit malerischen Fachwerkhäusern (u. a. Stadtbüchereigebäude und Kreisheimatmuseum mit Deutschem Tabak- und Zigarrenmuseum). Vlotho an der Weser und die Gemeinde Rödinghausen am Wiehengebirge laden zur Erholung ein. Neben den vielen alten Fachwerkbauten in der Kreisstadt Herford, dem Geburtsort des großen Barockbaumeisters Pöppelmann (Daniel-Pöppelmann-Haus), gehören die ev. Kirchen Münsterkirche (Spätromanik), Marienkirche (Hochgotik) und Johanneskirche (Gotik) zu den Sehenswürdigkeiten.

Regierungsbezirk: Arnsberg. Einwohner: 261 412. Fläche: 1957,45 $km^2$. Einwohner je $km^2$: 136. Kfz-Kennzeichen: HSK. Kreisverwaltung: Steinstraße 39, 5778 Meschede. Verwaltungsgliederung: 10 Städte (Arnsberg, Brilon, Hallenberg, Marsberg, Medebach, Meschede, Olsberg, Schmallenberg, Sundern, Winterberg) und zwei Gemeinden (Bestwig, Eslohe).

### Wappenbeschreibung

In Rot ein silberner Adler mit aufgelegtem silbernem Herzschild, darin ein durchgehendes schwarzes Kreuz.

### Historische Entwicklung

Schon um das Jahr 1000 verfügten die Erzbischöfe von Köln über erheblichen Besitz im Kreisgebiet. Nach regionalen Gebietsstreitigkeiten übertrug 1368 der letzte Arnsberger Graf seinen gesamten Besitz dem Erzbischof von Köln, der damit Besitz am größten Teil des Sauerlandes hatte. Aus dieser Zeit stammt auch der Begriff „Kurkölnisches Sauerland". Das am 31. Oktober 1975 neu verliehene Kreiswappen trägt dieser historischen Entwicklung Rechnung. Das Wappen zeigt den Adler der Grafen von Arnsberg in seinen ursprünglichen Farben und das Kreuz des Erzbistums Köln. Das Kurkölner Kreuz drückt aus, daß der Kurfürst von Köln von 1368 bis 1803 zugleich Graf von Arnsberg (und seit 1180 Herzog von Westfalen und Engern) war. Nach Aufhebung der geistlichen Fürstentümer 1803 gelangte das Sauerland größtenteils in den Besitz der Landgrafen von Hessen-Darmstadt. 1815 wurde das Sauerland durch den Wiener Kongreß dem Königreich Preußen zugewiesen und ging in der preußischen Provinz Westfalen auf. Bis in diese Zeit (1817) reicht auch das Bestehen der Vorgänger des jetzigen Kreises, nämlich der ehemals selbständigen Kreise Arnsberg, Meschede und Brilon zurück. Diese drei Kreise verloren durch die kommunale Gebietsreform zum 1. 1. 1975 ihre über 150jährige Selbständigkeit und gingen in dem neu gebildeten Hochsauerlandkreis auf.

### Struktur des Kreises – Sehenswürdigkeiten

Dieser flächengrößte Kreis Nordrhein-Westfalens, der auch als „grüne Lunge des Ruhrgebiets" bezeichnet wird, ist mit seiner waldreichen Mittelgebirgslandschaft und den reizvollen Flußtälern und Talsperren eines der größten Erholungsgebiete nördlich des Mains. Von den Gebirgshöhen der Winterberger Hochfläche und des Lenne- und Rothaargebirges vollzieht sich ein langsamer Übergang in das Ruhrtal. Höchster Punkt ist mit 843 Metern der Langenberg, der den bekannten „Kahlen Asten" um 2 Meter überragt. Die Ruhr hat hier ihre Quelle.

Sport- und Erholungsmöglichkeiten werden vielfältig angeboten. Neben Industriebetrieben mit weltbekannten Erzeugnissen der Metall-, Elektro- und Textilindustrie ist der Kreis reich an historischen Sehenswürdigkeiten. Genannt seien: in Arnsberg der Alte Markt mit dem Maximilian-Brunnen und dem Wahrzeichen der Stadt, dem Glockenturm (1323 mit barocker Zwiebelhaube 1722), das Hirschberger Tor und das Sauerland-Museum; in Brilon ist das Rathaus (13. Jh.) mit den gotischen Arkaden, die Propsteikirche (1276) mit mächtigem Wehrturm und das Derkere Tor zu nennen, unweit Brilon die Borbergkapelle mit Wallburg. Einen besonders schönen Stadtkern hat Hallenberg, dessen Merklinghauser Kapelle aus dem 10. Jh. stammt. Von Juni bis September wird die Freilichtbühne mit 1400 Sitzplätzen bespielt. Für Marsberg ist die Stiftskirche, hervorgegangen aus der Basilika (785), mit reicher Innenausstattung zu empfehlen, aber auch die Nikolai-Kirche und der Schandpfahl, ein Symbol mittelalterlichen Strafvollzugs. Ferner in Medebach das Kloster Glindfeld, in Meschede die Pfarrkirche St. Walburga (9. Jh.). Zur Stadt Schmallenberg gehört die Dorfkirche Wormbach als „Urpfarrei des Sauerlandes".

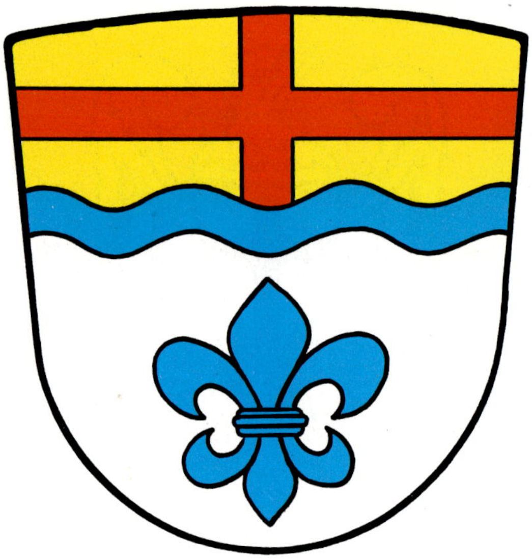

Regierungsbezirk: Detmold. Einwohner: 141548. Fläche: 1199,45 km². Einwohner je km²: 118. Kfz-Kennzeichen: HX. Kreisverwaltung: Moltkestraße 12, 3470 Höxter. Verwaltungsgliederung: 10 kreisangehörige Städte (Bad Driburg, Beverungen, Borgentreich, Brakel, Höxter, Marienmünster, Nieheim, Steinheim, Warburg, Willebadessen).

### Wappenbeschreibung

In Silber eine blaue Lilie; darüber in einem durch einen blauen Wellenbalken begrenzten, goldenen Schildhaupt ein rotes durchgehendes Kreuz.

### Historische Entwicklung

Unter preußischer Herrschaft erfolgte 1803 die Einteilung des Fürstentums Paderborn in drei landrätliche Kreise: den sog. Unterwaldischen Kreis oder Kreis Paderborn, den sog. Oberwaldischen Kreis oder Kreis Brakel und den Kreis Warburg. Das Fürstentum Corvey mit Höxter hatte zu diesem Zeitpunkt – zum Haus Nassau-Oranien gehörig – eine eigene Verwaltung. Nach dem Intermezzo der Franzosenherrschaft mit dem Königreich Westfalen (1807–1813) und einer Neueinteilung der Verwaltungsbereiche (der damalige Distrikt Höxter mit 16 Kantonen war nahezu gebietsgleich mit dem heutigen Kreis Höxter) wurden nach erneuter Vereinigung mit Preußen 1816 die Kreise Brakel, Höxter und Warburg eingerichtet. Nach Verfügung des preußischen Königs wurden zum 1. 1. 1832 die beiden Kreise Höxter und Brakel zum neuen Kreis Höxter verbunden.
1974 beschloß der Landtag von Nordrhein-Westfalen, die beiden Kreise Höxter und Warburg ab 1. 1. 1975 zum neuen Kreis Höxter mit der Kreisstadt Höxter zu vereinigen. – Das Kreuz im neuen Kreiswappen (genehmigt am 12. Februar 1976) erinnert an die Zugehörigkeit des größten Teiles des Kreisgebietes zum früheren Fürstbistum Paderborn. Während der Wellenbalken wie im früheren Wappen des Kreises Höxter die Weser symbolisiert, ist die Lilie dem Wappen des ehemaligen Kreises Warburg entnommen und stand auf den Münzen und Siegeln der Stadt Warburg. Die Farben des Schildhauptes entsprechen denen der alten Fürstabtei Corvey.

### Struktur des Kreises – Sehenswürdigkeiten

Der Kreis Höxter umfaßt das landschaftlich reizvolle obere Weserbergland zwischen der Weser im Osten, der Diemel im Süden, dem Eggegebirge im Westen und dem Lipper-Bergland im Norden. Der Kreis verzeichnet bei seiner ländlich orientierten Siedlungsstruktur eine vergleichsweise große Anzahl von Handwerks-, Landwirtschafts- und Forstbetrieben. Die Industrie trägt mittelständischen Charakter. Die aus den natürlichen Rohstoffvorkommen entwickelten Holz- und Glasindustrien sind neben dem Maschinenbau und der Nahrungsmittelindustrie heute noch führend. Auch der hohe Dienstleistungsanteil (Weserberglandklinik / Gesamthochschule Höxter) ist bemerkenswert, der nicht zuletzt besondere Impulse aus dem hohen Freizeit- und Erholungswert der Landschaft erhält. Im Jahre 822 wurde auf Veranlassung Ludwigs des Frommen die Reichsabtei Corvey (Corbeia Nova) gegründet. Hier befindet sich die letzte Ruhestätte des Dichters Hoffmann von Fallersleben, des Dichters des Deutschlandliedes. In landschaftlich reizvoller Lage am Fuße des Eggegebirges befindet sich das traditionsreiche Heilbad Bad Driburg. Die staatlich anerkannten Luftkur- und Erholungsorte Brakel, Warburg-Germete, Höxter-Bruchhausen, -Bödexen und Willebadessen runden zusammen mit einigen anderen Orten das touristische Angebot ab. Typisch sind auch die Wasserschlösser Merlsheim und Thienhausen, deren Fassaden in der Blütezeit der Weserrenaissance entstanden sind. Hier sammelten die Gebrüder Grimm ihre Märchen, und die Jugenderinnerungen der Annette von Droste-Hülshoff sind hier zu Hause. So romantisch wie früher kann man mit dem Weserdampfer einen Teil des Weserberglandes gemächlich von Hann.-Münden bis Hameln durch einen Teil des Kreises Höxter erleben.

Regierungsbezirk: Düsseldorf. Einwohner: 261548. Fläche: 1230,73 km². Einwohner je km²: 212,5. Kfz-Kennzeichen: KLE. Kreisverwaltung: Nassauer Allee 15–23, 4190 Kleve. Verwaltungsgliederung: 16 Städte und Gemeinden (Bedburg-Hau, Emmerich, Geldern, Goch, Issum, Kalkar, Kerken, Kevelaer, Kleve, Kranenburg, Rees, Rheurdt, Straelen, Uedem, Wachtendonk, Weeze).

### Wappenbeschreibung

Im gespaltenen Schild vorn in Rot ein silberner Herzschild, das Feld überdeckt von einer goldenen achtstrahligen Lilienhaspel; hinten in Blau ein zwiegeschwänzter, rot bewehrter und bezungter goldener Löwe.

### Historische Entwicklung

Wie das Kreiswappen zeigt, umfaßt das Kreisgebiet weite Teile des alten Landes Kleve (Grafschaft seit dem 11. Jh., seit 1417 Herzogtum) mit der Residenz Kleve (Lilienhaspel) sowie einen Teil des alten Landes Geldern (Grafschaft seit dem 11. Jh., schon seit 1339 Herzogtum) mit der namensgleichen Stadt, bei der die im 17. Jh. abgerissene landesherrliche Burg Geldern gelegen hat (Löwe).
Der das Kreisgebiet auf einer Länge von etwa 35 km durchströmende Rhein prägte die Geschichte. Die Römer besiedelten das linke Ufer und nutzten den Strom als Grenzschutz. Seit dem Mittelalter bildet er eine Hauptverkehrsader, an der die Städte Rees und Emmerich aufblühten. Die Kreisstadt Kleve verdankt ihren Aufstieg der gräflichen, später herzoglichen Residenz (Schwanenburg) und beherbergte im 17. und 18. Jh. die Oberbehörden der brandenburgisch-preußischen Westprovinzen. Geldern gewann regionale Bedeutung vom 16. bis 18. Jh. als häufig umkämpfte Festung. Innerhalb der 1815 gebildeten preußischen Rheinprovinz bildete das heutige Kreisgebiet die Nordspitze, gegliedert in die Kreise Rees (rechtsrheinisch), Kleve und Geldern (linksrheinisch). Diese Kreise bestanden (mit geringfügigen Gebietsänderungen) bis 1974. Sie erlitten in den Kampfhandlungen des Zweiten Weltkrieges schwere Verwüstungen. Am 1. 1. 1975 wurden die aufgelösten Kreise Kleve und Geldern, vermehrt um die Nordhälfte des ehemaligen Kreises Rees sowie die altgelderische Gemeinde Rheurdt aus dem ehemaligen Kreis Moers, zum heutigen Kreis Kleve vereinigt. – Das Kreiswappen wurde am 31. Mai 1983 genehmigt.

### Struktur des Kreises – Sehenswürdigkeiten

Der Niederrhein, den es für viele noch zu entdecken gilt, ist eine der kulturträchtigsten Regionen in der Bundesrepublik. Man behauptet, daß in keinem anderen Kreis die Zahl der Kulturdenkmäler größer ist als hier. In allen 16 Städten und Gemeinden des Kreises findet der Interessierte Sehenswürdigkeiten von regionaler, oft internationaler Bedeutung, wie z. B. Kalkar mit seinem mittelalterlichen Stadtbild, dem historischen Rathaus und der St.-Nicolai-Kirche. An dieser Stelle alles aufzuzählen, würde jedoch zu weit führen; deshalb seien hier lediglich Kleve und Geldern als Zentren des nördlichen bzw. südlichen Kreisgebietes besonders erwähnt. Kleve, seit Jahrhunderten ein wichtiges Zentrum am Niederrhein, präsentiert sich, völlig untypisch für die Tiefebene, auf mehreren Hügeln gelegen und grüßt mit Schwanenburg und Propsteikirche. Geldern, die „Stadt zum Aufatmen", weiß durch sein überzeugendes Freizeitangebot zu gefallen. Mit Int. Straßenmalerwettbewerb und Spargelspezialitäten schlägt Geldern scheinbar mühelos die Brücke zwischen Kunstgenuß und Gaumenfreude. Die bedeutendste Sehenwürdigkeit ist dennoch die niederrheinische Landschaft. Im Kreis Kleve sind nur 10% der Fläche bebaut, auf 90 % wechseln sich die Flußlandschaften, der Reichswald und wichtige Feuchtgebiete im sanften Rhythmus mit den kleineren Orten ab.

Regierungsbezirk: Detmold. Einwohner: 326 000. Fläche: 1246,51 $km^2$. Einwohner je $km^2$: 261. Kfz-Kennzeichen: DT. Kreisverwaltung: August-Weweler-Straße 5, 4930 Detmold. Verwaltungsgliederung: 16 kreisangehörige Städte und Gemeinden (Augustdorf, Bad Salzuflen, Barntrup, Blomberg, Detmold, Dörentrup, Extertal, Horn-Bad Meinburg, Kalletal, Lage, Lemgo, Leopoldshöhe, Lügde, Oerlinghausen, Schieder-Schwalenberg, Schlangen).

## Wappenbeschreibung

Auf Silber eine rote Rose mit goldenen Kelchblättern und einem goldenen Butzen mit 16 Staubgefäßen.

## Historische Entwicklung

Der Kreis Lippe führt seit dem 17. Juli 1973 ein Wappen, das in seiner klaren und deshalb vom heraldischen Standpunkt besonders gelungenen Konzeption zu den prägnantesten Kreiswappen der Bundesrepublik zählt. Zugleich verbindet es als traditionelles Wappen des lippischen Staates und mit der 16er Zahl der Staubgefäße als Hinweis auf die 16 Städte und Gemeinden des heutigen Verwaltungsgebietes Vergangenheit und Gegenwart. – Seit etwa 1190 darf man von einer „Herrschaft Lippe" sprechen. Aus ihr entwickelte sich die Grafschaft (1528), später das Fürstentum (1789) und schließlich das Land Lippe (1918), das heute im 1973 geschaffenen Kreis Lippe weiterlebt. Der eigentliche Gründer der Herrschaft Lippe war der Edelherr Bernhard II., der um 1140 geboren wurde. 1368 erließ Simon III. das „Pactum unionis", die früheste Unteilbarkeitserklärung eines Territoriums im alten Deutschen Reich. Mit dem Regierungsantritt des Grafen Simon Augusts 1747 begann der grundlegende Wandel des mittelalterlichen Gemeinwesens zum absolutistischen Staat mit seinen modernen Strukturen. Nachdem Lippe 1789 zum Fürstentum erhoben worden war, errang es 1806 mit dem Untergang des alten Deutschen Reiches die völkerrechtliche Souveränität. Erst 1871 wurde es neben über 30 anderen Ländern Bestandteil des zweiten Deutschen Reiches und überdauerte als Freistaat die Revolution von 1918. Erst die Verordnung Nr. 77 der britischen Militärregierung setzte der Selbständigkeit des Landes ein Ende und schloß es zum 21. 1. 1947 dem neuen Land Nordrhein-Westfalen an, in dessen Wappen die lippische Rose eingefügt wurde.

## Struktur des Kreises – Sehenswürdigkeiten

Teutoburger Wald und Weserbergland geben dem Kreis die landschaftliche Vielfalt und Abwechslung. In der Wirtschaftsstruktur steht die verarbeitende Industrie mit 45,1 % im Vordergund, Dienstleistungsbereich, Handel und Verkehr folgen, während in der Land- und Forstwirtschaft nur mehr 1,9 % der Arbeitnehmer voll beschäftigt sind.

Zu den bedeutendsten Sehenswürdigkeiten zählen das Hermannsdenkmal im Teutoburger Wald, das an den Cheruskerfürsten Arminius erinnert, und das Naturdenkmal „Externsteine" mit den 13 Sandsteinfelsen, die bis zu 37 m emporragen. In Detmold wird die Adlerwarte Berlebeck, die größte Greifvogelwarte Europas, unterhalten. Hier sollte man auch das schöne Residenzschloß und das Westfälische Freilichtmuseum besichtigen. Mittelalterlich geprägte Städte wie Detmold, Lemgo, Blomberg oder Lügde, die Heilbäder Salzuflen und Meinberg oder die Kneippkurorte Hiddesen und Schieder machen das Lipperland reizvoll.

Regierungsbezirk: Arnsberg. Einwohner: 415000. Fläche: 1060 km². Einwohner je km²: 391,5. Kfz-Kennzeichen: MK. Kreisverwaltung: Heedfelder Straße 45, 5880 Lüdenscheid. 15 kreisangehörige Städte und Gemeinden (Altena, Balve, Halver, Hemer, Herscheid, Iserlohn, Kierspe, Lüdenscheid, Meinerzhagen, Menden, Nachrodt-Wiblingwerde, Neuenrade, Plettenberg, Schalksmühle und Werdohl).

### Wappenbeschreibung

Durch einen dreireihig von Rot und Silber geschachten Balken geteilt: oben in Gold ein wachsender, rot bewehrter schwarzer Löwe; unten in Silber ein durchgehendes schwarzes Kreuz.

### Historische Entwicklung

Auf der Burg Altena, hoch über der Lenne, saßen seit dem 12. Jahrhundert die Grafen von Altena, denen es in jahrzehntelangen Auseinandersetzungen gelungen war, ein eigenes Territorium zu errichten, das sie zuerst „Grafschaft Altena", später „Grafschaft Mark" nannten. Sie hatten sich nämlich auch in den Besitz des Oberhofes Mark bei Hamm setzen können. Der heutige Märkische Kreis leitet seinen Namen von der alten Grafschaft Mark ab. Im ausgehenden Mittelalter hatte sich das Grafengeschlecht durch die Vereinigung der Herzogtümer Kleve, Jülich und Berg mit den Grafschaften Mark und Ravensberg fast so etwas wie einen westfälisch-niederrheinischen Großstaat geschaffen. Nach ihrem Aussterben (1609) gelangte das Herzogtum Kleve mit den Grafschaften Mark und Ravensberg unter brandenburgisch-preußische Herrschaft.
Die kommunale Neugliederung faßte zum Neujahrstag 1975 den früheren Kreis Lüdenscheid, der 1969 aus der Stadt Lüdenscheid und dem Kreis Altena hervorgegangen war, mit wesentlichen Teilen des ehemaligen Kreises Iserlohn, der vorher kreisfreien Stadt Iserlohn und dem vormals zum Kreise Arnsberg gehörenden Amt Balve zum neugebildeten „Märkischen Kreis" zusammen. Das am 6. Mai 1976 genehmigte Wappen zeigt den Schachbalken und wachsenden Löwen, die älteren Wappenfiguren der Grafen von Altena. Das Kreuz verweist auf die kurkölnischen Territorien.

### Struktur des Kreises – Sehenswürdigkeiten

Die Naturparks Ebbegebirge und Homert werden von 3000 km markierten Wanderwegen bis in eine Höhe von 663 m (Nordhelle) durchzogen. Die 10 Talsperren (zum Baden freigegeben: Lister-, Glör- und Oester-Talsperre) werden zum „Wasserturm des Ruhrgebiets" gerechnet.
Das Märkische Sauerland war eine der bedeutendsten mittelalterlichen und frühneuzeitlichen Industrieregionen Deutschlands. Eine Vielzahl von Hammerwerken, Schmieden und Mühlen haben sich als technische Denkmäler erhalten, die zur „Märkischen Schmiedestraße" zusammengefaßt sind. Auf Burg Altena sind das Deutsche Drahtmuseum, das Märkische Schmiedemuseum, das Museum der Grafschaft Mark, das Deutsche Wandermuseum und die Weltjugendherberge zu besichtigen. Die Luisenhütte in Balve-Wocklum ist die älteste mit vollständiger Inneneinrichtung erhaltene Hochofenanlage Deutschlands. Zu den hervorragenden Sehenswürdigkeiten im Märkischen Kreis zählen ferner die Dechenhöhle in Iserlohn-Letmathe, das Felsenmeer in Hemer und das Knopfmuseum in Lüdenscheid.

Regierungsbezirk: Düsseldorf. Einwohner: 476 000. Fläche: 407 $km^2$. Einwohner je $km^2$: 1200. Kfz-Kennzeichen: ME. Kreisverwaltung: Düsseldorfer Str. 26, 4020 Mettmann. Verwaltungsgliederung: 10 kreisangehörige Städte (Erkrath, Haan, Heiligenhaus, Hilden, Langenfeld, Mettmann, Monheim, Ratingen, Velbert, Wülfrath).

### Wappenbeschreibung

In Silber ein blau bewehrter und bekrönter, doppelschwänziger roter Löwe; dem schwarzen Schildbord aufgelegt oben rechts ein silbernes Hängeschloß, unten links eine gebogene goldene Ähre.

### Historische Entwicklung

Zwischen dem 12. und 14. Jh. entwickelten sich unter der „Bergischen Amtsverfassung" der Grafschaft Berg die Ämter Mettmann, Angermund und Hardenberg (Neviges). Am 25. 4. 1816 wurde der damalige preußische Kreis Mettmann gebildet. Nachdem der Landrat des Kreises seit 1820 seine Amtsgeschäfte krankheitsbedingt nicht mehr ausübte, übernahm der Landrat des Kreises Elberfeld dessen Aufgaben in Personalunion. Zur Verwaltungsvereinfachung legte man kurz darauf beide Kreise zusammen; erst 1861 erhielt der Kreis Mettmann seine Selbständigkeit zurück. 1876/77 kam dann der Kreissitz wegen der „besseren Verkehrsverhältnisse" nach Vohwinkel (heute Stadtteil von Wuppertal).
Am 29. 7. 1929 entstand durch das Gesetz über die kommunale Neugliederung des rheinisch-westfälischen Industriegebietes der „Kreis Düsseldorf-Mettmann" aus den Kreisen Mettmann, Düsseldorf-Land und Essen (Kettwig) mit Sitz in Düsseldorf. 1942 wurde der Verwaltungssitz nach Mettmann zurückverlegt. Der heutige Kreis ging aus der Gebietsreform vom 1. 1. 1975 hervor; er erhielt wieder den alten Namen „Kreis Mettmann". Er führt das am 28. November 1936 offiziell genehmigte Wappen weiter. Dieses zeigt als historisches Sinnbild den bergischen Löwen. Das Hängeschloß verweist auf das Zentrum der deutschen Schloß- und Beschlägeindustrie im nördlichen Kreisgebiet, die Kornähre unterstreicht die Bedeutung des Ackerbaus vor allem im Dreieck Mettmann-Ratingen-Erkrath.

### Struktur des Kreises – Sehenswürdigkeiten

Inmitten der großen Stadtlandschaft an Rhein und Ruhr liegt der Kreis Mettmann zwischen dem rechtsrheinischen Schiefergebirge und der niederrheinischen Bucht. Das Land steigt vom Rhein nach Osten auf über 300 m an.
Rhein, Ruhr und Wupper begrenzen eine Region voller Kontraste: Äcker, Wiesen, Wald und Erholungsparks sowie sympathische Städte mit vielfältigem Gewerbe und reicher Geschichte. Spitzgiebelige Häuser, enge Gassen, ehrwürdige Kirchen bestimmen die in Jahrhunderten gewachsenen Stadtkerne von Mettmann, Ratingen, Velbert-Langenberg, Velbert-Neviges und Wülfrath. Sehenswert sind der mehr als 800 Jahre alte Turm von St. Lambertus (mit altem Taufbecken) in Mettmann, die Pfarrkirche St. Peter und Paul in Ratingen, die ev. Stadtkirche in Langenberg, der bergische Kernbereich in Neviges – in reizvoller Verbindung mit der modernen Wallfahrtskirche (Prof. Böhm) sowie der romantische Kirchplatz von Wülfrath. In Haan-Gruiten läßt der historische Dorflehrpfad die Geschichte der Häuser wieder aufleben. Wertvolle Kirchenarchitektur weisen auch Erkrath (romanische Pfarrkirche, 12. Jh.), Langenfeld-Richrath (Kirchtum von St. Mauritius, 11. Jh.) und Hilden (romanische Kirche) auf.
Auskunft über die frühesten Spuren der Menschheitsgeschichte erhält man bei einer Besichtigung des Neandertal-Museums: der Fundort des „Neandertalers" liegt zwischen Mettmann und Erkrath. In Velbert lädt das „Deutsche Schloß- und Beschlägemuseum" zu einem Besuch ein. Sehenswert in Ratingen: die Wasserburgen „Haus zum Haus" und Schloß Linnep. Historisches in Heiligenhaus: die „Abtsküche" und in Monheim der „Schelmenturm" in der Altstadt.

Regierungsbezirk: Detmold. Einwohner: 280163. Fläche: 1151 km². Einwohner je km²: 243. Kfz-Kennzeichen: MI. Kreisverwaltung: Portastraße 13, 4950 Minden. Verwaltungsgliederung: 11 kreisangehörige Städte und Gemeinden (Städte: Bad Oeynhausen, Espelkamp, Lübbecke, Minden, Petershagen, Porta Westfalica, Preuß. Oldendorf und Rahden; Gemeinden: Hille, Hüllhorst und Stemwede).

### Wappenbeschreibung

Gespalten: vorne in Rot zwei silberne schräggekreuzte Schlüssel mit abgewendeten Bärten; hinten in Silber drei rote Sparren.

### Historische Entwicklung

Der Kreis besteht seit dem 1. Januar 1973, als die bisherigen Kreise Minden (gegr. 1816) und Lübbecke (gegr. 1832) aufhörten zu bestehen.
Die Gebietsreform schuf damit eine Verwaltungskörperschaft, deren Gebiet tatsächlich schon viele Jahrhunderte lang als Fürstbistum Minden eine politische Einheit gewesen war und deren Grenzen von den heutigen Kreisgrenzen nur geringfügig abwichen. Der Aufstieg und die Blütezeit des Bistums Minden (gegr. um 800) fielen in die Zeit der sächsischen und salischen Kaiser (919–1125). Das Ergebnis der territorialen Machtkämpfe mit den umliegenden Dynastien im 13. Jh. war, daß das Territorium, in dem der Bischof von Minden weltlicher Landesherr war – das Fürstbistum also –, sehr viel kleiner war als der kirchliche Amtsbereich des Bischofs – das Bistum oder die Diözese. Die Bischöfe waren nicht stark genug gewesen, um sich in ihrer gesamten Diözese auch als Landesherren behaupten zu können. Im Jahre 1648 wurde aus dem (evangelisch gewordenen) Fürstbistum Minden ein Fürstentum (bis 1806), das an die Kurfürsten von Brandenburg fiel, und dessen Gebiet bis zum Ende Preußens zu diesem Staat gehörte. Dennoch zeigt das heutige Kreiswappen, das am 11. September 1973 genehmigt wurde, vorn die gekreuzten Schlüssel, die Wappenfigur des ehemaligen Fürstbistums. Da nur relativ kleine Gebietsteile des jetzigen Kreises früher zur Grafschaft Ravensberg gehörten, stehen die Ravensberger Sparren in der heraldisch weniger vornehmen hinteren Schildhälfte.

### Struktur des Kreises – Sehenswürdigkeiten

Auf der Scheide von Norddeutscher Tiefebene und dem nördlichen Vorsprung der europäischen Mittelgebirge (das in Porta Westfalica von der Weser durchschnittene Wiehen- / Weser-Gebirge markiert diesen Übergang) bildet der Kreis Minden-Lübbecke den nordöstlichen Teil des weit in den niedersächsischen Raum hineinragenden Landes Nordrhein-Westfalen. Die günstigen Verkehrsverbindungen (u.a. Mittellandkanal und schiffbare Weser) halfen der Wirtschaftsregion Minden-Lübbecke aus ihrer einstigen Monostruktur der Zigarrenindustrie heraus und brachten dem Kreis eine vielschichtige Branchenpalette. Landwirtschaftlich strukturiert ist heute hauptsächlich der nördliche und westliche Teil des Kreisgebietes. Sowohl das Landschaftsbild und die Erholungszonen (das einzige Staatsbad des Landes Nordrhein-Westfalen Oeynhausen, außerdem mehrere Moor- und Schwefelbäder) als auch die Bau- und Kunstdenkmäler sowie die Hochmoore „Großes Torfmoor" und „Oppenweher Moor", die für Tier- und Pflanzenwelt wieder vernäßt wurden, schaffen günstige Voraussetzungen für den Fremdenverkehr in Minden-Lübbecke. Sehenswert sind Minden (tausendjähriger Dom, Hauptwerk der westfälischen Sakralarchitektur, Rathaus am Markt, Wasserstraßenkreuz Weser-Mittellandkanal), Petershagen (Schloß), Porta Westfalica (Kaiser-Wilhelm-Denkmal), Lübbecke (St.-Andreas-Kirche, 12. Jh.), Rahden (Museumshof) und Preußisch Oldendorf (spätgotische St.-Dionysius-Kirche, Schlösser Hüffe und Hollwinkel). Durch das Minden-Lübbecker Land, den mühlenreichsten Landstrich Nordrhein-Westfalens, führt die rd. 250 km lange „Westfälische Mühlenstraße" (37 Mühlen).

Regierungsbezirk: Düsseldorf. Einwohner: 403 836. Fläche: 577 $km^2$. Einwohner je $km^2$: 700. Kfz-Kennzeichen: NE. Kreisverwaltung: Meererhof 1, 4040 Neuss; Lindenstraße 2–16, 4048 Grevenbroich 1. Verwaltungsgliederung: 6 kreisangehörige Städte (Dormagen, Grevenbroich, Kaarst, Korschenbroich, Meerbusch, Neuss), 2 kreisangehörige Gemeinden (Jüchen, Rommerskirchen).

## Wappenbeschreibung

Gespalten; vorne in Silber ein durchgehendes schwarzes Kreuz, hinten in Gold ein rot gezungter schwarzer Löwe.

## Historische Entwicklung

In die schriftliche Überlieferung trat das Kreisgebiet erstmals nach der Eroberung durch die Römer, die u.a. ein Kastell in Novaesium (Neuss) errichteten. Vom Römerlager in Neuss wurde mit strahlenförmig angelegten Trassen das Hinterland erschlossen. Nach dem Verfall der Reichsgewalt im Hochmittelalter war das Kreisgebiet geradezu übersät von Kleinherrschaften. Allmählich entwickelten sich zu den bedeutendsten Kontrahenten die Erzbischöfe von Köln und die Herzöge von Jülich. Daran erinnert noch heute das Kreiswappen, das am 2. Mai 1952 vom Innenminister des Landes Nordrhein-Westfalen genehmigt wurde: Das Kreuz war der Wappenschild des Erzbistums Köln, der Löwe das Symbol des Herzogtums Jülich. – Der heutige Kreis Neuss wurde mit Wirkung vom 1. 1. 1975 gebildet und setzt sich zusammen aus dem ehemaligen Kreis Grevenbroich, der schon das oben abgebildete Wappen geführt hatte, und der früher kreisfreien Stadt Neuss.

## Struktur des Kreises – Sehenswürdigkeiten

Am linken Niederrhein liegt inmitten einer fruchtbaren und an Bodenschätzen reichen Region der Kreis Neuss. Die Erft (Erholungsgebiete bei Grevenbroich und Neuss) durchfließt das rheinische Braunkohlengebiet im Südwesten und erreicht bei der geschichtsträchtigen, 2000 Jahre alten Stadt Neuss (Römerlager „Novaesium“, spätromanisches Quirinus-Münster, Jugendstilhäuser, Hafen) den Rhein.
Die Industrie mit ihren Wirtschaftsbereichen Bergbau, Energie, Chemie, Aluminiumerzeugung, verarbeitendes Gewerbe und Baugewerbe bildet heute die wichtigste Existenzgrundlage im dichtbesiedelten Kreis. Begünstigt durch hochwertige Böden, die vor allem den Anbau von Zuckerrüben und Weizen erlauben, prägt die Landwirtschaft noch heute weite Teile des Kreisgebietes. Daneben bestimmen Fluß- und Auenlandschaften mit stattlichen Bauernhöfen, Wassermühlen und Resten alter Windmühlen (z.B. restaurierte Dycker Windmühle – 18. Jh.) das landschaftliche Bild. Die Altstadt von Dormagen-Zons und der Ortsteil Liedberg in Korschenbroich gelten als gute Beispiele für die Erhaltung und Pflege historischer Ortsbilder am Niederrhein. Bereits im Mittelalter gab es im Kreisgebiet viele Kirchen und Klöster. Die ersten Gründungen führen bis in die fränkische Epoche zurück: St. Quirin in Neuss, St. Peter in Rommerskirchen. Die ehemalige Prämonstratenserabtei in Dormagen-Knechtsteden (12. Jh.) gilt als bedeutendster sakraler Bau des Kreises. Von baugeschichtlicher Bedeutung sind auch die zahlreichen Burgen, Schlösser und Herrensitze (z.B. Hülchrath, Liedberg, Zons und das barocke Wasserschloß Dyck).

Regierungsbezirk: Köln. Einwohner: 245350. Fläche: 916,45 km². Einwohner je km²: 268. Kfz-Kennzeichen: GM. Kreisverwaltung: Moltkestraße 42, 5270 Gummersbach 1. Verwaltungsgliederung: 13 kreisangehörige Städte und Gemeinden (Bergneustadt, Engelskirchen, Gummersbach, Hückeswagen, Lindlar, Marienheide, Morsbach, Nümbrecht, Radevormwald, Reichshof, Waldbröl, Wiehl, Wipperfürth).

### Wappenbeschreibung

Unter goldenem Schildhaupt, darin ein in drei Reihen von Rot und Silber geschachter Balken, gespalten: vorne in Rot eine silberne Burg mit zwei verschieden hohen Zinnentürmen; hinten in Silber ein blau bekrönter, bewehrter und gezungter, zwiegeschwänzter roter Löwe.

### Historische Entwicklung

Der dem nördlichen rechtsrheinischen Schiefergebirge zugehörige Oberbergische Kreis bildet ein Übergangsgebiet zwischen der Talebene des Rheins und dem sauerländischen Bergland. Daß die Landnahme in dieser Region erst im 8. und 9. Jahrhundert erfolgte, ist mit auf die vorherrschenden topographischen Besonderheiten zurückzuführen. Aus den Altsiedlungsräumen der rheinischen und westfälischen Bucht drangen Franken und Sachsen ein. Nach zunächst rein bäuerlicher Landnahme entstanden mit der Christianisierung durch die Köln/Bonner Stifte und die bergischen Randklöster erste Siedlungen. Zumeist handelte es sich hierbei um Kirchspielorte. Neben den werdenden Kirchdörfern entfalteten die aufstrebenden Territorialherren mit dem Bau ihrer Burghäuser und Burgen sowie mit der Verleihung von städtischen oder freiheitlichen Privilegien raumordnende Wirkung. Mit dem Erstarken der bergischen, märkischen und saynschen Territorialherren nahm auch die politische Bedeutung des Oberbergischen zu. Während des 17. und 18. Jahrhunderts stagnierte die Wirtschafts-, Verkehrs- und Siedlungsentwicklung. Die zumeist außer Landes weilenden Landesherren vermochten der bäuerlichen Streusiedlungslandschaft keine Impulse mehr zu vermitteln. Mit der Ablösung der bisherigen Territorialherren durch die napoleonische Verwaltungsgliederung und der in Anlehnung hieran vollzogenen Bildung der Kreise Lennep, Gummersbach, Waldbröl und Wipperfürth durch das Königreich Preußen war der heutige Oberbergische Kreis bereits wesentlich vorgezeichnet. Die Kreisneugliederung zum 1. 1. 1975 hat diesen historischen Bezügen Rechnung getragen. Mit dem zuletzt am 10. Februar 1976 genehmigten Wappen wird im Schildhaupt durch den märkischen Balken auf die frühere Zugehörigkeit der Kerngebiete des Kreises zur Grafschaft Mark verwiesen. Die Burg erinnert an die Herrschaft Homburg der Fürsten von Sayn-Wittgenstein-Berleburg, der rote bergische Löwe an die frühere Zugehörigkeit von Teilen des Kreises zur Grafschaft bzw. zum Herzogtum Berg.

### Struktur des Kreises – Sehenswürdigkeiten

Als Kernbereich des Naturparks Bergisches Land ist der Oberbergische Kreis heute beliebtes Naherholungsziel für die Bevölkerung der Ballungsgebiete an Rhein und Ruhr. Landschaftliche Vielfalt, zahlreiche Wassersportmöglichkeiten, Burgen und Schlösser bieten den Erholungsuchenden abwechslungsreiche Tage. Kurorte mit beachtlichen Möglichkeiten der ruhigen Erholung, auf der anderen Seite Moto-Cross-Weltmeisterschaften in Bielstein, im Winter Hundeschlittenrennen in Reichshof sind weitere Anziehungspunkte. Tropfsteinhöhlen, alte romanische Wehrkirchen, das Museum des Oberbergischen Kreises in Schloß Homburg oder das von privater Seite eingerichtete Bergische Achsenmuseum werden immer wieder gern aufgesucht. Letzteres ist Beleg dafür, daß es sich bei dem Oberbergischen Kreis um eine traditionelle Gewerbelandschaft handelt.

Eine Vielzahl moderner mittelständischer Unternehmen, insbesondere der Investitions- und Konsumgüterindustrie, aber auch aus dem stahlbearbeitenden Bereich, bietet heute Gewähr für eine ausgewogene Wirtschaftsentwicklung und damit für das Aufblühen eines Raumes, in dem es sich lohnt, zu wohnen und zu arbeiten.

Regierungsbezirk: Arnsberg. Einwohner: 123 000. Fläche: 710 km². Einwohner je km²: 173. Kfz-Kennzeichen: OE. Kreisverwaltung: Danziger Straße 2, 5960 Olpe/Biggesee. Verwaltungsgliederung: 7 kreisangehörige Städte und Gemeinden (Attendorn, Drolshagen, Finnentrop, Kirchhundem, Lennestadt, Olpe, Wenden).

### Wappenbeschreibung

Gespalten; vorne in Silber ein durchgehendes schwarzes Kreuz, hinten in Gold zwei rote Balken.

### Historische Entwicklung

Der 1817 gebildete Kreis Olpe, geprägt durch die abwechslungsreiche Mittelgebirgslandschaft des Südsauerlandes, bildet nach Geschichte und Kultur eine in sich geschlossene Einheit und blieb bei allen Neugliederungen stets erhalten. Ende des 18. Jahrhunderts gehörte das Kreisgebiet zum südlichen Teil des Herzogtums Westfalen, dessen Herzogswürde Kaiser Friedrich Barbarossa 1180 den Erzbischöfen von Köln übertragen hatte (heute noch dokumentiert durch das kurkölnische Kreuz im vorderen Teil des Kreiswappens).
Drei Hansestädte bekamen Stadtrechte verliehen: Attendorn 1222, Olpe 1311 und Drolshagen 1477. An die Jahrhunderte alte Verbindung des Hauses von Fürstenberg mit dem Kreisgebiet erinnert der hintere Teil des Kreiswappens. Seit 1556 Friedrich von Fürstenberg das Drostenamt in den Ämtern Waldenburg und Bilstein übertragen wurde, versahen Mitglieder dieser Familie das höchste Amt im Kreisgebiet bis zum Beginn des 19. Jahrhunderts. 1803 fiel das Herzogtum Westfalen vorübergehend an den Landgrafen von Hessen-Darmstadt, um dann 1816 als Provinz dem König von Preußen zugeteilt zu werden. 1817 entstand aus den Justizämtern Attendorn, Bilstein und Olpe der „Bilsteiner Kreis".
Mit der Verlegung des Kreissitzes nach Olpe zum 1. Januar 1819 erfolgte auch die Umbenennung in Kreis Olpe. Das Wappen wurde dem Kreis am 12. Oktober 1949 verliehen.

### Struktur des Kreises – Sehenswürdigkeiten

Der Kreis Olpe zählt zu den kleinsten, aber auch zu den schönsten Kreisen in Nordrhein-Westfalen. Kaum jemand vermutet in der von der Natur so bevorzugten Landschaft eine aufstrebende Industrie mit Jahrhunderte alter Tradition, deren Schwerpunkt auf dem Eisen- und Metallsektor liegt. Die wirtschaftliche Grundlage bildet eine Vielfalt von mittelständisch strukturierten Betrieben. 58 Prozent der Bruttowertschöpfung kommen aus dem produzierenden Gewerbe (Landeswert 47 Prozent). Mit diesem Anteil liegt der Kreis Olpe mit an der Spitze aller Kreise in Nordrhein-Westfalen. 65 Prozent der Beschäftigten haben ihren Arbeitsplatz im verarbeitenden Gewerbe, rund 30 Prozent im Bereich Handel, Verkehr, Nachrichtenübermittlung und Dienstleistungen. Weniger als 1,5 Prozent sind in der Land- und Forstwirtschaft tätig. – Berge, Wälder und Wasser prägen das Südsauerland rund um Biggesee und Hohe Bracht.
Durch Autobahnen angebunden an das europäische Fernstraßennetz ist der Kreis Olpe, fast vollständig von drei Naturparks abgedeckt, eine bevorzugte Region für Urlaub, Erholung und Freizeit. Der 1965 eingestaute Biggesee, mit 172 Mio m³ Westfalens größte Talsperre, verfügt in der Umgebung über gut ausgestattete und mehrfach ausgezeichnete Erholungs- und Freizeitanlagen. Touristische Attraktionen (Biggesee-Personenschiffahrt, Panorama-Park Sauerland, Atta-Höhle – Deutschlands schönste Tropfsteinhöhle, Karl-May-Festspiele – Europas größte Freilichtbühne, Wendener Hütte – älteste noch erhaltene Holzkohle-Hochofenanlage Deutschlands) locken alljährlich Millionen Besucher an.

Regierungsbezirk: Detmold. Einwohner 228897. Fläche: 1244,51 km². Einwohner je km²: 184. Kfz.-Kennzeichen: PB. Kreisverwaltung: Aldegreverstraße 10 – 14, 4790 Paderborn. Verwaltungsgliederung: 10 kreisangehörige Gemeinden (Altenbeken, Bad Lippspringe, Borchen, Büren, Delbrück, Hövelhof, Lichtenau, Paderborn, Salzkotten, Wünnenberg).

## Wappenbeschreibung

In Silber in einem durch einen blauen Wellenbalken begrenzten Schildhaupt ein durchgehendes rotes Kreuz; unten in Silber ein roter Rautensparren.

## Historische Entwicklung

Das Paderborner und das Bürener Land waren schon in der Frühgeschichte ein bevorzugter Siedlungsraum. Darauf deuten Tausende von Bodenfunden und die weit über 100 bekannten Steinkisten- und Hügelgräber hin. Wegen der verkehrsgünstigen Lage ließ Karl der Große an den Quellen der Pader in Paderborn eine Pfalzanlage bauen. Er hielt hier mehrere Reichsversammlungen ab. 806 wurde Hathumar erster Bischof des Bistums Paderborn, das sich im Mittelalter zu einem Fürstbistum entwickelte. 1802 fiel das Hochstift aufgrund eines Vertrages zwischen Preußen und Frankreich an das Königreich Preußen. Nach der napoleonischen Zeit wurden 1816 aus dem westlich des Eggegebirges gelegenen Teil des alten Hochstiftes die Kreise Büren und Paderborn als staatliche Verwaltungsbezirke gebildet. Im Zuge der kommunalen Neugliederung in Nordrhein-Westfalen wurde am 1. 1. 1975 aus den Kerngebieten dieser beiden Kreise der neue Kreis Paderborn formiert. Sein Wappen (genehmigt am 15. Juli 1975) vereinigt die Symbole der beiden alten Kreiswappen. Das rote Kreuz im Schildhaupt auf silbernem Grund deutet auf die Zugehörigkeit des Kreises zum früheren Hochstift Paderborn hin. Der Wellenbalken versinnbildlicht den Wasserreichtum des Kreises. Im silbernen Schild erinnert der rote siebenteilige Rautensparren an die Edelherren von Büren.

## Struktur des Kreises – Sehenswürdigkeiten

Der Kreis Paderborn ist ein bedeutender Wirtschaftsraum in Ostwestfalen-Lippe, in dem Betriebe mit internationaler Geltung angesiedelt sind, so insbesondere Hersteller von Computern, Stahlrohren, Möbeln, Konfitüren, Brot und Bier. Vielfältige Landschaften bietet der Kreis, der sich von der Senne im Norden bis zum Sauerland im Süden, von der Lippe-Niederung im Westen bis zum Eggegebirge im Osten erstreckt. Bei den Kurgästen sind besonders beliebt der Kurort Bad Lippspringe und der Luft- und Kneipp-Kurort Wünnenberg mit der Aabach-Talsperre. Der 9 km lange Rundweg um die Talsperre lädt zum Wandern und Spazieren ein.

Zu den bedeutendsten Sehenswürdigkeiten zählen: die Jesuitenkirche in Büren, (ein Barockbau mit einzigartigen Deckengemälden), die Wewelsburg in Büren-Wewelsburg (einzige Dreiecksburg in Westdeutschland mit beliebter Jugendherberge und dem Kreismuseum), der Viadukt und das Eggemuseum (Sammlung alter Öfen und Ofenplatten) in Altenbeken, das Augustiner-Chorherren-Kloster in Lichtenau-Dalheim, die karolingische und ottonische Kaiserpfalz und der Dom in Paderborn.

Durch die Autobahn A 44 Ruhrgebiet – Kassel ist der Kreis Paderborn sowohl für die Urlaubsgäste als auch für die Unternehmen schnell zu erreichen. Die Verkehrssituation wird durch die im Bau befindliche Autobahn A 33 Osnabrück – Bielefeld – Paderborn – Haaren weiter verbessert.

Der Regionalflughafen Paderborn/Lippstadt in Büren-Ahden trägt entscheidend zur Standortgunst für die Unternehmen bei. Es bestehen derzeit Linienflugverbindungen nach Frankfurt, München, Stuttgart, Berlin und London.

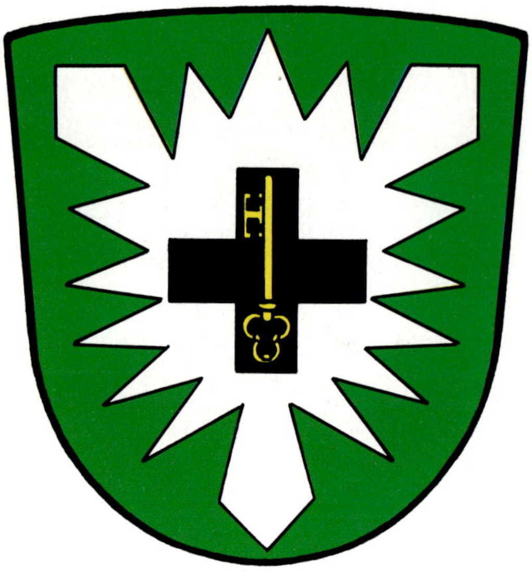

Regierungsbezirk: Münster. Einwohner: 621221. Fläche: 760 $km^2$. Einwohner je $km^2$: 817. Kfz-Kennzeichen: RE. Kreisverwaltung: Kurt-Schumacher-Allee 1, 4350 Recklinghausen. Verwaltungsgliederung: 10 Städte (Castrop-Rauxel, Datteln, Dorsten, Gladbeck, Haltern, Herten, Marl, Oer-Erkenschwick, Recklinghausen, Waltrop).

### Wappenbeschreibung

In Grün ein silbernes Nesselblatt, darauf ein mit einem aufrechten goldenen Schlüssel belegtes schwarzes Kreuz.

### Historische Entwicklung

Das Vest umfaßt das Land zwischen Lippe und Emscher, von Oberhausen-Osterfeld im Westen bis Waltrop im Osten. Die Grenzen waren praktisch von der Natur vorgegeben. Als in der Zeit des Übergangs vom französisch-westfälischen Präfektensystem zur preußisch-deutschen Selbstverwaltung die Einteilung des Regierungsbezirks Münster in zehn landrätliche Kreise erfolgte, war dies am 10. August 1816 die Geburtsstunde des Kreises Recklinghausen. Damals umfaßte er das Vest und die „Herrlichkeit Lembeck“: Dazu gehörten die Städte Recklinghausen und Dorsten sowie 28 Landgemeinden mit insgesamt 38000 Einwohnern. Aus- und Einkreisungen größerer Städte und die Zuordnung des Raumes Haltern konnten das Bild des Kreises Recklinghausen zwar verändern, aber den Bestand jedoch zu keiner Zeit in Frage stellen. Nach der kommunalen Gebietsreform 1975/76 in Nordrhein-Westfalen steht der Kreis Recklinghausen durch die Eingliederung der Städte Recklinghausen, Castrop-Rauxel und Gladbeck von der Einwohnerzahl mit über 600000 Bürgern an der Spitze im Bundesgebiet.

Sein Wappen wurde dem Landkreis Recklinghausen schon am 30. Juni 1952 durch das Innenministerium von Nordrhein-Westfalen verliehen. Das schwarze Kreuz war das Abzeichen des Erzbistums Köln, zu dem das Vest Recklinghausen gehörte. Der Schlüssel kommt auch im Stadtwappen Recklinghausens vor und versinnbildlicht den Bistumspatron St. Petrus. Das silberne „Nesselblatt“ war das Zeichen der Herrschaft der Ritter von Lembeck.

### Struktur des Kreises – Sehenswürdigkeiten

Der Kreis Recklinghausen („Zehn Städte machen Zukunft“) ist der bevölkerungsreichste Kreis der Bundesrepublik. Er vereint Gegensätze stark industrialisierter, dicht besiedelter Stadtregionen mit ländlichen Gebieten und weitläufigen Waldzonen. Münsterländische Parklandschaft, Heide, Wald-, Feld- und Weideflächen wechseln sich ab und bilden eine grüne Lunge im Ruhrgebiet. Der Naturpark „Hohe Mark“ mit dem Halterner Stausee, die Borkenberge, Hullerner Stausee und die Haard zählen zu den bedeutenden Erholungsgebieten. Neben Bergbau und Chemie gehören Handel, verarbeitendes Gewerbe und Dienstleistungsunternehmen zu den Wirtschaftsträgern des Kreises. Sehenswert sind das Wasserschloß Herten (spätgotische Anlage auf zwei Inseln gelegen), das Schloß Wittringen (ehemaliger Rittersitz) in Gladbeck, das Marler Skulpturen-Museum, das Ikonen-Museum (einzigartig im westlichen Europa) in der Ruhrfestspielstadt Recklinghausen und das Schiffshebewerk Henrichenburg in Waltrop (1899 von Kaiser Wilhelm II. als technisches Wunderwerk eingeweiht). Sakrale Kleinodien findet der Besucher u.a. in der St.-Peter-Kirche (Recklinghausen): Altargemälde aus der Rubenswerkstatt, romanische Taufsteine in den Pfarrkirchen Dorsten, St. Georg (Marl) und St. Peter (Waltrop), gotische Sakramentshäuser in St. Amandus (Datteln) und St.-Lambertus-Kirche (Castrop-Rauxel) sowie einen flandrischen Schnitzaltar in der St.-Sixtus-Kirche (Haltern).

Regierungsbezirk: Köln. Einwohner: 247368. Fläche: 439,06 km². Einwohner je km²: 563. Kfz-Kennzeichen: GL. Kreisverwaltung: Am Rübezahlwald 7, 5060 Bergisch-Gladbach 2. Verwaltungsgliederung: 4 Städte (Bergisch-Gladbach, Burscheid, Leichlingen, Wermelskirchen), 4 Gemeinden (Kürten, Odenthal, Overath, Rösrath).

### Wappenbeschreibung

In grünem Schildhaupt ein silberner Schrägwellenbalken; darunter in Silber gespalten: vorn übereinander zwei schwarze Wechselzinnenbalken, hinten ein blau gekrönter, blau bewehrter und zwiegeschwänzter roter Löwe.

### Historische Entwicklung

Das Bergische Land verdankt seinen Namen den Grafen von Berg. Diese, um 1100 schon zu großem Einfluß gekommen, verließen 1133 die alte Burg Berge über der Dhünn (heute Altenberg) und residierten von der größeren Burg an der Wupper aus. Mit dem gewaltsamen Tod Engelberts II. (als Erzbischof von Köln: Engelbert I.) erlosch das altgräfliche Haus Berg 1225. Die in Berg nachfolgenden Grafen aus dem niederländischen Limburg residierten über viele Jahrhunderte. Nach der Annexion durch das napoleonische Frankreich wurde das Bergische Land 1815 Preußen zugesprochen. Nach mehrmaligen administrativen Umgliederungen entstand zum 1. 10. 1932 der (alte) Rheinisch-Bergische Kreis. Am 1. 1. 1975 ging aus dessen und aus Teilen des ehemaligen Rhein-Wupper-Kreises der heutige Kreis hervor. Am 20. 5. 1976 beschloß der Kreistag, das bisherige Wappen des Rheinisch-Bergischen Kreises von 1938 weiterzuführen. Das Schildhaupt deutet auf die geographische Lage am Rande der Kölner Bucht zum Rheintal hin und erinnert gleichzeitig an das Wappen der früheren preußischen Rheinprovinz. Der Löwe war das jüngere Wappenbild der Herzöge von Berg; zuvor zeigten sie den Wechselzinnenbalken. Das Kreiswappen wurde mit Urkunde vom 8. September 1976 durch den Regierungspräsidenten zu Köln erneut genehmigt.

### Struktur des Kreises – Sehenswürdigkeiten

Der Rheinisch-Bergische Kreis erstreckt sich von der Kölner Bucht zum rechtsrheinischen Schiefergebirge hin. Das Gelände steigt in Terrassen an. Eine Vielzahl größerer und kleinerer Gewässer durchzieht das Kreisgebiet. Es gilt als Naherholungsgebiet zwischen den Ballungsräumen um Köln und dem Bergischen Land mit einer vielgefächerten mittelständischen und landwirtschaftlichen Wirtschaftsstruktur. – Wahrzeichen des Kreises ist der „Altenberger Dom“ in Odenthal, eine gotische Mönchskirche der ehemaligen Zisterzienserabtei (fertiggestellt am 18. Juni 1379) mit prachtvollen Glasfenstern. Das Westfenster ist das größte Kirchenfenster in der Bundesrepublik. In Bergisch-Gladbach sind neben dem Alten Rathaus (1906) das Neue Rathaus im Ortsteil Bensberg von 1968 unter Einbeziehung von Teilen der mittelalterlichen Burg der Grafen von Berg und das Barockschloß (um 1700), in Leichlingen Schloß Eicherhof von Interesse. Reizvoll sind der Märchenwald und der Wildpark in Odenthal. Alte Mühlen und Kotten, Steinbrüche mit Ablagerungen aus der Devonzeit findet man im ganzen Kreisgebiet. Die typisch bergischen Ortsbilder in Herrenstrunden, Kürten, Leichlingen, Witzhelden, Odenthal, Volberg und Wermelskirchen sind eines Besuches wert. Das Bergische Museum für Bergbau, Handwerk und Gewerbe in Bensberg dokumentiert den Bergbau in einer Grube, in der bis vor wenigen Jahren Blei und Zink abgebaut wurden.

Regierungsbezirk: Köln. Einwohner: 477222. Fläche: 1154 km². Einwohner je km²: 414. Kfz-Kennzeichen: SU. Kreisverwaltung: Kaiser-Wilhelm-Platz 1, 5200 Siegburg. Verwaltungsgliederung: 19 kreisangehörige Städte und Gemeinden – 10 Städte (Bad Honnef, Bornheim, Hennef, Königswinter, Meckenheim, Niederkassel, Rheinbach, Sankt Augustin, Siegburg, Troisdorf), 9 Gemeinden (Alfter, Eitorf, Lohmar, Much, Neunkirchen-Seelscheid, Ruppichteroth, Swisttal, Wachtberg, Windeck).

### Wappenbeschreibung

In Silber, ein blau bewehrter, bezungter und gekrönter, doppelschweifiger roter Löwe, der mit der rechten Pranke ein goldenes Flammenschwert schwingt und mit der linken sich auf einen silbernen Schild mit durchgehendem schwarzen Kreuz stützt.

### Historische Entwicklung

Als sich die Römer im 5. Jahrhundert vom Rhein zurückzogen, siedelten sich hier die Franken an. In den folgenden Jahrhunderten rangen mehrere Herren um die Vorherrschaft in diesem Raum: die Kölner Erzbischöfe, die starke Burgen im Siebengebirge errichteten, die Herzöge von Jülich, die in der heutigen Stadt Rheinbach ihren Herrschaftsbereich hatten, die Grafen von Sayn, die in der Burg Blankenberg einen Stützpunkt schufen, und die Herzöge von Berg. Sieger blieben linksrheinisch die Kurfürsten von Köln und rechtsrheinisch die Herzöge von Berg.
Diese Epoche spiegelt sich im Wappen des Kreises wider: Der rote bergische Löwe stützt sich mit der linken Pranke auf den silbernen Wappenschild mit dem schwarzen Kreuz Kurkölns und mit der rechten schwingt er das goldene Flammenschwert der Abtei St. Michael in Siegburg. Die französische Herrschaft von 1794 bis 1814 brachte zuerst den linksrheinischen Departements, ab 1806 auch dem rechtsrheinischen Großherzogtum Berg die Einordnung in moderne Verwaltungsstrukturen. Das Königreich Preußen gründete 1816 auf dem heutigen Gebiet des Rhein-Sieg-Kreises die fünf Kreise Rheinbach, Bonn, Siegburg, Uckerath und Waldbröl. 1825 bestand rechtsrheinisch nur noch der Siegkreis, der 1932 durch Teile des aufgelösten Kreises Waldbröl vergrößert wurde. Der Kreis Bonn erhielt 1932 den größten Teil des aufgelösten Kreises Rheinbach, um selbst am 1. August 1969 im Siegkreis aufzugehen, der seitdem den Namen Rhein-Sieg-Kreis führt. Er umschließt die kreisfreie Bundeshauptstadt Bonn, die 1887 aus dem Kreisgebiet ausgeschieden war. Das am 26. Mai 1955 genehmigte Wappen des Siegkreises besteht als Wappen des Rhein-Sieg-Kreises fort.

### Struktur des Kreises – Sehenswürdigkeiten

Der Rhein-Sieg-Kreis liegt an beiden Rheinufern und umrahmt die Bundeshauptstadt Bonn. Köln-Bonner Rheinebene, Berge des Mittelrheingebirges, Wälder der Voreifel und Höhen des Westerwaldes und Bergischen Landes prägen die abwechslungsreiche Landschaft. Zur Entspannung und Erholung bieten sich an: linksrheinisch der große Naturpark Kottenforst-Ville, das Bördengebiet der Swist, der Rheinbacher Voreifelwald und das „Drachenfelser Ländchen“ sowie rechts des Rheins das sagenumwobene Siebengebirge, das gewundene Tal der Sieg, die ins Bergische übergehenden Höhen und das östliche Kreisgebiet als Teil des Naturparks Bergisches Land. Sowohl Landwirtschaft und Weinbau (Siebengebirgshänge – nördlichstes Weinbaugebiet der Bundesrepublik) als auch die Industrieproduktion spielen im Wirtschaftsleben eine Rolle. Viele imposante Burgen, Schlösser und sakrale Bauten beeindrucken: Drachenfels und Drachenburg (Königswinter), Schloß Alfter (Alfter), Wolfsburg (Roisdorf), Schloß in Rösberg (Baumeister Schlaun), Kitzburg (Renaissance – Bornheim), Wasserburgen Welterode (Eitorf), Lüftelberg (Rokoko-Stuck, Grisaillemalereien – Meckenheim), Heimerzheim (Swisttal) und Wasserhöhenburg Odenhausen (Renaissance – bei Berkum), Benediktinerabtei St. Michael (Krypta und Anno-Schrein) sowie St. Servatius (großer Kirchenschatz) in der Kreisstadt Siegburg (malerischer Altstadtkern). Idyllische Ortsbilder (Fachwerk) finden sich u.a. auch in Bad Honnef, Lohmar, Rheinbach und Blankenberg, der ältesten Titularstadt Deutschlands (Stadtrechte seit 1245 – Hennef).

Regierungsbezirk: Arnsberg. Einwohner: 279 000. Fläche: 1131 km². Einwohner je km²: 246. Kfz-Kennzeichen: SI. Kreisverwaltung: Koblenzer Str. 73, 5900 Siegen. Verwaltungsgliederung: 11 kreisangehörige Städte und Gemeinden. Städte: Bad Berleburg, Bad Laasphe, Freudenberg, Hilchenbach, Kreuztal, Siegen. Gemeinden: Burbach, Erndtebrück, Netphen, Neunkirchen, Wilnsdorf.

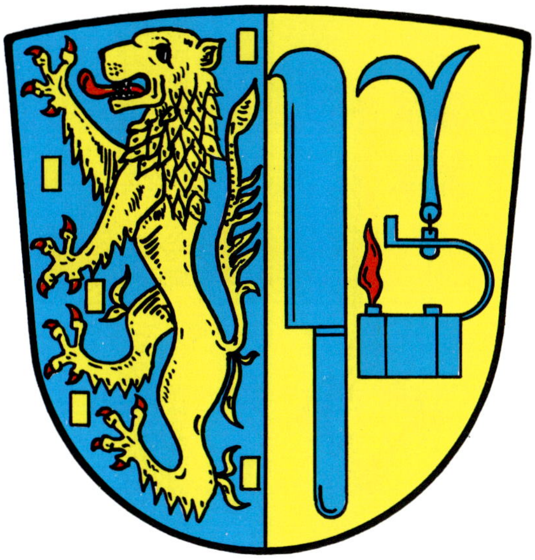

### Wappenbeschreibung

Gespalten: vorne in mit goldenen Schindeln bestreutem blauen Felde ein rot bewehrter goldener Löwe; hinten in Gold nebeneinander ein blaues Knippmesser und eine blaue Grubenlampe mit roter Flamme.

### Historische Entwicklung

Der Kreis Siegen-Wittgenstein in der Südspitze Westfalens ist – in seiner heutigen Form – im Zuge der nordrhein-westfälischen Gebietsreform 1975 entstanden, als die beiden zuvor selbständigen Kreise Siegen und Wittgenstein miteinander vereinigt wurden. Der neue südwestfälische Großkreis führte zunächst den Namen „Kreis Siegen“. Die später vom Landtag beschlossene Namensänderung „Kreis Siegen-Wittgenstein“ trat am 1. Januar 1984 in Kraft. Der Altkreis Siegen war 1815 aus dem früheren Fürstentum Nassau-Siegen hervorgegangen, das Preußen zugeordnet wurde. Der Altkreis Wittgenstein war aus den beiden Grafschaften (zuletzt Fürstentümern) Sayn-Wittgenstein-Berleburg und Sayn-Wittgenstein-Hohenstein entstanden; er wurde 1816 an die preußische Provinz Westfalen angegliedert. Die Geschichte der beiden Teilgebiete Siegerland und Wittgenstein geht bis in prähistorische Zeiten zurück. Schon um 500 v. Chr. wurde im Siegerland in großem Umfang Eisen gewonnen, erschmolzen und verarbeitet. Es ist damit eines der ältesten Industriegebiete Europas. Auch das Wittgensteiner Bergland war um diese Zeit bereits besiedelt. Nach der Eingliederung in den fränkischen Herrschaftsbereich in karolingischer Zeit entstanden in beiden Regionen getrennte Territorialherrschaften, die über viele Jahrhunderte eine weitgehend eigenständige Entwicklung in jedem der beiden benachbarten Gebiete begünstigten. Im Kreiswappen, das am 31. August 1937 genehmigt wurde, deuten die Geräte in der hinteren Schildhälfte auf den Bergbau und die Haubergwirtschaft hin; der Löwe war das Wappentier der Grafen bzw. Fürsten von Nassau.

### Struktur des Kreises – Sehenswürdigkeiten

Zwei Drittel dieses waldreichsten Kreises der Bundesrepublik Deutschland sind von Wäldern bedeckt. Jedoch ist der Kernraum mit dem Oberzentrum Siegen gekennzeichnet durch einen starken Industrie- und Gewerbebesatz, hochentwickelte Infrastruktur, gute Verkehrsverbindungen, vielfältige Bildungsmöglichkeiten, ausgezeichnete Versorgung im Handels- und gesamten Dienstleistungsbereich. Aus der Vereinigung dieser beiden Gegensätze – waldreiche Mittelgebirgslandschaft, die sich vom Westerwald über das Rothaargebirge bis zum Hochsauerland erstreckt, mit hohem Erholungs- und Freizeitwert einerseits, pulsierendem großstädtischen Leben im Kernraum andererseits – ergibt sich für Bürger und Besucher ein hohes Maß an Lebensqualität. Bedeutende Zentren für Kuren und gesundheitliche Rehabilitation sind die beiden Wittgensteiner Heilbäder Bad Berleburg und Bad Laasphe. Zu den besonderen Sehenswürdigkeiten zählen: Museum des Siegerlandes im Oberen Schloß zu Siegen, der Stammburg des Hauses Nassau-Oranien, der „Alte Flecken“ in Freudenberg, ein Fachwerk-Ensemble, das als städtebauliches Denkmal von internationaler Bedeutung gilt, die Schlösser in Bad Berleburg und Bad Laasphe, in Hilchenbach, Kreuztal und Netphen.

Regierungsbezirk: Arnsberg. Einwohner: 266672. Fläche: 1327 km². Einwohner je km²: 201. Kfz-Kennzeichen: SO. Kreisverwaltung: Hoher Weg 1–3, 4770 Soest. Verwaltungsbezirke: 7 Städte (Erwitte, Geseke, Lippstadt, Rüthen, Soest, Warstein, Werl), 7 Gemeinden (Anröchte, Bad Sassendorf, Ense, Lippetal, Möhnesee, Welver, Wickede [Ruhr]).

### Wappenbeschreibung

Gespalten in Silber: vorne ein aufgerichteter roter Schlüssel; hinten ein durchgehendes schwarzes Kreuz, das mit einer fünfblättrigen roten Rose mit goldenem Butzen und goldenen Kelchblättern belegt ist.

### Historische Entwicklung

Der Kreis Soest wurde in seiner heutigen Ausdehnung 1975 im Rahmen der kommunalen Gebietsreform im wesentlichen aus den ehemaligen Kreisen Lippstadt und Soest sowie dem früheren Amt Warstein (ehemals Kreis Arnsberg) geschaffen.
Die Besiedlung dieses Raumes läßt sich in Teilen bis in die Altsteinzeit zurückverfolgen. Jungsteinzeitliche Funde belegen, daß er damals zu den wichtigsten Siedlungsgebieten Westfalens gehört haben muß. Schon im 7. Jh. hatten die Kölner Erzbischöfe Grundbesitz in Soest. Durch Zuerwerb und Schenkung standen schließlich große Teile des heutigen Kreises unter kurkölnischer Herrschaft. 1185 gründete Edelherr Bernhard II. zur Lippe hier die Exklave Lippstadt und damit die älteste Gründungsstadt in Westfalen. Sie wurde 1445 lippisch-klevisch und 1614/66 lippisch-brandenburgisch. Das kurkölnische Herzogtum Westfalen fiel 1803 an Hessen-Darmstadt. Nach der französischen Besetzung (1807/13) gehörte dann das gesamte Gebiet zu Preußen, das 1817 die Landkreise Soest und Lippstadt schuf. – Eine Sonderstellung nahm Soest für sich in Anspruch. Es wuchs in der zweiten Hälfte des 10. Jh. zur ersten Stadt Westfalens heran und gab sich um 1100 ein eigenes Stadtrecht, das vielen anderen Städten zum Vorbild wurde. Soest löste sich in der Fehde (1444/49) von Kurköln, schloß sich an Kleve an und fiel 1666/69 mit Kleve an Brandenburg. Dieser Entwicklung trägt dann auch das Kreiswappen Rechnung, das am 26. Mai 1976 nach einem Beschluß des Kreistages vom Regierungspräsidenten in Arnsberg genehmigt wurde: Soester Schlüssel, Kurkölnisches Kreuz und lippische Rose.

### Struktur des Kreises – Sehenswürdigkeiten

Wechselvoll wie die Geschichte ist auch das Gesicht des Kreises: Münsterländische Parklandschaft im Norden, Nordsauerländer Oberland im Süden und dazwischen der fruchtbare Bereich der Hellwegbörden. Der Kreis Soest ist Standort einer beachtlichen Zementindustrie und bedeutender Werke der Elektrotechnik und Metallverarbeitung. Am Nordhang der Haar wird noch heute der grüne Stein gebrochen, aus dem auch die mittelalterlichen Kirchen dieser Gegend erbaut wurden.
Weit bekannt sind die Möhnetalsperre (mit 10 km² größte Westfalens) und der Naturpark Arnsberger Wald (eines der größten zusammenhängenden Waldgebiete der Bundesrepublik) sowie die Heilbäder Sassendorf, Waldliesborn und Westernkotten. Ungewöhnlich groß ist der Reichtum an kulturell herausragenden Bau- und Kunstdenkmälern, darunter z.B. 19 zum größten Teil erhaltene romanische Kirchen, 17 Wasserburgen und Schlösser und viele Fachwerkhäuser mit reichem Balkenschnitzwerk. Die Stadt Soest ist fast ein Museum für sich, und vier Naturschutzgebiete gehören wegen ihrer ursprünglichen Flora zu den wertvollsten in Westfalen.

Regierungsbezirk: Münster. Einwohner: 379602. Fläche: 1791 km². Einwohner je km²: 212. Kfz-Kennzeichen: ST. Kreisverwaltung: Tecklenburger Straße 10, 4430 Steinfurt, Verwaltungsstelle Tecklenburg: Landrat-Schultz-Straße 1, 4542 Tecklenburg. Verwaltungsgliederung: 10 kreisangehörige Städte (Emsdetten, Greven, Hörstel, Horstmar, Ibbenbüren, Lengerich, Ochtrup, Rheine, Steinfurt und Tecklenburg) und 14 kreisangehörige Gemeinden (Altenberge, Hopsten, Ladbergen, Laer, Lienen, Lotte, Metelen, Mettingen, Neuenkirchen, Nordwalde, Recke, Saerbeck, Westerkappeln und Wettringen).

### Wappenbeschreibung

In Gold ein breiter roter Balken, darauf ein goldener, mit einem roten Schwan belegter Schild; begleitet oben von zwei, unten von einem roten Seerosenblatt.

### Historische Entwicklung

Am 1. 1. 1975 ging der heutige Kreis Steinfurt aus dem bisherigen Kreis Steinfurt, dem Kreis Tecklenburg und dem nördlichen Teil des Kreises Münster mit der Stadt Greven und der Gemeinde Saerbeck hervor. Das am 10. März 1978 genehmigte neue Kreiswappen kombiniert Teile der alten Kreisembleme. Der rote Balken in Gold war das bekannte Zeichen des Hochstiftes Münster und stand in allen drei Kreiswappen. Der jetzige Kreis Steinfurt gehörte früher zum Großteil zum Fürstbistum Münster, in dessen Mitte die erheblich kleinere Grafschaft Steinfurt lag.
Diese geographische Situation wird durch die Anordnung der Bestandteile im neuen Kreiswappen widergespiegelt, denn der Schwan war das Wappentier der Grafschaft seit Anfang des 13. Jh. und stand deshalb im Wappen des Altkreises Steinfurt. Die roten Seerosenblätter waren seit spätestens dem 13. Jh. das Siegelbild der Grafen von Tecklenburg – allerdings auf silbernem Feld. Sie wurden 1934 in das Wappen des Kreises Tecklenburg übernommen. Obwohl es mehrmals Änderungen im Gebietsstand gegeben hatte, waren die auch als „Schröterhörner" bezeichneten Seerosenblätter seit dem Mittelalter als Zeichen der Grafschaft Tecklenburg benutzt worden.

### Struktur des Kreises – Sehenswürdigkeiten

Der am Nordrand der Westfälischen Bucht und im Übergang zum Norddeutschen Tiefland liegende Kreis Steinfurt wird im Süden von den Baumbergen und im Norden und Osten vom Höhenzug des Teutoburger Waldes und seinen Ausläufern geprägt. Ein wesentlicher Wirtschaftszweig ist die Textil- und Bekleidungsindustrie (ein historisches Baudenkmal von Rang: die Textilfabrik in Ochtrup); in Ibbenbüren befindet sich dazu das nördlichste Steinkohlenbergwerk Deutschlands mit der tiefsten Schachtanlage der Welt.
Von den vielen Schlössern und Burgen seien genannt: das Schloß der Fürsten zu Bentheim und Steinfurt in Steinfurt/Burgsteinfurt, die älteste erhaltene und eine der größten Wasserburgen (Rundburg), ferner die Surenburg in Hörstel/Riesenbeck und das Wasserschloß Haus Welbergen in Ochtrup/Welbergen. Das Kreisgebiet besitzt nicht nur viele Naturdenkmale („Brockmöllers dicke Eiche" in Hopsten, Felsengruppe „Dörenther Klippen" [Hockendes Weib] in Ibbenbüren, Felsengruppe „Grafentafel" in Lienen und in Tecklenburg [historischer Ortskern, Burg mit Freilichtbühne, Puppenmuseum] die Felsengruppe „Blücherfelsen", „Heidentempel" und „Hexenküche"), sondern auch bedeutende sakrale Bauten.
Erwähnenswert sind besonders Hörstel (gotische Klosterkirche des ehemaligen Zisterzienserinnenklosters Gravenhorst, spätgotische Pfarrkirche mit Schnitzwerk im OT Bevergern und im OT Riesenbeck die kath. Pfarrkirche [trapezförmige Rheinhildis-Grabplatte, kostbare westf. Bildhauerarbeit, Frühmittelalter]), Ibbenbüren (spätgotische Christuskirche), Lengerich (spätgotische Hallenkirche) sowie die ev. Kirchen im romanisch-spätgotischen Stil in Mettingen, Recke und Westerkappeln. Beeindruckend sind die Megalithgräber „Große Slopsteene" und „Kleine Slopsteene" in Lotte.

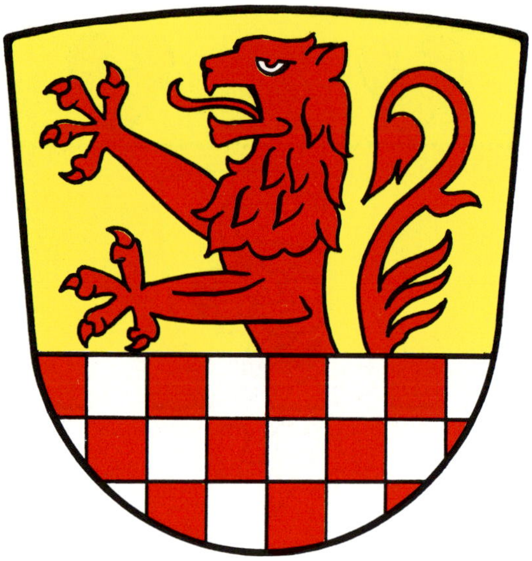

Regierungsbezirk: Arnsberg. Einwohner: 390 195. Fläche: 542,23 km². Einwohner je km²: 720. Kfz-Kennzeichen: UN. Kreisverwaltung: Friedrich-Ebert-Straße 17, 4750 Unna. Verwaltungsgliederung: 8 Städte (Bergkamen, Fröndenberg, Kamen, Lünen, Schwerte, Selm, Unna, Werne) und 2 Gemeinden (Bönen, Holzwickede).

## Wappenbeschreibung

Wachsender roter Löwe auf goldenem Feld über rotsilbern (in drei Reihen) geschachtem Schildfuß.

## Historische Entwicklung

Bis zum Jahre 1901 war die Stadt Hamm Namensgeberin und Sitz des Kreises. Mit diesem Jahre wurde sie Stadtkreis, blieb aber – obwohl nun außerhalb des Kreises liegend – dessen Verwaltungssitz. Erst mit dem 17. Oktober 1930 fand diese Situation ein Ende: Der Verwaltungssitz wurde nach Unna verlegt, und der Kreis nahm diesen Namen an.
Seit 1930 änderte sich die Gestalt des Kreises Unna zweimal. Im ersten Fall berührte die Gebietsreform von 1968 fast ausschließlich die kreisinternen Grenzen: 75 zum Teil kleine und kleinste autonome Gebietskörperschaften wurden zu neuen und leistungsfähigeren Großgemeinden und Städten zusammengeschlossen. Mit der zweiten Neuordnung am 1. 1. 1975 wurden vor allem die äußeren Grenzen des Kreises neu gezogen: Die Gemeinden Pelkum, Rhynern und Uentrop verließen den Kreisverband, während die Städte Schwerte, Lünen, Selm und Werne dem Kreis Unna zugeordnet wurden.
Der neue Kreis Unna behielt das Wappen seines Vorgängers bei, das am 23. Mai 1938 die Genehmigung des damals zuständigen Preußischen Staatsministeriums erlangt hatte. Wegen der früheren, fast vollständigen Zugehörigkeit zur Grafschaft Mark wurde dem Kreiswappen das ältere märkische Wappenmotiv zugrundegelegt.

## Struktur des Kreises – Sehenswürdigkeiten

Der Kreis Unna liegt geographisch fast im Zentrum Nordrhein-Westfalens und bildet eine Brücke vom Münsterland zum Sauerland. Das Siedlungsbild des Kreises ähnelt im westlichen Teil der Ruhrgebietslandschaft, während das nördliche und östliche Kreisgebiet ländlichen Charakter hat. Die frühere Monostruktur des Bergbaus ist zu einer ausgewogenen Wirtschaftsstruktur mit Produktions-, Handels- und Dienstleistungsbetrieben herangewachsen. Nur noch etwa 14 % der Arbeitsplätze sind im Bergbau vorhanden. Das verarbeitende Gewerbe hat inzwischen den größten Anteil, vor allem durch Stahl-, Maschinen- und Fahrzeugbau sowie Eisen- und Metallerzeugung, Gießereien und Stahlverformung. Es folgen Handel und Dienstleistungen, die nicht zuletzt durch die verkehrsgünstige Lage in den letzten Jahren an Bedeutung gewonnen haben. Im Schloß Cappenberg, am Rande des Ruhrgebietes, dessen Anfänge bis ins 11. Jahrhundert zurückgehen und das von 1824 bis 1831 Alterssitz des preußischen Staatsministers Reichsfreiherr Karl von und zum Stein war, bietet der Kreis Unna in Zusammenarbeit mit der Stiftung Preußischer Kulturbesitz Berlin ständige Ausstellungen an. Als bemerkenswerte Baudenkmäler gelten das Schloß Schwansbell in Lünen, das Schloß Heeren in Kamen, die evangelische Stadtkirche in Unna, das Haus Opherdicke in Holzwickede und die St.-Victor-Kirche in Schwerte. Das Alte Rathaus in Werne, die Alte Mühle in Bönen sowie Stiftskirche und Stiftsgebäude in Fröndenberg zeugen davon, daß in einem jungen Kreis Altes bewahrt bleibt. Mehr als 170 km² sind ausgewiesene Landschafts- und Naturschutzgebiete. Sehenswert ist vor allem auch die Emscherquelle in Holzwickede und der Wildpark beim Schloß Cappenberg. Der Cappenberger See, der Ternscher See, der Schwerter Wald und der Bürenbruch sind beliebte Naherholungsgebiete.

Regierungsbezirk: Düsseldorf. Einwohner: 260942. Fläche: 562,45 km². Einwohner je km²: 465. Kfz.-Kennzeichen: VIE. Kreisverwaltung: Rathausmarkt 3, 4060 Viersen. Verwaltungsgliederung: 5 kreisangehörige Städte (Kempen, Nettetal, Tönisvorst, Viersen, Willich) und 4 Gemeinden (Brüggen, Grefrath, Niederkrüchten, Schwalmtal).

## Wappenbeschreibung

Unter silbernem Schildhaupt mit durchgehendem schwarzen Kreuz gespalten: vorne in Gold ein linksgewendeter, rot gezungter schwarzer Löwe; hinten in Blau ein zweigeschwänzter, rot bewehrter goldener Löwe.

## Historische Entwicklung

Die Geschichte hinterließ mit Grabhügeln und Funden der Steinzeit die ersten Spuren; römerzeitliche Straßen und Villen finden sich im Westen des Kreises. Bei dem mittelalterlichen Ringen um die Landesherrschaft gingen drei Territorien in dieser Region als Sieger hervor: das Herzogtum Jülich mit dem Amt Brüggen, das Herzogtum Geldern mit dem Amt Krickenbeck und der Exklave Viersen sowie das Kurfürstentum Köln mit den Ämtern Liedberg, Linn, Kempen und Oedt.
Nach kurzer Zugehörigkeit zu Frankreich gelangte das Gebiet 1815 zu Preußen, zunächst zum Regierungsbezirk Kleve (bis 1822), dann zum Regierungsbezirk Düsseldorf. Mit der Neuregelung des rheinisch-westfälischen Industriegebietes 1929 entstand der Kreis Kempen-Krefeld, der aus den ehemaligen, gleichnamigen Kreisen und aus Teilen des Kreises Geldern im Nordwesten und des Kreises Gladbach im Süden zusammengelegt worden ist. Die letzte Gebietsreform in zwei Abschnitten 1970 und 1975 ließ den jetzigen Kreis entstehen. Die bis dahin kreisfreie Stadt Viersen wurde eingegliedert und gab dem Kreis den neuen Namen. Aus dem Kreis Heinsberg kam die Gemeinde Niederkrüchten hinzu.
Das 1932 und zuletzt am 16. Oktober 1980 genehmigte Kreiswappen, das der Landkreis in einem unten in einer Spitze auslaufendem Schild führt, spiegelt die Gebietszugehörigkeit des Raumes bis zur napoleonischen Zeit wider. Das Kreuz ist das kurkölnische, der schwarze Löwe war das Wappenzeichen der Herzöge von Jülich, der goldene Löwe das der Herzöge von Geldern.

## Struktur des Kreises – Sehenswürdigkeiten

Der am Niederrhein gelegene Kreis ist ein bevorzugtes Naherholungsgebiet mit reizvollen, auch erdgeschichtlich interessanten Landschaften, etwa den Süchtelner Höhlen. Die „Hinsbecker Schweiz" mit den Seen an der Nette oder der Schwalm im internationalen Naturpark Maas-Schwalm-Nette verdienen neben Natur- und Landschaftsschutzgebieten Beachtung.
Hervorragend sind die historischen Ortskerne von Brüggen, Dülken, Kempen und Waldniel, beachtlich die Kirchbauten in Kempen und Niederkrüchten oder die Wallfahrtskirche in Elmpt-Overhetfeld, Kirchen des 19. Jh. in Schwalmtal, Nettetal und Viersen. Neben Burgen und Herrenhäusern in Brüggen, Kempen, Neersen, Vorst und Lobberich sind technische Denkmäler der Industrialisierung des Kreises interessant wie die Windmühlen in Kempen, Tönisvorst und Nettetal oder die Wassermühlen an Niers, Nette und Schwalm. In Kempen sollte man das Städtische Kramer-Museum und das Museum für Niederrheinische Sakralkunst nicht versäumen oder das Jagd- und Naturkundemuseum Burg Brüggen.
75 Prozent der landwirtschaftlichen Nutzfläche sind ackerbaulich genutzt, 6 Prozent für Baumschulen und Obstanbau, der Rest dient als Grünland. In der Wirtschaft bilden Textil und Maschinen- wie Fahrzeugbau Schwerpunkte.

Regierungsbezirk: Münster. Einwohner: 247091. Fläche: 1313,97 km². Einwohner je km²: 188. Kfz.-Kennzeichen: WAF. Kreisverwaltung: Waldenburger Str. 2, 4410 Warendorf 1. Verwaltungsgliederung: 13 kreisangehörige Gemeinden (Ahlen, Beckum, Beelen, Drensteinfurt, Ennigerloh, Everswinkel, Oelde, Ostbevern, Sassenberg, Sendenhorst, Telgte, Wadersloh, Warendorf).

## Wappenbeschreibung

In Rot ein goldener Schrägwellenbalken, begleitet von je einer goldenen Rosette.

## Historische Entwicklung

In seiner heutigen Gestalt ist dieser Kreis noch jung. Der Kreis Warendorf wurde am 1. Januar 1975 im Zuge der kommunalen Gebietsreform in Nordrhein-Westfalen gebildet. Er vereinigt im wesentlichen die beiden ehemaligen Landkreise Beckum und Warendorf sowie Teile der ehemaligen Landkreise Lüdinghausen und Münster. Die bis dahin selbständigen Kreise Warendorf und Beckum konnten auf eine 171jährige Geschichte zurückblicken. Beide Kreise entstanden durch die erste preußische Kreisteilung, die am 1. 1. 1804 in Kraft trat. Interessant ist, daß der gesamte nördliche Teil des jetzigen Großkreises bereits im Jahre 1806 schon einmal im damaligen Kreis Warendorf vereinigt war. Seinerzeit wurden nämlich aus räumlichen Zweckmäßigkeitsgründen die Gemeinden Stadt und Kirchspiel Telgte sowie Ostbevern und Westbevern in den Landkreis integriert. – Das Kreiswappen ist eine Kombination der Wappen der ehemaligen Kreise Beckum und Warendorf. Die Farben Rot und Gold beziehen sich auf die Farben des Fürstbistums Münster, zu dem das Gebiet beider Kreise bis 1803 gehörte. Der Wellenbalken aus dem Beckumer Kreiswappen verweist auf den Wasserreichtum des Beckumer Hügellandes und auf seinen Hauptwasserlauf, die Werse. Die „Sonnenräder" des alten Warendorfer Kreiswappens waren dem Wappen der Familie Vogt von Warendorpe entnommen. Das heraldisch musterhafte neue Kreiswappen wurde am 20. Mai 1976 verliehen.

## Struktur des Kreises – Sehenswürdigkeiten

Der Kreis bietet zwischen Ems und Lippe die großräumige, idyllische Münsterländische Parklandschaft mit einer weitgefächerten Industrie, mittelständischen Handels- und Handwerksbetrieben und einer gesunden Landwirtschaft neben umfassendem Dienstleistungsangebot. Im nördlichen Kreisgebiet dominieren die Textil-, Holz- und Nahrungsmittelindustrie, während im Süden vorwiegend Maschinenbauindustrie, Elektrotechnik und die Industrie der Steine und Erden zu Hause sind.

Von den zahlreichen unverfälschten historischen Bausubstanzen und kulturellen Sehenwürdigkeiten seien beispielsweise genannt die Wasserschlösser Loburg in Ostbevern und Crassenstein in Wadersloh-Diestedde sowie das Doppelschloß Harkotten in Sassenberg-Füchtorf. Der sogenannte „Westfälische Bauerndom" in Warendorf-Freckenhorst, eine fünftürmige Stiftskirche, ist eines der bedeutendsten sakralen Bauwerke im frühromanischen Baustil. Die Heimatmuseen in Wadersloh-Liesborn und Telgte lohnen einen Besuch. Neben der wirtschaftlichen Attraktivität bietet der Kreis auch dem Hobbyurlauber eine breite Palette von Entfaltungsmöglichkeiten, um sich zu betätigen und zu entspannen. Reiten, Wandern, Planwagenfahrten, Plättkesfahrten oder Freizeit auf Bauernhöfen beispielsweise kennzeichnen diese Aktivitäten.

Regierungsbezirk: Düsseldorf. Einwohner: 412636. Fläche: 1042 $km^2$. Einwohner je $km^2$: 396. Kfz-Kennzeichen: WES. Kreisverwaltung: Reeser Landstraße 31, 4230 Wesel. Verwaltungsgliederung: 13 kreisangehörige Gemeinden (Alpen, Dinslaken, Hamminkeln, Hünxe, Kamp-Lintfort, Moers, Neukirchen-Vluyn, Rheinberg, Schermbeck, Sonsbeck, Voerde, Wesel, Xanten).

## Wappenbeschreibung

In Grün eine silberne Kopfweide mit dreizehn belaubten Zweigen und drei Wurzeln.

## Historische Entwicklung

Das neue Wappen gehört sicher zu den ausdrucksstärksten Kreiswappen der Bundesrepublik und nimmt als eines der ersten in seiner Begründung Bezug auf den Umweltschutz. Die Kopfweide gilt als charakteristischer Baum der niederrheinischen Landschaft und soll auf die vielen, in ihrer Natürlichkeit noch erhaltenen Gebiete im Kreis Wesel hinweisen. Das Kreiswappen soll gemäß der offiziellen Begründung ferner den Willen des Kreistages zum Ausdruck bringen, dieses Landschaftsbild zu erhalten, was mit der grünen Schildfarbe hervorgehoben wird. Die drei Wurzelansätze der Kopfweide verweisen auf die früheren Kreise Dinslaken, Moers und Rees, die am 1. 1. 1975 zum Kreis Wesel zusammengeschlossen wurden. Wohlweislich verzichtete das neue Kreisparlament darauf, Bestandteile der ohnehin schon überladenen alten Wappen zu kombinieren, sondern schuf das am 14. Juli 1978 genehmigte, neuartige Sinnbild. Die Verbundenheit des Kreises Wesel mit seinen kreisangehörigen Städten und Gemeinden soll mit den 13 Zweigen des Baumes symbolisch dargestellt werden. Die drei Vorläufer des heutigen Kreises waren alle 1816 im Zuge der Neuordnung des preußischen Staates entstanden. Von ihnen besaß der Kreis Dinslaken die wechselvollste Geschichte, da die Wirtschafts- und Bevölkerungsdynamik des Ruhrgebietes zu häufigen territorialen Veränderungen führte. Auch der Kreis Moers war verschiedenen territorialen Veränderungen unterworfen. Die Grenzen des Kreises Rees waren dagegen seit 1823 konstant geblieben.

## Struktur des Kreises – Sehenswürdigkeiten

Der Kreis Wesel ist der Region Niederrhein des Landes Nordrhein-Westfalen zuzuordnen. Er erstreckt sich beiderseits des Rheins und gilt als Bindeglied zwischen dem Ruhrgebiet und dem ländlichen niederrheinischen Raum bis zu den Niederlanden.

Bergbau (Abbaubetriebe in Dinslaken, Moers, Neukirchen-Vluyn und Kamp-Lintfort) und verarbeitendes Gewerbe dominieren wirtschaftlich im südlichen Teil des Kreises. Von Bedeutung sind auch Maschinen-, Stahl- und Kesselbetriebe, das Steinsalzbergwerk in Rheinberg-Borth (eines der größten Europas) sowie die Chemieindustrie. Daneben spielen – nach Norden zunehmend – Landwirtschaft und hochentwickelte Rinder- und Schweinezucht eine gewichtige Rolle im Wirtschaftsleben. Beidseitig des Rheins dehnen sich große Landschaftsgebiete als Erholungsräume aus. Dabei erhalten Vluynbusch, Bönninghardt, Balberger Wald, der Rheinauen- und Niederterrassenbereich um Xanten, Diersfordter Wald, Dämmerwald, Hünxer- und Hiesfelder Wald, Baerler Busch, Xanten und die Rheinaue Flüren ihre besondere Bedeutung. Der Viktordom, im Altstadtkern Xantens gelegen, birgt ein Meisterwerk des Künstlers Heinrich Douvermann, auch „Riemenschneider des Niederrheins" genannt: den geschnitzten Marienaltar (um 1535). Neben den mittelalterlichen Wehranlagen und dem Amphitheater ist der „Archäologische Park" (Kaiser Trajan gründete die Stadt) sehenswert. Der einstigen Grafenstadt Moers ist es in beachtenswerter Weise gelungen, historische Architektur und neuzeitlichen Komfort in eine gut nachbarschaftliche Beziehung zu setzen. Behutsam wurde die altersschwache Bausubstanz des Altstadtviertels verjüngt, ohne den historisch gewachsenen Charakter zu zerstören.

Altenkirchen (Westerwald)
Westerwaldkreis
Bad Neuenahr-Ahrweiler
Neuwied
Ahrweiler
Montabaur
Mayen-Koblenz
Koblenz
Bad Ems
Rhein-Lahn-Kreis
Daun
Cochem
Cochem-Zell
Rhein-Hunsrück-Kreis
Bitburg-Prüm
Bitburg
Wittlich
Simmern (Hunsrück)
Bernkastel-Wittlich
Mainz-Bingen
MAINZ
Bad Kreuznach
Trier
Trier-Saarburg
Birkenfeld
Alzey
Alzey-Worms
Donnersberg-kreis
Kirchheimbolanden
Worms
Kusel
Frankenthal
Bad Dürkheim
Kaiserslautern
Ludwigshfn a. Rh.
Neustadt a. d. W.
Speyer
Zweibrücken
Pirmasens
Südliche Weinstraße
Landau i.d.Pf.
Germersheim
100 km

HEINZ DREIBUS

# Die Landkreise in Rheinland-Pfalz

Die unterschiedliche historische Entwicklung der Kreise in Rheinland-Pfalz entspricht der Historie des Landes bzw. der verschiedenen Gebietsteile, aus denen im August 1946 das neue Land Rheinland-Pfalz durch Dekret des Zonenbefehlshabers geschaffen wurde, das sich dann am 18. Mai 1947 eine Verfassung gab. Im Schwerpunkt waren es frühere preußische – nördlich der Nahe gelegene – Gebietsteile, aus denen, neben dem ehemaligen hessen-darmstädtischen Rheinhessen und der vormals bayerischen Pfalz unter Hinzunahme des vorher zu Oldenburg gehördenden Birkenfelder Bereichs das neue Land Rheinland-Pfalz nach dem Zweiten Weltkrieg gebildet wurde. Die Landkreise in den ehemals preußischen Gebietsteilen sind in ihrer konkreten räumlichen Gestaltung, die sie zum Teil bis ins 20. Jahrhundert behielten, auf das Jahr 1816 zurückzuführen, als damals das bisherige Generalgouvernement des Mittel- und Niederrheins in sechs Regierungsbezirke und anschließend dann die Regierungsbezirke in Kreise untergliedert wurden. Die Kreise im ehemals hessen-darmstädtischen Gebietsteil Rheinhessen gehen auf ein entsprechendes Großherzogliches Edikt aus dem Jahre 1835 zurück. Hingegen kann man die Geburtsstunde der pfälzischen Landkreise wohl im Jahre 1818 sehen, in denen das „königlich-bayerische Gebiet auf dem linken Ufer des Rheins", wie die heutige Pfalz damals hieß, durch ein Königliches Reskript in Landkommissariate aufgeteilt wurde.

Die wohl bedeutsamste Veränderung des Gebietszuschnitts der Kreise im Bereich des heutigen Landes Rheinland-Pfalz seit ihrer Gründung erfolgte dann in der *Kreisreform*, die im Jahre 1969 durch das „Dritte Landesgesetz über die Verwaltungsvereinfachung" eingeleitet und im Jahre 1974 abgeschlossen wurde: Die Zahl von ursprünglich 39 *Landkreisen* in Rheinland-Pfalz ist durch diese Reform auf insgesamt 24 reduziert worden. In diesen 24 Kreisen leben fast drei Viertel der Einwohner des Landes; 95 Prozent der Fläche des Landes Rheinland-Pfalz wird von den Landkreisen umfaßt. Durchschnittlich 110000 Einwohner und 95 Gemeinden umfaßt der rheinland-pfälzische Kreis, wobei die Durchschnittsfläche rd. 780 km² beträgt.

Der einwohnermäßig größte Kreis in Rheinland-Pfalz ist der Landkreis Mayen-Koblenz mit knapp 190000 Einwohnern, der kleinste der Landkreis Daun in der Eifel mit nicht ganz 60000 Einwohnern. Flächenmäßig der größte Kreis in Rheinland-Pfalz ist der Kreis Bitburg-Prüm mit rd. 1600 km², während der flächenmäßig kleinste Kreis der Landkreis Ludwigshafen mit etwas über 300 km² ist.

Die Verfassung der rheinland-pfälzischen Landkreise kann man wie folgt kurz skizzieren: Die Kreise sind *Gebietskörperschaften mit dem Recht auf Selbstverwaltung;* sie gehören – ebenso wie die Gemeinden und Städte – in die große Familie der kommunalen Selbstverwaltung.

Oberstes Organ der Kreise ist der *Kreistag*, der auf fünf Jahre von den Kreiseinwohnern gewählt wird. Die Zahl der Kreistagsmitglieder beträgt je nach der Größe des Kreises 33 bis 49. Der Kreistag beschließt über alle Selbstverwaltungsangelegenheiten des Landkreises, soweit nicht der Landrat oder der *Kreisausschuß*, ein Pflichtausschuß, zuständig ist.

Als weiteres Organ des Kreises ist der *Landrat* zu nennen, der Landesbeamter ist und auf 10 Jahre gewählt wird; die vor dem 1. Januar 1983 bestellten Landräte sind noch Lebenszeitbeamte. Die Bestellung des Landrates erfolgt zunächst kommissarisch durch den Ministerpräsidenten nach Anhörung des Kreisausschusses; die endgültige Bestellung bedarf der Zustimmung der Mehrheit der Kreistagsmitglieder. Der Landrat leitet die Kreisverwaltung. Er ist aber auch Vorsitzender des Kreistags, des Kreisausschusses und der weiteren Ausschüsse, allerdings ohne Stimmrecht.

Die Kreisverwaltung in Rheinland-Pfalz ist sowohl *kommunale Behörde* der Gebietskörperschaft Landkreis als auch gleichzeitig untere Behörde der allgemeinen Landesverwaltung, also auch *staatliche Behörde.* Der Landrat ist nach einer ausdrücklichen Regelung in der Landkreisordnung auch Vertreter der Landesregierung im Landkreis und hat diese über alle für die Regierung wichtigen Vorgänge im Kreis zu unterrichten.

Entsprechend dem Doppelcharakter der Kreisverwaltung als kommunale und staatliche Behörde nimmt diese auch eine entsprechende differenzierte Aufgabenpalette wahr: Aufgaben der kommunalen Selbstverwaltung erfüllen der Kreis und die Kreisverwaltung zum Beispiel im schulischen und kulturellen Bereich, u.a. als wichtiger Schulträger, etwa von Berufsschulen, Gymnasien, Realschulen und Sonderschulen, weiterhin auf dem Gebiet der Weiterbildung, im Sozialwesen, in der Jugendhilfe, im Krankenhauswesen, im Kreisstraßenbau und in der Abfallbeseitigung sowie durch die Trägerschaft vieler Kreiseinrichtungen, wie z.B. im Bereich des Fremdenverkehrs, der Musikschulen, des Spar- und Kreditwesens (Gewährträgerschaft für die Sparkassen), der Wasserversorgung, der Schülerbeförderung, des Katastrophenschutzes und des überörtlichen Brandschutzes und vieler weiterer Aufgaben.

Als untere staatliche Verwaltungsbehörde nimmt die Kreisverwaltung eine Vielzahl staatlicher Funktionen wahr, wie etwa die Aufgaben der unteren Landesplanungsbehörde, der unteren Straßenverkehrsbehörde einschließlich der Kraftfahrzeugzulassung, weiterhin Aufgaben der Kommunalaufsicht und der überörtlichen Gemeindeprüfung, der Bußgeldstelle, polizeiliche Aufgaben im weitesten Sinne – und zwar den gesamten

Vollzugspolizeibereich sowie eine Reihe verwaltungspolizeilicher Funktionen –, Aufgaben im Bereich des Ausländer-, Personenstands- und Staatsangehörigkeitswesens sowie bei der zivilen Verteidigung, der Bauaufsicht, der Genehmigung der Bauleitpläne der kreisangehörigen Gemeinden, Kompetenzen im Denkmalschutz, der unteren Wasserbehörde und der unteren Landwirtschaftsbehörde, weiterhin u.a. Aufgaben auf dem Gebiet des Veterinärwesens und der Lebensmittelüberwachung.

Die Landkreise finanzieren ihre Aufgaben mit Einnahmen aus Steuern (Grunderwerbs-, Jagd- und zum Teil auch Schankerlaubnissteuer); die Steuereinnahmen betragen jedoch nur rd. 4 Prozent der Kreiseinnahmen in Rheinland-Pfalz. Weitere Einnahmen der Kreise sind die Gebühren (beispielsweise für die Baugenehmigung, Kraftfahrzeugzulassung und Abfallbeseitigung), die insgesamt etwa 44 Prozent der Finanzmittel zusammen mit sonstigen kleineren Einnahmen ausmachen. Ein wichtiger Einnahmeposten bei den Kreisen sind die staatlichen Zuweisungen im Rahmen des Finanzausgleichs sowie staatliche Zuweisungen für spezielle Investitionen, die zusammen ungefähr 22 Prozent betragen. Aus Krediten werden im Schnitt rd. 12 Prozent der Kreiseinnahmen finanziert.

Einen Schwerpunkt bei den Kreiseinnahmen stellt die von den Gemeinden zu leistende und jährlich vom Kreistag festzusetzende Kreisumlage dar, die im Schnitt rd. 23 Prozent der Kreiseinnahmen ausmacht.

**Landkreistag Rheinland-Pfalz – Deutschhausplatz 1 – 6500 Mainz 1**

Regierungsbezirk: Koblenz. Einwohner: 110921. Fläche: 787 km². Einwohner je km²: 141. Kfz-Kennzeichen: AW. Kreisverwaltung: Wilhelmstraße 24–30, 5483 Bad Neuenahr-Ahrweiler. Verwaltungsgliederung: 8 kreisangehörige Gemeinden (Städte Bad Neuenahr-Ahrweiler, Remagen, Sinzig; Verbandsgemeinden Adenau, Altenahr, Bad Breisig, Brohltal; Gemeinde Grafschaft).

### Wappenbeschreibung

Geviert: 1 in Silber ein durchgehendes schwarzes Kreuz, 2 in Gold ein rot bewehrter schwarzer Adler, 3 in Gold ein rot bewehrter schwarzer Löwe, 4 in Grün ein silberner Schrägwellenbalken.

### Historische Entwicklung

Der Vinxtbach im südlichen Kreisgebiet, der bereits die Grenze zwischen den römischen Provinzen Germania inferior und Germania superior darstellte, schied in der fränkischen Zeit auch die Rheinfranken (Ahr- und Eifelgau) und die Moselfranken (Mayfeldgau) voneinander und wurde so mitbestimmend für die Grenzziehung zwischen den Bistümern Köln und Trier. Die in diesem Gebiet umfangreichen Königsgüter bzw. Fiskalbezirke bildeten nach ihrem Verfall die Grundlage verschiedener kleinerer Adelsherrschaften, so daß in diesem Grenzgebiet zwischen den geschlossenen Territorien von Kurköln und Kurtrier bis 1797 eine starke territoriale Zersplitterung herrschte, der die einrückenden Revolutionsheere ein Ende bereiteten. Im Kreiswappen, das bereits seit dem 5. Juli 1927 geführt wird und damit zu den ältesten deutschen Landkreiswappen zählt, illustriert das Kreuz die mehr als 600jährige Zugehörigkeit des Ahrtales zum Bistum und Kurfürstentum Köln. Daneben erinnert der Adler an die Grafen von Are, die vor Kurköln im Ahrgau geherrscht hatten. Der jülich-bergische Löwe weist darauf hin, daß Jülich vom Ausgang des Mittelalters bis zum Ende des 18. Jh. an der unteren Ahr und am Rhein Landesherr war. Der heraldische Wellenbalken symbolisiert die Rheinprovinz, zu der der Kreis Ahrweiler seit seiner Entstehung von 1816 bis 1945 gehörte. Im Jahre 1932 wurde das Kreisgebiet um große Teile des aufgelösten Kreises Adenau vergrößert. Die Gebietsreform von 1970 führte dem Kreis Ahrweiler 12 Gemeinden des aufgelösten Kreises Mayen zu.

### Struktur des Kreises – Sehenswürdigkeiten

Unmittelbar in Nachbarschaft zur Bundeshauptstadt Bonn gelegen, bildet der Landkreis Ahrweiler den nördlichsten linksrheinischen Kreis des Landes Rheinland-Pfalz. Die landschaftliche Schönheit der Region um Eifel, Ahr und Rhein beschert dem Kreis alljährlich Hunderttausende von Feriengästen. In der Nähe der „Hohen Acht“, der mit 747 m höchsten Erhebung der Eifel, befindet sich die bekannte Autorennstrecke des Nürburgrings mit dem Rennsportmuseum. Die anschließende Vulkaneifel ist nicht nur durch zahlreiche Vulkankegel, sondern ebenfalls durch die Maare (kreisrunde Seen als Reste vulkanischer Sprengtrichter) gekennzeichnet. An den Ufern des größten Maares, des Laacher Sees, liegt die ehrwürdige Benediktinerabtei Maria Laach. Vom Rolandsbogen im Rheintal hat man einen hervorragenden Blick zum Drachenfels und auf die Stadt Bonn. Schlösser, Burgen und Ruinen führen die Vergangenheit vor Augen, so z. B. die Ruinen Nürburg und Olbrück, die Burg Rheineck oder das Kloster Nonnenwerth. Wein- und Winzerfeste wie auch die „Ahr-Rotweinstraße“ erinnern daran, daß man sich in Deutschlands größtem zusammenhängenden Rotweinanbaugebiet aufhält. Die Weinstuben des mittelalterlichen Ahrweiler (mit vollständig erhaltener Stadtmauer), im romantischen Altenahr, aber auch im Kurort Bad Neuenahr bekräftigen diesen Eindruck.

Regierungsbezirk: Koblenz. Einwohner: 121134. Fläche: 642 km². Einwohner je km²: 189. Kfz-Kennzeichen: AK. Kreisverwaltung: Parkstraße 2, 5230 Altenkirchen. Verwaltungsgliederung: 8 Verbandsgemeinden (Altenkirchen, Betzdorf, Daaden, Flammersfeld, Gebhardshain, Hamm, Kirchen, Wissen) mit 119 Ortsgemeinden und die verbandsfreie Stadt Herdorf.

### Wappenbeschreibung

Gespalten durch eine eingebogene silberne Spitze, darin ein durchgehendes, von Schwarz und Rot geschliffenes Kreuz; vorne in Rot ein doppelschweifiger, herschauender, blau bewehrter goldener Löwe, hinten in Gold ein aufrechter schwarzer Maueranker.

### Historische Entwicklung

Vor der territorialen Neuordnung zu Beginn des 19. Jh. gehörte der größte Teil des in der Gebietsreform der 60er Jahre unangetastet gebliebenen Kreises zur Grafschaft Sayn-Hachenburg, die im 12. Jh. aus der Gaugrafschaft des Auelgaues erwachsen war. Das Wappentier dieser Landesherrschaft war der herschauende Löwe (in der Heraldik werden hersehende Löwen auch als „Leoparden" bezeichnet). Der Maueranker verweist auf die Herren von Wildenburg, die 1418 ausstarben; ihre Besitzungen wechselten durch Erbschaft an die Grafen (später Fürsten) von Hatzfeld. Eine gelungene Kombination des schwarzen Kreuzes in Silber der Erzbischöfe von Köln und des roten Kreuzes in Silber der Erzbischöfe von Trier erinnert im Kreiswappen (genehmigt am 11. Dezember 1967) an deren Ämter. Kurköln besaß seit 1281 Burg und Amt Schönstein und ab 1325 auch die Burg Burglahr. Kurtrier hatte in der ersten Hälfte des 14. Jh. die Lehnshoheit über die Kirchspiele Horhausen und Peterslahr erlangt; zeitweise hatte es das Amt Freusburg inne. 1815 fielen alle beschriebenen Gebiete an das Königreich Preußen, und am 14. Mai 1816 wurde der Landkreis Altenkirchen durch Beschluß der Königlichen Regierung des Bezirks Koblenz gebildet.

### Struktur des Kreises – Sehenswürdigkeiten

Der etwa in der Mitte der Bundesrepublik Deutschland gelegene Kreis Altenkirchen im Westerwald ist bekannt für seine Wandermöglichkeiten und Sehenswürdigkeiten. Bedeutend sind das Schloß Crottorf, eine Wasserburg des 16. Jh., und das Schloß Friedewald, für dessen Fassade das Heidelberger Schloß als Vorbild diente. Etwas nördlich von Friedewald befindet sich das Naturschutzgebiet auf dem Schimmerich (493 m).
Im südlichen Teil des Kreises liegt der Ort Mehren mit seinen historischen Fachwerkhäusern. Etwa 10 km südlich erhebt sich die Ruine der Burg Lahr, wo sich schon zu romanischer Zeit eine Burganlage befand. An der westlichen Kreisgrenze liegt Hamm/Sieg, der Geburtsort des Genossenschaftsgründers Friedrich Wilhelm Raiffeisen, wo das Raiffeisenmuseum über dessen Wirken informiert. Als Ausflugsort beliebt ist das ehemalige Franziskanerkloster von 1666 in Marienthal bei Hamm. Weiter östlich an der Sieg liegt der Druidenstein, eine sagenumwobene mächtige Pyramide aus säulenartigem Basalt. An der Sieg steht auch die Freusburg, die erstmals 1048 urkundlich erwähnt ist und heute als Jugendherberge dient. In Herdorf-Sassenroth hat der Kreis, in dem der Erzbergbau eine lange Tradition hat, ein Bergbaumuseum eingerichtet.
Weitere Auskünfte über diesen waldreichen Landkreis gibt der Verkehrsverein Raiffeisenland im Westerwald, Postfach 1407, 5230 Altenkirchen.

Regierungsbezirk: Rheinhessen-Pfalz. Einwohner: 98000. Fläche: 588 km². Einwohner je km²: 165. Kfz-Kennzeichen: AZ. Kreisverwaltung: Ernst-Ludwig-Straße 42, 6508 Alzey 1. Verwaltungsgliederung: 6 Verbandsgemeinden (Alzey-Land, Eich, Monsheim, Westhofen, Wöllstein, Wörrstadt) 2 verbandsfreie Städte (Alzey, Osthofen).

### Wappenbeschreibung

Im geteilten Schild oben ein nach rechts liegender roter Drachen in Gold mit erhobener rechter Pranke, unten eine schräglinks liegende goldene Fiedel in Rot.

### Historische Entwicklung

Mit der Römerzeit, in der das Land eine dauerhaft vom Osten her bedrohte Grenzprovinz war, trat der heute rheinhessische Raum in die Geschichtsschreibung. Die fränkische Landnahme am Ende der Völkerwanderungszeit bedeutete eine planmäßige Besiedlung des Mittelrheingebietes im 6. und 7. Jh. Das Gebiet zwischen Rhein und Donnersberg war im Mittelalter politisches Aktionsfeld der Salier (dt. Könige 1024 – 1125) und der Bischöfe von Worms; damit verband sich das Vordringen der Pfalzgrafen. Der Wormser Bauernaufstand vom Winter 1431/32 stellte einen Vorläufer der Bauernkriege dar. Mit dem Ende des 16. Jh. dominierte hier die Kurpfalz eindeutig, obwohl ihr Territorium nicht geschlossen war. Not und Elend des Dreißigjährigen Krieges fanden in diesem Raum ihre Fortsetzung in den unheilvollen Pfälzer Erbfolgekriegen, die König Ludwig XIV. von Frankreich (1643 – 1715) entfesselt hatte. Nach den Wirren der napoleonischen Ära kam der Landstrich zu Hessen-Darmstadt. Erst 1969 entstand der Landkreis Alzey-Worms in seinen heutigen Grenzen. In seinem Wappen (Genehmigung am 25. Januar 1970), in dem in klarer und ansprechender Form die heraldische Konzeption der „verwechselten Farben" zum Tragen kommt, vermied der Landkreis eine (leider oft festzustellende) Überladung mit Symbolen und griff auf den traditionellen Wormser Drachen zurück (Sinnbild des Drachentöters Siegfried im Nibelungenlied; Motiv auf Wormser Münzen). Die Fiedel weist auf den Fiedler Volker der Nibelungensage hin und steht auch im Wappen der Stadt Alzey.

### Struktur des Kreises – Sehenswürdigkeiten

Inmitten des Weinparadieses Rheinhessen erstreckt sich zwischen den Städten Mainz, Worms, Alzey und Bingen der Kreis Alzey-Worms. In der sonnenreichen Gegend des Wonnegaues und des Alzeyer Hügellandes wächst eine Vielzahl von Weinen (u. a. Müller-Thurgau, Silvaner, Kanzler, Scheurebe). Die „Rheinhessische Schweiz", die Rheinauen und der Eicher See bei Worms stehen in reizvollem Kontrast zu den von Weinbergen bestimmten Landstrichen. Das malerische Städtchen Alzey blickt auf eine 1750jährige Geschichte. Zeugnisse aus der Römerzeit: der Nymphenaltar, die Bronzestatue des Gottes Merkur und Reste der Grundmauern des alten Kastells. Weitere historische Funde sind im Museum der Stadt zusammengetragen. Volker von Alzey besang im Nibelungenlied im Mittelalter den Ort. An ihn erinnert am Fischmarkt der „Volkerbrunnen". Hof und Burg Alzey (sehenswert) wurden zur Geburtsstätte der Kurpfalz (Mittelalter). Beim Rundgang durch die Stadt fallen die gut erhaltenen Fachwerkhäuser am Fisch- und Roßmarkt, das im Renaissancestil 1586 erbaute Rathaus und die Burg-Schloß-Anlage ins Auge. Aber auch die in der gesamten Gegend verstreuten Orte mit ihren schmucken Häusern und alten Kirchen laden zum Verweilen ein.

Regierungsbezirk: Rheinhessen-Pfalz. Einwohner: 117819. Fläche: 594,91 km². Einwohner je km²: 198. Kfz-Kennzeichen: DÜW. Kreisverwaltung: Philipp-Fauth-Straße 11, 6702 Bad Dürkheim. Verwaltungsgliederung: 3 verbandsfreie Städte und Gemeinden (Bad Dürkheim, Grünstadt, Haßloch) und 6 Verbandsgemeinden (Deidesheim, Freinsheim, Grünstadt-Land, Hettenleidelheim, Lambrecht, Wachenheim).

### Wappenbeschreibung

Durch einen mit zwei blauen, grün gestielten Trauben mit grünen Blättern belegten silbernen Pfahl gespalten: rechts in Schwarz ein linksgewendeter, rot bewehrter goldener Löwe; links in Blau ein rot bewehrter silberner Adler.

### Historische Entwicklung

Schon seit der frühen römischen Kaiserzeit kennt man eine großräumige Gliederung des Gebietes im Dreieck zwischen Rhein, Haardtgebirge und Speyerbach, das etwa im 7. Jh. als Wormsgau im Norden und Speyergau im Süden zum Ostfränkischen Reich Ludwigs des Deutschen gehörte. Hier verfügte im 12. Jh. Konrad von Hohenstaufen über ein fest umrissenes Hoheitsgebiet, während die salischen Kaiser um 1000 das Erbe des Speyergaus übernahmen. Später beherrschten die Grafen von Leiningen mit ihren „Ämtern" den nördlichen Teil des heutigen Landkreises, während der südliche Teil von den kurpfälzischen Landesherren regiert wurde. Das zunächst von den Franzosen und nach dem Wiener Kongreß vom Königreich Bayern verwaltete Territorium gliederte sich im Norden in den ehemaligen Landkreis Frankenthal und im Süden in den ehemaligen Landkreis Neustadt.
Im Zuge der Verwaltungsreform in Rheinland-Pfalz wurde 1969 der heutige Landkreis Bad Dürkheim gebildet. Noch heute erinnert das Kreiswappen an die beiden größten Landesterritorialherren, wobei der Adler das Geschlecht der Leininger und der Löwe die kurpfälzischen Landesfürsten beschreibt. Das neue Wappen wurde am 22. Januar 1973 verliehen.

### Struktur des Kreises – Sehenswürdigkeiten

Entlang der Mittelhaardt durchzieht die Deutsche Weinstraße nahezu 30 km lang den Landkreis, der mit weit bekannten Weinlagen und Weinstädten sein Charakteristikum besitzt. Deidesheim zieht alljährlich am Dienstag nach Pfingsten mit der Geißbockversteigerung viele Fremde an, aber auch Wachenheim hat mit seinem Hochwildschutzpark Kurpfalz eine Attraktion für die Wanderfreunde. Das historische Freinsheim mit seinen Türmen und einer malerischen Stadtmauer ist ebenso zu nennen wie Bad Dürkheim mit seinem Heilbad und dem als Speisegaststätte ausgebautem Riesenfaß mit einem Fassungsvermögen von 1700000 Litern. Dürkheim bietet jährlich das größte Weinfest der Welt, den bekannten „Wurstmarkt" und ein Spielkasino. Die westliche Hälfte des Landkreises gehört zum Naturpark Pfälzerwald, dem größten zusammenhängenden Waldgebiet der Bundesrepublik. Hier erheben sich Burg Altleiningen, die Burgruine Neuleiningen, Klosterruine Limburg, die Burgruine Hardenburg, Schloßeck und Battenberg.
Außerhalb seit der Gebietsreform des Kreises, aber in dessen Eigentum auf Neustadter Gemarkung: das Hambacher Schloß, auf dem 1832 das „Hambacher Fest" stattfand. Das zur 150-Jahrfeier durch die Landesregierung Rheinland-Pfalz und den Landkreis Bad Dürkheim aus- und umgebaute Schloß gilt als „Wiege der deutschen Demokratie"; es ist heute mit einem Museum (Dauerausstellung) als nationale Gedenk- und exklusive Tagungsstätte ein Anziehungspunkt für jährlich über 200000 Besucher.

Regierungsbezirk: Koblenz. Einwohner: 144 859. Fläche: 863,63 $km^2$. Einwohner je $km^2$: 168. Kfz-Kennzeichen: KH. Kreisverwaltung: Salinenstraße 47, 6550 Bad Kreuznach. Verwaltungsgliederung: 2 verbandsfreie Städte (Kirn und große kreisangehörige Stadt Bad Kreuznach), 8 Verbandsgemeinden (Bad Kreuznach, Bad Münster a. St.-Ebernburg, Kirn-Land, Langenlohnsheim, Meisenheim, Rüdesheim, Sobernheim, Stromberg) mit insgesamt 117 Ortsgemeinden und Städten.

### Wappenbeschreibung

Geteilt: oben in Schwarz ein wachsender, rot gekrönter und rot bewehrter goldener Löwe, unten in vier Reihen geschachtelt in Blau und Gold.

### Historische Entwicklung

Als klimatisch begünstigter Raum wurde das Kreisgebiet bereits in der Jungsteinzeit stärker besiedelt. Die keltisch-germanische bäuerliche Kultur wurde lange von den Römern überprägt, die auch den Weinbau an die untere Nahe brachten. Eine geschlossene Besiedlung des Raumes erfolgte in der fränkischen Zeit. Die eigentliche Geburtsstunde des Kreises fiel auf den 14. 5. 1816. Der Kreis umfaßte damals nur 9 Bürgermeistereien mit 56 Gemeinden und rund 30 000 Einwohnern. Im gleichen Jahr wurde das Kreisgebiet im Rahmen einer Kreisrevision erweitert. Durch eine Neugliederung der Landkreise im Jahr 1932 wurde der Kreis Meisenheim mit 3 Ämtern, 25 Gemeinden und rund 13 000 Einwohnern mit dem Kreis Kreuznach (erst mit der Gebietsreform wurde der Zusatz „Bad“ in den Kreisnamen übernommen) vereinigt. Die neue Gebietskörperschaft zählte nun 107 Gemeinden und hatte eine Einwohnerzahl von rund 100 000. Aus der Verwaltungsreform 1969/70 ging der Landkreis Bad Kreuznach gestärkt hervor. Die Einwohnerzahl des Kreises erhöhte sich hierdurch auf 147 000. Der Kreis Bad Kreuznach ist heute als einer der größten und wirtschaftlich bedeutendsten Landkreise im Herzen des Bundeslandes Rheinland-Pfalz eine leistungsfähige Gebietskörperschaft. Das Kreiswappen wurde am 13. September 1939 von dem damals zuständigen Preußischen Staatsministerium genehmigt. Der Löwe symbolisiert die ehemals kurpfalz-bayerischen Gebietsanteile, der untere Schildteil die früheren Besitzungen der Vorderen Grafschaft Sponheim.

### Struktur des Kreises – Sehenswürdigkeiten

Dank der landschaftlichen Vorzüge, der vielen kulturgeschichtlichen Sehenswürdigkeiten, des Waldreichtums und des milden, regenarmen Klimas gewinnt das Kreisgebiet unter der touristischen Bezeichnung „Naturparadies Nahe-Hunsrück“ immer größere Bedeutung. Das Territorium wird durch das Nahetal, Berg- und Hügelländer im Süden und den zum Hunsrück gehörenden Soonwald im Norden geprägt. Über ein Drittel der Kreisfläche ist bewaldet. Die Wirtschaft des Kreises ist vor allem vom produzierenden Gewerbe und hier speziell durch die vielfältigen Industriezweige und das Dienstleistungsgewerbe geprägt. Von Bedeutung ist auch der Weinbau. Mit über 5500 ha Rebfläche gehört der Kreis Bad Kreuznach zu den größten weinbautreibenden Kreisen. Von den 119 Gemeinden sind über 50 Prozent Weinbaugemeinden. Die vier Heilbäder und Kurorte Bad Kreuznach (Kongreßstadt, ältestes Radon-Solbad), Bad Münster a. St.-Ebernburg (Thermal-Sole-Radonbad), Sobernheim (Felkekurort) und Stromberg (Luftkurort) stehen stellvertretend für den Ruf des Kreises als bedeutendes Kur- und Erholungsgebiet. 27 Städte und Gemeinden sind als Fremdenverkehrsgemeinden bzw. Erholungsorte anerkannt.
Besondere Sehenswürdigkeiten: Bad Kreuznach (Brükkenhäuser an der Nahe, Kureinrichtungen, Salinental); Bad Münster a. St.-Ebernburg (Kureinrichtungen, Rheingrafenstein, Rotenfels und Ebernburg); Kirn (Gewerbezentrum mit schmucker Altstadt); Sobernheim (Felkekurort, Freilichtmuseum); Meisenheim (historische Altstadt).

Regierungsbezirk: Trier. Einwohner: 106762. Fläche: 1177 km². Einwohner je km²: 91. Kfz-Kennzeichen: WIL. Kreisverwaltung: Kurfürstenstraße 16, 5560 Wittlich. Verwaltungsgliederung: 106 Ortsgemeinden in 7 Verbandsgemeinden (Bernkastel-Kues, Kröv-Bausendorf, Manderscheid, Neumagen-Dhron, Thalfang, Traben-Trarbach und Wittlich-Land), 2 verbandsfreie Gemeinden (Einheitsgemeinde Morbach, Stadt Wittlich).

### Wappenbeschreibung

Unter silbernem Schildhaupt mit durchgehendem roten Kreuz eine eingebogene, aufsteigende, von Rot und Silber geschachte Spitze; rechts in Gold ein roter Krebs, links in Rot zwei aufrechte silberne Schlüssel, deren Schließblätter halb aufeinander gelegt sind.

### Historische Entwicklung

Zahlreiche Ortsnamen, besonders an der Mosel, bezeugen eine zusammenhängende Besiedlung in vorrömischer Zeit durch die keltischen Treverer. Aus der römischen Herrschaftsepoche von 50 v. Chr. bis ins 5. Jh. ist insbesondere das Kastell Kaiser Konstantin I. des Großen (306 – 337) in Noviomagus (Neumagen) zu nennen. Damals gehörte das Kreisgebiet zur Provinz Belgica prima, in der darauffolgenden fränkisch-karolingischen Ära überwiegend zum Moselgau. Vom Mittelalter bis zur Zeit der französischen Besetzung Ende des 18. Jh. war das jetzige Kreisgebiet in viele Territorien zersplittert. Das am 21. Dezember 1971 genehmigte Kreiswappen kündet davon. Bereits die bis 1969 bestehenden Vorgängerkreise Wittlich und Bernkastel zeigten ähnliche Wappenbestandteile. Auf den dominierenden Einfluß des Erzbistums Trier verweist das Trierer Kreuz im Schildhaupt. Die beiden Schlüssel erinnern an das Wappen der Stadt Wittlich. In Bernkastel-Kues wurde 1401 der bedeutende Kardinal Nikolaus von Kues (latinisiert: Nicolaus Cusanus) geboren, der eigentlich den Familiennamen Chrypffs (Krebs) trug. An ihn erinnert der rote Krebs im Wappenschild. Der rot-silberne Schach nimmt Bezug auf die Zugehörigkeit von Traben-Trarbach zur Grafschaft Sponheim.

### Struktur des Kreises – Sehenswürdigkeiten

Der Landkreis Bernkastel-Wittlich reicht im Nordwesten über die vulkanische Moseleifel bis an die Kyllburger Waldeifel und erstreckt sich im Südosten über die Höhen des Mosel-Hunsrücks bis in den Hoch- und Idarwald mit dem Erbeskopf (818 m ü. NN) als höchste Erhebung in Rheinland-Pfalz.

Das Zentrum des Kreises bilden das mittlere Moseltal mit seinen vielen Tälern und die fruchtbare Wittlicher Senke. Überdurchschnittlich hoch ist der Waldbestand (ca. 47,5 %) des Kreisgebietes, das in der Eifel ein besonderes Naturereignis aufweisen kann: den Mosenberg, den einzigen Bergkratersee nördlich der Alpen. Als „Perle der Eifel“ wird Manderscheid mit seiner Ober- und Niederburg bezeichnet. Weitere Anziehungspunke sind das Heimatmuseum, die Zisterzienserabtei in Himmerod, die Wallfahrtskirche Maria Heimsuchung in Klausen, das Karmelitenkloster Springiersbach in Bengel sowie in Wittlich das Rathaus, die Synagoge und das Völkerkundemuseum St. Paul in Wengerohr. Die Romantik einer bedeutenden Weinbauregion strahlen die Städte und Dörfer entlang der Mosel aus.

Sehenswert sind in Bernkastel-Kues die Burg Landshut, das St.-Nikolaus-Hospital, das Cusanus-Geburtshaus und das Mosel-Weinmuseum, in Neumagen-Dhron das Heimatmuseum und berühmte Weinschiff, in Traben-Trarbach das Mittel-Mosel-Museum, die Brückentorgalerie und das „lebende Ikonen-Zentrum“ (Kautenbach), in Enkirch die Heimatstuben sowie im Hunsrück das Schloß Dhronecken, St. Paulin in Bischofsdhron, die Burgruine Baldenau in Hundheim und in Thalfang die evangelische Kirche.

Regierungsbezirk: Koblenz. Einwohner: 86380. Fläche: 797 km². Einwohner je km²: 108. Kfz-Kennzeichen: BIR. Kreisverwaltung: Schloßallee 11, 6588 Birkenfeld. Verwaltungsgliederung: 4 Verbandsgemeinden (Baumholder, Birkenfeld, Herrstein, Rhaunen) und die große kreisangehörige Stadt Idar-Oberstein.

## Wappenbeschreibung

Geschacht von Rot und Silber; belegt mit einem rot gezungten, golden gekrönten und golden bewehrten blauen Löwen.

## Historische Entwicklung

Im letzten vorchristlichen Jahrtausend war das Gebiet durch Kelten dicht besiedelt, von den Römern seit 50 v. Chr. bis etwa 350 n. Chr. Dann erfolgte die Besiedlung durch die Franken. Von den sich entwickelnden kleinen Herrschaften waren die bedeutendsten die Hintere Grafschaft Sponheim, das Herzogtum Pfalz-Zweibrücken, die Wild- und Rheingrafschaft und die Herrschaft Oberstein. Nachdem Napoleon den Territorialherrschaften ein Ende gemacht hatte, trat in der Franzosenzeit (1795 – 1814) der heutige Kreis zum ersten Mal als Verwaltungseinheit in Erscheinung. Der Wiener Kongreß schuf ein Kuriosum: Ein Gebiet links der Nahe wurde dem Großherzogtum Oldenburg zugeschlagen. Ein Gebiet rechts der Nahe wurde sachsen-coburgisches Fürstentum Lichtenberg, dieses 1834 an Preußen verkauft und nach dem 1. Weltkrieg große Teile davon an das autonome Saargebiet abgetreten. Der bei Preußen verbleibende Teil wurde als „Restkreis St. Wendel – Baumholder" bezeichnet und am 1. April 1937 im Zuge des „Großhamburg-Gesetzes" mit dem oldenburgischen Landesteil Birkenfeld zum neuen preußischen Kreis Birkenfeld vereinigt. In diesem Kreisgebiet entstand eine innere Grenze durch die Anlegung des Truppenübungsplatzes Baumholder. 14 Gemeinden mit 4000 Einwohnern mußten einer modernen Wüstung von etwa 112 km² weichen. 24 Gemeinden mit 17000 Einwohnern wurden nach dem 2. Weltkrieg an das Saarland abgetreten. Aufgrund mehrerer Landesgesetze über die Verwaltungsvereinfachung im Lande Rheinland-Pfalz entstand das Gebiet des heutigen Landkreises Birkenfeld. Das am 28. Juli 1949 verliehene Kreiswappen verweist mit dem Schachmuster auf die Hintere Grafschaft Sponheim, mit dem Löwen auf die Grafschaft Veldenz.

## Struktur des Kreises – Sehenswürdigkeiten

Der fast zur Hälfte bewaldete, land- und forstwirtschaftlich geprägte Landkreis, der Teil des Naturparks Saar-Hunsrück ist, birgt eine Vielzahl kultureller Zeugnisse aus der Vor- und Frühgeschichte, z. B. keltische Altburg bei Bundenbach, römisches Fürstengrab bei Siesbach, im Museum Birkenfeld Funde aus der Zeit der Treverer, Kelten und Römer. Kostbare Schätze der Schmuck- und Edelsteinindustrie präsentieren das in der Diamant- und Edelsteinbörse eingerichtete Deutsche Edelsteinmuseum sowie das Heimatkundemuseum unterhalb der Felsenkirche, welche als Wahrzeichen der Stadt Idar-Oberstein zu den vielen Sehenswürdigkeiten gehört. Der Steinkaulenberg im Stadtgebiet von Idar-Oberstein ist die einzige Edelsteinmine Europas, die zur Besichtigung freigegeben ist. In der Historischen Weiherschleife, der letzten noch mit Wasserkraft betriebenen Achatschleife, kann man miterleben, wie die Edelsteine bearbeitet werden. An der Deutschen Edelsteinstraße ist das in Europa einzigartige mittelalterliche Kupferbergwerk zu besichtigen.
Sitz des Kreisfremdenverkehrsamtes ist 6580 Idar-Oberstein, Postfach 011480.

Regierungsbezirk: Trier. Einwohner: 88332. Fläche: 1627 $km^2$. Einwohner je $km^2$: 54. Kfz-Kennzeichen: BIT. Kreisverwaltung: Triererer Straße 1, 5520 Bitburg. Verwaltungsgliederung: 7 Verbandsgemeinden und 1 verbandsfreie Stadt (VG Arzfeld, VG Bitburg-Land, VG Irrel, VG Kyllburg, VG Neuerburg, VG Prüm, VG Speicher, Stadt Bitburg).

### Wappenbeschreibung

Geviert: 1 in Silber ein durchgehendes rotes Kreuz; 2 in Rot ein goldener Turm mit blauem Tor und blauen Fenstern, beseitet von je einem sechsstrahligen silbernen Stern über silbernem Nagelspitzkreuz; 3 in Rot ein widersehendes silbernes Salvatorlamm mit Fahne; 4 neunmal geteilt von Silber und Blau.

### Historische Entwicklung

Der im Jahre 1970 im Zuge der Verwaltungsreform gebildete Landkreis umfaßt den Altlandkreis Bitburg, wesentliche Teile des Altlandkreises Prüm und Randgebiete der ehemaligen Kreise Wittlich und Trier. Bis zur Französischen Revolution gehörten seine Gebiete drei verschiedenen Herrschaftsbereichen an, was im Kreiswappen vom 27. August 1973 seinen Ausdruck findet. Das Lamm, Symbol der Kirchen und Klöster, die dem Salvator (Erlöser) geweiht waren, war das Wappen der Fürstabtei Prüm; sie beherrschte das nördliche Kreisgebiet und besaß Sitz und Stimme im Reichstag des Heiligen Römischen Reiches Deutscher Nation, das von 800 bis 1806 existierte. Der Süden und der Westen des Kreises gehörten einige Jahrhunderte zur Grafschaft bzw. zum Herzogtum Luxemburg, dessen Wappen einen silbern-blau gestreiften Untergrund aufwies. Der Raum östlich der Kyll war Bestandteil des Erzbistums Trier (Kreuzwappen).
Durch die auf dem Wiener Kongreß (1814/15) vorgenommene Grenzziehung kam die Region zu Preußen. Eine wichtige Rolle kam dem Grenzland jeweils als Manöver- und Aufmarschgebiet zu. Das Wappenmotiv im heraldisch zweiten Feld, der Turm, entstammt dem ältesten Siegel der Propstei und der Stadt Bitburg. Die Propstei war einst ein größerer Verwaltungsbezirk Luxemburgs.

### Struktur des Kreises – Sehenswürdigkeiten

Der Landkreis Bitburg-Prüm ist, bedingt durch die vielfältige Geologie und die historische Entwicklung, reich an schutzwürdigen und sehenswerten Gebieten und Objekten. Die großräumigen Gebiete sind wegen ihrer Vielfalt, Eigenart und Schönheit für den Erholungsuchenden besonders geeignet. Die noch zahlreich vorhandenen, naturnahen Flächen (z. B. Feuchtgebiete, Trockenrasen, Gewässerläufe, naturnahe Waldgebiete) sind wertvolle Lebensräume vieler bedrohter Tiere und Pflanzen. Zu den bedeutendsten Sehenswürdigkeiten zählen die Burgen und Schlösser in Hamm, Malberg, Neuerburg und Rittersdorf, die Kirchen und Klöster in Kyllburg, Prüm und St. Thomas. Von besonderem Wert sind die Kunstausstellungen in Bickendorf und Bitburg. Museen bieten Bitburg (Heimatmuseum), Prüm (Heimatmuseum). Die Römische Villa Otrang bei Fließem, die heute ein Landesmuseum beherbergt, und die Villa bei Bollendorf wurden im 1. bis 2. Jh. erbaut und um das Jahr 400 aufgegeben. Sie künden von der frühen römischen Besiedlung in diesem Raum.
In der Südeifel – wie das Gebiet auch genannt wird – findet der Erholungsuchende Ruhe im Deutsch-Luxemburgischen und Deutsch-Belgischem-Naturpark oder in der Kyllburger Waldeifel. Ein beliebter Wintersportplatz ist das Skigebiet „Schwarzer Mann“ bei Prüm.

Regierungsbezirk: Koblenz. Einwohner: 59836. Fläche: 719 km². Einwohner je km²: 83. Kfz-Kennzeichen: COC. Kreisverwaltung: Moselstraße 2, 5590 Cochem. Verwaltungsgliederung: 1 verbandsfreie Stadt (Cochem), 5 Verbandsgemeinden (Cochem-Land, Kaisersesch, Treis-Karden, Ulmen, Zell/Mosel) mit 90 verbandsangehörigen Ortsgemeinden.

### Wappenbeschreibung

Schräglinks geteilt: vorne in Silber ein durchgehendes rotes Kreuz, belegt mit einem silbernen Hifhorn mit goldenem Riemen; hinten in Schwarz ein wachsender, rot bewehrter, gezungter und gekrönter goldener Löwe.

### Historische Entwicklung

Die historische Entwicklung des Raumes westlich des Rheins um Cochem und Zell war sehr wechselhaft. Über viele Jahrhunderte hinweg war das Land mit dem Zentrum Trier Mittelpunkt des Römischen Reiches nördlich der Alpen. Im Mittelalter war es Teil des großen Frankenreiches.
Am meisten zu leiden hatte die Bevölkerung des Moselraumes um 1690 unter Ludwig XIV., dem „Sonnenkönig", der fast alle Burganlagen und Dörfer zerstören ließ. Zur Zeit Napoleons kam die Landschaft an der Mosel unter französische Verwaltung. Schließlich war der Moselraum von 1816 bis zum Zweiten Weltkrieg Preußen angeschlossen.
Im Zuge der rheinland-pfälzischen Verwaltungsreform wurde mit Wirkung vom 7. 6. 1969 aus dem Gebiet des ehemaligen Landkreises Cochem und aus Gebietsteilen des Landkreises Zell der neue Landkreis Cochem-Zell gebildet. Das am 20. April 1970 verliehene Kreiswappen veranschaulicht die früheren Landeshoheiten. Das rote Kreuz in Silber ist das Kurtrierer Wappenbild. Es symbolisiert im Kreiswappen die Gebietshoheit der Erzbischöfe und Kurfürsten von Trier in der Zeit von 1294 bis 1794. Das zusätzlich hinzugefügte Jagdhorn erinnert an die Herrschaft Braunshorn in Beilstein. Das untere Feld des Kreisemblems zeigt den Löwen der Pfalzgrafen von Aachen in den staufischen Schildfarben Schwarz und Gold und ähnelt damit sehr dem Kurpfälzer Löwen der Wittelsbacher. Die Aachener Pfalzgrafen waren von 866 bis 1150 die tatsächlichen Beherrscher des Kreisgebietes.

### Struktur des Kreises – Sehenswürdigkeiten

Der Landkreis ist einer der kleinsten Landkreise in der Bundesrepublik. Er liegt in der Mitte zwischen Koblenz und Trier im Herzen der Mosel; jeweils 20 km erstreckt er sich in die benachbarten Höhenzüge von Eifel und Hunsrück. Eine erstaunliche Vielfalt an Landschaftsformen bieten das enge und windungsreiche Moseltal mit steilen Weinbergen und fast 20 idyllischen Seitentälern, die die Höhenzüge des mittelrheinischen Schiefergebirges in Eifel und Hunsrück oft scharf zerschneiden. Der Landkreis hat etwa 50 Prozent Waldfläche, zahlreiche Burganlagen und viele malerische Dörfer und kleine Städte. Fremdenverkehr und Weinbau bestimmen die Wirtschaftskraft des Landkreises neben mittelständischen Industrie- und Gewerbebetrieben. Von den 40 Gemeinden, die sich mit Fremdenverkehrsprädikaten schmücken können, seien vor allem Cochem, Bad Bertrich, Zell/Mosel, Beilstein und Treis-Karden genannt. Die Cochemer Sesselbahn führt mit 360 m Länge zum Pinnerkreuz, der Anhöhe mit dem schönsten Blick aufs Moseltal mit Burg und Stadt Cochem. Zu den Besonderheiten im Landkreis gehört der 100 Jahre alte, immer noch längste Eisenbahntunnel Deutschlands (4213 m), die einzige Glaubersalztherme Deutschlands in Bad Bertrich oder der steilste Weinberg in Europa.

Regierungsbezirk: Trier. Einwohner: 62883. Fläche: 910 km². Einwohner je km²: 69. Kfz-Kennzeichen: DAU. Kreisverwaltung: Mainzer Straße 1, 5568 Daun. Verwaltungsgliederung: 5 Verbandsgemeinden (Sitze in: Daun, Gerolstein, Hillesheim, Jünkerath und Kelberg) mit insgesamt 109 Gemeinden.

### Wappenbeschreibung

In silbern vor golden gespaltenem Schilde, belegt mit goldenem Herzschild, darin ein aus drei Rechts- und drei Linksschrägleisten gebildetes rotes Gitter, vorn in Silber ein rotes Balkenkreuz, hinten in Gold ein aufgerichteter, rot bewehrter Löwe, belegt mit einem fünflätzigen roten Turnierkragen.

### Historische Entwicklung

Nach den Römern, die bis ins fünfte Jahrhundert die Eifel besetzt hielten und durch Verkehrswege erschlossen, siedelten hier die Franken. Im Mittelalter dominierten in dem Gebiet, das kirchlich zur Erzdiözese Köln gehörte, kurtrierische Einflüsse. Vor der französischen Besetzung im Jahre 1794 gehörte über die Hälfte der Gemeinden des heutigen Landkreises Daun zum kurfürstlichen Erzstift Trier. Bis 1814 war der größte Teil des Kreisgebietes in das Arrondissement Prüm des Saardepartements eingegliedert. In das Jahr 1817 fällt die Gründung des Kreises und der Amtsantritt des ersten Landrates.

Aus der rheinland-pfälzischen Gebietsreform der 60er und 70er Jahre unseres Jahrhunderts ging der Landkreis Daun vergrößert hervor; er behielt sein Wappen bei, das ihm am 25. Februar 1951 durch den Innenminister von Rheinland-Pfalz verliehen worden war. Das rote Kreuz in Silber war das Wappen des Erzbistums Trier, das lange Zeit die Oberhoheit über den Dauner Raum ausgeübt hatte. Der Löwe mit dem Turnierkragen in der hinteren Wappenhälfte erinnert an das Herrschaftsgebiet der Grafen von Blankenheim-Gerolstein; der Herzschild war das Stammwappen der Herren und späteren Grafen von Daun.

### Struktur des Kreises – Sehenswürdigkeiten

Der Landkreis Daun, im Zentrum der Vulkaneifel gelegen, liegt im Nordwesten des Landes Rheinland-Pfalz. Die Vulkaneifel gehört zu den Mittelgebirgen mit Höhenlagen zwischen 150–700 m über NN. 45 Prozent der gesamten Fläche sind Waldgebiete mit großem Laubwaldanteil. Die vom Vulkanismus geprägte Landschaft ist ein ideales Gebiet für Wanderer und Naturfreunde. Die 9 Kraterseen (Maare), die Dürrenmaare und Trockenmaare in der Umgebung von Daun, die Lavaberge und die zahlreichen Mineralquellen sind Zeugen für die Ausbrüche der ca. 60 bekannten Vulkane, die allerdings vor etwa 10000 Jahren letztmals aktiv waren. Die Vulkaneifel hat ein großartiges Tierparadies zu bieten. Die „Deutsche Wildstraße“ mit ihren 158 km Länge hat in Europa nicht ihresgleichen. Hier erlebt man in freier Wildbahn die schönsten deutschen Tierarten. Sehenswert ist der Adler- und Wolfspark Kasselburg bei Pelm, der Hirsch- und Saupark Daun und das Kreisheimatmuseum Gerolstein, jener Brunnenstadt, die ihr Stadtrecht aus dem Jahre 1336 1856 verlor, es aber 1952 zurückerhielt. Im Museum findet man eine volkskundliche und eine mineralogisch-vulkanologische Sammlung.
Der Boden der Vulkaneifel birgt zahlreiche interessante Tierversteinerungen und Mineralien. Ein Eldorado für Sammler.

Regierungsbezirk: Rheinhessen-Pfalz. Einwohner: 67000. Fläche: 645 $km^2$. Einwohner je $km^2$: 104. Kfz-Kennzeichen: KIB. Kreisverwaltung: Uhlandstraße 2, 6719 Kirchheimbolanden. Verwaltungsgliederung: 6 Verbandsgemeinden (Alsenz-Obermoschel mit 16, Eisenberg mit 3, Göllheim mit 13, Kirchheimbolanden mit der Kreisstadt Kirchheimbolanden und weiteren 15, Rockenhausen mit 20, Winnweiler mit 13 Gemeinden).

### Wappenbeschreibung

Durch eine eingebogene grüne Spitze, darin eine strahlende goldene Sonne, gespalten; vorne in Gold ein rotes, hinten in Silber ein blaues sechsspeichiges Rad.

### Historische Entwicklung

Im Jahre 1298 fand bei Göllheim die historisch bedeutsame „Schlacht am Hasenbühl" statt, bei der Adolf von Nassau die Königskrone an Albrecht von Österreich verlor. Seit Anfang des 13. Jh. entwickelten die Herren von Bolanden eine ansehnliche Gebietsherrschaft um die Zentren Kirchheim, Dannenfels und Burg Stauf. 1394 wurden ihre Nachfolger durch die Grafen von Nassau beerbt.
Eine Gebietsbezeichung, die in etwa das heutige Kreisgebiet beschrieb, gab es bereits 1797. Zur Zeit der französischen Annexion des linken Rheinufers wurden hier vier Kantone zum „Département du Mont Tonnerre" zusammengefaßt. Seit dem Jahre 1900 bestanden die Königlich-Bayerischen Bezirksämter in Kirchheimbolanden und Rockenhausen, die 1938 zu Landratsämtern umbenannt wurden. Aus Teilen der ehemaligen Landkreise Kirchheimbolanden und Rockenhausen wurde 1969 im Zuge der territorialen Verwaltungsreform der Donnersbergkreis gebildet. In das am 4. September 1981 genehmigte Kreiswappen wurden die beiden Räder als Symbole aus den beiden früheren Kreiswappen übernommen und deuten auf die Vergangenheit. Das rote Rad in Gold führten die Herren von Bolanden, das blaue Rad in Silber verweist in gewechselten Farben auf ihre Hohenfelser Nebenlinie. Die eingebogene Spitze im Wappen stellt den Donnersberg (mit dem Fernsehturm als weithin sichtbarem Wahrzeichen) dar. Das Grün dieser Spitze deutet auf Waldreichtum; dasselbe Grün und die goldene Sonne stehen für die Rebflächen im Osten und Südosten des Kreises.

### Struktur des Kreises – Sehenswürdigkeiten

Besonders sehenswert im Donnersbergkreis sind die Reste des keltischen Ringwalls auf dem Donnersberg (687 m), der dem Landkreis seinen Namen gab. Ein weiteres Ausflugsziel ist das stillgelegte Besucherbergwerk „Weiße Grube" bei Imsbach. Ein geologischer Rundwanderweg informiert mit Übersichtstafeln über die Geschichte des Bergbaus in der Region. Die hochwertigen Eisenberger Tone waren Anlaß zur Besiedelung schon in römischer Zeit.
Weitere Sehenswürdigkeiten sind die Paulskirche und das Schloß der Fürsten Nassau-Wellburg in Kirchheimbolanden, das bereits 774 erstmals erwähnt wurde und 1368 Stadtrechte erhielt. Eine der ältesten Großkeltereien für Süßmost hat hier ihren Sitz. In den Orten Falkenstein, Obermoschel, Niedermoschel, Bolanden und Mannweiler-Cölln sind Reste von alten Burganlagen zu besichtigen. In Göllheim erinnert ein Gedenkstein an die Schlacht am Hasenbühl (1298). Das restaurierte Kloster Hane in Bolanden und die Reste der ehemaligen Klosteranlage auf dem Rosenthalerhof lohnen einen Besuch.
Idyllische Weinbaugemeinden, Laubmischwälder und das „Donnersberggebirge" mit seinen Felsengruppen lassen den Donnersbergkreis im Städtedreieck Mainz – Worms – Kaiserslautern zu einem interessanten Urlaubsgebiet werden.

Regierungsbezirk: Rheinhessen-Pfalz. Einwohner: 102 000. Fläche: 463 km². Einwohner je km²: 220. Kfz-Kennzeichen: GER. Kreisverwaltung: Luitpoldplatz 1, 6728 Germersheim. Verwaltungsgliederung: 6 Verbandsgemeinden (Bellheim, Hagenbach, Jockgrim, Kandel, Lingenfeld und Rülzheim); 2 verbandsfreie Städte (Germersheim und Wörth am Rhein).

## Wappenbeschreibung

Von Schwarz und Blau durch einen silbernen Wellenbalken geteilt: oben ein wachsender, rot gekrönter und bewehrter goldener Löwe, unten ein durchgehendes silbernes Kreuz; im blauen Herzschild ein rot bezungter und bewehrter goldener Adler.

## Historische Entwicklung

Der heutige Landkreis geht zurück auf das am 1. 4. 1818 von König Maximilian I. von Bayern gebildete Landkommissariat gleichen Namens, nachdem die Pfalz nach Beendigung der französischen Herrschaft durch den Friedensschluß von Paris zu Bayern kam.
Die Geschichte dieses Landstriches am Rhein läßt sich jedoch bis in die Römerzeit zurückverfolgen. Die Gründung vieler Gemeinden erfolgt deshalb auch in dieser Zeit, von der viele bedeutsame Ausgrabungsfunde noch heute Zeugnis geben. Damals hatte vor allem das an der von Basel nach Mainz führenden Römerstraße liegende Rheinzabern (Taberna Rhenanae) aufgrund der dort errichteten Heeresziegelei und Terra-Sigillata-Töpferei eine große Bedeutung. Nach dem Untergang des Weströmischen Reiches setzte sich die äußerst wechselhafte, stets von Krieg und Zerstörung geprägte Geschichte bis in die Neuzeit fort. Die stärksten Spuren hinterließen in diesem als „Völkermühle" bezeichneten Durchgangsland die Franken, die ab dem 6. Jh. hier siedelten. Ihre Siedlungs- und Bauweise sowie Sitten und Gebräuche wie vor allem auch ihre Mundart blieben bis heute erhalten.
Erst nach der Gebietsreform nahm der Landkreis erstmals ein Wappen an, das am 16. Februar 1976 die amtliche Genehmigung erhielt. In der oberen Schildhälfte erinnert der Pfälzer Löwe an die frühere Herrschaft der wittelsbachischen Kurfürsten von der Pfalz. Das silberne Kreuz auf blauem Grund bezieht sich auf die frühere Zugehörigkeit zum Hochstift Speyer. Der Herzschild zeigt das Stadtwappen von Germersheim, dessen Adler auf die frühere Reichsunmittelbarkeit dieser Stadt hinweist. Als Hinweis auf die Lage des Landkreises entlang des Rheines enthält das Kreiswappen ein silbernes Wellenband.

## Struktur des Kreises – Sehenswürdigkeiten

Nachdem der Landkreis aufgrund seiner Grenzlage zu Frankreich über Jahrzehnte hinweg seine Entwicklung mehr oder weniger militärstrategischen Erfordernissen unterzuordnen hatte, trat nach dem Zweiten Weltkrieg eine entscheidende Wende ein. Aus einer Randlage wurde er in den Mittelpunkt des europäischen Marktes gerückt, was zusammen mit seiner günstigen Lage an der Rheinachse eine hervorragende Standortgunst begründete. Mit der Ansiedlung des heute größten Lkw-Montagewerkes in Europa durch die Firma Daimler-Benz in Wörth begann eine stürmische Aufwärtsentwicklung, so daß heute der Kreis nach seiner Wirtschaftskraft die Spitzenposition in Rheinland-Pfalz einnimmt. Neben Wörth als wichtigstem Industriestandort bestehen größere Industriebetriebe in Bellheim, Kandel, Rülzheim und in Germersheim, das ebenso wie Wörth über einen Industriehafen verfügt. Wenn auch die Landwirtschaft ihre große Bedeutung als Erwerbsquelle verlor, so stellt doch der Spargel- wie auch der Tabakanbau – der Landkreis ist das größte Tabakanbaugebiet Deutschlands – einen nicht unbedeutenden Wirtschaftsfaktor dar.
Der Landkreis ist ein weithin anerkanntes „Paradies für Radwanderer". Gleiches gilt für die Wassersportfreunde, die vom Schwimmen bis zum Surfen und Segeln vielfältige Möglichkeiten der Freizeitgestaltung haben, wobei besonders die Großanlage „Moby Dick" in Rülzheim und der „Badepark Wörth" zu erwähnen sind. Weiteren Bekanntheitsgrad erlangte die Gemeinde Jockgrim durch das gut restaurierte Zehnthaus, in dem jetzt Kunstausstellungen und kulturelle Begegnungen von überregionaler Bedeutung stattfinden.

Regierungsbezirk: Rheinhessen-Pfalz. Einwohner: 95 222. Fläche: 639,80 km². Einwohner je km²: 148. Kfz-Kennzeichen: KL. Kreisverwaltung: Lauterstraße 8, 6750 Kaiserslautern. Verwaltungsgliederung: 9 Verbandsgemeinden (Bruchmühlbach-Miesau, Enkenbach-Alsenborn, Hochspeyer, Kaiserslautern-Süd, Landstuhl, Otterbach, Otterberg, Ramstein-Miesenbach, Weilerbach) mit 50 kreisangehörigen Ortsgemeinden.

## Wappenbeschreibung

Unter goldenem Schildhaupt, darin ein wachsender, rot bewehrter schwarzer Adler, in Schwarz durch einen rot bordierten, silbernen, mit einem blauen Fisch belegten Pfahl gespalten: vorne ein rot bewehrter und gekrönter goldener Löwe, hinten fünf silberne Kugeln.

## Historische Entwicklung

Von überragender Bedeutung für die Siedlungsentwicklung war die Einbeziehung des Raumes in die staufische Reichslandpolitik im 12. Jh., als die Hohenstaufen die Reichsrechte namentlich zum Reichsland Lautern zusammenfaßten. Im Wappen, das der Kreis am 14. Dezember 1959 genehmigt erhielt, betont der Adler die einmalige Bedeutung des Reichslandes und des Reichswaldes um den Königshof und die Königspfalz Lutra (Lautern). Nach dem „Interregnum" (1254/73; es gab formell zwar deutsche Könige, doch waren sie schwache ausländische Herrscher) schwand die Bedeutung des Reichslandes; es wurde zum Pfandobjekt. Nach verschiedenen Verpfändungen übertrug Kaiser Karl IV. 1357 Kaiserslautern an den bayerischen Pfalzgrafen Ruprecht I. Der pfalz-bayerische Löwe im Wappen erinnert daran. Die Herren von Sickingen, deren Machtschwerpunkt in und um Schallodenbach seit dem 15. Jh. lag, führten die silbernen Kugeln in Schwarz. Der Fisch nimmt Bezug auf die alten Herren von Lautern und auf die Stadt Kaiserslautern selbst. Nach dem Rückfall der von Frankreich annektierten linksrheinischen Gebiete an Bayern richtete dieses 1817 „Landcommissariate" ein. 1862 wurden die „Landcommissariate" in „Bezirksämter" umbenannt, die wiederum 1938 reichseinheitlich in „Landkreise" umgetauft wurden. Um diese Zeit wurde die Zusammenlegung der formal noch selbständigen Bezirksämter Kaiserslautern und Landstuhl vollzogen.
Im Rahmen der territorialen Verwaltungsreform 1969/72 sind die jetzigen Grenzen durch Gebietsaustausch mit allen angrenzenden Kreisen und der Stadt Kaiserslautern festgelegt worden.

## Struktur des Kreises – Sehenswürdigkeiten

Der Landkreis Kaiserslautern liegt mit rund einem Drittel seiner Fläche im Naturpark Pfälzerwald und bietet damit ideale Voraussetzungen für einen naturnahen Erholungsurlaub. Sehenswert für Wanderfreunde und Spaziergänger ist die Karlstalschlucht im Raum Trippstadt oder die Elendsklamm bei Bruchmühlbach-Miesau. Von den bedeutenden kulturhistorischen Sehenswürdigkeiten ist die aus dem 12. Jh. stammende Zisterzienser-Abteikirche in Otterberg zu nennen, die als eines der bedeutendsten sakralen Bauwerke der Pfalz gelten kann. Nach Abschluß der Renovierungsarbeiten ist die Abteikirche, die in den Ausmaßen dem Speyerer Dom nahekommt, ein weiteres Juwel in diesem Raum, wobei die Klosterkirche in Enkenbach-Alsenborn und viele weitere kirchliche Sehenswürdigkeiten nicht vergessen seien. Einen Abend sollte man den Burgfestspielen auf der Burg Nanstein in Landstuhl oder den Freilichtspielen in Katzweiler widmen. Auch die zweimal jährlich stattfindenden Wilensteiner Burgkonzerte sind sehr beliebt.
Das Referat Fremdenverkehr bei der Kreisverwaltung Kaiserslautern gibt Tips, wo man sich im „Naturpark Pfälzerwald" gut erholen kann und macht mit der Pfälzer Gastlichkeit bekannt.

Regierungsbezirk: Rheinhessen-Pfalz. Einwohner: 74035. Fläche: 551,80 km². Einwohner je km²: 135. Kfz-Kennzeichen: KUS. Kreisverwaltung: Trierer Straße 49, 6798 Kusel. Verwaltungsgliederung: 7 Verbandsgemeinden (Altenglan, Glan-Münchweiler, Kusel, Lauterecken, Schönenberg-Kübelberg, Waldmohr, Wolfstein) und 98 kreisangehörige Gemeinden.

### Wappenbeschreibung

Gespalten; vorne in Schwarz ein linksgewendeter, rot bewehrter goldener Löwe, hinten in Silber ein rot bewehrter blauer Löwe.

### Historische Entwicklung

Das Wappen stellt in der Gegenüberstellung Grafschaft Veldenz und Pfalz-Zweibrücken bzw. Kurpfalz die geschichtliche Entwicklung des Großteils des heutigen Landkreises Kusel dar. Die außerdem im Gebiet vertretene Rheingrafschaft (St. Julian und Aschbach), die Herrschaft Reipoltskirchen und der Bezirk der Grafen von der Leyen (Glan-Münchweiler) fallen gegenüber dieser Tatsache kaum ins Gewicht.

Die Geschichte der Grafschaft Veldenz ist äußerst verwickelt, zeigt jedoch, daß die im Nahegau begüterten Grafen im heutigen Kreisgebiet im Spätmittelalter dominierend waren, sei es durch unmittelbaren Besitz (hauptsächlich im Bereich des kurpfälzischen Oberamtes Wolfstein), sei es durch Lehen passiver und aktiver Natur. In den Jahren 1393 – 1444 ist die Grafschaft Veldenz an die Linie Pfalzgraf Stephans, des Sohnes König Ruprechts, übergegangen – also an die Linie der späteren Zweibrücker Herzöge. Deshalb wurde bei der Gestaltung des Kreiswappens das Wappen der Grafen von Veldenz berücksichtigt, das den blauen Löwen in Silber zeigt. Daß das Wappen der Kurpfalz bzw. Pfalz-Zweibrückens mit dem linksgewendeten, goldenen Löwen in Schwarz im Wappen des Landkreises Kusel als erstes steht, ergibt sich aus der geschichtlichen Bedeutung, die Pfalz-Zweibrücken für den Landkreis Kusel hatte. Das zweibrückische Oberamt Lichtenberg und die kurpfälzischen Ämter Lauterecken und Wolfstein nahmen flächenmäßig fast vier Fünftel des Kreisgebietes ein. Der aus der rheinland-pfälzischen Gebietsreform 1969 im Vergleich zu anderen Landkreisen fast unverändert hervorgegangene Landkreis Kusel führt sein wegen des Wechselspiels der beiden Löwen recht ansprechendes Wappen seit dem 13. Dezember 1965.

### Struktur des Kreises – Sehenswürdigkeiten

Die abwechslungsreiche Mittelgebirgslandschaft mit mildem Reizklima, die romantischen Landstädtchen Kusel, Lauterecken und Wolfstein und die vielen idyllischen Dörfer locken Gäste aus nah und fern. Wandern mit Gepäcktransfer, Angeln an Glan, Lauter und Ohmbachsee oder auch Reiten sind hier ebenso beliebt wie der Besuch von Ausflugszielen wie: Mithras-Altar bei Reichweiler, Remigiuspropstei und Ruine der Michelsburg Theisbergstegen, Abteikirche und Hirsauer Kapelle, Offenbach-Hundheim, Zweikirche bei Wolfstein, Burgruinen Alt- und Neuwolfstein, Besichtigungs-Kalkbergwerk am Königsberg, Wolfstein, Burg Lichtenberg bei Kusel, eine der größten Burganlagen Deutschlands mit Mineralienmuseum und Kanonenausstellung. Hinzuweisen ist auf den Hochwildschutzpark Königsland, Nußbach, den Wildpark Potzberg bei Altenglan und den Ohmbachsee bei Schönenberg-Kübelberg.

Eine Besonderheit des Landkreises Kusel ist die musikantische Tradition. Bis kurz nach der Jahrhundertwende war das Wandermusikantentum ein bestimmender Faktor im Erwerbsleben der Bevölkerung. Mit dem Musikantenlandmuseum auf Burg Lichtenberg und dem mit einem Geldpreis sowie einem vierwöchigen Aufenthalt auf Burg Lichtenberg verbundenen „Lichtenburg-Preis des Musikantenlandes" für einen Komponisten volkstümlicher Musik hat der Landkreis Kusel den einst in allen Erdteilen musizierenden Kapellen aus dem Kuseler Musikantenland ein einzigartiges Denkmal gesetzt.

Regierungsbezirk: Rheinhessen-Pfalz. Einwohner: 128500. Fläche: 304,86 km². Einwohner je km²: 421. Kfz-Kennzeichen: LU. Kreisverwaltung: (Hauptgebäude) Berthold-Schwarz-Straße 26, 6700 Ludwigshafen-Friesenheim. Verwaltungsgliederung: 1 Stadt (Schifferstadt), 8 verbandsfreie Gemeinden (Altrip, Bobenheim-Roxheim, Böhl-Iggelheim, Lambsheim, Limburgerhof, Mutterstadt, Neuhofen, Römerberg), 5 Verbandsgemeinden mit insgesamt 16 Ortsgemeinden (VG Dannstadt-Schauernheim mit Dannstadt-Schauernheim, Hochdorf-Assenheim und Rödersheim-Gronau; VG Dudenhofen mit Dudenhofen, Hanhofen und Harthausen; VG Maxdorf mit Maxdorf, Birkenheide und Fußgönheim; VG Heßheim mit Heßheim, Beindersheim, Großniedersheim, Heuchelheim und Kleinniedersheim; VG Waldsee mit Waldsee und Otterstadt).

### Wappenbeschreibung

Durch einen schräglinken silbernen Wellenbalken geteilt von Schwarz und Blau, belegt mit einem roten Herzschild mit zwei goldenen Seerosenblättern an sich zweimal kreuzenden Stengeln; oben ein linksgewendeter, rot bewehrter goldener Löwe, unten ein silbernes Kreuz.

### Historische Entwicklung

In seiner heutigen Ausdehnung besteht der Landkreis Ludwigshafen erst seit 1969. Damals wurde er im Zuge der Kommunalreform aus den ehemaligen Landkreisen Speyer und Ludwigshafen sowie aus einem Teil des früheren Landkreises Frankenthal neu gebildet. Das Wappen läßt diese drei „Wurzeln" noch erahnen. So steht der Löwe für den kurpfälzischen Norden, während das Kreuz darauf hinweist, daß der Süden einst Territorium des Hochstiftes Speyer war. Die Seerosenblätter in der Mitte symbolisieren die Auenlandschaft südlich der kreisfreien Kreisstadt Ludwigshafen. Der Wellenbalken des Kreiswappens, das am 18. Januar 1971 genehmigt wurde, steht für die Lage am Rhein. – Besiedelt war die Vorderpfalz, von der der Landkreis den größten Teil abdeckt, offenbar schon früh. Bedeutendster Hinweis darauf ist der „Goldene Hut", der 1835 auf der Gemarkung von Schifferstadt gefunden wurde und vermutlich gut 3000 Jahre alt ist. Ihn kann man heute im Historischen Museum der Pfalz in Speyer bewundern. Wie eines der größten pfälzischen Gräberfelder vermuten läßt, befand sich zur Eisenzeit zwischen Dannstadt und Schifferstadt eine Siedlung mit etwa hundert Einwohnern. Die älteste urkundliche Erwähnung aller kreisangehörigen Gemeinden kann Altrip nachweisen. Keimzelle dieser Ortschaft war ein im Jahr 369 unter persönlicher Aufsicht des römischen Kaisers Valentinian I. errichteter Brückenkopf am Rhein mit dem Namen „alta ripa" (Hohes Ufer).

### Struktur des Kreises – Sehenswürdigkeiten

Die ebene Landschaft der „pfälzischen Niederlande" ist geprägt durch ein mildes Klima und fruchtbare Böden. Der Landkreis Ludwigshafen stellt einen der ergiebigsten Obst- und Gemüsegärten Deutschlands dar. Ein gefragtes Naherholungsgebiet findet man in den Rheinauen mit ihren durch Kiesabbau entstandenen Seen. Die Mechtersheimer Tongruben ganz im Süden gelten als Naturschutzgebiet von nationaler Bedeutung. Im sportlichen Bereich geben im Landkreis Ludwigshafen traditionell die Schwerathleten (Ringer und Gewichtheber) den Ton an. Dank der geographischen Voraussetzungen und des dichten Radwegenetzes nimmt allerdings auch der Radsport zu. Zu den historischen Kleinodien im Landkreis zählt unter anderem das Schloß in Fußgönheim. Sein Erbauer Jakob Tilmann von Hallberg war in der ersten Hälfte des 18. Jh. kurfürstlicher Hofkanzler in Mannheim. Das einschließlich seiner Kapelle und des Gartens sorgfältig restaurierte Bauwerk beherbergt heute auch ein Heimatmuseum. Im Norden des Landkreises, in Kleinniedesheim, befindet sich ein weiteres Schloß. Ursprünglich als Sommersitz für die Bischöfe aus dem benachbarten Worms errichtet, ging es später in den Besitz der Reichsfreiherrn von Gagern über, die sich als Diplomaten und Pioniere der deutschen Demokratie (Frankfurter Paulskirche) einen Namen machten.

Regierungsbezirk: Rheinhessen-Pfalz. Einwohner: 161 000. Fläche: 606 $km^2$. Einwohner je $km^2$: 266. Kfz-Kennzeichen: MZ. Kreisverwaltung: Schillerstraße 44, 6500 Mainz 1. Verwaltungsgliederung: 8 Verbandsgemeinden (Bingen Land, Bodenheim, Gau-Algesheim, Guntersblum, Heidesheim, Nieder-Olm, Nierstein-Oppenheim und Sprendlingen-Gensingen).

## Wappenbeschreibung

Unter einem goldenen Schildhaupt, darin ein rot bewehrter schwarzer Adler, gespalten; vorne in Rot ein sechsspeichiges silbernes Rad, hinten in Schwarz ein rot gekrönter und rot bewehrter goldener Löwe.

## Historische Entwicklung

Der Landkreis Mainz-Bingen ist als Verwaltungseinheit erst 1969 im Zuge der Gebietsreform aus den ehemaligen Kreisen Mainz und Bingen sowie aus Gebietsteilen der früheren Kreise Kreuznach und St. Goar gebildet worden. Seit dem späten Mittelalter war das heutige Kreisgebiet in eine große Zahl mittlerer, kleiner und kleinster geistlicher und weltlicher Territorien aufgeteilt, an die im neuen Kreiswappen vom 6. Mai 1970 erinnert wird. Die mächtigsten Herren waren hier die Kurfürsten von der Pfalz mit Besitzungen wie Bacharach, Ingelheim und Oppenheim sowie die Mainzer Erzbischöfe. Darauf nehmen der kurpfälzische Löwe bzw. das Mainzer Rad Bezug. Der Reichsadler verweist auf die Reichsgüter bei Ingelheim, Oppenheim und Nierstein. Während der französischen Annexion von 1797 bis 1814 war der Raum in das Departement Donnersberg mit Mainz als Hauptstadt eingegliedert; das Gebiet nördlich der Nahe gehörte zum Departement Rhein-Mosel mit Sitz in Koblenz.
Nach dem Wiener Kongreß von 1814/15 gelangte der zuletzt genannte Teil zur preußischen Rheinprovinz, die übrigen Gemeinden fielen an das Großherzogtum Hessen. Die alten Kreiswappen zeigten Adler und Rad, das Wappen des Landkreises Bingen führte außerdem den Löwen, jedoch in einer anderen Anordnung.

## Struktur des Kreises – Sehenswürdigkeiten

Der Landkreis wird durch eine über 2000jährige Geschichte geprägt, die unverwechselbare Spuren in Kirchen, Burgen, Wehranlagen, alten Bürgerhäusern, Museen und Sammlungen sowie vielen anderen Sehenswürdigkeiten hinterlassen hat. Für viele sollen hier beispielhaft Städte stehen wie Oppenheim, die mittelalterliche Reichsstadt und spätere kurpfälzische Oberamtsstadt mit der Katharinenkirche (13./14. Jh.), einem bedeutenden Zeugnis gotischer Baukunst, Ingelheim, die einstige Pfalz Karls des Großen, heute bedeutendster Industriestandort des Landkreises, Bingen, die Stadt aus der Römerzeit, vor deren Mauern im Rhein der „Mäuseturm" liegt. Nierstein, eine der größten Rheinweinbaugemeinden, kann ihre Herkunft auf eine römische Militärstation zurückführen. Zu nennen sind ferner Gau-Algesheim, Mittelpunkt des Amtes und ehemaligen Landkapitels Algesheim in Kurmainz, Bacharach, die romantische Fremdenverkehrsstadt am Mittelrhein mit mittelalterlichen Stadttürmen und Bauwerken, darunter die Ruine der Wernerkapelle, ein Europadenkmal, schließlich sei Nackenheim erwähnt, der Geburtsort Carl Zuckmayers, in dem dessen „Der fröhliche Weinberg" und die Erzählung „Die Fastnachtsbeichte" ihren heimatlichen Grund haben. Ein Landkreis – das soll doch nicht verschwiegen werden –, in dem der Weinbau seit altersher gute Tradition hat.

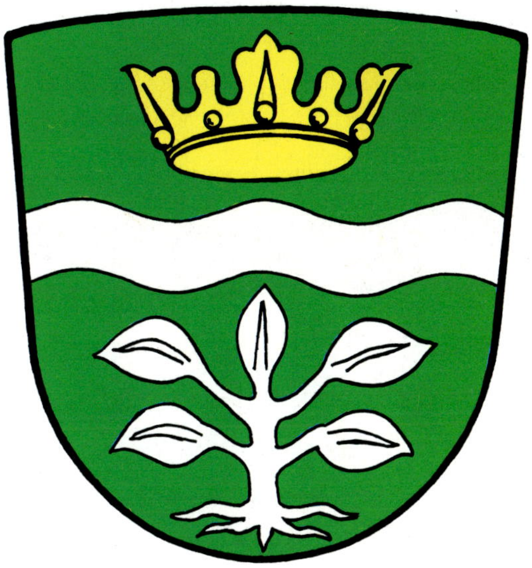

Regierungsbezirk: Koblenz. Einwohner: 186104. Fläche: 817,07 km². Einwohner je km²: 228. Kfz-Kennzeichen: MYK. Kreisverwaltung: Bahnhofstraße 9, 5400 Koblenz. Verwaltungsgliederung: 2 große kreisangehörige Städte (Andernach, Mayen), 1 verbandsfreie Gemeinde (Bendorf), 8 Verbandsgemeinschaften mit 82 (verwalteten) Ortsgemeinden, 25 Ortsgemeinden haben über 2000 Einwohner.

## Wappenbeschreibung

In Grün ein silberner Wellenbalken, begleitet oben von einer goldenen Krone, unten von einem silbernen Maienbaum.

## Historische Entwicklung

Die fruchtbaren Böden des Neuwieder Beckens und des Maifeldes ermöglichten bereits um 6000 v. Chr. in der Steinzeit eine Besiedlung größerer Gebiete. Auf die keltischen Treverer, die zunehmend von rechtsrheinischen Germanen unterwandert wurden, folgte um 50 v. Chr. die rund 500jährige römische Herrschaft, während der besonders Andernach mit seinem Hafen auch in militärischer Sicht und Mayen durch die dort ansässigen Töpfereien Bedeutung erlangten. Aus der Vielzahl von Territorialherren ragten seit dem Spätmittelalter die Kurfürsten von Trier und Köln heraus. Mayen war Sitz eines kurtrierischen Amtes, Rhens und Andernach gehörten zu Kurköln. Während der französischen Herrschaft zu Beginn des 19. Jh. gehörte das heutige Kreisgebiet zum Rhein-Mosel-Departement mit den Arrondissements Koblenz und Bonn. Nach dem Wiener Kongreß wurden 1816 innerhalb der Provinz „Großherzogtum Niederrhein" (1822 „Rheinprovinz") die preußischen Landkreise Mayen und Koblenz gebildet. Durch Zusammenlegung dieser beiden Kreise in der territorialen Verwaltungsreform 1969/70 sind die jetzigen Grenzen geschaffen worden. Im Landkreiswappen vom 27. April 1971, das eine Kombination der Wappen der Vorgängerkreise darstellt, weist die Krone auf den Königsstuhl Rhens hin, wo einstmals die deutschen Könige gewählt wurden. Der Balken ist Sinnbild für Rhein und Mosel, der Maienbaum „redendes" Symbol für die Landwirtschaft im Kreis Mayen-Koblenz.

## Struktur des Kreises – Sehenswürdigkeiten

Rhein – Mosel – Eifel: drei unterschiedliche Landschaftsgebiete, die doch zusammengehören, geologisch, geschichtlich und kulturell. Das wird deutlich, wenn man die vielen Zeugen der Vergangenheit betrachtet, die auf ein bewegtes politisches Leben schließen lassen. Am bekanntesten: die Ehrenburg bei Brodenbach, die Genovevaburg in Mayen, wo das Eifler Landschaftsmuseum seine Bleibe hat, die Burg Thurant bei Alken und als Kostbarkeit ritterlicher Baukunst und Wohnkultur die Burg Eltz und das Schloß Bürresheim. Von den Kirchen und Klöstern sollen erwähnt werden: die Liebfrauen- und Franziskanerkirche in Andernach, die Stiftskirche St. Martin in Münstermaifeld sowie das Kloster Schönstatt. Das „Bäckerjungenfest" und der „Michelsmarkt" in Andernach locken jährlich viele Besucher an. In Bendorf (948 erste Erwähnung) ist die Gießereihalle (1825–1830) ein bedeutendes technisches Kulturdenkmal.

Auf den Eifel- und Hunsrückhöhen überwiegt die Landwirtschaft, an der unteren Mosel der Weinbau und der Fremdenverkehr. Die Lava- und Bimsvorkommen der Vulkaneifel sind die Grundlage der Steine- und Erdenindustrie. Flüsse, sanfte Täler, hügelige Höhen, Gastlichkeit allerorten und Feste laden vor allem im Sommer und Herbst ein. Unter den Festen sind nicht nur die überall veranstalteten Weinfeste zu verstehen, sondern auch historische Feste in den idyllischen Rhein- und Mosel-Gemeinden.

Regierungsbezirk: Koblenz. Einwohner: 155291. Fläche: 627 km². Einwohner je km²: 248. Kfz-Kennzeichen: NR. Kreisverwaltung: Wilhelm-Leuschner-Straße 9, 5450 Neuwied 1. Verwaltungsgliederung: 8 Verbandsgemeinden (Asbach, Bad Hönningen, Dierdorf, Linz, Puderbach, Rengsdorf, Unkel, Waldbreitbach), 1 große kreisangehörige Stadt (Neuwied).

## Wappenbeschreibung

In Silber eine eingeschweifte goldene Spitze, darin ein schreitender blauer Pfau mit gesenktem Schweif; oben vorn ein durchgehendes schwarzes, hinten ein durchgehendes rotes Kreuz.

## Historische Entwicklung

Der Landkreis Neuwied gehört zu den am frühesten besiedelten Landschaften Deutschlands. Bedeutende späteiszeitliche Siedlungsreste, die unter meterdicken Bimsschichten des 10000 v. Chr. ausgebrochenen Maria Laacher Vulkans gefunden wurden, belegen dies. Von der großen Bedeutung dieses Raumes in der Römerzeit zeugen verschiedene Kastelle und insbesondere der Limes, der das Kreisgebiet durchzog und bei Rheinbrohl den Rhein erreichte. Der einstmals preußische Landkreis wurde 1816 aus etwa gleichen Teilen ehemals kurkölnischer und kurtrierischer Ämter sowie aus dem Kerngebiet der Grafschaft Wied gebildet. Das Kreiswappen (Pfau für Wied, schwarzes Kreuz für Kurköln, rotes Kreuz für Kurtrier) weist heute noch darauf hin. Das zu den ältesten deutschen Kreiswappen zählende Emblem mit dem selten in der Heraldik vorkommenden Pfau wurde am 14. Juli 1927 vom Preußischen Staatsministerium genehmigt.

## Struktur des Kreises – Sehenswürdigkeiten

Der Landkreis liegt mit fünf Sechstel seiner Fläche im „Naturpark Rhein-Westerwald" und gehört mit ca. 155000 Einwohnern zu den bevölkerungsreichsten Kreisen in Rheinland-Pfalz. Neben einer leistungsfähigen, überwiegend mittelständisch strukturierten Industrie nehmen Land- und Forstwirtschaft, Weinbau und Fremdenverkehr einen breiten Raum ein. Die liebliche Mittelrhein-Landschaft mit ihren Burgen, Weinbergen und romantischen Weinorten zieht, ebenso wie die herrlichen Täler und Höhen des Westerwaldes mit ihren Dörfern und Luftkurorten, jährlich viele Tausende Gäste an, die hier Erholung und Ruhe, aber auch viele Möglichkeiten der Freizeitgestaltung finden. Zahlreiche Sehenswürdigkeiten, z. B. in Neuwied (Schloß, Museum, Deich, Herrnhuter Viertel, Schloß Engers, Abtei Rommersdorf, Burgruine Altwied) und den Verbandsgemeinden Asbach (Kloster Ehrenstein), Bad Hönningen (Schloß Arenfels, Römerturm), Dierdorf (Uhrturm), Linz (Burg mit Folterkammer und Orgelmuseum), Puderbach (Ruine Reichenstein), Rengsdorf (Wellenbad), Unkel (Fachwerkhäuser), Waldbreitbach (Ölmühle) tragen hierzu mit bei. In Monrepos bei Neuwied soll in den nächsten Jahren als Außenstelle des Römisch-Germanischen Zentralmuseums in Mainz eine Forschungsstelle für die Altsteinzeit entstehen. Das angegliederte Museum wird den Besuchern die Möglichkeit bieten, sich ausführlich über diese Zeitepoche zu informieren.
Der Landkreis Neuwied ist dafür bekannt, daß man sich frühzeitig sozial engagierte. Man verweist auf den einstigen Bürgermeister des Amtes Heddesdorf, Friedrich Wilhelm Raiffeisen, dessen Anstöße zu vorbildlichen Einrichtungen noch heute nachwirken. Vor allem in der Behindertenhilfe wurde Beachtliches geleistet.

Regierungsbezirk: Rheinhessen-Pfalz. Einwohner: 105144. Fläche: 954 km². Einwohner je km²: 110. Kfz-Kennzeichen: PS. Kreisverwaltung: Unterer Sommerwaldweg 40 – 42, 6780 Primasens. Verwaltungsgliederung: 8 Verbandsgemeinden (Dahn, Hauenstein, Pirmasens-Land, Rodalben, Thaleischweiler-Fröschen, Waldfischbach-Burgalben, Wallhalben, Zweibrücken-Land) mit 83 kreisangehörigen Ortsgemeinden.

## Wappenbeschreibung

Gespalten; rechts in Gold drei rote Sparren übereinander, links in Schwarz ein rot gekrönter und bewehrter goldener Löwe.

## Historische Entwicklung

Auch für diesen pfälzischen Landkreis gilt, daß sein heutiger Gebietsstand vor der Französischen Revolution von 1789 in eine Vielzahl von Territorien zersplittert war. Den größten Teil nahm das wittelsbachische Herzogtum Pfalz-Zweibrücken ein. Sein Löwenwappen wurde deshalb in das am 20. Dezember 1972 genehmigte Hoheitszeichen des neuen Kreises aufgenommen; es soll auch an die Linie Kurpfalz erinnern. Die heraldischen Sparren verweisen auf einen anderen der bedeutenderen Territorialherren, den Grafen von Hanau-Lichtenberg. Seit 1792, zum Teil schon seit 1790, besetzten die Franzosen in zunächst wechselndem, dann dauerndem Kriegsglück die Länder auf der linken Rheinseite. Vom Herbst 1794 an blieben diese Gebiete fast zwei Jahrzehnte in französischem Besitz. Seit 1816 war die Region in das Königreich Bayern inkorporiert. Es entstanden die späteren Landkreise Pirmasens und Zweibrücken, die jedoch eine stark unterschiedliche Verwaltungsgeschichte durchliefen. Während der Kreis Pirmasens in seinem Gebietsstand völlig konstant blieb, änderten sich die Verwaltungsgrenzen des Kreises Zweibrücken mehrfach grundlegend. Der heutige Landkreis Pirmasens entstand schließlich im Jahre 1972, als der Kreis Zweibrücken aufgehoben und mit dem bisherigen Kreis Pirmasens zusammengeschlossen wurde.

## Struktur des Kreises – Sehenswürdigkeiten

Der im Südwesten des Landes Rheinland-Pfalz gelegene Landkreis grenzt im Süden an Frankreich. Zwei Drittel seiner Fläche liegen im „Naturpark Pfälzerwald".
Für Wanderer gibt es so viele Möglichkeiten, wie sie in Verbindung mit Burgruinen und Sportmöglichkeiten sonst kaum anzutreffen sind. Ihnen kommen die über 2500 km ausgebauten und gut markierten Wanderwege zugute (z. B. Wasgau-, Pirminius- und Saarpfalz-Wanderweg als Teilstrecken des Westpfalz-Wanderweges). Die bizarren Buntsandsteinfelsen im romantischen Wasgau lassen die Kletterer auf ihre Kosten kommen. Burg Berwartstein bei Erlenbach ist liebevoll wieder aufgebaut worden, Pirmasens und Zweibrücken bieten viele Möglichkeiten zu Besichtigungen und Kulturstudien. Eine besondere Attraktion ist der „Teufelstich" genannte Fels bei Hinterwerdental aus rotem Sandstein.
Die Gastronomie verwöhnt auch anspruchsvolle Gäste, denen die Dahner Sommerspiele besonders empfohlen seien. Der Schuhindustrie kommt heute und wohl auch in absehbarer Zukunft die tragende Rolle in der Wirtschaft zu. Aber der Fremdenverkehr wächst verständlicherweise kräftig, was bei der landschaftlichen Schönheit des Landkreises mit seinen weiten Hochflächen, seinen Höhenrücken und den tief eingeschnittenen Tälern kein Wunder ist. Die Ruine des einstmals bedeutsamen Klosters Hornbach soll nicht übersehen sein.

Regierungsbezirk: Koblenz. Einwohner: 90650. Fläche: 963 km². Einwohner je km²: 94. Kfz-Kennzeichen: SIM. Kreisverwaltung: Ludwigstraße 3 – 5, 6540 Simmern/Hunsrück. Verwaltungsgliederung: Städte Boppard, Kastellaun, Kirchberg, Oberwesel, St. Goar und Simmern; verbandsfreie Gemeinde Boppard; 6 Verbandsgemeinden mit 132 Gemeinden: Emmelshausen (25), Kastellaun (16), Kirchberg (40), Rheinböllen (12), Simmern (32) und St. Goar-Oberwesel (7).

## Wappenbeschreibung

Unter von Blau und Gold gestücktem Schildhaupt gespalten: vorne in Gold ein rot bewehrter, nach links gewendeter schwarzer Adler; hinten in Schwarz ein rot gezungter, bewehrter und gekrönter goldener Löwe.

## Historische Entwicklung

Im 8. Jh. gliederte sich der Raum in Gaue und Grafschaften sowie Reichsgüter und Reichsrechte. Die Pfalzgrafen zu Simmern kamen wie die Grafen zu Sponheim hinzu und bauten Burgen sowie Befestigungsanlagen. Auf diese Machtverhältnisse nimmt das Kreiswappen vom 6. Januar 1972 Bezug, wenn es den kurpfälzischen Löwen wiedergibt und mit dem Schildhaupt an das Sponheimer Schachmuster erinnert. Der Reichsadler verweist auf die ehemaligen Freien Reichsstädte Oberwesel und Boppard. Auch Kurtrier besaß Besitzungen im heutigen Kreisterritorium und vergrößerte sie durch Kleinkriege bis zum Vorderhunsrück und zum Rhein. Die Epoche der Kleinstaaten endete mit der französischen Besetzung. Zweimal wurde das Kreisgebiet in den französischen Staatsverband eingegliedert. Seit 1815/16 war der Raum preußisch, 1948 wurde er Teil des jungen Bundeslandes Rheinland-Pfalz.
In seinen derzeitigen Verwaltungsgrenzen entstand der Landkreis am 7. 6. 1969 aus dem ehemaligen Kreis Simmern und Teilen der Kreise St. Goar, Cochem, Zell und Bernkastel. Der neue Landkreis, der weder in seinem naturräumlichen Gefüge noch in seinen historisch überkommenen Formen und Gliederungen ein einheitliches Ganzes gebildet hatte, erhielt nach den bestimmenden geographischen Gegebenheiten seinen Namen.

## Struktur des Kreises – Sehenswürdigkeiten

Die namensbestimmenden Bezeichnungen Rhein und Hunsrück kennzeichnen heute gleichermaßen die beiden landschaftsprägenden naturräumlichen Einheiten. Während die noch fast unberührten Höhen des Hunsrücks mit ausgedehnten Wäldern, weiten Hochflächen und Wacholderheiden beeindrucken (41,7 Prozent der Kreisfläche besteht aus Wald), zeigen die lebenslustigen Rheinstädte Boppard, St. Goar und Oberwesel mittelalterliches Flair. Verwinkelte Gassen und liebevoll restaurierte Fachwerkhäuser laden zum Verweilen ein. An den Hängen des Mittelrheins, unterhalb mächtiger Burgen, wird der hervorragende Rieslingwein angebaut. Auch Kultur- und Geschichtsfreunde kommen im Rhein-Hunsrück-Kreis auf ihre Kosten. Sehenswert sind: keltische Ringwälle, guterhaltene Befestigungsanlagen der Römer bei Boppard, Römerstraße bei dem ältesten Hunsrückstädtchen Kirchberg, mehr als ein Dutzend Burgen und Schlösser (u. a. Schloß Gemünden, Ruine Balduinseck bei Buch, Schönburg Oberwesel, „Alte Burg“ Boppard) sowie Kirchen (Lettner in der Liebfrauenkirche Oberwesel, Nunkirche bei Sargenroth) und Museen (z. B. Thonetabteilung im Museum Boppard). In Oberwesel ist die hochgotische Liebfrauenkirche aus dem 14. Jh., in St. Goar die Stiftskirche aus dem 15. Jh. und in Boppard die romanische Severinskirche aus dem 12./13. Jh. sehenswert.

Regierungsbezirk: Koblenz. Einwohner: 117135. Fläche: 782,359 km². Einwohner je km²: 150. Kfz-Kennzeichen: EMS. Kreisverwaltung: Insel Silberau, 5427 Bad Ems. Verwaltungsgliederung: Eine große kreisangehörige Stadt (Lahnstein), 8 Verbandsgemeinden mit insgesamt 137 Gemeinden (Bad Ems, Braubach, Diez, Hahnstätten, Katzenelnbogen, Loreley, Nassau, Nastätten).

### Wappenbeschreibung

Von Blau und Rot schräggeteilt, belegt mit einem goldenen Löwen.

### Historische Entwicklung

Quer durch das heutige Kreisgebiet führte der unter dem römischen Kaiser Domitian (81 – 96 n. Chr.) begonnene Limes, von dem noch heute beachtliche Reste erhalten sind. Nach dem Zusammenbruch des Römischen Reiches entstanden in fränkischer und karolingischer Zeit große Höfe, die im Besitz des Adels und der Kirche waren. Wirtschaftlich und politisch einflußreiche Familien stammen von hier: die Grafen von Katzenelnbogen, eine der reichsten Familien des Mittelalters, oder die Grafen von Nassau, die Ahnherren der Nassau-Oranier und damit auch des niederländischen Königshauses. Bis zum Anfang des 19. Jh. in zahlreiche kleine Besitztümer kirchlicher und weltlicher Herren zersplittert, wurde das Gebiet im 1806 neugegründeten Herzogtum Nassau vereint. Die von Dorf zu Dorf wechselnden Konfessionen spiegeln noch heute diese Entwicklung wider. 1866 kam das Herzogtum Nassau an das Königreich Preußen. Nach dem Zweiten Weltkrieg wurden die Landkreise Loreley und Unterlahn, aus denen 1969 der Rhein-Lahn-Kreis entstand, dem neuen Bundesland Rheinland-Pfalz zugeordnet. Die Farben und Zeichen des am 26. Januar 1970 amtlich genehmigten Kreiswappens verweisen auf die alten Territorien: Blau und Gold erinnern an Nassau, Rot deutet auf die Kurstaaten Mainz und Trier hin. Der Löwe steht stellvertretend für die zahlreichen Wappenlöwen im Landkreis, wie die von Nassau, Katzenelnbogen, Diez und Kurpfalz.

### Struktur des Kreises – Sehenswürdigkeiten

Weite Teile des Kreisgebietes werden vom „Naturpark Nassau“ eingenommen, der sich vom Westerwald zum Taunus erstreckt. An der Westseite des Kreises liegt eine der schönsten europäischen Kulturlandschaften, das Mittelrheintal zwischen Kaub und Lahnstein. Es wird geprägt durch den Weinbau, die mittelalterlichen Burgen und die kleinen Städte und Winzerdörfer. Hier entstand im 19. Jh. die „Rhein-Romantik“, von der wichtige Impulse für Literatur, Musik, Architektur und bildende Kunst ausgingen. Hoch über dem Rhein soll die Loreley gesessen haben, deren Gesang und blondes Haar von Heinrich Heine besungen wurde.
Von den insgesamt 26 Burgen im Kreis sind am berühmtesten der Pfalzgrafenstein bei Kaub, eine Zollburg mitten im Rhein, Burg Katz und Burg Maus bei St. Goarshausen, die „feindlichen Brüder“ oberhalb des Wallfahrtsortes Bornhofen und die Marksburg bei Braubach (Sitz der Deutschen Burgenvereinigung). Nicht weniger romantisch ist das Lahntal mit der romanischen Johanniskirche an der Lahnmündung in Niederlahnstein und Schloß Lahneck oberhalb von Oberlahnstein, mit dem berühmten Bad Ems, in dem die Tradition des Weltbades noch deutlich sichtbar ist, mit den Burgruinen in Nassau, dem Kloster Arnstein hoch über der Lahn und dem romantischen Städtchen Diez.
Auf den Höhen des Taunus liegt Katzenelnbogen mit dem Stammsitz des gleichnamigen Grafengeschlechts und Holzhausen, wo es die stattlichen Reste eines römischen Kastells (Ende 2. Jh. n. Chr.) gibt und wo Nikolaus August Otto (1832 – 1891) der Erfinder des Otto-Motors, geboren wurde. In Miehlen im Taunus steht auch das Geburtshaus des Schinderhannes (1783 – 1803), einer der berühmtesten Räuber.

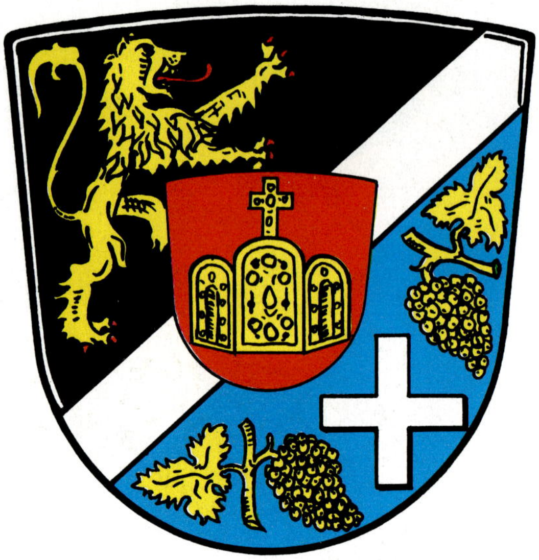

Regierungsbezirk: Rheinhessen-Pfalz. Einwohner: 95 160. Fläche: 634,5 km². Einwohner je km²: 150. Kfz-Kennzeichen: SÜW. Kreisverwaltung: An der Kreuzmühle 2, 6740 Landau. Verwaltungsgliederung: 7 Verbandsgemeinden (Annweiler, Bad Bergzabern, Edenkoben, Herxheim, Landau-Land, Maikammer, Offenbach) und 75 Ortsgemeinden.

### Wappenbeschreibung

Durch einen silbernen Schräglinksbalken geteilt: oben in Schwarz ein linksgewendeter, rot bewehrter goldener Löwe, unten in Blau ein silbernes Kreuz, beseitet von je einer goldenen gestielten Weintraube mit Blatt; im ganzen belegt mit einem roten Herzschild, darin eine goldene Kaiserkrone.

### Historische Entwicklung

Der Landkreis entstand im Jahre 1969 aus den beiden Kreisen Landau i. d. Pfalz und Bergzabern zunächst als „Landkreis Landau – Bad Bergzabern“, der seit dem 1. 1. 1978 den heutigen Namen führt. Für das alte Siedlungs- und Durchgangsland begann mit dem Sieg Cäsars 58 v. Chr. über den Germanenfürsten Ariovist die ein halbes Jahrtausend währende römische Epoche. Das bedeutendste Geschenk, das die Römer mitbrachten, war der Weinbau. Für die administrative Entwicklung des Kreisgebietes war die Französische Revolution mit ihren nachfolgenden Jahren ausschlaggebend. Nach der erneuten Zugehörigkeit zu Bayern ab 1814 wurde der Raum 1946 Bestandteil des Landes Rheinland-Pfalz, das durch Verordnung der Französischen Militärregierung vom 30. 8. 1946 aus der Pfalz, aus Rheinhessen und aus Teilen der ehemaligen preußischen Rheinprovinz geschaffen wurde. – Das Kreiswappen wurde in seiner derzeitigen Form bereits am 24. Juni 1970 verliehen. In seiner Schildaufteilung erinnert es an das Wappen des ehemaligen Kreises Landau und symbolisiert wie dieses mit dem silbernen Schrägbalken die Weinstraße und mit den Weintrauben den bedeutendsten Wirtschaftszweig. Der Löwe, der auch im Wappen des Kreises Bergzabern vorkam, weist auf die Kurpfälzer Besitzungen hin, während das Kreuz dem Hochstift Speyer zuzuordnen ist. Das Motiv des Herzschildes, dem Bergzaberner Kreiswappen entlehnt, symbolisiert die Burg Trifels, auf der die Reichsinsignien aufbewahrt wurden.

### Struktur des Kreises – Sehenswürdigkeiten

„Weinkeller des Heiligen Römischen Reiches Deutscher Nation“ nannte man früher diesen Landstrich, der mit knapp 12 000 ha Rebfläche im Landkreis einer der größten weinbautreibenden in der Bundesrepublik Deutschland ist. Wer hier Erholung sucht, findet neben den 55 Millionen Rebstöcken, 14 Burgen bzw. Burgruinen die grüne Lunge mit 8 Millionen Bäumen im Naturpark Pfälzerwald. Man könnte mit seinem Besuch des Landkreises, der jährlich 1,5 Millionen Mark für Dorferneuerungsmaßnahmen seinen schönen Dörfern zur Verfügung stellt, am Deutschen Weintor in Schweigen-Rechtenbach beginnen und den ersten Deutschen Weinlehrpfad als willkommene Information auf sich wirken lassen, bevor man weiterfährt nach Bad Bergzabern, Klingenmünster und Silz mit seinem Wildpark. Nach dem Besuch der Reichsfeste Trifels könnte eine Weinprobe am Abend im Weinprobierkeller der Südlichen Weinstraße in Edesheim willkommen sein. Man sollte die Villa Ludwigshöhe bei Edenkoben oder die eine oder andere der eindrucksvollen Burgen aufsuchen und dabei den Landkreis kennenlernen, dessen Klima und Bodenverhältnisse selbst Kastanien, Mandeln und Feigen gedeihen lassen.

Neben dem Weinbau und dem Fremdenverkehr trifft man ein leistungsfähiges Handwerk und mittelständische Industrieunternehmen an. Von einem „wahrhaft adligen Land“ hat der Historiker Heinrich von Treitschke gesprochen.

Regierungsbezirk: Trier. Einwohner: 125050. Fläche: 1092 km². Einwohner je km²: 115. Kfz-Kennzeichen: TR. Kreisverwaltung: Mustorstraße 12, 5500 Trier. Verwaltungsgliederung: 7 Verbandsgemeinden (Hermeskeil, Kell, Konz, Saarburg, Schweich, Trier-Ruwer und Trier-Land). Insgesamt 103 kreisangehörige Gemeinden, davon 4 Städte (Hermeskeil, Konz, Saarburg und Schweich).

### Wappenbeschreibung

Neunmal von Silber und Blau geteilt, überdeckt von einem durchgehenden roten Kreuz, das mit einem goldenen Herzschild belegt ist; darin auf schwarzem Berg eine rote Zinnenburg mit nach vorne gerücktem Spitzentürmchen.

### Historische Entwicklung

Der Landkreis ist 1969 durch den Zusammenschluß der Landkreise Trier und Saarburg gebildet worden. Seine Siedlungsgeschichte reicht zurück bis in die ältere Steinzeit. Das Trierer Land war Kerngebiet der keltischen Treverer, die Cäsar um 54 v. Chr. der römischen Herrschaft unterwarf, die rund fünfhundert Jahre bis zur fränkischen Eroberung andauerte. Als Hüterin des antiken Erbes erwies sich jedoch die Kirche, und der Einfluß der Trierer Erzbischöfe nahm zu. Bereits im 7. und 8. Jh. besaßen sie weltliche Herrschaftsrechte. Es entstand der Trierer Kurstaat, der bis 1794 existierte, als Napoleon das linksrheinische Gebiet der französischen Herrschaft unterwarf. An die Bedeutung der Trierer Oberherrschaft erinnert im Kreiswappen vom 31. März 1970 das rote Kreuz Kurtriers. Seinen Höhepunkt hatte der Trierer Kurstaat unter Kurfürst Balduin (1307 – 1354) aus dem Hause der Grafen von Luxemburg erreicht. Auf den anderen bedeutenden Landesherren, die damalige Grafschaft Luxemburg, nimmt die dem luxemburgischen Löwenwappen entnommene silbern-blaue Schildteilung Bezug. Nach dem Wiener Kongreß fiel das Trierer Land an Preußen, das die Landkreise Trier und Saarburg unter Ausschluß der Stadt Trier errichtete. Große Teile des Kreises Saarburg waren kurzzeitig (1946/47) dem in das französische Wirtschaftsgebiet eingegliederten Saarland zugeordnet. Die stilisierte Saarburg steht in erweiterter Form auch im Wappen der gleichnamigen Stadt.

### Struktur des Kreises – Sehenswürdigkeiten

Nicht nur die kreisfreie Stadt Trier, sondern auch der sie umschließende Landkreis ist reich an Zeugen der großartigen römischen Vergangenheit. Herausragend die Igeler Säule, das bedeutendste Grabdenkmal einer römischen Kaufmannsfamilie nördlich der Alpen. Weltberühmt ist seit der Römerzeit der Weinbau an Mosel-Saar-Ruwer, der auch die Existenzgrundlage von Tausenden von Winzerfamilien bildet. Das Weinland Trier-Saarburg ist zugleich eine einzigartige Erholungslandschaft von reizvollen Flußtälern bis zu den waldreichen Höhenzügen der Südeifel und des Hunsrücks. Viele Burgen und Schlösser erinnern an die Zeit der Kurfürsten als Landesherren. Obermosel und Sauer trennen das Landkreisgebiet vom Großherzogtum Luxemburg. Weitere touristische Attraktionen: die romantische Altstadt von Saarburg, großzügige Feriendörfer bei Kell, Leiwen und Saarburg sowie die Serriger Klause hoch über dem Saartal – einst Ruhestätte des blinden Königs Johann von Böhmen, gebaut nach Entwürfen von Baumeister Schinkel. In Schweich, moselabwärts nahe Trier, wurde dem Sohn der jüngsten Stadt von Rheinland-Pfalz, dem Dichter Stefan Andres, ein Brunnen als Gedenkstätte gewidmet. In Hermeskeil gibt das Hochwaldmuseum Auskunft über die Geschichte der Landschaft. Hier werden eine Nagelschmiede und die Flachsverarbeitung gezeigt.

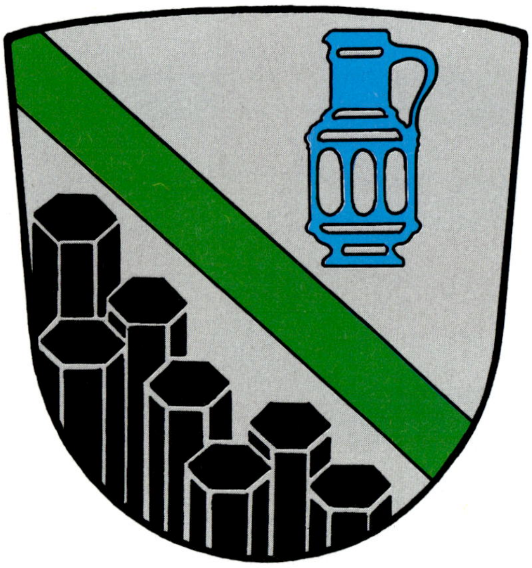

Regierungsbezirk: Koblenz. Einwohner: 169905. Fläche: 989 km². Einwohner je km²: 172. Kfz-Kennzeichen: WW. Kreisverwaltung: Peter-Altmeier-Platz 1, 5430 Montabaur. Verwaltungsgliederung: 10 Verbandsgemeinden (Bad Marienberg, Hachenburg, Höhr-Grenzhausen, Montabaur, Ransbach-Baumbach, Rennerod, Selters, Wallmerod, Westerburg, Wirges) mit 191 kreisangehörigen Städten (8) und Ortsgemeinden (183).

## Wappenbeschreibung

In Silber ein grüner Schrägbalken; unten wachsend sieben silbern berandete, sechseckige schwarze Basaltsäulen von unterschiedlicher Höhe, oben eine zylindrische, altdeutsche blaue Kanne mit silbernen Riffeln und drei ovalen silbernen Medaillons.

## Historische Entwicklung

Die ersten Verwaltungseinheiten des Westerwaldes waren die fränkischen Gaue. Macht und Einfluß der Gaugrafen zerrannen im 12. Jh. allmählich zugunsten der Kirche und ihrer Vögte sowie des Adels. Während der Stauferzeit schälte sich aus dem komplizierten Geflecht grundherrlicher Rechte und Machtansprüche eine feste territoriale Ordnung heraus. Die verworrenen Herrschaftsverhältnisse sollten sich bis zur Zeit der Französischen Revolution vereinfachen; damals teilten sich Kurtrier und Nassau-Oranien den weitaus größten Teil des heutigen Kreisgebietes. Seit 1815 war die Region erstmals fast vollständig innerhalb eines großflächigen Staates vereinigt: dem Königreich Preußen. 1867 erfolgte die Bildung von Landkreisen, hier im wesentlichen die Kreise Unterwesterwald und Oberwesterwald. Am 16. März 1974 entstand aus den beiden Gebietskörperschaften der heutige Westerwaldkreis. Bei der Wappengestaltung nahm man nicht Bezug auf die so zahlreichen und oft wechselnden Gebietsherren. Statt dessen wurde am 2. Februar 1976 ein Wappen geschaffen, das mit den sieben Basaltsäulen die Verbandsgemeinden symbolisiert, in denen Basalt oder Quarzit vorkommt. Die Kanne mit den drei Medaillons weist auf die drei Verbandsgemeinden im sogenannten Kannenbäckerland hin, wo Töpferhandwerk und keramische Industrie beheimatet sind. Der grüne Schrägbalken versinnbildlicht den Kreis als Erholungsgebiet mit seinen Wäldern und Wiesen.

## Struktur des Kreises – Sehenswürdigkeiten

Als das „Herz der Bundesrepublik" bildet der Westerwaldkreis ihren geographischen Mittelpunkt. Das Kreisgebiet erstreckt sich, den Kernraum des Westerwaldes umfassend, vom Rande des mittelrheinischen Beckens und den Unterlahnhöhen über die Montabaurer Senke, das Kannenbäckerland, den Oberwesterwald und den hohen Westerwald bis kurz vor Siegen. Leben, Kultur und Geschichte der Westerwälder präsentieren sich in herrlich restaurierten Fachwerkhäusern (z. B. Rathaus mit Betsaal/Waigandshain, Haus Sahm/Maxsain), mittelalterlichen Städten (Montabaur, Hachenburg), Schlössern (Montabaur, Hachenburg, Molsberg), Burgen (Burgruine Grenzau, Sporkenburg bei Eitelborn), Kirchen und Klöster (z. B. romanische Stiftskirche/Gemünden mit Änderungen im gotischen Stil, romanische Pfarrkirchen in Dreifelden, Hachenburg-Altstadt, frühgotische und barocke Pfarrkirchen in Montabaur und Helferskirchen, Kloster Marienstatt mit gotischer Kirche). Das Keramikmuseum in Höhr-Grenzhausen („Deutsche Sammlung für historische und zeitgenössische Keramik") dokumentiert die Töpferkunst des Kannenbäckerlandes, in dem Europas hochwertigste Tone gefördert und zu feinster Keramik verarbeitet werden. Das Landschaftsmuseum in Hachenburg bietet Landes- und Heimatkunde zum Anfassen; ein Museumsdorf aus originalen Westerwälder Bauten wurde dort errichtet. Dem Landschaftsmuseum ist der „Basaltpark" in Bad Marienburg angeschlossen, ein Freilichtmuseum, das Auskunft über die Geschichte des Westerwälder Basaltabbaues gibt.

St. Wendel
Merzig-Wadern
Merzig
Neunkirchen
Saarlouis
Stadtverband
SAAR-
BRÜCKEN
Saar-
Homburg
Pfalz-
Kreis
50 km

MANFRED EBERLE

# Die Landkreise im Saarland

## I.

Die Geschichte der saarländischen Landkreise beginnt mit der Besetzung der linksrheinischen Gebiete durch die alliierten Mächte nach deren Sieg über das napoleonische Kaiserreich. Mit dem Ersten Pariser Frieden (30. Mai 1814), den Beschlüssen des Wiener Kongresses (8. Juni 1815) und dem Zweiten Pariser Frieden (20. November 1815) wurde das Gebiet des heutigen Saarlandes zu einem Teil dem Königreich Preußen und dem Herzogtum Sachsen-Coburg – letzteres bildete daraus das Fürstentum Lichtenberg – zugesprochen; ein weiterer Teil wurde unter bayerisch-österreichische Verwaltung gestellt.

1816 gliederte Preußen seine neuen Gebiete in die Landkreise Saarbrücken, Saarlouis, Merzig und Ottweiler und ernannte die Landräte. Bayern errichtete 1818 Landkommissariate – ab 1862 Bezirksämter – und setzte Landkommissare ein, nachdem ihm die bayerische Pfalz durch Staatsvertrag von Österreich zugefallen war. Während das Gebiet des späteren Landkreises Homburg von Anfang an ein Landkommissariat bildete, entstand aus dem Gebiet des späteren Landkreises St. Ingbert erst 1902 ein eigenes Bezirksamt. Der Titel „Landrat" wurde im bayerischen Teil des Saarlandes im Jahre 1921, die Bezeichnung „Landkreis" erst 1938 eingeführt. Der Landkreis St. Wendel entstand 1835, nachdem das Fürstentum Lichtenberg an Preußen abgetreten worden war.

Nach dem Ersten Weltkrieg stellte der Versailler Friedensvertrag vom 28. Juni 1919 das Saargebiet – dieser Eigenname entstand erstmals bei dieser Gelegenheit – unter die Verwaltung des Völkerbundes. Nach Rückkehr zum Deutschen Reich im Jahre 1935 wurden die vormals den Regierungsbezirken Trier und Speyer zugehörigen saarländischen Landkreise einem Reichskommissar für das Saarland unterstellt. Nach dem Zweiten Weltkrieg wurde das Saarland dem französischen Wirtschaftsgebiet zugeschlagen; seine Rückkehr zur Bundesrepublik Deutschland erfolgte im Jahre 1957. Diese Ereignisse hatten u.a. Änderungen im territorialen Zuschnitt einzelner Landkreise zur Folge.

Die heutige kommunale Gliederung des Saarlandes geht zurück auf die Gesetze zur *Verwaltungs- und Gebietsreform,* die am 1. Januar 1974 in Kraft traten. Der Landkreis Ottweiler wurde in Landkreis Neunkirchen mit dem Kreissitz in Neunkirchen umbenannt, die Landkreise Homburg und St. Ingbert zum Saar-Pfalz-Kreis mit dem Kreissitz in Homburg zusammengeschlossen. Aus der kreisfreien Landeshauptstadt Saarbrücken und dem Landkreis Saarbrücken entstand der Stadtverband Saarbrücken. Damit sind alle Städte und Gemeinden im Saarland in die Kreisebene eingegliedert. Die Landkreise Merzig-Wadern, Saarlouis und St. Wendel blieben von der Reform im wesentlichen unberührt.

## II.

Die *Landkreise* und der *Stadtverband Saarbrücken* sind öffentlich-rechtliche Gebietskörperschaften. Sie erfüllen die auf ihr Gebiet begrenzten überörtlichen (übergemeindlichen) Aufgaben in eigener Verantwortung.

Organe der Landkreise sind der *Kreistag*, der *Kreisausschuß* und der *Landrat,* denen im Stadtverband Saarbrücken der *Stadtverbandstag*, der *Stadtverbandsausschuß* und der *Stadtverbandspräsident* entsprechen.

*Kreistage* und *Stadtverbandstag* werden von den Einwohnern der Landkreise und des Stadtverbandes Saarbrücken in allgemeinen, unmittelbaren, freien, gleichen und geheimen Wahlen gewählt. Die Amtszeit beträgt fünf Jahre. Der Kreis-/Stadtverbandstag beschließt über alle Selbstverwaltungsangelegenheiten, für die seine ausschließliche Zuständigkeit gesetzlich bestimmt ist oder für die er sich die Entscheidung ausdrücklich vorbehalten hat, so z.B. über den Namen, den Verwaltungssitz, das Wappen und die Grenzen der Gebietskörperschaft, den Erlaß der Haushaltssatzung, die Einstellung leitender Bediensteter, die Vergabe von Aufträgen ab einer durch Geschäftsordnung bestimmten Größenordnung, die Feststellung der Jahresrechnung und die Entlastung der Verwaltungsspitze sowie die Übernahme neuer freiwilliger Aufgaben.

Der *Kreis-/Stadtverbandsausschuß* ist ein vom Kreis-/Stadtverbandstag berufenes kleineres Beschlußorgan, das über alle Angelegenheiten entscheidet, die nicht dem Kreis-/Stadtverbandstag vorbehalten sind. Dieser Ausschuß ist wegen seiner kleineren Mitgliederzahl leichter einzuberufen und auch im Hinblick auf seine Zusammensetzung – regelmäßig besonders erfahrene Kommunalpolitiker – das beweglichere Beschlußorgan für die ständige Arbeit der Kreisebene. Es bereitet außerdem die Beschlüsse des größeren Gremiums vor und ist berechtigt, in dringenden Fällen anstelle des Kreis-/Stadtverbandstages zu entscheiden.

Der *Landrat* ist Vorsitzender des Kreistages und Leiter der Kreisverwaltung. Er ist der gesetzliche Vertreter des Landkreises, erledigt die Geschäfte der laufenden Verwaltung und führt die Beschlüsse des Kreisausschusses und des Kreistages aus. Der Landrat ist außerdem untere staatliche Verwaltungsbehörde. Er ist staatlicher Beamter auf Lebenszeit und in dieser Funktion der allgemeine Vertreter der Landesregierung. Die Ernennung des Landrates bedarf der Zustimmung des Kreistages. Die saarländische Landesregierung hat ihre Absicht erklärt, das Amt des Landrates zu kommunalisieren, d.h. die Landräte sollen künftig kommunale Wahlbeamte sein, die vom Kreistag für eine bestimmte Amtszeit gewählt werden. Der Stadtverbandspräsident ist kommunaler Wahlbeamter mit einer Amtszeit von 10 Jahren. Seine Aufgaben sind im wesentlichen mit denen des Landrates zu vergleichen.

## *III.*

Die Aufgaben der saarländischen Landkreise sind vielfältig: Pflichtträgerschaft der beruflichen Schulen, der Realschulen und der Sonderschulen (über 60 000 Schüler – die Übertragung weiterer Schulformen, insbesondere Gesamtschulen, steht bevor), Erwachsenenbildung (u.a. über 2600 Kurse mit mehr als 40 000 Teilnehmern pro Jahr), Träger der Sozial- und Jugendhilfe (Sozialhilfeleistungen z. Zt. über 250 Millionen DM jährlich), Krankenhausträger (ca. 1275 Betten), Träger eines gut funktionierenden Rettungsdienstes (über 80 000 Rettungseinsätze und Krankentransporte im Jahr), Bau- und Planungswesen, Tierkörperbeseitigung, Förderung von Gartenbau, Landwirtschaft und Landschaftspflege, Fremdenverkehr und Naherholung, Gewährträger der Sparkassen (z.B. Sparkasse Saarbrücken: Bilanzsumme 1985 = rd. 5,6 Milliarden DM) und Wirtschaftsförderung.

Der Stadtverband Saarbrücken hat als Stadt-Umland-Verband zu den Kreisaufgaben noch die Zuständigkeit, für sein Gebiet anstelle der stadtverbandsangehörigen Gemeinden in eigener Verantwortung – unter Mitbestimmung eines von den stadtverbandsangehörigen Gemeinden besetzten Planungsrates – den Flächennutzungsplan nach den Vorschriften des Bundesbaugesetzes aufzustellen.

Die gemeinsamen Interessen der Landkreise und des Stadtverbandes Saarbrücken werden vom *Landkreistag Saarland* vertreten, der 1955 gebildet wurde. Er ist Mitgliedsverband des Deutschen Landkreistages.

Aufgabenschwerpunkte: Mitarbeit bei der Vorbereitung und Durchführung von Rechts- und Verwaltungsvorschriften, Vermittlung von Erfahrungsaustausch, Beratung der Mitglieder in Rechts- und Verwaltungsfragen, Vertretung der Mitglieder in öffentlichen und privaten Institutionen und Öffentlichkeitsarbeit.

**Landkreistag Saarland – Vorstadtstraße 11 – 6600 Saarbrücken**

Einwohner: 99495. Fläche: 554,75 km². Einwohner je km²: 179. Kfz-Kennzeichen: MZG. Kreisverwaltung: Bahnhofstraße 44, 6640 Merzig. Verwaltungsgliederung: 7 kreisangehörige Gemeinden (Kreisstadt Merzig, Stadt Wadern, Gemeinde Beckingen, Gemeinde Losheim, Gemeinde Mettlach, Gemeinde Perl, Gemeinde Weiskirchen).

### Wappenbeschreibung

Geviert: 1 in Silber ein durchgehendes rotes Kreuz; 2 in Gold ein roter Schrägbalken, belegt mit drei gestümmelten silbernen Adlern; 3 in Gold eine schräggestellte rote Wolfsangel; 4 in neunfach von Silber und Blau geteiltem Feld ein golden bewehrter und golden gekrönter, doppelschwänziger roter Löwe.

### Historische Entwicklung

Seit der Herrschaft des Erzbischofs und Kurfürsten Balduin von Trier (1307 – 1354) gehörte das Gebiet des heutigen Landkreises Merzig-Wadern zum Erzstift Trier, kirchlich über Jahrhunderte zum Archidiakonat St. Mauritius, Tholey. Es setzte sich im wesentlichen zusammen aus dem 1778 aufgelösten Kondominium des Herzogtums Lothringen und des Kurfürstentums Trier, der Herrschaft Dagstuhl, dem Reichsdorf Michelbach und dem reichsritterlichen Hofe Münchweiler. Im Zuge der Neuordnung der neuen westlichen Provinzen Preußens entstand 1816 der Kreis Merzig mit insgesamt 21000 Einwohnern. Er umfaßte neun Bürgermeistereien. 1920 nahm als besondere Verwaltung der „Kreisverwalter des Restkreises Merzig" seine Tätigkeit in Wadern auf. Während der „Restkreis" bei Preußen verblieb, wurde der „Stammkreis" Merzig unter Völkerbundsmandat gestellt. Die Volksabstimmung vom 13. 1. 1935 bewirkte die Rückkehr zum Deutschen Reich. Nach dem Zweiten Weltkrieg wurden Restkreis und Stammkreis wieder vereint. Die Bezeichnung „Landkreis Merzig-Wadern" wird seit 1964 geführt. Das Gebiet des Landkreises Merzig-Wadern wurde durch die Gebietsreform am 1. 1. 1974 nur unwesentlich verändert. Das am 1. Februar 1966 genehmigte Wappen, das weitgehend den historischen Gegebenheiten aus der Zeit vor 1816 Rechnung trägt, behielt seine Gültigkeit. Es verweist gemäß der Reihenfolge der Wappenbeschreibung auf Kurtrier, das Herzogtum Lothringen, die Familie von Sötern und auf das Herzogtum Luxemburg. Die gewählte Reihenfolge entspricht der Bedeutung der ehemaligen Territorialherren.

### Struktur des Kreises – Sehenswürdigkeiten

Der im Dreiländereck Deutschland – Frankreich – Luxemburg gelegene waldreiche Landkreis bietet neben idealen Erholungsmöglichkeiten auch Geselligkeit bei vielen Veranstaltungen sowie gutes Essen und Trinken in zahlreichen Restaurants und Gaststätten. Neben dem Weinanbau im Raum Perl wird aus heimischen Äpfeln der bekannte Viez hergestellt. Der sportlichen Betätigung dient der Stausee bei Losheim. Weiskirchen als Heilklimatischer Kurort bietet ein Kurzentrum und ein großes Wildfreigehege. Historische Baudenkmäler gibt es z. B. in Merzig: St. Peterskirche, Stadthaus, Halfenhaus, Hilbringer Schlößchen, in Wadern: Schloß Dagstuhl, Schloß Münchweiler, Öttinger Schlößchen, in Mettlach: Alter Turm, ehem. Benediktinerabtei, Burg Montclair, Pfarrkirche, Schloß Ziegelberg mit bekanntem Keramikmuseum, in Perl-Nennig: berühmter Mosaikfußboden, Schloß Berg. Darstellungen über Funde aus der Kelten- und Römerzeit finden sich im Kreisheimatmuseum in Merzig. Schon vor 130 Jahren stellte der damalige Landrat fest, daß hier ein besonders mildes Klima herrsche, weshalb man hier gut leben und sich erholen könne.

Einwohner: 147855. Fläche: 249,82 km². Einwohner je km²: 592. Kfz-Kennzeichen: NK. Kreisverwaltung: Wilhelm-Heinrich-Straße 36, 6682 Ottweiler. Verwaltungsgliederung: Kreisstadt Neunkirchen, Stadt Ottweiler, 5 Gemeinden (Eppelborn, Illingen, Merchweiler, Schiffweiler, Spiesen-Elversberg).

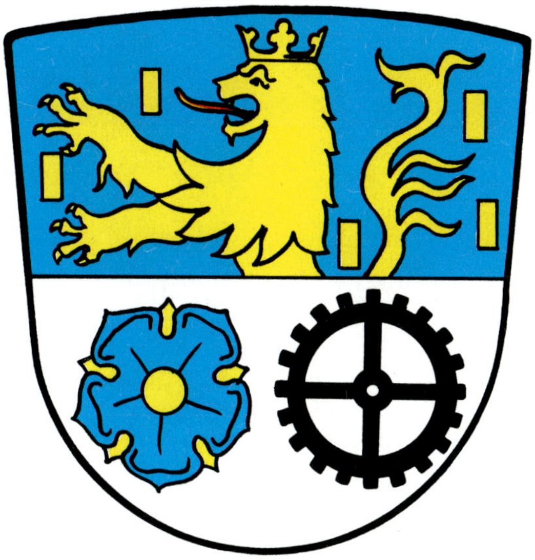

### Wappenbeschreibung

Geteilt; oben in mit goldenen Schindeln bestreutem blauen Feld ein wachsender und gekrönter, rot gezungter goldener Löwe; unten in Silber vorne eine blaue Rose mit goldenem Butzen und goldenen Kelchblättern, hinten ein vierspeichiges schwarzes Zahnrad.

### Historische Entwicklung

Der Grundstein für den heutigen Landkreis Neunkirchen wurde gelegt, als im Jahre 1545 die Grafschaft Saarbrücken unter den Söhnen des Grafen Johann Ludwig aufgeteilt wurde. Unter wechselnden Namen wie „Herrschaft Ottweiler“ (1544 – 1611), „Amt Ottweiler“ bzw. „Oberamt Ottweiler“ (1611 – 1798) und „Kanton Ottweiler“ (1798 – 1800) existierte die Gebietseinheit bis 1814. Mit Datum vom 30. Juni 1814 entstand im Rahmen einer Neugliederung der Landkreis Ottweiler. Er wurde von einem „Kreisdirektor“ geleitet und erstreckte sich über eine Fläche von 1186 km² mit 63517 Einwohnern. Bereits zwei Jahre später, am 1. Juli 1816, wurde die umfangreiche Fläche auf Beschluß des Wiener Kongresses verändert; im Jahre 1946 wurde das Kreisgebiet von Ottweiler nochmals verkleinert. 1964 bestand der Landkreis Ottweiler 150 Jahre; er umfaßte 35 Gemeinden mit 169180 Einwohnern. Die letzte Änderung seiner Grenzen erfuhr der Kreis durch die Verwaltungs- und Gebietsreform des Jahres 1974. Mit dieser Gebietsänderung fand auch eine Namensänderung statt: Der Kreis Ottweiler wurde umbenannt in Landkreis Neunkirchen. Er übernahm das bereits seit dem 22. August 1961 geführte Kreiswappen, in dessen Schild sich der Löwe auf die Grafen von Nassau-Saarbrücken bezieht. Sie übten zwischen 1381 und 1792 die Herrschaft über den größten Teil des Kreisgebietes aus. Die Rose symbolisiert die Stadt Ottweiler, das Zahnrad die Stadt Neunkirchen.

### Struktur des Kreises – Sehenswürdigkeiten

Trotz der Krisen in den sechziger Jahren prägen immer noch Kohle und Stahl das Wirtschaftsleben im Landkreis. Die größte Stadt, die Kreisstadt Neunkirchen, 1291 erstmals urkundlich erwähnt, bietet sich als eine Arbeiter- und Hüttenstadt dar. Auch wenn nicht zu übersehen ist, daß in den letzten Jahren 20000 Arbeitsplätze verloren wurden. Von den Sehenswürdigkeiten der Stadt sind zu nennen das Hofgut mit Gutsweiher in Furpach und der Tiergarten Neunkirchen. In der Kreisstadt Ottweiler erinnern zahlreiche Bürgerhäuser aus dem 16. bis 18. Jh. an die verschiedenen Blütezeiten des Ortes. Das heutige Kreishaus, einst fürstliches Witwenpalais, und das fürstliche Jagd- und Gartenhaus, beide zwischen 1758–60 erbaut, sowie das ehemalige Rathaus (1714) und der Schloßplatz sind sehenswert. Wer am Brauchtum vergangener Zeiten Interesse hat, sollte das Karnevals- und Heimatmuseum in Ottweiler oder das Heimatmuseum in Eppelborn nicht versäumen. In der Gemeinde Illingen sind die Wasserburganlagen Kerpen reizvoll und in der Gemeinde Eppelborn im Ortsteil Bubach das Schloß Busseck sowie im Ortsteil Hierscheid die Steinrausche mit Wassertretanlage. Und schließlich im Ortsteil Wiesbach die Wallenbornkapelle.

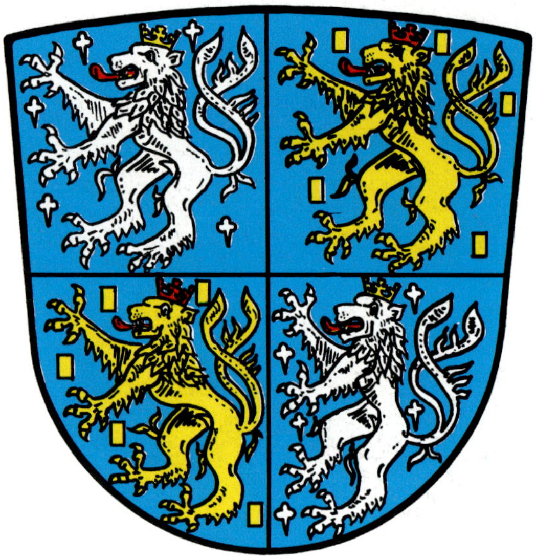

Einwohner: 357000. Fläche: 410 $km^2$. Einwohner je $km^2$: 870. Kfz-Kennzeichen: SB (Saarbrücken) und VK (Völklingen). Verwaltungssitz: Schloßplatz 6–16, 6600 Saarbrücken. 10 stadtverbandsangehörige Städte und Gemeinden (Saarbrücken, Völklingen, Sulzbach, Püttlingen, Friedrichsthal, Heusweiler, Quierschied, Riegelsberg, Kleinblittersdorf und Großrosseln).

**Wappenbeschreibung**

Geviert: 1 und 4 in blauem, mit fünf silbernen Fußspitzkleeblattkreuzen bestreutem Feld ein doppelschwänziger, golden gekrönter, rot gezungter silberner Löwe; 2 und 3 in blauem, mit fünf goldenen Schindeln bestreutem Feld ein doppelschwänziger, rot gekrönter und rot gezungter goldener Löwe.

**Historische Entwicklung**

Ein „Landkreis Saarbrücken" existierte seit dem 22. 4. 1816. Er umschloß bis zur kommunalen Gebietsreform vom 1. 1. 1974 die damals kreisfreie Landeshauptstadt Saarbrücken und wurde deshalb als „Kragenkreis" bezeichnet. Mit Jahresbeginn 1974 wurde der Landkreis Saarbrücken aufgehoben und es entstand der „Stadtverband Saarbrücken". Mit dieser in der Bundesrepublik einmaligen Gebietskörperschaft trat ein Stadt-Umland-Verband ins Leben, der in seiner Funktion einem Landkreis nahesteht.
Der Stadtverband Saarbrücken umfaßt zehn selbständige Gemeinden (u. a. die Landeshauptstadt Saarbrükken, die Mittelstadt Völklingen oder die Stadt Friedrichsthal) und darf deshalb nicht mit einer kreisfreien Stadt bzw. einem Stadtkreis verwechselt werden.

In seinem Wappen, das dem Stadtverband am 17. März 1975 genehmigt wurde, verweisen die jeweils zehn Schindeln und Kreuzchen auf die Zahl der Mitgliedsgemeinden. Der Wappenschild wurde in ähnlicher Gestaltung – nur die Plätze waren vertauscht – zwischen 1426 und 1527 von den Grafen von Nassau-Saarbrücken geführt. Im Stadtverbandswappen wurde jedoch der silberne Löwe der Grafen von Saarbrücken-Commercy ins heraldisch vornehmere erste Feld gesetzt, um die Bedeutung der Landeshauptstadt für den Stadtverband zu betonen, die den silbernen Löwen in ihrem Stadtwappen führt. Der goldene Löwe steht für die Linie Nassau-Saarbrücken, die Nachfolgedynastie der 1381 erloschenen Grafen von Saarbrücken-Commercy.

**Struktur des Kreises – Sehenswürdigkeiten**

Der Stadtverband Saarbrücken stellt die Kernregion des Saarlandes dar. Hier wohnt mehr als ein Drittel der Bevölkerung des Bundeslandes. Nahezu die Hälfte aller saarländischen Beschäftigten arbeitet hier. Kohlebergbau und Stahlindustrie sind die traditionellen wirtschaftlichen Säulen der Region, die in den letzen Jahren allerdings ins Wanken geraten sind. Rationalisierungs- und Umstrukturierungsmaßnahmen sowie Neuansiedlungen von Industrien verändern langsam das alte Bild. Trotz der Montanindustrie ist der Stadtverband noch reich an gechlossenen Waldflächen. Reichhaltig ist auch das kulturelle Angebot (Kleinkunst, Jazz, verschiedene Bühnen bis zum Staatstheater, Museen und private Galerien). Die saarländische Gastfreundschaft und die Nähe zu Frankreich spürt man in vielen Restaurants und Gaststätten. Sehenswürdigkeiten von überregionaler Bedeutung sind der Ludwigsplatz in Saarbrücken, eine der bedeutendsten Platzanlagen des Barock in Deutschland, und in der Mitte des Platzes die 1762–1775 nach Entwürfen von Stengel erbaute Ludwigskirche. Älter ist die Stiftskirche in St. Arnual. Die gotische Basilika gehört zu den bedeutendsten Baudenkmälern im südwestdeutschen Raum. Die Heimatmuseen und Industriedenkmäler sowie ein Geologisches Museum geben einen interessanten Überblick über die Entwicklung einer Bergbau- und Industrieregion.

Einwohner: 205720. Fläche: 459 km². Einwohner je km²: 448. Kfz-Kennzeichen: SLS. Kreisverwaltung: Kaiser-Wilhelm-Straße 4 – 6, 6630 Saarlouis. Verwaltungsgliederung: Städte: Saarlouis, Dillingen, Lebach. Gemeinden: Schwalbach, Wadgassen, Schmelz, Rehlingen, Saarwellingen, Überherrn, Wallerfangen, Nalbach, Bous, Ensdorf.

### Wappenbeschreibung

Unter von Schwarz und Silber geviertteiltem Schildhaupt in Gold ein roter Schrägbalken, belegt mit drei gestümmelten silbernen Adlern, begleitet oben von einer blauen heraldischen Lilie, unten von einem blauen achtzackigen Stern.

### Historische Entwicklung

Der Landkreis Saarlouis entstand nach dem Zweiten Pariser Frieden (20. 11. 1815), der im Westen Deutschlands eine umfassende territoriale Neuordnung bewirkte. Als sein Geburtsdatum gilt der 21. 7. 1816, der Tag, an dem der königliche Kreiskommissar Jakob Christian Schmelzer zum kommissarischen Landrat des Landkreises Saarlouis ernannt wurde. Am 1. 7. 1816 vergrößerte sich das Kreisgebiet durch Zuteilung sechs weiterer Bürgermeistereien aus benachbarten Kreisen. Seit der saarländischen Gebietsreform vom 1. 1. 1974 gehören dem Landkreis fünf neue Gemeinden bzw. Ortsteile an. Das Kreiswappen wurde bereits vor der Gebietsreform, am 1. Februar 1966, verliehen. Die preußischen Farben im Schildhaupt weisen auf die Gründung des Kreises in der Zeit der preußischen Verwaltung (1816 – 1919) hin. Das lothringische Wappen im Hauptfeld (roter Schrägrechtsbalken, belegt mit drei gestümmelten silbernen Adlern in Gold) symbolisiert, daß fast die Hälfte des Kreisterritoriums zwischen 1100 und 1776 zum Herzogtum Lothringen gehörte, und daß Wallerfangen Hauptort der lothringischen Baillage d'Allemagne war. Die blaue heraldische Lilie hebt die besondere Bedeutung der Festung Saarlouis für das Königreich Frankreich hervor. Damals war das französische Landeswappen ein blauer Schild mit drei goldenen Lilien. Der achtzackige blaue Stern erinnert in sehr stilisierter Form an den Grundriß der Festung Saarlouis.

### Struktur des Kreises – Sehenswürdigkeiten

Der im Westen des Saarlandes an der Grenze zu Frankreich gelegene Landkreis bietet an der Unteren Saar in abwechslungsreicher und reizvoller Landschaft Natur- und Sportfreunden ein ganz besonderes Erholungsgebiet (Naturpark Saar-Hunsrück) abseits bekannter Touristenzentren. In waldreicher Landschaft lernt man die Schönheit und Eigenart saarländischer Städte und Dörfer kennen, die sich noch einen Hauch Behaglichkeit bewahrt haben, in denen Kelten und Römer ihre Spuren hinterließen und wo Burgen, Barockbauten, Schlösser und alte Festungsbauwerke besondere Akzente setzen. Zu den bedeutendsten Sehenswürdigkeiten im Landkreis zählen: Alte Festung Saarland mit historischen Kasernen, Kasematten und Wällen, lothringische Burgfeste Berus mit dem Burgtor und dem Torhaus Scharfeneck (1590), „Denkmal der Großen Europäer", mittelalterliche Wallfahrtskapelle St. Oranna (13. Jh.), römisches Kupferbergwerk in St. Barbara, Teufelsburg (3. Jh. n. Chr.) mit Burgmuseum in Felsberg, römisches Quellheiligtum in Ihn, Burgruine Siersburg, Naturtropfsteinhöhle in Niedaltdorf, Flugplatz Düren, 18-Loch-Golfplatz in Gisingen, Litermont (Sagenberg der Unteren Saar) bei Nalbach, die Schlösser Itzbach (1740), Düren (1760), Fremersdorf (17. Jh.), Großhemmersdorf (1670), Rehlingen (1624) sowie Schloß La Motte bei Lebach (1709).

Einwohner: 152000. Fläche: 418 km². Einwohner je km²: 362. Kfz-Kennzeichen: HOM. Kreisverwaltung: Am Forum, 6650 Homburg. Verwaltungsgliederung: Kreisstadt Homburg, Mittelstadt St. Ingbert, Städte Bexbach und Blieskastel und 3 Gemeinden (Gersheim, Kirkel, Mandelbachtal).

### Wappenbeschreibung

Geviert: 1 in Schwarz ein rot gekrönter, rot bewehrter und rot gezungter goldener Löwe, 2 in Silber ein durchgehendes rotes Kreuz, 3 in Gold ein wachsender blauer Abtsstab, 4 in Rot ein blau bewehrter und blau gezungter silberner Löwe.

### Historische Entwicklung

Der Saar-Pfalz-Kreis wurde im Rahmen der kommunalen Gebiets- und Vewaltungsreform im Saarland zum 1. Januar 1974 gebildet. Er ist Rechtsnachfolger der früheren Landkreise St. Ingbert und Homburg. Den Namen erhielt der neuformierte Kreis deshalb, weil es sich bei dem Kreisgebiet um einen Teil der ehemals bayerischen Pfalz handelt. Im Wappen des Saar-Pfalz-Kreises, das vom Innenministerium am 21. Mai 1975 verliehen wurde, werden die wesentlichen Herrschaftsräume der Region, wie sie im 18. Jh. bestanden hatten, zum Ausdruck gebracht. Der Löwe oben rechts, somit im vornehmsten Felde eines gevierten Wappens, weist auf die wichtigsten Territorialbildner hin, die Herzöge von Pfalz-Zweibrücken. 1410 wurde mit Herzog Stefan die Geschichte von Pfalz-Zweibrücken in diesem Raum eingeleitet. Das bekannte Kreuzwappen des Erzbistums Trier verweist auf dessen über 300jährige Herrschaft. Kurfürst Balduin von Trier hatte im Jahre 1339 die ehemalige Grafschaft Blieskastel erworben; 1660–1793 folgte darauf die Herrschaft der Familie von der Leyen. Der Abtsstab betont die Besitztümer der Klöster Hornbach, Wörschweiler, Gräfinthal, Wadgassen und Herbitzheim im heutigen Kreisgebiet. Der silberne Löwe im roten Feld unterstreicht die Herrschaft Homburg, die 1449 an die Grafen von Nassau-Saarbrücken gelangte.

### Struktur des Kreises – Sehenswürdigkeiten

Im Südosten des Saarlandes gelegen besitzt der Saar-Pfalz-Kreis eine über 30 km lange Kreisgrenze zum Nachbarstaat Frankreich. Im Westen und Südwesten grenzt der Kreis an den Stadtverband Saarbrücken. Ihrer abwechslungsreichen Geschichte verdankt die Saarpfalz eine Fülle von bau- und kunsthistorischen Sehenswürdigkeiten. Das römische Freilichtmuseum im Homburger Stadtteil Schwarzenacker weist auf die frühe Besiedlung durch Kelten und Römer hin. Von der Burg-, Schloß- und Festungsanlage Hohenburg erhielt die Kreisstadt ihren Namen. Unterhalb dieser Ruinen befinden sich Europas größte Buntsandsteinhöhlen. Diese Schloßberghöhlen mit mächtigen Kuppeln und kilometerlangen Gängen erstrecken sich über 12 Stockwerke. Der Hofmaler und Generalbaudirektor Johann Christian v. Mannlich erstellte die Pläne für das Karlsberger Schloß, dessen Anlagen im 18. Jh. zu den eindrucksvollsten in Europa zählten. Mit dem Alten Rathaus und dem ehemaligen Pfarrhaus, dem Alten Zunfthaus und dem ehemaligen Franziskanerkloster, der evangelischen Stadtkirche, dem Kloster Wörschweiler und der Turmruine Beeden besitzt Homburg noch weitere bauhistorische Schätze. Bemerkenswert ist auch die historische Bausubstanz in St. Ingbert (St. Engelbertskirche, St.-Hildegards-Kirche) und Blieskastel (Schloßmauern; im barocken Stil das Rathaus, die Schloßkirche und die evangelische Christuskirche; die romanische Stephanuskirche im Stadtteil Böckweiler ist die älteste Kirche des Saarlandes [1000 Jahre alt]).

Einwohner: 90 000. Fläche: 475 km². Einwohner je km²: 190. Kfz-Kennzeichen: WND. Kreisverwaltung: Mommstraße 25, 6690 St. Wendel. Verwaltungsgliederung: Kreisstadt St. Wendel und 7 Gemeinden (Freisen, Marpingen, Namborn, Nohfelden, Nonnweiler, Oberthal, Tholey).

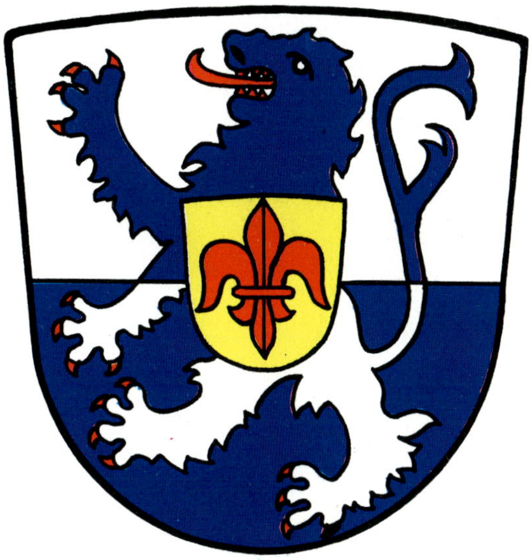

### Wappenbeschreibung

Geteilt von Silber und Blau; darin ein rot bewehrter und rot bezungter Löwe in gewechselten Farben, belegt mit einem goldenen Herzschild, darin eine rote Lilie.

### Historische Entwicklung

Das Gebiet des Kreises war vor der Französischen Revolution von 1789 zwischen mehreren Territorien aufgegliedert: Kurfürstentum Trier, Fürstentum Nassau-Saarbrücken, Herzogtum Pfalz-Zweibrücken als Nachfolger der Grafschaft Veldenz, Herzogtum Lothringen und einige kleinere reichsritterschaftliche Gebiete. Aus diesen Territorien wurden für das „Aufreißen", d. h. für die Gestaltung des Wappens, das am 25. Februar 1965 durch das saarländische Innenministerium genehmigt wurde, Teile bzw. Farben des Veldenzer, des Lothringer und des nassau-saarbrückischen Wappens verwendet. Aus dem Veldenzer Wappen stammt der blaue Löwe in Silber und aus dem von Nassau-Saarbrücken der silberne Löwe in Blau, allerdings ohne die eingestreuten Kreuzchen. Dem lothringischen Wappen wurden die Farben des Herzschildes entnommen, dem schottischen Königswappen (!) die Lilie als Hinweis auf den angeblich aus diesem Lande stammenden hl. Wendalinus. Aus dem Wappen Kurtriers sind die Farben Silber und Rot abgeleitet. Das Kreiswappen zeigt starke Anklänge an das Wappen des Fürstentums Lichtenberg, das 1819 von dem Herzog von Sachsen-Coburg-Saalfeld geschaffen wurde. Infolge der im Jahre 1832 im Fürstentum ausgebrochenen Revolte, die sich gegen die sächsisch-coburgischen Verwaltungsbeamten richtete, trat der Herzog sein Fürstentum gegen eine Jahresrente an den König von Preußen ab. Das Gebiet wurde 1834 als Kreis St. Wendel dem Regierungsbezirk Trier inkorporiert. Nach mehreren Gebietsänderungen, die durch die beiden Weltkriege und das wechselvolle Schicksal als Grenzregion bedingt waren, erhielt der Landkreis letztmalig infolge der kommunalen Gebietsreform 1974 seinen heutigen Zuschnitt.

### Struktur des Kreises – Sehenswürdigkeiten

Südlich des Schwarzwälder Hochwaldes im nordöstlichen Teil des Saarlandes liegt der Landkreis St. Wendel. Archäologische Funde bestätigen, daß dieses Gebiet bereits früh besiedelt worden ist. Grabstätten vornehmer Kelten und Römer findet man in den Gemeinden Marpingen und Freisen (mit Mithrastempel und einer keltischen Kultstätte aus dem 3. Jh.). Der Ringwall (Hunnenring) der Gemeinde Nonnweiler gilt als die größte prähistorische keltische Befestigungsanlage Europas. Sehenswert ist die Benediktinerabtei St. Mauritius in Tholey, eine der ältesten Abteien auf deutschen Boden (7. Jh.). Ihre berühmte frühgotische Abteikirche stammt aus dem 13. Jh. Auf dem Schaumberg, dem 571 m hohen „Hausberg des Saarlandes", steht der Schaumbergturm (36 m), ein Ehrenmal der deutsch-französischen Freundschaft. Früher beherbergte diese Anhöhe einmal eine keltische Fliehburg, danach ein römisches Kastell und später eine ausgedehnte Burganlage. Burgruinen gibt es bei Nohfelden (Burg Veldenz) und Namborn/Hofeld (Liebenburg). Die Wendalinusbasilika in St. Wendel wird als der schönste sakrale Bau des Saarlandes angesehen. Der mit 120 ha größte See Südwestdeutschlands (Bostalsee) liegt in der Gemeinde Nohfelden.

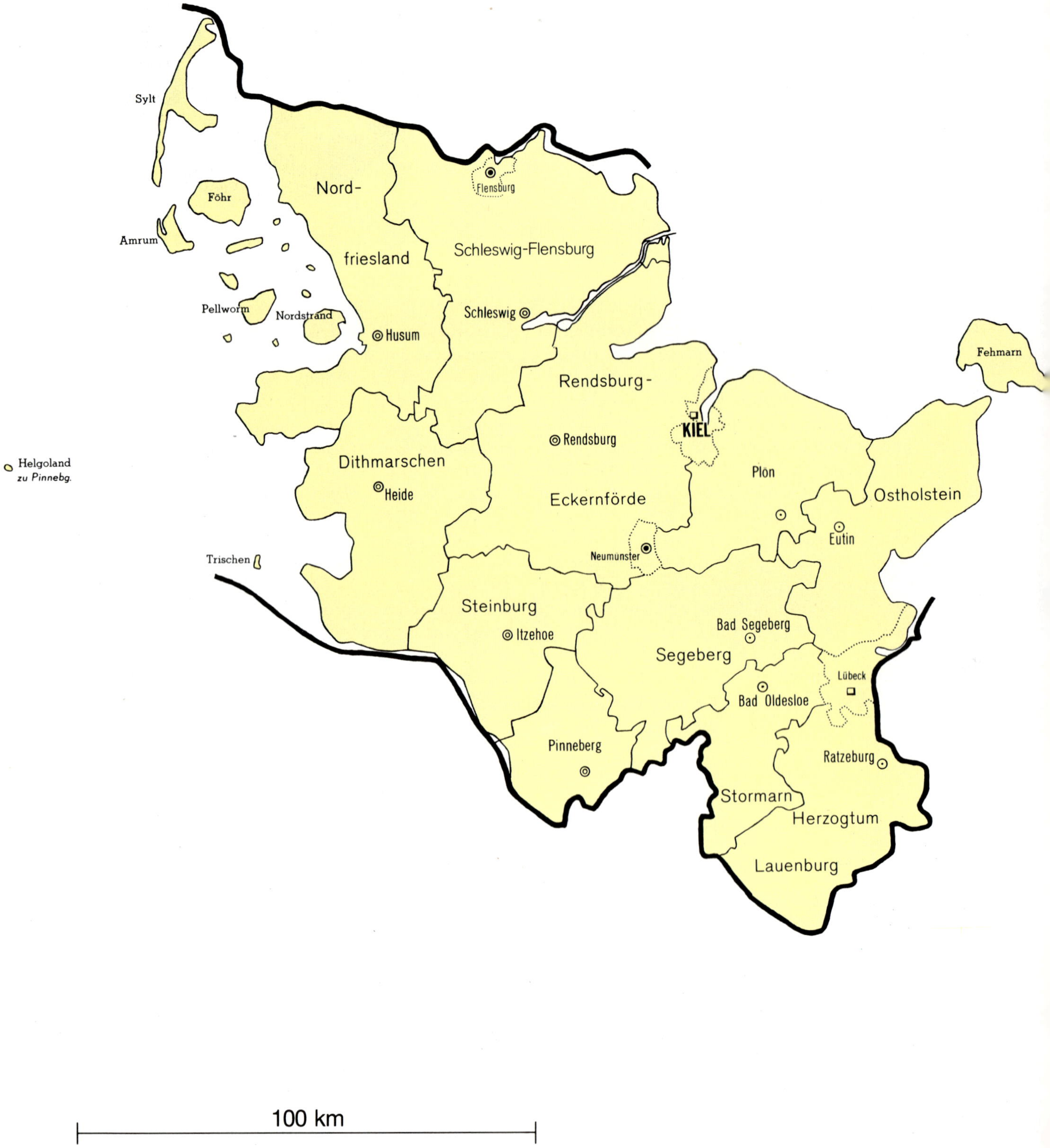
Sylt
Föhr
Amrum
Pellworm
Nordstrand
Helgoland
zu Pinnebg.
Trischen
Nord-
friesland
Husum
Flensburg
Schleswig-Flensburg
Schleswig
Rendsburg-
Rendsburg
Eckernförde
KIEL
Neumünster
Fehmarn
Plön
Ostholstein
Eutin
Dithmarschen
Heide
Steinburg
Itzehoe
Bad Segeberg
Segeberg
Lübeck
Bad Oldesloe
Pinneberg
Ratzeburg
Stormarn
Herzogtum
Lauenburg
100 km

CARL-AUGUST CONRAD

# Die Kreise in Schleswig-Holstein

Durch die am 22. September 1867 erlassene „Verordnung betreffend die Organisation der Kreis- und Distriktbehörden sowie die Kreisvertretung“ wurden nach preußischem Vorbild 19 Kreise eingerichtet. Damit wurden die rechtlichen und organisatorischen Grundlagen für die kommunale Selbstverwaltung in Gemeinden und Kreisen in Schleswig-Holstein getroffen.

Wenig später, am 26. Mai 1888, wurde die Kreisordnung für die östlichen Provinzen Preußens auch in Schleswig-Holstein eingeführt. Aus dem kreisständischen Verband wurde der Kreis mit den Organen Kreistag, Kreisausschuß und Landrat.

Ihren heutigen Gebietszuschnitt erhielten die schleswig-holsteinischen Kreise durch das Zweite und Dritte Gesetz einer Neuordnung von Gemeinde- und Kreisgrenzen vom 23. Dezember 1969 und vom 3. Juli 1973. Die *Kreisneuordnung* in Schleswig-Holstein hat zu überschaubaren effektiv gestalteten Kreisen geführt. Die Zahl der Kreise wurde von 17 auf 11 vermindert und die durchschnittliche Einwohnerzahl von 106000 auf 170000 Einwohner erhöht. Damit wurden in Schleswig-Holstein Bedingungen erreicht, die nach den Feststellungen der Verwaltungswissenschaft und den Erfahrungen der Praxis eine leistungsfähige Selbstverwaltung der Kreise ermöglichen.

Die Kreise in Schleswig-Holstein sind zugleich Gemeindeverbände und Gebietskörperschaften (§ 1 KrO). Der Kreis hat die gesetzliche Funktion, diejenigen Aufgaben zu erfüllen, die nicht in den einzelnen Gemeinden erledigt werden können (§§ 2 und 3 KrO). Unabhängig von der Aufgabenstellung des Gemeindeverbandes ist der Kreis Gebietskörperschaft. Er hat im Rahmen seiner gesetzlichen Zuständigkeiten originäre hoheitliche Befugnisse und Aufgaben. Er ist Verwaltungseinheit mit eigenen Kompetenzen und selbständiger Träger von Funktionen im gestuften Aufbau der Verwaltung. Seine Qualität als Gebietskörperschaft wird durch die unmittelbare Wahl von Volksvertretungen in den Kreisen (Art. 28 Abs. 1 GG) deutlich.

Oberstes Organ ist der *Kreistag*. Seine dominierende Rechtsstellung entspricht der der Vertretungen in Gemeinden und Städten; auch ihm steht ein Kontrollrecht zu (§ 25 KrO). Vorsitzender des Kreistages ist der *Kreispräsident*. Er leitet die Sitzungen des Kreistages und vertritt den Kreistag bei öffentlichen Anlässen; im Einzelfalle ist eine Abstimmung mit dem *Landrat* erforderlich.

Verwaltungsleitendes Organ ist der Kreisausschuß, der die Verwaltung nach den Grundsätzen und den Richtlinien des Kreistages und im Rahmen der von ihm bereitgestellten Mittel zu leiten hat (§ 43 KrO). Zu seinen Aufgaben gehört insbesondere die Vorbereitung und die Ausführung der Beschlüsse des Kreistages, die Beschlußfassung über die ihm vom Kreistag allgemein oder im Einzelfall zugewiesenen Angelegenheiten (z.B. die Verwaltung der öffentlichen Einrichtungen und wirtschaftlichen Betriebe des Kreises sowie des sonstigen Kreisvermögens und die Regelung der Personalangelegenheiten).

Der *Landrat* ist Vorsitzender des *Kreisausschusses*. Er hat die Beschlüsse des Kreisausschusses vorzubereiten und auszuführen. Er hat auf die Einheitlichkeit der Verwaltungsführung hinzuwirken. Er leitet und beaufsichtigt den Geschäftsgang der Verwaltung und ist für die sachliche Erledigung der Aufgaben verantwortlich. Er ist Dienstvorgesetzter der Beamten mit Ausnahme der Mitglieder des Kreisausschusses sowie der Angestellten und Arbeiter des Kreises.

Die Aufgaben der schleswig-holsteinischen Kreise sind vielfältig: Abfallbeseitigung, Berufsschulwesen, Krankenhausversorgung, örtliche Träger der Sozial- und Jugendhilfe, Kreisstraßenbau und -unterhaltung, Tierkörperbeseitigung, Veterinärverwaltung, Rettungsdienst, vielfältige Aufgaben der Kulturpflege, öffentlicher Personennahverkehr und zahlreiche andere freiwillige Aufgaben kennzeichnen den Aufgabenbereich, den die kommunale Gebietskörperschaft Kreis in Schleswig-Holstein neben ihrer Ausgleichs- und Ergänzungsfunktion wahrzunehmen hat.

**Schleswig-Holsteinischer Landkreistag – Reventlouallee 6 – 2300 Kiel**

Einwohner: 130643. Fläche: 1381 km². Einwohner je km²: 95. Kfz-Kennzeichen: HEI. Kreisverwaltung: Stettiner Straße 30, 2240 Heide. Verwaltungsgliederung: 5 Städte (Brunsbüttel, Heide, Marne, Meldorf, Wesselburen), 111 amtsangehörige Gemeinden in 12 Ämtern (Albersdorf, Burg-Süderhastedt, Büsum, Eddelak – St. Michaelisdonn, Heide-Land, Hennstedt, Lunden, Marne-Land, Meldorf-Land, Tellingstedt, Weddingstedt, Wesselburen-Land), 1 amtsfreie Gemeinde (Friedrichskoog), 1 hauptamtlich verwaltete amtsangehörige Gemeinde, die die Geschäfte des Amtes führt (Büsum).

### Wappenbeschreibung

In Rot auf silbernem galoppierendem Pferd mit goldenem Zaumzeug und blauer Satteldecke ein golden gerüsteter, sein silbernes Schwert über dem Kopf schwingender Reiter mit silbernem Helmbusch.

### Historische Entwicklung

Das am 30. Juli 1971 genehmigte Wappen des Kreises Dithmarschen, der im Zuge der Gebietsreform mit Wirkung vom 26. April 1970 aus den Kreisen Norderdithmarschen und Süderdithmarschen gebildet worden war, stellt eine Verschmelzung ihrer ehemaligen Wappen dar. Geändert wurde lediglich die bequeme Haltung des Reiters in eine deutliche Kampfhaltung. Im übrigen wurden aus dem früheren Norderdithmarscher Wappen der Helmfedernbusch sowie die blaue Satteldecke und aus dem ehemaligen Süderdithmarscher Wappen der aufwärts gerichtete Schweif des Pferdes übernommen. Das Reiterwappen wurde von dem 1580 entstandenen, königlich-dänischen südlichen Dithmarschen zuerst benutzt. Es findet sich im königlichen Allianzwappen Dänemarks im Chorgitter der Meldorfer Kirche von 1603 farbig abgebildet. Im Laufe der Zeit übernahm auch das gottorpische Norderdithmarschen dieses Wappen. Zuvor war Dithmarschen ein Freistaat gewesen, den der König von Dänemark als Herzog von Schleswig-Holstein 1559 zerschlagen und aufgeteilt hatte. Erst mit der neuzeitlichen Gebietsreform in Schleswig-Holstein von 1970 wurden beide Teile zum neuen Kreis Dithmarschen wieder zusammengeführt. Das Reiterwappen ist das Siegelzeichen, das die längste Gültigkeit im Dithmarscher Raum hatte. Auch die Fahne, auf die junge Dithmarscher 1848 den Schwur für ein von Dänemark gelöstes Schleswig-Holstein taten, zeigte das Reitermotiv.

### Struktur des Kreises – Sehenswürdigkeiten

Eider, Elbe, Nordsee und Nord-Ostsee-Kanal bilden die natürlichen Kreisgrenzen eines Landstrichs, der sich als „Grüne Ferieninsel“ durch Erholungswert und Reichtum an Sehenswürdigkeiten auszeichnet. Die Nordseeküste lädt zum Baden, Surfen, Hochseeangeln oder zu Deich- und Wattwanderungen ein, während der Naturfreund jenseits der Deiche ungetrübte Idylle besonderer Art erleben kann: Nicht selten lassen sich in den moorigen Niederungen noch Störche beim Froschfang beobachten. Beachtlich ist die Zahl der Museen im Dithmarscher Land (Landesmuseum in Meldorf, Klaus-Groth-Museum sowie Museum für Dithmarscher Vorgeschichte und Heider Heimatmuseum in Heide, Hebbelmuseum in Wesselburen, Heimatmuseum Marner Skatklub v. 1873 in Marne, Waldmuseum und Aussichtsturm in Burg, Heimatraum im „Matthias-Boie-Haus“ in Brunsbüttel). Lohnend ist der Besuch des Geschlechterfriedhofs in Lunden und der Großsteingräber der Vorzeit in Albersdorf und Marienburg. Bedeutende Kirchenarchitektur findet sich in fast jeder Ortschaft des Kreises: z. B. Barockbauten in Brunsbüttel und Wesselburen, Geschlechterkirchen in St. Annen und Neuenkirchen. Sehenswert ist der Marktplatz von Heide (mit 4 ha der größte der Bundesrepublik) und das alte Pastorat am Markt 27 von J. G. Schott. In die Vergangenheit lenken die alten Windmühlen in Eddelak oder in Friedrichskoog oder die aus Findlingen errichteten Dorfkirchen die Gedanken der Besucher. Technisch interessierten Gästen sei eine Besichtigung der Eiderabdämmung empfohlen.

Einwohner: 157794. Fläche: 1263 km². Einwohner je km²: 125. Kfz-Kennzeichen: RZ. Kreisverwaltung: Barlachstraße 2, 2418 Ratzeburg. Verwaltungsgliederung: 5 Städte (Geesthacht, Lauenburg, Mölln, Ratzeburg, Schwarzenbek), 126 Gemeinden in 11 Ämtern (Aumühle-Wohltorf, Berkenthin, Breitenfelde, Büchen, Geesthacht-Land, Gudow-Sterley, Lütau, Nusse, Ratzeburg-Land, Sandesneben, Schwarzenbek-Land), 1 amtsfreie Gemeinde (Wentorf), 1 Forstgutbezirk (Sachsenwald).

## Wappenbeschreibung

In Rot mit von Silber und Schwarz gestücktem Schildbord ein silberner Pferdekopf. Auf dem Schild die preußische Königskrone.

## Historische Entwicklung

Zur Zeit Heinrichs des Löwen verwaltete sein Lehnsmann Heinrich von Badewide die Grafschaft Ratzeburg, aus der später das Herzogtum Sachsen-Lauenburg hervorging. Der Pferdekopf als Wahrzeichen für das Herzogtum kam auf, als das Gebiet von Hannover getrennt und 1816 an Dänemark übergeben wurde. Man wählte damals einen goldenen Pferdekopf in Rot.
In der Zeit der Zugehörigkeit zu Hannover (1689–1816) hatte die lauenburgische Ritter- und Landschaft als Vertreterin des Landes ein 1779 verliehenes Wappen mit einem springenden Roß in Rot geführt. Am 21. 10. 1864 beschloß die Ritterschaft, sich in Personalunion mit Preußen zu verbinden „unter Wahrung der Selbständigkeit des Landes als eines eigenen deutschen Herzogtums“. Dieser Entschluß erhielt dem seit 1876 als Landkreis titulierten Land den besonderen Namen. Mit Patent vom 13. 9. 1865 nahm dann der König von Preußen Besitz vom Herzogtum, legte sich den Titel eines Herzoges von Lauenburg zu und Fürst Bismarck wurde Minister für Lauenburg. Sofort stellte man sich in Berlin die Frage, wie das neue Wappen für Lauenburg auszusehen habe. Schließlich entschied König Wilhelm I. von Preußen, daß das hergebrachte lauenburgische Wappen – der silberne Pferdekopf in Rot – beibehalten, aber mit einer silbern-schwarzen Umsäumung versehen werden sollte. Diese Verleihung wurde offiziell am 13. April 1867 verkündet. Die auf dem Schilde auch heute noch ruhende preußische Königskrone hat die Regierung zu Ratzeburg eigenmächtig hinzugefügt.

## Struktur des Kreises – Sehenswürdigkeiten

Der im Südosten Schleswig-Holsteins gelegene Kreis Herzogtum Lauenburg wird landschaftlich durch den Naturpark Lauenburgische Seen, das Hohe Elbufer, den Sachsenwald, das Billetal und die Stecknitzniederung geprägt. Holstein, Mecklenburg und Niedersachsen umgeben diese wald- (23 % der Fläche) und seenreichste (44 Seen) Region des nördlichsten Bundeslandes. Die malerische Kreisstadt Ratzeburg liegt im Naturpark Lauenburgische Seen. Auf einer Insel ist ihre geschichtsträchtige Altstadt vor mehr als 900 Jahren errichtet worden. 1154 stiftete Heinrich der Löwe den ältesten romanischen Backsteindom Norddeutschlands (Kreuzgang mit Fresken). Zu den Sehenswürdigkeiten gehören das Gotteshaus St. Georgsberger (1050) und die spätbarocke St.-Petri-Kirche. Zwischen Elbe-Lübeck-Kanal und einer Seenplatte liegt die Eulenspiegelstadt Mölln (Kneippkurort) an der „Alten Salzstraße“. Mittelalterlicher Marktplatz mit Nicolaikirche (13. Jh., spätromanischer Backsteinbau), Till-Eulenspiegel-Brunnen und Rathaus bestimmen den Stadtkern. Die romantische Unterstadt (Altstadt) der Elbbrückenstadt Lauenburg stellt den historischen Mittelpunkt des Ortes dar. Sehenswert sind in der ländlichen Region neben den vielen altehrwürdigen Sakralbauten, Hünengräbern und Mühlen die Burganlage „Cäcilieninsel“ in Koberg und das Bismarck-Museum in Friedrichsruh.

Einwohner: 161 832. Fläche: 2041 km² und ca. 1000 km² inkommunalisierte Wattfläche. Einwohner je km²: 79. Kfz-Kennzeichen: NF. Kreisverwaltung: Marktstraße, 2250 Husum. Verwaltungsgliederung: 137 Gemeinden, davon 8 Städte (Husum, Bredstedt, Friedrichstadt, Garding, Niebüll, Tönning, Westerland/Sylt, Wyk/Föhr) und 4 amtsfreie Gemeinden (Leck, List/Sylt, Reußenköge, St. Peter-Ording). 125 Gemeinden bilden 16 Ämter (Amrum, Bökingharde, Bredstedt-Land, Eiderstedt, Friedrichstadt, Föhr-Land, Hattstedt, Karrharde, Landschaft-Sylt, Nordstrand, Pellworm, Stollberg, Süderlügum, Treene, Viöl, Wiedingharde).

### Wappenbeschreibung

In Blau drei (2:1 gestellte) dreimastige goldene Schiffe im Stil des 16. Jh. mit roten Wimpeln; auf den Großsegeln je ein rotes Beizeichen: ein Pflug, ein Fisch und ein Stierkopf.

### Historische Entwicklung

Der Kreis Nordfriesland umfaßt etwa die Gebiete, die zwischen dem 8. und 10. Jh. von den Friesen besiedelt wurden. Während des ganzen Mittelalters standen diese in lockerer Abhängigkeit zum dänischen König. In Justiz und innerer Verwaltung, besonders im Deichwesen, waren die Friesen weitgehend frei. Sie konnten ihre Lebensverhältnisse in sechzehn Harden (kleinen, voneinander unabhängigen Verwaltungseinheiten) von außen unbeeinflußt gestalten, immer aber in ständiger Auseinandersetzung mit den Naturgewalten der Nordsee. Schwere Sturmfluten vernichteten wiederholt ganze Landstriche und forderten große Opfer. Die folgenschwersten Fluten ereigneten sich 1362 (Untergang von Rungholt) und 1634. Auch in der absolutistischen Zeit, in der die nordfriesischen Lande zunächst den Herzögen von Schleswig-Holstein-Gottorf (1544 – 1720), dann den Königen von Dänemark als Herzögen von Schleswig (1721 – 1867) unterstanden, konnten die Friesen ihre Privilegien größtenteils behaupten. Während der nationalen Auseinandersetzungen im 19. und 20. Jh. kam es zu einem Bruch zwischen der deutschgesinnten Mehrheit und einer kleineren dänischgesinnten Gruppe. Nach der Einverleibung Schleswig-Holsteins in Preußen (1867) wurden die drei Kreise Tondern (seit der Teilung Schleswigs 1920 „Südtondern"), Husum und Eiderstedt geschaffen, aus denen am 26. April 1970 der Kreis Nordfriesland wurde. Das am 10. Juli 1972 genehmigte Wappen wird geprägt von der Meereslage des Kreises: Drei goldene Schiffe in der blauen See, die Segel belegt mit den für die Wirtschaftszweige sprechenden roten Beizeichen. Gold, Rot und Blau sind die Farben Nordfrieslands.

### Struktur des Kreises – Sehenswürdigkeiten

Wichtigste Erwerbsquelle der Nordfriesen war bis ins 20. Jh. hinein die Landwirtschaft. Ihr Schwerpunkt lag wechselnd auf dem Ackerbau und der Viehzucht. Die Bevölkerung der Inseln und Halligen betätigte sich daneben im Fischfang und in der Seefahrt (Walfang seit dem 17. Jh.). Im 19. Jh. nahm mit der Gründung der ersten Seebäder der Fremdenverkehr seinen schnellen Aufschwung. Er überflügelte schließlich die Landwirtschaft als Wirtschaftsfaktor. Zusammen erbringen beide Bereiche heute fast 80 Prozent der Brutto-Wertschöpfung.– Sehens- und erlebenswert ist die Landschaft Nordfrieslands mit Inseln und Halligen, Vorland und Watt, Deichen, Warften und Sielen, Marsch und Geest und einer einzigartigen Tier- und Pflanzenwelt. Föhr und Amrum sind mit ihren Stränden, romantischen Backsteinkirchen und Hünengräbern ebenso beliebt wie das international bekannte Sylt. Seit dem 1. Oktober 1985 entsteht der „Nationalpark Wattenmeer". Neben der Landschaft bietet Nordfriesland ein reiches kulturelles Erbe. Zahlreiche mittelalterliche Kirchen sind ebenso anzutreffen wie eine ausgeprägte ländliche Baukultur. Siebzehn natur- und kulturgeschichtliche Museen bewahren die landschaftstypischen Überlieferungen, besonders das Nolde-Museum, das Storm-Haus, das Nissenhaus und das Schloß vor Husum, sowie das Haeberlin-Museum. Die Kreisstadt Husum durch Theodor Storm als „Graue Stadt am Meer" bekannt geworden, ist der dominierendste Ort an der nordfriesischen Küste. Etwa 10 000 Menschen sprechen friesisch. Die Sprache ist als Folge langer dänischer Herrschaft mit dänischen Wörtern durchsetzt. Auskünfte zum Fremdenverkehr: Nordseebäder-Verband Schleswig-Holstein e.V., Marktstraße, 2250 Husum.

Einwohner: 195736. Fläche: 1390 km². Einwohner je km²: 141. Kfz-Kennzeichen: OH. Kreisverwaltung: Lübecker Straße 41. 2420 Eutin. Verwaltungsgliederung: 6 Städte (Bad Schwartau, Burg a. Fehmarn, Eutin, Heiligenhafen, Neustadt, Oldenburg), 10 amtsfreie Gemeinden (Ahrensbök, Bosau, Grömitz, Großenbrode, Malente, Ratekau, Scharbeutz, Stockelsdorf, Süsel, Timmendorfer Strand) und 6 Ämter (Fehmarn, Grube, Oldenburg-Land, Lensahn, Neustadt-Land, Schönwalde).

## Wappenbeschreibung

In Blau ein wachsender, zweistöckiger silberner Turm, das untere Stockwerk gemauert und mit rundbogiger Toröffnung und Zinnen, das obere glatt, zurückspringend und mit beiderseits ausladenden Zinnen; darüber ein geradarmiges goldenes Tatzenkreuz, das oben besteckt ist mit einer silbernen, oben und unten von Perlen eingefaßten Bischofsmütze mit fliegenden goldenen Bändern.

## Historische Entwicklung

Noch heute halten große Ringwälle die Erinnerung an den slawischen Volksstamm der Wagrier wach, die in der Völkerwanderungszeit das wald- und seenreiche Gebiet in Besitz nahmen. Um die Jahrtausendwende entstand das Bistum Oldenburg, das die allmähliche Christianisierung der Bevölkerung in Angriff nahm. Der Grundbesitz der Bischöfe um die ehemalige Holländersiedlung Eutin bildete den Kern für den späteren Bischofssitz in Eutin. Bischof Gerold hatte 1163 seine Residenz von Oldenburg nach Lübeck verlegt. Bischof Burchard von Serken sah sich angesichts des Streits mit der Lübecker Bürgerschaft im 14. Jh. gezwungen, nach Eutin überzusiedeln. Durch die bald vertraglich festgelegte Verbindung des Bischofsstuhls mit dem Hause Gottorp verknüpften sich die Geschicke des Landes mit dem Königreich Dänemark und sogar mit dem Großfürstentum Rußland.

Das am 30. Juli 1971 verliehene Kreiswappen erinnert mit den Farben Gold und Blau sowie mit dem Kreuz und der Mitra an das frühere Bistum Lübeck, dessen verkleinertes Territorium im 20. Jh. der Kreis Eutin abdeckte. Der Turm entstammte ursprünglich dem Wappen der Stadt Oldenburg in Holstein und symbolisiert die Zugehörigkeit des früheren Kreises Oldenburg zum Herzogtum Holstein. Die schleswig-holsteinische Kreisreform des Jahres 1970 schuf mit der Zusammenlegung der Kreise Eutin und Oldenburg den Kreis Ostholstein.

## Struktur des Kreises – Sehenswürdigkeiten

Der Kreis Ostholstein liegt im Südosten des Landes Schleswig-Holstein. Im Norden und Osten grenzt er an die Ostsee, mit der er 185 km Küstenlänge besitzt (damit liegt fast 50 % der gesamten Ostseeküste der BR Deutschland im Kreisgebiet). Ebenfalls in Ostholstein liegt die einzige Ostseeinsel und zugleich größte Insel der Bundesrepublik: Fehmarn. Ihr Fährbahnhof Puttgarden gilt als wichtiges Tor nach Skandinavien. Landschaftlich ist der Kreis sehr abwechslungsreich gestaltet: die Insel Fehmarn, das Niederungsgebiet des Oldenburger Grabens, die langgestreckten Hügel nördlich und südlich von Oldenburg, der Bungsberg, die Holsteinische Schweiz, das Pönitzer Seengebiet, das Ahrensböker Endmoränengebiet und das zu Teilen zum Kreis gehörende Lübecker Becken. Wirtschaftlich bedeutend sind der Fremdenverkehr und das Fischereiwesen, aber dank guter Böden nicht minder die Landwirtschaft. Im Kreis liegt das größte geschlossene Rapsanbaugebiet Europas. Für die Wassersport- und Campingfreunde lohnt sich auch ein Besuch der kulturgeschichtlichen Denkmale des Kreises. Sehenswert sind das Eutiner Schloß und das Jagdschlößchen am Ukleisee, die Megalithgräber in Ratekau und Gold a.F., die bronzezeitlichen Grabhügel in Grellberg und Schürsdorf, die slawischen Burganlagen „Bocksberg" in Pansdorf und „Farver Burg" in Grammdorf, der mittelalterliche Thingplatz in Staberdorf a.F., die Kirchen in Altenkrempe, Bosau, Oldenburg und Süsel, das Kremper Tor und der Pagodenspeicher in Neustadt sowie die Gutshofanlage Hasselburg.

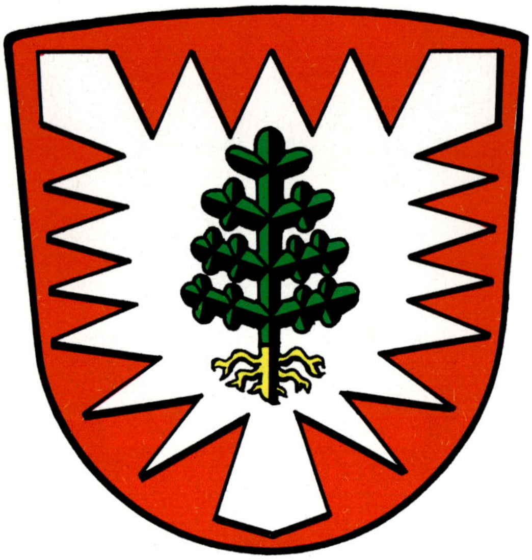

Einwohner: 259333. Fläche: 662 km². Einwohner je km²: 392. Kfz-Kennzeichen: PI. Kreisverwaltung: Moltkestraße 10, 2080 Pinneberg. Verwaltungsgliederung: 7 Städte (Elmshorn, Pinneberg, Barmstedt, Uetersen, Wedel, Schenefeld, Quickborn), 5 amtsfreie Gemeinden (Appen, Halstenbek, Rellingen, Tornesch, Insel Helgoland) sowie 7 Ämter (Bönningstedt, Elmshorn-Land, Haseldorf, Hörnerkirchen, Moorrege, Pinneberg-Land und Rantzau) mit insgesamt 37 Gemeinden.

### Wappenbeschreibung

In Rot ein silbernes Nesselblatt, belegt mit einer grünen Tanne mit goldenen Wurzeln.

### Historische Entwicklung

Der Kreis Pinneberg wird im Süden und Westen von der Elbe und Hamburg begrenzt, im Osten von den Kreisen Stormarn und Segeberg und im Norden vom Kreis Steinburg. Diese Lage begünstigte Anfang des 14. Jh. die Entstehung eines selbständigen Verwaltungsgebietes, dessen Geschicke mehr als 300 Jahre von den Schauenburger Grafen, deren Stammlande an der Weser lagen, bestimmt wurden. Nach dem Tode des letzten Schauenburgers – 1640 – kam dieser Gebietsteil unter die Herrschaft des Dänenkönigs Christian IV., wobei eine verwaltungsmäßige Vereinigung mit dem übrigen Holstein nicht erfolgte. Der heutige Kreis Pinneberg wurde 1867 durch königlich-preußische Verordnung geschaffen, in dem die historische Herrschaft Pinneberg mit der Grafschaft Rantzau, den adeligen Gütern Haselau, Haseldorf und Seestermühe sowie dem Gebiet des Klosters Uetersen und dem Kanzleigut Flottbek vereinigt wurde. Die Herrschaft Pinneberg als Stammteil des neuen Kreises gab ihm auch seinen Namen. Für die weitere Entwicklung war die Nachbarschaft zur Großstadt Hamburg bestimmend. Die Ausdehnung des Ballungszentrums hat im Laufe der Zeit zu erheblichen Gebiets- und Bevölkerungsverlusten für den Kreis Pinneberg geführt.
Im Kreiswappen, das am 11. Januar 1946 von der Britischen Militärregierung genehmigt worden war, wird mit dem Nesselblatt auf die Schauenburger Grafen verwiesen, welche bis 1640 mit dem Territorium des heutigen Kreisgebietes eng verbunden waren; die Tanne ist Ausdruck dafür, daß sich im Kreis Pinneberg das größte zusammenhängende Baumschulgebiet der Welt befindet.

### Struktur des Kreises – Sehenswürdigkeiten

Der Kreis Pinneberg, unmittelbar vor den Toren Hamburgs gelegen, bietet viele Naherholungsmöglichkeiten; ca. 45 Prozent sind ausgewiesene Landschafts- und Naturschutzgebiete. Hervorzuheben sind Wedel (Holstein) mit der Schiffsbegrüßungsanlage „Willkomm-Höft“ am Elbstrom, die Holmer Sandberge, der Forst Klövensteen, die Haseldorfer und die Seestermüher Marsch mit den Mündungsgebieten der Pinnau und Krückau, das Himmelmoor bei Quickborn, der Forst Rantzau mit dem Rantzauer See bei Barmstedt, die Heeder Tannen, der Bokeler See und schließlich das Arboretum, ein Baumpark bei Ellerhoop, sowie das Rosarium in Uetersen, durch welche die Vielfalt der heimischen Baumschul- und Rosenkulturen veranschaulicht wird.
Historisch bedeutsame Baudenkmäler und Sehenswürdigkeiten sind unter anderem die Rellinger Kirche, ein spätbarocker achteckiger Backsteinbau von C. Dose, 1754 bis 1756, die Landdrostei in Pinneberg, 1765 bis 1767 als Sitz der Königlich-Dänischen Landdroste erbaut, ab 1868 Sitz der Preußischen Landräte (bis 1932); die sog. Schloßinsel Rantzau bei Barmstedt mit Gerichtsschreiberhaus aus dem Jahre 1826, die Kirche in Uetersen, 1748/49 als Backsteinbau im Spätbarockstil errichtet, sowie die Herrenhäuser der Güter Haseldorf und Seestermühe.

Einwohner: 118514. Fläche: 1081 km². Einwohner je km²: 110. Kfz-Kennzeichen: PLÖ. Kreisverwaltung: Hamburger Straße 17/18, 2320 Plön. Verwaltungsgliederung: 86 Gemeinden, davon 3 Städte (Lütjenburg, Plön, Preetz), 7 amtsfreie Gemeinden (Heikendorf, Klausdorf, Laboe, Mönkeberg, Raisdorf, Schönberg, Schönkirchen), 76 amtsangehörige Gemeinden in 7 Ämtern (Bokhorst: 5 Gem., Lütjenburg-Land: 14 Gem., Plön-Land: 11 Gem., Preetz-Land: 17 Gem., Probstei: 17 Gem., Selent/Schlesen: 8 Gem., Wankendorf: 4 Gem.).

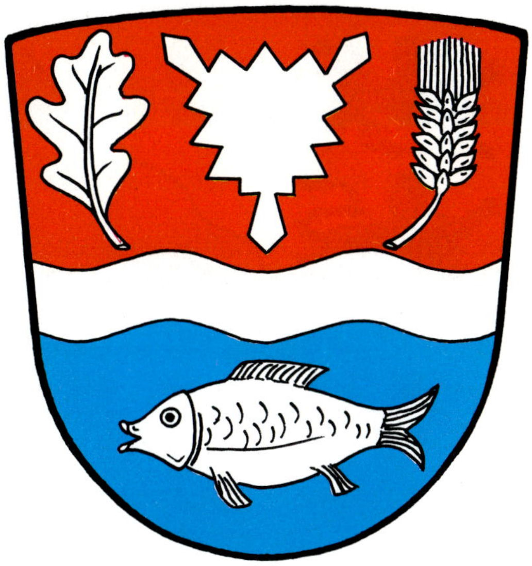

### Wappenbeschreibung

Durch einen silbernen Wellenbalken geteilt; oben in Rot ein silbernes Nesselblatt, begleitet rechts von einem silbernen Eichenblatt, links von einer silbernen Ähre; unten in Blau ein silberner Fisch.

### Historische Entwicklung

Ein eigenes Wappen wurde dem Kreis Plön am 22. November 1948 durch den Innenminister des Landes Schleswig-Holstein verliehen. Es sucht in Farbe und Symbolik den geschichtlichen Standort wie die landschaftliche Lage und Beschaffenheit des Kreises zu versinnbildlichen. Die Wappenfarben Rot, Silber und Blau geben die Farben Schleswig-Holsteins wieder. Das Nesselblatt weist auf die enge Verbindung Plöns und seines Umlandes mit den Grafen von Holstein hin.
Bis in das 12. Jh. hinein war es eines der wendischen Herrschaftszentren, das dann 1139 von den Holsten eingenommen und zerstört, doch bereits um 1154 wiederaufgebaut und zu einem Stützpunkt der schauenburgischen Machtstellung ausgestaltet wurde. Nach dem Tode Gerhards I. brach die Grafschaft Holstein auseinander; eine Linie hatten die Plöner von 1290 bis 1390 inne. Ein zweites Mal wurde Plön in den Jahren 1622 bis 1761 Sitz einer fürstlichen Herrschaft: Seit 1736 residierten hier die Herzöge von Schleswig-Holstein-Sonderburg-Plön, einer Linie des dänischen Königshauses. Als 1867 in der nunmehr preußischen Provinz Schleswig-Holstein die Kreise errichtet wurden, bildete das Amt Plön den Verwaltungsmittelpunkt der neuen Einrichtung. Das Eichenblatt weist auf die reichen Waldbestände hin, die Ähre auf die immer noch dominierende Landwirtschaft; Fisch und Wellenbalken kennzeichnen die Lage an der Ostsee und im ostholsteinischen Seengebiet.

### Struktur des Kreises – Sehenswürdigkeiten

Von Hamburg aus erreicht der Reisende innerhalb einer guten Autostunde auf der Autobahn Hamburg-Kiel den Kreis Plön, dem die Kieler Förde, die Ostsee und die Gewässer der Holsteinischen Schweiz ein landschaftlich reizvolles Bild verleihen. Die Ostseeküste mit ihren Ferienzentren (Marina-Wendtorf, Holm) und Seebädern (Heikendorf, Laboe, Schönberg, Hohwacht) ist ein „Eldorado" für Wasserratten, Segler und Wanderer (Fördewanderweg). Das Binnenland, geprägt durch Bauernhöfe und altehrwürdige Herrenhäuser, weist eine Vielzahl an Seen (über 80), Flüßchen, auf denen Paddeltouren durch den gesamten Kreis möglich sind, Naturschutz- und Landschaftsschutzgebieten auf und bietet reichlich Abwechslung. Lohnenswert ist der Besuch der höchstgelegenen Kirche Schleswig-Holsteins in Kirchnüchel und des Gotteshauses Schönkirchens, das als Schmuckstück einen Schnitzaltar von 1653 (nordischer Knorpelbarock) besitzt. In der Stadt Plön beherrscht die ehemalige Residenz der Plöner Herzöge das Stadtbild. Bei einem Aufenthalt in Möltendorf und Laboe fallen maritime Denkmäler ins Auge: das U-Boot-Denkmal und das Marine-Ehrenmal, in denen sich Gedenkstätten und ein Museum befinden. Das rege Treiben auf dem Nord-Ostsee-Kanal, einer für die internationale Schiffahrt bedeutenden Wasserstraße, kann vom Ostufer der Kieler Förde gut beobachtet werden und ist in dieser Region ein weiterer Anziehungspunkt.

Einwohner: 247841. Fläche: 2185,5 km². Einwohner je km²: 113. Kfz-Kennzeichen: RD. Kreisverwaltung: Kaiserstraße 8, 2370 Rendsburg. Verwaltungsgliederung: 3 Städte (Rendsburg, Eckernförde, Nortorf), 8 amtsfreie Gemeinden und 155 Gemeinden in 19 Ämtern.

## Wappenbeschreibung

Durch Wellenschnitt schräglinks geteilter Wappenschild; oben in Gold zwei blaue, rot bewehrte schreitende Löwen, unten in Rot ein silbernes Nesselblatt.

## Historische Entwicklung

Am 22. September 1867 wurde mit der „Verordnung betreffend die Organisation der Kreis- und Distriktsbehörden sowie die Kreisvertretung in der Provinz Schleswig-Holstein" das Gebiet der 1866 in den preußischen Staatsverband aufgenommenen Herzogtümer Schleswig und Holstein in 19 Kreise gegliedert. Sitz der Verwaltung der beiden Kreise Rendsburg und Eckernförde wurden jeweils die Städte gleichen Namens. Bordesholm war Sitz des 1867 geschaffenen Kreises Kiel, der nach der Auskreisung der Stadt Kiel im Jahre 1884 und der Stadt Neumünster im Jahre 1901 dann 1907 in „Kreis Bordesholm" umbenannt wurde.
1932 wurde der Kreis Bordesholm aufgelöst, wobei der größte Teil seiner Fläche zum Kreis Rendsburg kam. Durch die Gebietsreform entsprechend dem „Zweiten Gesetz einer Neuordnung von Gemeinde- und Kreisgrenzen sowie Gerichtsbezirken vom 23. 12. 1969" wurde am 26. April 1970 der Kreis Rendsburg-Eckernförde aus der überwiegenden Anzahl der Gemeinden der bis zu diesem Zeitpunkt bestehenden Kreise Eckernförde und Rendsburg sowie einigen Gemeinden des Kreises Plön mit dem Kreissitz in Rendsburg gebildet. Das Kreiswappen kombiniert die Löwen Schleswigs und das Nesselblatt Holsteins. Die Wappengenehmigung wurde am 31. Juli 1972 erteilt.

## Struktur des Kreises – Sehenswürdigkeiten

Der Kreis Rendsburg-Eckernförde liegt im Herzen Schleswig-Holsteins auf halbem Wege zwischen Hamburg und der dänischen Grenze, wobei er im Osten eine natürliche Abgrenzung in der Ostsee und der Eckernförder Bucht hat. Der 98,7 km lange Nord-Ostsee-Kanal, auch als Kiel-Kanal bekannt, führt in einer Länge von über 70 km durch das Kreisgebiet. Er ermöglichte in Rendsburg die Anlage des Kreishafens als leistungsfähigen „Seehafen im Binnenland".
Der Kreis ist überwiegend ländlich strukturiert. Seine zentrale Lage und seine guten Verkehrsverbindungen (Straße, Wasser, Schiene) begünstigen jedoch ebenfalls Handel, Industrie und Gewerbe. 8 Erholungswälder, 38 Seen, 3 Naturparks und 55 km Ostseeküste, insgesamt eine reizvolle Landschaft, begründen, auch als Wirtschaftsfaktor, die Bedeutung von Fremdenverkehr und Naherholung. Neben den landschaftlichen Reizen, die die Bezeichnung als Ferienkreis rechtfertigen, ist auf folgende Sehenswürdigkeiten beispielhaft hinzuweisen: Herrenhäuser (z. B. Emkendorf, Altenhof, Damp) – Kanalquerungen für Straße und Schiene in Rendsburg – zahlreiche Kirchen in Städten und Dörfern – Freilichtmuseum in Molfsee – Museen in Rendsburg, Eckernförde und Hohenweststedt. In Rendsburg verlangt die Marienkirche mit ihrem wertvollen Schnitzaltar aus dem 17. Jh. Beachtung, aber auch die barocke Christkirche und die Amtsgebäude am ehemaligen Paradeplatz. Wahrzeichen der Stadt ist die 42 m hohe Eisenbahnbrücke. Eckernförde, eine alte Schiffer- und Handwerkerstadt mit Handels-, Fischerei- und Marinehafen ist auch ein beliebtes Seebad.

Einwohner: 182660. Fläche: 2071 $km^2$. Einwohner je $km^2$: 88. Kfz-Kennzeichen: SL. Kreisverwaltung: Flensburger Straße 7, 2380 Schleswig und Waitzstr. 1 – 3, 2390 Flensburg. Verwaltungsgliederung: 4 Städte (Schleswig, Kappeln, Glücksburg, Bad Arnis), 2 amtsfreie Gemeinden (Harrislee, Sörup), 131 amtsangehörige Gemeinden in 18 Ämtern (Böklund, Eggebek, Gelting, Haddeby, Handewitt, Hürup, Kappeln-Land, Kropp, Langballig, Oeversee, Satrup, Schafflund, Schuby, Silberstedt, Stapelholm, Steinbergkirche, Süderbrarup, Tolk).

### Wappenbeschreibung

Über blauem, mit zwei silbernen Wellenfäden belegtem Wellenschildfuß von Blau und Gold schräglinks geteilt mit zwei schreitenden, rot bewehrten Löwen in verwechselten Farben.

### Historische Entwicklung

Eine Vielzahl prähistorischer Funde deuten darauf hin, daß das heutige Kreisgebiet uralter Siedlungsraum ist. Im 10. Jh. entstanden das Deutsche und das Dänische Reich, was dazu führte, daß diese Region zwischen den beiden Mächten fortan immer wieder hart umstritten war. Zahlreiche Soldatengräber und Denkmäler zeugen von den langen und leidvollen Auseinandersetzungen zwischen beiden Nachbarvölkern. Lange Zeit beherrschte das Herzogtum Schleswig weite Teile des Gebietes. Die eigentliche Geschichte des Kreises beginnt am 22. 9. 1867. Damals wurde in der soeben preußisch gewordenen Provinz Schleswig-Holstein die Kreisordnung erlassen, die 19 Kreise schuf. Der Kreis Flensburg umfaßte die Stadt Flensburg, den Flecken Glücksburg, das Amt Flensburg sowie einige andere Gebietskörperschaften. Den Kreis Schleswig bildeten die Städte Schleswig und Friedrichstadt, die Flecken Kappeln und Arnis sowie das Amt Gottorf mit einigen Orten. Am 24. 3. 1974 wurde der heutige Kreis Schleswig-Flensburg ins Leben gerufen. In seinem Kreiswappen vom 12. November 1974 erinnert die Doppelzahl der Löwen und die Beschränkung auf zwei Hauptfarben an das Wappen des früheren Herzogtums Schleswig. Die Wellen im Schildfuß symbolisieren das Wasser als ein wesensbestimmendes Element des Kreises, der im Norden von der Flensburger Förde, im Osten von der Ostsee und im Süden von Schlei, Eider und Sorge begrenzt wird.

### Struktur des Kreises – Sehenswürdigkeiten

Im Nordosten Schleswig-Holsteins erstreckt sich vor den südlichen Toren des Königreiches Dänemark der ländliche Kreis Schleswig-Flensburg. Die Landschaft Angeln (mit Naturschutzgebiet Geltinger Birk) wird von der Flensburger Förde, Ostsee, Schlei und den Höhen der Endmoränen der letzten Eiszeit umgeben. Hügelige Grundmoränenlandschaften mit stattlichen Höfen, Bächen, Seen, Wäldern und „Knicks" bestimmen den Charakter dieser vielgestaltigen Landschaft. Im Westen des „Wikinger- und Angelnkreises" Schleswig-Flensburg trifft man auf die Weite der flachen, sandigen Geest und Heide- sowie Moorreste. Im Südwesten bilden Eider und Treene die Kreisgrenze. Dort beginnt bereits das Marschgebiet. Das „Wikinger-Museum Haithabu" am Haddebyer Noor ist dem bedeutenden frühmittelalterlichen Handels- und Siedlungsplatz im Norden gewidmet. Sehenswert sind St.-Petri-Dom in Schleswig mit „Bordesholmer Altar" von Hans Brüggemann (16. Jh.) und „Blauer Madonna" von Jürgen Ovens (17. Jh.), Schloß Gottorf (Profanbau) in Schleswig und das malerische Wasserschloß Glücksburg (16. Jh.) mit umfangreicher Gobelinsammlung. Lohnend sind auch Ausflüge zur Fischersiedlung Holm (Schleswig) mit St.-Johannis-Kloster, zur kleinsten Stadt der Bundesrepublik Bad Arnis (502 Einwohner, reizvolle Hauptstraße, Schifferkirche), nach Kappeln (spätbarocke Kirche) sowie ins Fischerdorf Maasholm.

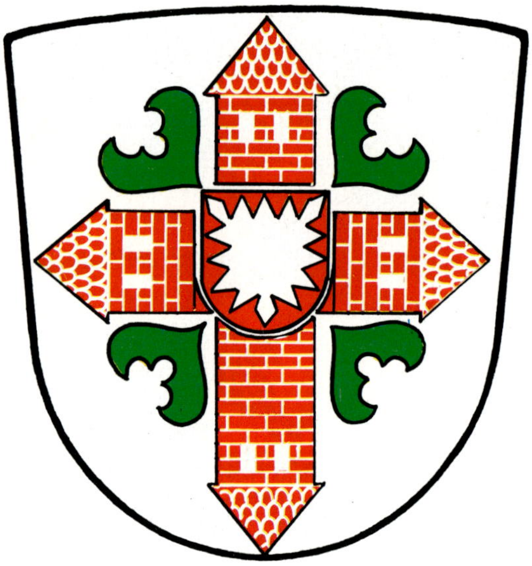

Einwohner: 215205. Fläche: 1344,31 km². Einwohner je km²: 160. Kfz-Kennzeichen: SE. Kreisverwaltung: Hamburger Straße 30, 2360 Bad Segeberg. Verwaltungsgliederung: 5 Städte (Bad Bramstedt, Bad Segeberg, Kaltenkirchen, Norderstedt, Wahlstedt), 3 amtsfreie Gemeinden (Boostedt, Henstedt-Ulzbg., Trappenkamp) und 9 Ämter (Bad Bramstedt-Land, Bornhöved, Itzstedt, Kaltenkirchen-Land, Kisdorf, Leezen, Rickling, Segeberg-Land, Wensin). In den 9 Ämtern sind 86 Gemeinden zusammengefaßt.

### Wappenbeschreibung

Das Kreiswappen zeigt in Silber ein aus vier roten, spitz bedachten Ziegelsteintürmen bestehendes durchgehendes lateinisches Kreuz, bewinkelt von vier grünen Seerosenblättern und in seiner ausgebrochenen Kreuzungsstelle belegt mit dem holsteinischen Wappenschild (in Rot ein silbernes Nesselblatt).

### Historische Entwicklung

Die Geschichte des bis dahin weitgehend unbesiedelten Kreisgebietes beginnt im 8. Jh. n. Chr. mit Karl dem Großen, der zum Schutz seines Frankenreiches gegen die aufständischen Sachsen den „Limes Saxoniae" (sächs. Schutzwall) errichten ließ. Das Kreisgebiet bildete einen der örtlichen Schwerpunkte der im 12. Jh. einsetzenden Christianisierung. Hier wirkte seit 1127 Bischof Vicelin, auf dessen Missionstätigkeit das Kreuzmotiv im Wappen des Kreises Bezug nimmt. Auf seine Initiative ist auch die Errichtung der strategisch günstig gelegenen Burg „Siegesburg" auf dem Segeberger „Kalkberg" zurückzuführen. Von ihr leitet sich der Name der Stadt Segeberg ab. Die Seerosenblätter sind dem Wappen der Herren von Segeberg entliehen, und das holsteinische Nesselblatt in dem seit dem 25. Oktober 1948 geführten Kreiswappen symbolisiert die Lage des Kreises im Herzen von Holstein. Während seiner wechselvollen Entwicklung war das Kreisgebiet immer wieder Schauplatz von Kämpfen um Gebietsansprüche zwischen Dänemark, Schweden, Rußland und den benachbarten Herzogtümern, bis schließlich 1866 Preußen nach seinen Siegen über Dänemark und Österreich Schleswig-Holstein zu seiner Provinz machte. Zunächst wurde 1867 eine Neuregelung des Verwaltungsaufbaues vollzogen: Aus verschiedenen kleinen Verwaltungseinheiten wurden Kreise gebildet. Das Amt Segeberg wurde durch Teile anderer Ämter und Gutsbezirke zum Kreis Segeberg erweitert. Seine jetzige Größe erreichte der Kreis durch die Gebietsreform am 1. Januar 1970.

### Struktur des Kreises – Sehenswürdigkeiten

In die Städte und Gemeinden im südlichen und westlichen Teil des südholsteinischen Kreises strahlt wirtschaftlich die Großstadt Hamburg. Hier hat die Landwirtschaft einen kraftvollen Industrie- und Handelspartner bekommen. Aber die Bedeutung als Nah- und Fernerholungsgebiet ist dank der Moränenlandschaft mit ihren Seen, Feldern und Mooren geblieben. Neben dem Segeberger See und dem Ihlsee locken die Wildparks in Eckholt und Trappenkamp. Der „Kalkberg" mit seinen auf 800 m begehbaren Höhlen und dem Freilichttheater, wo jeden Sommer Karl-May-Festspiele stattfinden, die St.-Marien-Kirche in Bad Segeberg mit dem „Brüggemann-Altar" oder die massive Feldsteinkirche in Pronstorf mit Außenglocke (1198 bereits erwähnt), die spätromanische Feldsteinkirche in Warder – das sind einige der Sehenswürdigkeiten, zu denen auch die Herrenhäuser mancher Güter, das Torhaus zu Seedorf (niederländ. Renaissance) oder die Rolandstatue in Bad Bramstedt gezählt werden müssen. Ein kontrastreicher Landkreis, dessen Hünengräber – in Wensin und Groß Rönnau etwa – an die lange Geschichte erinnern.

Einwohner: 127743. Fläche: 1056 km². Einwohner je km²: 121. Kfz-Kennzeichen: IZ. Kreisverwaltung: Viktoriastraße 16 – 18, 2210 Itzehoe. Verwaltungsgliederung: 4 amtsfreie Städte (Itzehoe, Glückstadt, Kellinghusen, Wilster); 1 amtsangehörige Stadt (Krempe), 109 amtsangehörige Gemeinden in 9 Ämtern (Breitenburg, Herzhorn, Hohenlockstedt, Horst, Itzehoe-Land, Kellinghusen-Land, Krempermarsch, Schenefeld, Wilstermarsch).

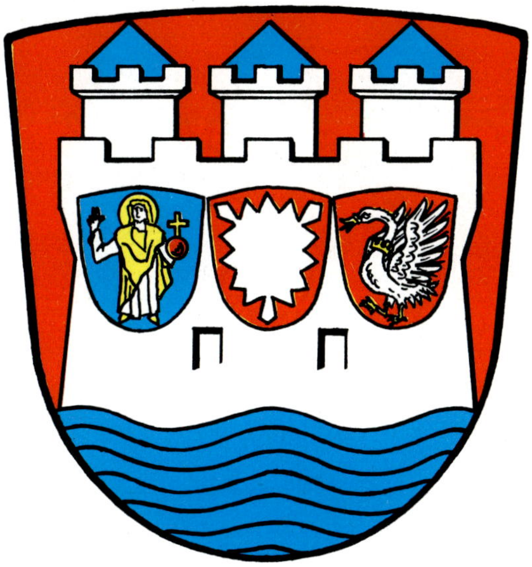

### Wappenbeschreibung

In Rot aus blauem Wellenschildfuß wachsend eine silberne Burg mit drei blau bedachten Zinnentürmen; unter dem Zinnenkranz aufgelegt drei Schilde: 1 in Blau der silbern und golden gekleidete Christus mit zum Segen erhobener Rechten, in der Linken die mit einem goldenen Kreuz besteckte rote Weltkugel, 2 in Rot ein silbernes Nesselblatt, 3 in Rot ein golden bewehrter, flugbereiter silberner Schwan mit einer goldenen Krone um den Hals.

### Historische Entwicklung

Die Auflösung des sächsischen Herzogtums nach dem Sturz Heinrichs des Löwen 1180 sowie der Sieg bei Bornhöved 1227, der für Jahrhunderte die dänische Bedrohung von Norddeutschland nahm, bildeten die Voraussetzungen für das Entstehen eines fast lehnsunabhängigen Territoriums unter den schauenburgischen Grafen von Holstein. Eine der Burgen, auf denen die von ihnen eingesetzten „Amtmänner" residierten, war die „Steinburg" an der Krempau. 1650 wanderte der Amtssitz nach Itzehoe, wo er heute auch noch angesiedelt ist, als der Kreis nach dem Deutschen Krieg von 1866 in preußische Verwaltung übergegangen war. Am 22. September 1867 wurde die längst überholte patrimoniale Verwaltungsvielfalt, die die moderne Trennung von Justiz und Verwaltung noch nicht kannte, durch die preußische Kommunal- und Kreisordnung abgelöst. Sie und die ergänzende Kreisordnung von 1888 schufen zusammen den in der Gebietsreform von 1969/73 leicht vergrößerten neuzeitlichen Kreis Steinburg. – Seit dem 30. Juli 1928 führt der Kreis das oben abgebildete Wappen, in dem die Steinburg das zentrale Motiv darstellt.

Nach Stadler (Deutsche Wappen, Band 1, Bremen 1964) symbolisieren die drei kleinen Wappenschilde die historischen Hauptgebiete des Kreises: Der Heiland steht für die Wilstermarsch, das Nesselblatt für die Geest mit Itzehoe und der Schwan mit dem Halsband für die Krempermarsch. Der Wellenschildfuß nimmt Bezug auf die untere Elbe, die die Südgrenze des Kreises bildet.

### Struktur des Kreises – Sehenswürdigkeiten

Eine halbe Autostunde nordwestlich von der Elbmetropole Hamburg entfernt liegt der Kreis Steinburg. Im Süden und Südwesten dieser Region erstreckt sich das flache Grasland der Elbmarschen, unterbrochen von den charakteristischen Höfen der Kremper und Wilster Marsch. Im Norden und Nordosten bestimmt die Geest die Landschaft. Sehenswert in der Kreisstadt Itzehoe sind neben dem alten Rathaus mit hoher Freitreppe und barockem Portal der historische Ständesaal sowie der romanische Klosterhof (ehemaliges Zisterzienserkloster). Die Barockkirche St. Laurentii enthält eine Krypta mit wertvollen Särgen einheimischer Adeliger (17./18. Jh.). Im Prinzeßhof (16. Jh.), einem der schönsten Gebäude der Stadt, ist das Heimatmuseum untergebracht. Das Schloß Breitenburg, auf einer Geestinsel im Störtal von Wassergräben umgeben, birgt viele Kunstschätze. Keramikbetriebe, in denen seit 1760 Fayencen hergestellt werden, haben Kellinghusen bekannt gemacht.

Besuchenswert sind u.a. die Städte Wilster mit historischem Stadtbild („Altes Rathaus" im Renaissancestil [1585], Bartholomäuskirche) und Glückstadt. Hier beeindruckt der sechseckige Marktplatz, der vom Rathaus (Renaissance) und von der Stadtkirche (1619/1650) beherrscht wird. Weitere historische Bauten stehen am Hafen.

Einwohner: 194775. Fläche: 766 km². Einwohner je km²: 254. Kfz-Kennzeichen: OD. Kreisverwaltung: Mommsenstraße, 2060 Bad Oldesloe. Verwaltungsgliederung: 55 Gemeinden – 6 Städte (Ahrensburg, Bad Oldesloe, Bargteheide, Glinde, Reinbek, Reinfeld/Holst.), 44 amtsangehörige Gemeinden in 5 Ämtern (Bad Oldesloe-Land, Bargteheide-Land, Nordstormarn, Siek, Trittau), 5 amtsfreie Gemeinden (Ammersbek, Barsbüttel, Großhansdorf, Oststeinbek, Tangstedt).

### Wappenbeschreibung

In Rot ein kampfbereiter silberner Schwan mit einer goldenen Halskrone.

### Historische Entwicklung

Als 1867 nach dem Anschluß Schleswig-Holsteins an Preußen der Kreis Stormarn gebildet wurde, übernahm dieser am 1. Oktober 1867 das altüberlieferte Stormarner Wappen. Es stellt damit neben dem Emblem des Kreises Herzogtum Lauenburg das älteste bundesdeutsche Kreiswappen dar.
Ursprung und Bedeutung des Wappenbildes weisen zurück in mittelalterliche und vormittelalterliche Zeit und sind ohne die geistesgeschichtlichen Bezüge zu Sage und Legende wohl nicht voll verständlich. Es gibt mehrere heraldische Deutungsvorschläge. Vermutlich kommt die Erklärung am nächsten, die den stürmenden Schwan als „sprechendes" Sinnbild für „stürmisch" deutet, das als sprachliche Anknüpfung an „Stormarn" verstanden werden kann. Der Name „Stormarn" ist bereits im 11. Jh. faßbar in der Hamburgischen Kirchengeschichte Adams von Bremen. Lange Zeit war Hamburg die Hauptstadt Stormarns gewesen, bis es seine Eigenständigkeit immer mehr ausbaute und sich schließlich ganz aus dieser Bindung löste. Die wechselvolle Geschichte des Gebietes brachte es mit sich, daß der Stormarner Schwan im schwedischen Königswappen von 1751 bis 1818 und im dänischen sogar vom 15. Jh. bis zum formellen Verzicht Königin Margarethes II. auf die deutschen Erbtitel am 5. 7. 1972 stand. Von 1490 bis 1773 war Altstormarn Bestandteil des Herzogtums Holstein der Gottorfer Linie, die 1762 sogar den russischen Zarenthron bestieg. Nach dem Verzicht der Gottorfer fiel Stormarn an Dänemark, wo es bis 1866 verblieb.

### Struktur des Kreises – Sehenswürdigkeiten

Der Kreis Stormarn zwischen den beiden Hansestädten Lübeck (Nordosten) und Hamburg (Südwesten) gelegen, verbindet die Elbe mit der Ostsee. Alster, Bille und Trave vereinigen sich in der Kreisstadt Bad Oldesloe mit der Beste und fließen durch das in der Eiszeit entstandene Stormarner Hügelland. Äcker, Wiesen, Weiden und Wälder prägen das ländliche Landschaftsbild. Ein Großteil der unter Naturschutz gestellten Gebiete Hahnheide, Nienwohlder Moor, Brenner Moor, Wittmoor und Hansdorfer Brook befinden sich auf Stormarner Territorium. Als beliebte Ausflugsziele gelten Ahrensburg mit seinem Renaissanceschloß, in dem die Wohnkultur des schleswig-holsteinischen Adels im Museumsteil dem Besucher anschaulich dargestellt wird; das im niederländischen Renaissancestil erbaute Schloß Reinbek im idyllisch am Sachsenwald gelegenen gleichnamigen Ort; das neugotische Schloß Tremsbüttel; Schloß Nütschau (Benediktinerpriorat); der „Utspann" (altes Bauernhaus) in Bargteheide sowie das Stormarnsche Dorfmuseum in Hoisdorf. Zeugen der Vergangenheit sind u.a. die Herrenhäuser in Altfresenburg, Blumendorf und Grabau, das Torhaus des Gutes Jersbek und die Mennokate in Bad Oldesloe. Über den Kreis verstreut ducken sich die reetgedeckten Katen und Bauernhäuser. Die Karpfenstadt Reinfeld wurde durch den Dichter Matthias Claudius berühmt.

# Die alten und die neuen Landkreise

*Diese Übersicht gibt Auskunft, welche Veränderungen die Gebietsreformen brachten. Zusammenlegungen und Aufteilungen ließen aus 425 Landkreisen 237 werden. Unter dem Gesichtspunkt der Rechtsnachfolge ist in der rechten Spalte die heutige Kreiszugehörigkeit mit der jetzigen Kreisbezeichnung vermerkt. In einigen Fällen wurde die Rechtsnachfolge Städten übertragen. Die schräg gesetzten Buchstaben bezeichnen das Bundesland. Dabei sind folgende Abkürzungen verwendet: Baden-Württemberg = BW; Bayern = B; Hessen = H; Niedersachsen = N; Nordrhein-Westfalen = NW; Rheinland-Pfalz = R; Saarland = S; Schleswig-Holstein = SH.*

| | |
|---|---|
| Aachen | Aachen *NW* |
| Aalen | Ostalbkreis *BW* |
| Ahaus | Borken *NW* |
| Ahrweiler | Ahrweiler *R* |
| Aichach | Aichach-Friedberg *B* |
| Alfeld (Leine) | Hildesheim *N* |
| Alsfeld | Vogelsbergkreis *H* |
| Altenkirchen | Altenkirchen *R* |
| Altötting | Altötting *B* |
| Alzenau i. UFr. | Aschaffenburg *B* |
| Alzey | Alzey-Worms *R* |
| Amberg | Amberg-Sulzbach *B* |
| Ammerland | Ammerland *N* |
| Ansbach | Ansbach *B* |
| Arnsberg | Hochsauerlandkreis *NW* |
| Aschaffenburg | Aschaffenburg *B* |
| Aschendorf-Hümmling | Emsland *N* |
| Augsburg | Augsburg *B* |
| Aurich | Aurich *N* |
| | |
| Backnang | Rems-Murr-Kreis *BW* |
| Bad Aibling | Rosenheim *B* |
| Bad Brückenau | Bad Kissingen *B* |
| Bad Kissingen | Bad Kissingen *B* |
| Bad Neustadt a. d. Saale | Rhön-Grabfeld *B* |
| Bad Tölz | Bad Tölz-Wolfratshausen *B* |
| Balingen | Zollernalbkreis *BW* |
| Bamberg | Bamberg *B* |
| Bayreuth | Bayreuth *B* |
| Beckum | Warendorf *NW* |
| Beilngries | Eichstätt *B* |
| Grafschaft Bentheim | Grafschaft Bentheim *N* |
| Berchtesgaden | Berchtesgadener Land *B* |
| Bergheim (Erft) | Erftkreis *NW* |
| Bergstraße | Bergstraße *H* |
| Bergzabern | Südliche Weinstraße *R* |
| Bernkastel | Bernkastel-Wittlich *R* |
| Bersenbrück | Osnabrück *N* |
| Biberach | Biberach *BW* |
| Biedenkopf | Marburg-Biedenkopf *H* |
| Bielefeld | Stadt Bielefeld *NW* |
| Bingen | Mainz-Bingen *R* |
| Birkenfeld | Birkenfeld *R* |
| Bitburg | Bitburg-Prüm *R* |
| Blankenburg | Goslar *N* |

| | |
|---|---|
| Böblingen | Böblingen *BW* |
| Bogen | Straubing-Bogen *B* |
| Bonn | Rhein-Sieg-Kreis *NW* |
| Borken | Borken *NW* |
| Braunschweig | Stadt Braunschweig *N* |
| Bremervörde | Rotenburg *N* |
| Brilon | Hochsauerlandkreis *NW* |
| Bruchsal | Karlsruhe *BW* |
| Buchen | Neckar-Odenwald-Kreis *BW* |
| Büdingen | Wetteraukreis *H* |
| Bühl | Rastatt *BW* |
| Büren | Paderborn *NW* |
| Burgdorf | Hannover *N* |
| Burglengenfeld | Schwandorf *B* |
| | |
| Calw | Calw *BW* |
| Celle | Celle *N* |
| Cham | Cham *B* |
| Cloppenburg | Cloppenburg *N* |
| Coburg | Coburg *B* |
| Cochem | Cochem-Zell *R* |
| Coesfeld | Coesfeld *NW* |
| Crailsheim | Schwäbisch Hall *BW* |
| | |
| Dachau | Dachau *B* |
| Darmstadt | Darmstadt-Dieburg *H* |
| Daun | Daun *R* |
| Deggendorf | Deggendorf *B* |
| Detmold | Lippe *NW* |
| Dieburg | Darmstadt-Dieburg *H* |
| Grafschaft Diepholz | Diepholz *N* |
| Dillingen a. d. Donau | Dillingen a. d. Donau *B* |
| Dillkreis | Lahn-Dill-Kreis *H* |
| Dingolfing | Dingolfing-Landau *B* |
| Dinkelsbühl | Ansbach *B* |
| Dinslaken | Wesel *NW* |
| Donaueschingen | Schwarzwald-Baar-Kreis *BW* |
| Donauwörth | Donau-Ries *B* |
| Duderstadt | Göttingen *N* |
| Düren | Düren *NW* |
| Düsseldorf-Mettmann | Mettmann *NW* |
| | |
| Ebermannstadt | Forchheim *B* |
| Ebern | Haßberge *B* |
| Ebersberg | Ebersberg *B* |
| Eckernförde | Rendsburg-Eckernförde *SH* |
| Eggenfelden | Rottal-Inn *B* |
| Ehingen | Alb-Donau-Kreis *BW* |
| Eichstätt | Eichstätt *B* |
| Eiderstedt | Nordfriesland *SH* |
| Einbeck | Northeim *N* |
| Emmendingen | Emmendingen *BW* |
| Ennepe-Ruhr-Kreis | Ennepe-Ruhr-Kreis *NW* |
| Erbach | Odenwaldkreis *H* |
| Erding | Erding *B* |
| Erkelenz | Heinsberg *NW* |
| Erlangen | Erlangen-Höchstadt *B* |
| Eschenbach i. d. Opf. | Neustadt a. d. Waldnaab *B* |
| Eschwege | Werra-Meißner-Kreis *H* |
| Esslingen | Esslingen *BW* |
| Euskirchen | Euskirchen *NW* |
| Eutin | Ostholstein *SH* |

| | |
|---|---|
| Fallingbostel | Soltau-Fallingbostel *N* |
| Feuchtwangen | Ansbach *B* |
| Flensburg-Land | Schleswig-Flensburg *SH* |
| Forchheim | Forchheim *B* |
| Frankenberg | Waldeck-Frankenberg *H* |
| Frankenthal | Bad Dürkheim *R* |
| Freiburg | Breisgau-Hochschwarzwald *BW* |
| Freising | Freising *B* |
| Freudenstadt | Freudenstadt *BW* |
| Friedberg | Aichach-Friedberg *B* |
| Friedberg (Hessen) | Wetteraukreis *H* |
| Friesland | Friesland *N* |
| Fritzlar-Homberg | Schwalm-Eder-Kreis *H* |
| Fürstenfeldbruck | Fürstenfeldbruck *B* |
| Fürth | Fürth *B* |
| Füssen | Ostallgäu *B* |
| Fulda | Fulda *H* |
| | |
| Gandersheim | Northeim *N* |
| Garmisch-Partenkirchen | Garmisch-Partenkirchen *B* |
| Geldern | Kleve *NW* |
| Gelnhausen | Main-Kinzig-Kreis *H* |
| Gemünden a. Main | Main-Spessart *B* |
| Germersheim | Germersheim *R* |
| Gerolzhofen | Schweinfurt *B* |
| Gießen | Gießen *H* |
| Gifhorn | Gifhorn *N* |
| Göppingen | Göppingen *BW* |
| Göttingen | Göttingen *N* |
| Goslar | Goslar *N* |
| Grafenau | Freyung-Grafenau *B* |
| Grevenbroich | Neuss *NW* |
| Griesbach i. Rottal | Passau *B* |
| Groß-Gerau | Groß-Gerau *H* |
| Günzburg | Günzburg *B* |
| Gunzenhausen | Weißenburg-Gunzenhausen *B* |
| | |
| Halle | Gütersloh *NW* |
| Hameln-Pyrmont | Hameln-Pyrmont *N* |
| Hammelburg | Bad Kissingen *B* |
| Hanau | Main-Kinzig-Kreis *H* |
| Hannover | Hannover *N* |
| Harburg | Harburg *N* |
| Haßfurt | Haßberge *B* |
| Hechingen | Zollernalbkreis *BW* |
| Heidelberg | Rhein-Neckar-Kreis *BW* |
| Heidenheim | Heidenheim *BW* |
| Heilbronn | Heilbronn *BW* |
| Helmstedt | Helmstedt *N* |
| Herford | Herford *NW* |
| Hersbruck | Nürnberger Land *B* |
| Hersfeld | Hersfeld-Rotenburg *H* |
| Hildesheim-Marienburg | Hildesheim *N* |
| Hilpoltstein | Roth *B* |
| Hochschwarzwald | Breisgau-Hochschwarzwald *BW* |
| Höchstadt a. d. Aisch | Erlangen-Höchstadt *B* |
| Höxter | Höxter *NW* |
| Hof | Hof *B* |
| Hofgeismar | Kassel *H* |
| Hofheim i. UFr. | Haßberge *B* |
| Holzminden | Holzminden *N* |
| Homburg | Saar-Pfalz-Kreis *S* |
| Horb | Freudenstadt *BW* |
| Grafschaft Hoya | Diepholz *N* |
| Hünfeld | Fulda *H* |
| Husum | Nordfriesland *SH* |
| | |
| Illertissen | Neu-Ulm *B* |
| Ingolstadt | Eichstätt *B* |
| Iserlohn | Märkischer Kreis *NW* |
| | |
| Jülich | Düren *NW* |
| | |
| Kaiserslautern | Kaiserslautern *R* |
| Karlsruhe | Karlsruhe *BW* |
| Karlstadt | Main-Spessart *B* |
| Kassel | Kassel *H* |
| Kaufbeuren | Ostallgäu *B* |
| Kehl | Ortenaukreis *BW* |
| Kelheim | Kelheim *B* |
| Kemnath | Tirschenreuth *B* |
| Kempen-Krefeld | Viersen *NW* |
| Kempten (Allgäu) | Oberallgäu *B* |
| Kirchheimbolanden | Donnersbergkreis *R* |
| Kitzingen | Kitzingen *B* |
| Kleve | Kleve *NW* |
| Koblenz | Mayen-Koblenz *R* |
| Köln | Erftkreis *NW* |
| Königshofen i. Grabfeld | Rhön-Grabfeld *B* |
| Kötzting | Cham *B* |
| Konstanz | Konstanz *BW* |
| Kreuznach | Bad Kreuznach *R* |
| Kronach | Kronach *B* |
| Krumbach (Schwaben) | Günzburg *B* |
| Künzelsau | Hohenlohekreis *BW* |
| Kulmbach | Kulmbach *B* |
| Kusel | Kusel *R* |
| | |
| Lahr | Ortenaukreis *BW* |
| Landau a. d. Isar | Dingolfing-Landau *B* |
| Landau i. d. Pfalz | Südliche Weinstraße *R* |
| Land Hadeln | Cuxhaven *N* |
| Landsberg a. Lech | Landsberg a. Lech *B* |
| Landshut | Landshut *B* |
| Herzogtum Lauenburg | Herzogtum Lauenburg *SH* |
| Lauf a. d. Pegnitz | Nürnberger Land *B* |
| Laufen | Berchtesgadener Land *B* |
| Lauterbach | Vogelsbergkreis *H* |
| Leer | Leer *N* |
| Lemgo | Lippe *NW* |
| Leonberg | Böblingen *BW* |
| Lichtenfels | Lichtenfels *B* |
| Limburg | Limburg-Weilburg *H* |
| Lindau (Bodensee) | Lindau (Bodensee) *B* |
| Lingen | Emsland *N* |
| Lippstadt | Soest *NW* |
| Lörrach | Lörrach *BW* |
| Lohr a. Main | Main-Spessart *B* |
| Ludwigsburg | Ludwigsburg *BW* |
| Ludwigshafen | Ludwigshafen *R* |
| Lübbecke | Minden-Lübbecke *NW* |
| Lüchow-Dannenberg | Lüchow-Dannenberg *N* |
| Lüdenscheid | Märkischer Kreis *NW* |
| Lüdinghausen | Coesfeld *NW* |
| Lüneburg | Lüneburg *N* |
| | |
| Mainburg | Kelheim *B* |
| Main-Taunus-Kreis | Main-Taunus-Kreis *H* |

| | |
|---|---|
| Mainz | Mainz-Bingen *R* |
| Mallersdorf | Straubing-Bogen *B* |
| Mannheim | Rhein-Neckar-Kreis *BW* |
| Marburg | Marburg-Biedenkopf *H* |
| Marktheidenfeld | Main-Spessart *B* |
| Marktoberdorf | Ostallgäu *B* |
| Mayen | Mayen-Koblenz *R* |
| Melle | Osnabrück *N* |
| Mellrichstadt | Rhön-Grabfeld *B* |
| Melsungen | Schwalm-Eder-Kreis *H* |
| Memmingen | Unterallgäu *B* |
| Meppen | Emsland *N* |
| Mergentheim | Main-Tauber-Kreis *H* |
| Merzig-Wadern | Merzig-Wadern *S* |
| Meschede | Hochsauerlandkreis *NW* |
| Miesbach | Miesbach *B* |
| Miltenberg | Miltenberg *B* |
| Mindelheim | Unterallgäu *B* |
| Minden | Minden-Lübbecke *NW* |
| Moers | Wesel *NW* |
| Monschau | Aachen *NW* |
| Mosbach | Neckar-Odenwald-Kreis *BW* |
| Mühldorf a. Inn | Mühldorf a. Inn *B* |
| Müllheim | Breisgau-Hochschwarzwald *BW* |
| Münchberg | Hof *B* |
| München | München *B* |
| Münden | Göttingen *N* |
| Münsingen | Reutlingen *BW* |
| Münster | Stadt Münster *NW* |

| | |
|---|---|
| Nabburg | Schwandorf *B* |
| Naila | Hof *B* |
| Neuburg a. d. Donau | Neuburg-Schrobenhausen *B* |
| Neumarkt i. d. OPf. | Neumarkt i. d. OPf. *B* |
| Neunburg vorm Wald | Schwandorf *B* |
| Neustadt a. Rübenberge | Hannover *N* |
| Neustadt a. d. Aisch | Neustadt a. d. Aisch – Bad Windsheim *B* |
| Neustadt a. d. Waldnaab | Neustadt a. d. Waldnaab *B* |
| Neustadt a. d. Weinstraße | Bad Dürkheim *R* |
| Neu-Ulm | Neu-Ulm *B* |
| Neuwied | Neuwied *R* |
| Nienburg | Nienburg (Weser) *N* |
| Nördlingen | Donau-Ries *B* |
| Norden | Aurich *N* |
| Norderdithmarschen | Dithmarschen *SH* |
| Northeim | Northeim *N* |
| Nürnberg | Nürnberger Land *B* |
| Nürtingen | Esslingen *BW* |

| | |
|---|---|
| Oberbergischer Kreis | Oberbergischer Kreis *NW* |
| Oberlahnkreis | Limburg-Weilburg *H* |
| Obernburg a. Main | Miltenberg *B* |
| Obertaunuskreis | Hochtaunuskreis *H* |
| Oberviechtach | Schwandorf *B* |
| Oberwesterwaldkreis | Westerwaldkreis *R* |
| Ochsenfurt | Würzburg *B* |
| Öhringen | Hohenlohekreis *BW* |
| Offenbach | Offenbach *H* |
| Offenburg | Ortenaukreis *BW* |
| Oldenburg (Holstein) | Ostholstein *SH* |
| Oldenburg (Oldb) | Oldenburg (Oldb) *N* |
| Olpe | Olpe *NW* |
| Osnabrück | Osnabrück *N* |
| Osterholz | Osterholz *N* |
| Osterode am Harz | Osterode am Harz *N* |
| Ottweiler | Neunkirchen *S* |

| | |
|---|---|
| Paderborn | Paderborn *NW* |
| Parsberg | Neumarkt i. d. OPf. *B* |
| Passau | Passau *B* |
| Pegnitz | Bayreuth *B* |
| Peine | Peine *N* |
| Pfaffenhofen a. d. Ilm | Pfaffenhofen a. d. Ilm *B* |
| Pfarrkirchen i. Rottal | Rottal-Inn *B* |
| Pforzheim | Enzkreis *BW* |
| Pinneberg | Pinneberg *SH* |
| Pirmasens | Pirmasens *R* |
| Plön | Plön *SH* |
| Prüm | Bitburg-Prüm *R* |

| | |
|---|---|
| Rastatt | Rastatt *BW* |
| Ravensburg | Ravensburg *BW* |
| Recklinghausen | Recklinghausen *NW* |
| Rees | Kleve *NW* |
| Regen | Regen *B* |
| Regensburg | Regensburg *B* |
| Rehau | Hof *B* |
| Rendsburg | Rendsburg-Eckernförde *SH* |
| Reutlingen | Reutlingen *BW* |
| Rheingaukreis | Rheingau-Taunus-Kreis *NW* |
| Rheinisch-Bergischer Kreis | Rheinisch-Bergischer Kreis *NW* |
| Rhein-Wupper-Kreis | Rheinisch-Bergischer Kreis *NW* |
| Riedenburg | Kelheim *B* |
| Rockenhausen | Donnersbergkreis *R* |
| Roding | Cham *B* |
| Rosenheim | Rosenheim *B* |
| Rotenburg (Hannover) | Rotenburg (Wümme) *N* |
| Rotenburg (Hessen) | Hersfeld-Rotenburg *H* |
| Rothenburg ob der Tauber | Ansbach *B* |
| Rottenburg a. d. Laaber | Landshut *B* |
| Rottweil | Rottweil *BW* |

| | |
|---|---|
| Saarbrücken | Stadtverband Saarbrücken *S* |
| Saarburg | Trier-Saarburg *R* |
| Saarlouis | Saarlouis *S* |
| St. Goar | Rhein-Hunsrück-Kreis *R* |
| St. Goarshausen | Rhein-Lahn-Kreis *R* |
| St. Ingbert | Saar-Pfalz-Kreis *S* |
| St. Wendel | St. Wendel *S* |
| Säckingen | Waldshut *BW* |
| Saulgau | Sigmaringen *BW* |
| Grafschaft Schaumburg | Schaumburg *N* |
| Schaumburg-Lippe | Schaumburg *N* |
| Scheinfeld | Neustadt a. d. Aisch – Bad Windsheim *B* |
| Schleiden | Euskirchen *NW* |
| Schleswig | Schleswig-Flensburg *SH* |
| Schlüchtern | Main-Kinzig-Kreis *H* |
| Schongau | Weilheim-Schongau *B* |
| Schrobenhausen | Neuburg-Schrobenhausen *B* |
| Schwabach | Roth *B* |
| Schwäbisch Gmünd | Ostalbkreis *BW* |
| Schwäbisch Hall | Schwäbisch Hall *BW* |
| Schwabmünchen | Augsburg *B* |
| Schweinfurt | Schweinfurt *B* |

| | |
|---|---|
| Segeberg | Segeberg *SH* |
| Selfkantenkreis Geilenkirchen-Heinsberg | Heinsberg *NW* |
| Siegen | Siegen-Wittgenstein *NW* |
| Siegkreis | Rhein-Sieg-Kreis *NW* |
| Sigmaringen | Sigmaringen *BW* |
| Simmern | Rhein-Hunsrück-Kreis *R* |
| Sinsheim | Rhein-Neckar-Kreis *BW* |
| Soest | Soest *NW* |
| Soltau | Soltau-Fallingbostel *N* |
| Sonthofen | Oberallgäu *B* |
| Speyer | Ludwigshafen *R* |
| Springe | Hannover *N* |
| Stade | Stade *N* |
| Stadtsteinach | Kulmbach *B* |
| Staffelstein | Lichtenfels *B* |
| Starnberg | Starnberg *B* |
| Steinburg | Steinburg *SH* |
| Steinfurt | Steinfurt *NW* |
| Stockach | Konstanz *BW* |
| Stormarn | Stormarn *SH* |
| Straubing | Straubing-Bogen *B* |
| Süderdithmarschen | Dithmarschen *SH* |
| Südtondern | Nordfriesland *SH* |
| Sulzbach-Rosenberg | Amberg-Sulzbach *B* |
| | |
| Tauberbischofsheim | Main-Tauber-Kreis *BW* |
| Tecklenburg | Steinfurt *NW* |
| Tettnang | Bodenseekreis *BW* |
| Tirschenreuth | Tirschenreuth *B* |
| Traunstein | Traunstein *B* |
| Trier | Trier-Saarburg *R* |
| Tübingen | Tübingen *BW* |
| Tuttlingen | Tuttlingen *BW* |
| | |
| Überlingen | Bodenseekreis *BW* |
| Uelzen | Uelzen *N* |
| Uffenheim | Neustadt a. d. Aisch – Bad Windsheim *B* |
| Ulm | Alb-Donau-Kreis *BW* |
| Unna | Unna *NW* |
| Unterlahnkreis | Rhein-Lahn-Kreis *R* |
| Untertaunuskreis | Rheingau-Taunus-Kreis *H* |
| Unterwesterwaldkreis | Westerwaldkreis *R* |
| Usingen | Hochtaunuskreis *H* |

| | |
|---|---|
| Vaihingen | Ludwigsburg *BW* |
| Vechta | Vechta *N* |
| Verden | Verden *N* |
| Viechtach | Regen *B* |
| Villingen | Schwarzwald-Baar-Kreis *BW* |
| Vilsbiburg | Landshut *B* |
| Vilshofen | Passau *B* |
| Vohenstrauß | Neustadt a. d. Waldnaab *B* |
| | |
| Waiblingen | Rems-Murr-Kreis *BW* |
| Waldeck | Waldeck-Frankenberg *H* |
| Waldmünchen | Cham *B* |
| Waldshut | Waldshut *BW* |
| Wangen | Ravensburg *BW* |
| Warburg | Höxter *NW* |
| Warendorf | Warendorf *NW* |
| Wasserburg a. Inn | Rosenheim *B* |
| Wegscheid | Passau *B* |
| Weilheim i. OB | Weilheim-Schongau *B* |
| Weißenburg i. Bay. | Weißenburg-Gunzenhausen *B* |
| Wertingen | Dillingen a. d. Donau *B* |
| Wesermarsch | Wesermarsch *N* |
| Wesermünde | Cuxhaven *N* |
| Wetzlar | Lahn-Dill-Kreis *H* |
| Wiedenbrück | Gütersloh *NW* |
| Wittgenstein | Siegen-Wittgenstein *NW* |
| Wittlage | Osnabrück *N* |
| Wittlich | Bernkastel-Wittlich *R* |
| Wittmund | Wittmund *N* |
| Witzenhausen | Werra-Meißner-Kreis *H* |
| Wolfach | Ortenaukreis *BW* |
| Wolfenbüttel | Wolfenbüttel *N* |
| Wolfhagen | Kassel *H* |
| Wolfratshausen | Bad Tölz – Wolfratshausen *B* |
| Wolfstein | Freyung-Grafenau *B* |
| Worms | Alzey-Worms *R* |
| Würzburg | Würzburg *B* |
| Wunsiedel | Wunsiedel i. Fichtelgebirge *B* |
| | |
| Zell (Mosel) | Cochem-Zell *R* |
| Zellerfeld | Goslar *N* |
| Ziegenhain | Schwalm-Eder-Kreis *H* |
| Zweibrücken | Pirmasens *R* |

# Die deutschen Landkreise und ihre Kfz-Kennzeichen

| | |
|---|---|
| A | Augsburg 61 |
| AA | Ostalbkreis 40 |
| AB | Aschaffenburg 60 |
| AC | Aachen 193 |
| AIC | Aichach-Friedberg 56 |
| AK | Altenkirchen 228 |
| AN | Ansbach 59 |
| AÖ | Altötting 57 |
| AS | Amberg-Sulzbach 58 |
| AUR | Aurich 153 |
| AW | Ahrweiler 227 |
| AZ | Alzey-Worms 229 |
| BA | Bamberg 64 |
| BB | Böblingen 22 |
| BC | Biberach 20 |
| BGL | Berchtesgadener Land 66 |
| BIR | Birkenfeld 233 |
| BIT | Bitburg-Prüm 234 |
| BL | Zollernalbkreis 53 |
| BM | Erftkreis 198 |
| BOR | Borken 194 |
| BRA | Wesermarsch 187 |
| BT | Bayreuth 65 |
| CE | Celle 155 |
| CHA | Cham 67 |
| CLP | Cloppenburg 156 |
| CO | Coburg 68 |
| COC | Cochem-Zell 235 |
| COE | Coesfeld 195 |
| CUX | Cuxhaven 157 |
| CW | Calw 24 |
| DA | Darmstadt-Dieburg 130 |
| DAH | Dachau 69 |
| DAN | Lüchow-Dannenberg 171 |
| DAU | Daun 236 |
| DEG | Deggendorf 70 |
| DGF | Dingolfing-Landau 72 |
| DH | Diepholz 158 |
| DLG | Dillingen a. d. Donau 71 |
| DN | Düren 196 |
| DON | Donau-Ries 73 |
| DT | Lippe 206 |
| DÜW | Bad Dürkheim 230 |
| EBE | Ebersberg 74 |
| ED | Erding 76 |
| EI | Eichstätt 75 |
| EL | Emsland 159 |
| EM | Emmendingen 25 |
| EMS | Rhein-Lahn-Kreis 45 |
| EN | Ennepe-Ruhr-Kreis 197 |
| ERB | Odenwaldkreis 142 |
| ERH | Erlangen-Höchstadt 77 |
| ES | Esslingen 27 |
| ESW | Werra-Meißner-Kreis 148 |
| EU | Euskirchen 199 |
| FB | Wetteraukreis 149 |
| FD | Fulda 131 |
| FDS | Freudenstadt 28 |
| FFB | Fürstenfeldbruck 81 |
| FN | Bodenseekreis 21 |
| FO | Forchheim 78 |
| FR | Breisgau-Hochschwarzwald 23 |
| FRG | Freyung-Grafenau 80 |
| FRI | Friesland 160 |
| FS | Freising 79 |
| FÜ | Fürth 82 |
| GAP | Garmisch-Partenkirchen 83 |
| GER | Germersheim 238 |
| GF | Gifhorn 161 |
| GG | Groß-Gerau 133 |
| GI | Gießen 132 |
| GL | Rheinisch-Bergischer Kreis 215 |
| GM | Oberbergischer Kreis 211 |
| GÖ | Göttingen 162 |
| GP | Göppingen 29 |
| GS | Goslar 163 |
| GT | Gütersloh 200 |
| GZ | Günzburg 84 |
| H | Hannover 165 |
| HAS | Haßberge 85 |
| HD | Rhein-Neckar-Kreis 45 |
| HDH | Heidenheim 30 |
| HE | Helmstedt 167 |
| HEF | Hersfeld-Rotenburg 134 |
| HEI | Dithmarschen 262 |
| HF | Herford 202 |
| HG | Hochtaunuskreis 135 |
| HI | Hildesheim 168 |
| HM | Hameln-Pyrmont 164 |
| HN | Heilbronn 31 |
| HO | Hof 86 |
| HOL | Holzminden 169 |
| HOM | Saar-Pfalz-Kreis 258 |
| HP | Bergstraße 129 |
| HR | Schwalm-Eder-Kreis 145 |
| HS | Heinsberg 201 |
| HSK | Hochsauerlandkreis 203 |
| HU | Main-Kinzig-Kreis 139 |
| HX | Höxter 204 |
| IZ | Steinburg 271 |
| KA | Karlsruhe 33 |
| KB | Waldeck-Frankenberg 147 |
| KC | Kronach 89 |
| KEH | Kelheim 87 |
| KG | Bad Kissingen 62 |
| KH | Bad Kreuznach 231 |
| KIB | Donnersbergkreis 237 |
| KL | Kaiserslautern 239 |
| KLE | Kleve 205 |
| KN | Konstanz 34 |
| KS | Kassel 136 |
| KT | Kitzingen 88 |
| KU | Kulmbach 90 |
| KÜN | Hohenlohekreis 32 |
| KUS | Kusel 240 |
| L | Lahn-Dill-Kreis 137 |
| LA | Landshut 92 |
| LAU | Nürnberger Land 105 |
| LB | Ludwigsburg 36 |
| LER | Leer 170 |
| LG | Lüneburg 172 |
| LI | Lindau (Bodensee) 94 |
| LIF | Lichtenfels 93 |
| LL | Landsberg a. Lech 91 |
| LM | Limburg-Weilburg 138 |
| LÖ | Lörrach 35 |
| LU | Ludwigshafen 241 |
| M | München 99 |
| MB | Miesbach 96 |
| ME | Mettmann 208 |
| MI | Minden-Lübbecke 209 |
| MIL | Miltenberg 97 |
| MK | Märkischer Kreis 207 |
| MN | Unterallgäu 122 |
| MOS | Neckar-Odenwald-Kreis 38 |
| MR | Marburg-Biedenkopf 141 |
| MSP | Main-Spessart 95 |
| MTK | Main-Taunus-Kreis 140 |
| MÜ | Mühldorf a. Inn 98 |
| MYK | Mayen-Koblenz 243 |
| MZ | Mainz-Bingen 242 |
| MZG | Merzig-Wadern 254 |
| ND | Neuburg-Schrobenhausen 100 |
| NE | Neuss 210 |
| NEA | Neustadt a. d. Aisch – Bad Windsheim 102 |
| NES | Rhön-Grabfeld 112 |
| NEW | Neustadt a. d. Waldnaab 103 |
| NF | Nordfriesland 264 |
| NI | Nienburg/Weser 173 |
| NK | Neunkirchen 255 |
| NM | Neumarkt i. d. OPf. 101 |
| NOH | Grafschaft Bentheim 154 |
| NOM | Northeim 174 |
| NR | Neuwied 244 |
| NU | Neu-Ulm 104 |
| OA | Oberallgäu 106 |
| OAL | Ostallgäu 107 |
| OD | Stormarn 272 |
| OE | Olpe 212 |
| OF | Offenbach 143 |
| OG | Ortenaukreis 39 |
| OH | Ostholstein 265 |
| OHA | Osterode am Harz 178 |
| OHZ | Osterholz 177 |
| OL | Oldenburg (Oldb) 175 |
| OS | Osnabrück 176 |
| PA | Passau 108 |
| PAF | Pfaffenhofen a. d. Ilm 109 |
| PAN | Rottal-Inn 115 |
| PB | Paderborn 213 |
| PE | Peine 179 |
| PF | Enzkreis 26 |
| PI | Pinneberg 266 |
| PLÖ | Plön 267 |
| PS | Pirmasens 245 |
| R | Regensburg 111 |
| RA | Rastatt 41 |
| RD | Rendsburg-Eckernförde 268 |
| RE | Recklinghausen 214 |
| REG | Regen 110 |
| RH | Roth 114 |
| RO | Rosenheim 113 |
| ROW | Rotenburg (Wümme) 180 |
| RT | Reutlingen 44 |
| RÜD | Rheingau-Taunus-Kreis 144 |
| RV | Ravensburg 42 |
| RW | Rottweil 46 |
| RZ | Herzogtum Lauenburg 263 |
| SAD | Schwandorf 116 |
| SB | Saarbrücken 256 |
| SE | Segeberg 270 |
| SFA | Soltau-Fallingbostel 182 |
| SHA | Schwäbisch Hall 47 |
| SHG | Schaumburg 181 |
| SI | Siegen-Wittgenstein 217 |
| SIG | Sigmaringen 49 |
| SIM | Rhein-Hunsrück-Kreis 246 |
| SL | Schleswig-Flensburg 269 |
| SLS | Saarlouis 257 |
| SO | Soest 218 |
| SR | Straubing-Bogen 119 |
| ST | Steinfurt 219 |
| STA | Starnberg 118 |
| STD | Stade 183 |
| SU | Rhein-Sieg-Kreis 216 |
| SÜW | Südliche Weinstraße 248 |
| SW | Schweinfurt 117 |
| TBB | Main-Tauber-Kreis 37 |
| TIR | Tirschenreuth 120 |
| TÖL | Bad Tölz – Wolfratshausen 63 |
| TR | Trier – Saarburg 249 |
| TS | Traunstein 121 |
| TÜ | Tübingen 50 |
| TUT | Tuttlingen 51 |
| UE | Uelzen 184 |
| UL | Alb-Donau-Kreis 19 |
| UN | Unna 220 |
| VB | Vogelsbergkreis 146 |
| VEC | Vechta 185 |
| VER | Verden 186 |
| VIE | Viersen 221 |
| VK | Völklingen (Stadtverband Saarbrücken) 256 |
| VS | Schwarzwald-Baar-Kreis 48 |
| WAF | Warendorf 222 |
| WES | Wesel 223 |
| WF | Wolfenbüttel 189 |
| WIL | Bernkastel-Wittlich 232 |
| WL | Harburg 166 |
| WM | Weilheim-Schongau 123 |
| WN | Rems-Murr-Kreis 43 |
| WND | St. Wendel 259 |
| WST | Ammerland 152 |
| WT | Waldshut 52 |
| WTM | Wittmund 188 |
| WÜ | Würzburg 125 |
| WUG | Weißenburg-Gunzenhausen 124 |
| WUN | Wunsiedel i. Fichtelgebirge 126 |
| WW | Westerwaldkreis 250 |

# Register von ausgewählten Sehenswürdigkeiten

*Dieses Register erhebt keinen Anspruch auf Vollständigkeit. Die ausgewählten Hinweise sollen Einblick in die Vielfalt des Sehens- und Beachtenswerten in den deutschen Landkreisen geben. Mancher Superlativ mag Anlaß zum Schmunzeln sein, auch das wäre uns willkommen.*
*Nicht aufgeführt wurden die vielen Kirchen und Profanbauten, die kunsthistorisch, historisch oder architektonisch bedeutsam sind. In fast allen Landkreisen gibt es davon überzeugende Beispiele. Das gilt auch für Wanderwege und Radfahrwege, denen in den letzten Jahren in vielen Landkreisen besondere Aufmerksamkeit gewidmet wurde. Und schließlich: Natur- und Landschaftschutzgebiete, Tierschutzgebiete und Erholungsgebiete für Urlauber und Großstädter, die im Naherholungsgebiet Entspannung suchen, sind in reichem Maße über die Landkreise verteilt.*

**Museen**



**Konzerte, Festspiele und andere Veranstaltungen**

**Besondere Straßen, Wege und Landschaften**



**Wildparks, Falknereien, Vogelschutzgebiete**



**Höhlen – Bergwerke**



**Gedenkstätten**



**Verschiedenes**



**Einige Superlative**

# Die deutschen Landkreise in alphabetischer Anordnung